DIREITO ELEITORAL

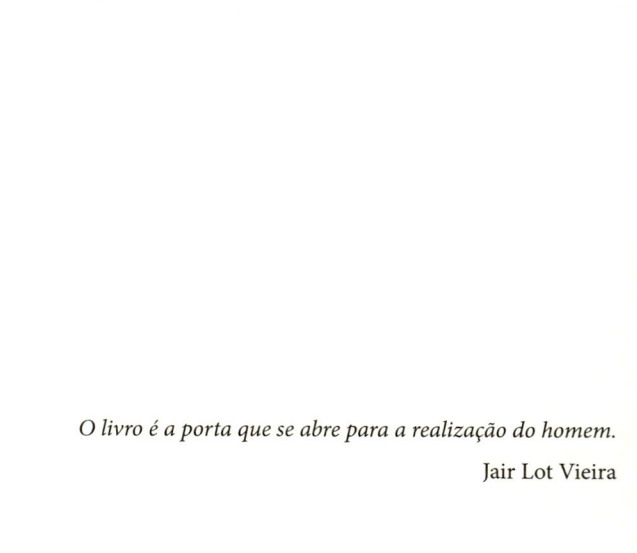

O livro é a porta que se abre para a realização do homem.
Jair Lot Vieira

DIREITO ELEITORAL

PEDRO HENRIQUE TÁVORA NIESS
Subprocurador-Geral da República
(ex-Procurador Regional Eleitoral em SP)
Professor Emérito das FMU

LUCIANA TOLEDO TÁVORA NIESS DE SOUZA
Advogada, mestra e doutora (PUC-SP)
Professora das FMU

ANDRÉA PATRÍCIA TOLEDO TÁVORA NIESS KAHN
Advogada, mestra e doutora (PUC-SP)
Professora das FMU

DIREITO ELEITORAL

PEDRO HENRIQUE TÁVORA NIESS
LUCIANA TOLEDO TÁVORA NIESS DE SOUZA
ANDRÉA PATRÍCIA TOLEDO TÁVORA NIESS KAHN

1ª Edição 2016

© desta edição: *Edipro Edições Profissionais Ltda. – CNPJ nº 47.640.982/0001-40*

Todos os direitos reservados. Nenhuma parte deste livro poderá ser reproduzida ou transmitida de qualquer forma ou por quaisquer meios, eletrônicos ou mecânicos, incluindo fotocópia, gravação ou qualquer sistema de armazenamento e recuperação de informações, sem permissão por escrito do Editor.

Editores: Jair Lot Vieira e Maíra Lot Vieira Micales
Coordenação editorial: Fernanda Godoy Tarcinalli
Editoração: Alexandre Rudyard Benevides
Revisão: Sandra Cristina Lopes Conesa
Arte: Karine Moreto Massoca

Dados Internacionais de Catalogação na Publicação (CIP)
(Câmara Brasileira do Livro, SP, Brasil)

Niess, Pedro Henrique Távora
    Direito eleitoral / Pedro Henrique Távora Niess, Luciana Toledo Távora Niess de Souza, Andréa Patrícia Toledo Távora Niess Kahn – São Paulo: Edipro, 2016.
    Bibliografia.
    ISBN 978-85-7283-909-9
    1. Direito eleitoral 2. Direito eleitoral – Brasil I. Souza, Luciana Toledo Távora Niess de. II. Kahn, Andréa Patrícia Toledo Távora Niess. III. Título.

16-00274   CDU-342.8(81)

Índice para catálogo sistemático:
1. Brasil : Direito eleitoral : 342.8(81)

São Paulo: Fone (11) 3107-4788 • Fax (11) 3107-0061
Bauru: Fone (14) 3234-4121 • Fax (14) 3234-4122
www.edipro.com.br

*Embora possa haver eleição sem que haja democracia,
parece certo que não há democracia sem eleição.*

Paulo Brossard
(*O Impeachment*, 3. ed., São Paulo: Saraiva, 1992. p. 3)

Ao Rodrigo e aos nossos Pietro e Valentina,
Luciana

Ao Ricardo e ao nosso Gustavo Henrique,
Andréa

Aos meus netos e aos pais deles,
Pedro

SUMÁRIO

PREFÁCIO	17
INTRODUÇÃO	21
1. Direitos políticos	21
2. Sufrágio	24
3. Voto	28
4. Cidadania	31
5. Plebiscito e referendo	31
6. Iniciativa popular	33
1. CONCEITO, PRINCÍPIOS E FONTES DO DIREITO ELEITORAL	35
1.1. Conceito de Direito Eleitoral	35
1.2. Princípios que regem o Direito Eleitoral	36
1.2.1. Princípios em conflito	46
1.3. Fontes do Direito Eleitoral	49
2. ORGANIZAÇÃO E COMPETÊNCIA DA JUSTIÇA ELEITORAL	57
2.1. Organização da Justiça Eleitoral	57
2.2. Competência da Justiça Eleitoral	59
2.2.1. Colocação do tema	59
2.2.2. Os diversos aspectos da competência da Justiça Eleitoral	60
2.2.3. A diplomação como marco da competência da Justiça Eleitoral	68
2.3. A modificação da competência pela reunião de demandas eleitorais	73

3. PARTIDOS POLÍTICOS 75
3.1. Partidos políticos 75
3.2. Coligações 77
3.3. Infidelidade partidária e desfiliação 79

4. SISTEMA ELEITORAL BRASILEIRO 85
4.1. Conceito de sistema eleitoral 85
4.2. Representação majoritária (Poder Executivo e Senado) – Maioria simples e maioria absoluta – Eleição em turno único e em dois turnos ... 85
    4.2.1. A representação por maioria simples no Poder Legislativo 87
        4.2.1.1. A eleição de senadores 87
        4.2.1.2. A eleição de deputados e vereadores, quando nenhum dos Partidos/Coligações atingir o quociente eleitoral 88
4.3. Representação proporcional (Poder Legislativo – deputados federais, estaduais, distritais e vereadores): quociente eleitoral, quociente partidário e apuração dos candidatos eleitos pelos Partidos e Coligações 89
4.4. Voto distrital puro – Voto distrital misto 93

5. O ELEITOR 95
5.1. Os que devem, os que podem e os que não podem se alistar como eleitor e votar 95
5.2. A nacionalidade necessariamente brasileira, como regra, do eleitor ... 96
    5.2.1. Brasileiro nato 96
    5.2.2. Brasileiros naturalizados 97
    5.2.3. Perda da nacionalidade 97
    5.2.4. Estrangeiros que detêm direitos políticos no Brasil – Os portugueses 98
5.3. A obrigatoriedade do alistamento e do voto 98
5.4. Os menores que têm e os que não têm direito ao alistamento eleitoral e ao voto facultativos 103
5.5. Pessoas com deficiências e idosos e o direito/dever ao alistamento eleitoral e ao voto 105
5.6. Os conscritos 115
5.7. Os indígenas 117

6. CONDIÇÕES DE ELEGIBILIDADE 119
6.1. Elegibilidade e candidatura 119
6.2. Condições de elegibilidade 121
    6.2.1. Nacionalidade brasileira 122
    6.2.2. Alistamento eleitoral 123

6.2.3. Pleno exercício dos direitos políticos e sua perda ou suspensão 124
 6.2.3.1. Cancelamento da naturalização por sentença transitada em julgado 124
 6.2.3.2. Incapacidade civil absoluta 125
 6.2.3.3. Condenação criminal transitada em julgado 126
  6.2.3.3.1. Extinção da punibilidade 127
  6.2.3.3.2. Parlamentares no exercício do mandato .. 127
6.2.4. Recusa de cumprir obrigação a todos imposta 128
6.2.5. Improbidade administrativa 129
 6.2.5.1. Condutas vedadas aos agentes públicos em campanhas eleitorais que constituem improbidade administrativa (abuso de poder político) 132
6.2.6. Domicílio eleitoral na circunscrição 133
6.2.7. Filiação partidária 135
6.2.8. Idade mínima 138
 6.2.8.1. Idoso 143
6.2.9. Elegibilidade do Juiz de Paz 143

7. **ELEGIBILIDADE DO MILITAR** 145

8. **INELEGIBILIDADE** 151
 8.1. Conceito de inelegibilidade 151
 8.2. Natureza jurídica da inelegibilidade 151
 8.3. Classificação das inelegibilidades 153
 8.4. Inabilitação 156

9. **INELEGIBILIDADES CONSTITUCIONAIS** 159
 9.1. Os inalistáveis e os analfabetos 159
  9.1.1. Os inalistáveis: os estrangeiros e os conscritos 159
  9.1.2. Os analfabetos e os semialfabetizados 161
   9.1.2.1. A previsão constitucional 161
   9.1.2.2. A necessidade de distinguir o analfabeto do semialfabetizado 162
   9.1.2.3. Distinção entre o analfabeto e o semialfabetizado ... 164
 9.2. Inelegibilidade do Presidente da República, dos governadores, dos prefeitos e de seus sucessores e substitutos, para o mesmo cargo, por mais de um período subsequente 166
 9.3. Inelegibilidade, para outros cargos, do chefe do Executivo que não renuncia ao mandato até seis meses antes do pleito 168
 9.4. Inelegibilidade do cônjuge e dos parentes do chefe do Executivo, no território de jurisdição do titular 168

9.4.1. Os cônjuges e os que vivem em união estável 170
9.4.2. O parentesco consanguíneo ou afim e o derivado da adoção ... 172
9.5. A perpetuação no poder e o exercício do *mesmo cargo* 173

10. INELEGIBILIDADES LEGAIS 175
  10.1. Nota introdutória 175
  10.2. Inelegibilidades (inciso I do art. 1° da LC n° 64/1990) 175
      10.2.1. Inelegibilidade decorrente da perda de mandato 175
      10.2.2. Inelegibilidade dos que têm contra si representação julgada procedente pela Justiça Eleitoral, em processo de apuração de abuso do poder econômico ou político 177
      10.2.3. Inelegibilidade dos que forem condenados, em decisão transitada em julgado ou proferida por órgão judicial colegiado por determinados crimes 178
      10.2.4. Inelegibilidade dos indignos do oficialato, ou com ele incompatíveis 180
      10.2.5. Inelegibilidade proveniente da rejeição de contas 181
      10.2.6. Inelegibilidade dos detentores de cargo na administração pública que praticaram abuso de poder 184
      10.2.7. Inelegibilidade dos diretores, administradores ou representantes de estabelecimentos de crédito, financiamento ou seguro objeto de liquidação 184
      10.2.8. Inelegibilidade dos condenados, em decisão transitada em julgado ou proferida por órgão colegiado da Justiça Eleitoral, por corrupção eleitoral, por captação ilícita de sufrágio, por doação, captação ou gastos ilícitos de recursos de campanha ou por conduta vedada aos agentes públicos em campanhas eleitorais que impliquem cassação do registro ou do diploma, pelo prazo de 8 anos a contar da eleição 192
          10.2.8.1. Inelegibilidade dos condenados por corrupção eleitoral, por captação ilícita de sufrágio, por doação, captação ou gastos ilícitos de recursos de campanha 192
          10.2.8.2. Inelegibilidade dos condenados por conduta vedada aos agentes públicos em campanhas eleitorais que impliquem cassação do registro ou do diploma 192
          10.2.8.3. Inelegibilidade do candidato que comparecer à inauguração de obra pública no trimestre anterior às eleições 195
      10.2.9. Inelegibilidade dos chefes do Poder Executivo e dos membros do Legislativo que renunciarem a seus mandatos sob a acusação de infringir normas constitucionais ou de lei orgânica 199

10.2.10. Inelegibilidade dos que tiverem os seus direitos políticos suspensos por decisão monocrática transitada em julgado ou proferida por órgão judicial colegiado, por ato doloso de improbidade administrativa, que importe lesão ao patrimônio público e enriquecimento ilícito, desde a condenação ou o trânsito em julgado até o transcurso do prazo de 8 anos após o cumprimento da pena 200

10.2.11. Inelegibilidade dos excluídos do exercício da profissão em decorrência de infração ético-profissional 201

10.2.12. Inelegibilidade, por 8 anos, em razão de desfazimento de vínculo conjugal ou de união estável, com a intenção de evitar a caracterização de inelegibilidade reconhecida em decisão passada em julgado ou proferida por órgão judicial colegiado 202

10.2.13. Inelegibilidade dos demitidos do serviço público 203

10.2.14. Inelegibilidade da pessoa física e dos dirigentes de pessoas jurídicas responsáveis por doações eleitorais tidas por ilegais por decisão transitada em julgado ou proferida por órgão colegiado da Justiça Eleitoral, pelo prazo de 8 anos após a decisão 203

10.2.15. Inelegibilidade de Magistrado e membro do Ministério Público aposentados compulsoriamente por decisão sancionatória ou que tenham perdido o cargo por sentença ou que tenham pedido exoneração ou aposentadoria voluntária na pendência de processo administrativo disciplinar ... 204

10.3. Inelegibilidades e desincompatilização (inciso II do art. 1º da LC nº 64/1990) 205

11. O PEDIDO DE REGISTRO DO CANDIDATO E O EFEITO DO SEU RECEBIMENTO EM RELAÇÃO À CAMPANHA ELEITORAL (DOAÇÕES E GASTOS ELEITORAIS) 209

11.1. O pedido de registro do candidato 209

11.2. Doações e gastos eleitorais 215

12. AÇÃO DE IMPUGNAÇÃO AO PEDIDO DE REGISTRO DE CANDIDATO (AIRC) 219

12.1. Finalidade 219

12.2. Legitimidade para impugnar 219

12.3. Representação por advogado 220

12.4. Procedimento 223

12.4.1. Petição inicial 223

12.4.2. Defesa do impugnado 224

  12.4.3. Julgamento conforme o estado do processo 224
  12.4.4. Revelia 225
  12.4.5. Instrução 225
  12.4.6. Alegações finais e parecer do Ministério Público 226
  12.4.7. Julgamento 227
 12.5. Recurso interposto contra a sentença, nas eleições municipais, para o Tribunal Regional Eleitoral 227
  12.5.1. Interposição 227
  12.5.2. Processamento do recurso interposto perante o Tribunal Regional Eleitoral e seu julgamento pelo Relator 228
  12.5.3. Julgamento do recurso pelo Tribunal Regional Eleitoral ... 229
 12.6. Decisão do Tribunal Superior Eleitoral sobre registro de candidato, em sede recursal e originária 230
 12.7. Prazos processuais 231

13. PROPAGANDA ELEITORAL 233
 13.1. Introdução 233
 13.2. Propaganda eleitoral – aspectos gerais 234
 13.3. O que é proibido na propaganda eleitoral (propaganda irregular) 240
 13.4. O que é facultado na propaganda eleitoral 244
 13.5. O que é obrigatório na propaganda eleitoral 249
 13.6. Crimes ligados à propaganda eleitoral 251
 13.7. Direito de resposta 252
 13.8. Insurgência contra o descumprimento das disposições legais 254
 13.9. Propaganda eleitoral e as demais espécies de propaganda política 255

14. O ABUSO DE PODER E A REPRESENTAÇÃO DESTINADA A APURÁ-LO (AÇÃO DE INVESTIGAÇÃO JUDICIAL ELEITORAL – AIJE) 257
 14.1. Objeto da representação 257
 14.2. Natureza da investigação judicial de que trata a LC n° 64/1990 ... 263
 14.3. Competência para o julgamento da representação 265
  14.3.1. Competência do Juiz Eleitoral para, nas eleições municipais, julgar a representação prevista na Lei Complementar n° 64/1990 265
  14.3.2. Representação contra Prefeito – Competência em face da Constituição 270
 14.4. Prazo para representar 272
 14.5. Legitimidade de partes, interesse processual e possibilidade jurídica do pedido 272

14.6.	Procedimento da representação	275
	14.6.1. Petição Inicial	275
	14.6.2. Sumariedade do rito	275
	14.6.3. Despacho inicial	276
	14.6.4. Cientificação do representado	277
	14.6.5. Liminar	277
	14.6.6. Defesa do representado	279
	14.6.7. Participação do Ministério Público como *custos legis*	279
	14.6.8. Audiência de instrução	280
	14.6.9. Alegações finais e julgamento	281
	14.6.9.1. Julgamento de procedência da Representação	281
14.7.	Recursos	282
14.8.	Arguição criminosa de inelegibilidade	284
14.9.	Modalidades de abuso de poder destacados na Lei das Eleições	284
15.	**AÇÃO DE IMPUGNAÇÃO DE MANDATO ELETIVO (AIME)**	**287**
15.1.	Origem	287
15.2.	Natureza	287
15.3.	Destinação	289
15.4.	Requisitos constitucionais	289
	15.4.1. Diplomação	289
	15.4.2. Prazo para a propositura da ação e para o desenvolvimento do processo	290
	15.4.3. Provas que devem instruir a ação	292
	15.4.4. Abuso de poder econômico, corrupção e fraude	292
	15.4.5. Desnecessidade da influência do vício no resultado do pleito	299
	15.4.6. Segredo de justiça	300
	15.4.7. Juízo competente	300
15.5.	Condições da ação	301
	15.5.1. Legitimidade de parte	301
	15.5.1.1. Legitimidade ativa	301
	15.5.1.2. Legitimidade passiva	303
	15.5.2. Interesse de agir	306
	15.5.3. Possibilidade jurídica do pedido	306
15.6.	Procedimento	306
15.7.	Inelegibilidade derivada da cassação do mandato do réu	309
15.8.	Perda da função ligada ao foro por prerrogativa de função	312
15.9.	A civilidade e a prática dos atos processuais	312

16. RECURSOS ELEITORAIS E REMESSA NECESSÁRIA 313
16.1. Conceito de recurso 313
16.2. Condições do recurso e fungibilidade recursal 314
16.3. Prazo recursal, intempestividade e intempestividade reflexa do recurso 317
16.4. Recursos eleitorais e o princípio da taxatividade 320
16.5. Sistema recursal eleitoral 322
      16.5.1. Considerações gerais 322
      16.5.2. Considerações especiais 323
16.6. Embargos de declaração 327
16.7. Efeitos dos recursos 329
16.8. Recurso contra a Expedição de Diploma (RCED) 333
16.9. Remessa necessária 335

17. AÇÃO RESCISÓRIA 337
17.1. Considerações preambulares 337
17.2. A incompatibilidade da ação rescisória com o Direito Eleitoral 338
17.3. A atuação do Legislativo como fruto do casuísmo 339
17.4. O efeito suspensivo da ação e a retroatividade da lei 339
17.5. A parcial constitucionalidade da lei 340
17.6. A interpretação da lei 342
      17.6.1. O entendimento do Tribunal Superior Eleitoral 344
            17.6.1.1. O entendimento atual do TSE quanto ao conteúdo da expressão "nos casos de inelegibilidade" 344
            17.6.1.2. O pensamento do Tribunal Superior Eleitoral nos seus primeiros contatos com a ação rescisória 346
17.7. Outras considerações sobre a ação rescisória eleitoral 349

REFERÊNCIAS 353

OBRAS E TRABALHOS PUBLICADOS PELOS AUTORES 359

PREFÁCIO

Advertem os peritos em teoria literária que, acima de tudo, os prefácios devem ser acessíveis. Vale dizer, marcados por uma clareza redacional que é incompatível com prefações quilométricas, gongóricas ou empoladas. Nesses prólogos privilegiar-se-á a síntese, de sorte a que as deficiências do prefaciador não suscitem antipatias e resistências para com o essencial: o próprio livro apresentado. Noutras palavras, os preâmbulos não podem afastar, nem reduzir, o desejo do leitor de mergulhar na obra prefaciada, da qual ele é o único e supremo juiz, averiguando-lhe o valor e as virtudes, quiçá a fragilidade e as imperfeições.

A cada vez que me honram com uma convocação para prefaciar, além de ficar imaginando, sem farisaica modéstia, a razão do inesperado convite, vejo-me na constrangedora situação de lembrar – apenas referindo os peregrinos – que Paul Claudel, André Gide, Paul Valéry e Marcel Proust redigiram prefácios cujos dotes são até hoje proclamados graças ao virtuosismo que conduziu ao completo esquecimento os textos prefaciados. As gerações contemporâneas aos lançamentos, e as que lhes sucederam, encantadas com aquilo que nelas viram, gravaram indelevelmente tais introduções, a um só tempo apagando de suas memórias a criação prefaciada.

Risco desse tipo os autores deste livro não correm. Sequer poderiam, em tese, correr. A uma, porque os escribas deste "Direito Eleitoral" produziram obra icônica, sem nenhum favor exaustiva, que todos quantos diretamente envolvidos no tema – juízes, promotores, advogados, estudantes, partidos políticos, coligações e candidatos –, muito mais do que movidos por um superficial interesse, ou por uma impulsiva curiosidade, terão a compulsória necessidade de consultar quando buscarem orientação, proferirem decisões, lançarem cotas, exercerem patrocínios, realizarem convenções ou disputarem cargos executivos e parlamentares. A duas, pelo óbvio fato de que o prefaciador signatário, anônimo e provinciano advogado, não é, jamais pretendeu ser, e acacianamente nunca será, literato de mínima expressão...

Segundo definiu o ex-ministro do TSE Torquato Jardim em novo momento (mais um!) de feliz inspiração: "O direito eleitoral é o liame que une a eficácia social da República democrática representativa à eficácia legal da Constituição que lhe dá forma jurídica. A soberania popular é a pedra angular da República (CF, art. 1º, parágrafo único); à proposição sociológica juridicizada na norma há de corresponder um ordenamento positivo – o direito eleitoral, capaz de concretizá-la na *praxis* coletiva".[1]

Todo poder emana do povo e em seu nome será exercido, pregava o imenso Heráclito Fontoura Sobral Pinto, o nosso paradigmático "Dr. Sobral", ecoando o comando da Lei Fundamental nos comícios pelo retorno das eleições diretas. "Voto é poder", há uma década obtemperava o Ministro Marco Aurélio, da Alta Corte Nacional, pelo que "é preciso que se tenha presente que a sociedade não é vítima. A sociedade é autora".[2]

Sabem os leitores que nem sempre foi assim. No Brasil, aliás por muito tempo, a lei recusou o voto feminino, e até proibiu o dos "mendigos" e o dos membros de congregações religiosas. Nas eleições arranjadas, a causticidade veio da romancista Raquel de Queirós, a partir de sua experiência como mesária em uma seção eleitoral da Ilha do Governador: "Votava vivo e votava morto, votava doido de hospício, só não votavam nossos inimigos políticos...".[3]

O mandonismo dos aquinhoados pela fortuna, a subjugação socioeconômica, a contrita subserviência daqueles que detectavam na onipotente vontade dos "chefes" um dogma de fé imposto pelo Direito Divino, e o domínio das castas também serviram à deturpação do processo eleitoral. "Coronelismo", este, que Barbosa Lima Sobrinho perceberia sobreviver mesmo após a derrocada das estruturas feudais: "Que importa que o Coronel tenha passado a Doutor? Ou que a fazenda se tenha transformado em fábrica? Ou que os seus auxiliares tenham passado a assessores ou a técnicos?... O desamparo em que vive o cidadão, privado de todos os direitos e de todas as garantias, concorre para a continuação do 'Coronel', arvorado em protetor ou defensor natural de um homem sem direitos."[4]

Verdade é que, de lá para cá, muita coisa evoluiu no Direito Político tupiniquim. Candidatos mais selecionados, as restrições ditadas pelo ordenamento da "ficha limpa", a independência e o melhor aparelhamento, humano e material, da Justiça Eleitoral, as suas dotações orçamentárias mais realísticas, a lhe permitirem fiscalização razoavelmente eficaz dos pleitos, a adoção da urna eletrônica, o severo e crítico acompanhamento da imprensa etc., tudo isso tornou mais legítima – melhor dizendo, mais "legitimada" – a tradução da vontade do eleitorado ativo. O aplauso a essas conquistas, todavia, não impede admitir que elas não bastaram. Muito ainda há a percorrer para que o regramento das eleições possa gerar anticorpos capazes de imunizá-las contra as influências corruptoras e malsãs do dinheiro, da demagogia politiqueira, das negociatas na formação das chapas concorrentes, da repulsiva – e jamais a contento obstada – intromissão das máquinas estatais.

Toda e qualquer eleição deve ser, como queria Joaquim Nabuco, "a sentença que decide os certames e a disputa dos partidos".[5] E para que essa "sentença", tal como ocorre com aquelas prolatadas pela Magistratura, fique garantida contra rescisões apoiadas em

---

1. *Introdução ao Direito Eleitoral Positivo*. Brasília: Jurídica, 1994. p. 10.
2. Entrevista ao *Jornal do Brasil*, em 1º de outubro de 2006.
3. Apud LEAL, Victor Nunes. *Coronelismo, Enxada e Voto*. São Paulo: Alfa-Ômega, 1949. p. 242, nota 75.
4. No estupendo prefácio ao *Coronelismo, Enxada e Voto*, de Victor Nunes Leal (Ibid., p. XVI).
5. *Migalhas de Joaquim Nabuco*. Migalhas, 2015. n. 227.

fraudes e falsidades, faz-se indispensável um procedimento eleitoral limpo, higiênico e inconspurcado, infenso a pressões de qualquer origem, venham elas de onde vierem. Talvez, por exemplo, seja o momento de levar a sério aquilo que Millôr Fernandes satiricamente extravasou: "As eleições teriam resultado mais correto se cada eleitor dispusesse de um voto a favor e um voto contra...".[6]

Sem dúvida, dos autores mais antigos (*v.g.* Fávila Ribeiro, Walter Costa Porto, Joel J. Cândido e Tito Costa) aos mais modernos (entre eles Antonio Carlos Mendes, Pedro Henrique Távora Niess, Roberto Amaral, Sérgio Sérvulo da Cunha, Odyr e Roberto Porto, Marcos Ramayana e Marlon Reis), a coletividade jurídica pátria trouxe excelentes contributos ao enfrentamento das questões eleitorais. Agora é a vez *dos* Niess, pai e filhas, apresentarem um impressionante e esgotante tomo. Ele, Pedro Henrique, Subprocurador-Geral da República, professor universitário, autorizado pela ressabida bagagem cultural e calejado pelo longo tempo à testa, em São Paulo, do Ministério Público Eleitoral. Elas, Luciana e Andréa Patrícia, a jovem e aguerrida prole, talentosas advogadas e igualmente docentes, ambas mestras e doutoras pela PUC paulista.

Com um esquadrão dessa categoria não se poderia esperar obra que fosse menos amazônica na sua fundamentação, ou menos correta nas suas conclusões. Sem desdenhar os desafios que hodiernamente fazem periclitar a lisura das eleições, a família-autora neles projetou luz e apontou as soluções que reputou adequadas. O fervor democrático da estirpe é, ao longo do escrito, reiteradamente assinalado. O clã Niess não esconde tudo quanto, de bom e desejável, vislumbra no Estado Democrático de Direito e, *pour cause*, na imprescindibilidade de um sistema normativo que, evitando agradar aos mandriões, não transmude a eleição em simples feriado; ou a transforme no recorrente festim dos aproveitadores da ingenuidade popular; ou dela faça uma monocórdica e periodicamente renovada bacanal de ilusionistas carentes de decência cívica.

Em suma, a despeito das eventuais reservas que, aqui ou acolá, e sempre pontualmente, o livro dos Niess possa provocar – afinal, também no debate jurídico, e principalmente nele, a divergência resulta da liberdade constitucional de crítica, sendo, portanto, bem-vinda e benéfica –, este *Direito Eleitoral* marcará época. Nas faculdades, nos escritórios, nos gabinetes judiciários, nas promotorias e nos partidos, o livro adquirirá lugar fixo nas estantes, e dele muito se falará.

Caso não acreditem, leiam-no, apesar do prefácio a ser prontamente ejetado às urtigas...

São Paulo, fevereiro de 2016.

Manuel Alceu Affonso Ferreira
Advogado militante, ex-Secretário da Justiça de São Paulo, ex-Juiz titular do TRE-SP, foi conselheiro da AASP e da OAB, Estadual e Federal, é conselheiro do IASP e da FIESP e membro da Academia Paulista de Direito

---

6. *Millôr Definitivo* – A Bíblia do Caos. Porto Alegre: L&PM, 2007. p. 156.

INTRODUÇÃO

1. DIREITOS POLÍTICOS

De acordo com o critério constitucional, o Título II, voltado aos Direitos e Garantias Fundamentais, cuida da matéria em cinco capítulos, cada qual com objetivo bem definido, mas todos interligados. Primeiramente, são considerados os direitos e deveres individuais e coletivos, "garantindo aos brasileiros e estrangeiros residentes no País a inviolabilidade do direito à vida, à liberdade, à igualdade, à segurança e à propriedade"; no Capítulo seguinte são identificados os chamados direitos sociais – educação, saúde, alimentação, trabalho, moradia, lazer, segurança, previdência social, proteção à maternidade e à infância e assistência aos desamparados, dando-se enfoque especial, nesse espaço, aos direitos dos trabalhadores; o Capítulo III trata da nacionalidade; o penúltimo Capítulo dispõe sobre os direitos fundamentais, especificamente sob a perspectiva dos direitos políticos que, ligados à soberania popular, são assegurados somente aos nacionais, com regra especial aos portugueses com residência permanente no País; o quinto e último Capítulo dita normas sobre os Partidos Políticos, essenciais à efetivação da democracia.

A Constituição Federal, pois, ao enquadrar os Direitos Políticos no rol dos capítulos que compõem o seu Título II, consagra-os como direitos fundamentais.

Essa inserção, como é fácil intuir, está em sintonia com o disposto no art. 1º da Carta Magna, segundo o qual o nosso País é um Estado Democrático de Direito que tem como fundamentos indissociáveis a soberania, a cidadania, a dignidade da pessoa humana, os valores sociais do trabalho e da livre iniciativa e o pluralismo político e, em um Estado Democrático, os direitos políticos são direitos fundamentais.

O ciclo democrático ideal, que interliga todos os direitos fundamentais, é assim descrito por Marmelstein (2009, p. 189):

> O Estado, através dos direitos econômicos, sociais e culturais, proporciona as condições mínimas para que os indivíduos possam exercer plenamente a sua autonomia de escolha (direitos de liberdade). Estando apto a exercer a sua liberdade de escolha, o ser humano pode decidir de que grupos sociais ou movimentos políticos deseja fazer parte (liberdade de reunião). Com

isso, participando dos grupos sociais que mais reflitam seus ideais, o ser humano pode fazer com que os seus pontos de vista possam circular livremente, expandindo o direito de liberdade de expressão. O livre intercâmbio de ideias é requisito essencial para munir o povo de informações suficientes (direito de informação) para que seja capaz de escolher corretamente os seus representantes políticos (direitos políticos). Com isso fecha-se o ciclo democrático, já que o Estado, a partir de então qualificado como Estado Democrático de Direito, terá como missão justamente permitir que todos os cidadãos sejam tratados com igual dignidade, criando as condições básicas para que todo ser humano tenha uma vida digna e capaz de se autodeterminar e assim sucessivamente.

Deveras, na sua dimensão jurídica, a vida não se contenta com a sua concepção biológica, ganhando projeção mais ampla, só perceptível à luz do princípio da dignidade humana, pois "sem dignidade, o homem não vive, não convive, e, em alguns casos, nem sobrevive", nas palavras de Uadi Lammêgo Bulos (2011, p. 515).

Não tem existência digna aquele a quem se nega o que a própria Constituição relaciona como fundamental, como a capacidade eleitoral, por quem tem aptidão para adquiri-la.

Como Estado Democrático de Direito, o Brasil encontra, dentre outros fundamentos, a cidadania.

Como se disse, o povo é soberano. Dele emana todo o poder, que exerce diretamente ou, predominantemente, por meio de representantes que livremente escolhe.

Então, pode-se afirmar que dentre os direitos fundamentais dos brasileiros acham-se aqueles que lhes permitem participar da vida política do seu município, do seu Estado e do seu País, embora, noutra dimensão, desconectada desse aspecto específico, os cidadãos maiores de 18 anos de notória idoneidade (CPP, art. 436), também participem diretamente do poder (Judiciário) quando atuam no júri, julgando, como juízes de fato, os que cometem crimes dolosos contra a vida.

Sob a epígrafe "Dos Direitos Políticos", a Constituição estabelece as regras básicas concernentes ao modo de atuação da soberania popular, à aquisição, ao exercício, às restrições, à suspensão e à perda do direito de votar (*jus sufragii*) e de pleitear mandato eletivo (*jus honorum*). Trata, assim, do alistamento eleitoral, do voto, do plebiscito, do referendo, das condições de elegibilidade, das inelegibilidades (determinando que além daquelas que em seu corpo menciona, outras, dentro dos critérios que fixa, sejam estabelecidas pelo legislador complementar), da impugnação ao mandato eletivo e das hipóteses em que os direitos políticos podem ser retirados provisória ou definitivamente do seu titular. Dirige-se, também, ao exercício da soberania popular, nos termos da lei, mediante plebiscito, referendo e iniciativa popular.

Compõe, também, os direitos políticos, a faculdade de propor ação popular[1] e o direito de organizar partidos políticos e de deles participar (SILVA, 2011, p. 308).

A conquista do direito de ser cidadão irradia deveres.

Fala-se em *direitos* políticos aí incorporando também esses deveres numa relação de reciprocidade que se estabelece entre o cidadão e o Estado: tanto o cidadão pode exigir

---

1. A Lei nº 4.717, de 29 de junho de 1965, que regula a ação popular, no art. 1º, concede legitimidade para propô-la unicamente ao cidadão, prevendo em seu § 3º que "a prova da cidadania, para ingresso em juízo, será feita com o título eleitoral, ou com documento que a ele corresponda".

do Estado o respeito ao seu direito de se alistar e votar como o Estado pode, ressalvadas as exceções expressamente previstas, dele exigir que se aliste e compareça à votação, dada a função social do sufrágio.

O só direito de alistar-se e votar aos dezesseis anos (ou alistar-se aos 15 para garantir o voto aos 16 anos, conforme será exposto no CAPÍTULO 5, ITENS 5.3 e 5.4, p. 98 e p. 103, respectivamente) torna-se também imposição, como regra, ao brasileiro, não analfabeto, entre dezoito e setenta anos, a quem se faculta exercer mandato eletivo, até mesmo depois dessa idade, observados certos requisitos e condições, se dele considerado digno.

Dessa forma, temos que o regime político vigorante no Brasil é a democracia. E a expressão constante do parágrafo único do citado art. 1º, "todo poder emana do povo" traz em seu bojo o princípio que embasa a democracia (do grego *demos* = povo + *kracia* = governo / *krato* = poder) – que é o princípio da Soberania Popular.

O pluralismo político, de seu turno, assegura o respeito à liberdade de manifestação de opiniões concordantes ou dissonantes, indispensáveis à caracterização da democracia, como ocorre com os agrupamentos de pessoas com modo de pensar comum, dentre eles os Partidos Políticos, na defesa dos seus ideais e dos projetos de sua concretização.

Mas o poder, que emana legitimamente do povo, seja diretamente, seja por intermédio de representantes eleitos, há de ser exercido com a observância das imposições ditadas pelo Direito, por isso que o Brasil é um Estado Democrático de *Direito*, e como tal, sujeito ao controle do Poder Judiciário.[2]

Todos estão submetidos às normas em vigor, já que se ninguém é obrigado a fazer ou deixar de fazer algo senão em virtude de lei, então, *a contrario sensu*, em virtude de lei todos são obrigados a fazer ou não fazer alguma coisa, mas essa submissão se põe sob o controle do Judiciário, não se concebendo que qualquer lesão ou ameaça a direito possa ser excluída da sua apreciação.

Aquele que não cumprir as normas jurídicas poderá responder por sua conduta judicialmente, sujeitando-se à punição cabível, inclusive o Estado, que legisla, aplica e controla a aplicação da lei, incumbindo ao Ministério Público zelar pelo respeito dos Poderes Públicos e dos serviços de relevância pública aos direitos que a Constituição garante, promovendo as medidas cabíveis para assegurá-lo (CF, art. 129, II).

A afirmação, contudo, convida a advertência de que o Direito contém fórmulas que podem ofuscar o verdadeiro sentido que o coloca como a ciência do *dever ser*.

Quando o Judiciário aplica as sanções pecuniárias pelas infrações cometidas durante o período eleitoral pelos candidatos e partidos, e, depois, o Legislativo elabora lei de anistia que as põe por terra, o sistema, embora formalmente obedecido, não é respeitado.

É o caso, exemplificativamente, da Lei nº 9.996, de 14 de agosto de 2000, que, não obstante o veto presidencial corretamente fundamentado na contrariedade ao interesse público, anistiou os débitos decorrentes de multas aplicadas pela Justiça Eleitoral, a qualquer título, em decorrência de infrações praticadas nos anos eleitorais de 1996 e 1998.

---

2. Esse controle, em tempos idos, foi excluído pelo Ato Institucional nº 5, de 13 de dezembro de 1968, nos termos do art. 11, do seguinte teor: "**Art. 11.** Excluem-se de qualquer apreciação judicial todos os atos praticados de acordo com este Ato institucional e seus Atos Complementares, bem como os respectivos efeitos.".

Ao menos aparentemente, se a previsão da penalidade era de interesse público, a anistia não o foi, ou vice-versa. O descumprimento da lei, salvo valor maior que o justifique, não deve ser estimulado nem ser visto com indiferença, mormente quando abala a estrutura democrática.

Esse diploma legal foi julgado constitucional pelo Supremo Tribunal Federal, gerando o efeito, inclusive, de devolução dos valores já pagos (ADIn nº 2306-3).

O mesmo ocorre se um parlamentar se utiliza da gráfica da Casa Legislativa a que pertence para dar publicidade à sua candidatura e, por isso, julgam-no inelegível os tribunais, e, inconformados, cuidam seus pares de editar lei que o perdoe, tornando-o, novamente, elegível para as eleições em que ocorreu o abuso, ressarcido o prejuízo causado com base no preço de custo (sempre menor para o serviço público, cuja aquisição se dá por meio de licitação) do material indevidamente utilizado.[3]

Nega-se o voto e a candidatura a quem não adquire, perde ou tem suspensos os direitos políticos nos casos que adiante serão estudados.

2. SUFRÁGIO

Consta da Declaração Universal dos Direitos Humanos:

> Artigo XXI
> 1. Toda pessoa tem o direito de tomar parte no governo de seu país, diretamente ou por intermédio de representantes livremente escolhidos.
> 2. Toda pessoa tem igual direito de acesso ao serviço público do seu país.
> 3. A vontade do povo será a base da autoridade do governo; esta vontade será expressa em eleições periódicas e legítimas, por sufrágio universal, por voto secreto ou processo equivalente que assegure a liberdade de voto.

E do Pacto Internacional sobre Direitos Civis e Políticos:

> Artigo 25. Todo cidadão terá o direito e a possibilidade, sem qualquer das formas de discriminação mencionadas no artigo 2 e sem restrições infundadas:
> a) de participar da condução dos assuntos públicos, diretamente ou por meio de representantes livremente escolhidos;
> b) de votar e de ser eleito em eleições periódicas, autênticas, realizadas por sufrágio universal e igualitário e por voto secreto, que garantam a manifestação da vontade dos eleitores;
> c) de ter acesso, em condições gerais de igualdade, às funções públicas de seu país.

Diz o art. 14 da Constituição Federal, que a soberania popular será exercida pelo sufrágio universal e pelo voto direto e secreto, com valor igual para todos, e mediante o plebiscito, o referendo e a iniciativa popular.

---

3. Lei nº 8.985, de 7 de fevereiro de 1995: "**Art. 1º.** É concedida anistia especial aos candidatos às eleições gerais de 1994, processados ou condenados ou com registro cassado e consequente declaração de inelegibilidade ou cassação do diploma, pela prática de ilícitos eleitorais previstos na legislação em vigor, que tenham relação com a utilização dos serviços gráficos do Senado Federal, na conformidade de regulamentação interna, arquivando-se os respectivos processos e restabelecendo-se os direitos por eles alcançados. [...] **Art. 2º.** Somente poderão beneficiar-se do preceituado no *caput* do artigo precedente os membros do Congresso Nacional que efetuarem o ressarcimento dos serviços individualmente prestados, na conformidade de tabela de preços para reposição de custos aprovada pela Mesa do Senado Federal, excluídas quaisquer cotas de gratuidade ou descontos.".

Com isso, explica Lenza (2011, p. 1.015-6), institui-se não a democracia direta, na qual o povo exerce diretamente o poder, sem representantes, nem a democracia exclusivamente representativa (que se dá com a eleição dos representantes do povo), mas sim a democracia participativa ou semidireta, a qual, ao lado da democracia representativa, propicia, por meio do plebiscito, do referendo, da iniciativa popular e do manejo da ação popular, o controle popular sobre os atos estatais.[4]

O vocábulo sufrágio tem sido usado como sinônimo de voto.

Etimologicamente, o sufrágio, do latim *suffragium*, de *suffragari*, tem, dentre outros, o significado de voto.

No Direito Civil, a palavra é utilizada para designar os atos realizados em favor da alma do falecido, como missas e orações, dispondo o Código de 2002 no art. 1.998, na esteira do art. 1.797 do Diploma de 1916, que as despesas "de sufrágios por alma do falecido só obrigarão a herança quando ordenadas em testamento ou codicilo".

Contudo, no sentido que lhe confere a Constituição, que no seu art. 14, tal como no art. 21 da Declaração Universal dos Direitos Humanos, a ambas as figuras alude, o sufrágio com o voto não se confunde. Perceptível essa distinção, de igual modo, no art. 1º da Lei nº 9.709/1998.

O sufrágio é o direito político que o cidadão possui de participar do poder, votando (sufrágio ativo) e sendo votado (sufrágio passivo).

Não padece o direito de sufrágio do mal da discriminação, pois é conferido pela Constituição brasileira independentemente de solicitação legal de caráter econômico, qualificação pessoal ou qualquer outra exigência, não obstante condicionado ao preenchimento de certos requisitos, como é necessário, do que é exemplo a idade mínima para a compreensão da grandeza do ato de votar, no caso 16 anos. Em outras palavras, esse direito embora se sujeite a requisitos, não conhece barreiras ligadas ao sexo, à escolarização ou às condições sociais ou econômicas. O sufrágio é universal.

Não optou a Lei Maior, pois, pelo sufrágio restrito – que se apresenta sob a forma de sufrágio censitário (exigências de ordem econômica), capacitário (imposição de grau de instrução) ou de restrição pertinente ao sexo (o reconhecimento do direito a apenas um dos sexos).

Mas nem sempre foi assim.

O sufrágio já obedeceu, no Brasil, a restrições referentes à capacidade física, fortuna, condição social, instrução e sexo.

Com efeito, pela Constituição do Império de 1824, art. 8º, suspendiam-se os direitos políticos por incapacidade física; o art. 92 da mesma Carta excluía do direito de votar nas Assembleias Paroquiais, os filhos famílias que estivessem na companhia de seus pais, salvo se servissem Ofícios públicos, bem como os criados de servir, os que não tivessem de renda líquida anual cem mil réis por bens de raiz, indústria, comércio, ou empregos; por força do art. 94, todos os que podiam votar nas Assembleias Paroquiais podiam

---

4. Citando o artigo de Mônica de Melo (1993, p. 336), conclui o autor, em resumo: "a democracia semidireta ou participativa é um *sistema híbrido*, uma democracia representativa com peculiaridades e atributos da democracia direta".

votar na eleição dos Deputados (a cujo mandato só teriam acesso os que professassem a religião do Estado, de acordo com o art. 95, III), Senadores, e Membros dos Conselhos de Província, excetuados os que não tivessem de renda líquida anual duzentos mil réis por bens de raiz, indústria, comércio, ou emprego, bem como os libertos.

A primeira Constituição Republicana de 1891, repetia a regra da suspensão dos direitos políticos por incapacidade física no art. 71, § 1º, "a", e não aceitava o voto dos mendigos e dos analfabetos no art. 70, § 1º, 1 e 2, reaparecendo a norma nas Constituições de 1934, no art. 108, parágrafo único, "c", e na de 1937, no art. 117, parágrafo único, "c", permanecendo a proibição do voto do analfabeto nas Constituições de 1946, no art. 132, I, e de 1967, no art. 142, § 3º, "a", inclusive com a Emenda nº 1, de 1969, cujo art. 147, § 3º, "a", somente abandonou a previsão em 1985, *ex vi* da Emenda Constitucional nº 25.

Conquanto o voto feminino não fosse claramente negado pela Constituição de 1891, não concebia a maioria, à época, a possibilidade de sua existência diante da predominância das ideias da completa submissão da mulher ao homem, de sua ingenuidade e serenidade, de suas condições fisiológicas e psicológicas e do destino que a natureza lhe reservara, razão pela qual pugnavam, os mais lúcidos, pela concessão do direito por norma específica.

A esse respeito, um trecho do discurso do Deputado Pedro Américo, proferido na sessão de 27 de janeiro de 1891, citado por João Barbalho (1902, p. 291), que certamente terá despertado a indignação de muitos de seus contemporâneos, mas que acabou por retratar a tese vitoriosa:

> Deixo a outros a glória de arrastarem para o turbilhão das paixões políticas a parte serena e angélica do gênero humano. A observação dos fenômenos afetivos, fisiológicos, psicológicos, sociais e morais não me permite erigir em regra o que a história consigna como simples, ainda que insignes, exceções. Pelo contrário, essa observação me persuade que a missão da mulher é mais doméstica do que pública, mais moral do que política. Demais a mulher, não direi ideal e perfeita, mas simplesmente normal e típica, não é a que vai ao foro, nem à praça pública, nem às assembleias políticas defender os direitos da coletividade, mas a que fica no lar doméstico, exercendo as virtudes feminis, base da tranquilidade da família, e por consequência da felicidade social.

E, após a transcrição desse texto, rematava Barbalho, então Ministro da Corte Suprema, com ironia:

> A maioria do congresso constituinte, apesar da brilhante e vigorosa dialética exibida em prol da mulher votante, não quis a responsabilidade de arrastar para o turbilhão das paixões políticas a parte serena e angélica do gênero humano.

Porém, não só aqui, à época, reinava esse pensamento.

Bluntschli (1881, p. 60) defendia essa mesma ideia na sua *Théorie Générale de l'État*, afirmando a falta de sintonia entre a natureza viril do Estado e a fragilidade e sensibilidade feminina.

Aliás, em plebiscito realizado já em 1959, segunda metade do século XX, a Suíça negou-se a reconhecer à mulher o direito de votar, só o concedendo, juntamente com o direito de ser votada, em 1971.

À mulher brasileira somente foi concedida a condição de eleitora, expressamente, com *status* constitucional, pelo art. 108 da Constituição de 1934, que reeditou a norma do Código Eleitoral que a antecedeu (Decreto nº 21.076, de 24 de fevereiro de 1932) e considerou compulsórios o alistamento e o voto feminino somente para as mulheres que ocupassem funções públicas remuneradas (art. 109).

Essa distinção não foi feita na Constituição de 10 de novembro de 1937:

> Art. 117. São eleitores os brasileiros de um e de outro sexo, maiores de dezoito anos, que se alistarem na forma da lei.
> Parágrafo único. Não podem alistar-se eleitores:
> a) os analfabetos;
> b) os militares em serviço ativo;
> c) os mendigos;
> d) os que estiverem privados, temporária ou definitivamente, dos direitos políticos.

E em nível Constitucional ficou afastada qualquer distinção com relação à obrigatoriedade do voto masculino e feminino, com a Constituição de 18 de setembro de 1946:

> Art. 133. O alistamento e o voto são obrigatórios para os brasileiros de ambos os sexos, salvo as exceções previstas em lei.

Idêntica a regra constante do art. 142, § 1º, da Constituição de 24 de janeiro de 1967, que conservou o mesmo texto no art. 147, § 1º, com a Emenda Constitucional nº 1, de 17 de outubro de 1969.

A Constituição atual, além de prever, no art. 5º, que todos são iguais perante a lei, no inciso I desse dispositivo trouxe regra explícita no sentido de que homens e mulheres são iguais em direitos e obrigações, impondo a ambos, brasileiros maiores de idade, o alistamento e o voto, excepcionalmente facultativos aos analfabetos e idosos, como facultados são aos menores entre dezesseis (ou 15 anos para o alistamento, desde que completados os 16 anos na data das eleições, segundo já decidiu o Tribunal Superior Eleitoral, pela pena do Ministro Marco Aurélio) e dezoito anos.

Quanto aos portadores de deficiência, não se lhes pode negar, em razão dela, o direito de votar, nem o de receber votos.

A imposição da perda ou suspensão dos direitos políticos em razão da incapacidade civil absoluta (CF, art. 15, II), identificada à luz do Código Civil, queria dizer que perderia os direitos políticos conquistados aquele que se tornasse incapaz de modo pleno e definitivo, ou que os teria suspensos quem se incapacitasse civilmente de forma absoluta, mas provisória.

Entretanto, o citado Código, no art. 3º, alterado pela Lei nº 13.146/2015, mantém como absolutamente incapazes apenas os menores de 16 anos, os quais não se incluem nos casos de perda ou suspensão de direitos políticos, pois nem sequer os adquiriram. Doravante, pois, sob a autoridade do dispositivo alterado, não há mais absolutamente incapazes a partir desta idade.

Neste ponto, destarte, esvaziou-se a norma constitucional acima lembrada.

Atualmente, são relativamente incapazes: os maiores de 16 e menores de 18 anos; os ébrios habituais e os viciados em tóxico; os que, por causa transitória ou permanente, não puderem exprimir sua vontade; e os pródigos (CC, art. 4º).

Mais se falará a respeito em tópico próprio.

É crime apenado com detenção de quinze dias (CE, art. 284) a seis meses e multa, previsto no art. 297 do Código Eleitoral, impedir ou de qualquer forma embaraçar o exercício do sufrágio.

3. VOTO

O voto é a expressão do direito de sufrágio, isto é, o instrumento pelo qual o cidadão manifesta a sua vontade no que concerne à escolha daquele que irá representá-lo via mandato eletivo. Votar representa o exercício do direito de sufrágio. Também pelo voto o cidadão responde à consulta formulada mediante plebiscito e referendo. Por meio do voto, então, a soberania popular é exercida.

O voto representa a escolha do eleitor, feita diretamente, sem intermediação.

Observe-se que a Constituição Federal admite, no art. 81, situação em que a escolha é realizada de maneira indireta, quando vagando os cargos de Presidente e Vice-Presidente da República nos últimos dois anos do período presidencial, a eleição para ambos os cargos será feita trinta dias depois da última vaga, pelo Congresso Nacional. Ou seja, os parlamentares eleitos pelo povo votam em seu lugar, como seus representantes. Mas é exceção.

O voto é pessoal. Não há, nesta matéria, voto por procuração.

E mais: o voto é livre. Vota-se no candidato escolhido ou, no caso do referendo e do plebiscito, na solução em que se quer votar, ou em branco, ou nulamente.

Reprime o Código Eleitoral qualquer comportamento, violento ou não, que atente contra essa liberdade, reconhecendo-lhes o caráter de ilícito penal, nos arts. 299 a 301.[5]

O voto é também secreto.

A não publicidade da votação é essencial para evitar que o voto seja manipulado, por isso segrega-o o votante somente à urna.

O sigilo do voto assegura àquele que vota a liberdade de escolha, isentando-o de exposição às críticas, senão de sua própria consciência, ou a cobranças ou represálias de quem quer que seja.

Em defesa da prevalência dessa liberdade, não passível de elisão pela renúncia – que a afetaria na essência, tornando-a extremamente vulnerável –, é que o Judiciário inadmite a validade de voto identificável, e, por outro lado, só reconhece a nulidade de um voto quando impossível o respeito à vontade do votante, quer porque sua descoberta não se revela seguramente viável, quer porque, viabilizada, se exiba seguramente inútil para os

---

5. Código Eleitoral: "**Art. 299.** Dar, oferecer, prometer, solicitar ou receber, para si ou para outrem, dinheiro, dádiva, ou qualquer outra vantagem, para obter ou dar voto e para conseguir ou prometer abstenção, ainda que a oferta não seja aceita: Pena – reclusão até quatro anos e pagamento de cinco a quinze dias-multa. **Art. 300.** Valer-se o servidor público da sua autoridade para coagir alguém a votar ou não votar em determinado candidato ou partido: Pena – detenção até seis meses e pagamento de 60 a 100 dias-multa. Parágrafo único. Se o agente é membro ou funcionário da Justiça Eleitoral e comete o crime prevalecendo-se do cargo a pena é agravada. **Art. 301.** Usar de violência ou grave ameaça para coagir alguém a votar, ou não votar, em determinado candidato ou partido, ainda que os fins visados não sejam conseguidos: Pena – reclusão até quatro anos e pagamento de cinco a quinze dias-multa.".

fins legitimamente perseguidos com a votação, como ocorre quando a escolha do eleitor é dirigida a quem não é candidato.[6]

Por isso, nenhum respaldo encontra a reivindicação, às vezes por leigos feita, de que a urna eletrônica deveria fornecer ao eleitor "recibo" impresso especificando o voto dado, eis que, a partir do momento em que se contemplasse a existência da comprovação do teor do voto em posse do eleitor, estaria oportunizada a sua cobrança pelo candidato, pelo amigo, pelo cônjuge, pelo parente, pelo superior que lhe pediu cooperação, o que abalaria a sua liberdade de escolha.

Outra vem a ser a previsão do art. 59-A, da Lei das Eleições, cujo escopo é o de permitir ao votante confirmar que, conforme o registro impresso que lhe é mostrado (o contato será apenas visual), o seu voto, tal como dado, contém-se na urna eletrônica. A cópia impressa do voto será depositada, automaticamente, sem contato manual do eleitor, em local previamente lacrado e poderá servir a eventual recontagem de votos. A implantação do sistema preconizado, como prevê o art. 12 da Lei nº 13.165, de 2015, deverá ocorrer até as eleições gerais de 2018.

O voto, cumpre insistir, é compulsoriamente dado em segredo, não tendo nem mesmo o próprio eleitor, em princípio (haverá exceção em relação a pessoas com certas deficiências), o direito de mostrá-lo a quem quer que seja.

Violar ou tentar violar o sigilo do voto é crime previsto no art. 312 do Código Eleitoral, apenado com detenção de 15 dias (art. 284 do mesmo Código) até dois anos.

Não produz qualquer efeito a sua anunciação verbal, porque esta não tem repercussão efetiva. O que se coíbe é a divulgação, mediante comprovação – por exemplo de fotografia do voto eletrônico tirada com o celular, ou de anotação na cédula em votação realizada por esse meio, tornando identificável o votante – do conteúdo do voto, seja nulo, em branco, ou efetivamente atribuído a determinado candidato. Simplesmente dizer o eleitor como teria votado – e é comum que o faça – não assegura a exposição do que realmente ocorreu no momento culminante da eleição, no qual, na inviolável intimidade da cabine de votação, ele atua exclusivamente de acordo com os ditames das suas concepções morais, políticas, filosóficas, não se sujeitando a prestar contas da sua opção seja a quem for.

Por isso o art. 91-A, parágrafo único, da Lei nº 9.504/1997 impede o uso de celular, máquina fotográfica ou filmadora na cabine de votação.

Então, como visto, fica assegurada a liberdade de votar, porque não há intermediários entre a vontade do eleitor e a sua declaração – o voto é direto – e não é admissível o voto aberto do eleitor: o voto é secreto.

Mas, impende assinalar, o voto que aqui se protege com o sigilo é o do eleitor, não o do eleito quando vota qualquer matéria no exercício do mandato que recebe do povo,

---

6. Ou até mesmo a algum animal. Já no final dos anos cinquenta, o povo de São Paulo, manifestando sua insatisfação com os candidatos à Câmara Municipal, chegou a dedicar a soma – muito mais expressiva na época – de cem mil votos, não a uma pessoa, mas à fêmea de hipopótamo chamada Cacareco, cuja *candidatura a vereador*, lançada por sarcasmo, foi atribuída ao jornalista Itaboraí Martins. Trinta anos depois, nas eleições de 1988, por sugestão do programa humorísico "Casseta e Planeta", da TV Globo, o Chimpanzé Tião recebeu, dos eleitores cariocas, mais de 400 mil votos, ficando à frente de dez dos doze candidatos a Prefeito do Rio de Janeiro.

ao qual representa e, portanto, deve satisfações, não lhe sendo dado fazer segredo das posições que em seu nome, como mandatário, assume, tendo os eleitores o direito de avaliá-las, confrontando-as com o perfil do parlamentar – identificado com as aspirações da agremiação política a que se filia e à qual deve fidelidade – anunciado por ocasião de sua candidatura e que constituiu elemento determinante da escolha do eleitorado, mantendo-se importante com vistas a novas eleições.

Sempre sustentamos que a determinação do sigilo do voto do eleito, neste caso, não se harmoniza com as expectativas dos cidadãos, que, no mínimo, intuem sua absurdez num regime democrático.

A propósito, cabe relembrar o episódio da violação do painel do Senado, em 2001, envolvendo dois Senadores que, em razão da acusação que sofreram e para evitar maior dano, resultante de um processo de quebra do decoro parlamentar, renunciaram aos respectivos mandatos e, nas eleições seguintes, um se reelegeu Senador e o outro foi o Deputado Federal mais votado onde se candidatou. Ou seja, o povo não desaprovou a identificação dos votos dos parlamentares dados "secretamente".

A preocupação com esse assunto cresceu diante da decisão a que se chegou, por voto secreto da Câmara dos Deputados, de manter o mandato de deputado federal no cumprimento de pena, condenado que foi por sentença transitada em julgado (CF, art. 55, VI, e § 2º), o que, denunciado pela imprensa, abalou, sobremaneira, o prestígio daquela Casa, provocando um movimento dos seus integrantes no sentido de apressar a transformação, por meio de PEC (Projeto de Emenda Constitucional), do voto fechado em aberto, na hipótese de cassação de mandato, deliberando, por unanimidade, em segundo turno, por sua aprovação, o que deu origem à Emenda Constitucional nº 76, de 28 de novembro de 2013, mais ampla, alterando o § 2º do art. 55 e também o § 4º do art. 66 da Constituição Federal para abolir a votação secreta nos casos de perda de mandato de Deputado ou Senador e de apreciação de veto, normas que passaram a ter redação compatível com o modelo representativo que ela adota.

Eis os referidos dispositivos, em sua nova redação:

> **Art. 55.** (...). § 2º. Nos casos dos incisos I, II e VI, a perda do mandato será decidida pela Câmara dos Deputados ou pelo Senado Federal, por maioria absoluta, mediante provocação da respectiva Mesa ou de partido político representado no Congresso Nacional, assegurada ampla defesa.

Aqui suprimiu-se a expressão "por voto secreto".

> **Art. 66.** (...) § 4º. O veto será apreciado em sessão conjunta, dentro de trinta dias a contar de seu recebimento, só podendo ser rejeitado pelo voto da maioria absoluta dos Deputados e Senadores.

Deste retirou-se a expressão "em escrutínio secreto".

Acrescente-se, ainda, que não há distinção entre o voto facultativo e o obrigatório, o do analfabeto e o do alfabetizado, o do homem e o da mulher, o do rico e o do pobre, o do jovem e o do idoso. O voto de cada um – e cada um só tem direito a um voto – tem o mesmo valor que o voto de qualquer outro.

Votar ou tentar votar mais de uma vez, ou em lugar de outrem é atitude criminosa, como tal sujeita à pena de reclusão de um (CE, art. 284) a três anos, a teor do art. 309 do Código Eleitoral.

4. CIDADANIA

As pessoas que preenchem os requisitos necessários podem/devem votar. Daí a noção de cidadania, pertinente ao regime político, que não se confunde com a de nacionalidade, ligada ao território. Escreve, a respeito, José Afonso da Silva (1992, p. 346-7):

> Hoje, é desnecessária a terminologia empregada por Pimenta Bueno, para distinguir o nacional do cidadão, pois não mais se confundem nacionalidade e cidadania. Aquela é vínculo ao território estatal por nascimento ou naturalização; esta é um *status* ligado ao regime político. Cidadania, já vimos, qualifica os participantes da vida do Estado, é atributo das pessoas integradas na sociedade estatal, atributo político decorrente do direito de participar no governo e direito de ser ouvido pela representação política. Cidadão, no direito brasileiro, é o indivíduo que seja titular dos direitos políticos de votar e ser votado e suas consequências. Nacionalidade é o conceito mais amplo do que cidadania, e é pressuposto desta, uma vez que só o titular da nacionalidade brasileira pode ser cidadão.

Assim colocada a questão, à vista das normas de regência, podemos afirmar que, à exceção do português a quem se atribui direitos inerentes ao brasileiro, nos termos do art. 12, § 1º, da Constituição, aqui todo cidadão é nacional, porém, nem todo nacional é cidadão.

Cidadão é o nacional que possui o direito político de votar (cidadania ativa), isoladamente, ou conjuntamente com o direito de ser votado (cidadania passiva).

Aos nacionais não cidadãos, nos termos da Constituição, não cabe, por exemplo: a propositura da ação popular (CF, art. 5º, LXXIII); a iniciativa da lei (CF, art. 61); a denúncia de irregularidades ou ilegalidades perante o Tribunal de Contas da União (CF, art. 74, § 2º); compor a Justiça de Paz (CF, art. 98, II), o Supremo Tribunal Federal (CF, art. 101), o Conselho Nacional de Justiça (CF, art. 103-B), o Conselho Nacional do Ministério Público (CF, art. 130-A); a chefia da Advocacia-Geral da União (CF, art. 131, § 1º).

Importante dizer que a cidadania ativa independe da cidadania passiva. Assim, uma pessoa pode ser eleitor, sendo inelegível, possuindo, dessa forma, apenas a cidadania ativa. É o caso do analfabeto ou do eleitor com menos de dezoito anos.

Por outro lado, a cidadania passiva depende da existência da cidadania ativa, pois aquele que não pode votar não pode ser votado. É o caso do menor de dezesseis anos, por exemplo.

Compõe as condições de elegibilidade o pleno exercício dos direitos políticos.

5. PLEBISCITO E REFERENDO

Também pelo voto o cidadão se manifesta no plebiscito – forma de consulta prévia ao povo, para que autorize ou não a concretização de ato legislativo ou administrativo, sobre matéria de acentuada relevância, submetida a sua apreciação.

A palavra "plebiscito" tem origem na decisões tomadas pelas assembleias de plebeus (*plebiscita*), impostas a toda a comunidade romana com a Lei Hortensia de 286 a.C.

Ressalta-se que, conforme a Constituição Federal, a convocação do plebiscito, bem como a autorização do referendo, nas questões de relevância nacional, cabe à fração dos membros de qualquer das Casas do Congresso Nacional, pois é ele quem decide e autoriza tal consulta (CF, art. 49, XV; Lei nº 9.709/1998, art. 3º).

Porém, amparada na Lei nº 9.709/1998,[7] a Constituição de São Paulo, por exemplo, prevê que a iniciativa do plebiscito, neste Estado, poderá ser do povo, se houver 1% do eleitorado, distribuído em, pelo menos, cinco dentre os quinze maiores municípios com não menos que 0,2% de eleitores em cada um deles, pedindo essa participação.[8]

Essa previsão na Constituição Estadual não fere a Constituição Federal, porquanto o respectivo dispositivo prestigia a soberania popular e determina que sobre o requerimento do eleitorado, feito ao Tribunal Regional Eleitoral, seja ouvida a Assembleia Legislativa. A realização do referendo sobre lei será requerida à mesma Assembleia.

O art. 18 da Constituição Federal, nos §§ 3º e 4º, prevê a incorporação, subdivisão ou desmembramento dos Estados para se anexarem a outros, ou formarem novos Estados ou Territórios Federais, mediante aprovação da população diretamente interessada, colhida em plebiscito, e do Congresso Nacional, por lei complementar, bem como a criação, a incorporação, a fusão e o desmembramento de Municípios, far-se-ão por lei estadual, dentro do período determinado por Lei Complementar Federal, também mediante plebiscito, consultadas as populações dos Municípios envolvidos, após divulgação dos Estudos de Viabilidade Municipal, apresentados e publicados na forma da lei.

Por exemplo, no dia 11 de dezembro de 2011, o Pará realizou um plebiscito a respeito da divisão ou não do Estado em três: Pará, Carajás e Tapajós.[9]

---

7. A Lei nº 9.709, de 18 de novembro de 1998, que regulamenta o disposto nos incisos I, II e III do art. 14 da Constituição Federal, reza: "**Art. 5º.** O plebiscito destinado à criação, à incorporação, à fusão e ao desmembramento de Municípios, será convocado pela Assembleia Legislativa, de conformidade com a legislação federal e estadual. **Art. 6º.** Nas demais questões, de competência dos Estados, do Distrito Federal e dos Municípios, o plebiscito e o referendo serão convocados de conformidade, respectivamente, com a Constituição Estadual e com a Lei Orgânica.".

8. Constituição do Estado de São Paulo: "**Art. 24.** A iniciativa das leis complementares e ordinárias cabe a qualquer membro ou Comissão da Assembleia Legislativa, ao Governador do Estado, ao Tribunal de Justiça, ao Procurador-Geral de Justiça e aos cidadãos, na forma e nos casos previstos nesta Constituição. (...) § 3º. O exercício direto da soberania popular realizar-se-á da seguinte forma: 1 – a iniciativa popular pode ser exercida pela apresentação de projeto de lei subscrito por, no mínimo, cinco décimos de unidade por cento do eleitorado do Estado, assegurada a defesa do projeto, por representante dos respectivos responsáveis, perante as Comissões pelas quais tramitar; 2 – um por cento do eleitorado do Estado poderá requerer à Assembleia Legislativa a realização de referendo sobre lei; 3 – as questões relevantes aos destinos do Estado poderão ser submetidas a plebiscito, quando pelo menos um por cento do eleitorado o requerer ao Tribunal Regional Eleitoral, ouvida a Assembleia Legislativa; 4 – o eleitorado referido nos itens anteriores deverá estar distribuído em, pelo menos, cinco dentre os quinze maiores Municípios com não menos que dois décimos de unidade por cento de eleitores em cada um deles; 5 – não serão suscetíveis de iniciativa popular matérias de iniciativa exclusiva, definidas nesta Constituição; 6 – o Tribunal Regional Eleitoral, observada a legislação federal pertinente, providenciará a consulta popular prevista nos itens 2 e 3, no prazo de sessenta dias.". A Lei Orgânica do Município de São Paulo trata do plebiscito e do referendo com relação às questões relevantes ao destino do município e da iniciativa da lei nos arts. 5º, II e III; 44, I e III; e 45.

9. Decreto Legislativo nº 136, de 26.5.2011 (*DOU*, seção 1, de 27.5.2011, p. 77) e Decreto Legislativo nº 137, de 2.6.2011 (*DOU*, seção 1, de 3.6.2011, p. 1).

O resultado da votação foi contrário à divisão proposta.

Mas a própria Constituição de 1988 já previra, no art. 2º do Ato das suas Disposições Transitórias (ADCT), a realização de plebiscito a fim de que o eleitorado definisse a forma republicana ou monárquica e o sistema parlamentarista ou presidencialista de governo. Os eleitores, ouvidos, optaram por manter a República e o Presidencialismo.

Em conformidade com os arts. 5º e 6º da Lei nº 9.709/1998, o plebiscito destinado à criação, à incorporação, à fusão e ao desmembramento de Municípios, será convocado pela Assembleia Legislativa, de conformidade com a legislação federal e estadual e, nas demais questões, de competência dos Estados, do Distrito Federal e dos Municípios, o plebiscito e o referendo serão convocados de conformidade, respectivamente, com a Constituição Estadual e com a Lei Orgânica.

Pelo referendo, o povo é chamado para se manifestar sobre ato legislativo ou administrativo já editado, ratificando-o ou negando-lhe aprovação.

Em 6 de janeiro de 1963, o povo votou pelo retorno do presidencialismo, afastando, pois, o paralamentarismo que se instalara no País após a renúncia de Janio Quadros.

Outro exemplo. O disposto no art. 35 do Estatuto do Desarmamento (Lei nº 10.826, de 22 de dezembro de 2003) foi submetido ao referendo, em 23 de outubro de 2005.

Estabelecia o aludido dispositivo:

> **Art. 35.** É proibida a comercialização de arma de fogo e munição em todo o território nacional, salvo para as entidades previstas no art. 6º desta Lei.
>
> § 1º. Este dispositivo, para entrar em vigor, dependerá de aprovação mediante referendo popular, a ser realizado em outubro de 2005.
>
> § 2º. Em caso de aprovação do referendo popular, o disposto neste artigo entrará em vigor na data de publicação de seu resultado pelo Tribunal Superior Eleitoral.

Recusada a ratificação, a ordem não entrou em vigor.

Diferença marcante entre o plebiscito e o referendo, como se deflui, e como se lê na Lei nº 9.709/1998, que os regulamenta, consiste na anterioridade da convocação do plebiscito em relação ao ato legislativo ou administrativo que deverá ser aprovado ou não, enquanto que a convocação do referendo é posterior ao ato legislativo ou administrativo submetido à ratificação ou rejeição dos votantes.

A participação popular no plebiscito e no referendo é, assim como ocorre com as eleições, obrigatória, devendo também justificar a sua ausência o eleitor que não comparecer às urnas.

6. INICIATIVA POPULAR

Por fim, a iniciativa popular enseja ao povo a oportunidade de, na esfera federal, apresentar à Câmara dos Deputados um projeto normativo de interesse coletivo, o qual, após aprovação do Congresso Nacional e sanção do Presidente da República, se transforma em lei (CF, art. 61, § 2º).

No caso de Lei Federal, o projeto de lei, circunscrito a um só assunto, deve ser assinado por, pelo menos, 1% do eleitorado brasileiro, desde que essa porcentagem seja dividida em, pelo menos, cinco Estados com, no mínimo, 0,3% dos eleitores em cada um.

Ressalte-se que o projeto de lei apresentado pelo povo não pode ser rejeitado pelo Congresso Nacional por erros formais e técnicos.

No âmbito eleitoral, originaram-se da iniciativa popular a Lei nº 9.840, de 1999, identificada como "Lei da Compra de Votos" e a Lei Complementar nº 135, de 2010, a chamada "Lei da Ficha Limpa".

Como se vê, pela espécie aqui tratada também se exterioriza a soberania popular, mas diferentemente da eleição de representantes do povo ou da manifestação no caso do plebiscito e do referendo, não guarda ela relação com o voto, conquanto, como anteriormente asseverado, deva o projeto de lei ser assinado pelos *eleitores* brasileiros, nas condições antes indicadas.

A execução do disposto nos incisos I, II e III do art. 14 da Constituição Federal, vem regulada pela já citada Lei nº 9.709/1998.

A ação popular, ajuizada para a proteção do patrimônio público e social, também exprime a participação direta do cidadão nos negócios públicos, agindo o autor popular não como substituto processual, mas em nome próprio na defesa de direito próprio – o direito de que o patrimônio público seja bem administrado (ARAUJO; NUNES JÚNIOR, 2009, p. 211).

Anote-se, finalmente, que a Constituição Federal autoriza a iniciativa popular no processo legislativo estadual (art. 27, § 4º), bem como em relação a projetos de lei de interesse específico do Município (art. 29, XII).

1
CONCEITO, PRINCÍPIOS E FONTES DO DIREITO ELEITORAL

1.1. CONCEITO DE DIREITO ELEITORAL

O Direito Eleitoral liga-se, como indica a denominação que se lhe atribui, às eleições.

Nesse cenário, podemos distinguir nos Direitos Políticos, tratados no Capítulo IV do Título II – Dos Direitos e Garantias Fundamentais da Constituição Federal, aqueles que se relacionam com as eleições de representantes do povo no Poder e os que guardam pertinência com a consulta mediante referendo ou plebiscito e com a iniciativa popular.

Para viabilizar o exercício da soberania popular pelo sufrágio universal e pelo voto direto e secreto, com valor igual para todos, o Direito deve discipliná-lo adequadamente.

Nesse contexto, as candidaturas e a vontade dos cidadãos a ser expressa pelo voto reclamam a observância de princípios, explícitos ou implícitos, no ordenamento jurídico e disposições especiais que assegurem a lisura do processo que se desenvolve sob a supervisão da Justiça Eleitoral e que engloba a realização de diversos atos, como a aquisição da condição de eleitor e de candidato, as campanhas eleitorais, a colheita dos votos e sua apuração, a fim de que a opção proclamada como a eleita corresponda àquela efetivamente manifestada pelo eleitor, a diplomação dos eleitos.

A esse conjunto de princípios e regras – estas (regras) formadas à luz daqueles (princípios) – chamamos *Direito Eleitoral*.[10]

Assim, o Direito Eleitoral é ramo autônomo do Direito Público composto por normas extrapenais e penais, materiais e processuais, destinadas a regular os direitos políticos voltados à concretização do exercício da soberania popular pelo sufrágio universal e pelo voto direto e secreto, com valor igual para todos. Tem por alvo, portanto, disciplinar os atos que envolvem o processo eleitoral, enfocando a atuação de todos quantos dele participem, seja o eleitor, desde o seu regular alistamento, seja o candidato, seja a Justiça Especializada ou o Ministério Público que junto a ela oficia, ou o Partido Político.

---

10. Fávila Ribeiro, negando a conveniência desta compreensão mais ampla do termo "eleitoral" propõe a alteração da denominação do Código *Eleitoral* (projetado) para "Código do Poder de Sufrágio" (1996, p. 12). A Comissão que compôs apresentou um anteprojeto que se tornou o Projeto de Lei Complementar (PLC) nº 195/1994 – autor Deputado Adylson Motta (PPR/RS) –, dispondo "sobre os modos de participação popular na eletividade representativa e em deliberações diretas mediante plebiscitos e referendos; a prestação jurisdicional inerente às atividades de sufrágio e a organização e competência dos órgãos da justiça eleitoral; inelegibilidades; partidos políticos e o sistema partidário; crimes infringentes às atividades de sufrágio e o seu processo". Mas o projeto foi arquivado em 1999.

Na lição de Fávila Ribeiro (1996, p. 4): "o Direito Eleitoral precisamente dedica-se ao estudo das normas e procedimentos que organizam e disciplinam o funcionamento do poder de sufrágio popular, de modo a que se estabeleça a precisa equação entre a vontade do povo e a atividade governamental".

1.2. PRINCÍPIOS QUE REGEM O DIREITO ELEITORAL

Vários são os princípios que servem de alicerce ao Direito Eleitoral material e processual, traçando as diretrizes pelas quais ele se norteia.

Sem preocupação hierarquizante ou classificatória, Marlon Reis (2011) apresenta, como os mais importantes, os seguintes: princípio democrático, princípio republicano, princípio da igualdade (ou isonomia), princípio do sufrágio universal, princípio da prevalência do interesse público, princípio da participação popular ou acesso democrático, princípio da proteção (extraído do texto do § 9º do art. 14 da CF – inelegibilidades) e princípio da anualidade ou anterioridade.

José Jairo Gomes (2015, p. 37), dentre os princípios fundamentais do Direito Eleitoral, destaca: democracia, democracia partidária, Estado Democrático de Direito, poder soberano, republicano, federativo, sufrágio universal, legitimidade, moralidade, probidade, igualdade ou isonomia, assinalando que relevam ainda princípios de natureza processual.

No elenco de Ramayana (2006, p. 32-65), constam o princípio da lisura das eleições, o princípio do aproveitamento do voto, o princípio da celeridade, o princípio da devolutividade dos recursos, o princípio da preclusão instantânea, o princípio da anualidade, o princípio da responsabilidade solidária entre candidatos e partidos políticos, o princípio da irrecorribilidade das decisões do TSE e o princípio da moralidade eleitoral.

Vejamos alguns desses princípios – os que nos parecem, aqui, merecer imediato destaque, sem prejuízo de referência a outros princípios no curso de nossa exposição, na medida em que se faça oportuna sua invocação – nem sempre coincidindo com a nossa exposição outras respeitabilíssimas concepções.

Os *princípios republicano, federativo, presidencialista e do Estado Democrático de Direito* são apontados como princípios fundamentais do Estado Brasileiro no texto constitucional, como se lê no art. 1º, *caput*, inserido no Título I da Lei Maior – Dos Princípios Fundamentais

O Brasil é uma *república federativa*, formada pela união indissolúvel dos Estados e Municípios e do Distrito Federal, que se constitui em *Estado Democrático de Direito* e tem por fundamento o princípio da soberania popular,[11] sendo o Poder Executivo exercido

---

11. Observe-se a seguinte ementa tirada de caso decidido pelo TRE/SP, sendo Relator o eminente constitucionalista Juiz Paulo Hamilton, em que se põe em relevo o princípio da soberania popular: "O pedido de renúncia e substituição a menos de 12 horas antes do pleito é inválido, na medida em que ofende o princípio constitucional da soberania popular, que exige o pleno conhecimento dos eleitores para o válido exercício do direito ao voto. O sistema jurídico não pode permitir manobra política com o intuito de induzir o eleitor a erro pela ausência da devida informação, que é inerente ao direito eleitoral. O ato de burla à lei perpetrado na calada da noite ofende o Estado Democrático e Social de Direito e os princípios de regência do Microssistema Eleitoral". (TRE/SP, Recurso Eleitoral nº 586-68.2012.6.26.0330, Rel. Juiz Paulo Hamilton)

pelo Presidente da República. A organização político-administrativa do Brasil compreende, pois, a União, os Estados, o Distrito Federal e os Municípios, todos autônomos, nos termos dispostos na Constituição. O Poder Executivo da República é exercido pelo Presidente, o dos Estados e do Distrito Federal pelos Governadores e dos Municípios pelos Prefeitos, eleitos pelo povo (CF, arts. 1º, 18, 28, 29, I, 32, § 2º, e 76). Os membros do Legislativo igualmente são eleitos e, do mesmo modo, cumprem mandato por prazo predeterminado. Mandato significa precisamente representação: é o povo exercendo o poder por meio de representantes livremente escolhidos pelo voto direto e secreto dos eleitores.

A opção pela república federativa como forma de governo irradia o comprometimento do ordenamento jurídico – ao qual, já foi dito, sob o controle do Judiciário todos devem obediência – com os ideais que a guiam, o que ganha especial realce no campo do Direito Eleitoral.

As questões próprias do ambiente eleitoral, pressupostos do legítimo exercício dos mandatos eletivos com duração certa, como as concernentes à reelegibilidade limitada para evitar o continuísmo caracterizador da monarquia, refletem a sua presença.

A democracia, de seu turno, não prescinde da liberdade do voto, de um lado, e do equilíbrio da disputa entre os candidatos, de outro. E isso envolve considerações que vão desde a participação das pessoas com deficiência auditiva como também destinatários da propaganda eleitoral veiculada na televisão, ou da ajuda ao mutilado no momento da votação – que deve conviver com o sigilo do voto – passando pelas incompatibilidades, pelas condutas vedadas no período eleitoral, e outras, dentre as quais abusos que muitas vezes configuram crime, como a compra e venda de votos.

Sem que o voto seja livre e sem que se evite favorecimentos de certas candidaturas em relação a outras, não se pode falar na efetivação da democracia.

Também aqui cabe cogitar da necessária – pois não são admitidas candidaturas avulsas – mas livre criação, fusão, incorporação e extinção das agremiações políticas, por meio dos quais seus filiados aderem à ideologia que propagam, expressando as convicções e aspirações políticas, sociais, econômicas, filosóficas, jurídicas, com as quais se identificam. Embora seja livre a criação de partido político, sua existência plural é indispensável à garantia da democracia, na qual convivem e são respeitadas ideias de diversos matizes, que se distanciam em diferentes graus, chegando a contrapor-se totalmente. Mais amplamente fala-se em pluralismo político, que abarca outras organizações de cunho político apartidário, mas que contribuem, do mesmo modo, para assegurar os valores democráticos, como os movimentos destinados a fiscalizar a atuação dos políticos para levar a informação à avaliação dos eleitores, na época das eleições a que concorrem. É o caso de *movimentos da sociedade civil* focados no aprimoramento da participação política da população, organizados para esclarecê-la acerca dos temas pertinentes a esse desiderato.

O *princípio da universalidade do sufrágio* afirma o direito de votar a todos extensivo, conquanto subordinada sua aquisição e conservação a requisitos – o que não o desfigura – ligados à idade, ao alistamento eleitoral, à inexistência de incapacidade absoluta, à nacionalidade brasileira, como regra, e à preservação dos direitos políticos, passíveis de suspensão ou cassação. Aplica-se também ao direito de ser votado.

O *princípio da igualdade* diz respeito ao valor igual de todo voto, independentemente de sexo, grau de instrução ou *status* econômico ou social, também incidente como garantia da candidatura de pessoas de ambos os sexos nos prélios eleitorais, além de impor rigoroso tratamento igualitário dos participantes das eleições, na forma da lei.

Em função desse desejável tratamento igualitário, a garantir o equilíbrio do pleito, a Constituição Federal consagra o *princípio da anualidade*, que atinge a lei destinada a alterar o processo eleitoral.

Com a finalidade de assegurar a equanimidade das regras eleitorais, não dando ensanchas a sua elaboração com prévia adequação a interesses específicos já perfeitamente definidos com a proximidade das eleições, acautelou-se o legislador constituinte estabelecendo a norma do art. 16 da Constituição Federal.

Notadamente porque no Brasil, até o advento da Lei nº 9.504/1997, para cada eleição era editada uma lei própria, a precaução tomada foi salutar, dificultando, senão impedindo, o tratamento desigual dos concorrentes a mandato eletivo.

O dispositivo referido tinha, originalmente, a seguinte redação:

> **Art. 16.** A lei que alterar o processo eleitoral só entrará em vigor um ano após sua promulgação.

Todavia, o comando alusivo ao período de *vacatio legis*, tal como posto, mostrou-se inconveniente na medida em que proporcionava a aplicação, em tempos diferentes, de legislações diversas à mesma eleição, dependendo de encontrar-se, ou não, em determinada fase, há mais de ano da promulgação da lei especial.

Foi o que sucedeu nas eleições municipais de 1992, somente entrando em vigor a Lei nº 8.214, em 24 de julho do mesmo ano, apanhando-as quando em curso o processo eleitoral.

Por força da Emenda Constitucional nº 4, de 14 de setembro de 1993, o mesmo art. 16 passou a ser assim redigido:

> **Art. 16.** A lei que alterar o processo eleitoral entrará em vigor na data de sua publicação, não se aplicando à eleição que ocorra até um ano da data de sua vigência.

Por conseguinte, com a Constituição emendada aquela distorção foi corrigida: se a eleição se realizar após um ano a contar da publicação da lei, reger-se-á por esta todo o processo eleitoral que em função do pleito se desenvolver; caso contrário, sobre ele a lei não incidirá.

Com a intenção de deixar de produzir uma lei para cada pleito eleitoral, o legislador editou a Lei nº 9.504, em 30 de setembro de 1997, desde então em vigor, a qual estabelece normas para as eleições de Presidente e Vice-Presidente da Republica, Governador, e Vice-Governador de Estado e do Distrito Federal, Prefeito e Vice-Prefeito, Senador, Deputado Federal, Deputado Estadual, Deputado Distrital e Vereador.

Íntima relação guarda o princípio da anualidade com o interesse público, porque busca evitar que o casuísmo estimule o legislador e que surpresas prejudiquem o equilíbrio das eleições.

Aliás, o *princípio da prevalência do interesse público*, deve servir de norte a todos quantos lidam com a coisa pública, razão pela qual o Presidente da República pode vetar projeto de lei se considerar em risco esse interesse.

Deveras, o interesse público está sempre presente no Direito Eleitoral, por isso prescreve o Código Eleitoral, no art. 24, que cabe ao Procurador Geral Eleitoral – e o Ministério Público sempre intervém quando há interesse público – assistir às sessões do Tribunal Superior Eleitoral e tomar parte nas discussões (inciso I), além de oficiar em todos os recursos encaminhados àquele Colegiado (inciso III) e manifestar-se, por escrito ou oralmente, em todos os assuntos submetidos à deliberação do Tribunal, quando solicitada sua audiência por qualquer dos juízes, ou por iniciativa sua, se entender necessário (inciso IV), representar ao Tribunal sobre a fiel observância das leis eleitorais, especialmente quanto à sua aplicação uniforme em todo o País (inciso VI), dentre outras atribuições, estendidas, *mutatis mutandis*, ao Procurador Regional Eleitoral (CE, art. 27, § 3º).

O art. 72 da Lei Orgânica do Ministério Público Federal (LC nº 75/1993) dispõe que compete ao Ministério Público Eleitoral atuar em todas as fases do processo eleitoral.

O art. 23 da Lei Complementar nº 64, de 18 de maio de 1990 (Lei das Inelegibilidades), dispõe que "o Tribunal formará sua convicção pela livre apreciação dos fatos públicos e notórios, dos indícios e presunções e prova produzida, atentando para circunstâncias ou fatos, ainda que não indicados ou alegados pelas partes, *mas que preservem o interesse público de lisura eleitoral*".

A lisura de todo o processo eleitoral, abrangente da normalidade e legitimidade das eleições, é o bem maior visado pelo interesse público.

Então, como não poderia deixar de ser, o interesse público deve direcionar a elaboração, a aplicação e, consequentemente, a interpretação, da legislação eleitoral.

Ilustra a assertiva o pronunciamento do Pretório Excelso enfatizando a relevância do papel da imprensa na democracia:

> *A crítica jornalística em geral, pela sua relação de inerência com o interesse público*, não é aprioristicamente suscetível de censura. Isso porque *é da essência das atividades de imprensa operar como formadora de opinião pública*, lócus do pensamento crítico e *necessário contraponto à versão oficial das coisas*, conforme decisão majoritária do Supremo Tribunal Federal na ADPF 130. Decisão a que se pode agregar a ideia de que a locução "humor jornalístico" enlaça pensamento crítico, informação e criação artística. *A liberdade de imprensa assim abrangentemente livre não é de sofrer constrições em período eleitoral. Ela é plena em todo o tempo, lugar e circunstâncias. Tanto em período não eleitoral, portanto, quanto em período de eleições gerais.* Se podem as emissoras de rádio e televisão, fora do período eleitoral, produzir e veicular charges, sátiras e programas humorísticos que envolvam partidos políticos, pré-candidatos e autoridades em geral, também podem fazê-lo no período eleitoral. Processo eleitoral não é estado de sítio (art. 139 da CF), única fase ou momento de vida coletiva que, pela sua excepcional gravidade, a Constituição toma como fato gerador de "restrições à inviolabilidade da correspondência, ao sigilo das comunicações, à prestação de informações e à liberdade de imprensa, radiodifusão e televisão, na forma da lei" (inciso III do art. 139). (Grifos nossos).

E ressalva, igualmente visando à proteção do interesse público:

> Apenas se estará diante de uma *conduta vedada quando a crítica ou matéria jornalísticas venham a descambar para a propaganda política, passando nitidamente a favorecer uma das partes na disputa eleitoral*. Hipótese a ser avaliada em cada caso concreto. 10. Medida cautelar concedida para suspender a eficácia do inciso II e da parte final do inciso III, ambos do art. 45 da Lei nº 9.504/1997, bem como, por arrastamento, dos §§ 4º e 5º do mesmo artigo. (ADI 4.451 MC-REF/DF, Referendo na Medida Cautelar na Ação Direta de Inconstitucionalidade, Pleno, Rel. Min. Ayres Britto, j. em 2.9.2010, *DJe*-125 de 30.6.2011, *RTJ* 221/277). (Grifo nosso)

Outro *princípio* que deve ser consignado é o *da plenitude do gozo (ou exercício) dos direitos políticos positivos*, acerca do qual preleciona José Afonso da Silva (2011, p. 335):

> O princípio que prevalece é o da plenitude do gozo dos direitos políticos positivos, de votar e ser votado. A pertinência desses direitos ao indivíduo, como vimos, é que o erige em cidadão. Sua privação ou restrição do seu exercício configuram exceção àquele princípio. Por conseguinte, a interpretação das normas constitucionais ou complementares relativas aos direitos políticos deve entender à maior compreensão do princípio, deve dirigir-se ao favorecimento do direito de votar e ser votado, enquanto as regras de privação e restrição hão de entender-se nos limites mais estreitos de sua expressão verbal, segundo as boas regras de hermenêutica.

Ou seja, o desejável é reconhecer, sempre, que o brasileiro, observados os pressupostos genuinamente devidos, está apto ao pleno exercício da cidadania. Se se diz, por exemplo, que o analfabeto não é elegível, ao semianalfabeto não se há de impingir a mesma restrição, porque não se exige que o candidato seja alfabetizado, mas tão só que não seja analfabeto.

Daí decorre que igualmente é desejável que o resultado do exercício da cidadania ativa deva ser sempre aproveitado, a menos que isto não seja juridicamente possível, o que se dá à luz *do princípio do aproveitamento do voto*. Por exemplo, a Lei das Eleições prescreve, em seu art. 59, § 2º, que, "na votação para as eleições proporcionais, serão computados para a legenda partidária os votos em que não seja possível a identificação do candidato, desde que o número identificador do partido seja digitado de forma correta".

Na votação por cédula, já houve impugnações quanto a votos com leves marcas de batom sob o pretexto de que teriam o intuito de identificar a pessoa da votante, violando o sigilo do voto. Mas não prosperaram.

Ramayana (2006, p. 34), dissertando sobre o princípio do aproveitamento do voto, pondera, em observação oportuna:

> O princípio do aproveitamento do voto pode ser aviventado para evitar a nulidade de votos contidos nas urnas eletrônicas ou nas cédulas, quando a Junta Eleitoral verificar que é possível, pela adoção do princípio da razoabilidade, separar os votos nulos dos válidos (não contaminados pela fraude). Não é razoável anular todos os votos de uma urna eletrônica pelo fato de ter sido violado o sigilo da votação somente após às 14 horas do dia da eleição, desprezando-se todos os votos já manifestados e armazenados na urna até as 13 horas e 59 minutos.

Há também, como ramificação do princípio do aproveitamento do voto, voltado a setor específico de sua incidência – o da expressão inequívoca da vontade do eleitor – o *princípio da prevalência da intenção do eleitor*, que tem reduzida importância com o modelo de votação atual, salvo eventual defeito das urnas eletrônicas ou quando excepcionalmente não possam ser usadas, quando se lança mão da votação por cédulas.

O art. 177, I, do Código Eleitoral, declara que "a inversão, omissão ou erro de grafia do nome ou prenome não invalidará o voto, desde que seja possível a identificação do candidato".

O mesmo dispositivo, ainda, cuidando da votação por cédula, nas eleições realizadas pelo sistema proporcional, dita os outros modos pelo qual o voto com peculiaridades será aproveitado, indicando a favor de quem deve ser contado: a) se o nome escrito e o número indicado identificarem candidatos diferentes, considera-se votado aquele cujo nome foi escrito; b) da mesma maneira, escrito o nome ou o número do candidato, para ele será computado o voto, ainda que anotada a legenda de outro partido; c) se o eleitor escrever o nome ou o número de um candidato em espaço da cédula que não seja o correspondente ao mandato para o qual ele foi registrado, como quando colocar sua opção a Deputado Federal na parte da cédula referente a Deputado Estadual, ou de um Deputado Estadual na parte referente a Deputado Federal, o voto será contado para o candidato cujo nome ou número foi escrito, conforme o registro.

Em resumo, o nome grafado na cédula prepondera sobre todas as outras indicações feitas, se entre ele e elas houver divergência. Na falta da identificação nominal, havendo discrepância entre o número do candidato e outros dados, em relação a estes o número consignado no voto predomina.

Com base no inciso IV do indigitado dispositivo, o Tribunal Superior Eleitoral manteve decisão do Regional que, em eleição majoritária, considerou válido o voto diante da induvidosa manifestação de vontade do eleitor que escreveu o nome do candidato na cédula na qual assinalou o quadrilátero de outro candidato, contando-o para o concorrente cujo nome fora escrito.[12]

O mesmo Sodalício declarou nulo o voto do qual não constou o nome ou o número do candidato que o teria recebido, com clareza suficiente para distingui-lo de outro candidato ao mesmo cargo, não reconhecendo a hipótese de inversão, omissão ou erro de grafia do nome ou prenome do candidato.[13]

Noutra manifestação, que penetra na seara da urna eletrônica, embora, no caso, não tenha sido a ela dirigida, a Corte consignou que é indiscutível a intenção do eleitor que vota no número com o qual certo candidato desenvolveu toda a sua campanha eleitoral, não obstante tenha sido com outro número registrado, "por equívoco, pela agremiação partidária".[14]

Outro princípio há de obrigatória incidência sobre todas as condutas e indispensável menção: o *princípio da moralidade*, a respeito do qual são cabíveis as seguintes considerações.

O Direito conta com as atitudes morais dos homens e rejeita as imorais cujo afastamento persegue.

Os costumes, que nos fornecem a primeira noção de ordem pública, têm a moralidade como requisito (FRANÇA, 1988, p. 9-15), daí porque são qualificados como "bons costumes".

A Constituição do Brasil, no art. 37, impõe à administração pública direta e indireta de qualquer dos Poderes da União, dos Estados, do Distrito Federal e dos Municípios, a observância, concomitantemente, aos princípios de *legalidade* e *moralidade*, demonstrando a insuficiência da orientação de apenas um deles na prática dos atos administrativos, e, como parece irrefutável, a convivência harmoniosa de ambos não se reduz ao

---

12. TSE, REspE nº 11.252/MG, Rel. Min. Flaquer Scartezzini, j. em 16.9.1993, *DJ* de 5.11.1993.
13. TSE, AgI nº 8.357/ES, Rel. Min. Sydney Sanches, j. em 15.8.1989, *DJ* de 4.10.1989.
14. TSE, REspE nº 14.805, Rel. Min. Néri da Silveira, j. em 20.11.1997, *DJ* de 25.2.2000.

plano administrativo, no qual, apenas e convenientemente, é enfatizada. Em qualquer setor de atividade humana ambos hão de atuar.

À ordem pública, como antônimo de desordem pública, confere-se a ideia de padrão de comportamento socialmente aceito perante certa comunidade em determinada época, e esse padrão de comportamento compõe-se de regras e princípios que se encontram dentro e fora do mundo exclusivamente jurídico. As normas das duas espécies – direito e moral – em constante e recíproca influência, regulam o convívio dos seres humanos, tendo-se presente que existem normas amorais, ou seja, indiferentes à moral, aproveitadas pelo Direito, como na hipótese em que este estabelece certo prazo razoável para a prática dos atos processuais, bem como que o moral pode passar a ser considerado imoral, ou o imoral pode converter-se no moral, e que o Direito pode acolher o comportamento que rejeitava, ou rejeitar aquele que acolhia, em decorrência da variação local e temporal das concepções do certo e do errado dos componentes das sociedades.

A escravatura, até fins do século XIX, era admitida, no Brasil, pela lei e pela Igreja, com o apoio de toda a sociedade, até dos escravos alforriados ou negros livres nascidos de escravos, que, podendo, também adquiriam, para si, escravos, ou se vendiam para assumir essa condição.

Claro que Direito e Moral se distinguem, mas, ensina Miguel Reale, não se separam. A ordem pública não se cinge somente ao primeiro.

A regra moral aproveitada pelo Direito, uma vez no seu campo, integra-o, sem perder, contudo, sua qualidade original, sendo-lhe outra acrescentada. O dever de prestação de alimentos pelos pais aos filhos menores é declarado na lei e é regra moral. Passou a ser regra também jurídica porque não cumprida, por todos os pais, de forma voluntária.

Quanto ao mais que preenche o campo da Moral, pelo Direito não tornado regra jurídica, com ele (o Direito) convive como regra moral, sem alteração, pois, de sua natureza, espontaneamente obedecida, porque coincide com a convicção dos que a ela se subordinam. Ela é ditada pela consciência do indivíduo, sendo voluntariamente observada (autonomia da vontade), ao contrário da regra de Direito, para a qual não importa a aceitação voluntária da norma, como ocorre com a cobrança de tributos, sendo ele (o Direito) heterônomo, isto é, posto por terceiros, não (necessariamente) pela consciência dos seus destinatários (REALE, 2002, p. 607-11; 1984, p. 48-9).

O bem-estar de todos é o alvo do Direito e da Moral, portanto o é da ordem pública.

A exigência da moralidade significa que as atitudes tomadas no processo eleitoral, por todos que dele participam (eleitores, servidores, candidatos, membros do Ministério Público, juízes, integrantes dos partidos políticos), devem corresponder ao comportamento que atenda às expectativas da sociedade na busca do bem comum.

A referência feita à moral pelo legislador não é infrequente.

Relativamente à Justiça Eleitoral, cabe mencionar, exemplificativamente, que é defeso ao Juiz exercer suas funções em processo eleitoral do qual participe candidato que com ele litigue ou com o qual tenha parentesco (Lei nº 9.504/1997, art. 95; Resolução TSE nº 22.825/2008). Também comporta alusão a cobrança de idoneidade moral para a nomeação de advogados como integrantes da Corte Superior Eleitoral e dos Tribunais Regionais Eleitorais (CF, arts. 119, II, e 120, III).

Com relação à capacidade eleitoral ativa e passiva, para que os originários de países de língua portuguesa possam naturalizar-se brasileiro exige-se, apenas, residência no Brasil por um ano ininterrupto e *idoneidade moral*.

Especificamente quanto ao interessado em concorrer nas eleições, o art. 14, § 9º, da Constituição Federal, com a redação que lhe foi dada pela Emenda Constitucional de Revisão nº 4, de 1994, manda que o legislador complementar preveja outros casos de inelegibilidade, além dos apontados no texto constitucional, com a finalidade de proteger a *probidade* administrativa, *a moralidade para o exercício do mandato considerada a vida pregressa do candidato*, e a normalidade e legitimidade das eleições contra a influência do poder econômico ou o abuso do exercício de função, cargo ou emprego na administração direta ou indireta.

Sob a condição prévia da *moralidade* abonada pela vida pregressa do candidato pretende-se assegurar maior proteção à probidade administrativa.

Quanto à propaganda eleitoral, a Lei nº 9.504/1997, no art. 53, § 2º, dispõe que a requerimento de partido, coligação ou candidato, a Justiça Eleitoral impedirá a reapresentação de propaganda ofensiva à honra de candidato, *à moral* e aos *bons* costumes.

Homem honrado é aquele que pauta seu proceder pelos ditames da moral (BEVILAQUA, 1929).

Oportuno o seguinte comentário, cuja abordagem adiante será retomada.

O *caput* do art. 77 da Lei das Eleições dispunha:

> **Art. 77.** É proibido aos candidatos a cargos do Poder Executivo participar, nos 3 (três) meses que precedem o pleito, de inaugurações de obras públicas.

O Supremo Tribunal Federal decidiu que referida norma não feria o princípio da igualdade (ADI 3305/DF).

O legislador ordinário, no entanto, em boa hora reparou o seu equívoco, alterando a mencionada regra com redação determinada pela Lei nº 12.034, de 29 de setembro de 2009, que lhe dá maior amplitude:

> **Art. 77.** É proibido a qualquer candidato comparecer, nos 3 (três) meses que precedem o pleito, a inaugurações de obras públicas.

Portanto, se, na trilha do entendimento do Excelso Pretório, não fora antes ferido o princípio da igualdade, certamente orientou a dita ampliação o princípio da moralidade.

De ser destacado, igualmente, que o processo eleitoral, dada sua índole, deve ser célere, inadmitindo delongas. Daí iluminá-lo o *princípio da celeridade*.

Servem para evidenciar sua incidência os exemplos a seguir, colhidos na Lei das Eleições:

a) a escolha dos candidatos pelos partidos e a deliberação sobre coligações deverão ser feitas no período de 20 de julho a 5 de agosto do ano em que se realizarem as eleições (art. 8º, *caput*);

b) na hipótese de o partido ou coligação não requerer o registro de seus candidatos, estes poderão fazê-lo perante a Justiça Eleitoral, observado o prazo máximo de 48 horas seguintes à publicação da lista dos candidatos pela Justiça Eleitoral (art. 11, § 4º);

c) até vinte dias antes da data das eleições, todos os pedidos de registro de candidatos, inclusive os impugnados, e os respectivos recursos, devem estar julgados em todas as instâncias, e publicadas as decisões a eles relativas (art. 16, § 1º);
d) os processos de registro de candidaturas terão prioridade sobre quaisquer outros, devendo a Justiça Eleitoral adotar as providências necessárias para o cumprimento do prazo previsto no § 1º, inclusive com a realização de sessões extraordinárias e a convocação dos juízes suplentes pelos Tribunais, sem prejuízo da eventual aplicação do disposto no art. 97 e de representação ao Conselho Nacional de Justiça (art. 16, § 2º);
e) o direito de resposta decorrente de conceito, imagem ou afirmação caluniosa, difamatória, injuriosa ou sabidamente inverídica, difundidos por qualquer veículo de comunicação social, deverá ser pleiteado em 24 horas, em se tratando do horário eleitoral gratuito; 48 horas, quando proferida a ofensa durante a programação normal da emissora de rádio e televisão; 72 horas, quando se tratar de órgão da imprensa escrita, contado o prazo a partir da veiculação da ofensa; a qualquer tempo, se tiver em mira a divulgação que esteja sendo feita pela internet, ou nas 72 horas que se seguirem à sua retirada (art. 58, § 1º);
f) a reclamação de Partido contra nomeação da Mesa Receptora deverá ser apresentada em 5 dias e a decisão observará o prazo de 48 horas, cabendo recurso para o Tribunal Regional Eleitoral competente a ser interposto em 3 dias, mesmo prazo no qual deverá ser julgado (art. 63, *caput* e § 1º);
g) no período compreendido entre o registro das candidaturas até cinco dias após a realização do segundo turno das eleições, ressalvados os processos de *habeas corpus* e mandado de segurança, os feitos eleitorais terão prioridade para a participação do Ministério Público e dos Juízes de todas as Justiças e instâncias (art. 94, *caput*);
h) abrangendo a tramitação em todas as instâncias da Justiça Eleitoral, considera-se duração razoável do processo que possa resultar em perda de mandato eletivo o período máximo de 1 (um) ano, contado da sua apresentação à Justiça Eleitoral (art. 97-A, *caput* e § 1º).

Atento à relevância da matéria, o Tribunal Superior Eleitoral expede instruções sobre o calendário eleitoral do ano em que as eleições se realizarão.

Da exigência da celeridade imposta ao processo eleitoral resulta um rígido sistema atinente à preclusão.[15]

Com efeito, devendo o processo, iniciada sua marcha para frente, nela prosseguir, sem contramarchas e paralisações, só excepcionalmente admitidas (por exemplo: CPC/1973, arts. 183, § 2º, e 507; CPC/2015, arts. 223, § 2º e 1.004) há oportunidade certa para a prática do ato. Não realizado oportunamente, ou incompatibilizada a prática do

---

15. Item 10 do voto proferido pelo Min. José Paulo Sepúlveda Pertence no julgamento do REspE nº 9.145/MG, Rel. Min. Hugo Gueiros Bernardes, j. em 25.6.1991, *DJ* de 16.9.1991.

ato com outro já praticado, ou, ainda, exercida a faculdade processual no momento adequado, por uma das formas previstas em lei, fecha-se o acesso às etapas vencidas.

De acordo com a causa de que dimana, classifica-se a preclusão em temporal, lógica ou consumativa.

A primeira prende o ato ao prazo estabelecido para sua prática.

Ocorre a preclusão temporal quando a perda da faculdade processual se dá em virtude do esgotamento do prazo para o seu exercício.

Dispõe o Código Eleitoral:

> **Art. 259.** São preclusivos os prazos para interposição de recurso, salvo quando neste se discutir matéria constitucional.

Em sua monografia a respeito dos recursos eleitorais, sobre esse dispositivo, escreve Tito Costa (2010, p. 62):

> O instituto da preclusão adotado em nosso sistema eleitoral obedece à imperativa necessidade de desembaraçar, com maior rapidez possível, o processo eleitoral. Bem por isso, os interessados devem estar atentos ao momento preciso em que a decisão é proferida, para dela recorrer tempestivamente.

Mas a preclusão não se restringe, é claro, à área recursal. Se a parte, exemplificativamente, não declina, na inicial, as provas que pretende produzir, não trazendo, tampouco, o rol da testemunhas que pretende sejam ouvidas, inobservando a determinação do art. 3º, § 3º, da Lei Complementar nº 64/1990 ("o impugnante especificará, desde logo, os meios de prova com que pretende demonstrar a veracidade do alegado, arrolando testemunhas, se for o caso, no máximo de 6"), deixa de formular o devido requerimento no momento oportuno, *operando-se o fenômeno da preclusão temporal*.[16]

Quanto à preclusão lógica – que repele a incoerência de um ato em relação a outro precedentemente praticado – serve de ilustração a situação em que o sucumbente interpõe tempestivo recurso especial, bem enfrentando o julgamento que lhe é adverso, e, posteriormente, na pendência deste, opõe embargos de declaração, no respectivo prazo, suscitando a obscuridade do mesmo aresto. Ora, se o recorrente considerou o decisório apto a ser desafiado pela insurgência especial, não pode sustentar, logicamente, que nele se há de divisar o vício sanável pela via dos aclaratórios.[17]

Do mesmo modo, ocorre a preclusão lógica relativamente à oposição de exceção de suspeição se, ciente do fato que tornaria o juiz suspeito, o excipiente, anteriormente, praticou atos que implicaram na sua aceitação.

Especialmente quanto à atuação do Ministério Público, merece destaque a decisão do TSE que, sob o pálio do princípio da indivisibilidade da Instituição, abalizou que

---

16. AgI nº 59.544 – Caputira/MG, Rel. Min. Marcelo Henriques Ribeiro de Oliveira, Decisão Monocrática de 19.5.2010, *DJe* de 26.5.2010, p. 50-2.
17. Nesse sentido: "1. Eleições 2004. Interposição de Recurso Especial. Posterior oposição de Embargos Declaratórios contra a mesma decisão. Preclusão lógica. Havendo a interposição de recurso especial antes da oposição dos embargos, este último recurso é atingido pela preclusão lógica" (TSE, AREspE nº 25.454/BA, Rel. Min. Joaquim Barbosa, j. em 4.9.2008, *DJe* de 24.9.2008).

"o Ministério Público, ao oficiar como *custos legis*, não pode, posteriormente, intervir como parte para, por outro membro, postular interpretação incompatível com opinião antes manifestada".[18]

Noutro julgado, porém, o mesmo Tribunal expôs conclusão oposta, mudando seu entendimento para, na esteira do substancioso voto do Relator Ministro Félix Fischer, sob a invocação de precedentes do Supremo Tribunal Federal e do Superior Tribunal de Justiça, reconhecer a independência funcional do Ministério Público quando se manifesta em fases diversas no mesmo processo: "o Ministério Público, no exercício de suas funções, mantém independência funcional, de sorte que a manifestação de um membro do Parquet, em dado momento do processo, não vincula o agir de um outro membro no mesmo processo. Precedentes do STF e do STJ".[19]

De seu turno, a preclusão consumativa indica que não mais subsiste a faculdade processual porque o ato facultado já foi perpetrado. Não é possível, por exemplo, interpor um recurso e depois, mas antes do término do prazo previsto para sua interposição, outro apresentar, mesmo que protocolado no mesmo dia que o primeiro e com ele compatível, com o fim de complementar ou substituir, parcial ou totalmente, o anterior.[20]

Como visto, as preclusões destinam-se a assegurar a tempestividade (preclusão temporal), a coerência (preclusão lógica) e a suficiência (preclusão consumativa) das manifestações processuais, todas cooperando, cada qual a seu modo, com a agilidade do processo eleitoral.

1.2.1. Princípios em conflito

Seria, no mínimo, inconveniente, terminar este tópico sem registrar a prudente advertência de Canotilho (1991, p. 196), no sentido de que os princípios, quando em conflito, não se batem por uma lógica do tudo ou nada, "antes podem ser objeto de ponderação e concordância prática, consoante o seu peso e as circunstâncias do caso".[21]

Constatemos a procedência do alerta na seguinte circunstância baseada na ilustração de Sócrates.

---

18. TSE, REspE nº 25.970 – Paulínia/SP, Rel. Min. Carlos Eduardo Caputo Bastos, *DJ* de 22.9.2006, p. 144. *RJTSE – Revista de Jurisprudência do TSE*, v. 17, t. 4, p. 365. Houve interposição de recurso extraordinário que, no entanto, não foi conhecido, dada a perda superveniente de objeto (cassação de mandatos que nesta altura já haviam sido inteiramente cumpridos).
19. TSE, AREspE nº 28.511/RJ, Rel. Min. Felix Fischer, j. em 15.5.2008, *DJ* de 5.6.2008.
20. "Com a interposição de agravo regimental pela parte, opera-se a preclusão consumativa, não se admitindo a interposição de novo agravo regimental contra a mesma decisão agravada, cujas razões, aliás, são idênticas." (TSE, AgR-REspE nº 34.152 – Macau/RN, Rel. Min. Henrique Neves da Silva, j. em 15.10.2013, *DJe* de 7.11.2013); "Houve a interposição de especial às 15h26 de 7 de setembro de 2012 e, novamente, às 18h41 do mesmo dia (folhas 312 a 330 e 332 a 352). Exercido o direito de manifestar a irresignação, ocorre a preclusão consumativa." (TSE, REspE nº 17.508 – Goiânia/GO, Rel. Min. Marco Aurélio Mendes de Farias Mello, Decisão Monocrática de 23.10.2012, publicado em Sessão de 25.1.2012).
21. Para Ronald Dworkin, neste ponto reside a diferença entre princípios e regras, vez que as regras são aplicáveis tendo em vista a ideia de *tudo ou nada:* ou a regra se aplica aos fatos e deve ser aceita ou não se aplica e em nada colabora com a decisão (Seriously, nº 2, 3, p. 24, *apud* NERY JUNIOR; NERY, 2009, nota nº 6 ao art. 5º).

A honestidade é um princípio indispensável à convivência, mas aquele que subtrai a arma do amigo suicida, mediante artimanhas, para impedir a tragédia prestes a acontecer, atende a outro princípio, o de que a vida é um direito indisponível.

Nelson Nery Junior e Rosa Maria de Andrade Nery (2009, nota n° 4 ao art. 5° da CF) explicando os princípios na obra de Robert Alexy, escrevem que, conforme ele, os princípios

> são normas que ordenam que algo seja realizado na maior medida possível, dentro das possibilidades jurídicas e reais existentes. Assim, os princípios são mandamentos de otimização caracterizados pelo fato de que podem ser cumpridos em diferentes graus e que seu cumprimento não somente depende das possibilidades reais, mas também das jurídicas, sendo o âmbito das possibilidades jurídicas determinado pelos princípios e regras opostas (ALEXY, *Derechos*, cap. 3, I, p. 86).

Atentos a essas lições, examinemos as situações a seguir, pertencentes ao domínio do Direito Eleitoral.

A Constituição Federal, no art. 14, § 7°, repelindo o familismo, declara ser inelegível, no território de "jurisdição" do titular, além dos parentes próximos (consanguíneos ou afins, até o segundo grau ou por adoção), o *cônjuge* do Chefe do Executivo, ou de quem o haja substituído dentro dos seis meses anteriores ao pleito, salvo se já titular de mandato eletivo e candidato à reeleição. Não fala em companheiro. A Lei Complementar n° 64/1990, também não se refere ao parceiro na união estável, reproduzindo, no art. 1°, § 3°, os termos da Constituição.

Diante da omissão, surgiram concepções doutrinária e jurisprudencial que não estendem a barreira à elegibilidade à pessoa que convive, em união estável, com o Presidente da República, com o Governador ou com o Prefeito, amparado esse entendimento no princípio da plenitude do gozo dos direitos políticos, segundo o qual qualquer restrição feita a tais direitos há de ser entendida nos estritos contornos de sua expressão verbal. À união estável teria a Constituição dedicado apenas a *proteção* do Estado, deixando somente àqueles vinculados pelo casamento o entrave apontado.

Convictos, porém, de que a interpretação de norma constitucional específica não pode contrariar o espírito da Constituição, desde há muito pugnamos, na situação apontada, pela interpretação inclusiva dos conviventes na vedação à dita candidatura, evocando, fundamentalmente, os princípios da igualdade, da prevalência do interesse público e da moralidade. Com isto não se terá infringido o princípio da plenitude do gozo dos direitos políticos, que continua prestigiado, mas se terá, sim, detectado na repulsa ao familismo, combatido pela ordem constitucional, aquele que essa mesma ordem, à vista da conjuntura fática elevada à categoria jurídica, aponta como participante de entidade familiar – com diferença, para este fim, absolutamente desimportante.

A situação que se pretende impedir em razão do casamento, diante de uma interpretação sistemática e teleológica do ordenamento jurídico nacional deve ser evitada também em razão da união estável, para não provocar os mesmos efeitos indesejáveis, ou, então, não deveria ser evitada em ambos os casos, casamento e união estável, se não fosse de interesse público, nem ferisse a moralidade, a fim de ser preservada a igualdade de tratamento. A união estável, como frisado, é reconhecida como entidade familiar e o que a Constituição Federal do Brasil quer afastar, com a regra em discussão, é, como acentuado, o familismo (como forma de continuísmo).

Assim pensamos porque a incidência do princípio que fundamenta aqueloutra posição não obsta a projeção dos princípios que à nossa servem de esteio, ou seja, os direitos políticos devem prevalecer desde que, com isso, não reste contrariada a igualdade, nem consagrada a imoralidade ou ferido o interesse público. A interpretação sistemática e teleológica do ordenamento jurídico nacional, que tem caráter construtivo, não se confundindo com a interpretação extensiva, não pode, data vênia, levar à conclusão diversa, senão com o banimento do princípio constitucional da harmonização que, evidenciando não haver hierarquia entre os princípios, não se compadece com o sacrifício de qualquer deles para que outros prevaleçam. Os princípios, a bem dessa imperiosa convivência, limitam-se reciprocamente, sem que se anulem.

Não parece satisfatório compreender que, a pretexto de *proteger* tais uniões, o Estado fique sem proteção diante do continuísmo familiar por elas eventualmente gerado, como no caso em que o prefeito separou-se judicialmente da esposa, com quem continuou a conviver, para possibilitar que ela viesse a sucedê-lo no cargo.

É consabido que o silêncio da norma constitucional não pode ser recebido com um sentido que contrarie os fins perseguidos pela Constituição.

Se nossa proposta se indispõe com alguns posicionamentos firmados em jurisprudência, já com outros precedentes do TSE se identificou, bem como com inúmeros arestos de Pretórios Regionais, e, se briga com posicionamento doutrinário discordante, encontra abrigo na autorizada doutrina de Rolf Madaleno (2014), em estudo cuja leitura fica recomendada.

Ademais, em 2013, o TSE assim se pronunciou sobre o tema: "é questão pacífica na jurisprudência pátria que a existência de união estável configura a inelegibilidade prevista no art. 14, § 7º, da Constituição Federal. Nesse sentido, posicionou-se reiteradas vezes a Corte Superior".[22]

Esse mesmo entendimento foi coroado pelo legislador quando da edição da Lei Complementar nº 135/2010, ao dar nova redação ao art. 1º da Lei Complementar nº 64/1990, que na alínea "n" passou a contemplar, dentre os inelegíveis "os que forem condenados, em decisão transitada em julgado ou proferida por órgão judicial colegiado, em *razão de terem desfeito ou simulado desfazer vínculo conjugal ou de união estável para evitar*

---

22. Decisão Monocrática proferida em 1º.2.2013, no REspE nº 16.217 – Ubatã/BA, Rel. Min. Henrique Neves da Silva, *DJe* de 7.2.2013, p. 91-3. E o entendimento assim exarado encontra albergue no seio do STF, conforme faz ver o Ministro Celso de Mello, em voto vencedor no qual ressalta que "o regime das inelegibilidades comporta a interpretação construtiva dos preceitos que lhe compõem a estrutura normativa". Cita ele julgamento do Plenário do Supremo, cujo Relator foi o Ministro Cordeiro Guerra, no qual foi destacado que "(...) quem analisa detidamente os princípios que norteiam a Constituição na parte atinente às inelegibilidades, há de convir que sua intenção, no particular, é evitar, entre outras coisas, a perpetuidade de grupos familiares, ou oligarquias, à frente dos executivos" (*RTJ* 103/1321). Registrando a irrecusável atualidade da advertência, conclui o Ministro Celso de Mello: "Vê-se, portanto, que a razão subjacente à cláusula de inelegibilidade tem por objetivo evitar o 'continuísmo no poder' (Pedro Henrique Távora Niess, *Direitos Políticos – Condições de elegibilidade e inelegibilidades*, p. 57, item nº 4, 1994, Saraiva) e frustrar qualquer ensaio de nepotismo ou de 'perpetuação no poder através de interposta pessoa' (Manoel Gonçalves Ferreira Filho, *Comentários à Constituição Brasileira de 1988*, v. 1/130, 1990, Saraiva)". (STF, RE nº 568.596-9/MG, Rel. Min. Ricardo Lewandowski, j. em 1º.10.2008, *DJe* de 21.11.2008).

caracterização de inelegibilidade, pelo prazo de 8 (oito) anos após a decisão que reconhecer a fraude".

Passemos a outro exemplo, fundado no confronto entre princípios anteriormente não mencionados, visto que não nos propusemos, inicialmente, a todos aludir, como registrado oportunamente.

Em chapa única, como é de lei, candidataram-se a Prefeito e Vice-Prefeito dois políticos, tendo sido impugnado o registro do segundo que, por força dos recursos interpostos somente veio a ser declarado inelegível, pelo Tribunal Superior Eleitoral, após a diplomação, tendo sido cassado seu diploma, o que acarretou a cassação, também, do diploma do Prefeito eleito, porquanto a candidatura em chapa única orienta-se pelo *princípio da indivisibilidade* (com o Prefeito elege-se o Vice-Prefeito que com ele concorre nessa *chapa única*). Diante dessa situação peculiar decidiu a Corte, em recurso ordinário em mandado de segurança, anular o ato de cassação do diploma do Prefeito sob o argumento de que há de prevalecer o princípio da segurança jurídica sobre o princípio da indivisibilidade da chapa majoritária, tendo em vista que "a) o registro do vice-prefeito foi indeferido somente após a data da diplomação e em julgamento que modificou jurisprudência que lhe era totalmente favorável, havendo expectativa real e plausível de que a sua candidatura seria mantida pelo Tribunal Superior Eleitoral; b) as causas de inelegibilidade possuem natureza personalíssima (art. 18 da LC nº 64/1990); c) inexiste relação de subordinação entre o titular da chapa e o respectivo vice".[23]

1.3. FONTES DO DIREITO ELEITORAL

O Estado-juiz não pode furtar-se ao exercício da jurisdição.

De acordo com o art. 4º da Lei de Introdução às normas do Direito Brasileiro, "quando a lei for omissa, o juiz decidirá o caso de acordo com a analogia, os costumes e os princípios gerais de direito".

O Código de Processo Civil afasta qualquer possibilidade de eximir-se o juiz de decidir a lide alegando lacuna ou obscuridade da lei, remetendo-o, à falta de norma legal específica, à analogia, aos costumes e aos princípios gerais de direito (CPC/1973, art. 126; CPC/2015, art. 140).

Fala-se, então, na lei como a primeira fonte do Direito e, na sua omissão, como outras fontes, na analogia, nos costumes e nos princípios gerais de direito.

Todavia, sustenta-se não ser esta a compreensão que a regra estampa. Ela diria, apenas, que *o juiz, ao julgar*, deve socorrer-se primeiramente da lei para aplicar corretamente o direito à causa *sub judice*, e, não havendo lei que preveja solução especificamente em relação ao caso submetido ao seu julgamento, o magistrado deve recorrer à lei que trate de caso análogo para, ainda com base na lei, solucioná-lo.

Por exemplo, o Tribunal Regional Eleitoral do Amazonas socorreu-se da lei processual civil para conceder a segurança impetrada contra ato de juiz eleitoral que determi-

---
23. TSE, RMS nº 50.367, Santa Maria Madalena/RJ, Rel. Min. João Otávio de Noronha, j. em 4.2.2014, *DJe* de 5.3.2014.

nara intimação por fac-símile em processo relativo à ação de investigação judicial, sob o fundamento de que, "na ausência de regra específica para a realização das intimações que seguem o rito do art. 22 da Lei Complementar nº 64/1990, é mais seguro aplicar-se as regras do Código de Processo Civil, devendo ocorrer a intimação por mandado judicial, pessoalmente, na pessoa do advogado da parte, pela intimação em cartório ou pela publicação no Diário de Justiça Eletrônico, o que não ocorrera na espécie".[24]

Frustrada a aplicação da lei, nos termos anteriormente expostos, *o julgador* deverá decidir a causa de acordo com os costumes e os princípios gerais do Direito, nessa ordem, em conformidade com o preceito suso citado.

Entretanto, se *o juiz* deve haurir o direito aplicável ao caso concreto nas leis (sistema normativo), nos costumes e nos princípios gerais do Direito, podemos conceber essas normas e princípios como as fontes que fornecem o Direito aí contido e, nessa trilha, estendê-los aos *demais operadores do Direito* com a mesma natureza.

Rubens Limongi França (1988, p. 11-2) prefere colocar a lei, os costumes, a jurisprudência e os princípios gerais de direito, como formas de expressão do Direito, outras acrescentando (o direito científico – doutrina – e os brocardos jurídicos), deixando de fora a analogia à qual confere o caráter de método da aplicação da lei.

Seja como for, as normas legais fornecem o conteúdo do Direito, justamente porque o exprimem por intermédio de prescrições que obedecem a uma escala hierárquica, na lição de Kelsen, que tem, no alto da pirâmide, a norma fundamental (Constituição).

As normas escritas que levam o Direito Eleitoral a alcançar seus propósitos emanam diretamente da Constituição Federal, bem como da legislação eleitoral inferior: Lei Complementar, Lei Federal e Resoluções do Tribunal Superior Eleitoral. Por exemplo, o texto constitucional dispõe acerca da inelegibilidade do estrangeiro, do analfabeto e do menor de dezoito anos; a Lei Complementar nº 64/1990, cuida dos casos de inelegibilidade não especificados na própria Constituição Federal, como determina o seu art. 14, § 9º; e o Código Eleitoral cuida da competência da Justiça Eleitoral, recepcionado, nesta parte, pela Lei Suprema promulgada em 1988, como lei da mesma natureza (complementar), à vista do disposto no art. 121 – que estabelece a necessidade de lei complementar para dispor sobre a organização e competência dos tribunais, juízes e juntas eleitorais; a Lei das Eleições (Lei nº 9.504/1997) regula, dentre outros temas, a propaganda eleitoral. É da competência privativa da União legislar sobre direito eleitoral, inclusive sob o aspecto processual (CF, art. 22, I). Também conta o Direito Eleitoral com a aplicação subsidiária de leis não eleitorais (fontes formais indiretas), como a lei de improbidade administrativa, o Estatuto da Pessoa com deficiência (Lei nº 13.146, de 6 de julho de 2015), o CPP (CE, art. 364) e o CPC (Lei nº 13.105, de 16 de março de 2015, cujo art. 15 manda que as suas disposições sejam aplicadas na ausência de norma especial ou em auxílio à melhor interpretação de norma processual eleitoral prevista).

Quanto às Resoluções do TSE, aquelas expedidas em respostas às consultas que forem feitas em tese por autoridade federal ou órgão nacional de partido político, por força

---

24. TRE/AM, MS nº 381.71.2012.6.04.0000, Classe 22, Ac. nº 228/2013, Rel. Juiz Victor André Liuzzi Gomes, j. em 10.6.2013.

da previsão constante do art. 23, XII, do Código Eleitoral, não possuem natureza jurisdicional ou de ato normativo nem efeito vinculante, como decidiu o Pretório Excelso.[25]

Precisamente por isso, também os Tribunais Regionais Eleitorais respondem a consultas, como autoriza o art. 30, VIII, do Código Eleitoral.

Aliás, embasado também na mencionada decisão do Supremo, o TSE optou, corretamente, por alterar o seu Regimento Interno, passando a reservar o termo *resolução*, no § 3º do art. 25, tão só àquelas decisões decorrentes do poder regulamentar daquele Colegiado e nas hipóteses em que o Plenário assim o determinar, por proposta do Relator.

A discussão sobre a natureza jurídica das normas em debate (resoluções) centraliza-se no art. 1º, parágrafo único, quase que literalmente reproduzido no art. 23, IX, ambos do Código Eleitoral, no art. 61 da Lei dos Partidos Políticos, e no art. 105 da Lei das Eleições, que atribuem competência ao Órgão Máximo da Justiça Eleitoral, para expedir instruções destinadas à execução dessa legislação, e que por ele são baixadas por Resoluções.

Quanto à lei ordinária, a ela não caberia, por si, criar competências, como dito, não prevalecendo se e no quanto exorbitasse da previsão da lei complementar sobre o assunto.

No que toca ao Código Eleitoral, pela razão antes apontada, a permissão é admitida. Todavia, as instruções expedidas não podem contrariar a lei complementar ou a lei ordinária recepcionada como lei complementar.

Isto porque, de acordo com o reiterado entendimento do TSE, composto também por Ministros do Supremo, tais Resoluções têm força de lei ordinária.[26]

Contudo, o Tribunal Superior Eleitoral está autorizado a expedir instruções para a execução da ordem jurídica eleitoral a qual passa a integrar, como faz, por exemplo, na Resolução nº 23.405, pela qual baixou instrução para disciplinar a escolha e o registro de candidatos nas eleições de 2014, interpretando o quanto estabelece o art. 10, *caput*, da Lei nº 9.504/1997[27] (repetido no art. 19 da Resolução), diante do disposto no art. 15, II, da mesma lei,[28] prescrevendo o apontado art. 19, no § 3º:

---

25. STF, ADI-MC nº 1.805/DF, Rel. Min. Néri da Silveira, Pleno, j. em 26.3.1998, *DJ* de 14.11.2003; MS nº 26604/DF, Rel. Min. Cármen Lúcia, Pleno, j. em 4.10.2007.

26. "As Resoluções do TSE, facultadas nos arts. 12, D e T, e 196, do Código, têm força de lei geral e a ofensa a sua letra expressa motiva recurso especial, nos termos doa rt. 167 do Código." (TSE, REspE nº 1.943 – Iraí/RS, Rel. Min. Pedro Paulo Pena e Costa, publicado em Sessão de 10.7.1952; RMS nº 167 – Montes Claros/MG, Rel. Min. Waldemar Zweiter, *DJ* de 27.4.2001. O STF, na ADI 5028/DF (j. em 1º.7.2014, Rel. Min. Gilmar Mendes, Rel. para o acórdão Min. Rosa Weber), a respeito do poder normativo do TSE, ressaltou: "Embora apto a produzir atos abstratos com força de lei, o poder de editar normas do Tribunal Superior Eleitoral, no âmbito administrativo, tem os seus limites materiais condicionados aos parâmetros do legislador complementar, no caso a Lei Complementar nº 78/1993 e, de modo mais amplo, o Código Eleitoral, recepcionado como lei complementar. Poder normativo não é poder legislativo. A norma de caráter regulatório preserva a sua legitimidade quando cumpre o conteúdo material da legislação eleitoral. Pode conter regras novas, desde que preservada a ordem vigente de direitos e obrigações, limite do agir administrativo. Regras novas, e não direito novo".

27. "**Art. 19.** Cada partido poderá registrar candidatos para a Câmara dos Deputados, Câmara Legislativa, Assembleias Legislativas e Câmaras Municipais, até cento e cinquenta por cento do número de lugares a preencher", o que, no caso de São Paulo, atingiria 105 deputados federais.

28. "II – os candidatos à Câmara dos Deputados concorrerão com o número do partido ao qual estiverem filiados, acrescido *de dois algarismos à direita*."

O partido político, concorrendo por si ou coligado, observada a limitação estabelecida no *caput* e no § 1º deste artigo, poderá requerer o registro *de até 100 candidatos* ao cargo de Deputado Federal, em decorrência do disposto no inciso II do art. 15 da Lei nº 9.504/1997.

Outro exemplo é a Resolução nº 21.920, oriunda do Processo Administrativo nº 18.483, Classe 19A, ES (Vitória), de 19 de setembro de 2004, Relator Ministro Gilmar Mendes, que "dispõe sobre o alistamento eleitoral e o voto dos cidadãos portadores de deficiência, cuja natureza e situação impossibilitem ou tornem extremamente oneroso o exercício de suas obrigações eleitorais".

Caráter excepcional ostenta a Resolução TSE nº 22.610/2007, alterada pela Resolução TSE nº 22.733/2008, que disciplina o processo de perda do mandato eletivo, bem como de justificação de desfiliação partidária. Tachada de inconstitucional por atribuir competência à Justiça Eleitoral para o exame da referida matéria, afrontando a reserva de lei complementar para definição de competência dos Tribunais de Justiça Eleitoral, bem como por estabelecer normas processuais, o STF a julgou constitucional, sob o fundamento de que tendo reconhecido, em pleitos anteriores a existência de dever constitucional de observância do princípio da fidelidade partidária, não faria sentido deixar de prever um instrumento para assegurá-lo, destacando que "as resoluções impugnadas surgem em contexto excepcional e transitório, tão somente como mecanismos para salvaguardar a observância da fidelidade partidária enquanto o Poder Legislativo, órgão legitimado para resolver as tensões típicas da matéria, não se pronunciar" (STF, ADI nº 3.999/DF, Pleno, Rel. Min. Joaquim Barbosa, j. em 12.11.2008, p. em 17.4.2009).

Insista-se, o Tribunal Superior Eleitoral está autorizado a expedir instruções para a *execução* da ordem jurídica eleitoral, não para alterá-la ao seu alvedrio.

Por isso, em 14 de janeiro de 2014, sustentando que a Resolução nº 23.396/2013, "ao proibir o Ministério Público Eleitoral de requisitar a instauração de inquéritos policiais para apurar crimes eleitorais no pleito de outubro deste ano" infringiu a Constituição Federal, diversas associações representativas do Ministério Público contra ela se voltaram, alertando sobre o possível questionamento de sua constitucionalidade perante o Supremo Tribunal Federal, em nota de repúdio que deram a conhecimento público.

O Procurador-Geral da República, que é também o Procurador-Geral Eleitoral, pediu ao Tribunal Superior Eleitoral a revisão da Resolução e ajuizou ação de inconstitucionalidade da Resolução TSE nº 23.396/2013, na parte apontada, tendo o Plenário do Supremo Tribunal Federal suspendido cautelarmente a eficácia do seu art. 8º ("o inquérito policial eleitoral somente será instaurado mediante determinação da Justiça Eleitoral, salvo a hipótese de prisão em flagrante"), em sessão do Pleno realizada em 21 de maio de 2014. O equívoco foi definitivamente corrigido com a Resolução TSE nº 23.424/2014, que deu ao art. 8º da Resolução TSE nº 23.396/2013, a seguinte redação: "O inquérito policial eleitoral somente será instaurado mediante requisição do Ministério Público Eleitoral ou determinação da Justiça Eleitoral, salvo a hipótese de prisão em flagrante.".

Quanto à chamada Lei Seca, especialmente sob o aspecto criminal de que cuidava o ato editado em 1992, um dos autores deste livro ofereceu parecer na direção do trancamento da ação penal, acolhido pelo Tribunal Superior Eleitoral, no qual foi ponderado que não se verificava a ocorrência de violação de norma penal incriminadora, diante da inexistência de dispositivo de lei penal que descrevesse conduta idêntica à analisada nos autos e lhe desse caráter de crime, cominando-lhe uma pena. Eventual desobediência a instruções normativas baixadas pelo c. Tribunal Superior Eleitoral, com a vênia daqueles que adotam posição diversa, não poderia configurar crime, sob pena de se ferir o princípio da reserva legal em matéria penal.

O princípio da legalidade, consagrado pela Constituição Federal (art. 5º, XXXIX) e inserto no Código Penal em seu art. 1º, é a pedra basilar do nosso Direito Penal. Reserva-se à lei, exclusivamente, o mister de definir crimes e cominar penas, donde o clássico brocardo *nullum crimen nulla poena sine praevia lege*.

Vale lembrar aqui o ensinamento de Nelson Hungria (1958):

> A fonte única do direito penal é a norma legal. Não há direito penal vagando fora da lei escrita. Não há distinguir, em matéria penal, entre lei e direito. *Sub specie juris*, não existe crime sem lei anterior que o defina, nem pena sem prévia cominação legal.

A conduta típica, portanto, deve ser descrita em lei.

Não há como se conceber a existência de crimes previstos em resoluções, decretos, portarias, ou qualquer outro diploma que não a lei, a qual sofre, ela própria, uma limitação, posto que não pode delegar a ordenamentos inferiores a tarefa de instituir tipos penais. E outra coisa não estaria ocorrendo se fosse admitir a possibilidade de uma lei criar o crime de desobediência a instruções normativas da Justiça Eleitoral, já que, assim, a definição exata da conduta delituosa passaria das mãos do legislador às mãos do Judiciário. A se aceitar tal interpretação estar-se-ia outorgando liberdade ao Judiciário para definir modalidades criminosas, bastando para isso inserir o correspondente mandamento no texto de uma de suas resoluções.

Além das regras escritas – das quais nos ocupamos até aqui – o Direito também se expressa pelas normas jurídicas consuetudinárias.

Os costumes que representam o direito não escrito são aqueles qualificados como *bons costumes*.

Cabe, então aqui recordar a lição de Couture (1997, p. 5), de que a qualidade exigida dos costumes admite uma escala infinita de matizes entre o bem e o mal.

A Corte Suprema, reconhecendo, *ad argumentandum,* em sede de *habeas corpus,* que foi denegada a possibilidade da existência de um costume, mas não de um *bom* costume, e a prevalência, sobre ele, da lei, proferiu acórdão, em seara diversa da eleitoral, afirmando que "mesmo que a conduta imputada aos pacientes (manter casa de prostituição) fizesse parte dos costumes ou fosse socialmente aceita, isso não seria suficiente para revogar a lei penal em vigor".[29]

O costume combatido pela lei, então, não merece ser prestigiado, sendo que a existência dos bons costumes deve ser aferida de acordo com os hábitos de comportamento legal e socialmente aceito, observado pelas pessoas de bem em determinado tempo e lugar.

Os bons costumes devem, por exemplo, orientar os debates travados com o respeito e o linguajar desejáveis entre candidatos, a propaganda eleitoral realizada sob o poder

---

29. STF, HC nº 104.467/RS, Rel. Min. Cármen Lúcia, 1ª Turma, j. em 8.2.2011, *DJe* de 9.3.2011.

de polícia dos juízes e tribunais eleitorais, como também o comportamento dos que se apresentam perante a Justiça, a partir das vestimentas que envergam.

Os maus costumes eleitorais na fórmula admissível não se enquadram, merecendo contundente repulsa.

De seu lado, o legislador a tudo está atento.

Abordando as reformas eleitorais, em 2 de janeiro de 2011, observou Noely Manfredini (2011) que

> desde 1757, quando George Washington apresentou-se perante a Câmara de Burgueses da Virgínia e ali ofereceu a seus amigos os "meios habituais de ganhar votos", isto é, 150 litros de rum, meio quintal de ponche de rum, 170 litros de vinho, 230 litros de cerveja e 10 litros de sidra real, costumes "eleitorais" da época, conforme o relatado pelo peruano Manuel Vicente Villarán em seu famoso folheto de 1918 – muita coisa mudou.

Em suma, o juiz vai buscar o direito na lei e, não o achando, em tese vai aos costumes, sendo a lei direito escrito e o costume direito não escrito. Se aí não o acha, apela para os princípios gerais – que não constituem normas à parte das normas legais ou costumeiras, mas que as inspiram e nelas se contêm (DANTAS, 1979, p. 82-8).

Nessa esfera, o papel do Judiciário é relevante, guiando-se ele, na interpretação do Direito, pelos precedentes dos seus tribunais e editando súmulas.

As decisões do Supremo podem produzir efeito vinculante "relativamente aos demais órgãos do Poder Judiciário e à administração pública direta e indireta, nas esferas federal, estadual e municipal" (CF, arts. 102, § 2º, e 103-A).

A propósito, o enunciado nº 18 da Súmula vinculante da Excelsa Corte: "A dissolução da sociedade ou do vínculo conjugal, no curso do mandato, não afasta a inelegibilidade prevista no art. 14, § 7º, da Constituição Federal."

Contudo, com a dinâmica da renovação da composição dos tribunais especializados, nem sempre se estabiliza, no seu âmbito de jurisdição, o pensamento jurisprudencial acerca das questões eleitorais mais polêmicas, o que incomoda os Partidos, seus candidatos e advogados que buscam balizar suas ações no entendimento esposado nas eleições anteriores.[30]

No que respeita aos prejulgados a que alude o art. 263 do Código Eleitoral ("no julgamento de um mesmo pleito eleitoral, as decisões anteriores sobre questões de direito constituem prejulgados para os demais casos, salvo se contra a tese votarem dois terços dos membros do Tribunal"), entendeu-se que não prevalece a exigibilidade da maioria qualificada para alteração do entendimento, tendo em vista a incompatibilidade do referido dispositivo com as Constituições posteriores.[31]

Igualmente a doutrina colabora com a melhor aplicação da lei.

Ilustra a assertiva a conclusão a que chegou o Tribunal Superior Eleitoral com pertinência ao procedimento da ação de impugnação de mandato eletivo, tendo a Questão

---

30. Apenas com o intuito de ilustrar a assertiva feita no texto, sem maiores indagações neste momento, registre-se que das 21 súmulas do TSE 1/3 não tem mais aplicação: 5 (as de nº 7, 8, 14, 16 e 17) foram formalmente e 2 (as de nº 1 e 6) informalmente canceladas/revogadas.

31. TSE, REspE nº 9.936, Nova Friburgo/RJ, Rel. Min. Sepúlveda Pertence, j. em 14.9.1992, *DJ* de 11.3.1993.

de Ordem que alterou seu posicionamento base predominantemente, senão exclusivamente, doutrinária, esta fundada no princípio da celeridade, como se lê do inteiro teor do respectivo acórdão, cuja ementa é a seguinte:

> QUESTÃO DE ORDEM – AÇÃO DE IMPUGNAÇÃO DE MANDATO ELETIVO – ART. 14, § 10, DA CONSTITUIÇÃO FEDERAL – PROCEDIMENTO – RITO ORDINÁRIO – CÓDIGO DE PROCESSO CIVIL – NÃO OBSERVÂNCIA – PROCESSO ELEITORAL – CELERIDADE – RITO ORDINÁRIO DA LEI COMPLEMENTAR Nº 64/1990 – REGISTRO DE CANDIDATO – ADOÇÃO – ELEIÇÕES 2004. 1. O rito ordinário que deve ser observado na tramitação da ação de impugnação de mandato eletivo, até a sentença, é o da Lei Complementar nº 64/1990, não o do Código de Processo Civil, cujas disposições são aplicáveis apenas subsidiariamente. 2. As peculiaridades do processo eleitoral – em especial o prazo certo do mandato – exigem a adoção dos procedimentos céleres próprios do Direito Eleitoral, respeitadas, sempre, as garantias do contraditório e da ampla defesa.[32]

No que tange aos princípios, não *gerais do Direito*, mas sim *do Direito Eleitoral*, deles cuidamos em item específico.

---

32. Resolução TSE nº 21.634, de 19.2.2004, Rel. Min. Fernando Neves, *DJ* de 9.3.2004; *RJTSE – Revista de Jurisprudência do TSE*, v. 15, t. 1, p. 358. Esta tomada de posição já fora ensaiada pelo mesmo em. Ministro no julgamento do RMS nº 258, Batalha/PI, j. em 30.9.2003, *DJ* de 24.10.2003, do qual fora Relator.

2 ORGANIZAÇÃO E COMPETÊNCIA DA JUSTIÇA ELEITORAL

2.1. ORGANIZAÇÃO DA JUSTIÇA ELEITORAL

A Justiça Eleitoral é composta pelo Tribunal Superior Eleitoral, pelos Tribunais Regionais Eleitorais, pelos Juízes Eleitorais e pelas Juntas Eleitorais.

O Tribunal Superior Eleitoral é o órgão de cúpula dessa justiça especializada, integrado por, no mínimo, 7 juízes, sendo 3 Ministros do Supremo Tribunal Federal, 2 Ministros do Superior Tribunal de Justiça, dando-se a escolha mediante eleição pelo voto secreto dos respectivos Sodalícios, e 2 advogados de notável saber jurídico e idoneidade moral, nomeados pelo Presidente da República, dentre 6 indicados pelo Supremo Tribunal Federal (CF, art. 119).

Percebe-se, da descrição apresentada, que dos tribunais eleitorais não participam, na condição de magistrados, membros oriundos diretamente do Ministério Público, como ocorre com os Tribunais de Justiça e os Tribunais Regionais Federais (CF, art. 94), o Superior Tribunal de Justiça (CF, art. 104, parágrafo único, II), o Tribunal Superior do Trabalho (CF, art. 111-A, I), os Tribunais Regionais do Trabalho (CF, art. 115, I), e o Superior Tribunal Militar (CF, art. 123, parágrafo único, II).

Mas, nem por isso fica afastada, nos julgamentos, a visão obtida na experiência de quem foi integrante dessa Instituição, porque a terça parte dos componentes do Superior Tribunal de Justiça – que cede 2 de seus Ministros ao TSE – vem, em igual proporção, da Advocacia e do Ministério Público Federal, Estadual e do Distrito Federal e Territórios.

Com relação ao Pretório Excelso, que tem 3 Ministros no TSE, seus juízes são escolhidos entre cidadãos com mais de 35 e menos de 65 anos de idade, de notável saber jurídico e reputação ilibada, nada mais além disso sendo exigido, tendo sido composto por inúmeros membros originários do *Parquet*.

Ainda com relação a esses magistrados, cumpre observar que os Ministros do STF e do STJ que compõem o TSE não deixam os respectivos Tribunais, exercendo suas funções, concomitantemente, lá e cá. Esta situação poderia levar a um impasse, com relação àqueles do STF, considerando-se que da decisão do TSE acusada de contrariar a Constituição cabe recurso extraordinário para a Corte Suprema (CF, arts. 102, III, "a", e 121, § 3º).

Daí porque, em consonância com o enunciado da Súmula nº 72, de jurisprudência do Excelso Pretório, "no julgamento de questão constitucional, vinculada a decisão do

Tribunal Superior Eleitoral, não estão impedidos os Ministros do Supremo Tribunal Federal que ali tenham funcionado no mesmo processo, ou no processo originário".

A Presidência e a Vice-Presidência da Corte Superior Eleitoral cabe a um dos Ministros do STF e a Corregedoria a um dos Ministros do STJ, todos eleitos por seus pares.

Em cada Estado e no Distrito Federal há um Tribunal Regional Eleitoral que é composto, mediante eleição pelo voto secreto nos tribunais de origem, de 7 juízes (ou desembargadores, como os intitula o CPC/2015, art. 454, X), sendo 2 entre desembargadores do Tribunal de Justiça, aos quais caberá via eleição interna a Presidência e a Vice-Presidência do Colegiado, mais 2 magistrados entre juízes de direito, escolhidos pelo Tribunal de Justiça respectivo, somados a 1 desembargador do Tribunal Regional Federal com sede na capital do Estado ou no Distrito Federal (atualmente: Brasília, Rio de Janeiro, São Paulo, Porto Alegre e Recife) ou, não havendo (nas demais capitais), de juiz federal escolhido pelo Tribunal Regional Federal respectivo, além de 2 advogados de notável saber jurídico e idoneidade moral, nomeados pelo Presidente da República, porque a Justiça Eleitoral é mantida pela União, dentre 6 indicados pelo Tribunal de Justiça.

Com os titulares serão também escolhidos, pelo mesmo método, os seus substitutos, tanto no Tribunal Superior Eleitoral como nos Tribunais Regionais Eleitorais, em número igual para cada categoria.

Os juízes dos tribunais eleitorais servirão, no mínimo, por 2 anos, e, no máximo, por dois biênios consecutivos, salvo em casos excepcionais devidamente justificados, o que faz com que se renove sua composição constantemente, tornando mais dinâmica a Justiça Eleitoral.

As funções de juízes de primeiro grau de jurisdição são exercidas pelos juízes de direito – pertencentes à Justiça comum estadual – designados como juízes eleitorais (CE, art. 32).

As Juntas Eleitorais devem ser constituídas pelos Tribunais Regionais Eleitorais 60 dias antes das eleições, têm natureza efêmera, com duração vinculada às eleições para as quais forem formadas, e são compostas pelo juiz eleitoral, como presidente, e 2 ou 4 cidadãos notoriamente idôneos, com competência restrita à zona eleitoral.

Esses órgãos colegiados desempenharam um papel mais relevante no passado, antes do advento da votação com a utilização das urnas eletrônicas, que será reavivado nos casos em que, na impossibilidade de utilização da urna moderna, os votos devam ser recolhidos na urna tradicional, de lona, cabendo-lhes então, com a eventual cooperação de escrutinadores e auxiliares nomeados pelos seus presidentes, apurar as eleições realizadas nas zonas eleitorais sob a sua jurisdição, resolver as impugnações e demais incidentes verificados durante os trabalhos da contagem e da apuração e expedir os boletins de apuração. Remanesce, em qualquer caso, sua competência para expedir diploma aos eleitos para cargos municipais, o que, nos municípios em que haja mais de uma Junta, caberá àquela presidida pelo juiz mais antigo.

Como se vê, a Justiça Eleitoral não possui um quadro fixo e próprio de magistrados, sendo formada por juízes da Justiça comum federal (Ministros do Superior Tribunal de Justiça no TSE e Desembargador Federal ou Juiz Federal nos Tribunais Regionais Eleitorais), da Justiça comum estadual (Desembargadores dos Tribunais de Justiça e juízes de direito nos Tribunais Regionais Eleitorais e juízes de direito nas zonas eleitorais) e Ministros do Supremo Tribunal Federal (no Tribunal Superior Eleitoral), Pretório que se encontra acima das Justiças comum e especializada.

Também o Ministério Público Eleitoral é exercido por membros do Ministério Público Federal, nos tribunais: Procurador-Geral Eleitoral, função desempenhada pelo Procurador-Geral da República, ou seu Vice, no TSE, e Procuradores Regionais Eleitorais e seus substitutos, nos TREs. Junto aos juízes eleitorais de primeira instância oficiam os membros do Ministério Público estadual, para tanto regularmente designados.

Igualmente é perceptível que os tribunais eleitorais não comportam divisão em Seções ou Turmas, sendo todas as decisões colegiadas tomadas pelo Tribunal Pleno.

2.2. COMPETÊNCIA DA JUSTIÇA ELEITORAL

2.2.1. Colocação do tema

A Constituição do Brasil pouco fala da competência da Justiça Eleitoral, deixando à lei complementar – natureza com a qual, nesse ponto, foi recepcionado o Código Eleitoral – o encargo de fixá-la.

Porém, dela retiramos, além da noção da especialidade dessa Justiça – que figura na sua denominação (Justiça "Eleitoral") – algumas hipóteses de temas que aí se encaixam e outros que, conquanto lhe sejam familiares, não cuidam de questões que lhe são pertinentes.

A Lei Maior, ao preceituar, no § 10 do art. 14, que o mandato eletivo poderá ser impugnado ante a Justiça Eleitoral, dá-lhe competência para conhecer da respectiva ação. Igualmente, no art. 17, III, faz constar que os partidos políticos devem prestar contas à Justiça Eleitoral, e, no § 2º, que os partidos políticos, após adquirirem personalidade jurídica, na forma da lei civil, registrarão seus estatutos no Tribunal Superior Eleitoral, com isso outorgando competência ao mesmo Órgão para determinar o cancelamento do registro civil e do estatuto do partido, com o que o extingue, nas hipóteses arroladas no art. 28 da Lei nº 9.096/1995, cujos incisos relacionam-se com os incisos II e III e § 4º daquele dispositivo constitucional.

Extraímos, assim, da Constituição, que compete a essa Justiça conhecer de questões identificadas com o Direito Eleitoral, cujo exame, por vezes, a norma constitucional lhe impõe expressamente, excluídas aquelas matérias que, embora mantenham essa identificação, são deferidas à apreciação de Órgão que não lhe pertence, como adiante será apurado.

Também é certo que, porque ela prevê, no art. 121, § 4º, que cabe ao Tribunal Superior Eleitoral recurso das decisões dos Tribunais Regionais Eleitorais que versarem sobre inelegibilidade ou expedição de diplomas nas eleições federais ou estaduais, ou que anularem diplomas ou decretarem a perda de mandatos eletivos federais ou estaduais, ou, ainda denegarem *habeas corpus*, mandado de segurança, *habeas data* ou mandado de injunção, podemos concluir que tais assuntos movimentam-se na competência da Justiça Eleitoral por determinação constitucional.

Mas esses assuntos, anteriormente indicados, cabem na sua competência no quanto se vincularem à sua atuação.

Com efeito, a inelegibilidade, por exemplo, pode emanar de decisão criminal, ou que reconheça improbidade administrativa, proferida pela Justiça Estadual ou Federal, ou de decisão da própria Justiça Eleitoral em representação contra abuso de poder econômico ou político, em qualquer caso, como é indubitável, repercutindo nas eleições ao barrar candidaturas.

Outro exemplo é a perda de mandato de Deputado que, conforme seja a causa em que se fundamente, pode encontrar sede em ação de impugnação de mandato proposta perante a Justiça Eleitoral, com espeque nos arts. 14, § 10, e 55, V, da Lei Maior, ou em decisão que não guarde relação com a matéria eleitoral, como na hipótese em que tem procedimento incompatível com o decoro parlamentar ou deixa de comparecer, injustificadamente, em cada sessão legislativa, à terça parte das sessões ordinárias (CF, art. 55, II e III). A questão, neste último caso (art. 55, III), não é de Direito Eleitoral, mas sim de Direito Parlamentar e não refletirá na competência da Justiça Eleitoral se lançada a candidatura do mencionado político a qualquer cargo, eis que a perda de mandato que torna inelegível o membro do Poder Legislativo deverá ser fundada nos incisos I e II do indigitado dispositivo.

Já a perda do mandato, no exemplo, decorrente de proceder incompatível com o decoro parlamentar, também não pertence ao âmbito de atuação da Justiça Eleitoral, mas se requerido for o registro da candidatura de quem assim o perdeu, a matéria ganha a feição eleitoral, devendo ser indeferido o pedido se formulado para as eleições que se realizarem durante o período remanescente do mandato para o qual fora eleito e nos oito anos subsequentes ao término da legislatura (LC nº 64/1990, art. 1º, I, "b").

Regem, assim, a competência da Justiça Eleitoral, normas espalhadas pela Constituição, para admiti-la ou negá-la, bem como as que cuidam do tema da competência, constantes da Lei ordinária nº 4.737/1965 (Código Eleitoral), recepcionada, nesta parte, pela nova ordem constitucional, naquilo que não a afronta, como lei complementar, consideradas, outrossim, as disposições pertinentes encontradas nas leis genuinamente complementares editadas a partir da promulgação da Constituição de 1988 e com ela compatíveis.

2.2.2. Os diversos aspectos da competência da Justiça Eleitoral

Identificam-se na Justiça Eleitoral atribuições de cunho jurisdicional e não jurisdicional, subdividindo-se as segundas em atribuições de ordem administrativa, consultiva e normativa.

Todas elas são arroladas no Código Eleitoral sob a epígrafe da competência.

Incumbe à Justiça Especializada, cuja composição não decorre das eleições aqui visadas, conduzir todo o processo eleitoral imparcialmente.

Para tanto, cabe-lhe praticar os atos de administração necessários à realização do prélio eleitoral, atos esses pertinentes ao alistamento do eleitor, à divulgação das orientações relacionadas ao processo eleitoral, à convocação de mesários, à requisição de prédios e de servidores, à fiscalização da propaganda eleitoral munida do poder de polícia etc.

No exercício da competência consultiva, o Tribunal Superior Eleitoral, com o propósito de orientação – que não se limita à pessoa que a provoca – responde às consultas sobre matéria eleitoral, desde que lhe sejam feitas *em tese* e *por autoridade federal*, ou *órgão nacional de partido político* (CE, art. 23, XII). Por exemplo, em atenção à consulta feita por Deputado Federal, o TSE respondeu, dentre outras coisas, que os Partidos coligados para o cargo de governador podem lançar, isoladamente, candidatos ao Senado.[33]

Mas as respostas do Tribunal, precisamente porque dadas em sede de mera consulta, em tese, e não de julgamento de caso concreto, não obrigam quem a faz, nem vinculam o órgão consultado e muito menos os demais órgãos eleitorais.

Por essa razão, aliás, o Tribunal Superior Eleitoral tem sido comedido no conhecimento das consultas que lhe são formuladas. Por exemplo: a Consulta nº 15424-Brasília/DF, da qual foi Relator o Ministro Henrique Neves da Silva, não foi conhecida sob o fundamento de que "a análise da configuração ou não de conduta vedada somente é possível a partir dos fatos concretos que revelem suas circunstâncias próprias e o contexto em que inseridos"; a Consulta nº 96.785 – Brasília/DF, cujo Relator foi o Ministro Gilmar Mendes, não foi conhecida por referir-se a caso concreto; a Consulta nº 96.433 – Brasília/DF, da Relatoria da Ministra Laurita Vaz, não foi conhecida porque "os parâmetros para o conhecimento das consultas devem ser extremamente rigorosos, sendo imprescindível que os questionamentos sejam formulados em tese e, ainda, de forma simples e objetiva, sem que haja a possibilidade de se dar múltiplas respostas ou estabelecer ressalvas".

Também os Tribunais Regionais Eleitorais respondem às consultas que sobre matéria eleitoral lhe forem feitas, *em tese*, por *autoridade pública* ou *partido político* (CE, art. 30, VIII).

No que tange à atuação regulamentadora da Justiça Especial em evidência, de acordo com os arts. 1º, parágrafo único, e 23, IX, da Lei nº 4.737/1965 (Código Eleitoral), compete ao Tribunal Superior "expedir as instruções que julgar convenientes à execução deste Código". Embora com maior cautela, semelhantemente dispõe o *caput* do art. 105 da Lei nº 9.504/1997, alterada pela Lei nº 12.034/2009:

> Até o dia 5 de março do ano da eleição, o Tribunal Superior Eleitoral, atendendo ao caráter regulamentar e sem restringir direitos ou estabelecer sanções distintas das previstas nesta Lei, poderá expedir todas as instruções necessárias para sua fiel execução, ouvidos, previamente, em audiência pública, os delegados ou representantes dos partidos políticos.

Também no art. 61 da Lei nº 9.096, de 19 de setembro de 1995 – Lei dos Partidos Políticos – encontra-se norma segundo a qual "o Tribunal Superior Eleitoral expedirá instruções para a fiel execução desta Lei".

Anotamos que as leis ordinárias não outorgam competência à Justiça Eleitoral, mas aqui apenas reproduzem o poder atribuído ao Tribunal Superior Eleitoral pelo Código Eleitoral, recepcionado pela Constituição de 1988, como antes ressaltado, como lei complementar.

Reportamo-nos ao que foi dito sobre as Resoluções do Tribunal Superior Eleitoral quando falamos sobre as fontes do Direito Eleitoral.

---

33. TSE, Consulta nº 72.971 – Brasília/DF, Rel. originário Min. Hamilton Carvalhido, Rel. designado Min. Henrique Neves da Silva. *DJe* de 28.2.2014.

Quanto à competência da Justiça Eleitoral no que respeita à sua função jurisdicional, o que determina a sua atuação é a natureza da matéria: à Justiça Eleitoral cabe processar e julgar matéria eleitoral. Por isso sobre ela está autorizada a responder em consulta, como vimos.

Mas, como frisamos no início deste item, a competência da Justiça Eleitoral é traçada pela Constituição Federal que, a partir de suas previsões concernentes à competência do Judiciário como um todo, determina que sobre a organização e competência dos tribunais, dos juízes e das juntas eleitorais disponha a Lei Complementar, com este caráter, como ressaltado, recepcionado o Código Eleitoral no quanto deste tema se ocupa.

Dessa forma, mesmo em se tratando de competência *ratione materiae*, se de forma diversa determinar a Constituição, em homenagem às funções dos personagens envolvidos na situação apresentada, a competência material cede lugar à competência por prerrogativa de função.

É o que acontece com os crimes praticados pelo Presidente da República e demais autoridades relacionadas no art. 102, I, "b" e "c", da Constituição Federal.

Não serão processados e julgados na Justiça Eleitoral, ainda que originariamente pelo seu órgão máximo, quando pratiquem crime de cunho nitidamente eleitoral (que é aqui considerado *crime comum* em contraposição ao *crime de responsabilidade*), o Presidente da República, o Vice-Presidente, os Senadores, os Deputados Federais, os Ministros do Supremo Tribunal Federal, o Procurador-Geral da República, os Ministros de Estado e os Comandantes da Marinha, do Exército, e da Aeronáutica, os Ministros do Superior Tribunal de Justiça, os Ministros do Tribunal Superior Eleitoral, os Ministros do Tribunal Superior do Trabalho, os Ministros do Superior Tribunal Militar, os Ministros do Tribunal de Contas da União e os Chefes de Missão Diplomática da caráter permanente.

A tarefa compete ao Supremo Tribunal Federal, originariamente, porque assim o determina a Constituição, no art. 102, I, "b" e "c". [34]

Não recepcionada, portanto, a alínea "d" do inciso I do art. 22 do Código Eleitoral, que atribuía ao Tribunal Superior Eleitoral a competência para processar e julgar seus próprios juízes (os Ministros do TSE), quando autores de crimes eleitorais e outros com eles conexos.

As disposições citadas classificam os crimes em dois grupos: os comuns (crimes em sentido estrito) e os de responsabilidade (infrações político-administrativas de que cuida a Lei nº 1.079, de 10 de abril de 1950). Não se enquadrando o delito eleitoral no segundo grupo, ajusta-se, obrigatoriamente, ao primeiro, cabendo processar e julgar a autoridade, por tê-lo praticado, o Sodalício indicado.[35]

---

34. Em se tratando de crime de responsabilidade, ao Senado Federal, sob a direção do Presidente da Excelsa Corte, caberá processar e julgar o Presidente e o Vice-Presidente nos crimes de responsabilidade, bem como outras autoridades, em consonância com o quanto disposto no art. 52, I e II, e parágrafo único, da CF.

35. "Há crimes de responsabilidade que caracterizam, também, crime comum. Daí porque o art. 52, parágrafo único, dispondo sobre a perda do cargo e a inabilitação para o exercício da função pública, prescreve que a aplicação dessas penas se verifica sem prejuízo das demais sanções judiciais cabíveis." (TEMER, 1993, p. 159). "O crime de responsabilidade desafia o processo *de impeachment,* enquanto o crime, em sentido estrito, só pode ensejar um processo criminal perante as instâncias do Poder Judiciário." (ARAUJO; NUNES JÚNIOR, 2009, p. 225).

Noutro sentido o art. 364 do Código Eleitoral, fala em crimes comuns para distingui-los daqueles tipificados em leis especiais, estando entre os últimos, então, compreendidas as infrações eleitorais penalmente relevantes, sob este enfoque, portanto, não sendo consideradas crimes comuns.

Também não serão processados criminalmente na Justiça Eleitoral os Governadores e demais autoridades mencionadas no art. 105, I, "a", da Constituição Federal.

Tendo cometido delito eleitoral, o Governador responderá a processo que se desenvolverá perante o Superior Tribunal de Justiça, não perante o Tribunal Superior Eleitoral, tendo em vista os termos expressos da regra inserta no art. 105, I, "a", da Constituição Federal, que nenhuma ressalva prevê, ao contrário do que fez o art. 96, III, da mesma Carta, que deixou fora da competência dos Tribunais de Justiça o julgamento das infrações penais *eleitorais* cometidas pelos juízes de direito e membros do Ministério Público estadual.

Com efeito, dispõe o referido dispositivo que compete ao Superior Tribunal de Justiça: "I – processar e julgar, originariamente: a) nos crimes comuns, os Governadores dos Estados e do Distrito Federal, e, nestes e nos de responsabilidade, os desembargadores dos Tribunais de Justiça dos Estados e do Distrito Federal, os membros dos Tribunais de Contas dos Estados e do Distrito Federal, os dos Tribunais Regionais Federais, *dos Tribunais Regionais Eleitorais* e do Trabalho, os membros dos Conselhos ou Tribunais de Contas dos Municípios e os do Ministério Público da União que oficiem perante Tribunais."

Tratando-se de crime pertencente ao outro grupo (crimes de responsabilidade), a responsabilização política do governador se dará na forma estabelecida pela Lei nº 1.079/1950, como resulta da interpretação conjunta dos arts. 22, I, 48, e 85, parágrafo único, da Constituição Federal, e do § 3º do art. 78, da lei citada, pois é da competência privativa da União, legislando a respeito, definir crimes de responsabilidade e ditar regras de processo e julgamento voltadas à punição daqueles que os cometem. Consoante o texto legal referido, o julgamento do Governador acusado da prática de crime de responsabilidade será realizado por um tribunal composto de cinco membros do Legislativo, escolhidos mediante eleição dos seus pares, e de cinco desembargadores, por sorteio, sob a presidência do Presidente do Tribunal de Justiça local, que terá direito de voto no caso de empate.

Enfim, sendo o Governador apontado como autor de crime, seja comum (no sentido de que não é crime de responsabilidade) ou de responsabilidade, não será processado e julgado pela Justiça Eleitoral, mas, originariamente, pelo Superior Tribunal de Justiça, no primeiro caso, e, no segundo, pelo órgão designado a esse fim.[36]

---

36. A Constituição de São Paulo comete a incumbência a um Tribunal Especial, composto por sete Deputados e por sete Desembargadores, que será presidido pelo Presidente do Tribunal de Justiça, conforme o *caput* do art. 49, mas a expressão "ou, nos crimes de responsabilidade, perante Tribunal Especial", dele constante, foi objeto da ADIn nº 2.220/SP, julgada procedente pelo Pleno do Supremo Tribunal Federal (ADIn nº 2.220-2, Rel. Min. Cármen Lúcia, j. em 16.11.2011, *DJe* de 7.12.2011). Isto porque "são da competência legislativa da União a definição dos crimes de responsabilidade e o estabelecimento das respectivas normas de processo e julgamento", de acordo com a Súmula nº 722 do STF, sendo a lei nacional especial a que se refere o parágrafo único do art. 85 da CF, a de nº 1.079/1950, como asseverado no texto.

Nesse sentido, acolhendo parecer do Procurador-Geral da República, já decidiu o Supremo Tribunal Federal, pelo voto condutor do Ministro Paulo Brossard.[37]

Da mesma prerrogativa constante do transcrito art. 105, I, "a", da Constituição Federal, gozam, como é irrefragável, as demais pessoas nele indicadas, não mais prevalecendo a norma do art. 22, I, "d", do Código Eleitoral, que dava ao Tribunal Superior Eleitoral competência para processar e julgar, originariamente, os crimes eleitorais e os não eleitorais que lhes fossem conexos, cometidos pelos juízes dos Tribunais Regionais Eleitorais.

Já noutros dispositivos a Constituição faz expressa ressalva da competência da Justiça Eleitoral.

Nessa trilha encontra-se o art. 108, I, "a", que entrega aos Tribunais Regionais Federais a competência originária para processar e julgar, nos crimes comuns e de responsabilidade, os juízes federais que não compõem tribunais, pertençam ao quadro da Justiça comum ou da Justiça especializada do Trabalho ou Militar, bem como os membros do Ministério Público da União – que compreende o Ministério Público Federal, o Ministério Público do Trabalho, o Ministério Público Militar e o Ministério Público do Distrito Federal e Territórios – que oficiam junto ao 1º grau de jurisdição, *ressalvada a competência da Justiça Eleitoral*.

O art. 96 prevê, no inciso III, que os juízes estaduais e do Distrito Federal e Territórios, bem como os membros do Ministério Público, serão julgados pelos Tribunais de Justiça, nos crimes comuns e de responsabilidade, *ressalvada a competência da Justiça Eleitoral* (o que reafirma que para a Constituição o crime eleitoral é, no sentido aí utilizado, comum, porque se fosse considerado especial descaberia a ressalva, já que naturalmente não se enquadraria nem nos comuns, nem nos de responsabilidade).

A Lei nº 4.737/1965 (Código Eleitoral) no art. 29, I, "d", recepcionada pela Constituição como a Lei Complementar a que se refere o seu art. 121, dispõe que os juízes eleitorais serão julgados, pela prática de crime eleitoral, originariamente pelos Tribunais Regionais da Justiça especializada nesta matéria.

A competência *ratione personae* estabelecida no art. 109, I, da Constituição Federal, igualmente excepciona a competência da Justiça Eleitoral nas causas em que a União, entidade autárquica ou empresa pública federal forem interessadas na condição de autoras, rés, assistentes ou opoentes.

O mesmo artigo, no seu inciso IV prescreve que os ilícitos penais praticados em detrimento de bens, serviços ou interesse desses entes públicos serão julgados pelos juízes federais, *ressalvada a competência da Justiça Eleitoral e* da Justiça Militar.

Assim, por exemplo, a subtração, por um eleitor, de objetos de uso exclusivo da Justiça Eleitoral, embora indique conduta criminosa executada em prejuízo da União, configura o crime eleitoral do art. 340 da Lei nº 4.737/1965, a ser processado e julgado pelos juízes eleitorais, por força do art. 35, II, da mesma lei.

Mas, se esse ato for praticado por menor de 18 anos, portanto inimputável, sujeito, destarte, às normas de legislação especial (CF, art. 228, e Estatuto da Criança e do Adolescente, art. 148, I), não haverá crime e, portanto, competirá à Vara da Infância e da

---

37. Conflito de Jurisdição nº 6.971-5/DF, e jurisprudência aí citada: *RTJ* 33:590, 32:614, 123:122; *BE* 258:561.

Juventude, ou ao juiz que exerça essa função na comarca, processar e julgar o ato infracional equiparado a crime eleitoral, na palavra do Superior Tribunal de Justiça, órgão do Judiciário ao qual incumbe julgar os conflitos de competência entre juízes vinculados a tribunais diversos (CF, art. 105, I, "d")[38].

No tocante às autoridades que têm no Tribunal de Justiça o Foro por Prerrogativa de Função, como os Secretários de Estado, importa ponderar o seguinte.

Não terá validade a norma estadual que, a pretexto de definir a competência da Justiça do Estado, com base na autorização dada pelo § 1º do art. 125 da Constituição Federal, pretenda subtrair da Justiça Eleitoral competência que lhe foi dada por Lei Complementar, porque afrontaria os arts. 121, *caput*, e 125, *caput,* da Lei Maior. À Justiça comum, federal e estadual, compete o que não cabe na competência das Justiças especializadas, como bem demonstram as ressalvas constantes dos dispositivos anteriormente aludidos.

Somente a previsão feita no texto de norma de hierarquia superior ou equivalente poderia excetuar a competência da Justiça Eleitoral, definida em lei complementar, em favor da Justiça comum estadual, sem que restasse ferido o sistema constitucional da organização judiciária brasileira.

Assim, quando a Constituição de São Paulo, por exemplo, diz competir ao Tribunal de Justiça processar e julgar, originariamente, nas infrações penais comuns, o Vice-Governador, os Secretários de Estado, os Deputados Estaduais, o Procurador-Geral de Justiça, o Procurador-Geral do Estado, o Defensor Público-Geral e os Prefeitos Municipais (art. 74), e a Lei nº 8.625, de 12 de fevereiro de 1993, estende a prerrogativa aos membros do Ministério Público, devemos entender que tal se dará ressalvada a competência das Justiças especiais e da Justiça comum federal.[39]

Aqui, fala-se em crime comum com a lógica exclusão do crime eleitoral (nesta esteira considerado crime especial), porquanto não poderia a Constituição Estadual interferir na competência material da Justiça Eleitoral, dela excluindo a hipótese.

O Secretário de Estado tem foro privilegiado por prerrogativa de função e o Tribunal de Justiça é o órgão competente para julgá-lo, originariamente, nas infrações penais comuns de acordo com os arts. 87 do Código de Processo Penal, e 74, I, da Constituição do Estado de São Paulo que vamos tomar por exemplo.

Cuidando-se de crime eleitoral, pelos motivos expostos, fica afastada a competência do Tribunal de Justiça.

A esse respeito, já decidiu o Supremo Tribunal Federal que "compete originariamente ao Tribunal Regional Eleitoral processar e julgar por crimes eleitorais as autoridades estaduais que, em crimes comuns, tenham no Tribunal de Justiça o foro por prerrogativa de função".[40]

---

38. STJ, CC 38.430-BA, Rel. Min. Felix Fischer, 3ª Seção, j. em 116.2003, *DJ* de 18.8.2003, p. 150.
39. De acordo com o sistema nacional, o que não competir às Justiças especializadas (Justiça Eleitoral, Militar e do Trabalho) compete à Justiça comum; nesta, o que não competir à Justiça Federal é da competência da Justiça Estadual. No resíduo, portanto, esgota-se a competência do Tribunal de Justiça. Embora o Superior Tribunal de Justiça seja o órgão superior, concomitantemente, da Justiça comum Federal e Estadual (CF, art. 105, II, "a" e "b", e III, bem como o seu parágrafo único), a competência que detém, como visto, é determinada pela própria Constituição (art. 105, I, "a").
40. *RTJ* 91:59.

Como bem acentuou a Excelsa Corte, pela palavra do Ministro Moreira Alves, no Inquérito Policial Originário nº 94, o Tribunal de Justiça só é considerado foro competente por prerrogativa de função para os crimes que se encontram na esfera de jurisdição da Justiça Estadual; consequentemente, é dos Tribunais Regionais Eleitorais a competência para processar a julgar, por crimes eleitorais, "as autoridades estaduais que tenham no Tribunal de Justiça o foro por prerrogativa de função (Conflito de Jurisdição nº 6.113, julgado pelo plenário em 6.9.1978)".[41]

De seu turno, se o Deputado Federal está no exercício do cargo de Secretário estadual e nesta condição comete crime federal, também não será julgado pelo Tribunal de Justiça, mas pelo Tribunal Regional Federal competente, como expõe o Ministro Francisco Rezek:

> É que o acusado, Deputado Federal licenciado, está exercendo o cargo de Secretário de Estado do Rio de Janeiro, tendo cometido os crimes federais a ele imputados na denúncia nesta condição. Significa dizer que o acusado foi denunciado e irá ser julgado como Secretário de Estado e não como Deputado Federal. Desse modo, não há que se falar em competência do Colendo Supremo Tribunal Federal, pois é ela do Egrégio Tribunal Regional Federal da 2ª Região, órgão competente para apreciar as denúncias de crimes federais contra Secretário de Estado, conforme jurisprudência formada no HC nº 68.967-1-PR, cujo Relator para o acórdão foi o Exmo. Min. Ilmar Galvão (Despacho publicado no *DJU*).

Embora não haja previsão expressa no Código Eleitoral sobre a competência para julgamento do Secretário de Estado, o seu art. 364 determina a aplicação, como lei subsidiária ou supletiva, do Código de Processo Penal, o que nos leva à mesma conclusão (CPP, art. 87).

Outra questão interessante a ser abordada é a que diz respeito à inteligência do art. 29, X, da Constituição Federal – julgamento do Prefeito.

De acordo com esse dispositivo, o julgamento do Prefeito far-se-á perante o Tribunal de Justiça.

A falta de ressalva dessa disposição constitucional, de um lado, e, de outro lado, a ausência de previsão expressa de maior alcance, gerou dúvidas acerca de sua amplitude, ensejando a conclusão dos nossos Pretórios no sentido de que a Lei Maior, ao referir-se ao Tribunal de Justiça, não excluiu a competência dos órgãos da Justiça Especializada Eleitoral e Militar, nem da Justiça comum federal. Tal orientação proveio da interpretação sistemática da Constituição Federal, pois a desautorizada exegese literal desse artigo violentaria a competência atribuída aos órgãos judiciais pela própria Lei Magna, molestando a organização judiciária nacional.[42]

---

41. Conforme citação no parecer exarado no Processo PGR nº 08100.001696/93-39, pelo então Subprocurador-Geral da República Cláudio Lemos Fonteles, aprovado pelo Procurador-Geral da República. Nesse substancioso estudo, o seu autor conclui que, conquanto seja unicamente o Tribunal de Justiça estabelecido como foro por prerrogativa de função, e não obstante essa competência fique restrita aos crimes que estão ao alcance do conhecimento da Justiça Estadual "realça, como perfeito parâmetro normativo, e permite a ilação de que, atento à independência e harmonia entre os Poderes, os que os representam não podem ser despojados da prerrogativa de função, cuja consequência é estabelecer-se em Juízo Colegiado, o natural ao processo e julgamento dos crimes que tentam, ou consumam".

42. Ver Constituição Federal, arts. 108, 109, 114, 121, 124 e 125, § 4º. Como explicado anteriormente, consoante o sistema doméstico, somente cabe à Justiça comum processar e julgar as causas que não se acomodem na competência das Justiças Especiais. E, na Justiça comum, apenas competirá à Justiça Estadual, residualmente, o processamento e julgamento de causas não deferidas à Justiça Federal.

Em outras palavras, a Constituição deixou aos Estados a Organização da Justiça comum por eles mantida e a fixação de sua competência no âmbito estadual dentro dos parâmetros que instituiu. Esta situação, portanto, não se confunde, com a estipulação do Supremo Tribunal Federal e do Superior Tribunal de Justiça como foro por prerrogativa de função, feita pela Constituição Federal.

A esse respeito, já foi salientado, firmou-se a jurisprudência de acordo com o entendimento de que compete ao Tribunal Regional Eleitoral julgar, originariamente, o Prefeito pela prática de crime eleitoral, como compete ao Tribunal Regional Federal julgá-lo quando acusado da prática de delito de natureza federal.[43]

Não será demais ressaltar, entretanto, que essa competência do Tribunal Regional Eleitoral é fixada em consideração à mencionada autoridade municipal (prerrogativa de função) quando esta seja sujeito ativo – não sujeito passivo – de delito eleitoral (por isso fala o texto em "julgamento do Prefeito").[44]

Neste mesmo contexto, pacificada a questão como anteriormente exposto, outra vem à baila, concernente à abrangência do preceito em exame, havendo algumas propostas na direção que seria irrestrita a competência do Tribunal em relação ao Prefeito, agasalhando a norma apontada matéria estranha ao âmbito criminal: o TRE seria competente para julgar o Prefeito, em se tratando de matéria eleitoral de cunho penal ou extrapenal.

Esse chegou a ser o entendimento do Tribunal Regional Eleitoral de São Paulo, que chamou para si a competência originária para julgar ação de impugnação de mandato eletivo de prefeito municipal.[45]

Extrapolou, desse modo, a Corte Regional, o campo meramente criminal de incidência do art. 29, X, da Constituição Federal.

Ocorre que a posição tomada por esse colegiado não foi confirmada pelo Tribunal Superior Eleitoral. Com efeito, ao julgar recurso interposto contra o Acórdão nº 105.732, firmou a Corte Superior orientação diversa, declarando competente para o processo e julgamento da ação de impugnação de mandato, movida em face de Prefeito, o juiz eleitoral da zona eleitoral correspondente.[46]

Nesse julgamento, impecável o pronunciamento do Ministro Sepúlveda Pertence:

> Para mostrar que a analogia com a competência penal não encontra suporte na Constituição, basta pensar nos outros casos de impugnação. A competência para desconstituir ou para decretar a perda de mandato de Deputados Federais e de Senadores, a meu ver, iniludivelmente, é do Tribunal Regional Eleitoral, que é o órgão da diplomação. No entanto, o foro criminal desses dignitários é o Supremo Tribunal Federal; o mesmo com relação ao Governador, que tem hoje esse inusitado foro do Superior Tribunal de Justiça, e assim por diante (...).

---

43. TRE/SP, Ac. nº 102.546, *DOE* de 10.5.1989; STJ, Conflito de Competência nº 1.265/SP, Rel. Min. Dias Trindade, j. em 21.6.1990, *DJ* de 10.9.1990, p. 9.111; TSE, RHC nº 142, Rel. Min. Miguel Ferrante, j. em 19.9.1989, *DJ* de 8.11.1989, p. 16.797; STF, HC nº 68.967-1/PR, Rel. Min. Ilmar Galvão, *DJU* de 16.4.1993, p. 6.432.
44. Sem razão, portanto, certa Prefeita que, sentindo-se caluniada pelo candidato eleito para substituí-la, pedia que o Procurador-Regional Eleitoral tomasse as providências cabíveis junto ao Tribunal Regional Eleitoral (autos PRE-SP 81/92).
45. Ac. nº 102.943, *DOE* de 12.8.1989; e Ac. nº 105.732, *DOE* de 4.7.1990.
46. TSE, Ac. nº 11.951, *DJU* de 7.6.1991.

Realmente, esse é o pensamento que deve servir de norte ao intérprete do citado artigo.

Finalmente, porque o Código Eleitoral, no art. 29, I, "e", atribui aos Tribunais Regionais Eleitorais competência para processar e julgar *habeas corpus* ou mandado de segurança, em matéria eleitoral, contra ato de autoridades que respondam perante os Tribunais de Justiça por crime de responsabilidade, é preciso averiguar se este é o caso.

A Constituição não particulariza a hipótese.

O Decreto-Lei nº 201, de 27 de fevereiro de 1967, enumera, no seu art. 1º, diversos comportamentos que, definíveis como crimes comuns, arrola como crimes de responsabilidade, sujeitando-os, expressamente, ao crivo do Poder Judiciário, independentemente do pronunciamento dos edis, aos quais caberá o julgamento de infrações de conteúdo político-administrativo, assim identificadas no art. 4º, dentre elas a de *proceder de modo incompatível com a dignidade e o decoro do cargo*.

Diante dessa colocação, se a Lei Básica não relaciona, no art. 29, X, os crimes praticados pelos prefeitos que devam ser julgados pelo Tribunal de Justiça, não aderindo à classificação bipartida crime comum/crime de responsabilidade aproveitada nos seus arts. 102, I, "b" e 105, I, "a", – até porque o art. 29 sequer a crimes se refere – a conclusão que melhor se apresenta é de que a competência do Tribunal de Justiça açambarca tanto os crimes comuns quanto os de responsabilidade elencados no art. 1º do Decreto-Lei nº 201/1967, por ela recepcionado.

Em São Paulo, embora a Constituição paulista, no art. 74, I, cometa ao Tribunal de Justiça o julgamento dos Prefeitos com relação às infrações penais apenas *comuns*, o Tribunal de Justiça do Estado de São Paulo, em 1989, baixou o Assento nº 143, prescrevendo competir às Câmaras Criminais *o julgamento dos Prefeitos Municipais, nas infrações penais comuns e nos crimes de responsabilidade* (Decreto-Lei nº 201/1967, art. 1º), o que nos parece correto diante da Constituição Federal, como exposto, do DL nº 201/1967, por ela recepcionado e, no caso do Município de São Paulo, da sua Lei Orgânica, que no art. 72, I, faz igual previsão.

Anote-se, ainda, sob outro prisma, no plano extrapenal, que de acordo com a Súmula nº 368 do Superior Tribunal de Justiça, também não compete à Justiça Eleitoral e sim à Justiça comum estadual processar e julgar os pedidos de retificação de dados cadastrais da Justiça Eleitoral, eis que esse tema não se insere na sua competência material: como é cediço, o que não está expressamente dentro da competência de justiça especializada compete à justiça comum e não há previsão, na Constituição ou no rol taxativo do art. 35 do Código Eleitoral, que atribua ao juiz eleitoral conhecer dos feitos ajuizados com esse propósito.

2.2.3. A diplomação como marco da competência da Justiça Eleitoral

De acordo com antigo e pacífico entendimento, a competência da Justiça Eleitoral finda com a diplomação, ato de coroamento do processo eleitoral iniciado com as convenções partidárias.[47]

---

47. Ao se realizar a diplomação, se houver processo pendente de decisão, será consignado que os resultados poderão sofrer alterações em virtude desse julgamento (CE, art. 261, § 5º).

Sobre o assunto, o escólio de Tito Costa (2010, p. 32):
> A competência da Justiça Eleitoral cessa com a expedição dos diplomas aos eleitos. A partir daí, qualquer questão relativa ao exercício do mandato tem seu deslinde confiado à justiça comum. Exceto, na Constituição de 1988, a ação de impugnação de mandato eletivo, prevista em seu art. 14, §§ 10 e 11.

E mais adiante:
> Não se deve confundir matéria política com matéria eleitoral que, embora conexas, sujeitam-se à apreciação de autoridades judiciárias diferentes. Em casos de dúvida quanto à legitimidade de um ato emanado do Poder Público, cabe à justiça comum decidir, mesmo que esse ato tenha íntima correlação com matéria política. A Justiça Eleitoral, no entanto, tem função mais restrita: declara os eleitos mas, depois de expedir os respectivos diplomas, nada mais tem com o exercício do mandato do diplomado. Qualquer embaraço que surja a respeito desse exercício deve ser removido por outra justiça – a comum. (COSTA, 2010, p. 32)

Na mesma trilha a explanação de Pinto Ferreira (1976, p. 48):
> Até onde vai a competência da Justiça Eleitoral? Ela cessa com a expedição do diploma aos representantes eleitos. Esta diplomação, transitada em julgada, termina com a atribuição da Justiça Eleitoral. (TSE, *Boletim Eleitoral*, 108/532).

Em igual direção, a palavra do Tribunal Regional Eleitoral de São Paulo, em acórdão de 1976, assim ementado:
> Justiça Eleitoral. Competência. A competência da Justiça Eleitoral termina com a diplomação dos eleitos, salvo o que excetua o inciso IX do art. 137 da Constituição brasileira. (Ac. nº 72.691, Rel. Garibaldi Carvalho)[48]

E a do Tribunal Superior Eleitoral, como revelam as seguintes ementas de acórdãos proferidos em 1984 e 1992:
> Processo eleitoral – Diplomação transitada em julgado. 1. Com o trânsito em julgado da diplomação exaure-se a competência da Justiça Eleitoral para todos os efeitos do processo eleitoral. 2. A posterior comprovação de abuso de poder econômico pode dar lugar à imposição das sanções do art. 237 do Código Eleitoral ou de sanções penais, mas não implicará, por si mesma, desconstituição de diploma ou de mandato do parlamentar responsável pelos fatos apurados. (TSE, Ac. nº 7.939, Rel. Min. José Guilherme Vilella.)[49]

> Vereador – Transferência de domicílio eleitoral – Candidatura a prefeito – Perda de mandato. A perda de mandato é tema pertinente ao direito constitucional, federal ou estadual, que ultrapassa os limites do direito eleitoral, pois este cessa com a diplomação dos eleitos (Precedente: Resolução TSE nº 12.279, de 3.9.1985). (Resolução TSE nº 17.643, Rel. Min. Paulo Brossard.)[50]

Não é diferente o posicionamento do Superior Tribunal de Justiça, que julga os conflitos de competência entre juízes vinculados a tribunais diversos: "A jurisprudência do Superior Tribunal de Justiça é firme no sentido de que a competência da Justiça Eleitoral finda-se com a diplomação dos eleitos, exceto no caso da ação de impugnação de mandato prevista no § 10 do art. 14 da CF/1988".[51]

---

48. *DOE* de 10.12.1976, p. 77. A ressalva refere-se à Constituição de 1967, emendada.
49. *DJU* de 12.12.1984, p. 21.746. A consagração da ação de impugnação a mandato eletivo na Constituição de 1988, entretanto, altera esse posicionamento, pois ela pode ser proposta após o trânsito em julgado da diplomação.
50. *DJU* de 20.1.1992, p. 142.
51. STJ, CC 117.769/SC, Rel. Min. Humberto Martins, 1ª Seção, j. em 14.9.2011, *DJe* de 22.9.2011.

De imediato percebe-se que algumas das transcrições que sucedem a citação do pensamento de Tito Costa realçam um ingrediente apenas implícito na explicação transcrita deste autor – o trânsito em julgado da diplomação – já que a Lei nº 4.737/1965, no art. 262, consagra o recurso contra a expedição de diploma.

Como se deflui dessas lições, a competência da Justiça Eleitoral não se encerra com a expedição dos diplomas, pois a própria diplomação pode ser discutida na Justiça Especial. Elas exigem, portanto, que a diplomação tenha passado em julgado.

Mas, a ação por meio da qual se impugna mandato eletivo tem natureza constitucional eleitoral e se processa perante a Justiça especializada, nascendo com a expedição dos diplomas a oportunidade para sua propositura. E como ação – que não objetiva diretamente destruir esse ato – não impede que a diplomação passe em julgado, podendo ser ajuizada após tornar-se esta imutável (decorrido *in albis* o tríduo para o recurso), dentro dos quinze dias a esse fim destinados.

Do exposto, decorre a conclusão de que, nestes casos, o trânsito em julgado da diplomação não exaure a competência da Justiça Eleitoral.

De se acrescentar que, na dicção do art. 30-A e §§ 1º e 2º da Lei nº 9.504/1997, qualquer partido político ou coligação poderá representar à Justiça Eleitoral, *no prazo de 15 dias da diplomação*, relatando fatos e indicando provas, e pedir a abertura de investigação judicial, sob o rito do art. 22 da Lei Complementar nº 64/1990, para apurar condutas em desacordo com as suas normas, relativas à arrecadação e gastos de recursos, cujo acolhimento importará na negação do diploma ao candidato, ou na sua cassação, se já outorgado.

Não se poderia pensar também, que essa competência se definiria quando os fatos – anteriores à diplomação – levados a exame do Judiciário, tivessem ocorrido durante o período que se sucedeu às convenções.

Realmente, fatos há que, embora tenham acontecido em tempo distante do mencionado período, indiscutivelmente repercutem nas eleições. Foi o que se deu no caso do Senador representante da Paraíba, acusado de mandar confeccionar calendário do ano de 1994, com destaque de sua imagem, de sua qualificação e de uma mensagem, peça que, assim, exibia "indisfarçável aceno de propaganda política" às eleições daquele ano, tendo sido formalizada a representação contra o parlamentar em 21 de fevereiro de 1994. E o Tribunal Superior Eleitoral, dando provimento ao recurso da Procuradoria Regional Eleitoral da Paraíba, com apoio no parecer da Procuradoria-Geral Eleitoral, cassou o registro da candidatura do representado, declarando-o inelegível por três anos, de acordo com a legislação à época vigente. Assim ficou ementado, no particular, o v. aresto:

> Abuso de autoridade – Parlamentar – Serviço gráfico do Senado Federal. Consubstancia abuso de autoridade a utilização do serviço gráfico do Senado Federal em confecção de calendários, contendo imagem de parlamentar, e que tenham sido enviados aos cidadãos do Estado no qual possui o domicílio eleitoral, ocorrendo a remessa em pleno ano destinado às eleições.[52]

Sob a ótica penal, no aspecto enfrentado, diz o Código Eleitoral competir à Justiça Eleitoral processar e julgar: aquele que se inscreve, fraudulentamente, eleitor, quem o

---

52. TSE, AC nº 12.244, Rel. Min. Marco Aurélio, j. em 13.9.1994, *DJU* de 23.9.1994, p. 25.373.

induz a fazê-lo, e o juiz que efetua a inscrição, ou que a nega ou retarda, sem fundamento legal quando regularmente requerida (arts. 289 a 292); aquele que perturba ou impede o alistamento (art. 293); aquele que retém título eleitoral contra a vontade do eleitor (CE, art. 295; Lei nº 9.504/1997, art. 91, parágrafo único); o eleitor que subscreve mais de uma ficha de registro de um ou mais partidos, e o que se inscreve, simultaneamente, em dois ou mais partidos (arts. 319 e 320); aquele que colhe a assinatura do eleitor em mais de uma ficha de registro de partido (art. 321); o estrangeiro, ou brasileiro que não está no gozo de seus direitos políticos, que participa de atividade partidária (art. 337); aquele que fabrica, manda fabricar, adquire, fornece, subtrai ou guarda papéis de uso exclusivo da Justiça Eleitoral (art. 340); o funcionário que retarda a publicação, ou não publica, citações ou intimações da Justiça Eleitoral (art. 341); o representante do Ministério Público que não apresenta denúncia no prazo legal, ou deixa de promover a execução de sentença condenatória (art. 342); o juiz que não representa contra o órgão do Ministério Público que não oferece denúncia no prazo legal (art. 343); a autoridade judiciária, ou qualquer funcionário da Justiça Eleitoral que não cumpre, nos prazos legais, os deveres impostos pelo Código Eleitoral (art. 345); aquele que utiliza prédio ou serviço de repartição pública, autarquia, fundação do Estado, sociedade de economia mista, entidade mantida ou subvencionada pelo Poder Público, ou que realiza contrato com este, para beneficiar partido ou organização de caráter político (art. 346 c/c art. 377 e parágrafo único); aquele que desobedece a ordem direta emanada da Justiça Eleitoral, ou opõe embaraços à sua execução (art. 347); aquele que falsifica, material ou ideologicamente, documentos com fins eleitorais (arts. 348 a 351); aquele que reconhece como verdadeira, no exercício da função pública, firma ou letra que o não seja, para fins eleitorais (art. 352); aquele que usa documento falso, ou o obtém para uso próprio ou de outrem, para fins eleitorais (arts. 353 e 354).

A utilização de documento falso, por exemplo, na ação impugnatória – delito praticado após a diplomação referente ao pleito que deu origem ao mandato atacado – será objeto de processo-crime na Justiça Eleitoral.[53]

A ação rescisória eleitoral, cabível nos casos de inelegibilidade (CE, art. 22, I, "j"), pressupõe o trânsito em julgado da decisão que pode ser proferida após a diplomação, pois o art. 1º, I, "d", da LC nº 64/1990, diz em sintonia com o art. 22, XIV, da mesma lei, que são inelegíveis "os que tenham contra sua pessoa representação julgada procedente pela Justiça Eleitoral, em decisão transitada em julgado ou proferida por órgão colegiado, em processo de apuração de abuso do poder econômico ou político, *para a eleição na qual concorrem ou tenham sido diplomados*".

Em todos esses casos não é o período compreendido entre a realização das convenções e a diplomação dos eleitos que é perseguido, com exclusividade, pelo legislador, o que evidencia que com relação a ele não se resume a competência da Justiça Eleitoral.

Reforçam esta conclusão as demais tarefas, de natureza administrativa, atribuídas aos juízes e tribunais eleitorais pela legislação pertinente.

---

53. Súmula 546/STJ: "A competência para processar e julgar o crime de uso de documento falso é firmada em razão da entidade ou órgão ao qual foi apresentado o documento público, não importando a qualificação do órgão expedidor." (*DJe* 19.10.2015).

A Constituição Federal não dita o prefalado limite à competência da Justiça Eleitoral mas, ao contrário, outorga à lei complementar o poder de discipliná-la, no seu art. 121.

A restrição à competência da Justiça Eleitoral, imediatamente detectável, decorre de sua especialidade, e sua especialidade, como se contém em sua denominação, é a matéria eleitoral. Esse linde, imposto pela Constituição, não poderá ser ultrapassado nem diminuído, a não ser por ela.

Observados, pois, os cânones constitucionais, estabelece a competência da justiça especializada o conteúdo da matéria que é submetida ao Judiciário, no caso da Justiça Eleitoral a matéria genuinamente eleitoral, centrada no direito de votar e de ser votado.[54]

Portanto, os atos que se sucedem à diplomação, embora a pressuponham, desconectam-se das eleições por ela coroadas, adquirindo, via de consequência, natureza diversa, não mais se acoplando à matéria eleitoral. Já a própria diplomação, mais aqueles atos que a antecedem, pertinentes ao pleito realizado e que nele, pois, projetam seus efeitos, guardam o cunho eleitoral e se sujeitam ao exame da Justiça Eleitoral, não obstante a expedição dos diplomas e mesmo a partir dela, desde que não atingidos pela preclusão, nos termos das normas em vigor.

Assim, a captação ilícita de sufrágio, verificada desde o registro da candidatura até a data da eleição, pode provocar a cassação do diploma, na linguagem do art. 41-A da Lei nº 9.504/1997 (fato e representação anteriores à diplomação); a AIME pode ser proposta no prazo de 15 dias a contar de diplomação, embasada em abuso de poder econômico, corrupção ou fraude, com fundamento no art. 14, § 9º, da Constituição Federal (vícios anteriores à diplomação e ação ajuizável a partir dela); a ação rescisória, nos casos de inelegibilidade, terá lugar dentro de 120 dias de decisão irrecorrível, a teor do art. 22, "j", do Código Eleitoral (fato anterior à diplomação e ação intentada em prazo que pode ser iniciado antes da diplomação).

Além disso, atos há, de natureza eleitoral, que não têm sua análise fixada numa determinada eleição, não se atrelando à diplomação, como bem evidencia o rol dos crimes eleitorais citados, do qual aqui se ressalta, como exemplo, a conduta consistente na retenção do título eleitoral contra a vontade do eleitor.

Também aceita menção o art. 2º da Resolução TSE nº 22.610/2007, que atribui excepcionalmente (ver p. 52 desta obra) aos tribunais eleitorais a competência para a decretação da perda de cargo eletivo em decorrência de desfiliação partidária sem justa causa, bem como para declarar a existência de justa causa da desfiliação do mandatário. No regime da Constituição de 1967, com a redação da Emenda nº 1/1969, sobre essa matéria dispunham os arts. 137, IX, e 152, que deferiam à Justiça Eleitoral a competência para o processo de perda de mandato de senador, deputado ou vereador que, por atitude ou pelo voto, se opusesse às diretrizes legitimamente estabelecidas pelos órgãos de direção partidária ou deixasse o partido sob cuja legenda fora eleito, salvo para participar, como fundador, de novo partido.

De outro lado, se o administrador regularmente eleito é acusado de improbidade no exercício do cargo, ou se o congressista exerce atividade incompatível com a sua

---

54. Código Eleitoral: "**Art. 1º**. Este Código contém normas destinadas a assegurar a organização e o exercício de direitos políticos precipuamente os de votar e ser votado.".

função pública, as hipóteses não dizem respeito à jurisdição eleitoral, possa, embora, da decisão, resultar a inelegibilidade.

Por isso, consulta feita ao Tribunal Superior Eleitoral por Deputado Federal, indagando se perderia o mandato se tomasse posse como Vice-Prefeito, para o qual fora eleito, não foi conhecida, à unanimidade, ficando consignado que as informações formuladas pelo consulente fugiam da competência da Justiça Eleitoral.[55]

Por último, oportuno frisar que, apesar de reger-se a competência da Justiça Eleitoral pelas normas constitucionais e por aquelas encontradas na lei complementar, em obediência à ordem inscrita no art. 121 da Constituição da República, isto não impede que regras de lei federal ordinária sejam aproveitadas, não para estabelecer a organização e a competência dos tribunais, dos juízes e das juntas eleitorais, aludidos naquele artigo, mas para dispor sobre atos/procedimentos que melhor façam operar esses órgãos em atenção aos desígnios do Direito Eleitoral, ainda que aumentem o campo de atuação do relator do recurso, tal como disposto no art. 36, §§ 6º e 7º do RITSE, sob inspiração do CPC, possibilitando-lhe *negar seguimento a pedido ou recurso intempestivo, manifestamente inadmissível, improcedente, prejudicado ou em confronto com súmula ou com jurisprudência dominante deste Tribunal, do Supremo Tribunal Federal ou de Tribunal Superior* (AgR-REspe nº 635-16/MG, Rel. Min. Luiz Fux, *DJe* de 13.2.2015).

2.3. A MODIFICAÇÃO DA COMPETÊNCIA PELA REUNIÃO DE DEMANDAS ELEITORAIS

A Lei nº 13.165/2015, trouxe em seu bojo a obrigatória reunião de demandas eleitorais sobre o mesmo fato para julgamento comum, priorizando a economia processual e a celeridade do processo e, concomitantemente, impedindo a prolação de decisões antagônicas.

Apregoando a reunião de demandas, a fim de propiciar a existência de decisões que não colidam, já antes da reforma anunciada em 2015 decidia o TSE:

> Salvo nas hipóteses em que houver prejuízo para a regular instrução processual, cabe ao juízo competente reunir e julgar em conjunto a AIJE e a AIME propostas com fundamento em fatos idênticos ou similares, de modo que se evitem decisões conflitantes. (REspE nº 254 São Joaquim/SC, Acórdão de 11.11.2014, Rel. Min. Henrique Neves da Silva, *DJe*, Tomo 219, 20.11.2014, p. 28-9).

Agora a ordem emana do art. 96-B, acrescido, pela Lei antes citada, à Lei nº 9.504/1997.

Segue a lei eleitoral, neste ponto, a tendência já demonstrada no novo CPC que, no art. 55, § 3º, dispõe de forma impositiva: "Serão reunidos para julgamento conjunto os processos que possam gerar risco de prolação de decisões conflitantes ou contraditórias caso decididos separadamente, mesmo sem conexão entre eles".

A jurisprudência do Superior Tribunal de Justiça, quanto a ser a reunião imperativa, interpretando as regras do CPC de 1973, caminhava noutra direção, a de que sendo *faculdade* do juiz a reunião dos processos por conexão (a teor do art. 105, "o juiz pode ordenar a reunião de ações propostas em separado"), cabia ao juiz avaliar a conveniência

---

55. TSE, Consulta nº 13.415/DF, Rel. Min. Torquato Jardim, j. em 10.12.1992, *DJU* de 15.1.1993, p. 107.

do julgamento conjunto das ações conexas diante do grau de risco da ocorrência de soluções contraditórias:

> [...] consoante entendimento assente nesta Corte, justamente por traduzir faculdade do julgador, a decisão que reconhece a conexão não impõe ao magistrado a obrigatoriedade de julgamento conjunto. A avaliação da conveniência do julgamento simultâneo deve ser feita caso a caso, à luz da matéria controvertida nas ações conexas, sempre com a finalidade de evitar decisões conflitantes e de privilegiar a economia processual. (REsp nº 1.366.921/PR, Rel. Min. Ricardo Villas Bôas Cueva (1147) 3ª Turma, DJe de 13.3.2015)
>
> O escopo do art. 103 do CPC, além da evidente economia processual, é, principalmente, evitar a prolação de decisões contraditórias ou conflitantes. Com vistas a dotar o instituto de efetividade, evitando a reunião desnecessária ou até mesmo imprópria de ações, o art. 105 do CPC confere certa margem de discricionariedade ao Juiz para que avalie a conveniência na adoção do procedimento de conexão. (REsp 1.087.783/RJ, Rel. Min. Nancy Andrighi, 3ª Turma, DJe de 10.12.2009).
>
> Segundo orientação predominante, o art. 105, CPC, deixa ao juiz certa margem de discricionariedade na avaliação da intensidade da conexão, na gravidade resultante da contradição de julgados e, até, na determinação da oportunidade da reunião dos processos. (REsp nº 5.270/SP, Rel. Min. Sálvio de Figueiredo Teixeira, 4ª Turma, DJ de 16.3.1992)

De outro vértice, o mesmo Sodalício ao asserir que "consoante o disposto no art. 105 do CPC, o juiz tem a faculdade, e não a obrigação, de reconhecer a conexão entre duas ou mais demandas à luz da matéria controvertida, quando concluir pela necessidade de julgamento simultâneo para evitar a prolação de decisões conflitantes em litígios semelhantes" (REsp nº 1.496.867/RS, Rel. Min. João Otávio de Noronha, 3ª Turma, DJe de 14.5.2015), admitiu não ser indispensável o reconhecimento da conexão entre duas demandas para justificar o julgamento de ambas simultaneamente, adotando posicionamento que vai ao encontro da disposição contida no § 3º do art. 55, do CPC de 2015, anteriormente reproduzido.

No entanto, o Superior Tribunal de Justiça consolidou o entendimento de que, ainda que haja a conexão, é inviável a reunião de processos se um deles já foi objeto de julgamento (Súmula nº 235: "A conexão não determina a reunião de processos, se um deles já foi julgado."), seguindo cada um sua própria sorte, ao passo que, sob o comando da lei eleitoral, se proposta a ação sobre o mesmo fato apreciado em outra cuja decisão ainda não transitou em julgado, serão os autos do processo mais recente apensados aos do processo anterior na instância em que se encontrar, *no qual a parte figurará como litisconsorte* (art. 96-B, § 2º), inclusive do Ministério Público, ou este daquela, já que o ajuizamento de ação eleitoral por candidato ou partido político não impede a ação do Ministério Público no mesmo sentido; se ajuizada a ação sobre o mesmo fato apreciado em outra cuja decisão já tenha transitado em julgado, diz o § 3º do art. 96-B, não será ela conhecida pelo juiz, ressalvada a apresentação de outras ou novas provas.

À vista do quanto consignado, oportuno se faz ponderar que não há que ser abandonada, ao menos plenamente, a construção pretoriana acerca deste assunto, guiando o julgador o intuito da determinação legal. Se não há sério risco de decisões conflitantes e se a reunião das demandas em lugar de contribuir com a rápida e segura solução do litígio, prejudica a celeridade do processo e a economia processual ou a instrução do feito, dela não se há de lançar mão, enjeitando-se a reunião inconveniente (ver as ementas retrocitadas).

3 PARTIDOS POLÍTICOS

3.1. PARTIDOS POLÍTICOS

Os Partidos Políticos, regidos pela Lei nº 9.096, de 19 de setembro de 1995, sob a orientação do art. 17 da Constituição Federal, são, nos termos de seu art. 1º, pessoas jurídicas de direito privado, que possuem autonomia para definir sua estrutura interna, organização e funcionamento, bem como o cronograma das atividades eleitorais de campanha e executá-lo com a liberdade que a lei permitir e se destinam a assegurar a autenticidade do sistema representativo, imprescindível para a democracia, e a defender os direitos fundamentais definidos na Constituição Federal. São, portanto, essenciais à configuração do modelo democrático.

Sobre a autonomia dos partidos políticos saliente-se, entretanto, que se a questão alvo de divergência interna do partido projeta seus reflexos no processo eleitoral, a Justiça Eleitoral pode examiná-la, sem que reste ferida citada autonomia,[56] admitindo-se o controle jurisdicional dos atos do Partido quando em discussão matéria afeta à legalidade e à observância das normas estatutárias.[57]

É livre a criação, fusão, incorporação e extinção dessas entidades, desde que seus programas, nos termos do art. 17 da Constituição Federal, respeitem a soberania nacional, o regime democrático, o pluripartidarismo e os direitos fundamentais da pessoa humana, observado o seu caráter nacional, a proibição de recebimento de recursos financeiros de entidade ou governo estrangeiros ou de subordinação a estes, a prestação de contas à Justiça Eleitoral e o funcionamento parlamentar de acordo com a lei, sendo-lhes vedada a utilização de organização paramilitar (força semelhante à militar). Esta última imposição vem assim delineada no art. 6º da Lei 9.096/1995: "É vedado ao partido político ministrar instrução militar ou paramilitar, utilizar-se de organização da mesma natureza e adotar uniforme para seus membros".

Dá-se a *incorporação* quando um partido passa a fazer parte *do corpo* de outro partido, isto é, quando é por outro absorvido, deixando, este, de existir, enquanto que a *fusão* ocorre quando partidos se unem para outro formar, fundindo-se num só, não mais exis-

---

56. TSE, EDclAgRgREspE nº 23.913/CE, Rel. Min. Gilmar Mendes, j. em 26.10.2004, publicado em Sessão de 26.10.2004.
57. TSE, REspE nº 26.658/RJ, Rel. Min. José Delgado, j. em 21.9.2006, publicado em Sessão de 21.9.2006.

tindo nenhum deles individualmente. Ambas somente serão viáveis quando os partidos que as pretendem concretizar hajam obtido o registro definitivo do Tribunal Superior Eleitoral há, pelo menos, 5 (cinco) anos.

Não se confunde a fusão com as coligações, que são formações que indicam a união de forças apenas para determinada eleição, empós a qual deixam de existir. Por isso mesmo, ao contrário do que ocorre com os partidos, elas não são inscritas no Cadastro Nacional das Pessoas Jurídicas – CNPJ.[58]

Por força da fusão e da incorporação de partidos, os votos obtidos por eles, na última eleição geral para a Câmara dos Deputados, devem ser somados para efeito da distribuição dos recursos do Fundo Partidário e do acesso gratuito ao rádio e à televisão.[59]

A *criação* de um partido pode resultar de dissidências dentro de um partido preexistente, dando origem a outro partido ao lado do anterior (PMDB e PSDB, PT e PSOL), como pode surgir de interesses não vinculados anteriormente a partido algum.

A extinção do partido pode resultar de ato de vontade (dissolução), externado na forma estatutária, derivando simplesmente da falta de interesse na sua manutenção, ou da incorporação, em relação ao partido incorporado, ou da fusão, cancelando-se seu registro junto ao Ofício Civil e ao Tribunal Superior Eleitoral.

Um partido também pode ser extinto por decisão, transitada em julgado, do Tribunal Superior Eleitoral, afiançada por processo regular que lhe tenha assegurado ampla defesa, o que se dará nas hipóteses em que houver sido constatada a ofensa aos incisos II e III, e ao § 3º do art. 17 da Constituição Federal, ou seja, quando fique provado que o partido mantém organização paramilitar, recebeu ou está recebendo recursos financeiros de procedência estrangeira, está subordinado a entidade ou governo estrangeiros, ou não prestou as devidas contas à Justiça Eleitoral, como previsto no art. 28 da Lei nº 9.096/1995, que, entretanto, no seu § 6º ressalva que a falta concernente à prestação de contas capaz de produzir o cancelamento aludido refere-se apenas aos órgãos nacionais dos partidos políticos, não ocorrendo o cancelamento do registro civil e do estatuto do partido quando a omissão for dos órgãos partidários regionais ou municipais.

Essas agremiações políticas ganham personalidade jurídica com o seu registro no Cartório Civil de Registro das Pessoas Jurídicas de Brasília, devendo o requerimento respectivo ser assinado por todos os seus fundadores, no número mínimo de 101 eleitores, com domicílio eleitoral em, pelo menos, um terço dos estados, após o que, para que lhes seja reconhecido o caráter nacional indispensável para o registro dos seus estatutos no TSE, devem promover, no período de dois anos (prazo este inaplicável aos pedidos protocolizados até a data da publicação da Lei nº 11.165, de 29 de setembro de 2015, como estabelece o seu art. 13), a obtenção do apoiamento mínimo de eleitores não filiados a partido político, correspondente a não menos que 0,5% dos votos dados na última

---

58. Instrução Normativa da Receita Federal do Brasil nº 1.470, de 30 de maio de 2014, art. 4º, §§ 6º e 7º: "§ 6º. A inscrição dos partidos políticos no CNPJ ocorre por meio de seus órgãos de direção nacional, regional e local, cadastrados exclusivamente na condição de estabelecimento matriz. § 7º. Não são inscritas no CNPJ as coligações de partidos políticos".
59. De acordo com a redação dada ao § 6º do art. 29 da Lei 9.096/1995, pela Lei nº 12.875/2013.

eleição geral para a Câmara dos Deputados, excluídos os votos em branco e os nulos, distribuídos por um terço, ou mais, dos Estados, com um mínimo de 0,1% do eleitorado que haja votado em cada um deles, o que será comprovado por meio da colheita das assinaturas destes, com menção ao número do respectivo título eleitoral, em listas organizadas para cada Zona, sendo a veracidade das respectivas assinaturas e o número dos títulos atestados pelo Escrivão Eleitoral – e realizar os atos necessários para a constituição definitiva de seus órgãos e designação dos dirigentes, na forma do seu estatuto.

Isto feito, para garantir a exclusividade de sua denominação, sigla e símbolos, bem como para poder ter participação no processo eleitoral e no Fundo Partidário, e, ainda, ter acesso gratuito ao rádio e à televisão, devem providenciar o registro dos seus estatutos no Tribunal Superior Eleitoral, com o que podem credenciar Delegados perante os Juízes Eleitorais, os Tribunais Regionais Eleitorais e o Órgão Máximo da Justiça Eleitoral, sendo que os credenciados pelo órgão de direção nacional representam o partido perante todos eles, os credenciados pelos órgãos estaduais os representam apenas perante o TRE e os Juízes Eleitorais do respectivo Estado ou Distrito Federal (ou território) e os credenciados pelo órgão municipal, perante o juiz eleitoral da respectiva jurisdição.

Seus estatutos devem indicar o nome, denominação abreviada e o estabelecimento da sede na Capital Federal, além de conter normas sobre filiação e desligamento de seus membros; direitos e deveres dos filiados; modo como se organiza e administra, com a definição de sua estrutura geral e identificação, composição e competências dos órgãos partidários nos níveis municipal, estadual e nacional, duração dos mandatos e processo de eleição dos seus membros; fidelidade e disciplina partidárias, processo para apuração das infrações e aplicação das penalidades, assegurado amplo direito de defesa; condições e forma de escolha de seus candidatos a cargos e funções eletivas; finanças e contabilidade, estabelecendo, inclusive, normas que os habilitem a apurar as quantias que os seus candidatos possam despender com a própria eleição, que fixem os limites das contribuições dos filiados e definam as diversas fontes de receita do partido, além daquelas previstas nesta Lei; critérios de distribuição dos recursos do Fundo Partidário entre os órgãos de nível municipal, estadual e nacional que compõem o partido; procedimento de reforma do programa e do estatuto.

3.2. COLIGAÇÕES

Em conformidade com o § 1º do art. 17 da Constituição Federal, com a redação dada pela Emenda Constitucional nº 52/2006, os partidos políticos têm autonomia para adotar os critérios de escolha e o regime de suas coligações eleitorais, sem obrigatoriedade de vinculação entre as candidaturas em âmbito nacional, estadual, distrital ou municipal.

Do tema ocupa-se o art. 6º da Lei nº 9.504/1997, que outorga aos partidos políticos a faculdade de, dentro da mesma circunscrição, celebrar coligações para eleição majoritária, proporcional, ou para ambas, podendo, neste último caso, formar-se mais de uma coligação para a eleição proporcional dentre os partidos que integram a coligação para o pleito majoritário.

Formada a coligação, esta adotará denominação própria – que não poderá coincidir, incluir ou fazer referência a nome ou número de candidato, nem conter pedido de voto para partido político – passando a exercer as prerrogativas e obrigações de partido político no que se refere ao processo eleitoral, porquanto funcionará como um só partido no relacionamento com a Justiça Eleitoral e no trato dos interesses interpartidários. Assim, a propaganda eleitoral apontará, obrigatoriamente, o nome da coligação, do seguinte modo: em se tratando de eleição majoritária, sob sua denominação constarão as legendas de todos os partidos que a integram; relativamente à eleição proporcional, cada partido usará apenas sua legenda sob o nome da coligação.

Isso significa que com a coligação cria-se um ente de existência provisória, que representa a união dos partidos que a compõem, jungida sua existência ao período eleitoral para o qual se formou, com sobrevida no que concerne aos atos pertencentes à esfera de sua atribuições que se estendem após ele, como é o caso de ajuizamento de ação eleitoral, como a seguir se explanará.

Feita a coligação, pois, o partido político coligado deixa de ter legitimidade para atuar de forma isolada no processo eleitoral, salvo para questionar a validade da própria coligação, durante o período compreendido entre a data da convenção e o termo final do prazo para a impugnação do registro de candidatos, diz o § 4º do art. 6º da Lei nº 9.504/1997. Findas as eleições, desfaz-se a coligação.

Por sua vez, o art. 30-A do mesmo diploma legal, na redação dada pela Lei nº 12.034/2009, concede aos partidos e coligações legitimidade para representar à Justiça Eleitoral, no prazo de 15 dias da diplomação, relatando fatos e indicando provas, e pedir a abertura de investigação judicial para apurar condutas em desacordo com as normas relativas à arrecadação e gastos de recursos, sob o procedimento previsto no art. 22 da Lei Complementar nº 64/1990.

Frente ao quadro descrito, concluiu-se pela legitimidade concorrente entre a coligação e os partidos que a formam para, depois da realização das eleições, impugná-las à vista da ocorrência de ilícitos eleitorais, cuja apuração é de interesse público,[60] o que, todavia, não faz incluir, aí, o candidato, dados os termos expressos do referido art. 30-A, que a ele não alude.[61]

---

60. "Investigação judicial – Legitimidade ativa – Coligação. 1. A coligação é parte legítima para propor as ações previstas na legislação eleitoral, mesmo após a realização da eleição, porquanto os atos praticados durante o processo eleitoral podem ter repercussão até após a diplomação. 2. Com o advento das eleições, há legitimidade concorrente entre a coligação e os partidos que a compõem, para fins de ajuizamento dos meios de impugnação na Justiça Eleitoral, em face da eventual possibilidade de desfazimento dos interesses das agremiações que acordaram concorrer conjuntamente. 3. Essa interpretação é a que melhor preserva o interesse público de apuração dos ilícitos eleitorais, já que permite a ambos os legitimados – partidos isolados ou coligações – proporem, caso assim entendam, as demandas cabíveis após a votação. Agravo regimental a que se nega provimento." (TSE, AgR-REspE nº 36.398/MA, Rel. Min. Arnaldo Versiani, j. em 4.5.2010, DJe de 24.6.2010)

61. "Representação – Art. 30-A da Lei nº 9.504/1997 – Candidato – Ilegitimidade ativa. 1. Se o feito versa sobre inelegibilidade, ou envolve eventual possibilidade de cassação de diploma ou mandato atinente a eleições federais ou estaduais, a hipótese recursal contra a decisão dos Tribunais Regionais Eleitorais é sempre de recurso ordinário, seja o acórdão regional pela procedência ou improcedência do pedido, ou mesmo que se tenha acolhido preliminar com a consequente extinção do processo. 2. O art. 30-A da Lei nº 9.504/1997 estabelece legitimidade para a propositura de representação prevista nessa disposição legal apenas a partido político e coligação, não se

Frise-se, contudo, que a coligação não transmite a responsabilidade pelo pagamento de multas decorrentes de propaganda eleitoral irregular a todos os partidos dela integrantes, restringindo-se essa responsabilidade aos candidatos e respectivos partidos, solidariamente.

Elenca o § 3º do indigitado art. 6º, ainda, os seguintes comandos que devem ser obedecidos na formação de coligações: na chapa da coligação, podem inscrever-se candidatos filiados a qualquer partido político dela integrante; o pedido de registro dos candidatos deve ser subscrito pelos presidentes dos partidos coligados, por seus delegados, pela maioria dos membros dos respectivos órgãos executivos de direção ou por representante da coligação, na forma do item a seguir; os partidos integrantes da coligação devem designar um representante, que terá atribuições equivalentes às de presidente de partido político, no trato dos interesses e na representação da coligação, no que se refere ao processo eleitoral; a coligação será representada perante a Justiça Eleitoral pela pessoa designada na forma do item anterior ou por delegados indicados pelos partidos que a compõem, podendo nomear até 3 delegados perante o Juízo Eleitoral, 4 delegados perante o Tribunal Regional Eleitoral e 5 delegados perante o Tribunal Superior Eleitoral.

3.3. INFIDELIDADE PARTIDÁRIA E DESFILIAÇÃO

Ainda em consonância com o art. 17, § 1º, da Constituição Federal, os estatutos dos partidos políticos devem ditar normas sobre a fidelidade partidária.

Nas Casas Legislativas, os partidos funcionam por bancadas (que constituirão suas lideranças), sendo que a ação do parlamentar dela integrante fica subordinada aos princípios doutrinários e programáticos e às diretrizes legitimamente estabelecidas pelos órgãos de direção partidários, ficando sujeito às penas disciplinares previstas no respectivo estatuto aquele que a elas se opuser, pela atitude ou pelo voto.

A rebeldia do parlamentar relativamente às orientações do partido ao qual se filia pode ensejar a perda do seu mandato por decisão da Justiça Eleitoral, eis que a filiação partidária é obrigatória para aqueles que pretendam participar dos prélios eleitorais e se ninguém é obrigado a se manter filiado a determinado partido, se por ele for eleito deve-lhe fidelidade.

Com efeito, a Constituição Federal, no art. 14, § 3º, V, elege a filiação partidária como condição de elegibilidade, evitando a possibilidade de candidaturas avulsas. Quem não pertence a uma agremiação política não pode ser selecionado para exercer mandato eletivo.

Essa filiação se dará na medida da identidade das convicções do candidato com os desiguais programas dos partidos, submetendo-se este à disciplina e às penalidades fixadas pela entidade escolhida, bem como comprometendo-se a auxiliá-la na conquista dos fins por ela perseguidos.

referindo, portanto, a candidato. 3. O § 1º do art. 30-A da Lei das Eleições – ao dispor que, para a apuração das condutas, será observado o procedimento do art. 22 da Lei Complementar nº 64/1990 – refere-se, tão somente, ao rito, não afastando, portanto, a regra de legitimidade específica, expressamente estabelecida no *caput* do mencionado artigo. Recurso ordinário desprovido." (TSE, RO nº 1.498/ES, Rel. Min. Arnaldo Versiani, j. em 19.3.2009, *DJe* de 3.4.2009)

Toma o eleitor brasileiro, com essa providência, conhecimento das ideias e das tendências daquele que solicita o seu voto.

Daí porque a inscrição simultânea em mais de um partido configura a conduta criminosa tipificada no art. 320 do Código Eleitoral.

Aos partidos incumbe escolher quem deve, sob sua legenda, entrar na disputa eleitoral, de ordinário acirrada, para tanto sendo observado o número máximo de competidores legalmente permitido, inclusive quanto ao sexo, o que estimula o pluripartidarismo (quanto mais partidos, mais concorrentes) – que deve ser resguardado – não permitindo o monopólio das candidaturas.

A Lei Magna, tratando dos partidos políticos, como visto neste mesmo capítulo, garante-lhes autonomia para definir sua estrutura interna, organização e funcionamento, deixando aos seus estatutos o dever de estabelecer normas *de fidelidade* e disciplina partidárias.

Dispunha a Carta Política anterior, emendada em 1969, no parágrafo único do art. 152 (norma depois retirada pela Emenda Constitucional nº 25, de 15 de maio de 1985):

> Parágrafo único. Perderá o mandato no Senado Federal, na Câmara dos Deputados, nas Assembleias Legislativas e nas Câmaras Municipais quem, por atitudes ou pelo voto, se opuser às diretrizes legitimamente estabelecidas pelos órgãos de direção partidária ou deixar o partido sob cuja legenda foi eleito. A perda do mandato será decretada pela Justiça Eleitoral, mediante representação do partido, assegurado o direito de ampla defesa.

Colhemos, no antigo dispositivo, o desenho representativo da ideia de infidelidade que, hodiernamente, deve conservar.

Fidelidade é a qualidade de quem é leal, mas a lealdade pressupõe a permanência dos atributos que a incentivaram, estendendo-se a todos quantos componham o partido político, inclusive, portanto, aos membros dos órgãos de direção partidária.

Se alguém se filia a um partido porque crê na sua doutrina, almeja o sucesso das suas propostas, compromete-se com ele e com seus eleitores a seguir a mesma ideologia, a perseguir as mesmas aspirações que o orientam, a apoiar os fundamentos que despertaram o seu interesse em aderir à luta para a qual a sua consciência o convidou, certamente violará o dever de fidelidade com aqueles que nele depositaram sua confiança e esperanças se, no meio do caminho, tudo troca atraído por ofertas *mais convidativas*.

De outra parte, se aquele que durante a batalha em busca de um ideal, para a qual as suas convicções o convocaram, e que, em razão disso, prontificou-se espontaneamente a colaborar com a agremiação à qual se filiou, vê-se abandonado porque o partido, por seus órgãos de direção, passa a trilhar caminho diverso daquele inicialmente projetado e que foi responsável pela sua adesão, agora desvirtuado, há de se cogitar de infidelidade com relação a estes, respeitando-se o pensamento e a escolha do eleito e dos seus eleitores.

A mudança apregoada pela direção partidária pode representar a evolução das ideias descritas no programa que norteou o nascimento da associação, mas há de ser consentânea com seus princípios, deixados aos pósteros como condição intocável de atuação. Segundo Jean Blondel (1997, p. 230), os representantes dos partidos muitas vezes "não atribuem importância verdadeira ao programa", chegando a fazer, por *motivos táticos*, "o contrário do que prometem".

A deslealdade do eleito, pois, apresenta-se sempre que, após as eleições, os desígnios do partido forem por ele desacatados. Desleal é quem comete o ato desrespeitoso, não quem mantém a postura afinada com a vocação do partido, independentemente do eventual posicionamento inconstante de seus dirigentes. Não se concebe a obediência às cegas de ordens que molestem os compromissos assumidos ante determinações prévia e licitamente estabelecidas.

Sendo legítimas as diretrizes partidárias impostas aos filiados, em todos os aspectos, indiscutivelmente devem ser seguidas. Se forem descumpridas, conforme o grau de gravidade da conduta objurgada, a juízo da agremiação a que pertence o desobediente, será aplicada a pena correspondente, adrede estipulada, observada a ampla defesa.

Legítimas, como afirmado, são as determinações feitas em consonância com a doutrina do partido, pelo órgão autorizado a fazê-lo.

A pena para a infidelidade partidária pode chegar ao clímax, que é a expulsão do infiel dos quadros da agremiação.

Há hipóteses, porém, como também destacado, que justificam a saída do filiado, detentor de mandato eletivo, do Partido.

Sobre a desfiliação vem dispor o art. 22-A, introduzido na Lei nº 9.096, de 1995, pela Lei nº 13.165, de 2015.

Do assunto, desde antes da citada lei, trata a Resolução TSE nº 22.610/2007, Relator Ministro Cezar Peluso, que prevê o procedimento adequado para a espécie, cuide-se de processo de perda de mandato eletivo ou de justificação de desfiliação partidária, e atribui competência aos tribunais eleitorais, declarada constitucional pela Excelsa Corte (STF, ADI nº 3.999/DF, Pleno, Rel. Min. Joaquim Barbosa, j. em 12.11.2008, p. em 17.4.2009).

A desfiliação por ato do filiado eleito, sem justa causa, autoriza o pedido à Justiça Eleitoral de decretação da perda do cargo eletivo, como àquele que se quer desfiliar, por justa causa, admite-se formular o pedido de declaração da sua existência. Tais pedidos serão dirigidos ao Tribunal Superior Eleitoral, se relativo a mandato federal, sendo competente, nos demais casos, o tribunal eleitoral do respectivo Estado ou do Distrito Federal.

Declara o art. 22-A supracitado que o ato encontra justa causa estritamente nos casos de: mudança substancial ou desvio reiterado do programa partidário; grave discriminação política pessoal; e mudança de partido nos 30 dias que precedem o prazo de filiação exigido em lei para concorrer à eleição ao término do mandato vigente, explicitando que, afora essas hipóteses, o detentor de cargo eletivo que se desfiliar do partido pelo qual foi eleito perderá o mandato.

Na interpretação conjunta da Resolução antes identificada (art. 1º, § 1º, I) com a nova lei, a desfiliação se fundará em justa causa quando houver fusão ou o partido for incorporado, se a mudança incomodar as convicções do filiado identificadas com as posições originariamente assumidas pela agremiação, caracterizando-se *a alteração fundamental da proposta programática que a orientava*, sendo que o partido de sua escolha – e tal como escolhido – deixa de existir.

A união daí resultante, inclusive do ponto de vista formal, constitui uma agremiação diferente.

Com efeito, como dito, o partido político ganha personalidade jurídica com o seu registro no Cartório Civil competente e só pode participar do processo eleitoral, receber o fundo partidário e ter acesso gratuito ao rádio e televisão se registrar seus estatutos no TSE.

Portanto, como dispõe o art. 27 da Lei nº 9.096/1995, "fica cancelado, junto ao Ofício Civil e ao Tribunal Superior Eleitoral, o registro do partido que, na forma de seu estatuto, se dissolva, se incorpore ou venha a se fundir a outro".

Do mesmo modo, a criação de novo partido, com propostas mais próximas dos ideais do filiado, pode levá-lo a engajar-se na nova luta, a fim de melhor marcar sua trajetória política com desempenho mais profícuo, sem que seja acusado de infiel, já que não tivera, antes, a possibilidade da mesma opção.

A mudança substancial ou desvio reiterado (no que se inclui a injustificável inexecução) do programa partidário igualmente torna legítimo o afastamento do filiado que com os propósitos fundamentais antes anunciados se empolgara. A deslealdade aí é do partido, não se podendo compelir o filiado a suportá-la.

Igualmente, a discriminação pessoal que humilha, abandona, desconcerta ou desvaloriza é justa causa para a desfiliação, ainda que essa discriminação não se restrinja ao plano político, porque atinge a dignidade da pessoa humana, afirmação que vem escoltada pelo art. 1º, III, da Constituição Federal.

Admitida é, ainda, como preanunciado, "a mudança de partido efetuada durante o período de trinta dias que antecede o prazo de filiação exigido em lei para concorrer à eleição, majoritária ou proporcional, ao término do mandato vigente".

O partido tem o prazo de 30 dias da desfiliação sem causa justa para, com exclusividade, formular o pedido de perda do mandato do ex-filiado infiel. Assim não procedendo, o Ministério Público Eleitoral, ou quem mais tenha interesse jurídico, poderá fazê-lo no trintídio subsequente.

As decisões interlocutórias do Relator são irrecorríveis, mas poderão ser revistas no julgamento final, de cujo acórdão, quando proferido por Tribunal Regional, cabe recurso para o Tribunal Superior Eleitoral (CF, art. 121, § 4º, IV), e deste para o Supremo Tribunal Federal, nos casos em que contrariar a Constituição Federal (CF, art. 121, § 3º), e o processo, que terá preferência, deverá encerrar-se em 60 dias, observado o procedimento previsto na dita Resolução nº 22.610: inicial, com prova da desfiliação, podendo ser arroladas até 3 testemunhas, sem prejuízo do requerimento justificado de outras provas; citação do mandatário que se desfiliou e do partido em que esteja inscrito para responder em 5 dias, contados da citação feita sob a advertência de que a revelia fará presumir veracidade dos fatos afirmados na petição exordial; resposta acompanhada de prova documental e de eventual requerimento de oitiva de testemunhas, até 3, bem como de outras provas, justificadamente; manifestação do Ministério Público em 48 horas quando não for o requerente e, não havendo necessidade de dilação probatória, julgamento. Havendo essa necessidade, o julgamento se dará após a produção das provas deferidas, sendo as orais em audiência designada no 5º dia útil subsequente, quando, em única assentada, serão tomados os depoimentos pessoais e inquiridas as testemunhas que serão trazidas pela parte que as arrolou, isto é, independentemente de intimação, sendo que o depoimento de uma única testemunha, isoladamente, não escorará a decretação da perda de mandato, nem a obstará, afirmativa que se escuda no art. 368-A enxertado no Código Eleitoral pela Lei nº 13.165, de 2015. Encerrada a instrução, serão intimadas as partes e o Ministério Público para apresentarem, no prazo comum de 48 horas, alegações finais por escrito. O Ministério Público Eleitoral, na condição de fiscal da lei, deveria oferecer parecer, falando após as alegações finais das partes, considerando-as, inclusive, vez que é tão imparcial quanto o julgador. O Relator pedirá inclusão do processo na pauta da sessão seguinte, seja, ou não, o caso de julgamento antecipado, observada a antecedência de 48 horas, admitida a sustentação oral por 15 minutos.

Se o pedido de perda de mandato for acolhido, o tribunal a decretará, comunicando a decisão ao presidente do órgão legislativo competente para que emposse, conforme o caso, *o suplente ou o vice*, no prazo de 10 dias, diz a Resolução nº 22.610/2007, do TSE.

No entanto, em 27 de maio de 2015, examinando dita norma, o Pleno do Supremo Tribunal Federal decidiu, no julgamento da ADI nº 5.081/DF, que a perda do mandato por desfiliação partidária somente se aplica aos que obtêm os mandatos pelo sistema proporcional, ou seja, deputados e vereadores, não aos eleitos, pelo sistema majoritário, para o Senado e para a chefia do Poder Executivo, pois só aqueles mandatos pertencem ao Partido, uma vez que, asseverou o Relator Ministro Luiz Roberto Barroso, "as características do sistema majoritário, com sua ênfase na figura do candidato, fazem com que a perda do mandato frustre a vontade do eleitor e vulnere a soberania popular. Eis a ementa do julgado:

> DIREITO CONSTITUCIONAL E ELEITORAL. AÇÃO DIRETA DE INCONSTITUCIONALIDADE. RESOLUÇÃO Nº 22.610/2007 DO TSE. INAPLICABILIDADE DA REGRA DE PERDA DO MANDATO POR INFIDELIDADE PARTIDÁRIA AO SISTEMA ELEITORAL MAJORITÁRIO.

Conforme a mesma Resolução, o mandatário que se desfiliou, ou pretenda desfiliar-se, poderá pleitear a declaração de que o ato se encontra sob o pálio da justa causa, caso em que requererá a citação do partido, aplicando-se o procedimento descrito.

Com relação a 2016, a Emenda Constitucional nº 91, de 18 de fevereiro deste ano, permite ao detentor de mandato eletivo, nos trinta dias seguintes à sua promulgação, que deixe, livremente, o partido pelo qual se elegeu, sem que esse desligamento interfira na distribuição dos recursos do Fundo Partidário e no acesso gratuito ao tempo de rádio e televisão.

4 SISTEMA ELEITORAL BRASILEIRO

4.1. CONCEITO DE SISTEMA ELEITORAL

O sistema eleitoral apresenta-se como o conjunto de regras destinado a assegurar a vontade dos eleitores revelada nas urnas, mediante o pré-estabelecimento do critério determinante da eleição dos candidatos diante dos votos apurados, resguardando, assim, a autenticidade da representação popular, como o exige a democracia. Ou, dito de outro modo, o sistema eleitoral é o modelo abraçado, sob a inspiração de uma decisão exclusivamente política, para identificar os representantes do povo escolhidos democraticamente.

Enfim, tal sistema expressa o modo pelo qual uma Democracia converte votos em mandatos, variando, conforme se trate de representação por maioria ou proporcional, o emprego das fórmulas para atingir esse desiderato.

Neste capítulo, atados ao primordial objetivo deste opúsculo, cuidaremos apenas da atual situação brasileira.

4.2. REPRESENTAÇÃO MAJORITÁRIA (PODER EXECUTIVO E SENADO) – MAIORIA SIMPLES E MAIORIA ABSOLUTA – ELEIÇÃO EM TURNO ÚNICO E EM DOIS TURNOS

A representação por maioria simples de votos, que já vigorou no Brasil, não se mostrou o melhor critério para encontrar a vontade da maioria. Confira-se: se há cinco candidatos a Presidente da República e 100 milhões de votos, sendo 20 milhões para o 1º candidato, 30 milhões para o segundo, 31 milhões para o terceiro, 9 milhões para o quarto e 10 milhões para o quinto, o terceiro candidato seria eleito contra a vontade de 69 milhões de votantes.

A propósito, eis o quadro que resultou da eleição para Presidente da República em 1955, onde vemos que o Presidente eleito teve menos votos do que a soma daqueles atribuídos ao segundo e ao terceiro candidatos, ou ao segundo e ao quarto candidatos, não chegando a representar a vontade de 36% dos votantes:

QUADRO 1 – Demonstrativo do resultado das eleições
para Presidente do Brasil realizadas em 1955

Candidato	Partido	Origem	Domicílio	Votos	Proporção
Juscelino Kubitschek	PSD	MG	MG	3.077.411	35,68%
Juarez Távora	UDN	CE	CE	2.610.462	30,27%
Ademar de Barros	PSP	SP	SP	2.222.725	25,77%
Plínio Salgado	PRP	SP	SP	714.379	8,28%
Total válidos				8.624.977	

Fonte: "Atlas das eleições no Brasil – eleição de 1955". Disponível em: <https://sites.google.com/site/atlaseleicoes presidenciais/eleio-de-1955>. Acesso em: 15 mar. 2014.

Por isso, consagrou-se, entre nós, ao lado da maioria simples, o sistema da maioria absoluta de votos (não de eleitores), como a seguir será exposto.

No Brasil, quanto ao Executivo, considera-se eleito, sem previsão de segundo turno, aquele que obtiver a maioria absoluta – metade mais um – dos votos, não computados os em branco e os nulos, para esse fim igualmente ineficazes.

Por exemplo, numa eleição para Prefeito, realizada no primeiro domingo de outubro, do total de um milhão e duzentos mil votos apurados, duzentos mil são votos nulos e em branco, restando, pois, um milhão de votos aproveitáveis, dos quais pelo menos quinhentos mil e um foram dados ao candidato A, que, então, será considerado eleito.

Supondo-se, porém, que nenhum dos concorrentes tenha atingido a maioria absoluta dos votos válidos e eficazes, os dois primeiros mais votados – ou, na sequência, o de maior votação, se por qualquer motivo um deles não puder participar da disputa em continuação, qualificando-se o mais idoso se remanescer em segundo lugar mais de um candidato com a mesma votação – disputarão o segundo turno, a realizar-se no último domingo de outubro do ano eleitoral, no qual vencerá o pleito aquele dos dois que alcançar a preferência da maioria simples dos votantes.

No caso de empate, o mais velho será considerado eleito.

Se o Município não contar com mais de duzentos mil eleitores – o que não se confunde com o número de votantes – a eleição se fará em turno único, considerando-se eleito o candidato mais votado, ainda que pela diferença mínima de um voto (maioria simples). Esta é a única hipótese de eleição do Chefe do Executivo por maioria simples de votos em turno único.

O candidato a vice será eleito com os votos do candidato a titular do cargo, que com seu prestígio ajudou a eleger, mas não receberá votos individualmente, já que a chapa é indivisível.

Todas estas regras, prescritas na Lei nº 9.504/1997, formam o sistema eleitoral: a) por maioria absoluta, em turno único, ou b) em dois turnos, neste último caso classificando, dentre os candidatos mais votados no primeiro turno, os dois competidores que se confrontarão no segundo turno buscando, nele, agora, a maioria simples de votos, no caso de eleição para Presidente da República, Governador ou Prefeito, b1) excetuando-se o caso de Município com até duzentos mil eleitores, cujo Prefeito será eleito desde logo, por maioria simples, como já fora elucidado.

De outro lado impende anotar que o mesmo sistema eleitoral admite variações, não empregadas no Brasil, como, ilustrativamente, com relação ao percentual da votação exigido para a eleição em turno único, eventualmente somado a outro requisito.

A Constituição Argentina (1994), por exemplo, anuncia, em seu art. 97, que serão proclamados Presidente e Vice-Presidente os candidatos que, em *la primera vuelta* houverem alcançado mais de 45% dos votos válidos, ou, a teor do artigo imediatamente posterior, aqueles que obtiverem pelo menos 40% desses votos *y, ademas, existiere una diferencia mayor de diez puntos percentuales* em relação à segunda colocação.

4.2.1. A representação por maioria simples no Poder Legislativo

4.2.1.1. A eleição de senadores

A eleição de Senadores observa o sistema da maioria simples de votos (elegem-se os mais votados), seja de 1/3 ou 2/3 a renovação no Senado.

Todavia, quando esta dirige-se a 2/3 dos Senadores, isto é, quando a unidade da federação propõe-se a eleger dois dos três Senadores que a representam naquela Casa, esse sistema apresenta uma peculiaridade, qual seja, cada agremiação concorre com tantos candidatos quantos são os assentos a ocupar – dois pretendentes, que é o mesmo número das cadeiras a vagar no Senado, podendo o eleitor votar nos dois candidatos do mesmo Partido/Coligação, ou não, visando, pois, ao preenchimento dos dois cargos de Senador em disputa.

São, portanto, duas cadeiras, dois candidatos por Partido/Coligação que a elas concorrem e dois votos diferentes do mesmo eleitor, um para cada candidato individualmente, independentemente de pertencerem ao mesmo Partido/Coligação.

Jairo Nicolau (2004, p. 23) identifica essa variante da fórmula majoritária simples como *voto em bloco individual,* que difere do *voto em bloco partidário* porque, neste último, o Partido apresenta uma lista com o mesmo número de candidatos que as cadeiras em disputa e o eleitor, com um só voto, escolhe todos os nomes da mencionada lista para a ocupação de todas essas cadeiras, vencendo o Partido mais votado.

Se fosse esta a opção para a eleição do Senado brasileiro, o Partido *A* submeteria à escolha os candidatos *a1* e *a2*, o mesmo fazendo o Partido *B*, quanto aos candidatos *b1* e *b2* e o Partido *C*, relativamente aos candidatos *c1* e *c2*, elegendo os dois candidatos o Partido cuja lista ganhasse a maioria simples dos votos, sendo um voto de cada eleitor.

A *vinculação* existente na chapa indivisível, critério que, como assinalado, conquanto noutro tom, norteia o chamado voto em bloco partidário, é visível, no Brasil, na eleição de Vice-Presidente da República, Vice-Governador e Vice-Prefeito, eis que o eleitor, com um só voto atribuído nominalmente ao titular, escolhe também o vice com o qual foi registrado e que, muitas vezes, também pesa na escolha (CE, art. 202, § 2º; Lei nº 9.504/1997, arts. 2º, § 4º, e 3º, § 1º). O mesmo ocorre com os suplentes de Senadores (CF, art. 46, § 3º).

Essa inseparabilidade, consagrada para preservar a mesma tendência política no exercício da Chefia do Executivo, torna diferente, mas não menos relevante, a eleição aqui cogitada, cuja importância a história afiança.

Com efeito, na eleição de 1955, quando a candidatura à Vice-Presidência era autônoma, o candidato a Vice-Presidente, João Goulart, foi eleito com os votos nominalmente a ele conferidos, em número superior aos endereçados ao candidato a Presidente, como poderia ter sido eleito um dos outros candidatos, apoiados em Coligação diversa daquela pela qual Juscelino Kubistchek se elegeu, e pela qual Jango também concorreu.

Em 1960, o mesmo político do PTB, que concorreu, pela Coligação PSD/PTB/PST/PRT, à Vice-Presidência, com o Marechal Lott como candidato à Presidência da República, foi eleito como Vice-Presidente de Jânio Quadros, este, da UDN, com o apoio da Aliança adversária, assim formada: UDN/PR/PL/PDC/PTN.

Por fim, para reafirmar o interesse do assunto pertinente à importância da escolha do vice conjuntamente com o titular, não seria didático deixar de consignar que o Presidente José Sarney exerceu todo o mandato presidencial como titular do cargo conquistado, embora por eleição indireta, por Tancredo Neves, com quem concorreu como Vice, e a quem, em razão do falecimento antes da posse, desde logo sucedeu. E, depois, eleito Vice-Presidente, Itamar Franco governou o País, em caráter definitivo, desde 29 de dezembro de 1992 até 31 de dezembro de 1994, como sucessor de Fernando Collor de Mello, que renunciou ao mandato para o qual fora eleito.

4.2.1.2. A eleição de deputados e vereadores, quando nenhum dos Partidos/Coligações atingir o quociente eleitoral

Em conformidade com o art. 111 do Código Eleitoral, será excepcionalmente observado o sistema da maioria simples na eleição para os demais mandatos do Legislativo, quando, embora havendo de ser processada a eleição pelo sistema proporcional, assunto a ser tratado no item a seguir, nenhum dos Partidos/Coligações concorrentes atingir o quociente eleitoral.

Debate-se sobre a constitucionalidade desta norma, que não teria sido recepcionada pela Constituição em vigor que impõe, no art. 45, seja a Câmara dos Deputados composta por representantes do povo eleitos *pelo sistema proporcional*, estendendo essa determinação à composição das Assembleias Legislativas, por força do § 1º do art. 27, assim estabelecendo rígido critério a servir de norte ao legislador infraconstitucional, inclusive no que concerne à eleição de Vereadores. Sobre a questão, a doutrina de Ricardo Luiz da Costa Tjäder (1997) à qual, neste ponto, aderimos.

Com efeito, enquanto dispõe o art. 45 da Constituição que "a Câmara dos Deputados compõe-se de representantes do povo, eleitos, pelo sistema proporcional, em cada Estado, em cada Território e no Distrito Federal", o Código Eleitoral prescreve, no art. 111, que "se nenhum partido ou coligação alcançar o quociente eleitoral, considerar-se-ão eleitos, até serem preenchidos todos os lugares, os candidatos mais votados", com o que se abandona o sistema cuja observação é determinada pela ordem constitucional.

4.3. REPRESENTAÇÃO PROPORCIONAL (PODER LEGISLATIVO – DEPUTADOS FEDERAIS, ESTADUAIS, DISTRITAIS E VEREADORES): QUOCIENTE ELEITORAL, QUOCIENTE PARTIDÁRIO E APURAÇÃO DOS CANDIDATOS ELEITOS PELOS PARTIDOS E COLIGAÇÕES

A representação proporcional preocupa-se com o respeito à vontade da maioria e das minorias expressivas no contexto das disputas partidárias.

Serve-se ela dos seguintes instrumentos: do quociente eleitoral, que aponta o número necessário de votos para conquistar cadeiras; do quociente partidário, que corresponde ao número de cadeiras conquistadas pelos partidos e/ou coligações; e da apuração dos candidatos eleitos pelos partidos e coligações, ou seja, da identificação dos candidatos que preencherão as cadeiras democrática e proporcionalmente conquistadas.

Nas eleições para a Câmara dos Deputados, as Assembleias Legislativas ou a Câmara Legislativa do Distrito Federal e a Câmara de Vereadores aplica-se o sistema proporcional, em consonância com o qual se somam os votos nominais e os de legenda (desconsiderados, portanto, os em branco e os nulos) e divide-se esse total pelo número de cadeiras a ocupar, encontrando-se o número de votos necessário para o preenchimento destas pelos Partidos e Coligações, de acordo com os filiados mais votados.

A fórmula, pois, para encontrar o quociente eleitoral consiste na divisão do número de votos válidos pelo número de lugares a preencher, desprezada a fração se igual ou inferior a meio, ou, se superior, equivalente a um, nos exatos termos do art. 106 do Código Eleitoral.

Com o reparo feito no SUBITEM 4.2.1.2 (ver p. 88), somente o Partido ou a Coligação que, nas condições descritas, atingir o quociente eleitoral elegerá candidato.

De acordo com a Lei nº 9.504/1997, nas eleições proporcionais contam-se como válidos apenas os votos dados a candidatos regularmente inscritos e às legendas partidárias, para estas também computados os votos em que não seja possível a identificação do candidato, mas o número identificador do partido seja digitado de forma correta (arts. 5º e 59, § 2º). Excluem-se, portanto, os votos nulos e os em branco.

O cálculo da apuração dos vencedores do pleito, de acordo com a representação proporcional, vem disciplinado nos arts. 106 a 109 do Código Eleitoral.

Por exemplo, em certo Município com 15.000 habitantes, os concorrentes disputam 9 cadeiras na Câmara dos Vereadores (CF, art. 29, IV, "a"). Considerando o número de votos apurados, subtraídos os votos inválidos e os em branco, encontramos 5.580 votos (nominais e de legenda), assim distribuídos: Partido A, 2.700 votos; Coligação B, 1.800 votos; Partido C, 180 votos; e Coligação D, 900 votos.

Para identificar os eleitos, nessa hipótese, temos que, primeiramente, encontrar o quociente eleitoral, o que se faz dividindo 5.580 votos (número de votos válidos das eleições) por 9 (número de vagas disputadas na circunscrição), encontrando-se o resultado 620 que corresponde ao número de votos exigidos para preencher cada uma das 9 cadeiras de vereador.

Necessários, então, 620 votos para eleger um candidato. No exemplo, o Partido C, com apenas 180 votos, não conseguiu atingir o quociente eleitoral e, portanto, não terá direito a preencher nenhuma das vagas disponíveis.

O próximo passo é encontrar o quociente partidário, o que é feito dividindo-se o número de votos válidos dados sob cada legenda ou coligação de legendas remanescentes no prélio pelo quociente eleitoral, desprezada a fração, para se saber quantos candidatos elegeram (cada conjunto de 620 votos representa 1 candidato eleito).

Assim, o Partido A, com 2.700 votos, elege 4 vereadores (2.700/620 = 4); a Coligação B, com 1.800 votos, elege 2 vereadores (1.800/620 = 2,8 = 2); o Partido C está fora da disputa, nenhum vereador podendo eleger; e a Coligação D, com 900 votos, elege apenas um vereador (900/620 = 1). Temos, então, 7 edis eleitos para as nove vagas, restando duas a preencher.

Ex vi da alteração no art. 108 do Código Eleitoral, trazida pela Lei nº 13.165, de 2015, as vagas, por esse cálculo atribuíveis a cada coligação ou partido que tenha alcançado o quociente partidário, serão ocupadas pelos candidatos mais votados que obtiveram quantidade de votos igual ou superior a 10% do quociente eleitoral, que, no exemplo, corresponde a 62 votos, obedecida a ordem de votação nominal que cada um tenha recebido e, como inicialmente acentuado, dentro do limite das vagas obtidas. O desempate, se necessário, favorecerá o mais idoso.

As vagas que escaparam dos cálculos mencionados, ou seja, os lugares não preenchidos com a aplicação do quociente partidário (as duas vagas que restaram no exemplo referido) e em razão da exigência de votação nominal mínima a que se refere o art. 108 (candidato não contemplado com número de votos equivalente a, pelo menos, 10% do quociente eleitoral) serão distribuídos conforme os critérios estipulados pelo art. 109, do Código Eleitoral.

A primeira regra ditada por esse artigo é a divisão do número de votos válidos dados a cada partido ou coligação pelo número de lugares definido para o partido pelo cálculo do quociente partidário + 1, cabendo ao partido ou coligação que apresentar a maior média um dos lugares a preencher, desde que tenha candidato que atenda à exigência da votação nominal mínima.

No nosso exemplo restaram duas vagas a preencher.

Neste caso, divide-se o número de votos válidos que cada agremiação obteve pelo número de cadeiras por ela já conquistadas, conforme o cálculo anterior, mais 1, ou seja: Partido A 2.700 dividido por 5 (4 + 1) = 540; Coligação B 1.800 dividido por 3 (2 + 1) = 600; Coligação D 900 dividido por 2 (1 + 1) = 450.

À Coligação B, porque obteve o maior resultado e cumpre o pressuposto da votação nominal mínima, será atribuída a oitava vaga, ficando com 3 representantes.

A segunda regra do art. 109 manda repetir a operação para cada um dos lugares a preencher.

Restando ainda uma vaga, volta-se ao cálculo, considerando a mesma operação diante do novo quadro, ou seja, o Partido A continua a dividir 2.700 votos por 5 (4 cadeiras conquistadas + 1), mantendo a mesma média = 540; o cálculo da Coligação B divide o número de votos obtidos (1.800) pelo número de cadeiras agora conquistadas (3) + 1, isto é, 4, chegando ao número 450, e o resultado da Coligação D, como ocorre com o Partido A, continua sem alteração (900 dividido por 2 = 450), alcançando a maior média o Partido A, cabendo-lhe, por isso a nona vaga.

Então, o Partido A elegeu 5 vereadores, a Coligação B, 3 vereadores e a Coligação D, 1 vereador, totalizando 9 edis.

Obedeceu-se, assim, no exemplo, à proporção entre os votos recebidos pelo partido e Coligações citados e o número de cadeiras ocupadas por seus candidatos conforme a quantidade de votos a cada um deles conferida, respeitada a votação nominal mínima.

Pela última regra do art. 109, quando não houver mais partidos ou coligações com candidatos que atendam à votação nominal mínima, as cadeiras serão atribuídas aos *partidos* que apresentarem as maiores médias e, nestes, aos candidatos mais votados.

Os suplentes da representação partidária são os candidatos mais votados sob a mesma legenda e não aquinhoados com a titularidade de uma das vagas. São identificados sem que se perquira sobre o percentual indicativo da votação nominal mínima (10% do quociente eleitoral), prevalecendo, em caso de empate, o critério da ordem decrescente de idade (CE, art. 112).

É possível, contudo, que o partido não tenha suplente quando da eventual abertura da vaga, hipótese em que se poderá fazer eleição para preenchê-la, dependendo do tempo que faltar para o fim do mandato (CF, art. 56, § 2º; CE, art. 113).

Este sistema (chamado proporcional de lista aberta, uninominal – cada eleitor vota em um dos candidatos constantes das listas dos Partidos/Coligações, permitido o voto de legenda – em vigor, entre nós) busca valorizar a competição partidária, e, se de um lado, é criticável porque pode levar a exercer mandato no Legislativo candidato sem o respaldo de votação minimamente expressiva, a reboque de outrem que possui o carisma ou a história política que lhe falta, e em desfavor de quem, de Partido diferente, conquanto bem votado não consegue se eleger, de outro lado, se não existe candidatura avulsa e as tendências políticas do candidato coincidem com as propostas da Agremiação a que se filia e à qual deve fidelidade, os votos dados, além do necessário, a um candidato, ao beneficiarem o seu Partido respeitam a vontade externada pelo votante, se não em relação à pessoa escolhida, certamente em homenagem à ideologia recomendada por sua candidatura, que é a defendida no programa partidário.[62]

Aliás, é comum o Partido utilizar-se de certas candidaturas com o objetivo de para si puxar votos e contar com uma atuação mais eficiente.

---

62. Analisando a infidelidade partidária, decidiu o Supremo Tribunal Federal: "O destinatário do voto é o partido político viabilizador da candidatura por ele oferecida. O eleito vincula-se, necessariamente, a determinado partido político e tem em seu programa e ideário o norte de sua atuação, a ele se subordinando por força de lei (art. 24 da Lei nº 9.096/1995). Não pode, então, o eleito afastar-se do que suposto pelo mandante – o eleitor –, com base na legislação vigente que determina ser exclusivamente partidária a escolha por ele feita. Injurídico é o descompromisso do eleito com o partido – o que se estende ao eleitor – pela ruptura da equação político-jurídica estabelecida. 6. A fidelidade partidária é corolário lógico-jurídico necessário do sistema constitucional vigente [...]. O desligamento do parlamentar do mandato, em razão da ruptura, motivada e assumida no exercício de sua liberdade pessoal, do vínculo partidário que assumira, no sistema de representação política proporcional, provoca o desprovimento automático do cargo. A licitude da desfiliação não é juridicamente inconsequente, importando em sacrifício do direito pelo eleito, não sanção por ilícito, que não se dá na espécie. É direito do partido político manter o número de cadeiras obtidas nas eleições proporcionais [...]" (STF, MS nº 26.604/DF, Rel. Min. Cármen Lúcia, Tribunal Pleno, j. em 4.10.2007, *DJe* de 3.10.2008).

Esse proceder, porém, levado ao exagero, pode, por vezes, conduzir as eleições a realidades no mínimo curiosas.

Uma dessas situações, provavelmente a mais gritante, deu-se nas eleições realizadas em 2002, quando o candidato a Deputado Federal Enéas, do PRONA, obteve o recorde de mais de um milhão e meio de votos (1.573.112), levando para a Câmara dos Deputados todos os demais candidatos que por sua Agremiação concorreram, inclusive um deles com apoio em tão somente 275 votos. Aliás, os votos dados ao extinto PRONA com a escolha de Enéas poderiam preencher 7 vagas, mas o Partido concorreu exclusivamente com 6 candidatos, ficando, por isso, a sétima vaga com o PT, após a elaboração dos cálculos como antes exposto (CE, art. 109).

Outra estrondosa votação, para Deputado Federal, foi dada a Tiririca que, com o *slogan* "VOTE EM TIRIRICA, PIOR DO QUE TÁ NÃO FICA", conquistou mais de um milhão e trezentos mil votos (1.353.820), em 2010, elegendo, com ele, mais três deputados.

Várias objeções são lançadas à aplicação do sistema proporcional, por vários estudiosos, entre eles Paulo Bonavides (2002), dentre as quais, a título de ilustração, destacamos: a) a união oportunista de partidos, cujos programas, não raro, brigam ideologicamente; e b) "Diz o publicista francês (Vedel) com respeito aos governos oriundos da prática desse sistema e baseados em coligações, que se é possível *escolher* proporcionalmente, não é possível *decidir* segundo a noção de proporcionalidade, porquanto – acrescenta ele – decide-se sempre de forma majoritária, por isso ou por aquilo, pelo sim ou pelo não. Ou, com o disse Naville: 'a maioria é o princípio da decisão, a proporcionalidade, o da eleição'".[63]

Todavia, data vênia, a inconveniência apontada na alínea "a", efetivamente existente e que também repugnamos, não constitui propriamente defeito do sistema, como idealizado, mas sim da visão deformada da sua concepção por aqueles que se querem aproveitar da sua má aplicação, e, na medida em que ocorra a união de partidos com ideologias diversas, passa ao eleitor a responsabilidade de ratificar, ou não, a absurdez que, se o satisfaz, representa, bem ou mal, sua vontade, como se espera de uma escolha democrática em que o votante só deve satisfações a sua consciência. Contudo, certamente não será demais esperar uma regulamentação mais severa a respeito das Coligações.

Quanto à crítica selecionada na alínea "b", supra, a decisão da maioria é sempre um reflexo da escolha proporcional. Se, majoritariamente, deve prevalecer isto em lugar daquilo, ou o sim em lugar do não, é porque assim fixou a eleição proporcional. No exemplo antes dado, o Partido A obteve mais votos do que as Coligações concorrentes e, portanto, se determinado projeto lograr aprovação, esta decisão estará de acordo com a representação proporcional e a orientação partidária. Se o projeto for do vereador eleito pela Coligação D, ainda no mesmo exemplo, esta poderá contar com todos os votos do Partido A e também representará a maioria diante dos três vereadores eleitos pela Coligação B. Ademais, a aliança de Partidos, inclusive entre aqueles não coligados por ocasião do pleito, pode ocorrer no curso do mandato, visando à obtenção de certos resultados políticos, o que realça que o defeito realmente não parece estar no sistema eleitoral.

---

63. Cap. 17 – Os Sistemas Eleitorais; item 7 – Efeitos negativos da representação proporcional.

4.4. VOTO DISTRITAL PURO – VOTO DISTRITAL MISTO

Há propostas de se substituir o sistema proporcional pelo voto distrital puro – sistema majoritário de acordo com o qual os territórios comuns aos candidatos e eleitores serão os distritos criados pela lei – congregando regiões vizinhas com os mesmos interesses – tantas quantas forem as cadeiras a ocupar, identificando-se o candidato com as pessoas e os problemas do lugar onde busca angariar votos. Por exemplo, o estado de São Paulo tem 70 assentos na Câmara dos Deputados, portanto seria dividido em 70 distritos.

Cada Partido somente poderá postular uma candidatura por distrito e cada distrito elegerá um candidato, por votação majoritária.

Também se cuida da hipótese de inserir o voto distrital ao lado do sistema existente, promovendo harmônica convivência do sistema majoritário com o sistema proporcional: metade dos candidatos lançados seriam eleitos pelo voto distrital e a outra metade pelo sistema proporcional atualmente observado. Assim o eleitor teria dois votos: um para o candidato distrital e outro para a legenda, computado em todo Município ou Estado, aproveitado o segundo para fins de apuração do quociente eleitoral.

Fala-se, ainda, em voto *distritão*, que corresponde à extensão do sistema majoritário, aplicado nas eleições para cargos do Executivo e Senador, às eleições para os demais mandatos do Legislativo (deputados e vereadores), referindo-se o termo "distritão" ao Estado/DF/municípios (eleição dos deputados mais votados nos estados e no Distrito Federal e dos vereadores mais votados nos municípios).

5 O ELEITOR

5.1. OS QUE DEVEM, OS QUE PODEM E OS QUE NÃO PODEM SE ALISTAR COMO ELEITOR E VOTAR

São condições exigidas para o alistamento eleitoral, que deve ser providenciado até 151 dias antes das eleições subsequentes:
a) ser brasileiro;
b) ter idade mínima de dezesseis anos;
c) não estar impedido de adquirir/exercer direitos políticos por qualquer motivo.

São condições para votar:
a) o prévio alistamento eleitoral;
b) não haver impedimento para o exercício da cidadania ativa.

Com efeito, a Constituição Federal, no art. 14, nega aos estrangeiros e impõe ou faculta aos brasileiros, homens e mulheres aptos ao exercício, ainda que parcialmente, dos direitos políticos, o alistamento eleitoral e o voto, sendo aquele procedimento pressuposto necessário deste ato.

No art. 12, § 1º, entretanto, quanto aos estrangeiros, vem excepcionada a regra proibitiva relativamente ao português, admitindo-se que este se aliste e vote, desde que possua residência permanente no Brasil e que, de acordo com portaria expedida, a seu requerimento, pelo Ministério da Justiça, aqui tenha adquirido direitos políticos com base no Estatuto da Igualdade.

Dentre os brasileiros, a *Lex Legum* exclui do rol dos alistáveis os conscritos, durante o período do serviço militar obrigatório. Também dita os casos, que impedem o exercício dos direitos políticos, no art. 15.

Portanto, no Brasil:
a) *não podem alistar-se e/ou votar* os estrangeiros.

Mas a regra comporta exceção. Há estrangeiros que possuem direitos políticos: os portugueses, nas condições que mais detidamente serão revistas.

Há também brasileiros que na regra proibitiva se inserem, dentre os quais, os menores de dezesseis anos, como decorre dos arts. 14, § 1º, II, "c", e do art. 15, II, da Constituição Federal, e, como já antecipado, os conscritos durante o período do serviço militar obrigatório.

Além deles, por força do art. 15 da Lei Maior, aí se incluem todos aqueles que não chegaram a adquirir, ou, embora os tenham adquirido, perderam ou têm suspensos os direitos políticos, em razão de cancelamento da naturalização, por sentença transitada em julgado, de incapacidade civil absoluta, aqui novamente colocados os menores de dezesseis anos, seja *superveniente* (por conta da alusão do texto constitucional à perda ou suspensão dos direitos cuja existência, então, pressupõe), seja preexistente (porque se é causa de perda ou suspensão dos direitos, quando superveniente, deve, do mesmo modo, impedir sua aquisição); de condenação criminal transitada em julgado, enquanto durarem seus efeitos; de recusa de cumprir obrigação a todos imposta, ou prestação alternativa; e de improbidade administrativa.

b) *podem alistar-se e votar*, estando aptos, pois, ao exercício da capacidade eleitoral ativa, os brasileiros desde os dezesseis até antes de completarem dezoito anos e os maiores de setenta anos, bem como os analfabetos de qualquer idade, a partir dos dezesseis anos.

c) *devem alistar-se e votar* – conquanto já se cogite tornar o voto absolutamente facultativo – os nacionais não analfabetos entre dezoito e setenta anos, que não estejam com seus direitos políticos suspensos, nem os tenham perdido.

Este quadro recomenda os comentários a seguir.

5.2. A NACIONALIDADE NECESSARIAMENTE BRASILEIRA, COMO REGRA, DO ELEITOR

5.2.1. Brasileiro nato

O eleitor pode ser brasileiro nato ou naturalizado, sem qualquer distinção para que adquira a condição de eleitor.

Encarrega-se o art. 12 da Constituição Federal, de revelar quem é considerado brasileiro.

Adotado o critério do *jus soli,* são brasileiros natos aqueles nascidos no Brasil, a menos que, filhos de estrangeiros, aqui estejam seus pais, por ocasião do seu nascimento, a serviço de seu País.

Pelo critério do *jus sanguinis,* o filho de brasileiro, ou brasileira, nascido no exterior desde que qualquer de seus pais esteja a serviço do Brasil, é brasileiro nato.

Noutra hipótese, todavia, mantido o mesmo critério, a aquisição da nacionalidade ficará na dependência da vontade do próprio interessado, que deverá fazer declaração nesse sentido. É o caso da pessoa nascida noutro País, filha de pai brasileiro ou mãe brasileira que não esteja a serviço do Brasil.

O só fato de ser filho de brasileiro dá-lhe a faculdade de escolher, mediante opção expressa, a mesma nacionalidade, em qualquer tempo, depois de atingida a maioridade (capacidade plena adquirida com a idade), desde que venha a residir no Brasil.

A alteração do texto anterior, provocada pela Emenda Constitucional de Revisão nº 3, de 7 de junho de 1994, melhor coloca a situação ventilada, dando à matéria o tratamento justo. A exigência de que o filho de brasileiro viesse aqui morar antes de atingida a maioridade, para poder fazer a opção referida, representava uma condição a ser cumprida, no mais das vezes, pelos pais, a quem os filhos, sob sua guarda, devem obediência e respeito. Requisito estranho à vontade do próprio interessado, justificável e oportuna revelou-se sua retirada.

Essa opção se realizará perante os juízes federais, por intermédio de advogado com poderes especiais, ouvido o Ministério Público, e somente será deferida a filho de brasileiro naturalizado se a naturalização já tiver ocorrido à época do nascimento daquele que pretende optar, pois a Constituição Federal a autoriza ao *nascido* (no estrangeiro) de pai brasileiro ou de mãe brasileira, ao "nascimento" equiparando-se ao ato de adoção.

Os filhos adotados desligam-se dos parentes consanguíneos, salvo quanto aos impedimentos matrimoniais, vinculando-se aos adotantes como filhos, com os mesmos direitos e qualificações daqueles havidos (ou não) da relação do casamento, sendo imprestável para a definição do direito aqui cuidado o critério atado aos pais que os conceberam (CF, art. 227, § 6º; Lei nº 8.069/1990, art. 41).

5.2.2. Brasileiros naturalizados

Brasileiros naturalizados serão, na previsão do art. 12, II, "a", da Constituição Federal, os estrangeiros que, *na forma da lei*, adquirirem a nacionalidade brasileira.

Do assunto tratam os arts. 111 e seguintes da Lei nº 6.815/1980.

A lei, entretanto, não poderá exigir das pessoas originárias de países de língua portuguesa nada além de residência no Brasil, por um ano sem interrupção, e idoneidade moral, devidamente comprovadas pelos meios ordinários.

Na alínea "b" do mesmo inciso, diz a Constituição que os estrangeiros que completarem quinze anos ininterruptos de residência fixa no Brasil e que não tenham sofrido condenação penal também poderão naturalizar-se, manifestando expressa e inequivocamente essa vontade, sendo irrelevante, para esse fim, as ausências ocasionais dos requerentes.

5.2.3. Perda da nacionalidade

Perde a nacionalidade o brasileiro que tiver cancelada sua naturalização, em razão da prática de ato nocivo aos interesses do País, comprovada em processo judicial, por sentença passada em julgado, bem como o brasileiro que adquire, por vontade própria, voltada para este fim, nacionalidade estrangeira: se não quer o Brasil por pátria, não o quer nessa Pátria como brasileiro deixando, em qualquer caso, de preencher a condição de alistabilidade e elegibilidade consistente na nacionalidade brasileira (CF, arts. 12, § 4º; 14, §§ 2º e 3º, I; e 15, I).

Não sofrerá a punição de perda da nacionalidade o brasileiro também reconhecido originariamente nacional pela norma estrangeira, porque assim é considerado independentemente de sua vontade, ou que se naturalizar por imposição do país em que deve permanecer, ou para que nele possa exercer direitos civis, porque neste caso não se trata de atitude intencional, mas necessária do brasileiro que não deseja trocar por outra a sua nacionalidade, rendendo-se à determinação apenas em favor, *v.g.*, do trabalho ou do estudo no estrangeiro, em nenhum caso havendo desprezo à Pátria.

A perda da nacionalidade interfere, imediatamente, nos direitos políticos do brasileiro que, se no exercício de cargo eletivo, deve, *incontinenti*, ser dele afastado, de vez que essa condição, constitucionalmente imposta, deve estar presente desde a candidatura até o término do mandato do candidato eleito. Só os brasileiros podem representar outros brasileiros legitimamente, como de início acentuado. A Constituição Federal, regulando a perda do mandato de Deputado ou Senador, sujeita-a, no caso de perda ou suspensão dos direitos políticos, à declaração pela Mesa da Casa respectiva, o que se aplica também aos deputados estaduais (arts. 55, §§ 2º e 3º, e 27, § 1º).

5.2.4. Estrangeiros que detêm direitos políticos no Brasil – Os portugueses

Quanto aos portugueses, o tratamento é diferenciado, fraternal: se residentes permanentemente no País, em havendo reciprocidade em favor dos brasileiros, ser-lhes-ão atribuídos, sem que haja alteração da sua nacionalidade, os direitos inerentes a estes, com as ressalvas constitucionais. Fala-se, aqui, em quase-nacionalidade brasileira.

O que exige a Constituição, pois, é que haja *reciprocidade de tratamento* de parte a parte. Ou seja, concedem-se determinados direitos ao português no Brasil, desde que esses mesmos direitos sejam concedidos ao brasileiro em Portugal.

Sob a égide da Carta Magna anterior foi celebrada convenção entre Brasil e Portugal sobre a igualdade de direitos e deveres entre seus cidadãos, aprovada pelo Decreto Legislativo nº 82, de 24 de novembro de 1971, e promulgada pelo Decreto nº 70.391, de 12 de abril de 1972, sendo regulamentada a aquisição pelos portugueses, no Brasil, dos direitos e deveres previstos no Estatuto da Igualdade pelo Decreto nº 70.436, de 18 de abril de 1972, que disciplina, entre outras coisas, a matéria concernente ao *gozo de direitos políticos*.

A vigente Constituição brasileira recepcionou a legislação mencionada, pois já havia, quando de sua promulgação, a exigência de reciprocidade.

Também a Constituição Federal Portuguesa – VII Revisão (2005), manteve o Estatuto da Igualdade, reproduzindo no seu art. 15, nº 3, os mesmos textos de 1982 e de 1976.[64]

Percebe-se, então, que a reciprocidade está presente, vez que, atendidas as restrições e os requisitos exigidos, os brasileiros, em Portugal, assim como os portugueses, no Brasil, podem exercer direitos políticos.

5.3. A OBRIGATORIEDADE DO ALISTAMENTO E DO VOTO

As idades mencionadas pela Lei Maior, dezesseis e dezoito anos, dirigem-se ao alistamento eleitoral e conjuntamente ao voto (facultativos ou obrigatórios), não isoladamente a este, razão pela qual devem ser observadas no momento em que se efetuar aquele,

---

64. "**Art. 15.** Estrangeiros, apátridas, cidadãos europeus [...] 3. Aos cidadãos dos Estados de língua portuguesa com residência permanente em Portugal são reconhecidos, nos termos da lei e em condições de reciprocidade, direitos não conferidos a estrangeiros, salvo o acesso aos cargos de Presidente da República, Presidente da Assembleia da República, Primeiro-Ministro, Presidentes dos tribunais supremos e o serviço nas Forças Armadas e na carreira diplomática."

sendo que os nascidos em 29 de fevereiro completarão 16 anos no dia do nascimento, mas os 18 ou 70 anos, à falta do dia 29 de fevereiro nos anos em que completarem essas idades, farão aniversário no dia 1º de março do ano correspondente, qualquer que seja a hora do nascimento (Lei nº 810, de 6 de setembro de 1949, arts. 1º e 3º).

Todavia, se o voto é um direito do menor com 16 anos e o alistamento é pressuposto essencial para a aquisição da condição de eleitor, decidiu o Tribunal Superior Eleitoral que se deve admitir o alistamento eleitoral do menor com 15 anos de idade que vier a completar 16 anos até a data das eleições, como faz ver a ementa da Resolução nº 14.371, a seguir reproduzida:

> Constituição Federal – Interpretação. O intérprete deve dirigir esforços visando emprestar a maior eficácia possível ao texto constitucional, mormente ao defrontar-se com preceito que encerre direito inerente à cidadania.
>
> Voto facultativo – Menor – Alistamento. O que se contém na alínea "c" do inciso II do § 1º do art. 14 da Constituição Federal viabiliza a arte de votar por aqueles que, à data das eleições, tenham implementada a idade mínima de dezesseis anos. Exigências cartorárias, como é a ligada ao alistamento, não se sobrepõem ao objetivo maior da Carta. Viabilização do alistamento daqueles que venham a completar dezesseis anos até 3 de outubro de 1994, inclusive, observadas as cautelas pertinentes.[65]

O brasileiro nato deve alistar-se até os dezenove anos e o naturalizado dentro de um ano após adquirida a nacionalidade brasileira.

Entretanto, nenhum prejuízo haverá se o alistamento for feito em prazo que não prejudique a participação do recém alistado nas eleições das quais tomaria parte se tivesse se alistado no último dia do prazo legal.

Desse modo, como o prazo para o alistamento se encerra 150 dias antes das eleições (Lei nº 9.504/1997, art. 91), este poderá ser realizado até o 151º dia que as preceder.

Neste caso, isenta-se de multa, pelo atraso, tanto o brasileiro nato como o naturalizado, pois têm igual tratamento.

Fora disso, será cobrada multa do alistando, por ocasião da regularização da sua situação perante a Justiça Eleitoral.

Todavia, as pessoas com deficiência que torne impossível, ou demasiadamente oneroso, o alistamento e o voto, podem requerer à Justiça Eleitoral que não lhes sejam aplicadas as sanções legais pelo descumprimento da obrigação eleitoral que lhes incumbe. Certamente essa possibilidade não torna facultativo o voto, não só porque a faculdade de votar nasce obrigatoriamente com o alistamento, como também porque se o alistado não vota porquanto isto se torna impossível, ou demasiadamente oneroso, não escolhe eximir-se do ato que, não fosse obrigatório, independeria sua não realização de qualquer requerimento e justificativa.[66]

---

65. Resolução TSE nº 14.371, de 26.5.1994, Rel. Min. Marco Aurélio, *DJ* de 30.5.1994, p. 13422. *RJTSE – Revista de Jurisprudência do TSE*, v. 5, t. 4, p. 309. Em contrário: a decisão por maioria proferida no REspE nº 8.525, Brasília/DF, Rel. Min. Luiz Octávio P. e Albuquerque Gallotti, j. em 21.9.1989, *DJ* de 11.10.1989, p. 15686, *Boletim Eleitoral*, 465/591.

66. Resoluções TSE nº 20.717, de 12.9.2000, e nº 21.920, de 19.9.2004, cujo art. 1º reafirma a imposição constitucional: "O alistamento eleitoral e o voto são obrigatórios para todas as pessoas portadoras de deficiência.".

Aquele que deixa de ser analfabeto deverá, em razão de sua nova condição, requerer sua inscrição eleitoral.[67]

Consoante o art. 1º, §§ 1º e 2º, da Lei nº 6.236, de 18 de setembro de 1975, caberá ao diretor, professor ou responsável por curso de alfabetização de adolescentes e adultos encaminhar o aluno que o concluir ao competente juiz eleitoral, para obtenção do título de eleitor, sujeitando-se, na omissão, às penas previstas no art. 9º do Código Eleitoral (multa ou suspensão disciplinar).

O alistamento é ato personalíssimo, devendo o interessado comparecer pessoalmente ao Cartório Eleitoral, munido de documento de identidade e comprovante de residência, para a competente inscrição, sendo-lhe expedido, imediatamente, o Título de Eleitor.

O português, com direitos políticos no Brasil, deverá apresentar também o Ato do Ministério da Justiça que lhe reconheceu tais direitos.

Os brasileiros residentes no exterior devem requerer a sua inscrição eleitoral nas sedes das repartições diplomáticas da localidade de sua residência ou no Cartório Eleitoral do Exterior com sede em Brasília.

Alistando-se, o indivíduo torna-se apto a exercer a cidadania ativa, adquirindo o direito de votar na seção eleitoral em que está inscrito.

O alistamento é pressuposto compulsório do exercício do dever/direito de votar.

Aqueles que não se alistam porque não querem exercer a *faculdade* que lhes é concedida, ou porque não podem fazê-lo em face de certas circunstâncias, embora não alistados, são alistáveis. É o caso, por exemplo, dos analfabetos, e dos que na enxovia aguardam julgamento, em situação provisória, não tendo sofrido condenação passada em julgado, aos quais não se permita o ato.

O alistamento eleitoral do nacional apto a adquirir o direito de votar é facultativo desde os dezesseis até que complete dezoito anos de idade, oportunidade em que se tornará imperativo, salvo se analfabeto, ou conscrito – durante o período do serviço militar obrigatório.

O brasileiro que, na obrigação de alistar-se eleitor, deixa de fazê-lo, sujeita-se à pena pecuniária, além de incidir nas mesmas vedações do alistado que não cumpre com o dever cívico de votar, não justifica esse descumprimento, nem paga a respectiva multa, vedações estas que o impedem de receber vencimentos, remuneração, salário ou proventos de função ou emprego público, autárquico ou paraestatal, bem como fundações governamentais, empresas, institutos e sociedades de qualquer natureza, mantidas ou subvencionadas pelo governo ou que exerçam serviço público delegado, correspondentes ao segundo mês subsequente ao da eleição, bem como de obter passaporte ou carteira de identidade e praticar qualquer ato para o qual se exija quitação do serviço militar ou imposto de renda, dentre outras coisas (CE, arts. 7º, § 2º, e 8º). A restrição à obtenção de passaporte não se põe quando um novo é requerido, por brasileiro no exterior, para identificação e retorno ao Brasil.

Pode-se afirmar, assim, que o alistamento é mesmo obrigatório, porque sua ausência não se compensa com a multa, prevalecendo, enquanto não for efetivado, as mencio-

---

67. Resolução TSE nº 20.791, de 20.3.2001.

nadas restrições. A sua não realização anterior não impede que seja suprida a omissão, conquanto se reflita nas eleições havidas quando ainda não realizado.

Já quanto à previsão de que o exercício do direito de votar é *imposto*, como dever cívico, ao brasileiro não analfabeto, entre dezoito e setenta anos, salvo o conscrito, no período do serviço militar obrigatório, e que não se enquadre no elenco do art. 15 da Constituição (suspensão ou perda dos direitos políticos), devemos concluir que se cogita de norma dirigida ao comparecimento às urnas eleitorais, não à obrigatoriedade da escolha do representante do povo, eis que o eleitor pode comparecer em sua seção eleitoral, acionar a urna eletrônica ou depositar a cédula na urna tradicional, optando pelo voto nulo, ou seja, por não votar validamente. Também pode, com o voto em branco, não votar eficazmente.

De qualquer modo, a obrigatoriedade desse comparecimento acaba por estimular o desempenho consciente do bom, mas eventualmente acomodado, cidadão que, com sua ausência, não contribuiria para a escolha do representante do povo. *Para que o mal triunfe, basta que os bons nada façam*, ensinou Edmund Burke.[68]

Mas mesmo a imposição desse comparecimento é relativa, porque a ausência do eleitor pode ser considerada justificada, simplesmente, com a demonstração de que ele não se encontrava no seu domicílio eleitoral no dia das eleições, sem que, no entanto, apresente motivação relevante para essa ausência, isto é, sua falta pode ter sido motivada apenas pela sua vontade, por preferir deslocar-se para outras plagas a ficar no seu domicílio eleitoral e votar. E, se simplesmente escolher não dar satisfações a respeito de sua atitude, ser-lhe-á aplicada a irrisória multa prevista que, paga, deixa-lo-á quite com a Justiça Eleitoral.

O eleitor paulistano, por exemplo, que opta por passar o *feriado* respectivo descansando nas praias do Guarujá, não sofre qualquer punição por não atender à convocação das urnas, desde que, em manifestação simples, exarada em modelo previamente impresso, dê conta unicamente de que se encontra naquele município – lugar diferente daquele em que deveria votar – sem que seja preciso revelar legítima razão para sua presença no local onde se acha para o fim de se examinar se a "justificativa" procede. Ou seja, o que o eleitor faz é esclarecer que não votou por estar ausente do seu domicílio, o que basta para ter-se por justificado o não cumprimento da determinação constitucional.

Na verdade, há mera comunicação de ausência e não *justificativa* da sua ocorrência, na acepção que o Direito deseja. Há o não comparecimento cujo motivo não se sabe, nem se procura saber, se é justo.

Muito mais complicada será a justificativa de quem, presente no seu domicílio eleitoral, em razão de sua deficiência, somada à falta de meios que possibilitassem a votação, não conseguiu votar, embora pretendesse fazê-lo. Deverá provar o alegado.

No exemplo do eleitor paulistano que escolhe passar o dia das eleições no litoral paulista, a não comparência ao evento em que se funda o regime democrático seria injustificável.

---

68. Edmund Burke, filósofo do século XVIII. Daí a frase atribuída ao ativista político e filósofo Martin Luther King: "O que preocupa não é o grito dos maus, é o silêncio dos bons".

Nesse aspecto não se pode dizer, então, que o voto, ou sequer o comparecimento à urna, seja *obrigatório*.

Aparentemente não haveria outro meio de enfrentar a questão, porque ninguém pode ser compelido a comparecer ao local de votação e a falta não pode ser reparada, pois a oportunidade de participar daquela eleição estará irremediavelmente perdida, só restando a multa, que embora aceite cobrança em execução forçada (CE, art. 367, III e IV), se não paga, causará gravames de diversas ordens ao devedor.

Mas haveria sim. Se não se propender pelo voto facultativo de todos os eleitores, a convocação aqui discutida poderia ser reforçada com o aumento expressivo da multa, hoje de ínfimo valor, a fim de que não compensasse pagá-la ao invés de votar. Essa multa seria aplicada sempre que a ausência do domicílio eleitoral no dia das eleições não fosse considerada suficientemente justificada (ou seja, não se amparasse em justa razão) pela Justiça Eleitoral, e, em desdobramento, a partir de um certo número de ausências não justificadas convenientemente, com punição pecuniária progressiva, caberia exigir dos faltosos contumazes que assistissem aos cursos sobre educação cívica, similarmente, *mutatis mutandis*, ao que se faz com os condutores de veículos, à consideração dos pontos negativos que angaria com as infrações de trânsito que comete, já que quem não valoriza o seu voto transita na contramão da democracia. Não vindo o eleitor a frequentar o curso, teria cancelada sua inscrição, como se faz hoje, diante do não comparecimento "não justificado" a três eleições consecutivas (CE, arts. 7º, § 3º, e 71, V), vez que, quem não vota, o título de *eleitor* não merece.

No sistema vigente, como alertado, aquele que não comparecer às urnas, não justificar a sua ausência tempestivamente e não pagar a multa aplicada, à falta de quitação do débito eleitoral sofrerá severas restrições, como, por exemplo, ficará impedido de prestar concurso público, pedir empréstimo em banco oficial, matricular-se em instituições públicas de ensino, tirar passaporte – salvo em se cuidando de eleitor no exterior que requeira novo passaporte para identificação e volta ao Brasil – e candidatar-se.

Claro que o não comparecimento às urnas, nos casos em que votar não é compulsório, não acarreta essas consequências.

Quanto ao voto no exterior, a matéria, nas eleições de 2014, ficou aos cuidados da Resolução TSE nº 23.399, de Relatoria do Ministro Dias Toffoli.

Os votos, dirigidos apenas às eleições presidenciais, serão colhidos pelo processo eletrônico ou, nas seções que não o utilizarem, com o preenchimento das tradicionais cédulas.

O nacional que reside no exterior, mas mantém seu domicílio eleitoral em município brasileiro, é tratado como o nacional que aqui reside, devendo justificar sua falta quando estiver no exterior no dia das eleições.

Há ainda o voto em trânsito, em urnas para este fim instaladas nas capitais e municípios com mais de cem mil eleitores, que é assegurado ao eleitor que se habilitar perante a Justiça Eleitoral em até 45 dias antes das eleições, indicando onde pretende votar.

Essa habilitação garante o direito de votar em trânsito exclusivamente para Presidente da República, se o eleitor se encontrar fora da unidade de Federação de seu domicílio eleitoral, porque apenas este cargo eletivo exibe as mesmas candidaturas em todo o território nacional, sendo que com relação às outras unidades cada qual possui candidatos próprios para os demais mandatos (Governador, Senador e Deputado). Por isso mesmo, o eleitor habilitado que se encontrar em trânsito dentro da unidade da Federação do seu domicílio eleitoral, embora neste não esteja (por exemplo, encontra-se em Tramandaí/RS e seu domicílio é Porto Alegre/RS), pode votar em trânsito para Presidente da República, Governador, Senador, Deputado Federal, Deputado Estadual ou Deputado Distrital.

Também os membros das Forças Armadas – Exército, Marinha e Aeronáutica – e os integrantes dos órgãos de segurança pública – polícia federal, polícia rodoviária federal, polícia ferroviária federal, polícias civis, policiais militares e corpos de bombeiros militares – e das guardas municipais, se estiverem em serviço por ocasião das eleições poderão votar em trânsito, decorrendo a habilitação, porém, do envio obrigatório à Justiça Eleitoral, pelas respectivas chefias ou comandos, no prazo antes mencionado, da listagem com os nomes daqueles que se encontram nessa situação, indicando as seções eleitorais de origem e destino. E assim será, neste caso, independentemente do número de eleitores do Município, como estabelece, sensatamente, o § 4º do art. 233-A, do Código Eleitoral.

Constituem crimes previstos no Código Eleitoral, as seguintes condutas ligadas ao alistamento eleitoral: inscrever-se fraudulentamente eleitor (art. 289); induzir alguém a se inscrever eleitor com infração de qualquer dispositivo do Código Eleitoral (art. 290); efetuar o juiz, fraudulentamente, a inscrição de alistando (art. 291); negar ou retardar a autoridade judiciária, sem fundamento legal, a inscrição requerida (art. 292); perturbar ou impedir de qualquer forma o alistamento (art. 293); votar em seção eleitoral em que não está inscrito, salvo nos casos expressamente previstos, e permitir, o presidente da mesa receptora, que o voto seja admitido (art. 311).

De acordo com o parágrafo único do art. 91 da Lei nº 9.504/1997, "a retenção de título eleitoral ou do comprovante de alistamento eleitoral constitui crime, punível com detenção, de um a três meses, com a alternativa de prestação de serviços à comunidade por igual período, e multa no valor de cinco mil a dez mil UFIR".

5.4. OS MENORES QUE TÊM E OS QUE NÃO TÊM DIREITO AO ALISTAMENTO ELEITORAL E AO VOTO FACULTATIVOS

No que tange ao menor absolutamente incapaz há que se lembrar que não pode votar nem ser votado quem não tem aptidão para exercer direitos políticos.

Assim ocorre com os menores de dezesseis anos por lhes faltar, ainda, ao menos em regra, a maturidade indispensável para captar a real dimensão do ato de votar. São outras as preocupações que geralmente atingem as crianças e os adolescentes nessa etapa da vida. A vivência, ou seja, o aprendizado como fruto da experiência, no campo do Direito Eleitoral, não se mostra importante apenas neste aspecto, mas é basilar também como requisito de elegibilidade para os mandatos eletivos – de vereador (18 anos) a Presidente da República (35 anos) – na proporção da responsabilidade das funções que lhes são inerentes.

O critério utilizado para reconhecer a incapacidade de votar é o adotado pelo art. 3º, I, do Código Civil, para a determinação da incapacidade civil absoluta desses menores para exercer pessoalmente os atos da vida civil.

A incapacidade – instituída para a proteção dos que não têm aptidão, por lhes faltar consciência e vontade, para, por si, exercer direitos – não permite que a pessoa pratique esses atos, senão, conforme a lei civil, mediante representação, no caso de ser absoluta, ou assistência, na hipótese de ser relativa.

Mas, evidentemente, o voto não pode emanar senão exclusivamente do eleitor com discernimento que autorize a escolha de um candidato dentre os que concorrem, por exemplo, à Presidência da República.

Conforme as normas pertinentes, a incapacidade relativa não bloqueia o exercício do direito de votar, mas a absoluta impede sua aquisição.

Quanto ao menor que pode votar, cumpre anotar que a emancipação não se sobrepõe à idade cronológica. O alistamento e o voto – os dois atos – somente são facultativos, diz a Constituição, a partir dos dezesseis e até antes dos dezoito anos, embora, como ressalvado no ITEM 5.3 (ver p. 98), para assegurar o voto desde a idade mínima admite-se, com amparo em julgamento do Tribunal Superior Eleitoral, a inscrição como eleitor de menor com 15 anos, desde que complete 16 anos até o dia das eleições.

A anotação de que a emancipação não se sobrepõe à idade cronológica, feita no parágrafo precedente, parece não se mostrar atualmente importante, porque a emancipação representa forma de aquisição da capacidade civil que também pressupõe a idade mínima de dezesseis anos, seja pela concessão dos pais, ou de um deles, na conformidade do disposto nos incisos do parágrafo único do art. 5º do Código Civil, seja pelo casamento devidamente autorizado pelos pais (CC, art. 5º, parágrafo único, II, c/c art. 1.517), cabendo frisar que, para o exercício de emprego público efetivo, a Lei nº 8.112/1990, no inciso V do art. 5º, prevê idade mínima de 18 anos, além de pleno gozo dos direitos políticos, no inciso II, e quitação com as obrigações militares e eleitorais, no inciso III. Diz, ainda, a mesma norma do Código Civil, no inciso V, que também cessa a incapacidade para o menor, pelo estabelecimento civil ou comercial, ou pela existência de relação de emprego, desde que, em função deles, o menor, *com dezesseis anos completos*, tenha economia própria. Além disso, não se avista a possibilidade de alguém vir a colar grau em curso de ensino superior, com menos de dezesseis anos, hipótese tratada no inciso IV, do referido dispositivo.

Realmente, a situação presente difere daquela que se exibia sob a ordem constitucional anterior a 5 de outubro de 1988, época em que a maioridade era atingida aos vinte e um anos e a emancipação, aos dezesseis ou dezessete anos, não autorizava o alistamento e o voto, para o que se reclamava dezoito anos.

Contudo, o quanto observado guarda relevância atual, porque a emancipação faz cessar para os menores a *incapacidade*, não a *menoridade*[69] e, por esta razão, o voto do

---

69. Anote-se que, diferentemente, em 23 de julho de 1840, foi declarada a *maioridade* de D. Pedro II, para que ascendesse ao trono, com 14 anos – ato que ficou conhecido como "o golpe da maioridade", pois, de acordo com os arts. 121 e 122 da Constituição de 1824, ele só poderia governar após atingir a idade de 18 anos, sendo o Império administrado, durante sua menoridade, por uma Regência.

menor, já capaz, continua facultativo, porque o alistamento eleitoral e o voto somente são obrigatórios para os *maiores* de dezoito anos.

Mas, como já alertamos, não há distinção, no plano da valoração, entre o voto facultativo e o obrigatório, como não há entre o do analfabeto e o do letrado, o do homem e o da mulher, o do rico e o do pobre, o do jovem e o do idoso: todos os votos, independentemente de quem sejam os eleitores, têm o mesmo valor, não obstante, quanto aos efeitos, sejam de quem forem, possam não ter a mesma consideração, o que ocorre com o voto aproveitável em relação ao voto em branco ou nulo.

5.5. PESSOAS COM DEFICIÊNCIAS E IDOSOS E O DIREITO/DEVER AO ALISTAMENTO ELEITORAL E AO VOTO

Dissemos, na explanação feita na Introdução desta obra, que o voto é forçosamente dado em segredo, não tendo o eleitor o direito de fazê-lo conhecido, bem como que o voto é direto, não havendo intermediários entre a vontade do eleitor e a sua declaração.

Na mesma oportunidade, acentuamos que, excepcionalmente, o eleitor com deficiência que o impede de, sem auxílio, exercer o dever cívico de votar, pode dar conhecimento do conteúdo do voto à pessoa credenciada a assisti-lo na prática do ato, auxiliar que, inclusive, poderá praticar, pelo votante, os atos materiais da votação aos quais não tem fisicamente acesso em razão da deficiência.

Isto, à toda evidência, não guarda nenhuma relação com a votação aberta, nem constitui violação ao sigilo do voto.

Como dito, não é admissível o voto aberto do eleitor: o voto é secreto em defesa da própria democracia.

Mas mesmo que se pudesse entrever, aqui, o mínimo risco de resultar arranhada a imposição do segredo do voto, entre permitir o auxílio para o exercício do direito/dever emanado da Constituição e negar à pessoa com discernimento um direito fundamental em razão de deficiência física e/ou sensorial que ao âmago deste direito não importuna, não haveria como optar senão pela permissão acenada.

Há algumas considerações a fazer a esse respeito.

Como asseverado, diz o art. 15, II, da Constituição Federal, que a incapacidade absoluta subtrai do incapaz os direitos políticos. Se assim é, já o dissemos, enquanto não atingir o estágio da capacidade relativa, o menor não adquire o direito de votar.

A questão aqui agitada, concernente à incapacidade absoluta, relacionava-se também com pessoas maiores.

O art. 5º do Código Civil de 1916, em seus incisos II e III, colocava entre os absolutamente incapazes "os loucos de todos os gêneros" e os surdos-mudos que não pudessem exprimir sua vontade.

O Código Civil de 2002, nos incisos II e III do art. 3º, elegeu como absolutamente incapazes, com melhor redação, os que, por enfermidade ou deficiência mental, não tivessem a necessária compreensão dos direitos e deveres e os que não pudessem exprimir sua vontade, ainda que por causa transitória.

Eram considerados mentalmente incapazes aqueles que possuíssem distúrbio mental, ainda que interrompido por período de lucidez, que influísse no seu discernimento, não podendo reger sua pessoa e seus bens.

Assemelhada a capacidade do portador de deficiência mental à de um menor com dezesseis anos, as restrições a ele impostas haveriam de corresponder às de um relativamente incapaz, com direito ao alistamento e ao voto facultativos.

O próprio Código Civil de 2002, nesse aspecto, colocou no mesmo patamar o maior de dezesseis e menor de dezoito anos e o excepcional maior de dezoito anos mas sem desenvolvimento mental completo, prevendo a incapacidade de ambos, relativamente a certos atos, ou à maneira de os exercer (art. 4º, I e III, respectivamente).

Este é o pensamento que se extrai da obra de Enneccerus, Kipp e Wolff (1953): se o incapaz por ausência da evolução mental esperada é capaz de atuar, embora com limitações, na mesma medida que um menor relativamente incapaz, deve como ele ser tratado.

Igual entendimento revelou Masclet (1989, p. 44), pois ao afirmar que o direito de votar não pode ser atribuído a quem não tem o necessário discernimento para exercê-lo, revela que na proporção em que se reconhece ao menor com dezesseis anos maturidade para exercer essa faculdade, deve-se estendê-la, igualmente, àqueles que desenvolvem maturidade semelhante.

Com a entrada em vigor da Lei nº 13.146, de 6 de julho de 2015, após 180 dias de sua publicação, aqueles que, por causa transitória ou permanente, não puderem exprimir sua vontade deixam de figurar como pessoas absolutamente incapazes no inciso III do art. 3º do Código Civil, passando a compor, no inciso III do artigo subsequente, o elenco das pessoas incapazes relativamente a certos atos ou à maneira de os exercer (ao lado dos maiores de dezesseis e menores de dezoito anos, dos ébrios habituais e dos viciados em tóxico e dos pródigos), sujeitando-se à curatela (CC, art. 1.767, I e III), que será levantada cessando a causa que a determinou, durante o menor tempo possível.

Diz a nova lei, no art. 76, que o poder público deve garantir à pessoa com deficiência todos os direitos políticos e a oportunidade de exercê-los em igualdade de condições com as demais pessoas, ordenando, o seu § 1º, que àquela seja assegurado o direito de votar e ser votada, inclusive por meio das importantes ações que enumera.

Contudo, votar é ato exclusivamente pessoal que deve exprimir a escolha individual e consciente que atende ao discernimento do eleitor, amparado pelo sigilo, nos termos antes expostos, que garante sua livre opção.

Sem o pressuposto da existência dessa vontade livre, decorrente da compreensão que do votante a prática do ato exige, não se pode falar na legitimidade da sua expressão e, mais amplamente, na legitimidade das eleições como um todo.

A realização de pleito eleitoral, sem voto que traduza a preferência resultante do íntimo querer de cada eleitor, não satisfaz à democracia. Portanto, a despeito das alterações legais em tela, não se pode impor ou facultar, utilmente, o dever/direito de votar àquele sem condições de ter vontade a expor por intermédio do voto, como o que perdeu o uso da razão, ainda que temporariamente, porque não tem o necessário discernimento para fazê-lo, já que não possui contato com a realidade, ou àquele sem condições de expor, por intermédio do voto, a vontade que eventualmente tenha, mas que se desconhece, ou seja, àquele que não pode exprimir, pelo voto, conscientemente, sua vontade, ainda que com ajuda.

O art. 2º da Lei nº 13.146 considera pessoa com deficiência *aquela que tem impedimento de longo prazo de natureza física, mental, intelectual ou sensorial, o qual, em interação com uma ou mais barreiras, pode obstruir sua participação plena e efetiva na sociedade em igualdade de condições com as demais pessoas*, donde se infere que a pessoa com deficiência à qual é concedido o direito de votar e ser votada é aquela cujo impedimento, seja de natureza física, sensorial, mental ou intelectual, é superável com o devido afastamento das barreiras (urbanísticas, arquitetônicas, nos transportes, nas comunicações e na informação, tecnológicas e atitudinais – art. 3º, IV, da mesma lei) que não lhe permitem o exercício da cidadania.

Ressalte-se, alfim, que mesmo os que se encontrem sob os efeitos prejudiciais de álcool ou de droga no momento da votação, embora não façam desse uso um hábito, não poderão votar em razão da condição momentânea que apresentam e que lhes retira a indispensável consciência para a realização especificamente daquele ato, naquela ocasião. Esta é uma das razões pelas quais se costuma proibir o consumo, normalmente permitido, de bebida alcoólica no dia das eleições.

Destarte, mantida, com a nova disciplina legal, a restrição acima considerada, em relação às pessoas cuja deficiência interfira na exteriorização ou na correta verificação da sua vontade, as demais pessoas com deficiência, reitere-se, são abrangidas pela ordem ditada pelo art. 14, § 1º, I, da Constituição Federal (o alistamento eleitoral e o voto são obrigatórios para os maiores de dezoito anos).

Porém, como advertido, o exercício do direito de escolher, nas urnas, os representantes do povo, é afetado no seu imo, quando dificultado o acesso, aos idosos e aos portadores de certas deficiências, às ideias dos candidatos.

Bem por isso é inconcebível que a pessoa com deficiência auditiva seja excluída da propaganda eleitoral gratuita na televisão, que tem fim esclarecedor, ficando igualmente alheio, nos debates transmitidos por essas emissoras, ao desempenho dos que postulam o seu voto.

A surdez não poderá ser empecilho ao acesso à propaganda eleitoral e aos debates entre candidatos na televisão, por quem a suporta, devendo ser-lhe este garantido integralmente, com a comunicação dos discursos, considerações, perguntas e respostas, réplicas e tréplicas, por meio da língua brasileira de sinais (libras) e das legendas, de modo a restarem satisfeitos os requisitos que o conduzem ao mesmo plano dos demais eleitores, dando-lhe condições de avaliar a performance, as ideias e os programas dos pretendentes ao mandato eletivo.

Ou a propaganda eleitoral e esses debates são importantes para todos,[70] inclusive, portanto, para os surdos, ou não são importantes para eles e, portanto, não o são para ninguém.

---

70. Em São Paulo a Rádio Jovem Pan questionou a importância da propaganda eleitoral obrigatória, como feita, colhendo, a respeito, o pronunciamento de representantes de diversos segmentos de nossa sociedade que, geralmente, a abominam. Todavia, pelo menos enquanto mantido, na lei, esse expediente, deve-se propender pela admissão de sua utilidade. Quanto aos debates, se é inegável que não têm o condão de definir nenhum resultado,

O que não se faz possível é excluí-los como receptores dos dados que daí afloram a pretexto de que não podem ouvir, se podem e devem votar.

A Procuradoria Regional Eleitoral em São Paulo, em 1992, por meio de requerimento encaminhado ao Procurador-Geral Eleitoral, conseguiu que o Tribunal Superior Eleitoral admitisse que os partidos políticos providenciassem a utilização desse tipo de comunicação, o que ainda hoje se faz, inclusive valendo-se o Ministério Público Eleitoral de Recomendações expedidas para tanto, o que é elogiável.

No entanto, isso não se mostrava suficiente, porque a questão era de exigência de ação sem alternativa.

Fazia-se imprescindível que a prestação desse serviço resultasse obrigatória preferentemente por imposição de iniciativa do Legislativo, ou, na falta desta, de norma específica emanada de Resolução do preeminente Colegiado Eleitoral, com fundamento diretamente na Constituição, ainda que a cada eleição, como já ocorrera, embora sem o caráter coercitivo, do que, adiante, se falará. Em 2009, o § 1º do art. 44 da Lei nº 9.504 veio contemplar, em previsão inelutável, o emprego da Linguagem Brasileira de Sinais na propaganda televisionada, nada dizendo, porém, a respeito dos debates. Já a Lei nº 13.146, de 2015, no art. 67, dispõe que os serviços de radiodifusão de sons e imagens *devem permitir* o uso dos recursos que, em enumeração exemplificativa, arrola (subtitulação por meio de legenda oculta, janela com intérprete de Libras e audiodescrição), e no art. 76, § 1º, III, impõe que a propaganda eleitoral obrigatória e os debates transmitidos pelas emissoras de televisão possuam, pelo menos, os recursos elencados no dispositivo primeiramente mencionado.

Sem dúvida, é essencial que se assegure participação dos portadores de deficiência auditiva no processo eleitoral, ordenando-se, e não somente se facultando, essa comunicação, com a oportuna advertência, se o caso, de que "a função de intérprete deverá ser exercitada com discrição, por pessoal técnico especializado, sendo vedado seu exercício por outro candidato ou pessoa famosa, que, por si só, implique promoção do partido ou candidaturas.[71]

Não convincente, data vênia, o argumento, do qual já se valeu o Tribunal Superior Eleitoral, de que pretensão desse teor deveria ser indeferida porque formulada ou examinada tardiamente, quando já aprovadas as Resoluções disciplinadoras do pleito.[72]

É que, como faz deduzir o quanto dito, a determinação de que os brasileiros maiores, entre dezoito e setenta anos, não analfabetos, podem e devem votar, e aqueles entre dezesseis e dezoito anos, os analfabetos e os maiores de setenta anos têm esse direito, que emana da Constituição do Brasil, traz implícito no seu bojo, além do indigitado direito de acesso aos locais de votação, também o direito às informações relativas ao processo

---

são capazes de contribuir verdadeiramente na orientação do eleitorado, mostrando aspectos antes desconhecidos da maioria, pertinentes à vida pública, às obras e às propostas dos que postulam mandatos eletivos, mormente cargos no Executivo.

71. Resolução TSE nº 14.550-A, de 1º.9.1994, expedida em atenção à representação do Procurador-Geral Eleitoral, embasada nas razões apresentadas por um dos autores deste livro, quando no cargo de Procurador Regional Eleitoral em São Paulo, por solicitação feita pela comunidade dos deficientes auditivos.
72. Resolução TSE nº 21.176, de 13.8.2002.

eleitoral em todas as suas etapas, proibida qualquer distinção que lhes seja prejudicial em decorrência de necessidades especiais que possam ter.

Ao contrário, tudo quanto possa diminuir as desigualdades e os desconfortos decorrentes das necessidades especiais deve ser contemplado, como se fez, por exemplo, dando-se, àqueles que as têm (*pessoas com deficiência, maiores de sessenta anos, enfermos e mulheres grávidas e lactantes*), a prioridade para votar concedida aos candidatos, aos juízes, seus auxiliares e servidores da Justiça Eleitoral, aos promotores eleitorais e aos policiais militares em serviço.[73]

A iniciativa da previsão em Resolução do Augusto Sodalício eleitoral, assim, independe de formulação dessa pretensão, pelos interessados, a cada eleição.

Ao mesmo tempo em que não se pode vincular a viabilidade do voto dessas pessoas à previsão expressa em atos regulamentares,[74] não se pode aceitar que as resoluções contenham disposições que afrontem a Lei Maior, já que não se pode retirar direito ou exonerar alguém do dever superiormente estabelecido, sob o pretexto que for. De se insistir, então, aqui, que desse vício não padeceu a Resolução TSE nº 21.920/2004, não obstante do mal fosse acusada, porque quando, no parágrafo único do seu art. 1º, não sujeitou à sanção o descumprimento das obrigações eleitorais por pessoas portadoras de deficiência, não transformou, como já dito, em facultativo o voto obrigatório dessas pessoas, interpretação que não guardaria sintonia com a disciplina da matéria constante do *caput*. Apenas excluiu a aplicação da sanção prevista para a hipótese de ausência do eleitor, diante das condições adversas (art. 2º). O direito/dever de votar não teve sua existência contestada, apenas o Estado, reconhecendo sua impotência, negligência ou incompetência para tornar exequível o ato de cidadania, coibiu-se de cobrar sacrifício exagerado do cidadão com deficiência que, por justa causa, deixasse de votar, não lhe imputando penalidade pecuniária que não retrataria punição pelo descumprimento espontâneo, mas sim forçado, do dever de comparecer às urnas para votar. A infração, na realidade, em casos tais, terá sido do próprio Estado, por não proporcionar os meios necessários à votação.

Realmente, é molestado o direito/dever em pauta da pessoa com necessidades especiais quando se lhe apresenta impossível ou difícil o acesso aos locais de votação, ou extremamente dificultosa a própria votação.

Quando contrariamente prescreve a norma, fere ela direitos fundamentais em atenção às dificuldades da Administração, desobrigando-a de providências que oneram o erário sob a falsa aparência de procedimento vantajoso para os prejudicados.

Nessa direção a criticável liberação do alistamento – e em decorrência do voto dos "*inválidos*" – apresentada no art. 6º do Código Eleitoral, que não tem mais espaço em nossa sociedade ostensivamente inclusiva, como o reconheceu o Judiciário:

> [...] ante a análise do texto constitucional, art. 14, § 1º, verifico não contemplar a vigente Lei Maior, para a hipótese, exceção à regra de obrigatoriedade ao alistamento e ao exercício do

---

73. Resolução TSE nº 22.154, de 2.3.2006.
74. Nem a atitudes que dependam da vontade "política" do Executivo. Certa feita, determinado governador, descontente com a atuação da Justiça Eleitoral local que desapoiava seus atos porque infringiam a legislação, conquanto instado a ceder imóveis estaduais para a votação assumiu a postura de com ela não colaborar neste ponto.

voto, que somente ocorre para os analfabetos, os maiores de setenta anos e os maiores de dezesseis e menores de dezoito anos, o que impõe concluir pela perda da eficácia do disposto no art. 6º, I, "a", do Código Eleitoral.[75]

A dispensa do ato de votar sem solução alternativa que permitisse o voto seria indesejável sob todos os aspectos e abrigaria verdadeira proibição e não uma faculdade.

Daí porque, apesar de ter o Tribunal Superior Eleitoral esclarecido, no Mandado de Segurança Coletivo impetrado pela Associação dos Policiais Militares Deficientes Físicos de São Paulo, que a sua retrocitada Resolução nº 21.920, de 19 de setembro de 2004, Relatoria do Ministro Gilmar Mendes, tem "como fundamento a necessidade de garantia do princípio da dignidade da pessoa humana, assim como, o disposto no art. 5º, § 2º, da Constituição Federal, que 'legitima a extensão do direito assegurado aos maiores de 70 anos às pessoas portadoras de deficiência que torne impossível ou extremamente oneroso o exercício de sua obrigações eleitorais'",[76] pode-se dizer que, por seu intermédio, insista-se, não se transformou em facultativo o voto da pessoa com deficiência, mas, como acentuado, *apenas*, no parágrafo único do seu art. 1º, pôs a salvo de qualquer penalidade a pessoa portadora de deficiência para quem o dever de votar ou alistar-se se faça impossível ou extremamente oneroso, porque a impossibilidade dispensa a submissão à lei (*impotentia excusat legem*), passando a inexistir a obrigação impossível (*impossibilium nulla obligatio*), já que ninguém pode ser constrangido a fazer o que possível não seja (*nemo ad impossibile tenetur*). Deveras, para que o voto fosse, de fato, facultado à pessoa com deficiência, dever-se-ia viabilizar o exercício dessa faculdade, com a inarredável promoção das medidas cabíveis, do mesmo modo que as reclama a determinação de obrigatoriedade do comparecimento às urnas. Facultativo é o voto de quem, podendo votar, opta por não fazê-lo, não de quem, não podendo escolher entre votar ou não, não vota porque o ato se lhe apresenta inacessível, dada a sofrível atuação do Estado. Ao maior de 70 anos que à urna não tenha acesso se nega o voto facultativo.

No caso anteriormente retratado, o que queria a impetrante, com razão, era evitar o irreparável prejuízo que se avizinhava, buscando a garantia do direito/dever de votar das pessoas cujo interesse com o *writ* defendia, não simplesmente se livrar da penalidade pelo (indesejado) descumprimento do dever/direito mencionado.

Percebe-se, pelos votos dos eminentes julgadores, que a Resolução em questão visava a superar o descaso do Executivo. Confira-se:

> Penso que o Estado deve propiciar ao máximo o exercício do voto, mas há situações que estão além do limite. (Ministro Humberto Gomes de Barros)
>
> Imaginar que a questão da acessibilidade pudesse ser resolvida com um "Abre-te, Sésamo" é acreditar também na "Velhinha de Taubaté". Há grandes dificuldades neste processo.

---

75. Trecho do voto do Ministro Garcia Vieira, relator da Resolução TSE nº 20.717, de 12.9.2000. A Resolução TSE nº 23.381, Rel. Min. Cármen Lúcia, "com vistas à equiparação de oportunidades no exercício da cidadania aos eleitores com deficiência ou mobilidade reduzida, instituiu o *programa de acessibilidade da Justiça Eleitoral*, destinado à implementação gradual de medidas para a remoção de barreiras físicas, arquitetônicas, de comunicação e de atitudes, a fim de promover o acesso, amplo e irrestrito, com segurança e autonomia de pessoas portadoras de deficiência ou com mobilidade reduzida no processo eleitoral".

76. TSE, Mandado de Segurança Coletivo nº 3.203/SP, Rel. Ministro Humberto Gomes de Barros, j. em 3.11.2005, *DJ* de 9.12.2005.

A Justiça Eleitoral está aberta a isso, mas são questões que aparentemente só guardam conexão espiritual. A resolução trata daquele que de fato está praticamente impossibilitado e tinha um ônus desmesurado ou para ir votar, ou impunha à família esse ônus. Claro que têm razão aqueles que pedem a acessibilidade, não só em relação a esses prédios, mas a todos os demais. Essa é a dificuldade. (Ministro Gilmar Mendes)

Acompanho o relator, sem me comprometer quanto à intangibilidade da nossa Resolução, para até inserir algo que estimule a adaptação dos locais. (Ministro Marco Aurélio)

Eis porque é lídimo inferir que, sendo impossível ou demasiadamente oneroso o alistamento e o voto às pessoas idosas e/ou com deficiência, advindo a impossibilidade ou a onerosidade insuportável (já que excessiva) da falta de acessibilidade que o Estado é obrigado a lhes proporcionar, está este coarctando direitos fundamentais dos quais são aqueles titulares.

Em outras palavras, o não uso do poder para permitir a acessibilidade do eleitor idoso ou com deficiência representa óbice ao exercício do direito de voto em hipótese na qual ele é obrigatório, ou pelo menos facultativo, o que equivale a proibi-lo, em desafio à Constituição.

Tal afronta não é vencida pela boa vontade do Judiciário Eleitoral que, internamente, tem recomendado, por seus Tribunais Regionais, a adoção, pelos Juízes, de medidas, que, "*dentro do possível*", facilitem o acesso do deficiente à urna eletrônica.[77] Mesmo as seções especiais reservadas aos deficientes receberam instrução no sentido de providenciar os meios e recursos destinados a facilitar-lhes o exercício do voto, "se possível".[78]

De outra banda, não desculpa a desatenção que existiu com relação às pessoas portadoras de necessidades especiais – cuja existência é, e sempre foi, previsível – a imprevisão de provimentos dirigidos à facilitação do desempenho dos seus direitos políticos, no aspecto focado: Pela Resolução TSE nº 11.492, de 8 de outubro de 1982, Relatoria do Ministro Soares Muñoz, foi negada a autorização, solicitada pelo TRE gaúcho, para a colheita dos votos desses eleitores em separado "face à exiguidade de tempo para a elaboração de instruções disciplinadoras da matéria".

A necessidade especial não deve incomodar o necessitado no seu direito/dever de votar, sendo superada conjuntamente por este, pela sociedade e pelo Estado.

É indispensável assegurar a todo eleitor o completo desempenho do papel de cidadão que culmina com o voto, mas pressupõe fases anteriores.

Se votar é dever e direito do cidadão, disso decorre que a pessoa com surdez deve poder acompanhar, por meio de intérpretes que transmitam por sinais próprios, os projetos dos candidatos expostos em debates ou propaganda gratuita na televisão, em caráter obrigatório.

---

77. Resolução TSE nº 19.739, de 8.10.1996; Resolução TSE nº 19.849, de 29.4.1997. A determinação, desde 15 de maio de 2001, passou a integrar o art. 135 do Código Eleitoral, *ex vi* da Lei nº 10.226/2001, que lhe acrescentou o § 6º-A, sem, entretanto, subordiná-la à conjunção condicional.
78. Resolução TSE nº 21.008, de 5.3.2002 (posterior, portanto, à lei mencionada na nota anterior). A Resolução TSE nº 23.381, de 19.6.2012, no art. 3º, III, dispõe que cabe aos TREs, em conjunto com as Zonas Eleitorais, *providenciar, "na medida do possível", a mudança dos locais de votação que não ofereçam condições de acessibilidade para outros que as possuam.*

Além disso, não obstante a Lei nº 10.226, de 15 de maio de 2001, tenha acrescentado o § 6º-A ao art. 135 do Código Eleitoral, que determina aos Tribunais Regionais Eleitorais, a cada eleição, a expedição de instruções aos Juízes Eleitorais, para orientá-los na escolha dos locais de votação de mais fácil acesso para o eleitor "deficiente físico", os locais de votação, muitas vezes, não permitem às pessoas com deficiência que se locomovam com facilidade, que cheguem sem ajuda às seções em que estão inscritas. Nem sempre há quem queira ajudá-las, e muitas vezes a ajuda acaba por constranger o deficiente, como na hipótese em que é carregado por um ou dois lances de escada, como já noticiaram os jornais em eleições passadas.

Há ainda a questão do transporte apropriado, que deve estar à disposição daqueles dele necessitados.

É preciso que se reconheça à pessoa com deficiência tratamento compatível com a sua dignidade, para que não seja considerada, por si e pelos outros, como um transtorno.

O importante é propiciar, aos necessitados, os meios que assegurem o exercício desse direito, o cumprimento desse dever.

Ao eleitor com deficiência visual bilateral, além do acesso ao local, com vias livres e semáforos – e entradas/saídas de garagens – com sinais sonoros, há de ser fornecido, do mesmo modo, o material e o aparelhamento imprescindível a garantir a sua votação e o sigilo do seu voto, com colocação dos números em braille sobre as teclas, e fones de ouvido por intermédio dos quais confirme os números digitados e demais operações.

Não sendo isso faticamente possível em determinada situação, ser-lhe-á permitido contar com a colaboração de alguém de sua confiança, que o acompanhará na cabine de votação, a fim de realizar as operações materiais necessárias à concretização da escolha do votante a quem auxilia.

Nesse rumo, o voto, de 15 de junho de 2004, do então componente do Tribunal Superior Eleitoral, Ministro Fernando Neves, assim redigido:

> O direito ao voto e o direito ao sigilo do voto são princípios estabelecidos na Constituição Federal: entretanto, o segundo não pode existir sem o primeiro.
>
> Por isso, ao compatibilizar esses princípios, creio que há de prevalecer – na comprovada impossibilidade da observância de ambos – o primeiro, expressão maior da cidadania.
>
> Isso considerado, proponho sejam estabelecidos os seguintes critérios:
>
> – o eleitor com necessidades especiais poderá, para votar, contar com o auxílio necessário, ainda que não o tenha requerido antecipadamente ao juiz eleitoral e/ou ainda que não esteja inscrito em seção eleitoral especial;
>
> – o presidente de mesa de seção eleitoral, verificando ser imprescindível que eleitor com necessidades especiais conte com o auxílio de pessoa de sua confiança para exercer o direito de voto, estará autorizado a permitir o ingresso dessa segunda pessoa, junto com o eleitor, na cabine eleitoral, sendo que ela poderá, inclusive, digitar os números na urna eletrônica;
>
> – a pessoa que ajudará o eleitor com necessidades especiais não poderá estar a serviço da Justiça Eleitoral, de partido político ou de candidato.[79]

O voto, pela via eletrônica ou tradicional, nessas hipóteses, não perde o caráter de pessoalidade – que repugna o voto por representação – porque aquele que acompanha

---

79. TSE, Instrução nº 79/DF, Rel. Min. Fernando Neves, j. em 15.6.2004, *DJ* de 28.6.2004 (Resolução TSE nº 21.819, de 15.6.2004).

o votante, no momento da votação, faz apenas operações materiais de sufrágio, mas não decide, esclarece Jorge Miranda (1995, p. 74).

Explana o ilustre jurista lusitano que, nessas circunstâncias, se o acompanhante exprimir uma vontade eleitoral diferente daquela externada pelo cego cometerá infração eleitoral. Entretanto, cumpre anotar que dificilmente poderá esse eleitor conhecer a ação do acompanhante no caso da votação eletrônica sem áudio ou mesmo com fones de ouvido à disposição em se tratando de cego-surdo e da votação por intermédio de cédulas, o que, todavia, não prejudica a permissão em tela, porque a presunção é de que a pessoa de confiança do portador de deficiência se desincubirá de sua tarefa sem desvios. O risco de que isso eventualmente não aconteça não pode obstruir o seu direito/dever de cidadão.

Não só com o cego poderá ocorrer a hipótese cogitada. A questão ora enfocada alberga outras limitações, como a que decorre da amputação de ambos os braços do eleitor.

Apoia essa solução Livio Paladin (1995, p. 289-90), que escreve: "Rimane escluso il voto per procura e solo in situazioni di gravíssimo impedimento – come quelle riguardanti i ciechi, gli amputati delle mani e gli affetti da paralisi – si ammette Che gli elettori esercitino i loro diritti per Il tramite di um accompagnatore".

A falta do devido cuidado com essas questões pode comprometer a normalidade das eleições, não obstante o esforço para alcançar soluções que, todavia, nem sempre são satisfatórias.

A Resolução TSE nº 22.154/2006, a exemplo da Resolução nº 21.819/2004 (à qual se remete a Resolução nº 23.381/2012), previu, apropriadamente, no art. 52, a possibilidade de contar, o eleitor com necessidades especiais, com um auxiliar de sua confiança, relacionando, no art. 53, no qual se reporta ao art. 150, I a III, do Código Eleitoral, os direitos destinados à facilitação do voto daqueles acometidos de cegueira bilateral, independentemente dos préstimos de terceiro, o que é sempre mais conveniente,[80] sendo a ajuda excepcional: a) a utilização do alfabeto comum ou do sistema braile para assinar o caderno de votação e assinalar as cédulas; b) o uso de qualquer instrumento mecânico que portar ou lhe for fornecido pela mesa receptora de votos; c) o uso do sistema de áudio, *quando disponível na urna*, sem prejuízo do sigilo do sufrágio; e d) o uso da marca de identificação da tecla número 5 da urna, que às demais teclas serve de norte.

Cabível, nesta oportunidade, a seguinte crítica: todas as seções deveriam ter disponíveis urnas com o sistema de áudio, para atender indiscriminadamente a todos os necessitados.

Ainda que os portadores de necessidades especiais, sejam congênitas ou decorrentes da idade ou de infortúnios, possam votar em seções eleitorais especialmente a eles destinadas, instaladas em local de fácil acesso, com estacionamento próximo e sanitários adequados, para que votem nessas seções, os necessitados deverão para elas solicitar

---

80. "Não te abras com teu amigo / que ele um outro amigo tem. / E o amigo do teu amigo / possui amigos também...", preveniu-nos Mário Quintana, em *Discrição*.

transferência até cento e cinquenta dias antes das eleições (Lei nº 9.504/1997, art. 91), comunicando, se quiserem, suas restrições ao Juiz Eleitoral.

Ora, com isso não se pode dizer existente uma real preocupação com a inclusão dessas pessoas, deixadas juntas com *seus* semelhantes, isto é, com os que "não se assemelham" aos que não têm necessidades especiais.

Ademais, ainda que essa providência possa surtir bons efeitos, não alcançará os que passarem a ter necessidades excepcionais após o aludido prazo, ou que não solicitarem a transferência alvitrada por variados motivos.

Aliás, o requerimento fundamentado da transferência, de *per se,* não deixa de causar certo constrangimento a quem o formula.

A solução ideal seria a instalação de todas as seções em locais construídos ou adaptados para receber eleitores com ou sem necessidades especiais, mesmo porque tais lugares, fora do período eleitoral, devem proporcionar o mesmo conforto a todas essas pessoas, contando todas as seções com urnas aparelhadas com sistema de áudio. Sem isso, os constrangimentos não serão evitados, havendo vários eleitores com deficiência que deixarão de fazer valer o direito de votar, ficando eventualmente sujeitos às penalidades aplicáveis a quem não cumpre esse dever.

Bem verdade que, como precitado, a Lei nº 10.226/2001, acrescentou o § 6º-A ao art. 135 do Código Eleitoral (Lei nº 4.737/1965), de acordo com o qual "os Tribunais Regionais Eleitorais deverão, a cada eleição, expedir instruções aos Juízes Eleitorais, para orientá-los na escolha dos locais de votação de mais fácil acesso para o eleitor deficiente físico". Mas, além de não se reportar expressamente à deficiência sensorial mirando as questões que lhe são pertinentes, nos termos da lei ficam os juízes presos à existência desses prédios, não lhes incumbindo cobrar prévia e eficazmente essas adaptações nos imóveis inadequados. Ora, não se pode concordar que o voto do eleitor com deficiência fique eternamente dependente dessa existência e da correta escolha, pelo juiz, de local de votação que, preenchendo os requisitos que a legislação consagra, esteja apto a recebê-lo.

É preciso fiscalizar e exigir o cumprimento do direito positivo.

Melhor, a respeito, dispôs o Decreto nº 5.296, de 2 de dezembro de 2004, no parágrafo único do art. 21: "No caso do exercício do direito de voto, as urnas das seções eleitorais devem ser adequadas ao uso com autonomia pelas pessoas portadoras de deficiência ou com mobilidade reduzida e estarem instaladas em local de votação plenamente acessível e com estacionamento próximo".

Relembre-se que não se considerando o voto facultativo, o procedimento a ser seguido a fim de que não sofra, o eleitor com deficiência, a sanção decorrente da abstenção (involuntária) do dever de votar não é simples como aquele dirigido à "justificativa" de quem deficiência não porta, mas que simplesmente não se encontra no seu domicílio eleitoral no dia das eleições.

Em epítome, não bastam as normas jurídicas. A inexistência de atuação mais produtiva do Poder Público no que guarda pertinência com o dever de propiciar totais condições para o exercício do direito de alistar-se e votar, a todas as pessoas idosas ou com deficiência, torna, muitas vezes, vazia a faculdade e sem expressão o dever a tal título imposto, abandonando, o Estado, a responsabilidade que lhe foi cometida, o que fatalmente repercute na legitimidade das eleições.

Sendo indesculpavelmente ainda *deficientes os meios* fornecidos para atingir as metas traçadas pela Constituição Federal, desde 1988, não obstante a inegável evolução nesse setor, a ser creditada em grande parte ao Ministério Público, este comportamento desanima o eleitor assim prejudicado e o faz desconfiar da seriedade da sua inclusão, como cidadão, na sociedade brasileira, para cujo progresso coopera, inclusive com o constante pagamento de tributos.

Pela Resolução nº 23.381, de 19 de junho de 2012, Relatora a Ministra Cármen Lúcia, o TSE instituiu o Programa de Acessibilidade da Justiça Eleitoral destinado à implementação gradual de medidas dirigidas ao amplo acesso das pessoas com deficiência ou com mobilidade reduzida no processo eleitoral.

Tão pernicioso quanto o uso indevido do poder, a falta do seu devido uso reflete-se negativamente na eleição que se espera marcada pela normalidade.

Na direção do quanto exposto, importante passo foi dado pelo Legislativo com a edição da citada Lei nº 13.146, de 6 de julho de 2015, que "institui a Lei Brasileira de Inclusão da Pessoa com Deficiência", a qual reserva um capítulo especial para as disposições pertinentes ao direito desse cidadão à participação na vida pública e política, já de há muito reclamadas.[81]

5.6. OS CONSCRITOS

De acordo o com o art. 3º, nº 5, do Decreto nº 57.654, de 20 de janeiro de 1966, conscritos são os brasileiros que compõem a classe chamada para a seleção, tendo em vista a prestação do Serviço Militar inicial.

---

81. Nesse capítulo são consagradas as seguintes normas: "**Art. 76.** O poder público deve garantir à pessoa com deficiência todos os direitos políticos e a oportunidade de exercê-los em igualdade de condições com as demais pessoas. § 1º. À pessoa com deficiência será assegurado o direito de votar e de ser votada, inclusive por meio das seguintes ações: I – garantia de que os procedimentos, as instalações, os materiais e os equipamentos para votação sejam apropriados, acessíveis a todas as pessoas e de fácil compreensão e uso, sendo vedada a instalação de seções eleitorais exclusivas para a pessoa com deficiência; II – incentivo à pessoa com deficiência a candidatar-se e a desempenhar quaisquer funções públicas em todos os níveis de governo, inclusive por meio do uso de novas tecnologias assistivas, quando apropriado; III – garantia de que os pronunciamentos oficiais, a propaganda eleitoral obrigatória e os debates transmitidos pelas emissoras de televisão possuam, pelo menos, os recursos elencados no art. 67 desta Lei; IV – garantia do livre exercício do direito ao voto e, para tanto, sempre que necessário e a seu pedido, permissão para que a pessoa com deficiência seja auxiliada na votação por pessoa de sua escolha. § 2º. O poder público promoverá a participação da pessoa com deficiência, inclusive quando institucionalizada, na condução das questões públicas, sem discriminação e em igualdade de oportunidades, observado o seguinte: I – participação em organizações não governamentais relacionadas à vida pública e à política do País e em atividades e administração de partidos políticos; II – formação de organizações para representar a pessoa com deficiência em todos os níveis; III – participação da pessoa com deficiência em organizações que a representem.". Artigos dos autores a respeito dessa matéria, clamando pelas mesmas soluções: NIESS, Pedro H. T. O uso indevido e a falta do devido uso do poder, no processo eleitoral, *Revista Informativo Eleitoral TRE/MS*, v. 19, p. 9-35, 2007 (publicada em março/2009); KAHN, Andréa Patrícia Toledo Távora Niess; SOUZA, Luciana Toledo Távora Niess de; NIESS, Pedro H. Távora. Pessoas com deficiência e o direito ao desenvolvimento. *FMU Direito – Revista Eletrônica*, v. 26, n. 38, 2012; NIESS, Luciana Toledo Távora; NIESS, Pedro H. Távora. *Pessoas Portadoras de Deficiência no Direito Brasileiro*. São Paulo: Juarez de Oliveira, 2003.

Os selecionados, dentro da classe chamada (por exemplo, os que nasceram em 1996), vão prestar o serviço militar obrigatório.[82]

Refere-se, então, a Constituição, no art. 14, § 2º, aos jovens recrutados para o serviço militar, que se tornam inalistáveis durante a sua prestação obrigatória.

Opõe-lhes, destarte, a Lei Suprema, óbice à aquisição de direitos políticos, porque se não se podem alistar como eleitores, não podem votar nem ser votados (CF, art. 14, §§ 2º e 3º, III).[83]

A vedação, contudo, circunscreve-se à época em que esses militares sirvam *obrigatoriamente* às Forças Armadas, não alcançando período anterior ou posterior ao serviço *imposto,* tanto podendo alistar-se eleitor quem ainda não iniciou o cumprimento do dever sobredito, quanto se submete ao dever geral de fazê-lo mesmo quem, após o término da prestação necessária do serviço militar, permanece no Exército, na Marinha ou na Aeronáutica, engajado, então, voluntariamente.

Tem predominado a ideia, na jurisprudência, de que a proibição de que o recruta se aliste não torna nulo o alistamento precedentemente feito, mas neutraliza os seus efeitos durante o serviço militar obrigatório, após o qual serão retomados. Tanto o início quanto o término desse período deverão ser comunicados, pelo órgão competente, à Justiça Eleitoral, para as anotações devidas, a fim de que não se frustre a ordem constitucional.

Como melhor será exposto no CAPÍTULO 9 (atinente às inelegibilidades constitucionais), pensamos que há uma explicação lógica para que os conscritos, nas condições mencionadas não adquiram a capacidade eleitoral passiva (CF, art. 14, § 4º, primeira hipótese): a Constituição considera que o exercício do direito de ser eleito se contrapõe ao dever de servir às Forças Armadas, durante certo tempo, com exclusividade, imposição esta que tem por fim a formação de reservas destinadas a atender às necessidades de pessoal das Forças Armadas – Exército, Marinha e Aeronáutica – no que se refere aos encargos relacionados com a defesa nacional, no caso de mobilização (art. 2º da Lei nº 8.239, de 4 de outubro de 1991). Para o legislador constituinte não seria prudente dispensar o serviço militar *obrigatório*, em tempo integral, em benefício de uma candidatura facultativa, não havendo como admitir a coexistência desta com o cumprimento daquele dever que objetiva a preparação dos recrutas tendo em mira a defesa nacional, porque nítido o prejuízo que para a consecução deste fim causaria uma candidatura desde a campanha eleitoral, agravado com a eventual eleição do conscrito.

O mesmo raciocínio, no entanto, não se aplica no que tange à capacidade eleitoral ativa, coibida genericamente, independentemente da ocorrência de qualquer fato que

---

82. No que se refere aos médicos, farmacêuticos, dentistas e veterinários que não tenham prestado o serviço militar inicial obrigatório no momento da convocação de sua classe, por adiamento ou dispensa de incorporação, determina a Lei nº 5.292, de 8 de junho de 1967, no art. 4º, com a redação dada pela Lei nº 12.336/2010, que tais profissionais deverão prestar o serviço militar no ano seguinte ao da conclusão do respectivo curso ou após a realização de programa de residência médica ou pós-graduação, na forma estabelecida pelo *caput* e pela alínea "a" do parágrafo único do art. 3º, obedecidas as demais condições fixadas nesta Lei e em sua regulamentação.

83. A Constituição da Itália, por exemplo, na direção inversa, ao mesmo tempo em que afirma, no art. 52, ser sagrado o dever do cidadão de defender a Pátria e obrigatório o serviço militar, declara que o seu cumprimento não prejudica os seus direitos políticos.

pudesse concretamente justificar a conveniência eventualmente circunstancial da proibição, em casos determinados, sem que ressalte da norma discriminatória simples pista que leve à razão do tratamento que distingue o aludido personagem dos demais brasileiros, civis ou militares.[84]

A propósito, portanto, adotamos a seguinte posição.

Há respeitáveis entendimentos no sentido de que a Constituição apenas impede o alistamento, não o voto, do conscrito na situação narrada, já que só àquele se refere.

Dirige-se a norma só ao alistamento, mas se é o alistamento que permite o voto, ao que parece, quando se proíbe o alistamento não se quer permitir o voto, ainda que o seu pressuposto, a condição de eleitor, já se tenha consolidado. Não haveria coerência em se conceder o voto ao recruta que já procedeu ao alistamento eleitoral e, ao mesmo tempo, não admitir o tal alistamento para o recruta não alistado a fim de que também pudesse votar.

Porém, como anteriormente anunciado, não havendo razão para que tais personagens não se alistem ou votem,[85] filiamo-nos à doutrina mencionada, porquanto, sendo concomitantemente injustificável mas inafastável o veto constitucional, é preciso dar-lhe interpretação que reduza o âmbito de sua incidência *aos limites de sua expressão verbal*, atingindo o menor número de pessoas no seu direito de votar, em atenção *aos fins sociais a que a lei se dirige*, ou, na dicção do art. 219 do Código Eleitoral, atendendo o intérprete *aos fins e resultados* que lei eleitoral ambiciona alcançar.

Em conclusão, temos que ao conscrito, durante o período de cumprimento do serviço militar obrigatório, não é dado alistar-se, porque assim o determina expressamente a Constituição, nem votar, como consequência da falta do alistamento, mas, se à época da convocação já contar com o alistamento eleitoral, poderá votar, eis que a *Lex Legum* não lhe nega expressamente esse direito no dito período.

5.7. OS INDÍGENAS

O Tribunal Superior Eleitoral, em acórdão unânime relatado pela Ministra Nancy Andrighi, sob o fundamento de que, nos termos da Constituição Federal, o alistamento eleitoral e o voto são extensivos a todos os brasileiros, seja em caráter facultativo ou

---

84. Este pensamento foi publicado no livro *Direitos políticos* (NIESS, 1994, p. 40-1). Não obstante, escreve José Rubens Rezek: "Assim, na visão de Pedro Henrique Távora Niess (1994, p. 40 apud TELLES, 2009, p. 18): 'a justificativa lógica para que os conscritos não adquiram a capacidade eleitoral passiva é que o direito de ser eleito se contrapõe ao dever de servir às Forças Armadas durante certo tempo, com exclusividade'. *Do raciocínio exposto, colhe-se que também a capacidade eleitoral ativa do militar conscrito estaria afetada pela submissão exclusiva às fileiras do regimento.*" (Grifo nosso) (REZEK, 2010). Como se vê, equivoca-se o eminente autor, colidindo sua conclusão, por nós aqui destacada em itálico, com o quanto escrito no livro por ele citado.

85. Não há de ser, por certo, o prazo de até dois dias deixado normalmente à prática do ato, como atestam, por exemplo, o art. 473, V, da Consolidação das Leis do Trabalho, e o art. 97, II, da Lei nº 8.112/1990 – Estatuto dos Servidores Públicos Federais, porque neste caso, bastaria subordinar a permissão à melhor oportunidade para o alistamento, conjugada com a conveniência, em caso específico, da atividade militar, que prevaleceria sobre o alistamento eleitoral – que, pois, não poderia ser, previa e infundadamente recusado ao inalistado. Demais disso, hoje o alistamento é feito sem demora, com a imediata entrega do título de eleitor. E, embora não na mesma proporção, a inconveniência se instalaria em relação ao voto, ao qual o legislador constituinte não aludiu.

obrigatório, com ressalva, apenas, em relação aos conscritos, durante a prestação do serviço militar obrigatório, e aos que se enquadram nas situações arroladas no art. 15, quais sejam, os que perderam ou têm suspensos os direitos políticos, ou que não chegaram a adquiri-los, observado o requisito da idade mínima, concluiu, corretamente, que o indígena que não se enquadre nas apontadas vedações tem pelo menos a faculdade de inscrever-se eleitor e votar e, não sendo analfabeto, o dever de fazê-lo.[86]

---

86. "Processo Administrativo – Alistamento – Voto – Indígena – Categorização Estabelecida em lei especial – 'Isolado' – 'Em vias de integração' – Inexistência – Óbice legal – Caráter facultativo – Possibilidade – Exibição – Documento – Registro Civil de Nascimento ou administrativo da Funai. 1. A atual ordem constitucional, ao ampliar o direito à participação política dos cidadãos, restringindo o alistamento somente aos estrangeiros e aos conscritos, enquanto no serviço militar obrigatório, e o exercício do voto àqueles que tenham suspensos seus direitos políticos, assegurou-os, em caráter facultativo, a todos os indígenas, independentemente da categorização estabelecida na legislação especial infraconstitucional anterior, observadas as exigências de natureza constitucional e eleitoral pertinentes à matéria, como a nacionalidade brasileira e a idade mínima. 2. Os índios que venham a se alfabetizar, devem se inscrever como eleitores, não estando sujeitos ao pagamento de multa pelo alistamento extemporâneo, de acordo com a orientação prevista no art. 16, parágrafo único, da Resolução TSE nº 21.538, de 2003. 3. Para o ato de alistamento, faculta-se aos indígenas que não disponham do documento de registro civil de nascimento a apresentação do congênere administrativo expedido pela Fundação Nacional do Índio (FUNAI)." (TSE, Processo Administrativo nº 180.681, Curitiba/PR, Rel. Min. Fátima Nancy Andrighi, j. em 6.12.2011, *DJe* de 8.3.2012, p. 62).

6 CONDIÇÕES DE ELEGIBILIDADE

6.1. ELEGIBILIDADE E CANDIDATURA

O direito de ser votado (*jus honorum*) significa que o seu titular tem acesso a cargos eletivos, podendo submeter seu nome à livre escolha do eleitor, a mesma acepção contendo a expressão *direito de ser eleito*.[87] Engloba, também, o direito de realizar a propaganda eleitoral, como meio de realizar esse objetivo.

A elegibilidade, portanto, constitui o direito fundamental que tem a pessoa de tornar-se representante do povo no poder, mediante escolha pelo voto. Se o povo exerce o poder diretamente ou por intermédio de representantes livremente escolhidos, para os casos em que esse exercício não se dá diretamente devem ser escolhidos aqueles que nesse mister a todos representarão.

Nesse plano é colocado esse direito no Artigo XXI da Declaração Universal dos Direitos Humanos:

> I – Todo o homem tem o direito de tomar parte no governo de seu país diretamente ou por intermédio de representantes livremente escolhidos.
>
> II – Todo o homem tem igual direito de acesso ao serviço público do seu país.
>
> III – A vontade do povo será a base da autoridade do governo; esta vontade será expressa em eleições periódicas e legítimas, por sufrágio universal, por voto secreto ou processo equivalente que assegure a liberdade de voto.

Explica Wagner Balera (2011, p. 140), comentando essa previsão:

> Vale dizer que, ao cuidar da participação do povo na condução dos destinos da pátria, por intermédio da escolha daqueles que, mediante mandato expresso, estejam aptos a definir o *status* político da coletividade, o preceito propõe a via eleitoral como a legitimadora do acesso aos postos de governo.
>
> Eleições que serão o verdadeiro teste de legitimidade dos governantes.
>
> Como consequência desse direito, *a todos os habitantes de um país deve ser concedido o acesso a posições de comando dos destinos desse mesmo país*. (Grifo nosso)

---

[87]. Pacto Internacional sobre Direitos Civis e Políticos, promulgado pelo Decreto nº 592, de 6 de julho de 1992: "**Artigo 25.** Todo cidadão terá o direito e a possibilidade, sem qualquer das formas de discriminação mencionadas no Artigo 2 e sem restrições infundadas: (...) b) de votar e de ser eleito em eleições periódicas, autênticas, realizadas por sufrágio universal e igualitário e por voto secreto, que garantam a manifestação da vontade dos eleitores.". Recebendo, o candidato, votos válidos, terá, então, o direito de que sejam contados a seu favor, e, se suficientes, o direito de ser considerado eleito e o de exercer o mandato.

Nessa perspectiva, a existência do direito de ser o representante do povo no poder, abstratamente considerado e garantido, não se prende senão aos requisitos positivos e negativos que o estruturam a mando da Lei Maior.[88]

Para poder competir nas eleições é preciso que o interessado esteja para tanto qualificado, preenchendo as condições de elegibilidade, e, ao mesmo tempo, não se encontrando em situação prevista como causa de inelegibilidade.

Mas nem todos que apresentam qualificação para a disputa têm, nela, interesse.

Ajunte-se, então, que para concorrer a mandato eletivo, a vontade dirigida a esse fim específico é essencial, razão pela qual o pedido de registro deve ser instruído com a autorização escrita de quem se quer candidato (Lei nº 9.504/1997, art. 11, § 1º, II).

Só quem é candidato pode ser efetivamente votado e, eventualmente, eleito. Portanto, para poder ser eleito é preciso que quem preenche as condições de elegibilidade e não se encontra em situação de inelegibilidade se candidate.

A candidatura, pois, é a forma pela qual o direito de disputar, pelo voto, o exercício do poder em nome do povo se manifesta. Daí porque também se diz que consiste a elegibilidade no direito de ser candidato. Só *quem pode ser eleito, pode ser candidato* e só a candidatura, regularmente deferida e mantida, propicia o recebimento de votos válidos.

Podemos então afirmar que só é elegível concretamente para determinada eleição quem a disputa como candidato, mas o Judiciário só deferirá a candidatura se o pretenso candidato preencher o que a Constituição denomina de condições de elegibilidade e não incidir em causa de inelegibilidade.

A elegibilidade, assim, tal como considerada na Constituição Federal, deve ser compreendida sob a ótica da possibilidade da candidatura, não só do efetivo registro do candidato.

Masclet (1989, p. 73), por exemplo, assinala que a elegibilidade caracteriza a situação daqueles que *podem se candidatar* e que a restrição a esse direito, de caráter excepcional, nos dá a noção de inelegibilidade.

Na mesma direção a noção expendida por Adriano Soares da Costa (1998, p. 37) nos seguintes termos: "O conteúdo da elegibilidade é o direito de ser votado, de se candidatar. Quem não pode se candidatar, não é elegível [...]. A inelegibilidade é a ausência ou perda da elegibilidade", donde se eduz que quem *tem o direito de se candidatar,* quem pode se candidatar – não quem necessariamente se registra candidato – é elegível, e, ao mesmo tempo, que *o conteúdo da elegibilidade é o direito de ser votado* – direito este que, no plano concreto, só advém com a candidatura. Ressalte-se que com a usual expressão "direito de ser votado" quer-se dizer que o candidato adquire, na verdade, o *direito de poder ser utilmente votado,* já que a todo direito corresponde uma obrigação e ninguém tem a faculdade de exigir votos dos eleitores.

Na ADIn nº 3.305/DF, incorporando a manifestação do Advogado-Geral da União, o Supremo Tribunal Federal, pelo voto condutor do Ministro Eros Grau, declarou que

---

88. Também o direito de ação, esclarece Vicente Greco Filho (2007, p. 79-80), após qualificar a ação como *direito abstrato,* é concebido, em grau constitucional, como direito amplo, genérico e incondicionado, *salvo as restrições constantes da própria Constituição Federal.* "Já o chamado direito processual de ação não é incondicionado e genérico, mas conexo a uma pretensão, com certos liames com ela".

o nosso sistema distingue elegibilidade e candidatura, sustentando que "existe substancial diferença entre ser elegível e ser candidato" sendo "a candidatura (e seu registro) um efeito que se agrega à elegibilidade, uma vez observadas as condições elencadas em lei."

A Constituição portuguesa continua, na VII Revisão Constitucional – 2005, a dispensar tratamento em separado às condições de elegibilidade (arts. 122 e 150) e às candidaturas (arts. 124 e 151).

Nesse quadro, o registro de candidato representa o ato da Justiça Eleitoral necessário para atestar que quem pretende certo cargo eletivo é, em relação a ele, elegível, assim considerado quem preenche as condições de elegibilidade e não é incomodado por qualquer causa de inelegibilidade, ou seja, que atende às exigências para poder ser eleito para o mandato ao qual pretende concorrer, e, por isso, tem o direito de ser candidato.

Respeitável corrente doutrinária, no entanto, entende que só com o registro de candidato nasce a elegibilidade, que assim se restringe à eleição que o registrado disputará, voltada ao mandato eletivo que ele pretende exercer. Sob este prisma, como só o candidato pode ser eficazmente votado, não há que se falar em elegibilidade de quem candidato não é.

Não rejeitamos a consideração do tema sob esse ângulo.[89]

Mas pensamos que a questão, tal como a põe a Constituição Federal, também aceita visão mais ampla, a fim de que não se considere, quem não se candidata, detentor, apenas, de parcela dos direitos fundamentais de natureza política. O direito de acesso a mandato eletivo, esta é a colocação, não deixa de existir como direito fundamental por não ser exercido por quem poderia exercê-lo.

A inscrição para concorrer a certo prélio eleitoral é essencial para que alguém seja eleito, já que ninguém pode ser eleito sem que seja esta sua vontade e sem que a Justiça Eleitoral aprove sua candidatura e a Justiça Eleitoral deve desaprovar a candidatura de quem não preencher as *condições de elegibilidade* ou for apanhado por uma das causas de *inelegibilidade*, isto é, de quem não for elegível.

O registro e sua conservação é *condição de exercício* do direito de ser votado.

6.2. CONDIÇÕES DE ELEGIBILIDADE

Aponta a Constituição Federal como condições de elegibilidade, para todo e qualquer mandato eletivo, *na forma da lei*, a nacionalidade brasileira, o pleno exercício dos direitos políticos, o alistamento eleitoral, o domicílio eleitoral na circunscrição, a filiação partidária e a idade mínima variável em relação ao mandato pretendido.

Portanto, como ordena a Lei Maior, observado o contido no art. 22, I ("compete privativamente à União legislar sobre direito eleitoral"), incumbe ao legislador ordinário disciplinar essas condições, mas, a nosso ver, não o autoriza a ampliar esse elenco. A criação de outras condições pela lei ordinária limitaria o direito fundamental que a

---

89. Já em 1994, um dos autores desta obra não deixou escapar este aspecto ligado ao efetivo exercício do direito de acesso a cargo público eletivo, registrando, ao lado de outras considerações, ser inegável que quem não pode ser eleito, qualquer que seja a razão – e não ser candidato é um motivo – é inelegível (NIESS, 1994, p. 9).

Constituição concede, enfrentando o princípio da plenitude do gozo dos direitos políticos que nessa matéria deve preponderar.

Quanto às inelegibilidades, dispõe a *Lex Legum*: "Lei complementar estabelecerá outros casos de inelegibilidade", fixando-lhe limites (CF, art. 14, § 9º).

Não fez o mesmo relativamente às condições de elegibilidade, porque com o que prevê se contenta, não tendo a lei ordinária força senão para discipliná-las.

Ademais, considerando que a falta de condição de elegibilidade gera a inelegibilidade *lato sensu*, seria justa a expectativa de que lei da mesma natureza daquela indicada para prever *outros casos de inelegibilidade* (ou seja, lei complementar – CF, art. 14, § 9º) fosse escolhida como a via apropriada para acrescentar condições de elegibilidade, houvesse essa possibilidade.

A propósito escreve Jorge Miranda (1996, p. 61):

> Em sentido amplo, considera-se, pois, inelegível aquele que não pode ser eleito, aquele que não tem capacidade eleitoral passiva. Costuma, no entanto, distinguir-se entre a falta de requisitos gerais que habilitam à eleição e a ocorrência de algum fato ou posse de algum atributo que em especial impede o ascender à qualidade de destinatário do ato eletivo. Aqueles requisitos gerais chamam-se requisitos ou condições de elegibilidade, estas situações dizem-se inelegibilidade em sentido estrito.

Para nós, como sobredito, a lei federal deve disciplinar as condições de elegibilidade estabelecidas pela Lei Maior, mas outras, autônomas, não pode criar.

É possível, contudo, que a lei ordinária preveja exigência que decorra de condição de elegibilidade, embora não lhe reserve previsão explícita a Constituição.

É o que ocorre com a imposição de que o filiado se submeta à escolha em convenção partidária para ser candidato, cobrança que mantém elo com a "filiação partidária" – condição de elegibilidade inserida no art. 14, § 3º, V, da Constituição Federal – pois a candidatura somente é viável por intermédio dos partidos, submetendo-se os filiados aos seus estatutos, à escolha democrática, não sendo ilimitado o número de concorrentes a mandato eletivo que a agremiação pode indicar.

Alerte-se, porém, que o nosso ponto de vista acerca da impossibilidade da criação autônoma de condição de elegibilidade por lei ordinária dissente do pensamento de muitos estudiosos.[90]

Comporta aqui, ainda, assinalar que as condições de elegibilidade, assim como as hipóteses de inelegibilidade, hão de orientar também a eleição indireta, do Chefe do Poder Executivo e do seu Vice, em caso de dupla vacância desses cargos no último biênio do período de governo.[91]

6.2.1. Nacionalidade brasileira

No concernente à nacionalidade brasileira, reportamo-nos ao quanto a respeito foi dito no capítulo anterior, salientando que seria dispensável a repetição do requisito pelo

---

90. Dentre outros, Lenz (2012). No sentido do texto: Pereira (2000, nota n. 6).
91. CF, art. 81, § 1º; STF, ADIn nº 1.057-MC, Rel. Min. Celso de Mello, Tribunal Pleno, j. em 20.4.1994, *DJ* de 6.4.2001. No mesmo sentido: STF, ADIn nº 4.298-MC, Rel. Min. Cezar Peluso, Tribunal Pleno, j. 7.10.2009, *DJe* de 27.11.2009. Ver CF, art. 81, § 2º.

legislador constituinte, vez que, por força do art. 14, § 2º, da Constituição, o alistamento eleitoral apenas excepcionalmente não é vedado ao estrangeiro (CF, art. 12, § 1º) e só o alistado, no pleno exercício dos direitos políticos (CF, art. 14, § 3º, II e III) pode candidatar-se.

De outro lado, é de ser ressaltado que a Presidência e a Vice-Presidência da República somente são acessíveis aos brasileiros natos – como também o são os cargos não eletivos de Ministro do Supremo Tribunal Federal, da carreira diplomática, de oficial das Forças Armadas e de Ministro de Estado da Defesa.

Os demais mandatos eletivos estão ao alcance também dos brasileiros naturalizados e, em harmonia com o Estatuto da Igualdade, dos portugueses que possuem direitos políticos no Brasil, mas a Presidência da Câmara dos Deputados e do Senado é igualmente reservada aos brasileiros natos.

Como se vê, as Presidências dos três Poderes são exercidas privativamente por brasileiros natos (podendo o Presidente da Câmara dos Deputados, do Senado ou do Supremo Tribunal Federal, sucessivamente, exercer a Presidência da República – CF, art. 80).

Oportuno mencionar que, no seu texto original, a Constituição de 1988, no caso de reciprocidade aos brasileiros, equiparava os portugueses com residência habitual neste País, quanto à aquisição de direitos, aos *brasileiros natos*, o que foi modificado pela Emenda Constitucional de Revisão nº 3, de 1994, que suprimiu a expressão "brasileiro nato" e passou a fazer referência apenas a "brasileiro".

A Constituição Portuguesa, da mesma forma, no art. 15, nº 3, atribui aos cidadãos dos Estados de língua portuguesa com residência permanente em Portugal, nos termos da lei e em condições de reciprocidade, direitos não conferidos a estrangeiros, ressalvado o acesso aos cargos de Presidente da República, Presidente da Assembleia da República, Primeiro-Ministro, Presidentes dos tribunais supremos e o serviço nas Forças Armadas e na carreira diplomática.

6.2.2. Alistamento eleitoral

No que concerne ao alistamento eleitoral também nos remetemos ao CAPÍTULO 5, enfatizando que é apresentado no art. 14, § 3º, III, da Constituição Federal, como condição de elegibilidade, mas, a rigor, contém-se já no inciso que o precede (o pleno exercício dos direitos políticos).

Com efeito, é com o aludido alistamento que se viabiliza o exercício do direito de votar e ser votado, tornando concreto o princípio de que *o poder emana do povo, que o exerce por meio de representantes eleitos ou diretamente*.

Não pode ser eleitor quem dos seus direitos políticos estiver privado, ainda que temporariamente (CE, art. 5º, III), nem pode ser eleito quem, embora alistável, alistado não está.

Interessante anotar que a Constituição de 1891 previa no seu art. 70, § 2º, que os cidadãos não alistáveis eram inelegíveis, à vista do que Rui Barbosa, sob a alegação de que Hermes da Fonseca, não sendo alistado eleitor, não gozava de direitos políticos, impugnou sua candidatura, em 1910, o que foi refutado, sob o fundamento de que, embora não fosse eleitor, encontrava-se o Marechal, sim, no pleno gozo de seus direitos políticos, porquanto era alistável, já que só não podiam alistar-se eleitores, de acordo com o § 1º do mesmo artigo, os mendigos, os analfabetos, os praças de pré que não fossem alunos das escolas militares de ensino superior, e os religiosos de ordens monásticas, companhias, congregações ou comunidades de qualquer denominação, sujeitas a voto de obediência, regra ou estatuto que importasse a renúncia da liberdade individual, rol no qual, a toda evidência, seu concorrente à Presidência do Brasil não se enquadrava. Sendo assim, decidiu-se que sua condição de alistável, por si, seria o bastante para lhe conferir elegibilidade.

Provavelmente para evitar a distorção, a Constituição apresenta como condição de elegibilidade tanto o pleno exercício dos direitos políticos como o alistamento eleitoral.

6.2.3. Pleno exercício dos direitos políticos e sua perda ou suspensão

Outra condição de elegibilidade é o pleno exercício dos direitos políticos. Nem seria concebível fosse de outro modo. Quem perdeu esses direitos, ou os tem suspensos, não pode candidatar-se a cargo que obrigatoriamente os pressupõe operantes.

Dizem-se, então, plenos os direitos políticos, com vistas às condições de elegibilidade, quando o seu titular, além de ter o direito de votar também pode ser legitimamente votado, conquanto gradualmente vá conquistando, em etapas condizentes com faixas etárias, o direito de disputar mandatos eletivos.

Não têm direitos políticos plenos, portanto, sob esse prisma, os menores entre 16 e 18 anos e os analfabetos porque, embora possam votar e votem uma vez alistados, essa faculdade não autoriza que se tornem candidatos.

Também podem votar, mas não podem ser votados, os alistados maiores punidos com a inabilitação, por oito anos (CF, art. 52, parágrafo único), e os condenados por sentença penal passada em julgado, pelo prazo que se estender a inelegibilidade para além do cumprimento da pena, relativamente a certos delitos, como os eleitorais apenados com a privação da liberdade (LC nº 64/1990, art. 1º, I, "e", primeira alternativa, nº 4 – "até o transcurso do prazo de 8 (oito) anos após o cumprimento da pena").

Cometerá o crime previsto no art. 337 do Código Eleitoral aquele que, não estando no gozo dos seus direitos políticos, participar de atividades partidárias, inclusive comícios e atos de propaganda em recintos fechados ou abertos, sujeitando-se à pena de detenção de 15 dias a seis meses e pagamento de 90 a 120 dias-multa, nela também incorrendo o responsável pelas emissoras de rádio ou televisão que autorizar transmissões de que participe o mencionado infrator, bem como o diretor de jornal que lhes divulgar os pronunciamentos.

Os casos de perda ou suspensão dos direitos políticos, previstos no art. 15 da Constituição Federal, serão, a seguir, rapidamente abordados.

6.2.3.1. Cancelamento da naturalização por sentença transitada em julgado

No grupo supracitado – perda ou suspensão dos direitos políticos – incluem-se os que tiverem decretado o cancelamento de sua naturalização por decisão judicial imodificável, como consequência da primeira condição exigida: *a nacionalidade brasileira*. Esses perdem os direitos políticos, à falta do pressuposto essencial para mantê-los. Dá-se o cancelamento da naturalização quando por ter praticado, comprovadamente, atividade nociva ao interesse nacional, após ter obtido o *status* de brasileiro, torne-se dele indigno aquele que o recebeu. Como se trata de cancelamento, *i.e.*, de desconstituição de uma situação jurídica, a sentença que o determinar produzirá efeitos *ex nunc*, isto é desde quando passar em julgado, pois o título foi válida e até então eficazmente concedido.

O inciso I do art. 15 da Constituição Federal refere-se apenas a um dos casos de perda da nacionalidade, parecendo que o brasileiro que outra adquirir por naturalização voluntária fica a salvo da ordem dada pelo *caput* do dispositivo que, ao utilizar-se da expressão *só se dará nos seguintes casos* aparentemente estabelece, de forma taxativa, as hipóteses de perda ou suspensão dos direitos políticos.

Não resiste, contudo, a ilação pedestre tirada da letra do mandamento suso aludido, que possa resultar de uma leitura afoita, à interpretação sistemática que, invariavelmente, deve socorrer o exegeta. O artigo precedente, no § 2º, deixa claro que, com a ressalva antes feita, o alistamento é ato privativo dos brasileiros, com ele nascendo a capacidade eleitoral ativa, que enseja a passiva, visto que repetido como condição de elegibilidade, juntamente com a nacionalidade brasileira, no § 3º, I e III.

Quem perde a nacionalidade brasileira, à toda evidência não a pode mais invocar para qualquer fim, deixando de ter, em consequência, independentemente de previsão especial explícita, quanto a este efeito, no mencionado dispositivo, os direitos políticos até então conquistados.

No inciso ora examinado, quer a Constituição apenas acentuar que o cancelamento da naturalização leva à drástica punição nela prevista, somente quando a sentença que a decreta *transita em julgado*, referência não feita no § 4º, I, do art. 12, como neste limita a possibilidade de cancelamento da naturalização ao motivo que indica, decifrado em processo judicial, já que o ato mencionado acarretará, sempre, a perda da nacionalidade e, consequentemente, dos direitos políticos de quem não é mais brasileiro, pois só este os pode ter, no Brasil, sendo incogitável, sob o aspecto ora tratado, a menção ao português, que adquire tais direitos mantendo a nacionalidade, senão para dizer que a perda desta leva aqueles consigo.

Compete aos juízes federais processar e julgar as causas referentes à naturalização (CF, art. 109, X, última figura).

6.2.3.2. Incapacidade civil absoluta

Quem não pode praticar os atos da vida civil, senão devidamente representado, não pode ser eleitor e não pode ser eleito como representante do povo.

Por isso, não possuem direitos políticos os absolutamente incapazes de exercer, por si, os atos da vida civil, que são os menores de dezesseis anos, e apenas eles, em conformidade com o art. 3º do Código Civil, alterado pela Lei nº 13.146, de 2015.[92]

---

92. Na Espanha, Ángela Bachiller, portadora de síndrome de Down, com 29 anos, tomou posse em 29 de julho de 2013, como vereadora, na Câmara Municipal de Valladolid (<globo.com>, *G1 mundo*, de 29.7.2013).

Todavia, capacitando-se, os indivíduos anteriormente mencionados, para o exercício dos atos da vida civil, como antes dissemos, desaparece a vedação que à incapacidade se ligava.

Os menores entre dezesseis e dezoito anos são relativamente incapazes e podem se alistar e votar.

A idade mínima, contudo, para que alguém possa ser eleito para exercer mandato eletivo – e aqui estamos falando de condições de *elegibilidade* – é a de dezoito anos, a mesma com a qual se adquire a maioridade e, com ela, a capacidade civil, donde forçoso é concluir que os relativamente incapazes em razão da idade não são elegíveis, ainda que superem a incapacidade pela emancipação.

No entanto, a Lei nº 9.504/1997, no art. 11, § 2º, transformou essa condição de elegibilidade em requisito de posse do eleito.

Desta maneira, de acordo com essa lei, preencheria condição de elegibilidade para o mandato de vereador o menor com dezessete anos que completasse dezoito anos no dia da posse, do que sempre discordamos. O legislador, em 2015, verificando a inconsistência da norma, buscou amenizar parcialmente seus efeitos, ressalvando que a idade mínima de 18 anos estabelecida como condição de elegibilidade, diferentemente das outras idades mínimas, será aferida na data limite para o pedido de registro, não mais na data da posse (Lei nº 13.165, art. 2º, que altera o art. 11, § 2º da Lei nº 9.504, de 2015). Mas há mais a considerar, razão pela qual voltaremos ao assunto mais adiante, no SUBITEM 6.2.8 (ver p. 138), destinado à *idade mínima fixada* pela Constituição como requisito para o candidato ser eleito.

Para rematar, vale lembrar que antes da entrada em vigor do Código Civil de 2002, a maioridade era alcançada com vinte e um anos e, de acordo com a Constituição, a idade mínima para eleger-se vereador era – como é – de dezoito anos, sendo que com sua eleição o menor adquiria a capacidade para os atos da vida civil, por se encontrar em condição análoga daquele que se emancipava pelo exercício de emprego público efetivo.

6.2.3.3. Condenação criminal transitada em julgado

Os que sofreram condenação criminal definitiva têm suspensos os seus direitos políticos, restrita a suspensão à duração dos efeitos da sentença condenatória transitada em julgado, da qual decorre independentemente de qualquer formalidade, inclusive de menção no título sentencial. Não é uma pena que pode não ser aplicada,[93] mas uma consequência ética, inafastável, da condenação, posta pela Constituição Federal diretamente. E prevalece ainda no caso de suspensão condicional da pena.

Fica, sob a ótica das garantias individuais, assegurado ao condenado que a suspensão dos direitos políticos (direito de votar e ser votado) cessa, da mesma forma como incidiu, *automaticamente*, com o cumprimento ou a extinção da pena, desnecessária a reabilitação, ou a prova de reparação dos danos (Súmula nº 9 do TSE), embora possa a inelegibilidade prolongar-se por mais 8 anos (LC nº 64/1990, art. 1º, "e").

---

93. Não se confunde, portanto, com a pena de "suspensão ou interdição de direitos" prevista no art. 5º, XLVI, da Constituição Federal. No caso ora examinado qualquer condenação criminal produzirá o efeito do art. 15 da CF.

A só inelegibilidade não suspende senão um dos elementos do citado conjunto, não se confundindo, assim, com a prefalada *suspensão ou perda* que a todos os direitos políticos simultaneamente atinge na previsão constitucional que do assunto cuida no art. 15 (perda/suspensão integral dos direitos políticos).

Acrescente-se que a aplicação de medida de segurança também conduz à suspensão dos direitos políticos, já que a sentença que a impõe, classificada como absolutória imprópria, tem natureza condenatória.[94]

6.2.3.3.1. Extinção da punibilidade

O art. 15, III, da Constituição Federal, restringe a suspensão de direitos políticos do condenado criminalmente ao período de duração dos efeitos da sentença trânsita em julgado, ou seja, ao cumprimento da pena fixada, porque neste caso o processo penal foi aplicado em sua plenitude, atingido o seu objetivo.

Aduza-se que a extinção da punibilidade em razão da anistia, graça ou indulto, da retroatividade de lei que não mais considera o fato como criminoso, da prescrição, decadência ou perempção, da renúncia do direito de queixa ou do perdão aceito, nos crimes de ação privada, da retratação do agente, nos casos em que a lei a admite, do perdão judicial, nos casos previstos em lei, e, evidentemente, da morte do agente, impede que subsista a pena especificada na condenação.

A simples ocorrência do fato ou da situação jurídica consignada, pelo legislador, nesse artigo, produz o efeito mencionado, sendo que a decisão do juízo criminal a respeito (extintiva do processo, não da punibilidade) nada constituirá, mas limitar-se-á a reconhecer sua existência.

A sentença, pois, que reconhece a causa da extinção da punibilidade, como, por exemplo, a prescrição, apenas a declara existente no momento em que ocorreu. É, indiscutivelmente, de natureza declaratória: não cabe ao juiz extinguir a punibilidade mas, reconhecendo a extinção, declará-la de ofício.

6.2.3.3.2. Parlamentares no exercício do mandato

Os deputados e senadores que forem processados e condenados, por acórdão criminal imutável do Supremo Tribunal Federal (CF, arts. 53, § 1º, e 102, I, "b"), segundo a letra da Constituição, não perderão, de imediato, os mandatos nos quais estiverem investidos: sujeitar-se-ão à *decisão* (não à inafastável *declaração* referida no § 3º) da Câmara dos Deputados ou do Senado, tomada pela maioria absoluta, após provocação da respectiva Mesa, ou de partido político com representação no Congresso Nacional, assegurada a *ampla defesa* (CF, art. 55, VI e § 2º).

---

94. TSE, PA nº 19.297. Rel. Min. Francisco Peçanha Martins. Resolução TSE nº 22.193, de 11.4.2006, *DJ* de 9.6.2006. Essa decisão é aplaudida por Anderson Araujo Couto que, com espeque no pensamento jurídico do possível, pondera: "no caso especificamente da pessoa submetida a medida de segurança, pior se faz pensar que, além de poder votar, tal poderia também candidatar-se a cargo eletivo. Há que ponderar-se os valores protegidos pela Constituição Federal, bem como perseguir a obtenção de resultados razoáveis" (Estudo de Caso: Processo nº 19.297/TSE – a medida de segurança como causa de suspensão de direitos político). Disponível em: <http://www.ambito-juridico.com.br/site/index.php?n_link=revista_artigos_leitura&artigo_id=10492>. Acesso em: 2 jan. 2015.

O exercício do mandato do membro do Congresso Nacional condenado criminalmente, pois, não é obrigatoriamente afetado com a suspensão dos seus direitos políticos. Como se contempla, no mesmo artigo, a perda do mandato no caso de suspensão dos direitos políticos em inciso diferente da hipótese especificamente aqui tratada (inciso IV), embora esta também leve àquela suspensão, há que se entender que a situação em mira reclama tratamento excepcional que impõe a apreciação das circunstâncias de cada caso, para que seu titular o perca, já que o crime praticado pode não sugerir incompatibilidade com o exercício do mandato – por exemplo a lesão corporal, com aplicação da pena de multa (CP, art. 129, § 5º, I). Assim também se dará com os deputados estaduais e distritais (CF, arts. 27, § 1º e 32, § 3º).

Diante das lacunas e antinomias existentes no texto constitucional, na Ação Penal 470, o STF, norteado pelo voto do Min. Gilmar Mendes, interpretando o Direito que rege a espécie, concluiu que quando os Senadores e Deputados sofrerem condenação transitada em julgado que deixe expresso envolver o crime a improbidade administrativa, tal como aquele praticado contra a administração pública, a perda do mandato será *declarada* (e não *decidida*) pela respectiva Casa, conclusão que se amolda ao disposto no art. 37, § 4º, da CF, e aos arts. 2º e 12 e incisos da Lei de Improbidade. O mesmo se dará quando ao congressista for aplicada pena privativa de liberdade por prazo superior a 4 anos, quer diante de sua gravidade, quer diante do disposto no art. 92, I, "b", do Código Penal – que, editado sob o pálio da Constituição, contempla a perda de cargo, função pública e mandato eletivo como efeito da condenação. Com relação às demais condenações, a perda do mandato e a própria suspensão dos direitos políticos deverá ser *decidida* (não obrigatoriamente *declarada*) pela Casa a que pertencer o condenado, "para que não subsista a hipótese de parlamentar exercendo o mandato com os direitos políticos suspensos, o que seria um paradoxo".

Com a Emenda Constitucional de Revisão nº 6, de 7 de junho de 1994, o parlamentar submetido a processo que possa levar à perda do mandato eletivo, dele não se livrará com a renúncia.

Já aos vereadores não se aplica o art. 55, § 2º, da Constituição Federal, independendo a perda do mandato de um juízo político, conforme decidiu o Supremo Tribunal Federal.[95]

6.2.4. Recusa de cumprir obrigação a todos imposta

Não poderá exercer os seus direitos políticos, que ficarão suspensos, quem se recusar a cumprir obrigação imposta de *forma generalizada* (CF, art. 15, IV), ainda que sob a invocação de crença religiosa ou de convicção filosófica ou política – a chamada escusa de consciência – *desde que* não se disponha, também, a cumprir a correspondente prestação alternativa, quando fixada em lei, como no caso de serviço militar.

A Lei nº 8.239, de 4 de outubro de 1991, ao regulamentar os §§ 1º e 2º do art. 143 da Constituição Federal, que dispõem sobre a prestação de Serviço Alternativo ao Serviço

---

95. STF, RE nº 225.019-GO, Rel. Min. Nelson Jobim, Tribunal Pleno, j. em 8.9.1999, *DJ* de 26.11.1999, prestigiado pela decisão do Presidente do Pretório Excelso, Min. Joaquim Barbosa, na SL 789 MC/MS – Medida Cautelar na Suspensão de Liminar, divulgada no *DJe* de 20.6.2014.

Militar Obrigatório, declara, no art. 3º, § 2º, que substituem as atividades de caráter essencialmente militar aquelas outras de natureza administrativa, assistencial, filantrópica ou mesmo produtiva, prevendo que a recusa ou o cumprimento incompleto dessas tarefas, por motivo de responsabilidade pessoal do convocado, implicará o não fornecimento do Certificado de Prestação Alternativa ao Serviço Militar Obrigatório, durante os dois anos seguintes ao vencimento do período estabelecido, após o qual serão suspensos os direitos políticos do inadimplente, que poderá, a qualquer tempo, regularizar sua situação mediante cumprimento das obrigações devidas.

Igualmente a recusa ao serviço do júri sob a invocação de convicção religiosa, filosófica ou política desemboca no dever de prestar serviço alternativo consistente este no exercício de atividade de caráter administrativo, assistencial, filantrópico ou mesmo produtivo, no Poder Judiciário, na Defensoria Pública, no Ministério Público ou em entidade conveniada para esses fins, sob pena de suspensão dos direitos políticos (CPP, art. 438).

6.2.5. Improbidade administrativa

Recusa a Constituição a participação do ímprobo no processo democrático, que se deve aperfeiçoar sob a luz da moralidade. Antonio Carlos Alves Braga, discorrendo sobre o tema, no I Seminário sobre Direito Eleitoral realizado em São Paulo, no dia 25 de agosto de 1993, recordou que na velha Roma os *candidatos* às magistraturas apresentavam-se ao corpo eleitoral vestindo uma túnica branca, porque o vocábulo sublinhado era expressão de candura, sinceridade, pureza.[96]

Fustel de Coulanges (2009, p. 258), na sua célebre obra a *Cidade Antiga*, conta que, em Atenas:

> Os magistrados que exercem somente funções relativas à ordem pública eram eleitos pelo povo. Todavia, havia uma precaução contra os caprichos da sorte ou os do sufrágio universal: cada novo eleito era submetido a um exame, seja no senado, seja diante dos magistrados que estavam entregando os cargos, seja, enfim, no Areópago; não que se exigissem provas de capacidade ou de talento; tratava-se de uma pesquisa sobre a probidade de cada homem e sobre sua família; era requisito também que todo magistrado tivesse um patrimônio em bens de raiz.

Também aqui se exige, não a competência, mas a probidade, que se presume, não preenchendo condição de elegibilidade – aliás, mais que isso, devendo ter suspensos os seus direitos políticos – o administrador ímprobo.

Probidade significa honestidade, retidão de caráter, honradez. Probo, pois, é o homem íntegro, justo; ímprobo é o desonesto, o que não tem honra.

O defeito se agrava, tornando-se insuportável, se se manifesta enquanto o seu portador administra a coisa pública.

Regem a Administração Pública os princípios da legalidade, da impessoalidade, da publicidade, da *moralidade* e da eficiência.

Cerca-se a atuação do administrador permitindo-se que faça apenas o que a lei autoriza. Mas isso não é suficiente, porque o campo da moral é mais amplo que o campo do

---

[96]. "Improbidade Administrativa como causa de inelegibilidade", palestra proferida no I Seminário sobre Direito Eleitoral – Tribunal Regional Eleitoral-SP.

Direito. O exercício do poder discricionário impõe que dentre várias alternativas possíveis opte o administrador, sempre, por aquela que mais convenha ao interesse público.

Mas não é o administrador inábil que deve ser punido com a suspensão dos direitos políticos. É aquele que age desonestamente; que não pauta seu comportamento pelos ditames da honra; o que atua determinado por finalidade estranha à ideia de servir, servindo-se, ao contrário, do cargo, para obter vantagens que este lhe possa ilicitamente fornecer.[97]

Quem assim age deve ser desprezado, não só pelos administrados que sofreram o impacto da conduta reprimível, mas por todos que possuem as virtudes com que ele não foi aquinhoado.

A trajetória desastrosa do ímprobo como administrador não o qualificaria para o exercício de qualquer mandato eletivo, nem dignificaria aquele que recebesse o seu voto. Não seria confiável aceitá-lo como cidadão. Por isso seus direitos políticos devem ser suspensos.

O art. 15, V, da Magna Carta enumera, dentre os casos que prevê, a improbidade administrativa como fundamento de suspensão dos direitos políticos, reportando-se ao art. 37, § 4º.[98] Este, por sua vez, confirma a suspensão, acrescenta outras consequências derivadas da mesma causa, e se remete à forma e gradação previstas em lei, desincumbindo-se desta missão a Lei nº 8.429, de 2 de junho de 1992.

Citado diploma legislativo dispõe sobre os atos de improbidade praticados por agente público, reputando como tal quem exerce, embora transitoriamente ou sem remuneração – seja por eleição, nomeação, designação, contratação ou por qualquer outra forma de investidura ou vínculo –, mandato, cargo, emprego ou função na Administração direta ou indireta, em empresa incorporada ao patrimônio público ou em entidade para cuja criação ou custeio o erário haja concorrido ou concorra com mais de 50% do patrimônio ou da receita anual, ressaltando que a lei é aplicável, no que couber, àquele que, não sendo agente público, induza a prática do ato, para ela concorra, ou dela aufira qualquer vantagem.

Ao cuidar do comportamento comissivo ou omissivo, doloso ou culposo, que condena, o legislador divide o assunto nas três seções que compõem o Capítulo II na ordem de gravidade: cuida, na primeira, dos atos de improbidade administrativa que importam enriquecimento ilícito (art. 9º); na que a sucede, dos atos de improbidade administrativa que causam prejuízo ao erário (art. 10); na derradeira seção, trata dos atos de improbidade administrativa que atentam contra os princípios da Administração Pública (art. 11). Todo aquele que for julgado responsável por atos ou omissões dessa natureza, por sentença condenatória passada em julgado, terá, além de outras consequências alheias ao assunto ora tocado, suspensos os seus direitos políticos pelo período de oito anos a dez

---

97. Esclarece Alves Braga que "atos de improbidade não devem ser, necessariamente, atos delituosos. O comportamento aético, por si só, tem grande contingente de improbidade" ("Improbidade administrativa como causa de inelegibilidade", palestra proferida no I Seminário sobre Direito Eleitoral no Tribunal Regional Eleitoral – SP).

98. CF: "**Art. 37.** (...) § 4º. Os atos de improbidade administrativa importarão a suspensão dos direitos políticos, a perda da função pública, a indisponibilidade dos bens e o ressarcimento ao erário, na forma e gradação previstas em lei, sem prejuízo da ação penal cabível.".

anos, nas hipóteses de que cogita o art. 9º; de cinco a oito anos, nos casos referidos no art. 10; e de três a cinco anos, se a conduta desprezível acomodar-se à previsão do art. 11.

A variação do prazo legal de suspensão atenderá, quando de sua fixação no caso concreto, à extensão do dano causado, assim como ao proveito patrimonial obtido pelo agente condenado.

A ação, de natureza civil, voltada à punição do ímprobo, será processada na Justiça comum, pelo procedimento ordinário (procedimento comum, no CPC/2015, art. 318), e contará sempre com a presença do Ministério Público que, quando não a propuser, atuará como fiscal da ordem jurídica, e da pessoa jurídica interessada que, se não for a autora, integrará a lide na qualidade de litisconsorte ativo necessário.

Como a pessoa jurídica interessada ocupará necessariamente o polo ativo da ação, o processo se desenvolverá perante a Justiça Federal, se se tratar da União, suas autarquias ou empresas públicas federais, a teor do art. 109, I, da Constituição, e perante a Justiça Estadual nos demais casos.

Insta observar que, antes do tardio advento da Lei nº 8.429/1992, a lentidão do legislador ordinário não autorizava o Judiciário a aplicar diretamente a suspensão dos direitos políticos nos casos de improbidade constante do art. 15, V, da Constituição Federal, por lhe faltar os parâmetros legais.

A inconstitucionalidade por omissão – e a inércia sempre intriga e decepciona – uma vez declarada é apenas comunicada ao Legislativo para a adoção das medidas necessárias. Não se poderia preencher uma omissão inconstitucional com uma ação contrária à Constituição. Na verdade, não lhe tendo sido dado prazo para esse fim, cabia ao Legislativo concretizar a programação feita pelo constituinte de acordo com sua discrição, ou seja, na oportunidade que entendesse conveniente.

Convém acrescentar, em remate, que também as condutas verificadas durante a campanha eleitoral e enumeradas no art. 73 da Lei nº 9.504/1997, na dicção do § 7º deste dispositivo,[99] e do art. 74,[100] caracterizam a improbidade administrativa, constituindo abuso de autoridade a infração ao disposto no § 1º do art. 37 da Constituição Federal, que vincula a licitude da publicidade veiculada pelos órgãos públicos ao caráter educativo, informativo ou de orientação social e à exclusão de elementos que caracterizem propaganda pessoal de autoridades ou servidores públicos.

Em resumo:

Inspirada nos ideais democráticos, revela-se a nossa Constituição intransigente com atos que, ferindo princípios como o da moralidade, o da impessoalidade e o da isonomia, possam macular a probidade administrativa, à qual se prendem a normalidade e a legitimidade das eleições, repugnando o comportamento desleal dos agentes públicos,

---

99. Lei nº 9.504/1997, art. 73, § 7º: "As condutas enumeradas no *caput* caracterizam, ainda, atos de improbidade administrativa, a que se refere o art. 11, inciso I, da Lei nº 8.429, de 2 de junho de 1992, e sujeitam-se às disposições daquele diploma legal, em especial às cominações do art. 12, inciso III.".

100. "**Art. 74.** Configura abuso de autoridade, para os fins do disposto no art. 22 da Lei Complementar nº 64, de 18 de maio de 1990, a infringência do disposto no § 1º do art. 37 da Constituição Federal, ficando o responsável, se candidato, sujeito ao cancelamento do registro ou do diploma." (Redação dada pela Lei nº 12.034/2009)

tendente a interferir no pleito eleitoral, provocando indesejável desequilíbrio entre as diversas candidaturas. Essa preocupação constitucional era expressa no § 5º do art. 14, que cautelosamente coibia a reeleição dos Chefes dos Executivos, e persiste no atual comando ao limitar a reelegibilidade;[101] é exposta no § 6º ao estabelecer a necessidade da desincompatibilização, mediante renúncia, do Presidente, dos Governadores e Prefeitos que pretendem concorrer a outros cargos, bem como ao determinar ao legislador complementar a previsão de outros casos de inelegibilidade, a fim de afastar da aspiração a mandato eletivo quem dele não se mostra digno e assegurar a liberdade do voto, livrando o eleitor da maléfica influência do poder econômico ou do abuso do exercício de função, cargo ou emprego na administração direta ou indireta; e alcança o art. 37, §§ 1º e 4º, atrelando a publicidade dos atos, programas, obras, serviços e campanhas dos órgãos públicos, como ressaltado, ao caráter educativo e de orientação social, proibida a promoção pessoal de autoridades ou servidores públicos, sujeitando o ímprobo, dentre outras consequências, à suspensão dos direitos políticos e à perda da função pública, na forma prevista pelo legislador ordinário.

Em cumprimento à ordem superior emanada dos preceitos indicados, foram editadas, como acenado, a Lei Complementar nº 64/1990, a Lei nº 8.429/1992, e, completando o cerco ao agente público, no particular aspecto de sua conduta em campanha eleitoral, um capítulo específico da Lei nº 9.504/1997, todas elas em vigor, com as alterações provocadas por leis posteriores.

6.2.5.1. Condutas vedadas aos agentes públicos em campanhas eleitorais que constituem improbidade administrativa (abuso de poder político)

Cuida a Lei nº 9.504/1997 das condutas vedadas aos Agentes Públicos em campanhas eleitorais, o que caracteriza abuso de poder político e reclama noções fornecidas pelo próprio diploma regulador da matéria, dispersas que estejam.

De imediato diga-se que a violação da norma também pode ocorrer por ato exclusivo de quem agente público não seja. Confira-se: "Art. 77. É proibido a qualquer candidato comparecer, nos 3 (três) meses que precedem o pleito, a inaugurações de obras públicas.".

Reputa-se agente público, para os efeitos aqui cogitados, nas palavras da Lei das Eleições, aquele que, servidor ou não, exerce, mesmo transitoriamente, mandato, cargo, emprego ou função nos órgãos ou entidades da administração pública direta, indireta ou fundacional, seja qual for a forma de investidura ou vínculo e ainda que sem remuneração. Este conceito é abarcado por aquele outro transmitido pela Lei de Improbidade, atrás registrado.

---

101. Redação anterior: "**Art. 14.** (...) § 5º. São inelegíveis para os mesmos cargos, no período subsequente, o Presidente da República, os Governadores de Estado e do Distrito Federal, os Prefeitos e quem os houver sucedido, ou substituído nos seis meses anteriores ao pleito". EC nº 16/1997: "**Art. 14.** (...) § 5º. O Presidente da República, os Governadores de Estado e do Distrito Federal, os Prefeitos e quem os houver sucedido ou substituído no curso dos mandatos poderão ser reeleitos para um único período subsequente.".

Em outras palavras, agentes públicos são as pessoas às quais se atribui o exercício de função pública, ainda que não definitivamente. Tais pessoas hão de exercer suas funções nos órgãos da Administração Pública direta, bem como nas entidades que compõem a denominada Administração descentralizada, sejam pessoas jurídicas de Direito Público, sejam pessoas jurídicas de Direito Privado.

A norma proibitiva não persegue apenas as ações, mas condutas, sejam, pois, comissivas ou omissivas, estas últimas abrangentes da disposição do agente de tolerar a violação das imposições feitas, faltando com a oposição devida. Equivalem-se, em gravidade, tanto *não fazer* o que é devido, como *fazer, autorizar* que seja feito ou *permitir* que se faça o proibido, ou, ainda, *beneficiar*-se da conduta vedada, sendo que o dever exige ação diversa.

Assim, condena a Lei das Eleições, no art. 73, dentre outras condutas: a) *usar* o bem público em benefício de candidato, ou *cedê-lo* para tal fim; b) *permitir* o uso promocional em favor de candidato, partido político ou coligação, de distribuição gratuita de bens e serviços de caráter social custeados ou subvencionados pelo Poder Público; c) com exceção da propaganda de produtos e serviços que tenham concorrência no mercado, *autorizar* publicidade institucional dos atos, programas, obras, serviços e campanhas dos órgãos públicos federais, estaduais ou municipais, ou das respectivas entidades da administração indireta, não se tratando de caso de grave e urgente necessidade pública, assim reconhecida pela Justiça Eleitoral; d) *dificultar* ou *impedir* o exercício funcional e, ainda, *ex officio*, remover, transferir ou exonerar servidor público, na circunscrição do pleito, nos três meses que o antecedem e até a posse dos eleitos, com as ressalvas que menciona. E estabelece, nos §§ 8º e 10, que além da suspensão imediata da conduta vedada, as sanções correspondentes ao descaso com a norma alcançam os agentes públicos responsáveis pelas condutas vedadas e os partidos, coligações e candidatos que delas se *beneficiarem*, todos sujeitos à multa e, os últimos, agentes públicos *ou não*, à cassação do registro ou do diploma.

Também se põe o repúdio ao embaraço de um fazer permitido, como a designação de funções de confiança, ou exigível, como a demissão por justa causa (Lei nº 9.504/1997, art. 73, V, *a contrario sensu*) ou a distribuição gratuita de bens, valores ou benefícios por parte da Administração Pública nos casos de calamidade pública, de estado de emergência ou de programas sociais autorizados em lei e já em execução orçamentária no exercício anterior, e, ainda, fazer pronunciamento em cadeia de rádio e televisão, fora do horário eleitoral gratuito, nos três meses que antecedem o pleito, sobre matéria característica das funções de governo, cujo caráter urgente e relevante for atestado pela Justiça Eleitoral.

Vedados, enfim, são todos os esforços ilegítimos tendentes a promover partidos e candidatos para que se destaquem e logrem êxito no concurso a que se submetem, ainda que realizados sob diferentes pretextos.

6.2.6. Domicílio eleitoral na circunscrição

Preceitua a Lei nº 9.504/1997, no art. 9º, que "para concorrer às eleições, o candidato deverá possuir domicílio eleitoral na respectiva circunscrição pelo prazo de, pelo menos, um ano antes do pleito".

A inscrição como eleitor far-se-á levando em conta o domicílio eleitoral do requerente, considerando-se este o lugar de sua residência ou moradia e tendo o alistando mais de uma, qualquer delas, sem se prender ao ânimo definitivo, ao qual se liga o domicílio civil da pessoa natural, como se percebe do confronto do teor do parágrafo único do art. 42 do Código Eleitoral, com o disposto no art. 70 do Código Civil.

Se o imóvel em que reside o alistando encontra-se em mais de um município, qualquer deles poderá ser declarado como seu domicílio.

Embora o art. 58, § 2º, do Código Eleitoral fale em "inscrição obtida por transferência", dá o diploma codificado tratamento diferente a uma e outra hipótese (inscrição e transferência, ou, inscrição original e inscrição por transferência), dedicando capítulo próprio a cada espécie.

É que, conquanto possa alguém ter diversas moradias, ao escolher uma delas fixará o seu domicílio eleitoral que é apenas um, *impondo*-se, em caso de mudança, a transferência, eis que ordena o art. 55 do Código Eleitoral, que *em caso de mudança de domicílio, incumbe ao eleitor requerer ao juiz do novo domicílio sua transferência*, juntando o título anterior.

Cabe asseverar, consequentemente, que o eleitor que possui duas residências, após indicar uma delas como seu domicílio eleitoral, não poderá trocá-lo pelo lugar em que tenha a outra residência, de acordo, exclusivamente, com sua vontade, sem que se opere uma *mudança* de forma objetiva. Era-lhe lícito, quando da inscrição, escolher como domicílio eleitoral qualquer um dos lugares onde mantinha moradia; porém, fixado seu domicílio, a transferência só será possível se o deixar, *mudando-se* para o novo local, e nele residindo, no mínimo, por três meses, dentre outros requisitos (CE, art. 55).

A mudança de domicílio eleitoral pressupõe a *mudança* de residência do morador que, para essa finalidade, o escolheu, o que implica concluir que, de acordo com a letra da lei, não é juridicamente possível ao eleitor transferir o domicílio fixado em consideração à sua residência, da qual não muda, para local em que também, à época da inscrição, já mantinha residência, a qual conserva. Não se *substitui* aquele se não se *troca esta*.

Cabe, no entanto, frisar, que se o Código Eleitoral fala em residência *ou moradia*, dando a cada termo conotação diferente segundo a regra de que a lei não possui palavras inúteis ou desnecessárias, é admissível, por exemplo, que o interessado aponte como seu domicílio eleitoral, por exemplo, o lugar onde mantém o seu negócio familiar, no qual se encontra a maior parte de seu tempo, utilizando-se do lazer, do comércio, dos bancos e dos transportes locais, participando do cotidiano da cidade, na prosperidade da qual tem visível interesse e participação, utilizando o lugar de sua residência apenas para dormir.

É preciso que o eleitor, candidato ou não, tenha interesse pessoal no progresso social e político do lugar onde mantém domicílio eleitoral, sendo efetivamente afetado pela sua administração, como morador – condição que também obtém no exemplo anteriormente dado. Moradia é o lugar onde alguém habitualmente permanece.

Deve, contudo, ser comedida a relativização ou flexibilização do conceito de domicílio, parecendo-nos exagero admitir, para tal fim, a identificação de natureza puramente afetiva da pessoa com o lugar onde almeja votar porque nele mora seu filho.

Requer-se do candidato o domicílio eleitoral na circunscrição onde pretende concorrer ao pleito há, pelo menos, um ano, como exposto, tempo que se presume encontre-se em condições de conhecer suficientemente as necessidades locais para bem servir àquela comunidade. No caso de transferência de inscrição, esse prazo será de 1 ano e 3 meses, já que, para o TSE, o prazo de 1 ano é contado a partir do requerimento da transferência (AgR-REspe nº 34.800), sendo que este é formulado por quem esteja há 3 meses no novo domicílio (CE, art. 55, § 1º, III), embora entendamos que este trimestre deveria compor aquele período anual, que é o quanto exigível.[102]

6.2.7. Filiação partidária

Integra o conjunto das condições de elegibilidade a filiação partidária.

Essa filiação se dará na medida da maior identidade das convicções do candidato com os desiguais programas dos partidos, submetendo-se à disciplina, às penalidades e aos fins programáticos fixados pela entidade de opção, não sendo permitida a filiação simultânea a mais de um partido.

Toma o eleitor conhecimento, com essa providência, das ideias e tendências daquele que quer o seu voto.

O interessado, para filiar-se, deverá estar no pleno gozo dos seus direitos políticos, como estipula o art. 16 da Lei nº 9.096, de 19 de setembro de 1995, isto é, não basta que já os tenha adquirido, mas também que não os tenha perdido e que não estejam suspensos. Se a perda ou suspensão dos direitos políticos se der após a filiação, esta será imediatamente cancelada (Lei nº 9.096/1995, art. 22, II).

De igual modo, o candidato expulso do partido, até a data da eleição, na forma estatutária, terá decretado o cancelamento do registro pela Justiça Eleitoral, desde que lhe

---

102. TSE, AgR-AI nº 7.286 – Barra de Santana/PB, decisão monocrática de 29.11.2012, Rel. Min. Nancy Andrighi, *DJe* de 6.12.2012, destacando-se o seguinte trecho: "Ademais, o TSE já decidiu que o conceito de domicílio no Direito Eleitoral é mais elástico do que no Direito Civil e satisfaz-se com a demonstração de vínculo político, social ou afetivo." Confirmo: DOMICÍLIO ELEITORAL – TRANSFERÊNCIA – RESIDÊNCIA – ANTECEDÊNCIA (CE, ART. 55) – VÍNCULOS PATRIMONIAIS E EMPRESARIAIS. – Para o Código Eleitoral, domicílio é o lugar em que a pessoa mantém vínculos políticos, sociais e afetivos. A residência é a materialização desses atributos. Em tal circunstância, constatada a antiguidade desses vínculos, quebra-se a rigidez da exigência contida no art. 55, III. (REspE nº 23.721/RJ, Rel. Min. Humberto Gomes de Barros, *DJ* de 18.3.2005). O conceito de domicílio eleitoral não se confunde com o de domicílio do direito comum, regido pelo Direito Civil. Mais flexível e elástico, identifica-se com a residência e o lugar onde o interessado tem vínculos políticos e sociais. (REspE nº 16.397/AL, Rel. Min. Jacy Garcia Vieira, *DJ* de 9.3.2001.) No caso, o agravante demonstrou vínculo familiar com o Município de [...], pois seu filho, João, havido com Érika, reside naquele município. Forte nessas razões, dou provimento ao agravo de instrumento, nos termos do art. 36, §§ 7º e 9º, do RI-TSE, para deferir a transferência do domicílio eleitoral do agravante.". O Agravo Regimental foi desprovido por unanimidade em 5.2.2013 (*DJe* de 14.3.2013). Registre-se, porém, que também se fundamentou a decisão na prova de residência, no local, pelo tempo legal. Anote-se, igualmente, por oportuno, que os precedentes citados na transcrição embasaram-se em circunstâncias peculiares: no primeiro, o recorrente, além da residência no município (embora não restasse provado há quanto tempo), houvera recebido, ali, destacada votação e a ele fora concedido o título de cidadão honorário; no segundo, o recorrente tivera expressiva votação no município em prol do qual trabalhara como deputado onde morava, em hotel. Noutro julgado (REspe nº 21.826, de 9.9.2004, Rel. Min. Francisco Peçanha Martins), o acórdão foi proferido com espeque na seguinte colocação constante do voto do relator: "afirmada a existência de propriedade rural em nome do pai da eleitora, tenho como cabível a transferência", o que, data vênia, de igual forma nos parece inconveniente.

tenha sido assegurada a ampla defesa, o que não depende de *solicitação* unicamente do partido, ao contrário do que diz o parágrafo único do art. 14 da Lei nº 9.504/1997, por perder condição de elegibilidade.

O alicerce da estrutura democrática brasileira, assim, não admite candidatura senão por intermédio de agremiação política, cujos estatutos devem estabelecer normas de fidelidade a ela (CF, art. 17, § 1º).

Para concorrer ao pleito o postulante deverá estar, observada a antecedência de, no mínimo, seis meses em relação à data das eleições, com a inscrição deferida pelo partido – o que se dá com o atendimento das regras por este definidas.

De acordo com a Súmula nº 20 do TSE, "a falta do nome do filiado ao partido na lista por este encaminhada à Justiça Eleitoral, nos termos do art. 19 da Lei nº 9.096/1995, pode ser suprida por outros elementos de prova de oportuna filiação".

No caso dos membros da magistratura, dos tribunais de contas e do Ministério Público o prazo para a filiação partidária é igual ao de desincompatibilização.[103]

Só participará da disputa eleitoral a entidade que tenha registrado seu estatuto no Tribunal Superior Eleitoral, também até um ano antes do pleito, e tenha, até a data da convenção, órgão de direção regularmente constituído na circunscrição.

O interessado somente se tornará candidato, após a escolha de seu nome na convenção do Partido, se este providenciar o respectivo registro junto à Justiça Eleitoral, pelo diretório da circunscrição em que se realizar a eleição (CE, arts. 87 e 90), sob a consequência de, não o fazendo, ficar aquele autorizado a requerê-lo diretamente ao órgão judicial competente, no prazo legal (Lei nº 9.504/1997, art. 11, § 4º).

Essa indicação, convém insistir, contempla imperativo para a candidatura, inserido na filiação obrigatória, decorrência do sistema adotado pelo nosso ordenamento jurídico, que não admite candidato sem Partido, a este cabendo decidir democraticamente quem o representará na contenda, observado o número de competidores permitido, inclusive quanto ao sexo (Lei nº 9.504/1997, art. 10), relativamente a cada partido ou coligação.

Da mesma maneira, porém, que não é admitido candidato sem partido, a ninguém é lícito pertencer, concomitantemente, a mais de um partido, conforme advertência consignada anteriormente, fato este que, se ocorrer, acarretará a nulidade de todas essas filiações.

Quanto à colocação das candidaturas pelos partidos e coligações, são os seguintes os números a observar nas eleições proporcionais, anotando-se que em todos os cálculos a fração igual ou superior a meio equivalerá a um, bem como que essas candidaturas observarão o mínimo de 30% e o máximo de 70% para cada sexo (Lei nº 9.504/1997, art. 10):

a) cada partido ou coligação poderá registrar candidatos em número correspondente a até 1,5 multiplicado pelas cadeiras em disputa, ou seja, 150% do número de lugares a preencher. Se são 70 as vagas para deputado federal, caso de São

---

103. TSE, Consulta nº 150.889, Rel. Min. Gilson Dipp, j. em 13.10.2011, *DJe* de 25.11.2011; Resoluções TSE nºs 19.978/1997, 19.988/1997, 20.539/1999, 22.012/2005, 22.015/2005 e 22.095/2005; TSE, RO nº 993/PA, Rel. Min. Francisco Cesar Asfor Rocha, j. em 21.9.2006, publicado em Sessão de 21.9.2006.

Paulo, cada Partido poderia competir com até 105 filiados, todavia, o disposto no art. 10, *caput*, da Lei nº 9.504/1997, que fala no percentual anotado, deve ser lido em harmonia com o art. 15, II, da mesma lei, segundo o qual os candidatos à Câmara dos Deputados concorrerão com o número do partido ao qual estiverem filiados, *acrescido de dois algarismos à direita*, ou seja, de 00 a 99, com o que se dessume ser de 100 o número máximo de candidatos, por partido (concorrendo por si ou coligado), à Câmara Federal. Nesse sentido dispõe o art. 19, § 3º, da Resolução TSE nº 23.405/2014, editada para disciplinar os procedimentos relativos à escolha e ao registro de candidato nas eleições de 2104;[104]

b) nas unidades da federação com até 12 lugares a preencher[105] na Câmara dos Deputados, cada partido ou coligação poderá registrar candidatos a Deputado Federal e a Deputado Estadual ou Distrital até o dobro das respectivas vagas, ou seja, 200% das cadeiras em disputa (até 24 candidatos, sendo 12 as cadeiras). Antes da edição da Lei nº 13.165, de 2015, a disposição legal previa, nessa situação, um acréscimo de até mais 50%, havendo coligação. O Tribunal Superior Eleitoral, considerando a redação do revogado § 2º do art. 10 da Lei nº 9.504/1997, decidiu que esse acréscimo de 50% tinha por base a expressão legal, então utilizada, "até o dobro das respectivas vagas",[106] o que chegava a 300% das vagas (o dobro de 20 este era o número anteriormente previsto = 40 + 50% de 40 = 60 candidatos por coligação, para as 20 vagas disputadas);

c) nos municípios de até cem mil eleitores, misturam-se as normas anteriormente fixadas: mantém-se, para os partidos que não concorrem coligados, o limite exposto na alínea "a" mencionada (número de candidatos correspondente a, no máximo, 150% das cadeiras da Câmara Municipal), mas cada coligação, sem que importe quantos partidos a compõem, poderá registrar candidatos até o dobro das cadeiras em disputa, ou seja 200% do número de lugares a preencher. Se são 17 as vagas, cada partido poderá concorrer com 26 representantes enquanto cada coligação poderá apresentar 34 candidatos.

Se as convenções para a escolha de candidatos não indicarem o número máximo previsto na lei, os órgãos de direção dos partidos respectivos poderão preencher as vagas remanescentes até trinta dias antes do pleito (art. 10, II, § 5º, da Lei nº 9.504, de 1997, com a redação dada pela Lei nº 13.165, de 2015).

---

104. Resolução TSE nº 23.405, art. 19, § 3º: "O partido político, concorrendo por si ou coligado, observada a limitação estabelecida no *caput* e no § 1º deste artigo, poderá requerer o registro de até 100 candidatos ao cargo de Deputado Federal, em decorrência do disposto no inciso II do art. 15 da Lei nº 9.504/1997".

105. Por ordem do art. 45, § 1º, da CF, nenhuma unidade da Federação terá menos de 8 ou mais de 70 Deputados. A LC nº 78, de 30.12.1993, repete esse comando nos arts. 2º e 3º, dispondo no art. 1º: "Proporcional à população dos Estados e do Distrito Federal, o número de deputados federais não ultrapassará quinhentos e treze representantes, fornecida, pela Fundação Instituto Brasileiro de Geografia e Estatística, no ano anterior às eleições, a atualização estatística demográfica das unidades da Federação. Parágrafo único. Feitos os cálculos da representação dos Estados e do Distrito Federal, o Tribunal Superior Eleitoral fornecerá aos Tribunais Regionais Eleitorais e aos partidos políticos o número de vagas a serem disputadas.".

106. Conforme Resolução TSE nº 20.046, de 9.12.1997.

A regra segundo a qual aos detentores de mandatos de Deputado ou de Vereador, e àqueles que os tenham exercido regularmente em qualquer período da legislatura que estiver em curso, ficaria garantido *o registro de candidatura para o mesmo cargo pelo partido a que estejam filiados* (§ 1º do art. 8º da Lei nº 9.504/1997), teve sua eficácia suspensa, por força de liminar concedida na ADIn-MC nº 2.530/DF, sob o amparo, fundamentalmente, do princípio da autonomia partidária (CF, art. 17), mas também inspirada no princípio da isonomia (CF, art. 5º, *caput*).

Finalmente, sob o aspecto penal do tema, importa consignar que o Código Eleitoral considera crimes os seguintes atos: subscrever o eleitor mais de uma ficha de registro de um ou mais partidos (art. 319, com pena de detenção ou multa); inscrever-se o eleitor, simultaneamente, em dois ou mais partidos (art. 320, com pena de multa); colher a assinatura do eleitor em mais de uma ficha de registro de partido (art. 321, com pena de detenção ou multa); e participar aquele que não estiver no gozo dos seus direitos políticos de atividades partidárias (art. 337, com pena de detenção e multa).

6.2.8. Idade mínima

É preciso que o candidato complete idade mínima para ser eleito.

Essa idade, variável, é de 18 anos para vereador e de 21 anos para prefeito, o que pode criar, em sede de Direito Parlamentar, uma situação curiosa e crível, embora incomum.

A pergunta é: pode ser eleito Presidente da Câmara um vereador com idade inferior a 21 anos, se a ele incumbe exercer a chefia do Executivo Municipal interinamente, quando não puder fazê-lo o titular do cargo ou seu vice, não se encontrando, nem na Lei Orgânica do Município, nem no Regimento Interno da Câmara Municipal da qual é integrante, qualquer restrição a respeito?

Para Joel J. Cândido (1999, p. 95), a Constituição, ao determinar o mínimo de 18 anos para vereador e de 21 anos para Prefeito, automaticamente exigiu a idade maior para a presidência da Câmara Municipal.

A colocação é respeitável, mas não considera que não há como, validamente, criar óbice a que, em determinado Município, sejam eleitos vereadores apenas candidatos que ainda não atingiram 21 anos, porque o voto é livre, e, assim sendo, neste caso o Presidente da Câmara Municipal terá entre 18 e 21 anos incompletos, necessariamente.

Portanto, ainda que não fosse recomendável entregar a Presidência da Câmara a vereador menor de 21 anos, a indigitada situação seria faticamente imaginável, mormente nos municípios com menor número de vereadores, e juridicamente possível.

Além disso, o critério estritamente ligado à idade cronológica não pode desmerecer quem é alçado à direção máxima do Legislativo Municipal.

O que se quer dizer é que para ser eleito prefeito é preciso ter 21 anos. Diversamente ocorre em relação a quem, sem fazer parte do Executivo, pode vir a substituí-lo em situação extraordinária, para o que não se exige aquela idade, mas um requisito maior, o importante *status* de Presidente da Câmara Municipal, o que lhe confere, por si, a convicção de que se desincumbirá a contento da tarefa que lhe é imposta.

Por isso, defendemos que, em tais circunstâncias, na posição de Presidente da Câmara, o Vereador com menos de 21 anos deverá ser chamado para fazer as vezes do chefe do Executivo local nos seus impedimentos e do seu vice, ou na vacância dos cargos para os quais se exige, como condição *específica* de *elegibilidade*, ter no mínimo, 21 anos.[107]

Não haverá, com isso, violação à norma constitucional, porque o exercício, pelo menor de 21 anos, do cargo ao qual não concorreu, dar-se-á, como acentuado, em circunstâncias excepcionais, com requisito diverso, o que não se choca com o critério da idade (ao qual a posição de Presidente da Câmara supera em importância) como *condição de elegibilidade*, pois para o *cargo de prefeito não se elegeu.*

Aliás, não haveria como vislumbrar qualquer inconstitucionalidade nessa conclusão, porque a solução é dada pela própria Constituição, com relação à substituição do Presidente da República pelo Presidente da Câmara dos Deputados, cuja única exigência é a de que seja brasileiro nato (CF, art. 12, § 3º, II).

Como já adiantado, para Deputado federal, distrital ou estadual, Prefeito, Vice-Prefeito e, igualmente, para Juiz de Paz, exige-se 21 anos do candidato. Não se requer, apenas, maioridade civil, mas, além dela, a idade adequadamente chamada de idade mínima para concorrer a mandato eletivo.

Já para Governador e Vice-Governador de Estado e do Distrito Federal quer-se amadurecimento em maior grau, que se supõe atingido aos 30 anos.

Para candidatar-se a Presidente e Vice-Presidente da República e Senador é preciso ter alcançado 35 anos.

A idade mínima, tal como reclamada pela Constituição, deve evidenciar-se por ocasião do registro do candidato, mas haveria de ser considerada em relação à data das eleições porque é condição de elegibilidade (de ser escolhido, de ser votado), não de posse. Como há idade para votar, há idade para ser votado. Assim, só poderia candidatar-se aquele que completasse a idade imposta para o mandato pretendido até o dia do pleito eleitoral. Aliás, o domicílio eleitoral e a filiação partidária, como condições de elegibilidade também subordinadas a prazo, observam lapso de tempo que toma por referência *a ocorrência das eleições* (Lei nº 9.504/1997, art. 9º). A orientação constitucional em face das inelegibilidades apontadas nos §§ 6º e 7º do art. 14, é, da mesma maneira, a de que se tenha por base a data da disputa. As desincompatibilizações seguem o mesmo critério (LC nº 64/1990).

De se aduzir que a condição de elegibilidade ostenta o mesmo *status* que a inelegibilidade constitucional, tal como o próprio legislador ordinário reconhece, quando prescreve que o recurso contra expedição de diploma, além das hipóteses de inelegibilidade superveniente ao registro de candidatura, caberá somente nos casos de *inelegibilidade constitucional e de falta de condição de elegibilidade*. A Súmula nº 11 do TSE também caminha na mesma direção, afirmando a legitimidade para recorrer mesmo de quem não tenha impugnado o registro de candidato, nos casos que envolvam matéria constitucional.

Assim, tal como a inelegibilidade constitucional não aceita alteração infraconstitucional, também não a aceita a condição de elegibilidade, devendo prevalecer tal como prevista na Constituição e tradicionalmente interpretada, embora sujeita à disciplina legal.

---

107. Ver Niess (1994, p. 33), posição reforçada em Niess (2000, p. 94); e em palestras proferidas pelos autores.

Não obstante, o legislador ordinário estabelece, no § 2º do art. 11 da mesma Lei nº 9.504/1997, que *a idade mínima imposta como condição de elegibilidade é verificada tendo por referência a data da posse*, distanciando-se, no ponto, da direção traçada não só pela Constituição de 1988, como pela Carta anterior, por diversas Constituições estrangeiras e pela jurisprudência que antecedeu sua edição. Faz, agora, com a alteração provinda da Lei nº 13.165, de 2015, uma ressalva com relação à idade mínima de 18 anos, sintoma de que reconhece, ainda que apenas em parte, o quanto não andara bem por ocasião da redação primitiva do mesmo dispositivo. Melhor se deixasse em sintonia com a ressalva toda a regra.

Enfim, em nossa leitura, diz a Constituição Brasileira, por exemplo, que não se pode eleger Presidente quem não tiver, pelo menos, 35 anos, e determina a lei ordinária que para ser eleito basta ter 34 anos, desde que complete 35 anos de idade na data da posse.

A condição de elegibilidade será, então, *ter a idade mínima no dia da posse*. Dito de outro modo, como não poderá tomar posse quem na data para ela fixada não tiver a idade mínima, aquele que não pode ser empossado não pode ser eleito e, assim, não pode concorrer ao pleito porque não preenche condição de elegibilidade.

Em conformidade com a norma infraconstitucional, portanto, o menor, com 17 anos, poderia ser eleito vereador, como decidira o Tribunal Superior Eleitoral.[108]

O critério legal atual não nos parece ser o melhor. Mas o antigo, sem a ressalva, nos parecia ainda pior.

Com efeito, não embasaria a opção da lei a consideração de que a Constituição deseja o amadurecimento do eleito para o efetivo cumprimento do mandato, porque este não se inicia necessariamente na data fixada para a posse, podendo o Presidente ou o Vice-Presidente assumir o cargo dentro dos dez dias que a ela se seguirem, sem que seja aventado motivo de força maior, o qual só será ventilado após esse prazo. Com esse fundamento, a data de referência deveria ser a de assunção do cargo, não a da posse.

Confira-se o que diz a Constituição Federal, no art. 78, parágrafo único: "Se, decorridos dez dias da data fixada para a posse, o Presidente ou o Vice-Presidente, salvo motivo de força maior, não tiver assumido o cargo, este será declarado vago."

Além disso, não endossa o critério legal a diversificação das datas das posses *dos suplentes* (que não as teriam por indicador). Por exemplo, os suplentes dos vereadores eleitos em 2012 que se afastaram da Câmara Municipal de João Pessoa, na Paraíba, tomaram posse na mesma Casa Legislativa em maio de 2014.[109]

---

108. Resolução TSE nº 20.527, de 9.12.1999: "CONSULTA – VEREADOR – IDADE MINIMA – LEI Nº 9.504/1997, ART. 11, § 2º. 1. A idade minima de 18 anos para concorrer ao cargo de vereador tem como referência a data da posse (Lei nº 9.504/1997, art. 11, § 2º)."

109. "Tomarão posse na Câmara Municipal de João Pessoa (CMJP), em solenidade a partir das 10h desta terça-feira, os suplentes de vereadores Eduardo Carneiro (PPS), Edson Cruz (PP) e João Corujinha (PSDC). O trio assumirá, respectivamente, as atividades dos parlamentares licenciados Bruno Farias (PPS), Helton Renê (PP) e Marcos Vinícius (PSDB), que se afastaram para assumir secretarias do Governo Municipal de acordo com o que lhes compete o Regimento Interno (RI) da Casa Legislativa e a Lei Orgânica do Município (LOM)." Disponível em: <http://www.wscom.com.br/noticia/politica/SUPLENTES+TOMAM+POSSE+NESTA+3A+NA+CMJP-168789>. Acesso em: 23 maio 2014.

Há discordâncias deste nosso posicionamento e há regras, no direito estrangeiro, que a ele se opõem, como a que consta na Constituição dos Estados Unidos da América que nega a possibilidade de *ser Senador* (não de *ser eleito senador*) a quem não tiver atingido a idade de 30 anos (art. I, seção 3).

A primeira Constituição do Brasil, de 1824, almejando regra do mesmo teor, igualmente dispunha: "Art. 45. Para *ser Senador* requer-se: [...] II – que tenha de idade quarenta anos para cima."

Mas se há normas alienígenas que apoiam a concepção dissidente, várias são as Constituições que tomam a data das eleições, ou outra anterior a ela, como referência para a idade mínima. Dentre elas, a Constituição da Itália estatui que podem se candidatar a Deputado os eleitores que *no dia das eleições* completem 25 anos de idade (art. 56); a da Bolívia requer que o candidato à Assembleia Plurinacional conte com a idade de 18 anos, no mínimo, e o candidato à Presidência, com 30 anos, *no momento da eleição* (arts. 150 e 165); a do Peru exige do candidato a Presidente da República ter mais de 35 anos de idade *al momento de la postulación* (art. 110); a Constituição da Áustria assere que, para Presidente Federal, a idade mínima de 35 anos deve ter sido completada antes de primeiro de janeiro do ano das eleições (art. 60, 3).

Portanto, entender que a determinação legal deve prosperar porque *não faria sentido* não levar em consideração a idade mínima em relação à posse é um posicionamento que deve ser respeitado, mas como resultado do exame crítico das propostas teoricamente admissíveis, na medida em que se distancia da realidade de diversos mandamentos constitucionais contemporâneos, não sendo, ademais, com a devida vênia, uma interpretação fiel à orientação tradicional ditada pelo sistema empregado pela Lei Maior da República do Brasil, segundo pensamos. Ou, ao menos, não é única plausível, com renovada vênia.

É, pelo menos, indício de que a Lei das Eleições alterou a direção da norma constitucional brasileira, a decisão proferida, antes de sua entrada em vigor em 1º de outubro de 1997, pelo Tribunal Superior Eleitoral, declarando que a idade mínima deveria estar presente na data da eleição. E tal decisão foi tomada por unanimidade, compondo o Tribunal Superior Eleitoral, como é sabido, três Ministros do Pretório Excelso, dois do Superior Tribunal de Justiça e dois advogados de notável saber jurídico e idoneidade moral, dentre seis indicados pelo Supremo Tribunal Federal (CF, art. 119).[110]

Acrescente-se que a nossa Constituição de 1967, com a Emenda Constitucional nº 1/1969, na esteira das Constituições de 1937 e 1946 previa, *ser condição de elegibilidade* para Presidente os brasileiros maiores de 35 anos no art. 74, a dos Senadores também, no art. 41, e a dos Deputados entre os maiores de 21 anos, no art. 39, tendo Pontes de Miranda (1971, p. 278), sobre o assunto, lançado o seguinte comentário: "o candidato há de ter a idade mínima no dia em que se faz a eleição".[111]

---

110. Resolução TSE nº 16.468, de 10.5.1990.

111. Embora com expressões diferentes, as Constituições de 1934 e de 1891 ditavam a mesma regra: A CF de 1934, no art. 24, previa ser elegível para a Câmara dos Deputados o maior de 25 anos, e, no art. 52, § 5º, dispunha: "São condições essenciais *para ser eleito* Presidente da República: ser brasileiro nato, estar alistado eleitor e ter mais de 35 anos de idade". A primeira Constituição Republicana, de 1891, dizia, no art. 41, § 3º, 3º, que era condição essencial para ser eleito Presidente da República ser maior de 35 anos.

Assim também decidiu o Tribunal Superior Eleitoral, em 1970, examinando recurso no qual se discutia a idade mínima de suplente de senador que completaria 35 anos antes da data da posse.[112]

Também a doutrina, de um modo geral, não refutava o pensamento então vigorante, não o reputando desprovido de sentido. Bem ao contrário, divulgava-o sem o propósito de censurá-lo, dele, portanto, comungando.

Tais registros acodem a asseveração de que certamente este outro entendimento também "*faz sentido*".

Nessa ordem de ideias, o nosso sistema deseja que ao tomar posse o eleito tenha uma certa vivência, mínima que seja, com 18, 21, 30 ou 35 anos, conforme o cargo que disputar, daí porque já exige tais idades no momento da eleição. Poderia ter adotado outro critério, mas adotou este. Não lhe basta completar 35 anos e no mesmo dia tomar posse como Presidente da República: quer do eleito alguma experiência que a vida dá aos que têm 35 anos.

Contudo, sem abrir mão desta conclusão que se prende ao direito positivo e à hierarquia das leis, nossa crítica caminha no sentido de que melhor e mais coerente seria que a idade mínima se verificasse até a data-limite do registro da candidatura, como o faz a ressalva inserida pela Lei de 2015 no art. 11, § 2º, da Lei nº 9.504, de 1997.

Do nosso ponto de vista, se é desejável que o candidato tenha maturidade para o exercício do mandato eletivo, deve-se exigir que ele tenha a perfeita noção do que representa sua candidatura e o cargo para o qual se candidata, para o que se impõe a maturidade desejada por ocasião do registro.

No caso da idade mínima de 18 anos, a inidoneidade do mandamento objurgado era patente.

Ora, se se admitia que o adolescente, ou seja, aquele que não completara 18 anos,[113] não tinha a perfeita consciência do que representava exercer o mandato de vereador, já que deveria alcançar esta idade na data da posse, como aceitar que, antes dela, aspirasse à vereança e se registrasse candidato? Algo mudaria ao completar os 18 anos? Se sim, e é o que se espera quando se cobra idade mínima como condição de elegibilidade, então seria o caso de aguardar que completasse a idade de 18 anos para inscrever-se candidato, para que não viesse, somente após ser eleito, a tomar plena consciência dos afazeres dos edis e quiçá constatar sua falta de vocação ou de capacidade, ou o tamanho da responsabilidade com o qual não atinara, temas sobre os quais não meditara suficiente e proveitosamente à falta, na época, de a respeito deles poder atingir o nível apropriado de percepção e, nesse cenário, recusar o mandato, frustrando os que o elegessem e que, se estivessem cientes de seu despreparo, noutro teriam votado; ou, para que não viesse a exercer, apenas por conveniência pessoal, o mandato, sem vocação, sem aptidão, sem vontade, sem responsabilidade, animado pela euforia da eleição só então compreendida.

---

112. TSE, REspE nº 3.420/GO, Rel. Min. Antonio Neder, j. em 2.10.1970, *Boletim Eleitoral*, v. 231, t. 1, p. 219.

113. ECA: "**Art. 2º.** Considera-se criança, para os efeitos desta Lei, a pessoa até doze anos de idade incompletos, e adolescente aquela entre doze e dezoito anos de idade.".

Pensamos, assim, que, não obstante a inclusão da ressalva pela lei de 2015, não satisfaz a finalidade da norma constitucional a regra que se contenta com a presunção, em relação ao candidato, de vivência inferior àquela que dele se pretende, se eleito, no momento da posse.

Todavia, não nos parece aceitável exigir, diante do atual conjunto normativo aplicável à espécie, a idade mínima por ocasião do registro de candidato (menos ainda antes dele), porque tal exigência contrariaria o princípio da plenitude do gozo dos direitos políticos, negando, na oportunidade do registro, a possibilidade da candidatura a quem posteriormente alcançasse, até o dia das eleições, a idade mínima que a Constituição considera essencial para ser eleito, pois a prevê como condição de elegibilidade.

Insistimos: a tese de que a idade mínima deve ter por referência a data-limite do registro da candidatura, conquanto plausível, não vinga *no quadro atual*, respeitadas as opiniões contrárias, quer diante da disposição constitucional, como exposto, quer porque a lei que rege a matéria, tida como eficaz, não contém esta previsão, senão outra, de que tal idade tenha por referência a data da posse, não do registro, exceção feita, a partir de 2015, à idade mínima de 18 anos. Mas, *de lege ferenda*, a proposta de que assim fosse, envolvendo todas as idades mínimas, é bem-vinda.

6.2.8.1. Idoso

Há idade mínima, mas não há idade máxima para concorrer a qualquer cargo eletivo.

Pelo contrário, prescreve a Lei nº 9.504/1997, no § 3º do art. 2º, que havendo segundo turno e tendo empatado em segundo lugar mais de um candidato à chefia do Poder Executivo, qualificar-se-á o mais idoso, que se supõe mais experiente.

6.2.9. Elegibilidade do Juiz de Paz

A primeira Constituição do Brasil já previa a eleição dos Juízes de Paz:

> **Art. 161.** Sem se fazer constar, que se tem intentado o meio da reconciliação, não se começará Processo algum.
>
> **Art. 162.** Para este fim haverá juizes de Paz, os quaes serão electivos pelo mesmo tempo, e maneira, por que se elegem os Vereadores das Camaras. Suas attribuições, e Districtos serão regulados por Lei.

Nessa senda, a Constituição de 1934, no § 4º do art. 104, e a de 1937, no art. 104, previram a criação da Justiça de Paz *eletiva*.

O Ato Institucional nº 11, de 14 de agosto de 1969, extinguiu a Justiça de Paz eletiva, nos seguintes termos:

> **Art. 4º.** Fica extinta a Justiça de Paz eletiva, respeitados os mandatos dos atuais Juízes de Paz, até o seu término.
>
> Parágrafo único. Os Juízes de Paz temporários serão nomeados, nos Estados e Territórios, pelos respectivos Governadores, e, no Distrito Federal, pelo seu Prefeito, pelo prazo de três anos, podendo ser reconduzidos, aplicando-se este limite aos atuais ocupantes dessas funções, salvo nos que as exercem em virtude de eleição anterior.

Voltou, com a característica anterior, na Constituição de 1988, prevista no art. 98, II, de acordo com o qual, e com o art. 14, § 3º, VI, "c", é remunerada e é composta por cidadãos com a idade mínima de 21 anos, eleitos pelo voto direto, universal e secreto, para um mandato de 4 anos, competindo-lhe celebrar matrimônios, bem como verificar, de ofício ou em face de impugnação apresentada, o processo de habilitação e exercer atribuições conciliatórias, *sem caráter jurisdicional*, além de outras previstas na legislação.

A criação da Justiça de Paz cabe aos Estados e, no Distrito Federal e nos Territórios, à União. Todavia, não está o legislador estadual autorizado a criar condições de elegibilidade para juiz de paz, porque, ainda que se admita possa o legislador infraconstitucional fazê-lo (ver ITEM 6.2, p. 121), compete privativamente à União legislar sobre Direito Eleitoral, *ex vi* do art. 22, I, da Constituição Brasileira.

Sujeita-se, portanto, às mesmas condições de elegibilidade aqui examinadas quem pretenda eleger-se juiz de paz [114] – que é agente público[115] integrante do corpo de uma magistratura especial, eletiva.[116]

Enquanto – e onde – não disciplinada, por lei, o aspecto eleitoral da Justiça de Paz *eletiva*, esses agentes, também conhecidos como juízes de casamentos, estão sendo escolhidos por outros meios, como concurso, por exemplo, em São Paulo e Rondônia, ou por nomeação do Governador dentre os indicados em lista tríplice pelo Tribunal de Justiça, por exemplo, no Rio de Janeiro,[117] ou, ainda, por indicação do Corregedor e nomeação pelo Presidente do Tribunal de Justiça, como no Distrito Federal.[118]

---

114. A obrigatoriedade de filiação partidária para os candidatos a juiz de paz [CF/1988, art. 14, § 3º] decorre do sistema eleitoral constitucionalmente definido. (STF, ADIn nº 2.938/MG, Tribunal Pleno, Rel. Min. Eros Grau, j. em 9.6.2005, *DJ* de 9.12.2005).
115. STF, ADIn nº 954/MG, Tirbunal Pleno, Rel. Min. Gilmar Mendes, j. em 24.2.2011, *DJe* de 26.5.2011; STJ, CC nº 120.723/BA, Rel. Min. Benedito Gonçalves, 1ª Seção, publicado em 29.3.2012.
116. Os Juízes de Paz – embora integrem o corpo de uma magistratura especial eletiva – não caracterizam uma categoria autônoma de membros do Poder Judiciário, representando, ao contrário, expressão parcial ou mera fração da categoria judiciária. (STF, ADIn-MC nº 2.082/ES, Rel. Min. Celso de Mello, j. em 4.4.2000, *DJ* de 10.4.2000).
117. Código de Organização e Divisão Judiciárias do Estado do Rio de Janeiro, atualizado em 28 de janeiro de 2014, art. 159, cujo § 2º exige 25 anos para o cargo.
118. Tribunal de Justiça do Distrito Federal e dos Territórios, Provimento nº 2, de 18.2.2014, art. 262.

7 ELEGIBILIDADE DO MILITAR

Diz a Constituição, no § 8º do art. 14, que o militar alistável é elegível, atendidas as condições específicas que enumera: se contar menos de 10 anos de serviço, deverá afastar-se da atividade; se contar mais de 10 anos de serviço será agregado pela autoridade superior e, se eleito, passará, com a diplomação, automaticamente à inatividade.

Diante dessa previsão, não se pode afirmar que para os militares na ativa as condições de elegibilidade são totalmente diferentes daquelas destinadas aos civis, bastando que sejam alistáveis e que cumpram as condicionantes dos incisos retromencionados, nem que para esses militares, além de todas as condições gerais, tal como exigidas dos civis, incidem também as específicas, já transcritas, mas sim que do militar na ativa são exigidas as condições gerais de elegibilidade compatíveis com sua situação peculiar, a teor das imposições constitucionais, com a observação do disposto no art. 14, § 8º, da Constituição de 1988.

O militar a que se dirige o art. 14, § 8º, da Constituição, é o membro das Forças Armadas, ou das polícias e dos corpos de bombeiros militares (CF, arts. 142, § 3º, V, e 42, § 1º), que se encontra em atividade, diferenciando-se a solução prevista para a situação encarada de acordo com o tempo por ele dedicado ao serviço ativo.[119]

Pois bem, a filiação partidária não lhe é ordenada, ao contrário, é proibida enquanto no serviço ativo.

Desse modo, a Constituição, que faculta ao militar da ativa candidatar-se, porque o afirma elegível no art. 14, § 8º, exime-o da condição referente à prévia filiação partidária, no art. 142, § 3º, V, e no art. 42, § 1º, que dos militares da reserva e dos civis cobra, mas a ele coíbe.

Mas não há liberação para candidatar-se sem ligação a algum Partido, pois, no Brasil, como oportunamente foi ressaltado, são inadmissíveis as candidaturas avulsas,

---

[119]. Lei nº 6.880, de 9.12.1980, art. 3º: "Os membros das Forças Armadas, em razão de sua destinação constitucional, formam uma categoria especial de servidores da Pátria e são denominados militares". Aqueles aos quais cabe a segurança pública são denominados policiais referindo-se o art. 144, V e § 5º, da Constituição Federal às polícias militares. A Seção III do Capítulo VII do Título III da Constituição Federal, cuidava de todos eles como *servidores públicos militares*, passando a referir-se, apenas, aos militares dos Estados, do Distrito Federal e dos Territórios, com a Emenda Constitucional nº 18, de 5.2.1998. Art. 14, § 1º, da Lei nº 6.880/1980: "A hierarquia militar é a ordenação da autoridade, em níveis diferentes, dentro da estrutura das Forças Armadas. A ordenação se faz por postos ou graduações; dentro de um mesmo posto ou graduação se faz pela antiguidade no posto ou na graduação. O respeito à hierarquia é consubstanciado no espírito de acatamento à sequência de autoridade".

daí porque o militar em atividade deverá ser escolhido como candidato em convenção partidária.[120]

O militar da reserva deve se filiar em 48 horas, ao passar para a inatividade, quando esta ocorrer após o prazo limite de filiação partidária, mas antes da escolha em convenção.[121]

Quanto às demais condições exigidas dos civis, também as devem cumprir os militares. Não haveria como nem porque dispensá-los da idade mínima, do alistamento eleitoral, do domicílio eleitoral.

No que diz respeito ao domicílio eleitoral na circunscrição do pleito, se a condição não está presente porque o servidor público militar mudou muitas vezes de moradia em razão do serviço, não tem vínculo com nenhum desses lugares que dê suporte à sua candidatura. Não está o militar dispensado dessa condição de elegibilidade com arrimo no art. 55, § 2º, do Código Eleitoral, que aí cuida de transferência do título de eleitor. Nesse sentido decidiu o Tribunal Superior Eleitoral, por maioria.[122]

Mas não se lhe exige – e a regra abrange os servidores civis e familiares – que observe um ano no antigo domicílio para constituir o novo se a mudança se dá por força de remoção ou transferência (CE, art. 55, § 2º).[123]

Também não se coaduna com os desígnios da ordem constitucional ("o militar alistável é elegível") a insinuação de que bastaria ser alistável para que o militar fosse considerado elegível, como se compreendeu quando da candidatura de Hermes da Fonseca, na ocasião em que disputava a Presidência da República com Rui Barbosa, episódio recordado páginas atrás.

---

120. Resolução TSE nº 21.608/2004, art. 14, § 1º, reportando-se à Resolução TSE nº 20.993/2002, art. 12, § 2º; REspE nº 8.963/MS, Rel. Min. Octávio Gallotti, j. em 30.8.1990, publicado em Sessão de 30.8.1990; e Resolução TSE nº 21.787/2004: inexigência de prévia filiação partidária do militar a ativa, bastando o pedido de registro de candidatura após escolha em convenção partidária.

121. Resoluções TSE nº 20.614/2000 e nº 20.615/2000.

122. "RECURSO ESPECIAL – REGISTRO – CONDIÇÃO DE ELEGIBILIDADE – DOMICÍLIO ELEITORAL UM ANO ANTES DO PLEITO NA CIRCUNSCRIÇÃO – ART. 14, § 3º, IV, DA CF/88 – SERVIDOR PÚBLICO MILITAR – ART. 55, § 2º, DO CÓDIGO ELEITORAL NÃO CONFIGURA EXCEÇÃO. 1. A condição de elegibilidade referente ao domicílio eleitoral um ano antes do pleito, na respectiva circunscrição, também se aplica aos servidores públicos militares e não foi afastada pelo disposto no art. 55, § 2º, do CE, que trata apenas da possibilidade de transferência do título eleitoral sem necessidade do transcurso de um ano da inscrição anterior no caso de servidores públicos civis ou militares que tenham sido transferidos ou removidos. 2. A exigência de domicílio eleitoral na circunscrição por no mínimo um ano antes do pleito configura requisito de natureza objetiva que se destina à verificação do mínimo liame político e social entre o candidato, a circunscrição eleitoral e o eleitorado que representa. Assim, considerando que a mencionada condição de elegibilidade constitui norma de proteção ao interesse público, a sua incidência não pode ser afastada sob a ótica da realização de interesse individual. 3. Recurso especial eleitoral a que se nega provimento (TSE, REspE nº 22.378 – Matutina/MG, Rel. Min. Fátima Nancy Andrighi, j. em 13.9.2012, publicado em Sessão de 13.9.2012).

123. "AGRAVO REGIMENTAL – RECURSO ESPECIAL ELEITORAL – ELEIÇÕES 2014 – DEPUTADO ESTADUAL – REGISTRO DE CANDIDATURA – MILITAR – DOMICÍLIO ELEITORAL NA CIRCUNSCRIÇÃO DO PLEITO – DESPROVIMENTO. 1. Consoante a jurisprudência do Tribunal Superior Eleitoral, a exigência de domicílio eleitoral na circunscrição do pleito pelo prazo mínimo de um ano antes da eleição também se aplica aos servidores públicos militares. 2. O art. 55, § 2º, do Código Eleitoral limita-se a permitir que os servidores dessa categoria removidos ou transferidos realizem a transferência de domicílio antes de decorrido um ano da inscrição primitiva. 3. Agravo regimental desprovido" (AgR-REspe nº 101.317/SP, Rel. Min. João Otávio de Noronha, publicado em Sessão de 18.9.2014).

O militar, tanto quanto o civil, deve alistar-se eleitor.

Do alistamento eleitoral a Constituição não abre exceção para os militares, ressalva feita aos conscritos, nos termos oportunamente expostos. E a exceção confirma que a regra se aplica àqueles que a restrição não menciona, porque se não os menciona, não os quer excepcionar.

Com efeito, dentre as pessoas inalistáveis, como visto, estão os estrangeiros e, durante o período do serviço militar obrigatório, os conscritos (CF, art. 14, § 2º), além daqueles brasileiros que não adquiriram direitos políticos (os absolutamente incapazes), que os têm suspensos ou que os perderam (CF, art. 15). Não há alusão aos militares que se enquadram, portanto, no art. 14, § 1º, I, da Lei Maior, segundo o qual o alistamento e o voto são obrigatórios para os maiores de 18 anos não analfabetos até que se tornem septuagenários.[124]

Como visto, a elegibilidade do militar que contar com *menos* de 10 (dez) anos de serviço fica condicionada ao seu afastamento da atividade; se contar com *mais* de 10 (dez) anos de serviço será agregado pela autoridade superior e, se eleito, passará, com a diplomação, automaticamente para a inatividade.

O marco da distinção entre as hipóteses ora abordadas é o lapso de dez anos de atividade. Por isso, alcançado este, acomoda-se a situação do militar à segunda parte da ordem, que lhe concede maior proteção.

Assim parece porque, embora o inciso I do § 8º do art. 14 da Constituição fale em *menos de dez anos,* e o inciso II em *mais de dez anos,* deixando a descoberto o período exato que lhe serve de parâmetro, ou seja, dez anos, impõe-se o aproveitamento da regra de hermenêutica, ditada pela jurisprudência, segundo a qual, na aplicação da lei, deve preferir-se a inteligência que melhor atenda à tradição do Direito (FRANÇA, 1991, p. 36). E o art. 150, § 1º, nas alíneas "a" e "b", da Carta sob cuja égide estivemos até 4 de outubro de 1988, estipulava:

> **Art. 150.** São inelegíveis os inalistáveis.
> § 1º. Os militares alistáveis são elegíveis, atendidas as seguintes condições:
> a) o militar que tiver menos de cinco anos de serviço será, ao candidatar-se a cargo eletivo, excluído do serviço ativo;
> b) o militar em atividade, com *cinco ou mais anos de serviço,* ao candidatar-se a cargo eletivo será afastado, temporariamente, do serviço ativo e agregado para tratar de interesse particular; (Grifo nosso)

Eis aí a intencionalidade objetiva do legislador, a *ratio legis.* Tendo apenas mudado o marco que separa o militar mais novo do mais antigo, para o fim sobredito, de cinco para dez anos, remanesce a regalia em favor de quem o atinge, como aos que o sobreexcedem.

Ademais, essa interpretação atende às exigências do bem comum, de que nos fala o art. 5º da Lei de Introdução às normas do Direito Brasileiro, que espalha o seu comando sobre todas as disposições legislativas.

---

124. De acordo com a Ordem Constitucional anterior os militares eram alistáveis desde que oficiais, aspirantes a oficiais, guardas-marinha, subtenentes ou suboficiais, sargentos ou alunos das escolas militares de ensino superior para formação de oficiais (CF/1967, art. 142, § 2º, regra que passou a constituir o art. 147, § 2º, com a EC nº 1/1969).

Expõe Paulo Casseb (2011, p. 70-1) que o militar que contar com menos de dez anos de serviço deverá afastar-se do serviço ativo mediante licença para este fim específico. Com efeito, diferentemente do que dispunha a Constituição anterior, ao candidatar-se a cargo eletivo, ele não é mais – como era (CF/1967 emendada em 1969, art. 150, § 1º, "a") – *excluído* do serviço ativo, mas apenas dele *afastado*, o que sugere o entendimento proposto. Todavia, não é esta a orientação do Pretório Excelso que, por maioria, decidiu que na hipótese do art. 14, § 8º, I, da Constituição Federal, o afastamento do militar não é provisório, mas, sim, definitivo (RE 279.469/RS, Rel. originário Min. Maurício Corrêa, Rel. para o acórdão Min. Cezar Peluso, Tribunal Pleno, j. em 16.3.2011, *DJe* de 20.6.2011).

Também em decisão monocrática o Ministro Cezar Peluso destacou, no Tribunal Superior Eleitoral, que a leitura do art. 14, § 8º, da Constituição Federal, deixa bem claro que o militar da ativa com menos de 10 anos de serviço deverá deixar o cargo para se candidatar.[125]

Já o militar com dez ou mais anos de serviço, para candidatar-se às eleições, será agregado pela autoridade superior.

O instituto da agregação, mediante a revogação ordenada pelo art. 109 do Decreto-Lei nº 200, de 25 de fevereiro de 1967, desapareceu somente com relação aos servidores mencionados por esse diploma, mas permaneceu intacto, como é indiscutível, no parágrafo único do art. 145 da Constituição de 1967, transformado no § 1º do art. 150, com a Emenda Constitucional nº 1/1969, e mantido no dispositivo ora examinado. E também não abandonou o Estatuto dos Militares.

Pela agregação, "o militar da ativa deixa de ocupar vaga na escala hierárquica de seu Corpo, Quadro, Arma ou Serviço, nela permanecendo sem número" segundo dispõe a Lei nº 6.880/1980, no art. 80. Ficará o agregado – por motivo de ter-se candidatado a cargo eletivo – desde a data do seu registro como candidato, adido à organização militar que lhe for designada para efeito de alterações e remuneração.

Passadas as eleições, abrem-se duas alternativas: se o agregado não foi eleito, retorna às atividades de rotina; eleito, passará, automaticamente, com a diplomação, para reserva remunerada (Lei nº 6.880/1980, art. 52, parágrafo único, "b", c/c o art. 98, XVI).

A expedição do diploma foi escolhida como o termo a partir do qual se transfere o militar para a inatividade porque é essa a fase que coroa o processo eleitoral.

A diplomação é ato jurisdicional solene de competência dos Presidentes das Juntas Eleitorais ou dos Tribunais Regionais Eleitorais, ou do Presidente do Tribunal Superior Eleitoral, conforme o caso (CE, arts. 215 a 218); é pressuposto essencial da posse no cargo eletivo, afirmativo da eleição do candidato e de sua habilitação para o exercício do mandato.

Estaria o afastamento da atividade ligado aos três meses anteriores ao pleito, submetendo-se o militar, como servidor da Administração Pública (CF, Título III, Capítulo VII, Seção III, não obstante a alteração produzida pela Emenda nº 18/1998) à incidência da regra geral de desincompatibilização dos servidores públicos prevista na Lei

---

125. TSE, Recurso Ordinário nº 1.314, Cuiabá/MT, Rel. Min. Antonio Cezar Peluso, decisão monocrática de 28.9.2006, publicada em Sessão de 29.9.2006.

Complementar nº 64/1990, art. 1º, II, "l", não dispensado o afastamento, por período maior, de outra função porventura exercida, como no caso do Comandante da Zona Aérea que quer concorrer a Governador (LC nº 64/1990, art. 1º, III, "b", nº 2). Contudo, anota Paulo Casseb (2011, p. 72), a desincompatibilização prevista no art. 1º, II, "l", da LC nº 64/1990, não se aplica aos militares, como decidiu o TSE (Resolução nº 20.993/2002), "pois só com o deferimento do registro da candidatura é que se dará a transferência para a inatividade ou a agregação, cf. REspE nº 8963".

Durante o afastamento provisório fica ao agregado garantido o direito à percepção do soldo,[126] nos termos do mesmo dispositivo anteriormente citado coadjuvado pela Lei nº 7.664/1988 que derrogou, no ponto, a Lei nº 6.880/1980, sob pena de negar-se a efetivação prática do direito dado, com prejuízo da cláusula isonômica que ampara os servidores públicos em geral. Além disso, não se encontra na vigente Constituição a expressão *para tratar de interesse particular* que constava da anterior e justificava solução contrária (art. 150, § 1º, "b", retrotranscrito).

Em resumo, as condições especiais contidas no art. 14, § 8º, da Constituição Federal, às quais deve atender o militar alistável para ser elegível, não excluem as outras, de caráter geral, no quanto compatíveis com as demais exigências constitucionais específicas, como a referente à desincompatibilização e à proibição de filiação a partido político, do militar na ativa, estampada no art. 142, § 3º, V, e no art. 42, § 1º, da Constituição, a respeito do que, decidiu a Corte Eleitoral Superior *que basta ao militar com mais de dez anos de serviço*, como suprimento da prévia filiação partidária, o pedido de candidatura, após escolha em convenção, apresentado pelo Partido e autorizado pelo candidato,[127] bem como que a transferência para a inatividade do militar que conta menos de dez anos de serviço é definitiva, mas só exigível após deferido o registro da candidatura.[128]

Da inelegibilidade dos conscritos falaremos no CAPÍTULO 9, SUBITEM 9.1.1 (ver p. 159).

---

126. Confira-se: Recurso Extraordinário no Mandado de Segurança nº 3671-8/DF, interposto pela União contra Acórdão da Terceira Seção do Superior Tribunal de Justiça, inadmitido pelo Ministro Américo Luz, na qualidade de Vice-Presidente da Corte, *DJU* de 29.3.1996 p. 9.431; TRF1, REO nº 0127496-5, Rel. Juiz Aloísio Palmeira, 1ª Turma, *DJ* de 11.11.1996, p. 85.830; TRF2, AMS nº 0210573, Rel. Des. Fed. Sérgio D'Andréa, 2ª Turma, *DJ* de 14.7.1994, p. 37.784; TRF3, MS nº 03023054, Rel. Des. Fed. Célio Benevides, 2ª Turma, *DJ* de 10.12.1997, p. 108.060; TRF4, REO nº 0406435, Rel. Juíza Luiza Dias Cassales, 5ª Turma, *DJ* de 8.5.1996, p. 29.381.
127. Acórdão nº 11.314, de 30.8.1990, Rel. Min. Octávio Gallotti. Ainda: "Militar: elegibilidade (CF, art. 14, § 8º; Resolução TSE nº 20.993/2002), independentemente da desincompatibilização reclamada pelo art. 1º, II, "l", da LC nº 64/1990, pois só com o deferimento do registro de candidatura é que se dará, conforme o caso, a transferência para a inatividade ou a agregação (cf. REspE nº 8.963)"; (TSE, REspE nº 20.169/MT, Rel. Min. Sepúlveda Pertence, j. em 12.9.2002, publicado em Sessão de 12.9.2002).
128. TSE, REspE nº 8.527 – Pires do Rio/GO, Rel. Min. José Antônio Dias Toffoli, decisão monocrática de 12.11.2012, publicada em Sessão de 20.11.2012, citando precedentes.

8 INELEGIBILIDADE

8.1. CONCEITO DE INELEGIBILIDADE

A inelegibilidade consiste no obstáculo posto pela Constituição Federal ou por lei complementar ao exercício da cidadania passiva, por certas pessoas, em razão de sua condição ou em face de certas circunstâncias. É a negação do direito de ser representante do povo no Poder.

Se a elegibilidade é pressuposto do exercício regular do mandato político, a inelegibilidade é a barreira que desautoriza essa prática, com relação a um, alguns, ou todos os cargos cujos preenchimentos dependam de eleição.

Não goza, o inelegível, do direito de ser votado, não importando que possa votar e não resultando daí qualquer lesão ao regime democrático que, ao contrário, é assim preservado, garantindo-se tratamento isonômico aos candidatos e moralizando o pleito.

As inelegibilidades são descritas na Constituição Federal ou em Lei Complementar, e alcançam as pessoas segundo suas condições pessoais ou conforme se encontrem elas envolvidas em determinadas situações, como no caso do analfabeto, de parentesco ou de abuso de poder econômico.

8.2. NATUREZA JURÍDICA DA INELEGIBILIDADE

Como dito, a inelegibilidade representa impedimento ao direito de ser votado. Decorre de expressa previsão da Lei Magna, e nela mesma se exibe, ou é consignada em lei inferior, por ordem daquela, devendo, neste caso, observar os lindes traçados no texto constitucional. Assim, de acordo com o § 9º do art. 14 da Constituição Federal, a lei que prevê inelegibilidade:

a) deve ostentar a natureza de lei complementar à Constituição;
b) não pode alterar, sob nenhum prisma, as hipóteses contempladas na própria Constituição, já que deve estabelecer *outros casos* de inelegibilidade;
c) não pode consagrar *ad perpetuam* a inelegibilidade, porque deverá prever *os prazos de sua cessação;*
d) deve ter por fim proteger a probidade administrativa, a moralidade para o exercício do mandato, considerada a vida pregressa do candidato, e a normalidade e legitimidade das eleições contra a influência irregular do poder econômico ou o abuso do exercício de função, cargo ou emprego na administração direta ou indireta.

Somente a observância rigorosa dos ditames constitucionais confere legitimidade à aplicação do diploma inferior que preveja inelegibilidades.

O § 9º do art. 14 da Constituição em vigor estava, originalmente, assim redigido:

> Lei complementar estabelecerá outros casos de inelegibilidade e os prazos de sua cessação, a fim de proteger a normalidade e legitimidade das eleições contra a influência do poder econômico ou o abuso do exercício de função, cargo ou emprego na administração direta ou indireta.

O Congresso Revisor da Constituição de 1988, com a Emenda Constitucional de Revisão nº 4, de 7 de junho de 1994, aproximou a redação original do § 9º do art. 14, à dos incisos II a IV do art. 151 da Carta precedente, explicitando a finalidade de proteção à probidade administrativa e à moralidade para o exercício do mandato, considerada a vida pregressa do candidato.

Com isso, porém, eventuais previsões da lei complementar que não se ajustassem ao conteúdo da primitiva redação do dispositivo constitucional, não se teriam tornado constitucionais só por se encaixarem no novo mandamento constitucional mais amplo.

Suponhamos, por exemplo, que a chamada Lei da Ficha Limpa (LC nº 135/2010) houvesse sido editada antes de 7 de junho de 1994, prevendo, como prevê, a inelegibilidade, a contar da condenação até o transcurso do prazo de 8 (oito) anos após o cumprimento da pena pelo condenado, em decisão transitada em julgado ou proferida por órgão judicial colegiado, por crime contra a dignidade sexual.

Não se destinando a regra a proteger a normalidade e a legitimidade das eleições contra a influência do poder econômico ou abuso do exercício de função, cargo ou emprego na administração direta ou indireta, segundo os limites originariamente impostos, não poderia ela vir a prevalecer, embora passasse a se compatibilizar com o ordenamento superior pós-revisão, dada a inadmissibilidade da acomodação da norma nascida inconstitucional com o texto posterior da Constituição, diante do seu vício congênito, descabendo fosse interpretada à luz do novo mandamento constitucional, ao qual teria precedido. Não haveria como conceber que a norma inconstitucional se "constitucionalizasse por força de Emenda Constitucional superveniente. Tal atitude implicaria abraçar o contrassenso de reputar lógico que o ordenamento militasse em seu próprio desfavor, isto é, o de que previamente assumisse que, se burlado, a burla viria a ser aprovada, validada e confortada por seu aval protetor", como assevera Celso Antônio Bandeira de Mello (1999, p. 97), no precioso artigo "Leis originariamente inconstitucionais compatíveis com Emenda Constitucional superveniente".

No mesmo sentido, o magistério de Jorge Miranda (1991, p. 277):

> Se a norma legislativa era contrária à Constituição antes da revisão (embora não declarada inconstitucional) e agora fica sendo conforme à nova norma constitucional, nem por isso é convalidada ou sanada: ferida de raiz, não pode apresentar-se agora como se fosse uma nova norma, sob pena de se diminuir a função essencial da Constituição.[129]

---

129. O entendimento, todavia, não é pacífico, como anota o próprio autor, mencionando o acórdão de 1989, do Tribunal Constitucional de Portugal, bem como a doutrina de Rui Medeiros (a qual repele com apoio em Gomes Canotilho e Vital Moreira) e a postura intermediária de Miguel Galvão Teles – que admite a possibilidade de uma *específica intenção convalidatória*. Registre-se, entre nós a posição, também oposta, de Celso Bastos (1994, p. 115-6) e de Pedro Roberto Decomain (1999, p. 35).

O Supremo Tribunal Federal corretamente abraça esta tese – a de que *o sistema jurídico brasileiro não contempla a figura da constitucionalidade superveniente*.[130]

Também a Corte Superior de Justiça, examinando matéria tributária, afirmou que a ampliação da base de cálculo das contribuições ao PIS e à COFINS, prevista no art. 3º, § 1º, da Lei nº 9.718/1998, então em vigor, era inconstitucional, tendo em conta o disposto na redação original do art. 195, I, da Constituição Federal de 1988, *revelando-se inócua a alegação de sua posterior convalidação pela EC nº 20/1998, uma vez que eivado de nulidade insanável* ab origine, *decorrente de sua frontal incompatibilidade com o texto constitucional vigente no momento de sua edição*, na palavra do Ministro Luiz Fux, como Ministro do Superior Tribunal de Justiça.[131]

Nessa senda, insista-se, as referências, feitas na lei complementar, que, antes da alteração em nível constitucional, escapassem ao alcance da proteção exclusiva da normalidade e legitimidade das eleições contra a influência do abuso do poder econômico ou político para se inserir na finalidade de proteger *a probidade administrativa, a moralidade para o exercício do mandato, considerada a vida pregressa do candidato*, não subsistiriam, não havendo como aplicar diretamente o mandamento constitucional, já que este se reporta à previsão legal complementar que, como anotado, só seria aceita mediante previsão que se seguisse (não a que antecedesse) à inovação trazida no texto da Lei Maior objeto da revisão.

Nesse palco, a Lei Complementar nº 135/2010, que alterou a Lei de Inelegibilidade, atende a todas as imposições constitucionais em vigor anteriormente mencionadas, tendo sido editada em 4 de junho de 2010, ou seja, depois de alterada a previsão constitucional à qual se adéqua.

8.3. CLASSIFICAÇÃO DAS INELEGIBILIDADES

As inelegibilidades podem ser classificadas consoante diferentes critérios. Eis alguns:
a) *Quanto à origem*, são constitucionais ou infraconstitucionais. O impedimento deriva sempre da ordem constitucional, mas as causas podem estar especificamente elencadas na Constituição (exemplo: o analfabetismo) ou na lei complementar (exemplo: o administrador público que tem suas contas rejeitadas pelo órgão competente, nos termos da LC nº 64/1990, art. 1º, I, "g").

Em qualquer caso geram-nas situações que a juízo do legislador não recomendam a elegibilidade, quer porque sustentadas em fato considerado inconveniente para este fim (como o parentesco), quer porque retratam ato reprovável (como o abuso de poder político).

Desta classificação decorrem importantes efeitos.

---

130. "O Supremo já assentou inexistir, no ordenamento jurídico nacional, a constitucionalidade superveniente" (AI nº 620.557 AgR/BA, Rel. Min. Marco Aurélio, 1ª Turma, j. em 25.3.2014, *DJe* de 10.4.2014); STF, RE nº 491.825 AgR/MG, Rel. Min. Roberto Barroso, 1ª Turma, j. em 9.4.2014, *DJe* de 13.5.2014; STF, RE nº 571.986 AgR/MG, Rel. Min. Teori Zavascki, 2ª Turma, j. em 18.12.2013, *DJe* de 13.2.2014.

131. STJ, REspE nº 910.621/SP, Rel. Min. Luiz Fux, 1º Turma, j. em 7.8.2007, *DJ* de 20.9.2007.

As inelegibilidades constitucionais não sofrem o efeito da preclusão se não alegadas por ocasião do registro de candidato; as infraconstitucionais preexistentes não poderão ser alegadas, após essa inscrição, por intermédio do recurso contra a expedição de diploma, a teor do art. 262 do Código Eleitoral: "O recurso contra expedição de diploma caberá somente nos casos de inelegibilidade superveniente ou de natureza constitucional e de falta de condição de elegibilidade".

Salvo quanto ao Ministério Público Eleitoral (STF, ARE nº 728.188; Resolução TSE nº 23.405/2014, art. 50, § 5º), quem não impugna o registro de candidato não tem legitimidade para recorrer da decisão que o defere, restrição que não se põe em se tratando de matéria constitucional, dada sua relevância (Súmula nº 11 do TSE; AgR-REspE nº 937.944, de 3.11.2010).

b) *Quanto à abrangência, com relação ao seu objeto,* são absolutas ou relativas. As primeiras referem-se a todos os cargos, como ocorre com o inalistável (CF, art. 14, § 4º); as últimas alcançam apenas um ou alguns deles, às vezes tão só com limitação territorial parcial, e com previsão de ressalva, como, por exemplo, o caso do filho do prefeito – que não pode se candidatar a vereador "no território de jurisdição do titular", salvo se já exercer mandato eletivo e concorrer à reeleição (CF, art. 14, § 7º). *Quanto à abrangência, com relação às eleições alcançadas,* podem restringir-se apenas à eleição em que se deu o fato que a originou, como podem estender-se a outras eleições.

Confira-se, a propósito, a seguinte decisão do TSE, embora sua redação passe a ideia de que, para aquele Sodalício, a cassação do registro ou do diploma, afastando o candidato da eleição para a qual concorreu e cujo registro ou diploma foi cassado, não se insere no conceito de inelegibilidade:

"Cassação de diploma do vice-prefeito. O mero benefício é suficiente para cassar o registro ou o diploma do candidato beneficiário do abuso de poder, nos termos do art. 22, XIV, da LC nº 64/1990, segundo o qual, "além da cassação do registro ou diploma do candidato diretamente beneficiado pela interferência do poder econômico ou pelo desvio ou abuso do poder de autoridade ou dos meios de comunicação". A declaração de inelegibilidade pressupõe a prática de ato ilícito, razão pela qual o Regional não a declarou em relação ao vice-prefeito. Precedentes." (REspE nº 69541 Planaltina/GO, Ac. de 19.5.2015, Rel. Min. Gilmar Ferreira Mendes, *DJE,* Tomo 120, de 26.6.2015, p. 246-8).

No caso, o concorrente a vice-prefeito teve o diploma cassado, já que indevidamente beneficiado juntamente como o candidato a titular, mas não se tornou inelegível para as eleições futuras porque a prática do ato ilícito foi inteiramente atribuída ao candidato a prefeito. Entretanto, para as eleições na qual concorreram ambos foram considerados inelegíveis, nas palavras do art. 1º, I, "d", da Lei Complementar nº 64, de 1990): *são inelegíveis para a eleição na qual concorrem ou tenham sido diplomados,* bem como para as que se realizarem nos oito anos seguintes, os que tenham contra sua pessoa representação julgada procedente pela Justiça Eleitoral, em decisão transitada em julgado ou proferida por órgão colegiado, em processo de apuração de abuso do poder econômico ou político.

c) *Quanto à duração*, há as de duração antecipadamente identificável no tempo. Atendem elas a um prazo previamente definido, cujo decurso fará desaparecer o óbice à elegibilidade, *v.g.,* o cumprimento da pena pelo condenado criminalmente, com eventual acréscimo de prazo de inelegibilidade contido na lei. Mas também há as inelegibilidades que se ligam à permanência de certo fato, estado ou qualidade, como acontece com o analfabeto, que pode se alfabetizar ou tornar-se semialfabetizado e o estrangeiro, que pode naturalizar-se brasileiro (CF, art. 14, §§ 2º e 4º).

As inelegibilidades infraconstitucionais pertencerão sempre ao primeiro grupo, pois, como dito, obriga-se a lei complementar a prever os prazos em que cessarão.

d) *Quanto ao seu conteúdo*, podemos falar em inelegibilidades em sentido estrito (ou próprias), e inelegibilidades em sentido amplo (ou impróprias).

Diz a Constituição que são inelegíveis os inalistáveis e os analfabetos, de modo absoluto. Logo, em princípio os alistáveis e os não analfabetos seriam elegíveis, se não alcançados por outra causa de inelegibilidade.

Entretanto, para competir nas eleições, aquele que não conta com aludido embaraço à sua elegibilidade deve preencher, como visto, certas condições, chamadas *condições de elegibilidade,* elencadas no § 3º do art. 14 da Constituição Federal, e reguladas em lei ordinária, dentre as quais a nacionalidade brasileira e o alistamento eleitoral.

A distinção entre as condições de elegibilidade e a inelegibilidade é feita na órbita constitucional sob o prisma positivo (elementos que reclama) ou negativo (elementos que rejeita) da elegibilidade. A ausência de elementos que deveriam estar presentes caracteriza a falta de condições de elegibilidade; a presença de elementos que deveriam estar ausentes cria a inelegibilidade.

Entretanto, forçoso é convir que quem não preenche as *condições de elegibilidade* acaba sendo inelegível *lato sensu.*[132]

Inelegibilidade, nesse sentido, é a ausência de elegibilidade – que decorre da falta de condições de elegibilidade, da presença de causas de inelegibilidade, ou de ambas.

Por esta razão, conquanto sejam conceitualmente diversas as condições de elegibilidade e as inelegibilidades em sentido estrito, buscando sintonizar essas noções com a legislação, optamos por chamar a falta dessas condições de causas de inelegibilidade impróprias, no sentido mesmo de que a legislação as abrange muitas vezes, quando fala em inelegibilidade, conquanto não constituam hipóteses de inelegibilidade na sua acepção estrita. É o caso do alistável e, portanto, não inelegível (CF, art. 14, § 4º, *a contrario sensu*) que não se alista (não preenche condição de elegibilidade – CF, art. 14, § 3º), o que o torna não elegível. Também a nacionalidade brasileira aparece como condição de elegibilidade (CF, art. 14, § 3º, I) e sua ausência como hipótese de inelegibilidade, já que estabelece que são inelegíveis os inalistáveis (CF, art. 14, § 4º) e que

---

132. Nesse mesmo sentido a lição de Miranda (1995, p. 61, n. IV, 1).

são inalistáveis os estrangeiros (CF, art. 14, §§ 2º e 4º), sendo o alistamento eleitoral apontado como condição de elegibilidade (CF, art. 14, § 3º, III).

Tanto a presença das condições de elegibilidade como a ausência de causa de inelegibilidade devem ser aferidas por ocasião do pedido de registro do candidato.

8.4. INABILITAÇÃO

O Presidente e o Vice-Presidente da República, além dos Ministros de Estado, e os Comandantes da Marinha, do Exército e da Aeronáutica, nas condições informadas no art. 52, parágrafo único, da Constituição, bem como os Ministros do Supremo Tribunal Federal, os membros do Conselho Nacional de Justiça e do Conselho Nacional do Ministério Público, o Procurador-Geral da República e o Advogado-Geral da União, condenados pela prática de crime de responsabilidade, perdem o cargo e ficam inabilitados para o exercício de função pública por oito anos. Durante esse período, por força da inabilitação, são inelegíveis. Com efeito, todos esses agentes exercem função pública, e se a perda do cargo não repercutisse no direito de ser votado, seria incoerente que atingisse os que praticaram o ato no exercício de mandato eletivo.[133]

Se o mau exercício do mandato causou-lhe a perda e a inabilitação cogitadas, outro mandato não há de poder exercer o inabilitado, enquanto perdurar a reprimenda. E quem não pode assumir o mandato, não pode ser eleito para recebê-lo.

Mais amplamente, tendo, qualquer das pessoas mencionadas, perdido o cargo em razão de conduta verificada durante o exercício das funções a ele inerentes, não pode, condenada, retornar desde logo à vida pública, por qualquer forma – inclusive, pois, por intermédio da eleição.

A punição decretada privativamente pelo Senado, sob a presidência do Ministro Presidente do Supremo Tribunal Federal ou, se impedido, do seu substituto, será proferida com amparo nos votos de dois terços dos Senadores e ficará restrita, nesta sede, à sanção aqui anunciada (CF, art. 52, parágrafo único). Não tendo suspensos os seus direitos políticos, abrangentes da cidadania ativa, além da passiva, os condenados manterão o direito de votar, sujeitos a tê-lo afetado noutra sede.

A Lei nº 1.079, de 10 de abril de 1950 (Lei do Impeachment), e o Decreto-Lei nº 201, de 27 de fevereiro de 1967, este dispondo sobre a responsabilidade de prefeitos e vereadores, definem os crimes de responsabilidade e regulam o respectivo processo de julgamento.

Na verdade, o Decreto-Lei não criou inelegibilidade, matéria reservada à Lei Complementar também à época de sua edição, pelo art. 148 da Carta de 1967, publicada no *Diário Oficial da União* de 24 de janeiro daquele ano: a condenação criminal já era causa constitucional de suspensão dos direitos políticos (art. 144, I, "b").

A Lei nº 8.112, de 11 de dezembro de 1990 (Estatuto dos Servidores Públicos Civis da União), no art. 137, reputa incompatibilizado com o serviço público federal, pelo

---

133. Da inabilitação dos prefeitos condenados por crime de responsabilidade, para o exercício de cargo ou função pública, eletivo ou de nomeação, cuida o Decreto-Lei nº 201, de 27 de fevereiro de 1967, já anotado, no art. 1º, § 2º.

prazo de cinco anos, o servidor demitido ou destituído de cargo em comissão por ter-se dele valido para lograr proveito pessoal ou de outrem, em detrimento da dignidade da função pública, ou por ter atuado como procurador ou intermediário, junto a repartições públicas, salvo em se tratando de benefícios previdenciários ou assistenciais de parentes até o segundo grau e de cônjuge ou companheiro; diz o mesmo artigo, no parágrafo único, que a incompatibilização é definitiva,[134] no âmbito administrativo, se a infringência consistiu em delito contra a administração pública, improbidade administrativa, aplicação irregular de dinheiros públicos, lesão aos cofres públicos e dilapidação do patrimônio nacional, bem como corrupção.

A Lei Complementar nº 64/1990, modificada pela Lei Complementar nº 135/2010, no art. 1º, I, "e", 5, estabelece que os que forem condenados, em decisão transitada em julgado ou proferida por órgão judicial colegiado, são inelegíveis para qualquer cargo, desde a condenação até o transcurso do prazo de 8 (oito) anos após o cumprimento da pena, pelos crimes de abuso de autoridade, nos casos em que houver condenação à perda do cargo ou *à inabilitação para o exercício de função pública*.

---

134. Lei nº 8.112: "**Art. 137.** A demissão ou a destituição de cargo em comissão, por infringência do art. 117, incisos IX e XI, incompatibiliza o ex-servidor para nova investidura em cargo público federal, pelo prazo de 5 (cinco) anos. Parágrafo único. Não poderá retornar ao serviço público federal o servidor que for demitido ou destituído do cargo em comissão por infringência do art. 132, incisos I, IV, VIII, X e XI.".

9 INELEGIBILIDADES CONSTITUCIONAIS

9.1. OS INALISTÁVEIS E OS ANALFABETOS

Declara o § 4º do art. 14 da Constituição Federal que são inelegíveis os inalistáveis e os analfabetos.

Essa inelegibilidade é absoluta, atinge a todos os cargos, subsistindo enquanto durar a causa que a alimenta.

9.1.1. Os inalistáveis: os estrangeiros e os conscritos

Inalistáveis são aqueles que não preenchem as condições de alistabilidade. Como do alistamento eleitoral tratamos no CAPÍTULO 5, a ele nos reportamos, dando ênfase, agora, ao quanto disposto no § 4º c/c § 2º, ambos do art. 14 da Constituição.

Não se podem alistar como eleitores e, portanto, não podem votar nem, consequentemente, concorrer em pleito eleitoral, os estrangeiros e, durante o período de serviço militar obrigatório, os conscritos. É o alistamento que viabiliza o exercício dos direitos políticos.

Não participam, os que não forem brasileiros, dos destinos da Nação. Não importa que aqui morem, ou tenham interesses comerciais, nem que falem o idioma de forma escorreita, ressalva feita aos portugueses, nos termos do estatuto da igualdade.

Enquanto para os nacionais o alistamento é, como regra, obrigatório (aos maiores de 18 anos não analfabetos), e excepcionalmente facultativo (para os menores de 18 anos que completem 16 anos até o dia das eleições,[135] e aos maiores de 70 anos), para os estrangeiros, como regra ele é vedado, por exceção admitido aos portugueses. E não poderia ser diferente porque, como já salientado, é o alistamento que assegura o exercício da *cidadania* ativa e, decorrentemente, é pressuposto necessário para o exercício da *cidadania* passiva, asseverando Celso Bastos (1995, p. 581) que "só os cidadãos são chamados a participar dos negócios políticos do País". E conforme Manoel Gonçalves Ferreira Filho (1989, p. 99), "a cidadania (em sentido estrito) é o *status* de nacional acrescido dos direitos políticos (*stricto sensu*), isto é, poder participar do processo governamental, sobretudo pelo voto. Destarte, a nacionalidade – no Direito Brasileiro – é condição necessária mas não suficiente da cidadania".

---

135. Ver CAPÍTULO 5, ITENS 5.3 e 5.6 (p. 98 e p. 115, respectivamente).

Quanto aos conscritos, páginas atrás (ver CAPÍTULO 5, ITEM 5.6, p. 115), comentando o alistamento eleitoral, expusemos o nosso entendimento acerca da sua capacidade eleitoral ativa e registramos que pensamos haver uma explicação lógica para que, nas condições mencionadas não adquiram a capacidade eleitoral passiva: a Constituição considera que o exercício do direito de ser eleito se contrapõe ao dever de servir às Forças Armadas, durante certo tempo, com exclusividade, imposição esta que tem por fim a formação de reservas destinadas a atender às necessidades do Exército, da Marinha e da Aeronáutica no que se refere aos encargos relacionados com a defesa nacional, em caso de mobilização (art. 2º da Lei nº 8.239, de 4 de outubro de 1991). Para o legislador constituinte não seria prudente dispensar o serviço militar *obrigatório*, em tempo integral, em benefício de uma candidatura facultativa, não havendo como admitir a coexistência desta com o cumprimento daquele dever que objetiva a preparação dos recrutas tendo em mira a defesa nacional, porque nítido o prejuízo que para a consecução deste fim causaria uma campanha eleitoral e maior ainda, ou seja, total, no caso da candidatura ser bem sucedida, porque inconciliável com a prestação do serviço obrigatório o exercício do mandato eletivo.

Discordamos da crítica de que este pensamento não se coaduna com a elegibilidade reconhecida aos militares que na situação delineada não se encontram.

Dizer que aqueles que voluntariamente se tornam militares também prestam serviço com vistas à defesa da Pátria, e, se não lhes nega a capacidade eleitoral passiva, esta também deveria ser reconhecida aos que prestam o serviço militar obrigatório com o mesmo objetivo, autorizaria, com o mesmo vigor, o argumento contrário, ou seja, o de que se se nega a elegibilidade aos conscritos, durante o serviço militar *obrigatório*, dever-se-ia negá-la, também, aos militares que não se encontram na mesma situação de *obrigatoriedade*, mas que prestam serviço com a mesma finalidade: a defesa da Pátria em primeiro lugar, mesmo em detrimento dos seus direitos políticos.

O comentário crítico, portanto, ainda que feito apenas sob um desses ângulos, implicitamente ampara os dois posicionamentos, sirva, embora, para denunciar a incoerência do sistema, na visão do estudioso que o formula.

Para nós, com a devida vênia, as situações são desiguais, precisamente diante da *obrigatoriedade* do serviço militar num caso e no outro não.

Tratando-se de militar por vocação, que por opção faz carreira nas Forças Armadas, para candidatar-se deverá, conforme seu tempo de serviço, afastar-se da atividade, ou, ser agregado e, se eleito, passará para a inatividade (CF, art. 14, § 8º), o que jamais poderia ocorrer na hipótese de serviço militar *obrigatório*, sem comprometê-lo, como apregoado linhas atrás.

Ademais, os militares agora referidos já se terão dedicado, com exclusividade, no período de serviço *obrigatório*, se dele não dispensados, à preparação necessária para a defesa da Pátria, em caso de necessidade, o que também não encontraria correspondência com os recrutas.

Enfim, se são inalistáveis os conscritos – por certo período – e os estrangeiros, a *regra*, como posta no art. 14, § 2º, da Constituição, é de que a partir dos 16 anos todos os brasileiros, civis ou militares, são alistáveis como eleitores, inclusive os conscritos, salvo, com relação a estes, *durante* a prestação do serviço militar obrigatório.

Mas aquele que, embora alistável, não se alista, não pode votar *nem é elegível*, na dicção constitucional.

Outrossim, conquanto alistadas, não se podem eleger, para quaisquer cargos, as pessoas maiores de 16 anos que não tenham atingido a idade de 18 anos, exigida, pela Constituição, do candidato a vereador, pois não conquistam, antes disso, a cidadania passiva, ainda que em grau mínimo.

9.1.2. Os analfabetos e os semialfabetizados

Quer a Lei Suprema que também os analfabetos sejam inelegíveis, o que faz concluir que os semialfabetizados não enfrentam o mesmo obstáculo.

A propósito, as reflexões a seguir.

9.1.2.1. A previsão constitucional

A Constituição Federal não contempla, dentre as condições de elegibilidade que elenca no § 3º do art. 14, a *alfabetização* de quem pretenda candidatar-se a mandato eletivo. Cuida do assunto, ao contrário, sob o enfoque negativo, assim ordenando no ulterior parágrafo do mesmo dispositivo: "São inelegíveis os inalistáveis e os analfabetos".

Essa regra, inspirada na Emenda Constitucional nº 25, de 15 de maio de 1985, representa importante inovação relativamente à Carta de 1967 em seu texto original e às Constituições Republicanas que a antecederam, pois não veda, como aquelas o faziam,[136] que os analfabetos se alistem como eleitores, configurando, menos, hipótese de restrição ao exercício da cidadania passiva, o que importa na privação parcial de direitos políticos considerada apenas uma faceta do princípio democrático: a elegibilidade.[137]

Os analfabetos integram o conceito de povo, como fonte da qual emana o poder, segundo assevera o parágrafo único do art. 1º da Lei Magna. Sua inclusão entre os eleitores atendeu a antiga aspiração desses brasileiros e aos entusiasmados reclamos de juristas do porte de F. A. Gomes Neto (1953, p. 129-30) e Pinto Ferreira (1976, p. 125), dentre outros.

É certo que a nossa atual Constituição não permite ao analfabeto, embora alistável, a plena participação no processo eleitoral, visto que o mantém inelegível.

Mas também não ampliou a proibição sob esse enfoque.

Deveras, na conformidade da norma anteriormente transcrita, como já ressalvado, sob o aspecto da educação apenas o *analfabeto* é inelegível, fixando-se nele – e não no *alfabetizado* – a investigação conceptual da privação. Quem não se enquadrar na ideia sugerida pelo termo empregado não pode ter negado o direito de candidatar-se, não obstante revele deficiente instrução escolar. É o caso dos semialfabetizados.

---

136. Constituição de 1967, art. 142, § 3º, "a", e com a Emenda Constitucional nº 1/1969, art. 147, § 3º, "a"; Constituição de 1946, art. 132, I; Constituição de 1937, art. 117, parágrafo único, "a", com exceção feita ao curto período em que o art. 117 da CF/1937 vigorou com a redação que lhe foi dada pela Lei Constitucional nº 9, de 28 de fevereiro de 1945, do seguinte teor: "São eleitores os brasileiros de um e outro sexo, maiores de 18 anos, que se alistarem na forma da lei e estiverem no gozo dos direitos políticos [...]."; Constituição de 1934, art. 108, parágrafo único, "a"; Constituição de 1891, art. 70, § 1º, item 2º.

137. "Os analfabetos, assim, possuem a metade dos direitos políticos", como consigna José Cretella Jr. (1989, p. 1.106).

Oportuno invocar, como precioso reforço dessa explanação, o lúcido ensinamento de José Afonso da Silva (1992, p. 335), no sentido de que as regras de restrição aos direitos políticos devem ser interpretadas *nos limites mais estritos de sua expressão verbal*.[138]

9.1.2.2. A necessidade de distinguir o analfabeto do semialfabetizado

Para reconhecer a exata dimensão do ensinamento anteriormente reproduzido, no caso em exame, é preciso, na prática, individualizar o personagem que encontra o indigitado óbice constitucional (inelegibilidade), posto que alistável.

A Constituição nenhum esclarecimento traz a esse respeito, o que nos remete à legislação que a ela se subordina. Consultando-a, constatamos que o analfabeto experimenta restrições, no campo jurídico, derivadas de seu desconhecimento e estabelecidas com objetivo protecionista. Não pode, por exemplo, dispor de seus bens em testamento cerrado (CC, art. 1.872), nem receber em cheque o pagamento a que faz jus, quando da dissolução do contrato de trabalho, conforme preceitua o art. 477, § 4º, da Consolidação das Leis do Trabalho.

Mas a lei também não se empenha em definir o analfabeto, ou a lançar elementos que contribuam para sua conceituação.

O atual critério proposto pela UNESCO não é o melhor para este fim.

Com efeito, explica Vera Masagão Ribeiro (2006):

> [...] O Instituto Brasileiro de Geografia e Estatística (IBGE), tal como se faz em outros países, sempre apurou os índices de analfabetismo com base na autoavaliação da população recenseada sobre sua capacidade de ler e escrever. Pergunta-se se a pessoa sabe ler e escrever uma mensagem simples. Seguindo recomendações da Unesco, na década de 90, o IBGE passou a divulgar também índices de analfabetismo funcional, tomando como base não a autoavaliação dos respondentes mas o número de séries escolares concluídas. Pelo critério adotado, são analfabetas funcionais as pessoas com menos de quatro anos de escolaridade. Com isso, o índice de analfabetismo funcional no Brasil chega perto dos 27%, segundo o Censo 2000.
>
> Mas ter sido aprovado na 4ª série garante o alfabetismo funcional? A pergunta não tem resposta categórica, pois o conceito é relativo, dependente das demandas de leitura e escrita existentes nos contextos e das expectativas que a sociedade coloca quanto às competências mínimas que todos deveriam ter. É por isso que, enquanto nos países menos desenvolvidos se toma o critério de quatro séries escolares, na América do Norte e na Europa toma-se oito ou nove séries como patamar mínimo para se atingir o alfabetismo funcional. E, mesmo já tendo estendido a escolaridade de oito ou até 12 séries para praticamente toda a população, muitos países norte-americanos e europeus continuam preocupados com o nível de alfabetismo da população, tendo em vista, principalmente, as exigências de competitividade no mercado globalizado. O grau de escolaridade atingido já não satisfaz como critério de alfabetismo.

---

138. O texto em que se encontra a lição está assim redigido: "O princípio que prevalece é o da plenitude do gozo dos direitos políticos positivos, de votar e ser votado. A pertinência desses direitos ao indivíduo, como vimos, é que o erige em cidadão. Sua privação ou restrição do seu exercício configuram exceção àquele princípio. Por conseguinte, a interpretação das normas constitucionais ou complementares relativas aos direitos políticos deve entender à maior compreensão do princípio, deve dirigir-se ao favorecimento do direito de votar e ser votado, enquanto as regras de privação e restrição hão de entender-se nos limites mais estritos de sua expressão verbal, segundo as boas regras de hermenêutica".

Fica a tarefa de identificar o analfabeto, para o fim perseguido na Constituição, a cargo dos aplicadores da lei, caso a caso, contando com o auxílio de seus demais intérpretes.

Esse é o quadro que se apresenta à Justiça Eleitoral, em todo o País, o que deu ensejo à marcante experiência, nas eleições municipais de 1992, vivida em São Paulo, com a criação de provas, a que se submeteram muitos candidatos, formuladas e aplicadas segundo o critério de cada magistrado na condição de examinador.

Mas, a falta de um critério diretor específico, de abrangência geral, para identificá-lo, dada a inexistência de norma que disciplinasse a matéria, bem como a formação do magistrado não dirigida a esse tipo de avaliação prática e a ausência de orientação pedagógica (e psicológica), foram fatores que geraram decisões as mais injustas, a respeito do tema aqui versado, na medida em que o Judiciário passou a dar soluções diversas a casos que guardavam íntima similitude, porque fundadas no subjetivismo do julgador, externado em face de uma manifestação exteriorizada em dado instante, sem os necessários cuidados para se afastarem as condições adversas, eventualmente capazes de colocar em risco o bom desempenho daquele que, posta em dúvida sua *alfabetização*, submeteu-se ao teste estabelecido pelo juízo.

Esse teste, feito perante o juiz eleitoral, é instituído em homenagem ao império da Constituição e da lei e deve ser prestigiado.

Já em meados dos anos 60, quando ainda era proibido o alistamento de analfabetos, o Tribunal Regional Eleitoral de São Paulo decidia que continuavam os juízes eleitorais "com a atribuição de concederem ou não a inscrição, tendo em conta as condições pessoais apresentadas pelo requerente e a conceituação do analfabetismo, impeditiva do alistamento".[139]

Mas é preciso que seja conveniente e adequadamente efetuado, para não deludir o juiz e propiciar desacertada avaliação do seu resultado, com o intolerável sacrifício de um direito fundamental.

Afastados os casos extremos, dos quais não dimanam dúvidas, pode alguém, absurdamente, ser considerado analfabeto em relação a certo e pequeno texto, e em determinado momento, não obstante saiba exprimir, razoavelmente, suas ideias pela escrita (ainda que errada) e seja capaz de apreender, razoavelmente, ideias alheias pela leitura (embora dificultosa). E, dessa forma, ao sabor da variação do entendimento particular de cada juiz, poderá alguém ser impedido de exercer as funções políticas que pretende, enquanto outrem, nas mesmas condições, as exercerá, sem embaraço do Judiciário, o que, no mínimo, fere a cláusula isonômica, proporcionando tratamento diferente aos iguais.

Importa frisar, ainda, que o político conta, geralmente, com assessores que o auxiliam no seu mister, e o espírito da Lei Maior é impossibilitar que o representante do povo – e em certas regiões ninguém será seu mais autêntico representante do que o semianalfabeto – seja ludibriado nas suas ações em razão da deficiência apontada. Se o interessado no cargo eletivo sobretudo lê e compreende o que lê, deve ser considerado elegível.

---

139. Ac. nº 54.998, Rel. Góis Nobre, *DOE* de 15.9.1965.

9.1.2.3. Distinção entre o analfabeto e o semialfabetizado

Analfabeto é aquele que não sabe ler nem escrever, consoante o *Repertório Enciclopédico do Direito Brasileiro*, de Carvalho Santos,[140] não aquele que lê e/ou escreve mal. Fundamentalmente é aquele que não lê. Confira-se, a propósito, o que dizem os léxicos.[141]

Assim o descreve a *Enciclopédia Saraiva do Direito* (1977): "Analfabeto – que não sabe ler ou escrever. Incapaz de ler".[142]

A Constituição de 1934, no seu art. 108, parágrafo único, "a", substituiu o vocábulo "analfabeto", utilizado na Constituição de 1891, pelo seu significado próprio, deixando expresso que não se poderiam alistar eleitores os que não soubessem *"ler e escrever"*, formando um binômio indissociável, só identificável pela ausência conjunta das ações descritas pelos verbos que o compõem.

Antônio Roque Citadini (1986, p. 15) acena a esse mesmo critério identificativo na seguinte passagem, tirada do seu *Código Eleitoral: anotado e comentado*: "Os defensores da manutenção do veto ao alistamento eleitoral dos *analfabetos* sustentam que *a pessoa que não saiba ler e escrever* não está apta a escolher seus dirigentes, constituindo-se em frágil 'massa' a ser manobrada pelos mais letrados" (Grifo nosso).

As mulheres também já foram consideradas detentoras da mesma fragilidade, sendo-lhes, em razão do sexo, negado o direito de votar, como exposto no início desta obra.

O Egrégio Tribunal Eleitoral paulista já teve a oportunidade de salientar, citando a *Enciclopédia e Dicionário Internacional* da Editora Jackson, que "analfabeto é aquele que (...) *ignora os primeiros rudimentos da leitura e da escritura*"[143] (Grifo nosso), não mais, pois, que os *primeiros rudimentos*, não devendo a leitura, ou a escritura, ser considerada isoladamente.

Nessa trilha, os juízes componentes dessa mesma Corte já tinham deixado assentado que:

> É de se reconhecer que o semialfabetizado – ou seja, como disse com propriedade a sentença, o que se encontra a meio caminho entre o analfabeto e o alfabetizado – está em condições de participar da vida política do país e deve mesmo dela participar, principalmente no Brasil, onde os semialfabetizados constituem, sem dúvida, parcela ponderável da população, conhecido como é o fenômeno da baixa escolaridade a que, infelizmente, ainda está sujeita grande parte das nossas crianças.[144]

---

140. Observa Carvalho Santos (1947) que "esse é o sentido rigorosamente exato da expressão", advertindo que, para todos os efeitos jurídicos, deve ser considerado analfabeto quem "apenas sabe desenhar seu nome, *incapaz de ler o que está subscrevendo*" (Grifo nosso).

141. Dicionários *Novo Dicionário da Língua Portuguesa: Michaellis* (2015) e *Aurélio* (1998), verbetes "analfabeto", "alfabetizar", "alfabetizado", destacando-se os seguintes significados: analfabeto – "que não sabe ler nem escrever"; alfabetizar – "ensinar a ler"; alfabetizado – "que aprendeu os rudimentos de leitura e escrita". Imprescindível buscar socorro nos filólogos para apurar, corretamente, a tônica da distinção entre o analfabeto e o semialfabetizado porque, como foi exposto, somente o primeiro é inelegível. Para ser elegível não é preciso ser alfabetizado: basta não ser analfabeto.

142. Verbete "analfabeto", assinado pela Comissão de Redação.

143. TRE/SP, Ac. nº 68.654, Rel. Teófilo Mendonça, *DOE* de 9.5.1975.

144. Ac. nº 58.716, Rel. Carvalho Mange, *DOE* de 22.11.1988.

Este o pensamento aqui esposado.

À época dos indigitados testes, em 1992, mesmo a Circular TRE/DG nº 114/92, dirigida, pelo Presidente do Tribunal Regional Eleitoral de São Paulo, aos juízes eleitorais – merecedora de aplausos por ter visado à aplicação uniforme da determinação constitucional – não atingiu plenamente o seu objetivo. O critério recomendado para a identificação do analfabeto propiciou decisões diferentes em face de situações semelhantes, não se tendo submetido os candidatos de cuja "alfabetização" se duvidou a provas com grau de dificuldade equivalente, além do que, em cada caso específico, o estado emocional daqueles que foram testados variou conforme as circunstâncias que cercaram o exame, inclusive a própria postura do juiz ao aplicá-lo, e até mesmo o local de sua realização (houve caso em que o exame se deu na sala do Tribunal do Júri) do que pôde decorrer o constrangimento do examinado.

Havemos de concluir, portanto, que o direito de ser votado não pressupõe, como requisito, a alfabetização do seu titular. A letra da Constituição contenta-se com que não seja ele analfabeto. O semianalfabeto, pois, é elegível.

Assim como o alfabetizado é aquele que sabe ler e escrever, analfabeto é a pessoa totalmente desprovida desses conhecimentos. Consequentemente, quem tem tímidas noções da escrita e/ou da leitura, quem lê, embora com dificuldade, mas que consegue apreender o sentido de um texto simples, quem escreve mal, com muitos erros de grafia, conseguindo, entretanto, expressar um pensamento lógico, não é analfabeto e, portanto, tem direitos políticos plenos. Até porque, já foi salientado, como homem público poderá contar com uma assessoria de sua confiança, que o auxiliará no desempenho de suas funções, como contam com assessores os políticos eruditos no que concerne ao menos à parcela do amplo leque de matérias que devem examinar e relativamente à qual possam ser, eventualmente, considerados analfabetos.[145]

Tendo o juiz eleitoral fundada dúvida quanto à condição de elegibilidade do alistado que requer inscrição como candidato, deve submetê-lo a um teste, não podendo, sem isso, negar-lhe a pretensão.

Correto o entendimento pelo qual se assegura ao cidadão o exercício do direito conquistado sem que o perca, senão ao abrigo de regular processo, garantida a ampla defesa, para que não se exibam tisnadas as regras constitucionais e infraconstitucionais pertinentes.

Mas esse teste deverá ser feito sob a orientação de um especialista, mediante prévia designação de data, e ser realizado em local que não seja inadequado para o fim proposto e em condições que evitem constrangimentos. O especialista deverá ser informado, pelo juiz, dos critérios que deve considerar para formular sua avaliação, conquanto à sua conclusão não se vincule a decisão judicial, como é inconcusso.

Insista-se: se o interessado no cargo eletivo lê, conquanto dificultosa sua leitura, e se compreende o que lê, independentemente da má pronúncia das palavras, não deverá ser considerado analfabeto e, portanto, inelegível.

Essa situação deverá ser enfrentada caso a caso.

---

145. De acordo com o *Novo Dicionário da Língua Portuguesa* (AURÉLIO, 1998): é, também analfabeto "o que desconhece determinado assunto ou matéria: É analfabeto em geografia".

Não autorizando o resultado do teste a classificação do examinado, com segurança, na categoria dos analfabetos, deve ser-lhe deferido o registro de candidato, porque "o princípio que prevalece é o da plenitude do gozo dos direitos políticos positivos, de votar e ser votado" na lição, já referida, de José Afonso da Silva (2011).

Oportuna a citação, como exemplo, de um caso efetivamente ocorrido. Certo pretendente a candidato ao mandato de vereador, tendo tido impugnado seu registro, submeteu-se ao teste do juízo eleitoral. Instado a se manifestar oralmente sobre eventuais erros da frase assim redigida "a ponba comi milio" respondeu que, nela, nenhum erro havia, pois se a pomba estava com fome, deveria mesmo servir-se do milho, e, embora convencendo de que era capaz de compreender perfeitamente o que lera, foi considerado analfabeto em primeiro grau de jurisdição, o que em segundo grau foi corrigido.

Para rematar, presume-se pelo menos semialfabetizado aquele que se tornou eleitor antes da Emenda Constitucional nº 25, de 15 de maio de 1985, porque, até o seu advento, os analfabetos eram inalistáveis. Idêntica presunção favorece àquele que já tenha disputado cargo em eleição disciplinada pela legislação eleitoral, notadamente se eleito, de vez que os analfabetos sempre foram – como são – inelegíveis.

A propósito, assim se pronunciou o Egrégio Tribunal Superior Eleitoral, no Acórdão nº 6.149, Relator Ministro José Neri da Silveira (*Boletim Eleitoral*, 307/172): "Se o candidato é eleitor e inclusive vereador, não é possível negar-lhe registro para concorrer à Câmara Municipal do mesmo município, sob alegação de ser analfabeto".

Mas a presunção, porque é relativa, cede ante prova em contrário.[146]

9.2. INELEGIBILIDADE DO PRESIDENTE DA REPÚBLICA, DOS GOVERNADORES, DOS PREFEITOS E DE SEUS SUCESSORES E SUBSTITUTOS, PARA O MESMO CARGO, POR MAIS DE UM PERÍODO SUBSEQUENTE

Dizia o § 5º do art. 14 da Constituição: "são inelegíveis para os mesmos cargos, no período subsequente, o Presidente da República, os Governadores de Estado e do Distrito Federal, os Prefeitos e quem os houver sucedido, ou substituído nos seis meses anteriores ao pleito".

Esse comando proibitivo foi convertido em norma permissiva, revolucionária no contexto histórico nacional, mas não condenou a reeleição à expulsão do tablado das

---

146. Essa prova pode consistir em avaliação mediante teste específico (TSE, REspE nº 13.000, Rel. Min. Eduardo Ribeiro, j. em 12.9.1996, publicado em Sessão de 12.9.1996) e na confissão de quem pretende o registro da candidatura (TSE, REspE nº 13.069, Rel. Min. Nilson Naves, j. em 16.9.1996, publicado em Sessão de 16.9.1996). Contudo pelo Sistema da persuasão racional não fica o juiz obrigado a submeter a exame aquele que já teve deferido registro para concorrer em eleição anterior (TSE, REspE nº 13.055, Rel. Min. Diniz de Andrada, j. em 18.9.1996, publicado em Sessão de 18.9.1996). As ementas de todos esses acórdão encontram-se no *Ementário – Decisões do TSE – Eleições 1996*, nº 5/29 a 31. Nesse mesmo ano, o TSE editou a Súmula nº 15, do seguinte teor: "O exercício de cargo efetivo não é circunstância suficiente para, em recurso especial, determinar-se a reforma de decisão mediante a qual o candidato foi considerado analfabeto".

inelegibilidades, que a recolhe a partir do limite expresso, sendo incogitável a eleição do reeleito para o período seguinte ao da reeleição. Ou seja, passou-se a permitir a reeleição também para os cargos do Executivo, mas não ilimitadamente.

Este é o teor do § 5º do art. 14 da Constituição do Brasil, com a redação dada pela Emenda Constitucional nº 16/1997: "O Presidente da República, os Governadores de Estado e do Distrito Federal, os Prefeitos e quem os houver sucedido ou substituído no curso dos mandatos poderão ser reeleitos para um único período subsequente."

A vedação, assim, dirige-se a mais de uma reeleição no terreno do Poder Executivo, exclusivamente para o período subsequente, e controla ocorrências distintas: a titularidade originária, a sucessão no curso do mandato, que se efetiva no caso de vaga, e a substituição, que se dá ocasionalmente, no impedimento do titular.

Atente-se que para a Constituição a reeleição não significa, nesse panorama, apenas ser um político eleito novamente para o mesmo cargo para o qual fora eleito no período imediatamente anterior, mas significa também ser um político eleito pela primeira vez para o cargo que exerceu porque sucedeu quem para ocupá-lo foi eleito, no caso de vaga, ou o substituiu temporariamente, porque eleito para ser seu Vice, ou porque, no impedimento, por exemplo, do Presidente da República e do Vice-Presidente da República, ou na vacância dos respectivos cargos, tendo sido eleito Deputado Federal, na oportunidade dessa ocorrência era o Presidente da Câmara, ou, sucessivamente, porque tendo sido eleito Senador, era o Presidente do Senado, ou, ainda, porque, não tendo sido eleito para exercer mandato eletivo, era o Presidente do Supremo Tribunal Federal nessa ocasião.

Consigne-se, para melhor situar o quanto dito, que na falta ou impedimento do Vice, são substitutos, em ordem sucessiva: a) do Presidente da República: o Presidente da Câmara dos Deputados, o do Senado ou o do Supremo Tribunal Federal (CF, art. 80); b) do Governador: o Presidente da Assembleia Legislativa ou do Tribunal de Justiça (por exemplo, Constituição do Estado de São Paulo, art. 40); c) do Prefeito: o Presidente da Câmara Municipal ou seu substituto legal (por exemplo, Lei Orgânica do Município de São Paulo, art. 63).

Tendo por alvo o *mesmo* cargo, é rechaçada uma segunda e imediata reeleição que abranja o mesmo território já administrado ainda que parcialmente, razão pela qual, em caso de desmembramento, o prefeito reeleito do município-mãe não poderá se candidatar a prefeito do município resultante da separação.[147] Por outro lado, tendo renunciado ao mandato em curso e inexistente fraude, mudado para outra cidade seu domicílio eleitoral, no prazo exigido, poderá alguém, que foi reeleito prefeito de um município, tornar-se prefeito do lugar do seu novo domicílio, por se cuidar de outro cargo, embora da mesma natureza, não obstante não seja esta a atual posição do TSE (ver ITEM 9.5, p. 173).

Cabível, ainda esta observação: a reeleição vincula-se ao exercício anterior do mesmo cargo, cujo mandato *se finda*. Assim, se o Presidente da Câmara dos Vereadores vem a assumir, interinamente, a Chefia do Executivo Municipal em razão da vacância dos cargos de Prefeito e Vice-Prefeito e vem a ser eleito Prefeito, em eleições suplementares, para completar o mesmo mandato, não pode ter a sua candidatura vetada para as elei-

---

147. TRE/PR, Ac. nº 15.817, Rel. Juiz Carlos Fernando C. de Castro, *DJU* de 30.4.1990.

ções a Prefeito que se seguirem, a pretexto de já ter sido reeleito, porquanto exerceu o comando do Executivo primeiro como interino e, depois, por força do chamado mandato tampão, mas cumprindo um único mandato (Consulta nº 12.537 Brasília/DF, Ac. de 26.5.2015, Rel. Min. Luiz Fux, *DJe* de 10.9.2015, p. 54).

9.3. INELEGIBILIDADE, PARA OUTROS CARGOS, DO CHEFE DO EXECUTIVO QUE NÃO RENUNCIA AO MANDATO ATÉ SEIS MESES ANTES DO PLEITO

O Presidente da República, os Governadores de Estado e do Distrito Federal e os Prefeitos são elegíveis para qualquer mandato diferente do que detém, na área do Executivo ou do Legislativo, desde que, para evitar que se sirvam do prestígio de suas funções para beneficiar as próprias candidaturas, renunciem aos cargos que ocupam, até seis meses antes do pleito, ou não se desincompatibilizarão em tempo hábil, restando-lhes disputar a reeleição, se já não ocuparem seus cargos na condição de reeleitos, tornando-se, caso contrário, absolutamente inelegíveis, para aquela determinada eleição.

Isto quer dizer que se verificada a incompatibilidade, que poderia não se concretizar com a renúncia, configurar-se-á a insuperável inelegibilidade. A chamada desincompatibilização, portanto, não afasta a inelegibilidade, que não chegou a ficar caracterizada, evita-a.

Quem houver sucedido o titular eleito, na chefia do Poder Executivo, observa o mesmo impedimento.

Se é o Vice-Presidente, o Vice-Governador e o Vice-Prefeito que pretendem concorrer a outros cargos, com a preservação dos mandatos respectivos, não poderão, dentro do semestre anterior à eleição, substituir o titular (Lei Complementar nº 64/1990, art. 1º, § 2º), o que recomenda que também renunciem, já que, se não o fizerem, não terão como injustificadamente recusar a substituição que se apresenta, porque para tanto predestinados. Não querer se tornar inelegível não será, certamente, justificativa plausível para a recusa.

9.4. INELEGIBILIDADE DO CÔNJUGE E DOS PARENTES DO CHEFE DO EXECUTIVO, NO TERRITÓRIO DE JURISDIÇÃO DO TITULAR

O § 7º do art. 14 da Constituição cuida da inelegibilidade derivada do casamento ou do parentesco com o Presidente da República, com os Governadores de Estado e do Distrito Federal e com os Prefeitos, ou com quem os haja substituído dentro dos seis meses anteriores ao pleito, vindo assim redigido:

> § 7º. São inelegíveis, no território de jurisdição do titular, o cônjuge e os parentes consanguíneos ou afins, até o segundo grau ou por adoção, do Presidente da República, de Governador de Estado ou Território, do Distrito Federal, de Prefeito ou de quem os haja substituído dentro dos seis meses anteriores ao pleito, salvo se já titular de mandato eletivo e candidato à reeleição.

A regra comporta diversas considerações.

Ponto a destacar é que, não obstante não faça o texto referência àqueles que sucederam ao chefe do Poder Executivo, obviamente não os exclui, pois como os originários são também considerados titulares do cargo. Os seus substitutos provocarão idêntica consequência se atuarem nos seis meses que antecedem o certame eleitoral, observando-se que a substituição a que se refere o dispositivo é aquela que se realiza na ausência do titular, impondo ao substituto o exercício das funções inerentes ao cargo em seu lugar, o que não se confunde com a simples representação em eventos a que não possa o titular eventualmente comparecer.[148]

Outro destaque é que a situação descrita comporta exceção, não prejudicando os cônjuges e parentes já possuidores de mandato eletivo que se pretendam reeleger. Relativamente à disputa de mandato diverso do que já detêm, sofrem essas pessoas os efeitos da regra, por exemplo: o irmão de um Prefeito pode disputar a Presidência da República, pois não é alcançado pelo impedimento; já ao Prefeito, cujo irmão tornou-se Presidente da República, não é lícito pretender mandato eletivo que não o reconduza ao mesmo cargo, logo após o término do mandato que exerce, enquanto admitida a reeleição.

De acordo com a Súmula nº 12 do TSE, "são inelegíveis, no município desmembrado, e ainda não instalado, o cônjuge e os parentes consanguíneos ou afins, até o segundo grau ou por adoção, do prefeito do município-mãe, ou de quem o tenha substituído, dentro dos seis meses anteriores ao pleito, salvo se já titular de mandato eletivo".

Frise-se que a inelegibilidade fica adstrita ao território sujeito à influência direta do Chefe do Poder Executivo, ou seja, à sua circunscrição. Mas a inelegibilidade só ocorre se ao território em questão limitar-se a atuação do detentor do mandato pretendido. Destarte, não pode alguém ser eleito vereador no município no qual reside e do qual seu pai é o prefeito, mas pode eleger-se deputado estadual, favorecendo-o os votos validamente obtidos nesse mesmo município.

Doutra parte, o titular de mandato, por uma unidade federada, não pode ser candidato ao mesmo posto eletivo, de Deputado ou Senador, por outra unidade federada – para a qual transferiu o domicílio – em que seja parente até o segundo grau do Governador de acordo com a decisão de Tribunal Superior Eleitoral, tomada por maioria de votos, sendo Relator designado o Ministro Néri da Silveira (Resolução TSE nº 19.970, de 18.9.1997).

Sensata essa decisão, porque o que a Constituição põe a salvo da inelegibilidade derivada do liame parental é o prestígio do candidato em relação aos eleitores já conquistados, que podem, por isso, desejar a sua *continuidade* reelegendo-o por seus méritos, sem a influência do parente, eis que sem ela foi eleito. No outro estado, em que é irmão, por exemplo, do Governador, submeteria o candidato seu nome a eleitores que nele ainda não votaram, a cujo estado não representou, não almejando, segundo pensamos, eleger-se exatamente para o *mesmo cargo* (*v.g.* Senador *pelo Ceará*), pois é outra a unidade federada (ver ITEM 9.5, p. 173), o que retira a hipótese da ressalva constitucional.

---

148. TSE, REspE nº 31.668/RS, Rel. Min. Joaquim Barbosa, decisão monocrática de 22.11.2008, publicado em Sessão de 25.11.2008.

Na esteira da jurisprudência que antes da Emenda Constitucional nº 16/1997 não aceitava a candidatura do Chefe do Executivo a Vice do mesmo cargo, adaptada à posterior admissão da reeleição (exemplo, o Prefeito reeleito não pode se candidatar a Vice-Prefeito), a Vice não se pode candidatar quem mantém relação conjugal, ou parental em primeiro ou segundo grau, com o titular reeleito do Poder Executivo (*v.g.*, a esposa do Prefeito reeleito não pode se candidatar a Vice-Prefeita na eleição que se seguir), a fim de se evitar o familismo que a situação propiciaria, até com a renúncia premeditada do titular, eis que ao vice cabe substituí-lo e sucedê-lo.

Mais um aspecto digno de realce é que, embora o divórcio ou a separação judicial que ocorra durante o exercício do segundo mandato do titular do cargo eletivo impeça o ex-cônjuge de se candidatar, no mesmo território sob sua administração, na eleição que se lhe seguir, porque teria se caracterizado o impedimento no curso do mandato (Súmula Vinculante nº 18 do STF), a longa separação de fato que antecedeu a decretação da separação judicial ou do divórcio, convenientemente demonstrado que o óbice à manutenção da mesma família no poder não está em risco, afasta a inelegibilidade ora agitada.[149]

9.4.1. Os cônjuges e os que vivem em união estável

Aos cônjuges equiparam-se os conviventes, já que reconhecida a união estável como entidade familiar (CF, art. 226, § 3º).

Dessa relação, decidiu o Pretório Excelso, por apertada maioria, que não nascia o parentesco por afinidade, razão pela qual não deu sustentação à Súmula nº 7 do Tribunal Superior Eleitoral.[150]

Entretanto, veio o art. 1.595 do Código Civil dispor no sentido de que cada cônjuge ou companheiro é aliado aos ascendentes, aos descendentes e aos irmãos do outro pelo vínculo da afinidade que, na linha reta, não se rompe com a dissolução do casamento ou da união estável.

A união estável revela uma ligação de fato que dá origem a uma situação jurídica equiparável à do casamento.

---

149. "[...] Candidatura de ex-cônjuge – Separação de fato ocorrida há mais de dez anos reconhecida na sentença da separação judicial – Possibilidade. Quando a separação judicial ocorre durante o exercício do segundo mandato do titular do cargo eletivo, o ex cônjuge não poderá eleger-se, no mesmo município, na eleição imediatamente subsequente, sob pena de se infringir o dispositivo constitucional do art. 14, § 7º, que busca impedir a permanência indefinida de uma mesma família no poder. Porém, quando a separação de fato ocorreu há mais de dez anos, havendo sido reconhecida na sentença da separação judicial, o ex-cônjuge pode candidatar-se na eleição subsequente, pois a ruptura do vínculo conjugal se deu antes mesmo do primeiro mandato, sem haver, portanto, violação ao preceito constitucional" (Resolução TSE nº 21.775, de 27.5.2004, Rel. Min. Ellen Gracie). Como se vê, a decisão prestigiou as peculiaridades da situação apresentada.

150. A Súmula TSE nº 7 consignava que: "É inelegível para o cargo de Prefeito a irmã da concubina do atual titular do mandato" e foi contrariada pelo STF no RE nº 106.043-3/BA, Rel. Min. Djaci Falcão, Tribunal Pleno, j. em 9.3.1988, DJ de 4.6.1993 (referente ao casamento eclesiástico); e no RE nº 157.868-8/PB, Rel. Min. Marco Aurélio, Tribunal Pleno, j. em 2.12.1992, DJ de 28.5.1993. Pelo REspE nº 13.261, Rel. Min. Eduardo Alckmin, j. em 25.9.1996, publicado em Sessão de 25.9.1996, o TSE confirmou que "a inelegibilidade prevista no art. 14, § 7º, da CF, não alcança o parente da concubina do prefeito" (*in Ementário* – Decisões do TSE – Eleições de 1996, Brasília, p. 49). O termo "concubina" era, à época, utilizado no sentido que hoje se dá à união estável.

Com efeito, a lei e a jurisprudência já vinham, há tempos, reconhecendo ao viver *more uxorio* inúmeros direitos e deveres altamente expressivos. Tocado pelo Direito, o fato se torna jurídico e não há como ignorá-lo.

Insinuou-se, com um julgamento realizado em 1996, a ideia de não se incluir os que convivem em união estável na vedação constante do dispositivo ora analisado, sob dois fundamentos que se cruzam: a) a união estável é reconhecida somente "para efeito da proteção do Estado", na dicção do art. 226, § 3º, da Constituição Federal; e b) se a norma é restritiva de direitos a interpretação há de ser também restritiva, não fazendo a proibição ora tratada referência à relação existente sem casamento, conquanto marcada pela estabilidade, mas apenas a cônjuge.[151]

Quanto a essas colocações insta argumentar que o mal que o constituinte pretende evitar exige que a aplicação do dispositivo se estenda à entidade familiar sem casamento. Não difere o relacionamento entre os conviventes daquele havido entre os cônjuges, senão sob aspectos que não devem interessar ao legislador eleitoral. Com a proibição em pauta o Estado protege a si mesmo, defendendo toda a sociedade, nela incluída as famílias que não se constituem pelo casamento. Ademais, para que o Estado proteja essas famílias é preciso que imponha deveres a seus membros. Isso não bastasse, ou a união estável é considerada entidade familiar ou não é, não podendo ter, concomitantemente, duas naturezas distintas, aliás opostas, para atender a reclamos protecionistas.

Viu-se há pouco, que já se admitiu que a separação de fato anterior ao divórcio pode ilidir a inelegibilidade provinda do casamento. Na mesma medida, por coerência, a união de fato pode fazê-la incidir, não obstante inexistente o vínculo matrimonial, para impedir o continuísmo familiar no poder.

Não é só a família criada com a união estável que merece guarida sob o pálio estatal, como claramente reza o *caput* do citado art. 226, *verbis*: "A *família*, base da sociedade, tem especial *proteção do Estado*" (Grifo nosso).

Logo, a vedação do § 7º do art. 14 não pode ser considerado violador da proteção do Estado à família, quer estabelecida pela união estável, quer originada do casamento. Seria mesmo estranho que, confrontadas ambas, saísse premiada (?) a união sem casamento. E pior, despertaria graves suspeitas sobre a seriedade do legislador e do julgador admitir a candidatura da companheira de um prefeito, por exemplo, que com ele, por trinta anos, dividisse a mesa e o leito, as alegrias e as tristezas da vida em comum, por todos havida como sua mulher, a pretexto de que a sua condição jurídica não seria a de cônjuge, à falta da certidão de casamento.

A sensibilidade do intérprete deve captar os fins sociais a que a lei se dirige.

Absolutamente nada justifica a distinção proposta, considerado o objetivo perseguido pela Constituição.

Também, *ad argumentandum*, quando a Carta Magna diz que os filhos ilegítimos e os adotados têm os mesmos *direitos* que os legítimos, não repudia ato que lhes reconheça os *deveres* inerentes a essa condição.

---

151. TSE, REspE nº 12.848, Rel. Min. Francisco Rezek, j. em 16.9.1996, publicado em Sessão de 16.9.1996.

Portanto, a interpretação teleológica, apoiada no sistema constitucional, abona a conclusão que a interpretação gramatical parece refutar.

Cônjuges, no texto constitucional em análise, são aqueles que mantêm relacionamento conjugal.

A alínea "n", acrescida ao inciso I do art. 1º da LC nº 64/1990 pela LC nº 135/2010, veio a consagrar esta tese, dispondo que são inelegíveis "os que forem condenados, em decisão transitada em julgado ou proferida por órgão judicial colegiado, em *razão de terem desfeito ou simulado desfazer vínculo conjugal ou de união estável para evitar caracterização de inelegibilidade*, pelo prazo de 8 (oito) anos após a decisão que reconhecer a fraude". E mais, em conformidade com o atual estágio do entendimento jurisprudencial, estende-se a inelegibilidade às uniões estáveis homoafetivas e aos casamentos entre pessoas do mesmo sexo.[152]

9.4.2. O parentesco consanguíneo ou afim e o derivado da adoção

Dirige-se o dispositivo constitucional, além do cônjuge e dos companheiros, aos parentes consanguíneos ou afins, até o segundo grau ou por adoção, dos políticos que exercem a Chefia do Poder Executivo.

Certamente a Constituição teria se expressado melhor e de maneira mais condizente com a ordem dela própria emanada no § 6º do art. 227 ("Os filhos, havidos ou não da relação do casamento, ou por adoção, terão os mesmos direitos e qualificações, proibidas quaisquer designações discriminatórias relativas à filiação"), se não fizesse a referência à adoção, até porque, coerentemente, a seu mando, o ECA determina que o vínculo da adoção constitui-se por sentença que será inscrita no registro civil, mediante mandado do qual não se dará certidão, que cancelará o registro original do adotado, consignando, a inscrição, o nome dos adotantes como pais, bem como o nome dos seus ascendentes, sendo que "nenhuma observação sobre a origem do ato poderá constar nas certidões do registro" (ECA, art. 47, *caput* e §§ 1º, 2º e 4º).

Como não o fez, cuidaremos do assunto nos termos didáticos pela Constituição anunciados.

O parentesco por consanguinidade decorre da vinculação entre pessoas descendentes de um tronco comum. Essa vinculação estabelece-se na linha reta, ascendente e descendente, e na linha colateral.

Além de natural, o parentesco pode ser civil. Se consanguíneos ou naturais são os parentes ligados por laços biológicos; civil é o parentesco provindo de outra origem, isto é, o resultante da afinidade, ou o criado pelo instituto da adoção que, pelo afeto, une pessoas que se põem no lugar da relação determinada pela natureza.

A adoção – e aqui podemos incluir a adoção irregular, isto é, a chamada adoção à brasileira – segundo o art. 41 do Estatuto da Criança e do Adolescente, atribui a

---

152. "No Superior Tribunal de Justiça e no Supremo Tribunal Federal, são reiterados os julgados dando conta da viabilidade jurídica de uniões estáveis formadas por companheiros do mesmo sexo. No âmbito desta Casa, reconheceu-se, inclusive, a juridicidade do casamento entre pessoas do mesmo sexo (REspE nº 1.1833.78/RS, Rel. Min. Luis Felipe Salomão, 4º Turma, j. em 25.10.2011), tendo sido essa orientação incorporada pelo Conselho Nacional de Justiça na Resolução nº 175/2013" (STJ, REspE nº 1.204.425/MG, Rel. Min. Luís Felipe Salomão, 4ª Turma, j. em 11.2.2014, *DJe* de 5.5.2014).

condição de filho ao adotado, com os mesmos direitos e deveres, inclusive sucessórios, "desligando-o de qualquer vínculo com pais e parentes", salvo os impedimentos matrimoniais, conquanto garantido ao adotado o direito de conhecer sua origem biológica (ECA, art. 48). Esse desligamento com os demais parentes não era previsto no Código de 1916, que no art. 336 dispunha que a adoção estabelecia parentesco civil exclusivamente entre o adotante e o adotado, confirmando-o o art. 376: "o parentesco resultante da adoção (art. 336) limita-se ao adotante e ao adotado, salvo quanto aos impedimentos matrimoniais".

Portanto, atualmente, a adoção inclui o adotado definitivamente na família do adotante, ligando-o aos seus parentes.

Na linha reta ascendente, até o segundo grau, encontram-se os pais e os avós das pessoas que exercem os cargos indicados no preceito constitucional; na linha descendente, os filhos e os netos; na linha colateral, os irmãos.

A afinidade é o vínculo que se estabelece, pelo casamento, ou pela união estável (CC, art. 1.595), entre um consorte e os parentes do outro, passando este a ter, com o afim, o mesmo grau de parentesco, na linha reta ou colateral, que vincula seu parceiro aos seus parentes consanguíneos.

Assim, os pais da mulher, como são ascendentes em primeiro grau da filha, por consanguinidade, são parentes, por afinidade, na mesma linha e grau do genro; os cunhados são parentes em segundo grau na linha colateral, por afinidade, porque os irmãos são entre si ligados por consanguinidade, na linha colateral, em segundo grau.

A afinidade cria o parentesco somente com relação aos ascendentes, aos descendentes e aos irmãos do cônjuge ou companheiro, sendo que na linha reta a afinidade não se extingue com a dissolução do casamento ou da união estável.

9.5. A PERPETUAÇÃO NO PODER E O EXERCÍCIO DO *MESMO CARGO*

Afirmamos no ITEM 9.2 (ver p. 166), que alguém, que foi reeleito prefeito de um município, pode tornar-se prefeito do lugar do seu novo domicílio, como já decidira o TSE. A Corte Superior, porém, abandonando o entendimento que anteriormente proclamara, posicionou-se em sentido contrário, asseverando no julgamento do AgR-REspe nº 35.888 – Tefé/AM (*DJe*, tomo 239, 15.12.2010, p. 44), no qual se refere à figura do *Prefeito itinerante*, que, como dita o princípio republicano, "somente é possível eleger-se para o cargo de 'prefeito municipal' por duas vezes consecutivas, permitindo-se, após, tão somente, a candidatura a 'outro cargo', respeitado o prazo de desincompatibilização de seis meses".

Pensamos, porém, que quando a Constituição fala em proibição de reeleição para o mesmo cargo, alude a *um cargo* somente com ele próprio perfeitamente identificado, como o de "Prefeito do Município de São Paulo". Não se pode dizer, nesse sentido, por exemplo, que o Prefeito de São Paulo ocupa o *mesmo cargo* do Prefeito de São Bernardo do Campo, nem se pode impedir que parentes governem municípios diversos, em períodos contemporâneos (ou sucessivos), visto que cada cargo tem somente um titular.

A repudiada perpetuação da pessoa ou de sua família no poder somente se dá considerando-se exatamente o mesmo cargo, isto é, *in casu*, o de Prefeito da mesma cidade. Convém assinalar que o mencionado aresto assim concluiu por maioria de votos, sendo que o Ministro Marco Aurélio ficou vencido, o Relator Ministro Marcelo Ribeiro, ressalvou, no voto condutor, o seu ponto de vista contrário, também ressaltando o seu entendimento pessoal o Ministro Arnaldo Versiani, cujo voto de sua convicção se distanciou apenas para prestigiar o entendimento fixado pela Corte para as eleições de 2008, e o Ministro Ricardo Lewandowski, embora concordando com o Ministro Marco Aurélio, votou com o Relator por entrever situação peculiar a consagrar a fraude. Votaram vencedores, sem ressalvas, a Ministra Cármen Lúcia e os Ministros Aldir Passarinho Junior e Hamilton Carvalhido.

10
INELEGIBILIDADES LEGAIS

10.1. NOTA INTRODUTÓRIA

A Lei Complementar nº 64/1990 contempla as inelegibilidades legais, na conformidade do comando inserto no art. 14, § 9º, da Constituição Federal, arguíveis ao ensejo do pedido de registro de candidato.

A causa de inelegibilidade que sobrevier à candidatura, assim como ocorre com aquela de natureza constitucional não suscitada por ocasião do pedido de registro de candidato, poderá ser debatida por ocasião da expedição do diploma, pela via própria.

Misturam-se à lista do art. 1º do mencionado diploma legal, as inelegibilidades constitucionais constantes da alínea que encabeça o inciso I (os inalistáveis e os analfabetos), bem como aquelas indicadas nos §§ 1º e 3º, que repetem, respectivamente, os §§ 6º e 7º do art. 14 da Constituição Federal, já tratadas, das quais, aqui, não mais nos ocuparemos.

Examinaremos os *outros casos de inelegibilidade* estabelecidos pela Lei Complementar com esteio na Constituição.

10.2. INELEGIBILIDADES (INCISO I DO ART. 1º DA LC Nº 64/1990)

São inelegíveis para qualquer cargo, ou seja, são absolutamente inelegíveis, por força de lei complementar (LC nº 64/1990, art. 1º, I), as pessoas que se enquadrem em qualquer das hipóteses a seguir elencadas:

10.2.1. Inelegibilidade decorrente da perda de mandato

Os membros do Congresso Nacional sujeitam-se a severa punição se infringirem as regras proibitivas que lhe são impostas pelo art. 54 da Constituição Federal e que visam à correta representação do povo que lhes confiou o voto e em nome de quem exercem o poder: a perda do mandato (CF, art. 55, I).

Estatui referido dispositivo que os Deputados e Senadores não poderão:

    I – desde a expedição do diploma:

        a) firmar ou manter contrato com pessoa jurídica de direito público, autarquia, empresa pública, sociedade de economia mista ou empresa concessionária de serviço público, salvo quando o contrato obedecer a cláusulas uniformes;

b) aceitar ou exercer cargo, função ou emprego remunerado, inclusive os de que sejam demissíveis *ad nutum*, nas entidades constantes da alínea anterior;

II – desde a posse:

a) ser proprietários, controladores ou diretores de empresa que goze de favor decorrente de contrato com pessoa jurídica de direito público, ou nela exercer função remunerada;

b) ocupar cargo ou função de que sejam demissíveis *ad nutum*, nas entidades referidas no inciso I, "a";

c) patrocinar causa em que seja interessada qualquer das entidades a que se refere o inciso I, "a";

d) ser titulares de mais de um cargo ou mandato público eletivo.

Como se vê, as restrições constitucionais são feitas em homenagem ao princípio da moralidade, que notoriamente deve reger o comportamento do homem público, e exsurgem após a eleição do candidato, visto que postas a partir de sua diplomação ou posse.

Mas são, as infrações à norma, causas geradoras de inelegibilidade para outras eleições.

Com efeito, se da ação do Deputado ou do Senador decorre a perda do mandato legitimamente conquistado nas urnas, dada a traição que revelou em relação aos compromissos prévia e inafastavelmente assumidos perante a Constituição, não seria condizente com a punição sofrida aceitar que tivesse dignidade para obter novo mandato durante o tempo remanescente daquele para o qual foi eleito e que perdeu, nem, pelo menos, para o período imediatamente seguinte, tomado como parâmetro o mandato de mais extensa duração – o de senador – que se estende por 8 anos.

Daí porque o período de inelegibilidade compreenderá o tempo remanescente do mandato para o qual foram eleitos e os oito anos subsequentes ao término da legislatura.

À mesma consequência se submete o Deputado ou Senador que proceder em descordo com o decoro parlamentar, configurando a conduta incompatível a exorbitância no uso das prerrogativas que lhe são asseguradas, bem como a percepção de vantagens indevidas, além dos casos definidos no regimento interno de sua Casa (CF, art. 55, II e § 1º).

Por outros motivos também pode se dar a perda do mandato do Congressista, mas são estes que provocam a inelegibilidade ora examinada.

Não cabe aqui discutir cada uma das hipóteses aludidas porque a lei trata da matéria objetivamente: se a perda do mandato tiver por fundamento a infringência ao art. 55, I ou II, da Constituição Federal, incide o art. 1º, I, "b", da Lei Complementar nº 64/1990, respeitada a decisão da Câmara ou do Senado, tomada por maioria absoluta, assegurada ampla defesa ao acusado (CF, arts. 5º, LV, e 55, § 2º).

No mesmo impedimento incorrem os membros das Assembleias Legislativas, da Câmara Legislativa e das Câmaras Municipais, sempre que hajam perdido os respectivos mandatos por violarem dispositivos àquele equivalentes, das Constituições Estaduais e Leis Orgânicas do Distrito Federal e dos municípios, conforme o caso.

A Constituição paulista, por exemplo, reproduz as regras mencionadas, com as adaptações cabíveis, nos arts. 15 e 16.

Igualmente, o Governador, o Prefeito e os respectivos Vices que perderem seus cargos eletivos em razão de ofensa à Constituição Estadual, à Lei Orgânica do Distrito

Federal ou à Lei Orgânica do Município, tornam-se inelegíveis durante o período remanescente e, ainda, nos oito anos que se seguirem ao término do mandato para o qual foram eleitos.

10.2.2. Inelegibilidade dos que têm contra si representação julgada procedente pela Justiça Eleitoral, em processo de apuração de abuso do poder econômico ou político

Qualquer partido político, coligação, candidato ou o Ministério Público Eleitoral poderá oferecer à Justiça Eleitoral representação na qual seja requerida abertura de investigação judicial para apurar desvio ou abuso de poder em benefício de candidato ou de partido político, durante a campanha eleitoral.

Esta alínea conecta-se com o disposto no art. 22 da LC nº 64/1990, o que faz inferir que quando se fala em *uso indevido, utilização indevida, abuso, interferência do poder* ou *desvio de poder*, fala-se da mesma situação abusiva aqui indicada, condenada pela legislação, o que nos leva à afirmação de que ao empregar tais expressões o legislador age por apego à didática, impedindo que ao leigo diretamente envolvido com o Direito Eleitoral escape qualquer delas e obstando interpretação especializada que alguma dessas situações exclua. Eis a razão pela qual se lê na LC nº 64/1990, que são inelegíveis os que tenham contra sua pessoa representação julgada procedente pela Justiça Eleitoral, em decisão transitada em julgado ou proferida por órgão colegiado, *em processo de apuração de abuso do poder econômico ou político* (art. 1º, I, "d"), e que a investigação judicial serve para apurar *uso indevido, desvio ou abuso do poder econômico ou do poder de autoridade, ou utilização indevida de veículos ou meios de comunicação social*, em benefício de candidato ou de partido político (art. 22, *caput*), bem como que a procedência da investigação conduz à cassação do registro ou diploma do candidato diretamente beneficiado *pela interferência do poder econômico ou pelo desvio ou abuso do poder de autoridade ou dos meios de comunicação* (art. 22, XIV). Tudo se resume no abuso de poder econômico ou político.

A decisão que acolhe a representação, passada em julgado ou proferida por órgão colegiado, torna o representado inelegível para a eleição na qual concorre ou tenha sido diplomado e para as que se realizarem nos oito anos seguintes.

Portanto, o julgamento de procedência do pedido formulado na representação, qualificado pela imutabilidade ou pela colegialidade do órgão julgador, ainda que proferido após a proclamação dos eleitos, provocará a cassação do registro ou diploma do candidato envolvido com o abuso verificado, bem como sua inelegibilidade – e de quantos hajam contribuído para a prática do ato, observado o devido processo legal – para as eleições a se realizarem nos 8 (oito) anos subsequentes à eleição em que se verificou o ato repugnado, sem prejuízo de outras providências a cargo do Ministério Público Eleitoral, como a instauração de processo disciplinar e de ação penal (LC nº 64/1990, art. 22, XIV).

Se a representação, ainda que julgada procedente após a eleição, gera, além da cassação do registro ou do diploma do beneficiário do abuso, sua inelegibilidade para os pleitos eleitorais que se realizarem nos oito anos que a ela se seguirem, outras medidas que, na Justiça Eleitoral, sirvam à apuração da mesma irregularidade devem ter a mesma eficácia. Assim, tendo sido interposto o recurso contra a diplomação ou proposta a ação de impugnação de mandato, diretamente, com arrimo na mesma causa, o mesmo efeito há de produzir o acolhimento do pedido neles formulado. É o *abuso de poder*, não a via pela qual é arguido, que dá azo à inelegibilidade. Mas esta conclusão não tem sido pacificamente acatada na doutrina ou na jurisprudência (TSE-AgR-RO nº 371.450).

Também importante assinalar que o legislador pôs cobro à relevante questão da exigência, ou não, de ter o ato abusivo potencialidade para provocar dano à normalidade e legitimidade das eleições, optando por dispensar este requisito, no inciso XVI do art. 22 da LC nº 64/1990, cujo conteúdo foi incluído pela LC nº 135/2010 ("para a configuração do ato abusivo, não será considerada a potencialidade de o fato alterar o resultado da eleição, mas apenas a gravidade das circunstâncias que o caracterizam"). A causa de inelegibilidade que se prendia unicamente à influência do abuso de poder no resultado das eleições agora fica atada à sua influência na moralidade do pleito e ao exercício do mandato.

Finalmente, anote-se que constitui crime eleitoral, apenado com detenção de 6 meses a 2 anos e multa, a arguição de inelegibilidade, ou a impugnação de registro de candidato feito por interferência do poder econômico, desvio ou abuso do poder de autoridade, deduzida de forma temerária ou de manifesta má-fé (LC nº 64/1990, art. 25).

10.2.3. Inelegibilidade dos que forem condenados, em decisão transitada em julgado ou proferida por órgão judicial colegiado por determinados crimes

A cominação de inelegibilidade acompanha o infrator desde a condenação criminal, por decisão transitada em julgado ou proferida por órgão judicial colegiado, e se estende pelo período de duração da pena e por mais 8 anos após o seu cumprimento.

Esta situação não se confunde com a suspensão dos direitos políticos prevista no inciso III do art. 15 da Constituição Federal, em razão de "condenação criminal transitada em julgado, enquanto durarem seus efeitos", embora as hipóteses tenham convivência parcial, porque os direitos políticos abrangem o direito de votar e o de ser votado e a inelegibilidade atinge apenas a capacidade eleitoral passiva. Destarte, enquanto durarem os efeitos da condenação criminal, prolatada monocraticamente ou por Órgão colegiado, desde que passada em julgado, o condenado não pode votar nem ser votado; ultrapassada esta fase, recuperará o direito de votar que estava suspenso, conquanto permaneça inelegível por mais 8 anos. Da condenação por órgão colegiado até o trânsito em julgado da sentença, igualmente, conquanto inelegível, o réu pode e deve votar.

Em outras palavras, a condenação passada em julgado suspende, em sua totalidade, os direitos políticos do criminoso "enquanto durarem seus efeitos", mas somente os crimes constantes do rol mencionado prolongam a inelegibilidade – iniciada com a decisão colegiada, quando ainda não passada em julgado, e depois embutida na suspensão dos direitos políticos (com o trânsito em julgado) – por 8 anos. E o critério é objetivo e indiscutível, independendo a produção desse efeito de previsão no decreto condenatório.

A condenação, sem a eficácia que torna imutável e indiscutível a sentença não mais sujeita a recurso, não atua sobre o direito de votar, embora, se proferida por órgão judicial colegiado, cause a inelegibilidade. A prisão em si, porém, ainda quando não sustentada pelo trânsito em julgado da sentença condenatória, pode constituir fato impeditivo do ato de votar, por restringir a liberdade de ir e vir do preso no dia das eleições (CE, art. 236).

Oportuno consignar, ainda, que, com a exceção prevista no art. 125, § 5º, da Constituição do Brasil, os crimes militares[153] são julgados por órgãos colegiados, o que faz com que suas decisões produzam a inelegibilidade desde logo, ainda em primeiro grau, quando são proferidas pelos Conselhos de Justiça.[154] Pela mesma razão, as decisões condenatórias do Tribunal do Júri geram a inelegibilidade, porquanto a lei exige daquelas só a garantia de que encontrem suporte na colegialidade, não que sejam proferidas em grau de recurso.[155]

A inelegibilidade assim como posta atinge também os que tenham sido processados e condenados antes da entrada em vigor da Lei Complementar nº 135/2010, que alterou a Lei Complementar nº 64/1990, e mesmo antes desta última, na sua redação original, a menos que tiverem readquirido a elegibilidade ainda sob a vigência das normas anteriores. É que o diploma complementar aqui cogitado tem natureza civil, não tipificando delitos (exceto no art. 25), mas complementando dispositivo constitucional relativo a inelegibilidades, e apanhando, assim, todos aqueles que se enquadrem nas situações nela agrupadas, no momento de sua imposição. Isto não significa ter a lei efeito retroativo, mas sim aplicação imediata (ALVES, 1992).

Cabe ressaltar que a lei seleciona, para aplicar a inelegibilidade por prazo maior do que o da duração da pena criminal, o cometimento de infração penal que mais nitidamente comprometa a atuação do delinquente como homem público – aí se incluindo os crimes contra o sistema financeiro, o mercado de capitais, a economia popular, a fé pública, o meio ambiente e a saúde pública, a administração e o patrimônio públicos, bem como os delitos de abuso de autoridade que levem à perda do cargo ou à inabilitação para o exercício de função pública, os de lavagem ou ocultação de bens, direitos e valores, os falimentares e os crimes eleitorais, dentre outras condutas sem essa mesma conotação, mas marcadas pela extrema gravidade, consistentes no tráfico de entorpecentes e drogas afins, racismo, tortura, terrorismo e crimes hediondos, redução à con-

---

153. Reza o art. 125, § 5º, da CF: "**Art. 125.** Os Estados organizarão sua Justiça observados os princípios estabelecidos nesta Constituição. [...] § 5º Compete aos juízes de direito do juízo militar processar e julgar, singularmente, os crimes militares cometidos contra civis e as ações judiciais contra atos disciplinares militares, cabendo ao Conselho de Justiça, sob a presidência de juiz de direito, processar e julgar os demais crimes militares". Os crimes militares estão definidos no Código Penal Militar. Têm esta natureza, por exemplo, os crimes praticados por militar da reserva, ou reformado, ou por civil, contra o patrimônio sob a administração militar (CPM, art. 9º, III, "a").

154. "Marcam as decisões colegiadas o debate mais intenso, o fortalecimento da independência judicial (pois um conjunto de julgadores permanece menos afeito a pressões externas) e o controle recíproco entre os magistrados típico dos atos decisórios coletivos (vez que cada juiz manifesta-se publicamente na presença dos demais) o que legitima, segundo a inovadora ordem legal, a fixação de inelegibilidade antes mesmo do trânsito em julgado", escreve Paulo Adib Casseb (2011, p. 72-3).

155. RO – Recurso Ordinário nº 263.449 – São Paulo/SP – TSE, Rel. originário Min. João Otávio de Noronha, Rel. designada Min. Maria Thereza de Assis Moura, ac. publicado em Sessão em 11.11.2014. Além do Relator também restou vencido o Min. Gilmar Mendes. Ver inclusão expressa dessa hipótese no Projeto de Lei do Senador Pedro Taques nº 277/2012.

dição análoga à de escravo, bem como aquelas que atentam contra a vida e a dignidade sexual e as praticadas por organização criminosa, quadrilha ou bando.

Estão excluídos da aplicação da inelegibilidade prevista na alínea "e" do inciso I do artigo em comento, de acordo com o seu § 4º, os crimes culposos, os definidos em lei como de menor potencial ofensivo[156] e os crimes de ação penal privada.

10.2.4. Inelegibilidade dos indignos do oficialato, ou com ele incompatíveis

O oficial das Forças Armadas deve ter comportamento irrepreensível, combinante com seu posto e sua patente, notadamente porque toda a rigorosa estrutura da hierarquia militar assenta-se na disciplina e no respeito que os subalternos devem aos seus superiores e todos à Instituição a que servem, como a farda impõe, cujos fins só assim serão alcançados.

Ao galgar o oficialato, o militar torna-se um exemplo a ser seguido pelos seus comandados, daí porque se sujeita à declaração de que o desmerece o oficial que for condenado à prisão, por tribunal civil ou militar, por tempo superior a dois anos ou por crimes para os quais o Código Penal Militar comine a indignidade ou a incompatibilidade com o oficialato como penas acessórias, e por delitos previstos na legislação especial concernentes à segurança do Estado, sofrendo as consequências desse reconhecimento apenas após o trânsito em julgado da decisão proferida exclusivamente por tribunal militar, a mando dos arts. 142, § 3º, VI e VII, e 42, § 1º, da Constituição Federal.[157]

Do mesmo modo a perda da nacionalidade brasileira é incompatível com o oficialato das Forças Armadas (CF, art. 12, § 3º, VI), ao mesmo tempo em que ser brasileiro é condição de elegibilidade.

Severo é o legislador com o militar que deixou de figurar entre os oficiais por ter mantido atitude réproba. E com razão, dada a responsabilidade que tinha e os reflexos negativos que por via oblíqua sua conduta lançou sobre toda a classe, soerguida com a repulsão realizada. O prazo de inelegibilidade, como em todos os casos, é de 8 anos, exceção feita, é claro, à perda da nacionalidade.

---

156. Conforme o art. 61 da Lei nº 9.099/1995, com a redação dada pela Lei nº 11.313/2006, consideram-se de menor potencial ofensivo os crimes a que a lei comine pena máxima não superior a dois anos, cumulada ou não com multa. Tais delitos são julgados, na Justiça comum, pelos Juizados Especiais Criminais (art. 60 da mesma lei). Porém, aos crimes eleitorais também se aplica a Lei nº 9.099/1995, que adotou o critério da pena cominada, e não o da especialidade da jurisdição (TSE, REspE nº 15.052, Rel. Min. Costa Porto, j. em 9.12.1997, DJ de 9.2.1998, fundamentado, inclusive, no Acórdão proferido no RHC nº 76.606, da 2ª Turma do STF, Rel. Min. Maurício Corrêa, que teve igual entendimento com relação aos crimes militares). A denúncia por crime eleitoral pode ser oferecida por Procurador da República designado para oficiar junto ao Tribunal Regional Eleitoral sem ratificação do Procurador Regional Eleitoral (TSE, Ac. nº 309, Rel. Min. Eduardo Alckmin, DJ de de 7.11.1996). Ambas as decisões prestigiaram posição por um dos autores desta obra, formada no exercício da titularidade da Procuradoria Regional Eleitoral de SP, em grau de recurso especial, no primeiro caso, e em sede de agravo, no segundo.

157. Dispõe o inciso VI do § 3º do art. 142 da CF: "o oficial só perderá o posto e a patente se for julgado indigno do oficialato ou com ele incompatível, por decisão de tribunal militar de caráter permanente, em tempo de paz, ou de tribunal especial, em tempo de guerra;" e o inciso VII: "o oficial condenado na justiça comum ou militar a pena privativa de liberdade superior a dois anos, por sentença transitada em julgado, será submetido ao julgamento previsto no inciso anterior".

Embora não aponte a alínea "f" do art. 1º, I, da Lei Complementar nº 64/1990, o termo a partir do qual deverá ser iniciada a contagem do octénio, a leitura da ordem, em conjunto com o art. 142, § 3º, VI, da Constituição Federal, revela que é da declaração irrecorrível de indignidade ou incompatibilidade com o que se define a perda do posto e da patente do oficial.

Aquele que não é oficial e pratica delito igualmente se torna inelegível, em face da condenação criminal sofrida, se enquadrável a hipótese no rol do art. 1º, I, "e", emoldurado pelo § 4º da Lei Complementar nº 64/1990.

Aos policiais e bombeiros militares, dada a abrangência da norma, aplica-se o mesmo impedimento, importando o que sobre o assunto dispuserem os respectivos estatutos.

Em São Paulo, a Lei Estadual nº 186, de 14 de dezembro de 1973, no seu art. 2º, prevê a declaração de indignidade para o oficialato, ou de incompatibilidade com o mesmo, em casos idênticos aos já abordados, inclusive mandando aplicar a lei federal no que tange às hipóteses que motivam o julgamento por Conselho de Justificação.

10.2.5. Inelegibilidade proveniente da rejeição de contas

Os responsáveis por dinheiros, bens e valores públicos prestam as contas de sua administração ao Poder Legislativo, não se eximindo da responsabilidade civil e penal no caso de sua desaprovação.

Aliás, a certidão de dívida ativa da Fazenda Pública da União, dos Estados, do Distrito Federal, dos Territórios e dos Municípios, correspondente aos créditos inscritos na forma da lei, constitui título executivo extrajudicial, nos termos do art. 585, VII, do CPC/1973 e art. 784, IX, do CPC/2015.

A rejeição das contas do administrador público interfere na sua candidatura, tolhendo-lhe a postulação por 8 anos a partir da decisão, desde que se tenha dado em virtude de irregularidade insanável que configure ato doloso de improbidade administrativa, e por decisão irrecorrível do órgão competente.

Ressalva-se, naturalmente, a hipótese de suspensão ou anulação desse ato em virtude de decisão judicial.

Presentes, então, deverão estar, para que incida o art. 1º, I, "g", da Lei Complementar nº 64/1990, os seguintes elementos:
a) o candidato deve ter exercido cargo ou função pública sujeita à prestação de contas;
b) as contas prestadas devem ter sido recusadas não por defeito técnico, mas por irregularidade não passível de ser sanada, que configure ato doloso de improbidade administrativa. A improbidade culposa é prevista no art. 10 da Lei nº 8.429, de 2 de junho de 1992 (Lei de Improbidade). Divergem, os doutrinadores, sobre a aceitação dessa modalidade, mas admitida a improbidade culposa, esta não tem força para embasar a inelegibilidade;[158]

---

158. Já decidiu o TSE que, "sem imputação de participação direta do Prefeito, a rejeição de contas de uma empresa pública ou mista do município não é bastante, por si só, para que deva a inelegibilidade do responsável direto alcançar o Prefeito" nem a de membro do Conselho de Administração de Sociedade de Economia Mista "se não estabelecido liame de responsabilidade entre a conduta dele e as irregularidades que levaram à rejeição das contas" (Ac. nº 12.850, Rel. Min. Sepúlveda Pertence, *Cadernos de Direito Constitucional e Eleitoral*, 23:138).

c) a rejeição antes mencionada deve ser definitiva, no âmbito administrativo. Compete: ao Tribunal de Contas da União "julgar as contas dos administradores e demais responsáveis por dinheiros, bens e valores públicos da administração direta e indireta, incluídas as fundações e sociedades instituídas e mantidas pelo Poder Público Federal, e as contas daqueles que derem causa a perda, extravio ou outra irregularidade de que resulte prejuízo ao erário público" (CF, art. 71, II); ao Congresso Nacional julgar as contas prestadas pelo Presidente da República, após prévio parecer do Tribunal de Contas da União (CF, arts. 49, IX, e 71, I); "o controle externo da Câmara Municipal será exercido com o auxílio dos Tribunais de Contas dos Estados ou do Município ou dos Conselhos ou Tribunais de Contas dos Municípios, onde houver", cabendo-lhes emitir parecer prévio sobre as contas apresentadas pelos Prefeitos que só deixará de prevalecer por decisão de dois terços dos membros da Câmara Municipal (CF, art. 31, §§ 1º e 2º), o que faz com que o tal parecer não represente recusa definitiva das contas às quais se refere. Em São Paulo, a Assembleia Legislativa julgará as contas do Governador, após parecer do Tribunal de Contas do Estado, bem como da própria Mesa, e do Presidente do Tribunal de Justiça, cabendo ao Tribunal de Contas o julgamento dos demais responsáveis por bens e valores públicos (Constituição do Estado de São Paulo, arts. 20, VI, e 33, I e II);

d) esse ato não deve estar suspenso nem ter sido anulado por decisão judicial.

Não se pode mais entender, portanto, que a inelegibilidade fica automaticamente suspensa com a simples submissão daquele ato à apreciação do Poder Judiciário, como autorizava concluir a norma na sua redação primeira que ensejou a edição da Súmula nº 1 do TSE ("proposta a ação para desconstituir a decisão que rejeitou as contas, anteriormente à impugnação, fica suspensa a inelegibilidade (LC nº 64/1990, art. 1º, I, "g"), mas a respeito do que muito se debatia.

Só isso justifica a ressalva legal, porque é regra de hermenêutica que a lei não contém palavras inúteis ou desnecessárias e não há dúvida de que tanto a liminar ou a tutela antecipada concedida pelo Judiciário, como a sentença de procedência por ele prolatada, passada em julgado ou submetida a recurso não recebido no efeito suspensivo, no processo destinado a refutar a desaprovação das contas, suspenderia ou extinguiria, em face da paralisação, provisória ou definitiva, dos efeitos do fato que a causava, a inelegibilidade, independentemente de previsão na Lei Complementar nº 64/1990.

De outro lado, não caberia a crítica de que, com a ressalva, a Lei Complementar obstaria a produção dos efeitos do ato administrativo, representado pela rejeição das contas, já que a inelegibilidade não se exibe como consequência natural do ato aludido, mas decorre especificamente da incidência da Lei Complementar nº 64/1990 que, criando-a, legitimamente poderia, como fez, prever o caso em que a inelegibilidade legal não deve prevalecer.

Por tais razões não tem mais lugar a Súmula nº 1 daquele Pretório.

Neutraliza a inelegibilidade da alínea "g" do art. 1º, I, da Lei Complementar nº 64/1990, primeira parte, qualquer medida judicial que possa afetar a decisão administrativa hostilizada pelo candidato; não o fará a simples propositura da ação rescisória, pois tendo a rejeição das contas recebido a chancela do Judiciário, até que seja rescindida, prevalece a sentença rescindenda, com a autoridade de coisa julgada.

A inelegibilidade proveniente da rejeição das contas dilata-se por 8 anos, contados a partir da data da decisão proferida nesse sentido; ficando suspensa por ordem judicial, volta a inelegibilidade a incidir pelo prazo que restar para completar o octênio, em face do insucesso do autor. No entanto, se durante o tempo da suspensão da inelegibilidade houve eleições e delas não participou esse mesmo autor, podendo fazê-lo com amparo na sobredita medida, não há razão para não se computar esse período nos 8 anos em que estava impedido de candidatar-se.

O administrador que não presta as devidas contas, não se encontra na situação de quem as teve rejeitadas, mas sim na de quem pratica *ato de improbidade administrativa que atenta contra os princípios da administração pública,* respondendo pela desobediência, igualmente, com a suspensão dos direitos políticos durante tempo variável entre três e cinco anos, além da perda da função pública e outras consequências (Lei nº 8.429/1992, art. 11, VI, c/c art. 12, III).

A Lei Complementar refere-se às contas relativas ao exercício de cargos ou funções públicas.

As contas de campanha aqui não se encaixam. Estas, prestadas, podem levar à constatação de abuso de poder econômico e ao resultado que daí se extrai; não prestadas, prejudicam a diplomação dos eleitos, enquanto perdurar a omissão (Lei nº 9.504/1997, art. 29, § 2º) permitindo que o responsável pela não apresentação, também com relação ao não eleito, seja intimado a fazê-lo, mas a recusa em cumpri-la não caracterizará o crime do art. 347 do Código Eleitoral (desobediência), embora esconda o omisso, da Justiça, elementos importantes para a verificação de abusos: a conduta é atípica, eis que a responsabilidade penal pela desobediência não foi acolhida pela lei em exame, afirmativa que encontra respaldo, por exemplo, no art. 219 do Código de Processo Penal, que, ao contrário, submete a testemunha faltosa a "processo penal por crime de desobediência".[159]

Com efeito, a Corte Superior Eleitoral firmou o entendimento de que a prestação de contas constitui processo de natureza administrativa e sua não apresentação implica a não obtenção de certidão de quitação eleitoral, sendo impossível criar a figura típica do crime de desobediência mediante intimação judicial.[160]

---

159. TSE, REspE nº 15.105, Rel. Min. Eduardo Alckmin, *RJTSE*, v. 9, t. 4, p. 211.
160. "RECURSO EM MANDADO DE SEGURANÇA – TRIBUNAL REGIONAL ELEITORAL – INDEFERIMENTO – PEDIDO – MINISTÉRIO PÚBLICO – NOTIFICAÇÃO – CANDIDATOS QUE NÃO PRESTARAM CONTAS DE CAMPANHA – EVENTUAL – CONFIGURAÇÃO – CRIME – DESOBEDIÊNCIA – AUSÊNCIA – PREVISÃO LEGAL. 1. Não há falar em ilegalidade da decisão do ilustre Presidente da Corte de origem – confirmada pelo respectivo colegiado – que indeferiu requerimento do Ministério Público para que fossem notificados os candidatos e comitês financeiros, que deixaram de prestar contas de campanha no pleito de 2006, a fim de que o fizessem, sob pena de incidirem no crime de desobediência (art. 347 do Código Eleitoral). 2. A atual jurisprudência desta Corte Superior já assentou que a prestação de contas constitui processo de natureza administrativa, razão pela qual não se pode, como assentou o voto condutor no TRE, construir a figura típica do crime de desobediência

Realmente, a Lei nº 9.504/1997, prescreve no art. 11, § 1º, VI, que os pedidos de registro de candidato deverão ser instruídos com a certidão de quitação com a Justiça Eleitoral, expondo, no § 7º, que esta *abrangerá* [...] *a apresentação de contas de campanha eleitoral*, sem o que o pedido não será deferido.

10.2.6. Inelegibilidade dos detentores de cargo na administração pública que praticaram abuso de poder

Cuida-se, aqui, especificamente, daqueles que, detentores de cargo na Administração Pública direta, indireta ou fundacional, tenham sido condenados em decisão transitada em julgado ou proferida por órgão judicial colegiado, pelo desvio do poder econômico ou político em benefício próprio ou alheio. Tais pessoas ficam inelegíveis para a eleição na qual concorrem ou tenham sido diplomados, bem como para as que se realizarem nos 8 anos seguintes, ou seja, para cinco eleições: o candidato, que concorre em 2014 é considerado inelegível para esta eleição (primeira) e para as de 2016 (segunda), 2018 (terceira), 2020 (quarta) e 2022 (quinta).

O favorecimento narrado, em si, caracteriza o abuso de poder.

A ocupação de cargo ou o só exercício de função produzem o mesmo efeito, porque o que objetiva o legislador é punir com a inelegibilidade quem se tenha servido do poder que lhe foi outorgado com o intuito de habilitá-lo a servir aos outros sem discriminações. Não se cogita apenas do "detentor de cargo" no sentido estrito que lhe dá o Direito Administrativo, até porque a Constituição de 1988 se refere a emprego e função, dentre outros, nos seus arts. 14, § 9º, e 37, II e § 4º, e, exclusivamente a ela, ao tratar, no parágrafo único do art. 52, da inabilitação do Presidente da República (inabilitação, por oito anos, para o exercício de função pública), sendo indubitável que a esta não se limita.

Difere a situação ora sob enfoque daquela descrita na alínea "d" porque aqui não se aloja a representação de que tratam os arts. 19 e seguintes da Lei Complementar nº 64/1990, não se vinculando, necessariamente, a transgressão a pleito eleitoral, mas, singelamente, ao desvirtuamento do poder, genericamente considerado, em benefício próprio ou de terceiro, desvendado em processo que não precisa, por isso, ter caminhado perante a Justiça Eleitoral, embora isto possa ter ocorrido e referir-se a pleito anterior.

10.2.7. Inelegibilidade dos diretores, administradores ou representantes de estabelecimentos de crédito, financiamento ou seguro objeto de liquidação

A alínea "i" deve ser examinada em face do princípio do *due process of law* e da cominação da inelegibilidade que a aplicação do dispositivo anuncia.

Apresenta a norma o seguinte teor: são inelegíveis, para qualquer cargo "os que, em estabelecimentos de crédito, financiamento ou seguro, que tenham sido ou estejam

---

mediante a intimação judicial pretendida. 3. A não apresentação de contas de campanha já acarreta a imposição de sanção atinente à não obtenção de certidão de quitação eleitoral, nos termos das Resoluções TSE nº 22.250 e 21.823. (TSE, RMS nº 562/SP, Rel. Min. Carlos Eduardo Caputo Bastos, j. em 20.5.2008, *DJ* de 16.6.2008.)

sendo objeto de processo de liquidação judicial ou extrajudicial, hajam exercido, nos 12 (doze) meses anteriores à respectiva decretação, cargo ou função de direção, administração ou representação, enquanto não forem exonerados de qualquer responsabilidade".

Tendo sido o art. 14, § 9º, da Constituição promulgada em 5 de outubro de 1988, no qual se sustenta a lei apontada, alterado pela Emenda Constitucional de Revisão nº 4, de 7 de junho de 1994, o problema que de imediato nos desafia é saber com qual dos comandos o texto legal deve ser cotejado, se o original ou o adveniente. É o que faremos a seguir.

A Constituição Federal, ao tratar, no Título destinado aos direitos fundamentais, dos direitos políticos, estabelece, em seu próprio texto, casos de inelegibilidade, reservando à Lei Complementar, a previsão de outras hipóteses que constituam óbice à elegibilidade do cidadão que preencha as condições por ela imposta (a nacionalidade brasileira, o pleno exercício dos direitos políticos, o alistamento eleitoral, o domicílio eleitoral na circunscrição, a filiação partidária e a idade mínima para o mandato pretendido).

Traça lindes, todavia, à atuação do legislador complementar, estatuindo, no § 9º do art. 14, na sua redação original:

> Lei complementar estabelecerá outros casos de inelegibilidade e os prazos de sua cessação, a fim de proteger a normalidade e legitimidade das eleições contra a influência do poder econômico ou abuso de exercício de função, cargo ou emprego na administração direta ou indireta.

Posteriormente, por força da Emenda Constitucional de Revisão nº 4/1994, o texto anteriormente transcrito foi modificado para incluir, de modo expresso, entre os desígnios da lei infraconstitucional, a proteção à probidade administrativa e a moralidade para o exercício do mandato, considerada a vida pregressa do candidato, assim, então, apresentando-se a norma:

> Lei complementar estabelecerá outros casos de inelegibilidade e os prazos de sua cessação, a fim de proteger a probidade administrativa, a moralidade para o exercício do mandato, considerada a vida pregressa do candidato e a normalidade e legitimidade das eleições, contra a influência do poder econômico ou o abuso do exercício de função, cargo ou emprego na administração direta ou indireta.

A nova determinação, posta sob o crivo do Tribunal Superior Eleitoral, deu origem à Súmula nº 13 desse Sodalício, publicada no *Diário da Justiça* de 28, 29 e 30 de outubro de 1996, cujo verbete consigna: "Não é autoaplicável o § 9º, art. 14, da Constituição, com a redação da Emenda Constitucional de Revisão nº 4/1994".

Esse Pretório, nos precedentes que geraram tal enunciado, rejeitou a pretensão recursal com base na ausência de previsão legal.[161]

Com isto se quer dizer que, se dentro da visão da mais alta Corte Eleitoral, o dispositivo constitucional não se aplica diretamente aos casos concretos, sem a intermediação do legislador complementar, pode-se concluir, sob a mesma luz, que o texto original da lei em vigor, de 18 de maio de 1990, não se mostrava apto a projetar em patamar inferior a alteração a ser promovida na Constituição.

---

161. TSE, RO nº 12.082/MA, Rel. Min. Diniz de Andrada, j. em 4.8.1994, publicado em Sessão de 4.8.1994; TSE, RO nº 12.107/RJ e RO nº 12.081/MA, ambos de relatoria do Min. Flaquer Scartezzini, j. em 6.8.1994, publicados em Sessão de 6.8.1994.

Em consequência disto, infere-se que, contendo a Lei Complementar nº 64/1990, regra que não se ajustava ao teor original do § 9º do art. 14 da *Lex Legum,* infringe ela o sistema constitucional, conquanto guarde consonância com o texto resultante da revisão de 1994.

Assim é porque, como antes já observamos, respeitadas as bem fundamentadas opiniões em contrário, a norma inconstitucional não se constitucionaliza com a superveniência de Emenda, que não a pode recepcionar precisamente pelo vício que contém e que a torna imprestável.

Em síntese, norma que quando editada contraria a Constituição é natimorta e não ganha vida com a vinda posterior de norma constitucional na qual, a partir de então, encontraria guarida.

A alínea em estudo traz consigo irremediável defeito que a macula desde o nascedouro, porque, inadvertidamente, o legislador complementar de 1990 repetiu a previsão do art. 1º, I, da Lei Complementar nº 5/1970, que tomou por modelo, sem atentar que a Constituição então vigente deixara à lei complementar dispor sobre a especificação dos direitos políticos, o gozo, o exercício, a perda ou suspensão de todos ou de qualquer deles e os casos e as condições de sua reaquisição (art. 149, § 3º), bem como tinha a lhe ditar os limites e a extensão, o art. 151, IV, da Constituição anterior, *ad litteram*:

> **Art. 151.** Lei complementar estabelecerá os casos de inelegibilidade e os prazos nos quais cessará esta, com vista a preservar, *considerada a vida pregressa do candidato*:
>
> I – o regime democrático;
>
> II – a probidade administrativa;
>
> III – a normalidade e a legitimidade das eleições contra a influência ou o abuso do exercício de função, cargo ou emprego público da administração direta ou indireta, ou do poder econômico;
>
> IV – a normalidade para o exercício do mandato. (Grifo nosso)

Tal regramento, como se vê, amparava a inelegibilidade que visasse à preservação do regime democrático, da probidade administrativa, da normalidade e legitimidade das eleições contra o abuso do poder e a normalidade para o exercício do mandato, *considerando a vida pregressa* do candidato.

O mesmo conjunto não se observava no primeiro texto da Constituição de 1988, o qual autorizava a previsão de outros casos de inelegibilidade "a fim de proteger a normalidade e legitimidade das eleições contra a influência do poder econômico ou o abuso de exercício de função, cargo ou emprego na administração direta ou indireta". Nada fora dito sobre a *vida pregressa* do candidato, sendo pinçado apenas o inciso III do art. 151 da Constituição anterior, para preencher a finalidade do § 9º do art. 14 da Constituição de 1988, não podendo a lei complementar ir além da autorização constitucional.

Ora, o impedimento ao direito de ser votado é apanhado diretamente no corpo da Constituição, ou em lei inferior, por determinação daquela, devendo, neste caso, acomodar-se ao seu comando dentro dos contornos adrede traçados.

Destarte, a indicação de inelegibilidades ditadas pela lei complementar, com fundamento no art. 14, § 9º, da Constituição de 1988, haveria de a ele ajustar-se. Mas não o fez. Pergunta-se: que relação teriam os administradores de estabelecimentos de crédito, financiamento ou seguro, objeto de processo de liquidação judicial ou extrajudicial, que os tenham dirigido nos 12 (doze) meses anteriores à respectiva decretação, com a normalidade e legitimidade das eleições contra a influência do poder econômico ou abuso de exercício de função, cargo ou emprego na administração direta ou indireta, considerando-se tão somente estes dados, assim apresentados nesse dispositivo? No que a má administração desses estabelecimentos prejudicariam, por si, as eleições?

Quando o Pleno do Supremo Tribunal Federal declarou constitucional a previsão correspondente a esta, constante da Lei Complementar nº 5, de 29 de abril de 1970, art. 1º, I, "o", deixou claro que o fazia considerando a amplitude da proteção a que se dispunha a Constituição de 1967, no art. 151, cujo teor a Constituição de 1988 não reproduziu. Disse, naquele julgamento, o Relator Ministro Octávio Gallotti, após ler o art. 151 da Constituição à época em vigor:

> O exame das normas lidas deixa manifesto que o constituinte atribuiu ao legislador atribuição para estabelecer inelegibilidades considerando fatos pretéritos da vida dos cidadãos, desde que passíveis de torná-los presumidamente capazes de infringirem qualquer das regras de conduta aí previstas.
>
> Assim, ao dispor sobre a preservação da probidade administrativa e da moralidade no exercício do mandato, não restringiu a fixação da inelegibilidade aos que, em data anterior, houvessem praticado atos de improbidade na administração pública ou houvessem faltado à moralidade no exercício do mandato, e sim determinou que fossem fixadas de forma a evitar que isso viesse a ocorrer, e daí ter atribuído à lei a finalidade de preservar ditas regras de conduta.
>
> O legislador considerou que o dirigentes de empresas de financiamento, enquanto não exonerados de qualquer responsabilidade, deveriam ser considerados como passíveis de, eleitos, atentarem contra a probidade administrativa ou à moralidade no exercício do mandato.[162]

Mas o art. 14, § 9º, da Constituição de 1988 não veio a se referir à probidade administrativa ou à moralidade no exercício do mandato, considerada a vida pregressa do candidato.

Portanto, neste ponto a Lei Complementar nº 64/1990 seria compatível com a Constituição de 1967, Emendada em 1969, mas não com a Constituição de 1988, antes da Emenda Constitucional de Revisão nº 4, de 7 de junho de 1994, com a qual o dispositivo em pauta, com a fixação de inelegibilidades, passou, aí sim, a proteger a probidade administrativa, a moralidade para o exercício do mandato, considerada a vida pregressa do candidato, além da normalidade e legitimidade das eleições contra a influência do poder econômico ou o abuso do exercício de função, cargo ou emprego na administração direta ou indireta.

---

162. "Inelegibilidade. Art. 151 da Constituição de 1969. Lei Complementar nº 5, de 29 de abril de 1970, art. 1º, inciso I, letra 'o'. Decisão do Tribunal Superior Eleitoral que aplicou esse preceito, sem contrariar a Constituição. tera sido injusta a lei para com o recorrente, mas inconstitucional não e, como disse Holmes, o juiz não pode substituir pelas suas as concepções de justiça do legislador. Preocupado em resguardar a economia popular seriamente atingida, por vezes com grave abalo social, por estabelecimento de crédito, financiamento ou seguro que entram em liquidação, quis a lei tornar inelegíveis os que nos doze meses anteriores à respectiva decretação hajam sido seus administradores, e inelegíveis enquanto não forem exonerados de qualquer responsabilidade. Recurso não conhecido." (STF, RE nº 71.252/RS, Rel. Min. Luiz Gallotti, Tribunal Pleno, DJ de 26.3.1971).

Considerando que o Tribunal Superior Eleitoral entendeu que a regra não é auto-aplicável e adotada a teoria de que a norma existente antes da Emenda com ela não se constitucionaliza se não era, anteriormente, compatível com a Constituição, podemos afirmar, com segurança, que as hipóteses da Lei Complementar, de 1990, para comporem relação concrescível, devem ser lidas à vista do texto da Constituição em vigor em 18 de maio desse mesmo ano, quando veio a lume dito diploma, tendo o Congresso Revisor, então, o inescondível desiderato de ampliar o refreado universo legal.

Tal mandamento, enquanto inalterado, estimulou a atividade do legislador tão só, sob esta ótica, a combater a má influência do poder econômico e o abuso do poder perpetrado no exercício de função, cargo ou emprego, na administração direta ou indireta, para assegurar a normalidade e a legitimidade das eleições (abuso de poder concernente ao processo eleitoral). Disse a Lei Maior, naquela ocasião, em outras palavras, que as eleições não podiam ser afetadas pelo abuso de poder econômico ou de autoridade.

Já a Lei Complementar nº 64/1990, no art. 1º, I, "i", indiferente a esse compromisso, desde o início nega elegibilidade àqueles que "em estabelecimento de crédito, financiamento ou seguro, que tenham sido ou estejam sendo objeto de processo de liquidação judicial ou extrajudicial, hajam exercido, nos 12 (doze) meses anteriores à respectiva decretação, cargo ou função de direção, administração ou representação, enquanto não forem exonerados de qualquer responsabilidade".

Ou seja, a lei que estava presa à guerra contra a indevida interferência do poder que pudesse macular o prélio eleitoral, desviou-se de seu objetivo, atacando, a pretexto de garantir a normalidade e a legitimidade das eleições, situação que não tem correlação com aquela que era perseguida pelo constituinte.

Senão, vejamos.

Em se tratando de pessoa jurídica de direito privado, as pessoas indicadas na norma sob exame, catalogada na Lei Complementar nº 64/1990, não exercem função, cargo ou emprego na administração direta ou indireta, a que se refere o aludido § 9º, sendo sabido que, situando-se os direitos políticos entre os direitos fundamentais, a ordem que os atinge, sendo restritiva, não aceita interpretação analógica ou ampliativa.

Ademais, não se divisa, na estipulação legal cogitada, qualquer indicativo de como as pessoas "tornadas", por ela, inelegíveis, contribuiriam para desservir à normalidade e legitimidade das eleições em razão de *abuso de poder econômico*, por intermédio apenas da conduta descrita: *exercício de função de direção, administração ou representação de estabelecimento de crédito, financiamento ou seguro, objeto de processo de liquidação, nos doze meses que precederam à respectiva decretação*.

Portanto, não poderia a lei complementar ir além do que lhe foi permitido.

Os arts. 1º, I, "d"; 19 e 22 da Lei Complementar nº 64/1990, comprovam a sustentabilidade da assertiva.

Com efeito, o art. 19 esclarece cuidar das transgressões pertinentes à origem de valores pecuniários, abuso de poder econômico ou político, *em detrimento da liberdade do voto*, fazendo o art. 22 explícita referência à investigação judicial para apurar uso indevido, desvio ou abuso do poder econômico ou do poder de autoridade, ou utilização indevida de veículos ou meios de comunicação social, *em benefício de candidato ou de partido político,* também por isso a ela não dizendo respeito, muito menos o seu parágrafo único.

Nesses preceitos é que a Lei Complementar nº 64/1990 observa o art. 14, § 9º, da Lei Maior, no que tange à proteção do pleito eleitoral contra o abuso de poder, tendo por alvo a normalidade e a legitimidade das eleições.

Enfim, se o quadro apresentado pelo legislador complementar não se encaixa na moldura confeccionada pelo legislador constituinte, cabe à disposição em tela a pecha de violadora do Ordenamento Supremo, não tendo por isso, como prevalecer.

Admitamos, agora, que a regra legal deva ser analisada em face do texto constitucional reescrito pela Emenda Constitucional de Revisão nº 4/1994, considerando as lições que aceitam a constitucionalização da norma nascida inconstitucional.

Inseriremos a questão exatamente na expressão acrescida "a fim de proteger *a probidade administrativa, a moralidade para o exercício do mandato, considerada a vida pregressa do candidato",* posta separadamente daquela outra, já discutida ("e a normalidade e legitimidade das eleições contra a influência ou o abuso do exercício de função, cargo ou emprego na administração direta ou indireta"), com a qual, somando-se, não se confunde.

Não se poderia então ter como probo, respeitador do princípio da moralidade, o candidato que trouxesse currículo marcado por prestação de serviços que, sem maiores indagações e cuidados, objetivamente se amoldasse à situação, por si desabonadora, estampada na alínea em estudo, contemplando o princípio da inocência às avessas.

Noutras palavras, o simples atuar com poder de decisão, em determinadas empresas em liquidação, em certo período, acarretaria a inconveniência de se desacolher a candidatura a mandato eletivo, de quem aí se incluísse, simplesmente motivada na presunção de que essa pessoa teria concorrido para aquele evento indesejável, agindo sem a atenção que a honra exige; seria visto como ímprobo, incapaz de lidar honestamente com a coisa pública, *até ser dispensado de "qualquer" responsabilidade.*

Em primeiro lugar, não é o político incompetente que a lei deve afastar do pleito, mas o desonesto. Àquele incumbe ao eleitor avaliar, de acordo com a apreciação crítica que fizer de suas propostas e do seu trabalho, negando-lhe, se assim entender, o seu valioso voto.

Ora, mesmo que da improbidade de um dirigente se possa suspeitar, um defeito de tamanha repercussão não se pode presumir, dando-se à presunção *juris tantum* os efeitos da certeza, nem se pode igualar a possibilidade com a probabilidade, salvo, é claro, sob a consideração de outros elementos não cogitados pelo legislador.

Não obstante, parte-se do princípio que o dirigente, nas condições em análise, agiu dolosamente, porque há dano e ele se encontrava administrando a empresa "nos últimos doze meses", podendo do mesmo modo agir no exercício de mandato eletivo, o que deve ser evitado. Essa é a visão do Supremo Tribunal Federal, na exposição do Ministro Octávio Gallotti, anteriormente transcrita: "O legislador considerou que os dirigentes de empresas de financiamento, enquanto não exonerados de qualquer responsabilidade, deveriam ser considerados como passíveis de, eleitos, atentarem contra a probidade administrativa ou à moralidade no exercício do mandato".

Em segundo lugar, portanto, não é possível contrariar a presunção de que ninguém é culpado até prova em contrário, transmudando-a em presunção de culpa, até que a inexistência desta reste cristalinamente demonstrada.

Para que sejam retirados, ainda que provisoriamente, direitos fundamentais adquiridos pelas pessoas – como são os referentes à cidadania – é imprescindível que seja reconhecida sua efetiva participação, no mínimo, admita-se *ad argumentandum*, culposa, no ato indesejável, e que a eficácia do pronunciamento judicial que a declare torne-se imutável, firmando a presunção de que todas as alegações e defesas que poderiam ser opostas pelo acusado foram deduzidas e repelidas (CPC/1973, art. 474; CPC/2015, art. 508), ou, no novo modelo, que, pelo menos, tenha havido decisão proferida por órgão judicial colegiado, como se diz nas hipóteses precedentemente examinadas.

O dispositivo legal em questão, inversamente, antecipa os efeitos de uma decisão importantíssima, prejudicial a um administrador, sem sequer cogitar de elementos firmes que a pudessem ensejar.

Pior que isso, inviabiliza a ampla defesa, porque não se pode defender quem não é acusado de conduta irregular definida, mas que sofre as consequências causadas simplesmente pela constatação do fato de haver participado recentemente da diretoria da empresa que veio a ser objeto de liquidação.

Vale dizer, *in casu,* conforme a norma examinada, que o *cidadão* só readquirirá a elegibilidade quando transitar em julgado a decisão que proclamar a apontada *exoneração*, não a sua *responsabilidade* (por ter sido *irresponsável* na direção da empresa), o que não merece apoio.

Cabe redizer que outro é o sistema consentâneo com o nosso ordenamento, nos casos até agora vistos em que, para se aplicar a inelegibilidade, é preciso que a decisão que a determina tenha passado em julgado ou tenha sido proferida por órgão judicial colegiado. Ou que ao menos se trate de *decisão* do órgão competente, devidamente fundamentada e *irrecorrível*, na previsão da alínea "g".

A retidão de caráter, ou seja, a honradez, a conduta conforme a moral e os bons costumes, é que, em princípio, deve ser presumida.

Aliás, no supracitado julgamento do Pretório Excelso, conquanto declarasse a constitucionalidade da norma tendo por referência a Constituição anterior, então vigente, o Ministro Gallotti sublinhou a sua *injustiça*, o que seria suficiente para recomendar sua revisão.[163]

O que proporciona a regra mal pensada e injusta? A consequência não imaginada e a injustiça.

Destarte, um profissional de reputação ilibada, designado para salvar a empresa notoriamente já em crise, que assume sua direção nos últimos 12 meses, e que, apesar de seus louváveis esforços, não consegue livrá-la dos efeitos da má administração preceden-

---

[163]. Disse o eminente magistrado: "terá sido injusta a lei para com o recorrente, mas inconstitucional não é. Como disse Holmes, o juiz não pode substituir pelas suas as concepções de justiça do legislador". E no aditamento ao seu voto: "Não se está sequer negando a boa-fé do recorrente. Admiti, até, que ele possa estar sofrendo uma injustiça."

te, embora os amenize, ficará inelegível, não obstante seja portador de todos os requisitos morais para ser um bom representante do povo, como revela sua vida pregressa. Por quê? Por estar no comando da empresa em liquidação nos últimos 12 meses, só podendo escapar da indevida restrição aos seus direitos políticos, de acordo com a lei, depois de exonerado de qualquer responsabilidade.

Para desprezar consequências mais nefastas da regra, como posta, decidiu o Tribunal Superior Eleitoral que "a inelegibilidade da referida alínea 'i' não se configura em face de eventual responsabilidade do sócio de qualquer sociedade, mas, sim, com a responsabilidade daquele que teria sido, presumidamente, o causador do estado falimentar do estabelecimento de crédito, financiamento ou seguro, exatamente por haver exercido cargo ou função de direção, administração ou representação".[164]

Além disso, mais uma questão atinente à norma sob comentário compromete sua aplicabilidade.

Como antes lembrado, a Constituição exige que o legislador complementar, ao elencar as inelegibilidades de sua competência, fixe o prazo (*lapso de tempo* que medeia entre o termo inicial e o termo final) de sua duração, o que aqui, diferentemente de como procedeu nas demais alíneas, não fez.

Em decorrência de sua omissão, além de termos posta a cominação de inelegibilidade por tempo indeterminado, isto é, enquanto não vier a isenção de responsabilidade, temos consequência ainda mais grave e teratológica: se não houver a *exoneração de qualquer responsabilidade* do inelegível, a inelegibilidade jamais cessará, já que, na linguagem da lei, perdurará até que seja desonerado de qualquer responsabilidade, o que é, data vênia, um disparate.

A extensão temporal da inelegibilidade, na sua exata medida, deveria vir expressa na regra legal para não malferir a Constituição também sob este aspecto.

Em suma, no caso em pauta, o período de inelegibilidade se inicia com o processo de liquidação, sem que o inelegível tenha indícios de sua duração que poderá ser exagerada, fora dos parâmetros que o sistema oferece, ligada que fica à celeridade ou morosidade do procedimento de liquidação, independentemente de sua vontade, havendo, consoante a letra da lei mal escrita, a possibilidade de eternizar-se se aquele que exerce cargo ou função de direção, administração ou representação de estabelecimento de crédito, financiamento ou seguro, em liquidação, não for exonerado de responsabilidade.

Assim, a norma contida na alínea "i" do inciso I do art. 1º da Lei Complementar nº 64/1990, inadmite aplicação, quer porque se mantém inconstitucional, quer porque é injusta.

---

164. "1. A inelegibilidade do art. 1º, I, 'i', da LC nº 64/1990, pressupõe a existência de efeitos válidos e operantes do decreto de falência em relação a atos praticados por quem exerceu cargo ou função de direção, administração ou representação. 2. Se o Judiciário, antes do pedido de registro, suspendeu os efeitos da decisão extensiva da falência em relação ao candidato, desapareceu a própria razão de ser da inelegibilidade. 3. A inelegibilidade da referida alínea 'i' não se configura em face de eventual responsabilidade do sócio de qualquer sociedade, mas, sim, com a responsabilidade daquele que teria sido, presumidamente, o causador do estado falimentar do estabelecimento de crédito, financiamento ou seguro, exatamente por haver exercido cargo ou função de direção, administração ou representação." (TSE, REspE nº 34.115/PR, Rel. Min. Arnaldo Versiani Leite Soares, j. em 17.12.2008, publicado em Sessão de 17.12.2008.)

10.2.8. Inelegibilidade dos condenados, em decisão transitada em julgado ou proferida por órgão colegiado da Justiça Eleitoral, por corrupção eleitoral, por captação ilícita de sufrágio, por doação, captação ou gastos ilícitos de recursos de campanha ou por conduta vedada aos agentes públicos em campanhas eleitorais que impliquem cassação do registro ou do diploma, pelo prazo de 8 anos a contar da eleição

10.2.8.1. Inelegibilidade dos condenados por corrupção eleitoral, por captação ilícita de sufrágio, por doação, captação ou gastos ilícitos de recursos de campanha

A alínea "j", do inciso I do art. 1º da Lei Complementar nº 64/1990, foi incluída pela Lei Complementar nº 135/2010, mas não trouxe novidade no que concerne às condutas aí previstas consistentes na corrupção eleitoral, na captação ilícita de sufrágio e na doação, captação ou gastos ilícitos de recursos de campanha, eis que tais comportamentos já eram, antes desta disposição, causas de inelegibilidade, pois claramente configuradores de abuso de poder econômico ou político arguível também na esfera extrapenal mediante representação à Justiça Eleitoral, de modo que se achavam já insertos na alínea "d" do mesmo preceptivo, agora com nova redação: são inelegíveis "os que tenham contra sua pessoa representação julgada procedente pela Justiça Eleitoral, em decisão transitada em julgado ou proferida por órgão colegiado, em processo de apuração de abuso do poder econômico ou político, para a eleição na qual concorrem ou tenham sido diplomados, bem como para as que se realizarem nos 8 (oito) anos seguintes". Reportamo-nos ao SUBITEM 10.2.2 (ver p. 177), ressaltando que pelo inciso XVI do art. 22 da LC nº 64/1990, para a configuração do ato abusivo, não será considerada a potencialidade de o fato alterar o resultado da eleição, mas apenas a gravidade das circunstâncias que o caracterizam, o que liga a inelegibilidade concomitantemente à exigência da moralidade para o exercício do mandato e à ojeriza pelo abuso de poder econômico que, pois, prescinde de potencialidade para interferir negativamente no resultado das eleições. Rejeita-se a eleição – e por isso a candidatura – de quem pratica o ato reprovado.

10.2.8.2. Inelegibilidade dos condenados por conduta vedada aos agentes públicos em campanhas eleitorais que impliquem cassação do registro ou do diploma

No que tange às condutas vedadas aos agentes públicos em campanhas eleitorais que impliquem cassação do registro ou do diploma, há que ser salientado, brevemente, o quanto segue.[165]

A previsão em tela convida à imediata observação no sentido de realçar a coerência da disposição: se a conduta desaprovada importa a cassação do registro ou do diploma

---

165. Sobre o assunto, pormenorizadamente: ver Niess (1998).

do candidato (inelegibilidade do beneficiado para aquela eleição), é de bom senso se cogitar da imposição da inelegibilidade (pelo prazo de oito anos) a quem foi condenado por tê-la praticado, como advém do art. 22, XIV, da LC nº 64/1990. No entanto, se o candidato beneficiado com tal conduta, dela, de qualquer modo, não participou, deverá sujeitar-se à cassação do registro ou diploma (pois sua eleição terá sido irregular), ou seja, à inelegibilidade para a eleição em que o ato reprovado se verificou, não, todavia, para as eleições vindouras, porque a irregularidade não foi por ele provocada e a regra em exame refere-se, corretamente, aos *condenados por conduta vedada*.

São condutas vedadas aos agentes públicos em campanha eleitoral, caracterizadoras de improbidade administrativa e sujeitas à imediata suspensão, que, além da imposição de multa aos seus responsáveis, acarretam a cassação do registro ou diploma do candidato beneficiado, agente público ou não, as previstas no art. 73 da Lei nº 9.504/1997:

I – cessão ou uso de bem público, em benefício de candidato, partido político ou coligação. A proibição não se aplica:
   a) à cessão ou ao uso do bem para a realização de convenção partidária;
   b) ao uso, em campanha, de transporte oficial pelo Presidente da República – ficando o ressarcimento das despesas sob a responsabilidade do partido ou coligação a que esteja vinculado – nem ao uso, em campanha, pelos candidatos à reeleição de Presidente e Vice-Presidente da República, Governador e Vice-Governador de Estado e do Distrito Federal, Prefeito e Vice-Prefeito, de suas residências oficiais para realização de contatos, encontros e reuniões pertinentes à própria campanha, desde que não tenham caráter de ato público;

II – uso de materiais ou serviços, custeados pelos Governos ou Casas Legislativas, que excedam as prerrogativas consignadas nos regimentos e normas dos órgãos que integram;

III – cessão de servidor ou empregado da administração pública, ou a utilização dos seus serviços, no horário de expediente, em comitês de campanha eleitoral de candidato, partido político ou coligação, salvo se o servidor ou empregado estiver licenciado;

IV – uso promocional em favor de candidato, partido político ou coligação, de distribuição gratuita de bens e serviços de caráter social custeados ou subvencionados pelo Poder Público;

V – nomeação, contratação, admissão, demissão sem justa causa, supressão ou readaptação de vantagens, oposição de dificuldade ou impedimento ao exercício funcional e, ainda, remoção, transferência ou exoneração de servidor público, na circunscrição do pleito, nos três meses que o antecedem e até a posse dos eleitos, sob pena de nulidade de pleno direito, ressalvadas: a nomeação ou exoneração de cargos em comissão e designação ou dispensa de funções de confiança; a nomeação para cargos do Poder Judiciário, do Ministério Público, dos Tribunais ou Conselhos de Contas e dos órgãos da Presidência da República; a nomeação dos aprovados em concursos públicos homologados até o início daquele prazo; a nomeação ou contratação necessária à instalação ou ao funcionamento inadiável de serviços públicos essenciais, com prévia e expressa autorização do Chefe do Poder Executivo; a transferência ou remoção *ex officio* de militares, policiais civis e de agentes penitenciários;

VI – nos três meses que antecedem o pleito:
   a) a transferência voluntária de recursos da União aos Estados e Municípios, e dos Estados aos Municípios, sob pena de nulidade de pleno direito, ressalvados os recursos destinados a cumprir obrigação formal preexistente para execução de obra ou serviço em andamento e com cronograma prefixado, e os destinados a atender situações de emergência e de calamidade pública;
   b) com exceção da propaganda de produtos e serviços que tenham concorrência no mercado, a autorização para a realização de publicidade institucional dos atos, programas, obras, serviços e campanhas dos órgãos públicos, salvo em caso de grave e urgente necessidade pública, assim reconhecida pela Justiça Eleitoral, aplicando-se a vedação apenas aos agentes públicos das esferas administrativas cujos cargos estejam em disputa na eleição;
   c) o pronunciamento em cadeia de rádio e televisão, fora do horário eleitoral gratuito, salvo quando, a critério da Justiça Eleitoral, tratar-se de matéria urgente, relevante e característica das funções de governo, aplicando-se a vedação apenas aos agentes públicos das esferas administrativas cujos cargos estejam em disputa na eleição;

VII – a realização, no primeiro semestre do ano de eleição, de despesas com publicidade dos órgãos públicos federais, estaduais ou municipais, ou das respectivas entidades da administração indireta, que excedam a média dos gastos no primeiro semestre dos três últimos anos que antecedem o pleito;

VIII – na circunscrição do pleito, a revisão geral da remuneração dos servidores públicos que exceda a recomposição da perda de seu poder aquisitivo ao longo do ano da eleição, a partir do início do prazo estabelecido no art. 7º da Lei nº 9.504/1997 e até a posse dos eleitos.

Além dessas, também constitui conduta vedada que enseja a cassação do registro ou do diploma do seu responsável, se candidato for, a prevista no art. 74 da Lei nº 9.504/1997: o abuso de autoridade consistente na infringência à ordem estabelecida no § 1º do art. 37 da Constituição Federal, segundo a qual "a publicidade dos atos, programas, obras, serviços e campanhas dos órgãos públicos deverá ter caráter educativo, informativo ou de orientação social, dela não podendo constar nomes, símbolos ou imagens que caracterizem promoção pessoal de autoridades ou servidores públicos", ocorrendo em campanha eleitoral, servirá de supedâneo à investigação judicial prevista no art. 22 da LC nº 64/1990.

A contratação de shows artísticos, pagos com recursos públicos, para apresentação das inaugurações que se realizarem no trimestre que anteceder as eleições, é também conduta vedada, desta feita prevista no art. 75 da Lei nº 9.504/1997, que sujeita o candidato beneficiado à cassação do registro ou do diploma.

Finalmente, por força do art. 77 da Lei das Eleições, sofrerá a mesma consequência o candidato, tanto a mandato do Executivo como do Legislativo, que comparecer – proibido, pois, o simples comparecimento, ainda que não efetivamente participativo – à inauguração de obra pública realizada dentro dos três meses que precedem o pleito.

Esta regra merece algumas considerações especiais que, ato contínuo, serão tecidas.

10.2.8.3. Inelegibilidade do candidato que comparecer à inauguração de obra pública no trimestre anterior às eleições

A regra originariamente dispunha ser proibido ao candidato *a cargo do Poder Executivo participar*, nos três meses que precedem o pleito, de inaugurações de obras públicas.[166]

Com o verbo *participar*, a nosso aviso, o legislador, tratando "das condutas *vedadas aos agentes públicos* em campanha eleitoral" impunha *ao agente público* que não desse ao candidato posição de destaque, que não o convidasse a compor a mesa, a subir ao palco ou a se manifestar na festa de inauguração da obra pública.

Na redação dada pela Lei nº 12.034/2009, passou a ser *proibido* ao candidato *comparecer* ao evento, no período mencionado.

Desse modo, ficou coibido o simples comparecimento, ainda que não efetivamente participativo, do candidato, à inauguração de obras públicas no dito prazo, não sobrevivendo a doutrina que esposávamos e que distinguia o ato de dela *participar* do ato de nela só *comparecer*.

O curioso é que com essa novidade a "conduta vedada ao *agente público*" a ele não mais se dirige, sendo agora endereçada *a qualquer candidato*, sem que o agente público nela, de qualquer modo, interferira, *in verbis*:

> **Art. 77.** É proibido a qualquer candidato comparecer, nos 3 (três) meses que precedem o pleito, a inaugurações de obras públicas.

Já com a alteração promovida pela Lei Complementar nº 135/2010 (LC nº 64/1990, art. 1º, I, "j", última parte), corrigiu-se antigo equívoco do legislador, refletido na jurisprudência que, ao aplicar este artigo, negava à realização do comportamento proibido a eficácia de tornar o infrator inelegível. Não há mais dúvida de que aqueles que praticam as condutas vedadas ficam *inelegíveis* por 8 anos, a contar da eleição em que estas se verificaram, como prevê a lei complementar que as incorporou ao seu texto, nos termos propalados.

Igualmente, não prepondera, ao menos até que haja manifestação do Pretório Excelso enfocando a norma na sua atual roupagem, a ideia, por essa Corte firmada, de que o dispositivo não poderia dirigir-se senão aos candidatos a cargo do Executivo, porque não se justificaria o tratamento igual aos diferentes, sendo diversa desta a situação dos que almejassem eleger-se Senador, Deputado ou Vereador.

Esse, em oposição à nossa tese sustentada na ADIn nº 3.305/SP, Relator o Ministro Eros Grau, foi o entendimento consagrado pela Suprema Corte, antes da alteração

---

166. Meditação mais demorada sobre o assunto encontra-se no artigo jurídico intitulado "O art. 77 da Lei das Eleições" (NIESS, 2010).

aqui em mira, com o apoio do Congresso Nacional, da Presidência da República, pela Advocacia-Geral da União, e da Procuradoria-Geral da República.

Na ocasião foi afirmado:

> [...] Embora possa haver uma relativa coincidência quanto aos efeitos jurídicos referentes à cassação do registro e à inelegibilidade, não, por isso, poder-se-á, afirmar que ambos os institutos detenham a mesma natureza [voto do relator encampando os dizeres do Advogado--Geral da União].
>
> 9. A concreção do princípio da igualdade reclama a prévia determinação de quais sejam os iguais e quais os desiguais.
>
> 10. [...] O direito deve distinguir pessoas e situações distintas entre si, a fim de conferir tratamentos normativos diversos a pessoas e a situações que não sejam iguais. [...]
>
> 15. Há, no caso, razão adequada a justificar o tratamento diverso conferido aos candidatos a cargos do Poder Executivo. Leio, a propósito, trecho da manifestação do Procurador-Geral da República:
>
> "[...] O motivo pelo qual o art. 77 pune de forma mais rigorosa aquele que concorre a cargo do Poder Executivo relaciona-se com o fato de que compete [sic] a este Poder as funções de administrar, de gerir a Administração Pública, o que implica decidir sobre a realização de obras. Função que não é exercida pelos membros do Poder Legislativo.[...]"
>
> Não visualizando também afronta à isonomia, julgo improcedente o pedido formulado nesta ação direta.

O Presidente da República ressalta, inicialmente, "que a inelegibilidade ou a cessação da elegibilidade diz respeito à capacidade eleitoral de ser eleito, estando indicadas as condições no § 3º do art. 14 da Constituição Federal; já a cassação do registro da candidatura – que por ser, eventualmente, consequência da inelegibilidade – está relacionada com a condição de candidato [...]". Acrescenta que a proibição dirigida aos candidatos a cargos no Poder Executivo "tem sua gênese no princípio da impessoalidade, visando a impedir que eventos patrocinados pelos cofres públicos sejam aproveitados em prestígio de campanhas pessoais", destacando que "a importância do dispositivo fica realçada quando nos deparamos com a possibilidade de reeleição de candidatos majoritários sem necessidade de desincompatibilização".

Não se dera conta, porém, o Augusto Sodalício, que, como agora, o que se queria era evitar que o candidato saísse beneficiado com a propaganda eleitoral feita com ofensa aos princípios da impessoalidade e da moralidade, aproveitando-se da inauguração da obra custeada pelos cofres públicos, nada importando para esse fim a função exercida pelo administrador ou pelo legislador, cujo mandato buscasse conquistar. Todos os candidatos mereceriam o mesmo tratamento, sob pena de maltrato ao princípio da igualdade: a nenhum deles deveria ser permitido aproveitar-se da inauguração de obra pública para propagar sua candidatura como à época sustentamos.

Deveras, o que interessa na hipótese focalizada, sob a ótica do legislador constituinte e complementar, não é qual o mandato pretendido pelo candidato, mas sim que não haja abuso de poder em seu proveito, a fim de que o pleito não seja maculado. Este deveria ser o pensamento a nortear a interpretação da norma antes mesmo de sua modificação: o tratamento isonômico em relação a todos os candidatos.

Também nos parecia que essa atitude já configurava causa de inelegibilidade, eis que enquadrável no abuso de poder econômico e político (LC nº 64/1990, art. 1º, I, "d"), além de encontrar lugar na Lei de improbidade, como ato que contraria os princípios da administração pública (Lei nº 8.429/1992, art. 11 c/c art. 12, III), sendo certo que tais princípios não se cingem ao Poder Executivo, devendo inspirar o Poder Público como um todo, abrangendo, portanto o Legislativo. Tanto deveria ser punido o agente público que permitisse a proibida participação, na inauguração, de candidato, como o candidato que da inauguração participasse, sendo-lhe vedada, nada importando o mandato eletivo que aspirasse conquistar.

Do mesmo modo já pensávamos com relação à compra de votos (art. 41-A da Lei nº 9.504/1997), denunciando o abuso de poder econômico causador da inelegibilidade, mas a respeito reinava entendimento diferente:

> Na linha de jurisprudência desta Corte, a penalidade de cassação de registro prevista no citado parágrafo [parágrafo único do art. 77 da Lei nº 9.504/1997] não constitui hipótese de inelegibilidade, assim como no mesmo sentido não gera a inelegibilidade a pena de cassação de registro ou de diploma prevista nos arts. 41-A e 73, § 5º, da Lei das Eleições (REspE nº 19.644/SE, DJ de 14.2.2003 e REspE nº 20.353/RS, DJ de 8.8.2003, ambos de relatoria do Min. Barros Monteiro e REspE nº 23.549/SP, Rel. Min. Humberto Gomes de Barros, Sessão de 30.9.2004). (TSE, REspE nº 24.847/SP, Rel. Min. Francisco Peçanha Martins, Decisão Monocrática de 18.11.2004, DJ de 23.11.2004)

O que significava dizer que o abuso do poder econômico retratado no referido art. 41-A (captação de sufrágio vedada por lei) desligava-se da sua matriz infraconstitucional – a LC nº 64/1990 – para, deixando de ser causa superveniente de inelegibilidade, ganhar a condição, por determinação da lei ordinária, de conduta proibida sob pena de cassação de registro ou diploma, sem a repercussão na elegibilidade, como se a conduta fosse de menor importância e, além disso, não caracterizasse inelegibilidade ficar alguém inelegível (ainda que) apenas para o pleito no qual concorria. Sequer justificaria a colocação o argumento de que se pedia o potencial ofensivo para a caracterização do abuso de poder econômico apto a negar a elegibilidade à falta do que se teria presente somente a conduta vedada, porque o TSE também decidira, embora não de forma uniforme, que "a existência de potencialidade para desequilibrar o resultado do pleito era também requisito indispensável para o reconhecimento da prática de conduta vedada".[167]

---

167. TSE, AgRgREspE nº 25.754/DF, Rel. Min. Caputo Bastos, j. em 10.10.2006, DJ de 27.10.2006. Há o Acórdão nº 21.167, de 21.8.2003, da lavra do Min. Fernando Neves, no qual se lê: "[...] As condutas vedadas no art. 73 da Lei nº 9.504/1997 podem vir a caracterizar, ainda, o abuso de poder político, a ser apurado na forma do art. 22 da Lei Complementar nº 64/1990, devendo ser levadas em conta as circunstâncias, como o número de vezes e o modo em que praticadas e a quantidade de eleitores atingidos, para se verificar se os fatos têm potencialidade para repercutir no resultado da eleição." Tais elementos foram também ponderados em decisão monocrática do Min. Cezar Peluso, já com relação ao art. 41-A da mesma lei, referente ao caso em que houve o fornecimento de transporte gratuito (nove ônibus) a duzentos e setenta estudantes para prestarem o Exame Nacional do Ensino Médio – ENEM, pelo então candidato de José Bonifácio/SP, asseverando Sua Excelência que restou caracterizada a captação de sufrágio a que se refere o art. 41-A da Lei das Eleições, pois beneficiou duzentos e setenta eleitores aptos a votar, acrescentando, para demonstrar a, no mínimo, *provável* influência do abuso de poder na eleição do cassado, buscando auxílio no critério do cálculo aritmético, embora a ele não precisasse recorrer, que "esses votos, ampliados com os dos respectivos familiares, garantiriam a diferença existente entre os candidatos que, conforme consta do sistema de divulgação do resultado das eleições deste Tribunal, ficou em apenas oitocentos e sessenta e oito votos". Todavia, no EDREspE nº 21.264/AP, Rel. Min. Carlos Velloso, DJ de 17.9.2004, anotou-se que para caracterização da captação ilícita de sufrágio não se impõe, necessariamente, a potencialidade para a influência no resultado do pleito.

Atualmente, não caberia perquirir sobre o potencial do ato abusivo para desequilibrar as eleições a fim de caracterizá-lo como conduta vedada sujeita "apenas" à cassação do registro ou do diploma (na falta desse potencial) ou como abuso de poder econômico, a gerar a inelegibilidade (se presente esse potencial), porque agora a lei é expressa que a prática da conduta vedada que resulta no cancelamento do registro ou do diploma causa a inelegibilidade e que, para a configuração de ato abusivo em geral – a conduta é vedada porque é *abusiva* e o *abuso* de poder é conduta vedada – não será considerada a potencialidade de o fato alterar o resultado da eleição, mas apenas a gravidade das circunstâncias que o caracterizam (LC nº 64/1990, arts. 1º, I, "j", e 22, XVI, na redação dada pela LC nº 135/2010). Faremos algumas outras considerações a esse respeito quando enfocarmos a investigação judicial para apuração de abuso de poder, questionando a nova ordem no aspecto da dispensa da potencialidade referida.

Atente-se que com relação ao certame em andamento, a inelegibilidade do candidato formaliza-se com o cancelamento do registro ou a declaração de nulidade do diploma, como faz ver o art. 15 da LC nº 64/1990: Transitada em julgado a decisão proferida por órgão monocrático ou publicada a decisão proferida por órgão colegiado que declarar a inelegibilidade do candidato, ser-lhe-á negado registro, ou cancelado, se já tiver sido feito, ou declarado nulo o diploma, se já expedido. Para os demais concursos será negado o registro ao inelegível, no prazo de lei.

Cabe rematar este tópico destacando, em forma de indagações, a situação advinda com a modificação operada no texto legal, não mais restringindo sua aplicação aos candidatos a cargo no Executivo, estendendo-o a todos os candidatos, diante do posicionamento assumido pela Excelsa Corte na indigitada ação direta de inconstitucionalidade: se o Supremo Tribunal Federal considerou que o texto anterior do art. 77 da Lei nº 9.504/1997 não feria a Constituição ao distinguir os candidatos ao Executivo dos candidatos ao Legislativo, sob o fundamento de que havia, "no caso, razão adequada a justificar o tratamento diverso conferido aos candidatos a cargos do Poder Executivo",[168] o novo texto, agora fazendo a distinção que, sob tal argumento, não poderia ser feita, não estaria afrontando a Lei Maior, pois estaria dando tratamento igual aos desiguais? e se essa concepção do Supremo seguiu a trilha das manifestações da Advocacia-Geral da União e da Procuradoria-Geral da República, não seria, da mesma forma, coerente, e até impositivo, que a Presidência da República e/ou a Procuradoria-Geral da Repúbli-

---

168. "Ação Direta de Inconstitucionalidade – Art. 77 da Lei Federal nº 9.504/1997 – Proibição imposta aos candidatos a cargos do Poder Executivo referente à participação em inauguração de obras públicas nos três meses que precedem o pleito eletivo – Sujeição do infrator à cassação do registro da candidatura – Princípio da Igualdade – Art. 50, *caput* e inciso I, da Constituição do Brasil – Violação do disposto no art. 14, § 9º, da Constituição do Brasil – Inocorrência. 1. A proibição veiculada pelo preceito atacado não consubstancia nova condição de elegibilidade. Precedentes. 2. O preceito inscrito no art. 77 da Lei federal nº 9.504 visa a coibir abusos, conferindo igualdade de tratamento aos candidatos, sem afronta ao disposto no art. 14, § 9º, da Constituição do Brasil. 3. A alegação de que o artigo impugnado violaria o princípio da isonomia improcede. A concreção do princípio da igualdade reclama a prévia determinação de quais sejam os iguais e quais os desiguais. O direito deve distinguir pessoas e situações distintas entre si, a fim de conferir tratamentos normativos diversos a pessoas e a situações que não sejam iguais. 4. Os atos normativos podem, sem violação do princípio da igualdade, distinguir situações a fim de conferir a um tratamento diverso do que atribui a outra. É necessário que a discriminação guarde compatibilidade com o conteúdo do princípio. 5. Ação Direta de Inconstitucionalidade julgada improcedente." (STF, ADIn nº 3.305/DF, Rel. Min. Eros Grau, Tribunal Pleno, j. em 13.9.2006, *DJ* de 24.11.2006)

ca, fiéis às suas convicções, com o propósito de fazer valer a Constituição, na visão do Supremo neste ponto violada (como é corrente, "a Constituição diz o que o Supremo Tribunal Federal diz que ela diz"), propusessem ação direta de inconstitucionalidade (CF, art. 103, I e VI)? E, ainda que não proposta a ADIn, se a arguição de inconstitucionalidade se der, em caso concreto, por meio de recurso extraordinário, não deverá o Pretório Excelso, também por coerência, dar-lhe provimento?

Nossa esperança é que seja prestigiada a regra aperfeiçoada, que inconstitucional se mostrava na primitiva redação.

10.2.9. Inelegibilidade dos chefes do Poder Executivo e dos membros do Legislativo que renunciarem a seus mandatos sob a acusação de infringir normas constitucionais ou de lei orgânica

O Presidente da República, os Governadores de Estado e do Distrito Federal, os Prefeitos, os membros do Congresso Nacional, das Assembleias Legislativas, da Câmara Legislativa, das Câmaras Municipais, que, por força de representação ou petição apta a autorizar a abertura do correspondente processo, forem acusados de infringir dispositivo da Constituição Federal, da Constituição Estadual, da Lei Orgânica do Distrito Federal ou da Lei Orgânica do Município, se renunciarem aos respectivos mandatos, tornam-se inelegíveis para as eleições que se realizarem durante o período remanescente dos mandatos renunciados e pelos 8 anos que se seguirem ao término da legislatura.

O marco que separa a renúncia, sem provocação da inelegibilidade, da hipótese de incidência da inelegibilidade decorrente da renúncia, é o oferecimento da representação ou petição comunicando o dito malferimento da norma: só após esse oferecimento aplica-se a alínea em estudo.

A norma, contudo, cabe ponderar, não representa presunção de procedência da acusação, que pode até mesmo evidenciar-se teratológica, mas sim a consideração de que a atitude descrita não condiz com o que se espera de quem exerce mandato eletivo e compromete a confiabilidade do renunciante, deslustrando a classe política ao mesmo tempo em que desrespeita aqueles que o levaram a exercer o mandato de representante do povo, nele depositando confiança e expectativas, a quem deve satisfações que com a renúncia despreza.

A renúncia ao mandato, nessas condições, denigre a vida política do renunciante, não recomendando, como é sensato, seu imediato retorno à vida pública.

A hipótese de inelegibilidade aqui aventada não se refere à perda do mandato, antes tratada, mas sim ao desejo de seu detentor de não o manter ao tempo em que é destinatário da grave inculpação aludida, rejeitando-o a partir de então.

Evidentemente que, mesmo diante da precedente acusação referida, a renúncia com o propósito de desincompatibilização com vistas à candidatura a cargo eletivo ou para assunção de mandato não motivará a inelegibilidade de que aqui se cuida, a menos que a Justiça Eleitoral reconheça fraude ao disposto na Lei Complementar nº 64/1990, consoante prescreve o § 5º do seu art. 1º.

10.2.10. Inelegibilidade dos que tiverem os seus direitos políticos suspensos por decisão monocrática transitada em julgado ou proferida por órgão judicial colegiado, por ato doloso de improbidade administrativa, que importe lesão ao patrimônio público e enriquecimento ilícito, desde a condenação ou o trânsito em julgado até o transcurso do prazo de 8 anos após o cumprimento da pena

A Lei nº 8.429, de 2 de junho, de 1.992, identifica, no art. 9º, os atos de improbidade administrativa que importam enriquecimento ilícito e, no art. 10, os atos de improbidade que causam dano ao erário, sejam dolosos ou culposos, havendo quanto a estes últimos controvérsia com relação à sua existência. Mas aqui, somente os atos dolosos interessam.

Segundo a precitada lei (arts. 1º, 9º e 10), constitui ato de improbidade administrativa, importando enriquecimento ilícito, auferir qualquer tipo de vantagem patrimonial indevida em razão do exercício de cargo, mandato, função, emprego ou atividade na administração direta, indireta ou fundacional de qualquer dos Poderes da União, dos Estados, do Distrito Federal, dos Municípios, de Território, de empresa incorporada ao patrimônio público ou de entidade para cuja criação ou custeio o erário haja concorrido ou concorra com mais de 50% do patrimônio ou da receita anual. Exemplo dessa espécie: perceber vantagem econômica para intermediar a liberação ou aplicação de verba pública de qualquer natureza. Constitui ato de improbidade administrativa que causa lesão ao erário qualquer ação ou omissão, dolosa (ou culposa) que enseje perda patrimonial, desvio, apropriação, malbaratamento ou dilapidação dos bens ou haveres das entidades anteriormente referidas. Exemplo: conceder benefício administrativo ou fiscal sem a observância das formalidades legais ou regulamentares aplicáveis à espécie.

Estão também sujeitos às consequências previstas no mesmo diploma legal, os atos de improbidade praticados contra o patrimônio de entidade que receba subvenção, benefício ou incentivo, fiscal ou creditício, de órgão público bem como daquelas para cuja criação ou custeio o erário haja concorrido ou concorra com menos de 50% do patrimônio ou da receita anual, limitando-se, nestes casos, a sanção patrimonial à repercussão do ilícito sobre a contribuição dos cofres públicos.

A suspensão dos direitos políticos abrange o *jus suffragii* e o *jus honorum* pelo prazo que for estabelecido (8 a 10 anos, conforme a extensão do proveito obtido pelo agente, na hipótese do enriquecimento ilícito, e 5 a 8 anos, conforme a extensão do dano causado, na hipótese de prejuízo ao erário). A suspensão dos direitos políticos só terá início com o trânsito em julgado da decisão condenatória (Lei nº 8.429/1992, art. 20), enquanto a só inelegibilidade se iniciará com o trânsito em julgado da condenação ou a partir da decisão colegiada e se prolongará pelos 8 anos subsequentes ao cumprimento da pena.

O ato de improbidade que atenta contra os princípios da Administração Pública sem outorgar benefícios ao transgressor nem ocasionar prejuízo ao erário sujeita o ímprobo à suspensão dos direitos políticos, pelo prazo de 3 a 5 anos, mas dele esta alínea não se ocupa, isentando-o da inelegibilidade fora desse período, eis que faz expressa referência aos atos de improbidade administrativa que causam dano ao erário e o enriquecimento ilícito do agente transgressor.

Desconsiderou o legislador, no ponto, a enfática lição de Celso Antonio Bandeira de Mello (1986, p. 230): "violar um princípio é muito mais grave que transgredir uma norma [...] porque representa insurgência contra todo o sistema, subversão de seus valores fundamentais, contumélia irremissível a seu arcabouço lógico e corrosão de sua estrutura mestra".

Na escala axiológica da Lei de Improbidade, a desatenção aos princípios que regem a Administração Pública, como frustrar a licitude de concurso público, quando não gera as consequências trazidas à baila, encontra, por política legislativa, o lugar mais modesto, merecendo o agente que pratica *qualquer ação ou omissão que viole os deveres de honestidade, imparcialidade, legalidade e lealdade às instituições*, a suspensão dos direitos políticos por menor tempo, sem sofrer o prolongamento da restrição à elegibilidade, a que se refere a disposição ora sob comento.

Mas descabe aqui debater sobre o critério que orientou a elaboração da Lei de Improbidade.

Aqui é importante perceber que a inelegibilidade ora cogitada mantém elos com a inseparável dupla repulsa à improbidade administrativa, ou seja, a inelegibilidade só tem lugar quando a prática de ato doloso de improbidade administrativa importe, ao mesmo tempo, lesão ao patrimônio público *e* (+) enriquecimento ilícito, não bastando para tanto a existência de apenas uma das duas figuras desse conjunto (alternativamente, o ato que importe lesão ao patrimônio público *ou* o ato que importe enriquecimento ilícito).

Nesse sentido – de que a inelegibilidade em foco conta com a presença cumulativa dos dois mencionados requisitos – caminha a jurisprudência do Tribunal Superior Eleitoral.[169]

10.2.11. Inelegibilidade dos excluídos do exercício da profissão em decorrência de infração ético-profissional

Os que forem excluídos do exercício da profissão, por decisão do órgão profissional competente, em decorrência de infração ético-profissional, ficam inelegíveis pelo prazo de 8 (oito) anos.

Todo profissional deve conduzir-se de modo a garantir o prestígio do ofício que escolheu, contribuindo para a sua valorização e respeito, seguindo à risca o modelo ético que lhe é imposto.

A inobservância de conduta cogente, ditada pelo Código de Ética, por um dos profissionais, conforme sua gravidade, impõe seu afastamento definitivo para impedir que difame toda a classe a que pertence e que é atingida.

Com as transgressões não é possível transigir, atribuindo-se ao órgão fiscalizador do exercício profissional decidir, assegurada a ampla defesa, sobre as punições suscetíveis de aplicação, da mais leve à extrema, consistente, esta, na exclusão, do violador da regra

---

169. TSE, RO nº 288.045/SP, Rel. Min. Gilmar Ferreira Mendes, j. em 25.9.2014, publicado em Sessão de 25.9.2014.

ética, do quadro daqueles que se encontram moralmente aptos a executar o trabalho que lhes é comum. Temos assim os Conselhos Profissionais de Medicina, de Engenharia, de Economia etc., exercendo essa atribuição, e com relação aos advogados, a Ordem dos Advogados do Brasil.

O Estatuto da Advocacia prevê as sanções de censura, suspensão, exclusão e multa, sendo a última aplicável cumulativamente com a censura ou suspensão, em havendo circunstâncias agravantes. A exclusão, com a necessária manifestação favorável de dois terços dos membros do Conselho Seccional competente, fica reservada aos casos de aplicação, por três vezes da suspensão e naqueles em que o advogado fizer falsa prova de qualquer dos requisitos para inscrição na OAB, tornar-se moralmente inidôneo para o exercício da advocacia, ou praticar crime infamante.

O ato do órgão profissional não prevalecerá, evidentemente, se houver sido anulado ou enquanto suspenso pelo Poder Judiciário.

10.2.12. Inelegibilidade, por 8 anos, em razão de desfazimento de vínculo conjugal ou de união estável, com a intenção de evitar a caracterização de inelegibilidade reconhecida em decisão passada em julgado ou proferida por órgão judicial colegiado

A dissolução do matrimônio ou da união estável feita judicial ou extrajudicialmente, ou simulada, com o intuito de autorizar candidatura obstada pelo estado de casado ou convivente, inclusive quanto ao parentesco afim daí derivado (cunhadio), não tem o condão de afastar a inelegibilidade prevista na lei que com o ato se pretende fraudar.

Mas não é só. Além de ineficaz para o fim pretendido, o ato inaceitável provoca, por si, inelegibilidade com outro fundamento, ou seja, além de continuar existindo a inelegibilidade decorrente da união conjugal na realidade não desfeita, o simulacro da separação do casal constitui causa de inelegibilidade, de maior amplitude, como punição pela prática do ato desprezível.

Apurado que, na verdade, as partes envolvidas na dissolução não tiveram nenhuma vontade de praticar o ato que declararam, nem buscaram dele tirar outro efeito que não o de fraudar a lei eleitoral, fazendo alguém inelegível parecer legalmente elegível, fica caracterizada a simulação do desfazimento dessa união, incidindo a inelegibilidade aqui tratada. Assim, a mulher do Prefeito que dele se divorciou (*só no papel*) durante o primeiro mandato do marido, com a intenção de, no período subsequente ao da sua reeleição, poder candidatar-se à Chefia do Executivo do mesmo município, não só não poderá fazê-lo por força do vínculo da união conjugal, na realidade não desfeito, como também porque ela e ele se tornam inelegíveis, por 8 anos, para qualquer mandato eletivo, desde a condenação em sentença transitada em julgado ou em decisão proferida por órgão judicial colegiado, *em razão de terem desfeito ou simulado desfazer vínculo conjugal ou de união estável para evitar caracterização de inelegibilidade.*

Se a formalização do divórcio pudesse prevalecer, no exemplo, não obstante, na realidade, persistisse a união, o óbice se manteria em razão da *união estável* dos "divorciados", igualmente impeditiva da candidatura pretendida.

Ajunte-se que, se admitida a subsistência do instituto da separação judicial mesmo após a Emenda Constitucional nº 66, o término da sociedade conjugal, sem a dissolução do casamento, deve ser considerada abrangida nesta alínea, porque seria capaz, se válida, de produzir o mesmo efeito de afastar a inelegibilidade.[170]

10.2.13. Inelegibilidade dos demitidos do serviço público

A pena de demissão do serviço público caracteriza a mais grave punição imposta a um servidor público, assegurados o contraditório e a ampla defesa, com os meios e recursos a ela inerentes (CF, art. 5º, LV).

Quem não reúne condições para prestar serviço público, não pode exercer, logo após ser demitido, cargo eletivo – pois este compreende a prestação de serviço da mesma natureza – só podendo fazê-lo depois de cumprido um período de inelegibilidade de 8 anos, a contar da decisão proferida em processo administrativo ou judicial, salvo se o ato houver sido suspenso ou anulado pela Justiça comum, já que não compete à Justiça Eleitoral julgá-lo, mas apenas constatar sua existência.

Para ficarmos no plano federal, citemos o art. 132 da Lei nº 8.112, de 11 de dezembro de 1990, segundo a qual a demissão é aplicada nos casos de abandono de cargo, inassiduidade habitual (assim entendida a falta ao serviço, sem causa justificada, por sessenta dias, interpoladamente, durante o período de doze meses), incontinência pública e conduta escandalosa, na repartição, insubordinação grave em serviço, revelação de segredo do qual se apropriou em razão do cargo, acumulação ilegal de cargos, empregos ou funções públicas, dentre outras condutas.

10.2.14. Inelegibilidade da pessoa física e dos dirigentes de pessoas jurídicas responsáveis por doações eleitorais tidas por ilegais por decisão transitada em julgado ou proferida por órgão colegiado da Justiça Eleitoral, pelo prazo de 8 anos após a decisão

Aqueles que fazem doações ilegais colaboram com o abuso do poder econômico que prejudica a legitimidade e a normalidade das eleições, desequilibrando o pleito, embora para a configuração do ato abusivo, não se requeira que ele se revista de potencialidade para alterar o resultado da eleição, bastando sua gravidade.

---

170. Nesse sentido decidira o TSE antes da introdução desta alínea pela LC nº 135, de 4 de junho de 2010: "Inelegibilidade – Cônjuge do atual prefeito – Separação judicial simulada – Matéria de prova. Se a instância regional, após exame das provas e circunstâncias, chega à conclusão de que a separação foi simulada, persiste a inelegibilidade de que cuida o art. 14, § 7º, da Constituição da República." (TSE, REspE nº 17.672/GO, Rel. Min. Fernando Neves da Silva, j. em 28.9.2000, publicado em Sessão de 28.9.2000). De outro lado, até mesmo a separação de fato oportuna foi reconhecida como fundamento caracterizador do desfazimento do vínculo conjugal: "[...] quando a separação de fato ocorreu há mais de dez anos, havendo sido reconhecida na sentença da separação judicial, o ex-cônjuge pode candidatar-se na eleição subsequente, pois a ruptura do vínculo conjugal se deu antes mesmo do primeiro mandato, sem haver, portanto, violação ao preceito constitucional." (Resolução TSE nº 21.775, de 27.5.2004, Rel. Min. Ellen Gracie, *DJ* de 21.6.2004).

Tais doações são permitidas, mas nos limites legais, não sendo suficiente ficar o doador que não os respeita sujeito à pena de multa no valor correspondente, no mínimo, ao quíntuplo da quantia em excesso (Lei nº 9.504/1997, art. 23, § 3º), porque não inibiria o abuso de poder econômico, andando bem o legislador complementar ao fazer a previsão sob comento.

O procedimento a ser observado é o do art. 22 da LC nº 64/1990, próprio para a apuração do ato abusivo questionado perante a Justiça Eleitoral, que no seu inciso XIV, comina, a todos quantos hajam contribuído para a prática do ato, a sanção de inelegibilidade nos 8 anos que se seguirem à eleição na qual se deu o abuso.

10.2.15. Inelegibilidade de Magistrado e membro do Ministério Público aposentados compulsoriamente por decisão sancionatória ou que tenham perdido o cargo por sentença ou que tenham pedido exoneração ou aposentadoria voluntária na pendência de processo administrativo disciplinar

Os magistrados que forem aposentados compulsoriamente por decisão sancionatória, que tenham perdido o cargo por sentença ou que tenham pedido exoneração ou aposentadoria voluntária na pendência de processo administrativo disciplinar, ficam inelegíveis pelo prazo de 8 (oito) anos.

A aposentadoria primeiramente referida é pena disciplinar (LC nº 35, de 14 de março de 1979 – LOMAN, art. 42, V), não guardando qualquer relação com a aposentadoria obrigatória por idade (CF, art. 40, § 1º, II).

O Conselho Nacional da Magistratura poderá determinar a aposentadoria, com vencimentos proporcionais ao tempo de serviço, do magistrado que se mostre manifestadamente negligente no cumprimento dos deveres do cargo, que tenha procedimento incompatível com a dignidade, a honra e o decoro de suas funções, que possua escassa ou insuficiente capacidade de trabalho, ou cujo proceder funcional seja incompatível com o bom desempenho das atividades do Poder Judiciário (LOMAN, art. 56).

A perda do cargo se dará em ação penal por crime comum ou de responsabilidade ou em procedimento administrativo para tanto voltado na hipótese de exercício, ainda que em disponibilidade, de qualquer outra função, salvo um cargo de magistério superior, público ou particular, bem como no caso de recebimento, a qualquer título e sob qualquer pretexto, de percentagens ou custas nos processos sujeitos a seu despacho e julgamento, ou, ainda, em razão do exercício de atividade político-partidária (LOMAN, art. 26).

O pedido de exoneração ou de aposentadoria facultativa, na pendência de procedimento administrativo disciplinar a que responda, é conduta que também se desaprova e que causa a inelegibilidade tratada.

Também ao membro do Ministério Público se aplicam as mesmas regras.

Pelo inciso III do § 2º do art. 130-A da Constituição Federal, cabe ao Conselho Nacional do Ministério Público conhecer das reclamações contra membros ou órgãos do Ministério Público da União ou dos Estados, inclusive contra seus serviços auxiliares, sem prejuízo da competência disciplinar e correcional da instituição, podendo avocar processos disciplinares em curso, determinar a remoção, a disponibilidade ou a aposentadoria com subsídios ou proventos proporcionais ao tempo de serviço e aplicar outras sanções administrativas, assegurada ampla defesa.

O art. 5º do Regimento Interno do Conselho Nacional do Ministério Público comete ao Plenário julgar os processos administrativos regularmente instaurados, assegurada a ampla defesa, determinando a remoção, a disponibilidade ou a aposentadoria com subsídios proporcionais ao tempo de serviço.

A Lei Complementar nº 75, de 20 de maio de 1993 (Estatuto do Ministério Público da União), no art. 57, XX, dá competência ao Conselho Superior do Ministério Público Federal para autorizar, por maioria absoluta de seus membros, que o Procurador-Geral da República ajuíze a ação de perda de cargo contra membro vitalício do Ministério Público Federal.

De acordo com o art. 38, § 1º, da Lei nº 8.625, de 12 de fevereiro de 1993 (Lei Orgânica Nacional do Ministério Público), o membro vitalício do Ministério Público somente perderá o cargo por sentença judicial transitada em julgado, proferida em ação civil própria, nos casos de prática de crime incompatível com o exercício do cargo, após decisão judicial transitada em julgado, exercício da advocacia e abandono do cargo por prazo superior a trinta dias corridos.

10.3. INELEGIBILIDADES E DESINCOMPATILIZAÇÃO (INCISO II DO ART. 1° DA LC Nº 64/1990)

As inelegibilidades apanham situações que se mostram inconvenientes ao critério de seleção dos representantes do povo segundo o princípio democrático.

Há, porém, situações relacionadas com a ocupação de cargos ou o exercício de funções em momento inoportuno relativamente ao pleito que, conquanto caminhem para a concretização da inelegibilidade, podem deixar de existir a tempo de não deixá-la surgir, evitada, assim, a formação da causa que a originaria.

Neste caso, o impedimento ao nascimento da inelegibilidade se dará por meio de ato – seja do próprio interessado na candidatura, seja do terceiro que proporciona a situação indesejável – que produz a *desincompatibilização*.

Havendo a desincompatibilização, portanto, não se cogitará da inelegibilidade que se desenhava. Por exemplo, o Governador que desejar disputar outro cargo, como o de Senador, há de renunciar até seis meses antes do pleito (CF, art. 14, § 6º – desincompatibilização por ato próprio, em decorrência da qual também não se opera a restrição posta ao seu cônjuge e parentes no art. 14, § 7º, 1ª parte, da CF, dando-se a desincompatibilização por ato alheio (Resolução TSE nº 15.284, de 30.5.1989).

Esse efeito também pode ser gerado por um fato jurídico em sentido estrito, isto é, independentemente da prática dos atos indicados: são elegíveis, no território que era administrado pelo Prefeito falecido antes de chegar ao último semestre do respectivo mandato, seu cônjuge e parentes consanguíneos e afins, de qualquer grau, ou por adoção, mesmo não sendo titulares de mandato eletivo e candidatos à reeleição.[171]

A desincompatibilização dar-se-á sempre no interesse da coletividade – que tem direito à lisura do pleito –, não em benefício da campanha do servidor candidato, porque a Lei Complementar nº 64/1990 trata do assunto com o fito, neste caso, de preservar a normalidade das eleições contra o abuso do exercício de cargo, função ou emprego na administração direta ou indireta. Esta a ideia que deve orientar a interpretação das hipóteses de afastamento para desincompatibilização. O que busca a legislação é que não se aproveitem tais pessoas dos cargos que ocupam ou das funções que exercem em benefício da candidatura própria ou, na interpretação conjunta dos §§ 6º e 7º do art. 14 da CF, como anteriormente exposto, ou de seu cônjuge ou parente em detrimento da candidatura dos concorrentes, sem afetar seus direitos políticos.

Esse afastamento pode impor-se de forma definitiva, ou não.

Com efeito, a desincompatibilização pode consistir no afastamento do servidor pelo prazo de 3 a 6 meses ou definitivamente, conforme o caso, do cargo ou função que exerce para tornar viável sua candidatura. Por exemplo, o Ministro de Estado que quiser ser candidato à Presidência da República deverá afastar-se definitivamente de seu cargo antes dos seis meses que antecedem as eleições (LC nº 64/1990, art. 1º, II, "a"), ou antes de 4 meses, se quiser candidatar-se a prefeito (alínea "a" do inciso IV do mesmo artigo), enquanto que o servidor público não enquadrado noutra hipótese específica, de órgãos ou entidades da Administração direta ou indireta da União, dos Estados, do Distrito Federal, dos Municípios e dos Territórios, inclusive das fundações mantidas pelo Poder Público, para candidatar-se a qualquer mandato, deverá, antes dos 3 meses anteriores ao pleito, afastar-se de seu cargo ou função, ficando-lhe garantido, durante o afastamento, o direito à percepção dos seus vencimentos integrais (LC nº 64/1990, art. 1º, II, "l"), o que significa que se afasta em caráter provisório, no sentido de que lhe fica assegurado o retorno às atividades.[172]

O prazo de desincompatibilização conta-se nos termos da Lei nº 810, de 6 de setembro de 1949, considerando-se mês o período de tempo compreendido entre o dia do início e o dia correspondente do mês seguinte ou, se não houver, o primeiro dia subsequente.

Exemplificando: Tomando como data-base o dia 3 de outubro, dedicado às eleições, contando-se seis meses para trás, encontramos o dia 3 de abril do mesmo ano, devendo a desincompatibilização efetuar-se, então, até o dia 2 deste mês, porque a inelegibilidade,

---

171. Resolução TSE nº 18.064, de 23.4.1992, Rel. Min. Torquato Lorena Jardim. Possibilitada a reeleição do Chefe do Executivo, passou-se a admitir a elegibilidade do seu cônjuge e parentes para candidatar-se inclusive à sua sucessão "quando o titular, causador da inelegibilidade, pudesse, ele mesmo, candidatar-se à reeleição, tendo-se afastado do cargo até 6 meses antes do pleito" (RE nº 344.882, Rel. Min. Sepúlveda Pertence).

172. No plano federal, a Lei nº 8.112/1990, no art. 94, disciplina do seguinte modo a situação do servidor federal eleito, depois de investido no mandato eletivo: se o mandato for federal, estadual ou distrital, ficará afastado do cargo; se o mandato for de Prefeito, fica afastado do cargo, podendo optar pela sua remuneração; sendo o mandato de vereador, se houver compatibilidade de horário, perceberá as vantagens do seu cargo mais a remuneração do cargo eletivo, ou, não havendo compatibilidade de horário, será afastado do cargo, sendo-lhe facultado optar por sua remuneração.

no exemplo, alcança seis meses completos de afastamento do cargo ou função, inclusive, pois, o dia 3 de abril.

Com a desincompatibilização evita-se a incompatibilidade que causaria a inelegibilidade.

Não barrada pela desincompatibilização, a incompatibilidade se consolidará, configurando hipótese de inelegibilidade.

A inelegibilidade decorrente da falta de desincompatibilização poderá ser *parcial*. De tal modo, conforme o art. 1º, VII, "a", da Lei Complementar nº 64, de 1990, o Secretário de Estado, se não observado o prazo de seis meses para a desincompatibilização, não poderá concorrer a uma vaga de Vereador, mas poderá candidatar-se para Prefeito/Vice-Prefeito se o afastamento definitivo do cargo houver obedecido prazo superior a quatro meses anteriores ao pleito eleitoral (art. 1º, IV, "a"), isto é, não será inelegível para todos os mandatos em disputa nas eleições municipais: será inelegível para Vereador, não, contudo, para Prefeito.

11 O PEDIDO DE REGISTRO DO CANDIDATO E O EFEITO DO SEU RECEBIMENTO EM RELAÇÃO À CAMPANHA ELEITORAL (DOAÇÕES E GASTOS ELEITORAIS)

11.1. O PEDIDO DE REGISTRO DO CANDIDATO

Como já acentuado, no Brasil não há candidaturas avulsas. Quem quiser concorrer a mandato eletivo deve estar filiado a Partido Político há pelo menos seis meses.

Por ocasião das eleições, é possível e é comum a coligação das agremiações políticas, dentro da mesma circunscrição, seja para a eleição majoritária, para a proporcional, ou para ambas.

À coligação – que terá denominação própria – são reconhecidas as prerrogativas e obrigações de partido político no processo eleitoral, sendo representada por pessoa, para tanto designada pelas entidades que a integram, com atribuições equivalentes às de presidente de partido. Perante a Justiça Eleitoral a coligação funcionará como um só partido e também a poderão representar delegados.

Assim, o partido político coligado somente terá legitimidade para atuar isoladamente no processo eleitoral para questionar a validade da própria coligação, durante o período compreendido entre a data da convenção e o termo final do prazo para a impugnação do registro de candidatos. Mas a responsabilidade pelas multas sofridas em razão da propaganda eleitoral é solidária apenas entre o candidato e o respectivo partido, não alcançando os outros partidos participantes da coligação.

Na propaganda, tratando-se de eleição majoritária, a coligação deverá apontar, sob sua denominação, as legendas de todos os partidos que a integram, bastando, na propaganda para eleição proporcional, que sob o nome da coligação seja indicado o partido do candidato.

A decisão sobre a formação de coligações e a escolha dos candidatos ocorre nas convenções partidárias, realizadas entre 20 de julho e 5 de agosto do ano eleitoral, à luz das normas estatutárias ou, se omissas, daquelas estabelecidas pelo órgão de direção nacional do partido, publicadas no *Diário Oficial da União* até cento e oitenta dias antes do pleito.

Nessas convenções, nas eleições gerais, serão sorteados os números com os quais os candidatos a Deputado concorrerão e que se seguem à dezena que identifica o Partido, ressalvado o direito do candidato de manter o número com o qual competiu na eleição anterior para o mesmo cargo, preferência da qual evidentemente pode declinar.

Os candidatos a Deputado Federal, pois, concorrerão com o número identificador do partido a que se filiam, acrescido de dois algarismos à direita (de 00 a 99),[173] e os que se candidatam a Deputado Estadual ou Distrital com o número do partido acrescido de três algarismos à direita, sendo-lhes atribuídos os números acrescidos mediante sorteio.

Para a identificação numérica do candidato ao Senado, acrescenta-se um algarismo à direita da dezena identificadora do Partido.

Com o número do Partido se apresentarão os concorrentes à Chefia do Executivo (Presidente da República e Governador).

O art. 15, IV, da Lei nº 9.504/1997 determina que o TSE baixe Resolução dispondo sobre a numeração dos candidatos concorrentes às eleições municipais, que se realizam em data diferente das eleições gerais.

Na trilha das disposições legais tem-se estabelecido que nas eleições municipais o candidato a Prefeito concorrerá com o número do seu partido e o vereador com esse número acrescido de três algarismos à direita, como consta do art. 17 da Resolução TSE nº 23.373/2011, editada para reger a escolha e o registro de candidatos nas eleições de 2012.

Em suma, haja ou não coligação, os candidatos aos cargos do Executivo concorrem com a dezena identificadora do Partido a que se filiam; os demais candidatos concorrem com a dezena identificadora do partido a que se filiam acrescido de 1 número à direita, para senador, de 2 números à direita, para deputado federal, e de 3 números à direita para deputado estadual ou vereador.

Assim, por exemplo, o candidato de certo Partido ao qual foi atribuído o nº 99, que concorre a Presidente, será identificado pelo nº 99; o que concorre à Governança do Estado ou do Distrito Federal, será identificado pelo mesmo número; o que concorre a uma vaga de Senador, será identificado, por exemplo, pelo nº 999; os candidatos à Câmara dos Deputados portarão os números 9900 a 9999 (como só se pode adicionar 2 algarismos à direita, obrigatoriamente a sequência irá de 00 a 99) e o que aspira eleger-se para a Assembleia Legislativa ou para a Câmara Distrital receberá o nº 99000 em diante, com o total de cinco algarismos.

Os partidos políticos e as coligações requererão o registro dos seus candidatos até às 19 horas do dia 15 de agosto do ano eleitoral, observando o número admissível de candidatos por partido ou coligação, nas eleições proporcionais: até 150%, dos lugares a preencher. Nas unidades da federação – diz a lei, excluindo, pois, as eleições municipais – em que o número dos lugares a preencher para a Câmara dos Deputados for no máximo 12, cada partido ou coligação poderá registrar candidatos a Deputado Federal, Estadual ou Distrital até o dobro das respectivas vagas. Nos municípios de até cem mil eleitores, os partidos poderão inscrever candidatos em número correspondente a até 150% das cadeiras da Câmara Municipal; já as coligações poderão registrar candidatos até o dobro das cadeiras em disputa.

---

173. Como já destacado e de acordo com a Resolução TSE nº 23.405/2014, art. 19, § 3º, que baixa instrução para a escolha e registro de candidatos nas eleições de 2014, "o partido político, concorrendo por si ou coligado, observada a limitação estabelecida no *caput* e no § 1º deste artigo, poderá requerer o registro de até 100 candidatos ao cargo de Deputado Federal, em decorrência do disposto no inciso II do art. 15 da Lei nº 9.504/1997".

Nesses totais está assegurada a participação de ambos os sexos, na proporção de 70%/30%, inadmitindo-se que da parcela não aproveitada por um utilize-se o outro, o que prejudicaria a finalidade da disposição.

Se o partido não apresentar, do total das candidaturas que lançar, o mínimo de 30% de candidatos de um dos sexos, obriga-se a diminuir o número de candidaturas do outro sexo, até que o percentual exigido pela lei seja observado, não podendo a Justiça Eleitoral, de ofício, ajustar os percentuais com o decote do excedente, porquanto às agremiações políticas cabe a escolha dos nomes que disputam o pleito.[174]

Nos cálculos das quantidades anteriormente descritas a fração igual ou superior a meio será igualada a um.

Não requeridos os registros pelos partidos ou coligações, poderão os interessados requerê-los diretamente nas 48 horas seguintes à publicação da lista dos candidatos pela Justiça Eleitoral.

Se depois de realizada a convenção se verificar que não foi indicado o número máximo de postulantes às candidaturas, os órgãos de direção dos partidos poderão completá-los, respeitadas as vagas por sexo, desde que o façam até 30 dias antes do pleito, o que pode ocorrer, portanto, fora do prazo comum destinado ao registro de candidatos que se encerra às 19 horas do dia 15 de agosto do ano em que se realizarem as eleições.

Destarte, quem aspira exercer mandato eletivo deve, para tanto, superar três estágios distintos. Primeiro, deve receber a indicação do partido a que é filiado, concorrendo à indicação. Depois, deve obter – e manter – o registro como candidato na Justiça Eleitoral. E, por último, deve conquistar votos válidos suficientes para eleger-se, ainda que beneficiado pelo sistema proporcional.

Passará, assim, pela aprovação dos seus companheiros de agremiação, do Poder Judiciário e das urnas.

Os pedidos de registro, formulados pelos partidos ou coligações, devem ser instruídos com os seguintes documentos: I – cópia da ata da convenção para a escolha dos candidatos pelos partidos e a deliberação sobre coligações a que se refere o art. 8º da Lei nº 9.504/1997, a fim de comprovar a escolha de acordo com as regras em vigor; II – autorização escrita do aspirante a candidato, porquanto a sua participação no prélio eleitoral é requerida pelo partido ou coligação, como já acentuado; III – prova de filiação partidária, já que não há candidaturas avulsas, sendo cancelado o registro do candidato que, até as eleições, for expulso do partido, observado o devido processo legal (Lei nº 9.504/1997, art. 14); IV – declaração de bens, assinada pelo aspirante a candidato, para que fique registrado – e a informação não é confidencial – o patrimônio que possui antes das eleições, com o objetivo de documentar uma situação que poderá sugerir eventual abuso de poder no exercício do cargo, em proveito próprio; V – cópia do título eleitoral ou certidão, fornecida pelo cartório eleitoral, de que o candidato é eleitor na circunscrição ou requereu sua inscrição ou transferência de domicílio no prazo previsto no art. 9º, para, como na filiação a partido político, comprovar a condição de elegibilidade prevista na Constituição (CF, art. 14, § 3º, IV); VI – certidão de quitação eleitoral – que

---

174. TSE, REespE nº 34.607/SP, Rel. Min. Henrique Neves da Silva, Decisão Monocrática de 11.3.2013, *DJe* de 15.3.2013.

abrangerá exclusivamente a plenitude do gozo dos direitos políticos, o regular exercício do voto, o atendimento a convocações da Justiça Eleitoral para auxiliar os trabalhos relativos ao pleito, a inexistência de multas aplicadas, em caráter definitivo, pela Justiça Eleitoral e não remitidas, e a apresentação de contas de campanha eleitoral; VII – certidões criminais fornecidas pelos órgãos de distribuição da Justiça Eleitoral, Federal e Estadual, e, se o candidato for militar, também da Justiça Militar estadual, para os integrantes da Polícia Militar e do Corpo de Bombeiros, e Justiça Militar da União, para os componentes das Forças Armadas (o civil igualmente pode praticar crimes militares contra as Forças Armadas), que, se forem positivas, deverão vir acompanhadas de certidão de objeto e pé, para comprovar que o postulante à candidatura não é inelegível; VIII – fotografia do candidato, nas dimensões estabelecidas em instrução da Justiça Eleitoral, para ser exibida no painel da urna eletrônica; IX – propostas defendidas pelo candidato a Prefeito, a Governador de Estado e a Presidente da República, com a finalidade de formalizar o vínculo do concorrente com os compromissos por ele assumidos. A prova de que o interessado não é analfabeto será feita com a apresentação de documento que evidencie sua escolaridade ou mediante declaração de próprio punho, ou, ainda, por qualquer outro meio admissível.

Na hipótese de candidato dignitário de foro por prerrogativa de função há necessidade de apresentar certidões dos Tribunais competentes para julgá-los, como, por exemplo, do STJ, em se tratando de Governador (CF, art. 105, I, "a").

Sendo o caso, há também a necessidade de provar a devida e oportuna desincompatibilização.

Pelo § 13, acrescido ao art. 11 da Lei das Eleições pela Lei nº 12.891/2013, fica dispensada a apresentação pelo requerente dos documentos produzidos a partir de informações detidas pela Justiça Eleitoral: os indicados nos incisos III, V, VI e VII (com relação aos crimes eleitorais), anteriormente indicados.

Em sendo necessário, poderá o Juiz abrir prazo de 72 horas para diligências.

De acordo com o Enunciado da Súmula nº 3 de jurisprudência do Tribunal Superior Eleitoral, no processo de registro de candidatos, não tendo o juiz aberto prazo para o suprimento de defeito da instrução do pedido, pode o documento, cuja falta houver motivado o indeferimento, ser juntado com o recurso ordinário.

No pedido de registro será informado o nome completo do registrando, bem como as variações nominais que deseja registrar, no máximo de três, constituídas do prenome, sobrenome, cognome, nome abreviado, apelido ou nome pelo qual é mais conhecido, em ordem de preferência. Mas a escolha anteriormente aludida deverá evitar a possibilidade de que se confunda o candidato com outra pessoa.

Assim, se o ex-jogador de futebol Edson Arantes do Nascimento se candidatasse, inscreveria certamente, além do seu nome, o cognome "Rei Pelé", e/ou o apelido "Pelé". Outra pessoa que, por exemplo, tivesse o mesmo nome, não poderia usar a mesma alcunha, ainda que, em razão do nome, fosse chamado de "Rei Pelé" em seu círculo de amizades, porque poderia iludir o eleitor. Já Neymar Cover não poderia causar a confusão com o futebolista Neymar, daí porque um candidato a deputado estadual, pelo Partido Verde em São Paulo, pôde concorrer com essa identificação.

Nenhuma variação nominal (não o nome constante do registro civil) será considerada válida, mesmo que não suscite dúvida quanto à identidade do candidato, se atentar contra a moral, os bons costumes, a dignidade da pessoa, ou se for irreverente, ou, na linguagem do art. 12 da Lei nº 9.504/1997, que *não atente contra o pudor e não seja ridículo ou irreverente*.

Ocorrendo a homonímia e havendo dúvida de que o candidato seja conhecido pela variação apresentada, a Justiça Eleitoral exigirá a prova de que o é. Produzida esta, a preferência será daquele que em 15 de agosto estiver exercendo mandato eletivo (ainda que suplente), ou, em sequencia, que o tenha exercido nos últimos quatro anos, ou que nesse prazo tenha se candidatado com o nome em discussão, ou que, pela sua vida política, social ou profissional, seja identificado pelo nome que tenha indicado. Feita a prova reclamada, por um dos que pretendem a mesma variação nominal, nos termos assinalados, a ele será deferido o seu uso, com exclusividade.

Não sendo possível reconhecer a preferência a qualquer dos registrandos com o mesmo interesse e não havendo acordo entre eles, embora para tal fim convocados pela Justiça Eleitoral, aplica-se o Enunciado da Súmula nº 4 do Tribunal Superior Eleitoral: "Não havendo preferência entre candidatos que pretendam o registro da mesma variação nominal, defere-se o do que primeiro o tenha requerido."[175]

O candidato às eleições proporcionais somente será autorizado a usar variação coincidente com a de candidato à eleição majoritária, no mesmo território, ainda que ligados pelo parentesco, se estiver exercendo mandato eletivo ou o tenha exercido nos últimos quatro anos, ou que, nesse mesmo prazo, tenha concorrido em qualquer eleição com o nome coincidente.

Para efeito de escolha do eleitor, o nome ou uma variação, com no máximo 30 caracteres, bem como o número indicado no registro, serão exibidos na tela da urna eletrônica, conforme a indicação do interessado, como anunciou, por exemplo, a Resolução TSE nº 23.405, de 27.2.2014, no art. 29.

Verificando-se o indeferimento do registro ou sobrevindo a retirada do candidato da competição (se for considerado inelegível – inclusive em razão do cancelamento do registro em virtude da expulsão do partido – renunciar ou falecer) após o termo final do prazo para inscrição, o seu partido poderá providenciar a sua substituição de acordo com o estabelecido nos seus estatutos, nos dez dias que se seguirem ao fato ou à notificação da decisão judicial que propiciou a substituição.

Esse pedido de substituição implica desistência de eventual recurso interposto contra a aludida decisão de indeferimento ou cancelamento do registro.

Nas eleições majoritárias o mesmo critério será observado. Sendo o candidato de coligação, entretanto, a substituição far-se-á de acordo com a decisão da maioria absoluta dos órgãos executivos de direção dos partidos coligados, tendo o partido do substituído a primazia, renunciável, de ter o substituto escolhido dentre os seus filiados.

---

175. A Súmula nº 4 do TSE, embora anterior à Lei das Eleições, de 1997, continua aplicável (ver, por exemplo, TSE, Ac. nº 20.228, Rel. Min. Ellen Gracie Northfleet, j. em 26.9.2002; e Resolução TSE nº 23.405, de 27.2.2014, art. 31, § 3º.

Havendo a renúncia aqui referida, o substituto poderá ser escolhido dentre os filiados de qualquer um dos partidos que compõem a coligação.

Para que se concretize, a substituição deverá ser requerida até 20 dias antes das eleições, sejam majoritárias ou proporcionais, salvo no caso de falecimento do candidato, *quando poderá ser efetivada após esse prazo*. Essa previsão constitui novidade trazida pela Lei nº 12.891/2013, porquanto o § 3º do art. 13 da Lei nº 9.504/1997, tinha o seguinte teor: "Nas eleições proporcionais, a substituição só se efetivará se o novo pedido for apresentado até sessenta dias antes do pleito". Não havia referência às eleições majoritárias, o que parecia autorizar que, nesta, a substituição poderia ocorrer a qualquer momento antes do pleito.

Sobre o assunto, importante decisão do Tribunal Regional Eleitoral de São Paulo, da relatoria do Juiz Paulo Hamilton, proferida ainda sob o pálio da antiga redação desse parágrafo, cujo entendimento acabou por ser consagrado pelo legislador de 2013. Asseverou, então, o magistrado:

> O pedido de renúncia e substituição a menos de 12 horas antes do pleito é inválido, na medida em que ofende o princípio constitucional da soberania popular, que exige o pleno conhecimento dos eleitores para o válido exercício do direito ao voto.
>
> O sistema jurídico não pode permitir manobra política com o intuito de induzir o eleitor a erro pela ausência da devida informação, que é inerente ao direito eleitoral.
>
> O ato de burla à lei foi perpetrado na calada da noite e ofende o Estado Democrático e Social de Direito e os princípios de regência do Microssistema Eleitoral.[176]

Daí a relevância do estabelecimento de prazo para a substituição, qualquer que seja a eleição, ressalvada a hipótese de falecimento do candidato.

Todos os pedidos de registro de candidato, inclusive os impugnados e os respectivos recursos, devem estar definitivamente julgados, bem como publicadas as respectivas decisões, até vinte dias antes da data das eleições, a eles havendo de ser dada prioridade sobre quaisquer outros processos, realizando a Justiça Eleitoral sessões extraordinárias e convocação dos juízes suplentes pelos Tribunais para o cumprimento dessa determinação, sujeitando-se o juiz, no caso de descumprimento, à representação ao Tribunal Regional Eleitoral, e os membros deste à representação à Corte Superior.

Enquanto o pedido de registro pender de julgamento, quer porque ainda não tenha sido apreciado, quer porque a decisão proferida não seja definitiva, o registrando poderá praticar os atos pertinentes à campanha eleitoral, constando seu nome na urna eletrônica. É que a demora do Judiciário não pode prejudicar os concorrentes ao pleito.

Não se podendo afastar a ocorrência de imprevistos[177] e não garantindo solução oportuna a eventual aplicação de punição ao magistrado desobediente, restando, então, contrariada a expectativa legal, e perdurando essa situação de incerteza quanto ao desate

---

176. TRE/SP, Recurso Eleitoral nº 586-68.2012.6.26.0330, Rel. Juiz Paulo Hamilton, j. em 30.10.2012, publicado em Sessão de 30.10.2012.

177. Relembre-se, por exemplo, a situação criada no julgamento da aplicação ou não da Lei da Ficha Limpa às eleições de 2010, quando o STF decidiu aguardar que o Presidente da República nomeasse Ministro para ocupar a vaga do 11º membro daquele Pretório, a fim de desempatar a votação realizada pelos 10 integrantes daquela Corte.

da questão judicial concernente ao registro até o dia das eleições, a validade dos votos que o registrando obtiver, ficará condicionada ao deferimento final de seu registro. Do mesmo modo, os votos atribuídos ao candidato cujo registro esteja *sub judice* somente serão computados para o partido ou coligação pela qual concorre no caso de deferimento do registro do candidato.

Também interessante questão, aliás já mencionada ao tratarmos do conflito de princípios no início desta obra, foi levada à Corte Superior, atinente ao julgamento tardio de processo que versava sobre a inelegibilidade do candidato a Vice-Prefeito, somente reconhecida e, em razão disto, *indeferido o seu registro, após a data da diplomação e em julgamento que modificou a jurisprudência que lhe era totalmente favorável havendo expectativa real e plausível de que sua candidatura seria mantida.* À vista da natureza personalíssima da inelegibilidade que não poderia contaminar a elegibilidade do candidato a Prefeito, decidiu o Tribunal Superior Eleitoral, em sede de recurso ordinário em mandado de segurança, prestigiar o princípio da segurança jurídica em detrimento da incidência do princípio da indivisibilidade da chapa majoritária, reconhecendo ao impetrante, Prefeito eleito, o direito líquido e certo de ver restabelecido seu diploma que houvera sido cassado.[178]

O pedido de registro de candidato poderá ser objeto de impugnação, como adiante se verá.

11.2. DOAÇÕES E GASTOS ELEITORAIS

Com a regulação do investimento financeiro nas empreitadas eleitorais, o legislador colima resguardar, sob o aspecto econômico, a estabilização dessas disputas.

Para tanto, estabelece que só após a etapa abrangente do recebimento do pedido de registro da candidatura, transmitidas, pela Justiça Eleitoral, as informações nele contidas à Receita Federal, e fornecido, por esta, o número de inscrição compulsória do candidato no Cadastro Nacional da Pessoa Jurídica, bem como aberta, como ordenado a este e ao partido, a conta bancária específica para registrar todo o movimento financeiro da campanha, salvo para Prefeito e Vereador em Municípios onde não haja agência bancária ou posto de atendimento bancário, fica liberada a arrecadação de recursos e sua utilização na campanha eleitoral. No final do ano da eleição, caberá à instituição bancária encerrar a conta em mira transferindo o respectivo saldo para a conta do Órgão de direção indicado pelo partido, do quanto feito comunicando à Justiça Eleitoral.

O quanto afirmado sugere destacar que: a) qualquer recurso que não provenha da referida conta será considerado ilegítimo e seu uso importará, então, na desaprovação das contas de campanha; b) a liberação aludida não está presa ao deferimento, desde logo, do pedido de registro, já que, enquanto pender recurso de eventual decisão de seu indeferimento, é lícito ao candidato praticar, em sua plenitude, os atos relativos à campanha eleitoral.

Os gastos com as ditas campanhas serão atendidos por recursos próprios do candidato até o limite do total estabelecido para o cargo ao qual concorre como por aqueles

---

178. TSE, RMS nº 50.367/RJ, Rel Min. João Otávio de Noronha, *DJe*, de 5.3.2014.

repassados por seu partido e pelos provenientes das doações espontâneas, em dinheiro ou estimáveis em dinheiro, das *pessoas físicas* que se identificam com as propostas daquela determinada candidatura, até o máximo de 10% dos rendimentos brutos percebidos pelo doador no ano anterior ao das eleições, ressalvada a hipótese de a doação consistir na *utilização* de bens móveis ou imóveis de propriedade do doador, estimada, com base em dados confiáveis, em valor não superior a R$ 80.000,00. As pessoas jurídicas não podem fazer doações, porquanto o Supremo Tribunal Federal, por 8 votos a 3, ao examinar a Ação Direta de Inconstitucionalidade (ADI) 4650 Rel. Min. Luiz Fux, intentada pela Ordem dos Advogados do Brasil, declarou a inconstitucionalidade dos dispositivos legais que autorizavam as contribuições de pessoas jurídicas às campanhas eleitorais, argumentando o Relator que "se a *mens legislatoris* do art. 24, X, da Lei nº 9.504/1997 quis impedir a formação de pactos antirrepublicanos entre associações que recebem recursos governamentais com o poder público, a permissão de doações por empresas privadas colide frontalmente com a sua finalidade subjacente. Trata-se, destarte, de critérios injustificáveis que, além de não promover quaisquer valores constitucionais, deturpam a própria noção de cidadania e de igualdade entre as pessoas jurídicas".

Essas despesas esbarram nos contornos fixados para cada eleição, pelo Tribunal Superior Eleitoral, consoante os parâmetros legais, computando-se no limite de cada campanha aquelas realizadas pelo partido que sejam suscetíveis de individualização.[179]

O descumprimento das determinações pertinentes à movimentação financeira da campanha eleitoral pode originar a aplicação de multa, a apuração do abuso do poder econômico, com o cancelamento do registro de candidato ou a cassação do seu diploma, se já houver sido outorgado, reprovação das contas e a perda, pelo partido político, do

---

179. A Lei nº 13.165, de 29 de setembro de 2015, sobre limites de gastos nas campanhas eleitorais, estabelece: "**Art. 5º.** O limite de gastos nas campanhas eleitorais dos candidatos às eleições para Presidente da República, Governador e Prefeito será definido com base nos gastos declarados, na respectiva circunscrição, na eleição para os mesmos cargos imediatamente anterior à promulgação desta Lei, observado o seguinte: I – para o primeiro turno das eleições, o limite será de: a) 70% (setenta por cento) do maior gasto declarado para o cargo, na circunscrição eleitoral em que houve apenas um turno; b) 50% (cinquenta por cento) do maior gasto declarado para o cargo, na circunscrição eleitoral em que houve dois turnos; II – para o segundo turno das eleições, onde houver, o limite de gastos será de 30% (trinta por cento) do valor previsto no inciso I. Parágrafo único. Nos Municípios de até dez mil eleitores, o limite de gastos será de R$ 100.000,00 (cem mil reais) para Prefeito e de R$ 10.000,00 (dez mil reais) para Vereador, ou o estabelecido no *caput* se for maior. **Art. 6º.** O limite de gastos nas campanhas eleitorais dos candidatos às eleições para Senador, Deputado Federal, Deputado Estadual, Deputado Distrital e Vereador será de 70% (setenta por cento) do maior gasto contratado na circunscrição para o respectivo cargo na eleição imediatamente anterior à publicação desta Lei. **Art. 7º.** Na definição dos limites mencionados nos arts. 5º e 6º, serão considerados os gastos realizados pelos candidatos e por partidos e comitês financeiros nas campanhas de cada um deles. **Art. 8º.** Caberá à Justiça Eleitoral, a partir das regras definidas nos arts. 5º e 6º: I – dar publicidade aos limites de gastos para cada cargo eletivo até 20 de julho do ano da eleição; II – na primeira eleição subsequente à publicação desta Lei, atualizar monetariamente, pelo Índice Nacional de Preços ao Consumidor INPC da Fundação Instituto Brasileiro de Geografia e Estatística IBGE ou por índice que o substituir, os valores sobre os quais incidirão os percentuais de limites de gastos previstos nos arts. 5º e 6º; III – atualizar monetariamente, pelo INPC do IBGE ou por índice que o substituir, os limites de gastos nas eleições subsequentes. **Art. 9º.** Nas três eleições que se seguirem à publicação desta Lei, os partidos reservarão, em contas bancárias específicas para este fim, no mínimo 5% (cinco por cento) e no máximo 15% (quinze por cento) do montante do Fundo Partidário destinado ao financiamento das campanhas eleitorais para aplicação nas campanhas de suas candidatas, incluídos nesse valor os recursos a que se refere o inciso V do art. 44 da Lei nº 9.096, de 19 de setembro de 1995.".

direito de recebimento da quota do Fundo Partidário do ano seguinte (Lei nº 9.504, de 1997, arts. 18-B; 22, §§ 3º e 4º; 23, § 3º; e, 25). Os partidos, ainda que não participantes do pleito, porque lhes cabe a defesa da lisura do pleito eleitoral (LC 64, arts. 3º e 22; TSE, REspE nº 26.012/SP), bem como as coligações e o Ministério Público podem ajuizar ação perante a Justiça Eleitoral, em (até) 15 dias a contar da diplomação, objetivando a consecução desse resultado, que caminhará à sombra do rito do art. 22 da LC nº 64/1990, observada a competência determinada na Lei Complementar ou no Código Eleitoral, como tal recepcionado em 1988, à luz das normas constitucionais, dentre as quais a do art. 121, que à lei desse porte reserva o poder de dispor sobre a "competência dos tribunais, dos juízes de direito e das juntas eleitorais". Esta afirmação não se opõe à conclusão do TSE de que descabe, neste caso, o deslocamento da competência para o Corregedor (Ac. TSE, de 1º.2.2011, no AgR-REspe nº 28.315), pois esta não afronta a competência do Tribunal Eleitoral, regularmente prevista, apenas reconhece que a função excepcional ora aventada, da Corregedoria do Tribunal competente não se acopla à adoção do dito procedimento; nem mesmo investe contra o art. 96, I a III, da Lei das Eleições, porquanto esse diploma acaba por reproduzir a competência dos juízes e tribunais eleitorais prevista na norma adequada: I - aos Juízes Eleitorais, nas eleições municipais; II - aos Tribunais Regionais Eleitorais, nas eleições federais, estaduais e distritais; III - ao Tribunal Superior Eleitoral, na eleição presidencial.

O controle dessa movimentação (receitas e despesas) é feito sob o pálio de regras rigorosas (arts. 23, 24, 24-C, 28 a 32, da Lei das Eleições), merecendo especial destaque a ordem de que *o partido ou candidato que receber recursos provenientes de fontes vedadas ou de origem não identificada deverá proceder à devolução dos valores recebidos ou, não sendo possível a identificação da fonte, transferi-los para a conta única do Tesouro Nacional.*

Cumpre ressaltar, no entanto, que de acordo com o art. 27 da Lei das Eleições, não serão contabilizados os gastos realizados diretamente por eleitor em apoio à candidatura da sua preferência, desde que não ultrapassem a quantia equivalente a um mil UFIR (R$ 1.064,10). Poderá ele, por exemplo, segundo a previsão permissiva, anunciar o candidato de sua escolha, fixando, no seu imóvel, propaganda regular dela indicativa, por ele custeada (dentro do valor limite). Deste tipo de ato se ocupa o dispositivo.

Essa disposição, todavia, retrata duvidosa contribuição para a mantença do equilíbrio econômico do concurso eleitoral, alcançado com a transparência dos gastos efetuados nas campanhas e seu rígido controle. Com efeito, consideremos que: a iniciativa escapa à administração financeira da campanha que deve ser feita pelo próprio candidato, ou por pessoa por ele indicada com quem responde solidariamente pela veracidade das informações declaradas na prestação de contas; nada deverá declarar o beneficiado, porém, sobre a iniciativa por ele não contratada, não incentivada e até desautorizada ou desconhecida; as possíveis irregularidades na propaganda assim realizada, sob a responsabilidade de terceiro, não poderão repercutir negativamente na candidatura, pois com a campanha não se compagina; diz a lei que a faculdade é do *eleitor*, e que seu exercício encontra a restrição de quantia máxima estipulada, mas não esclarece como será, na prática, apurada a observância destes requisitos junto ao colaborador desconhecido do Partido e do candidato, nem veda a iniciativa generalizada cuja existência não haveria como controlar; a exigência de emissão do documento fiscal em nome do eleitor pouco dirá, na medida em que não se obriga ele à prestação de contas, nem a comunicar o seu feito ao administrador da campanha que, por sua vez, sem essa comunicação, não poderá incluir o gasto de maior valor não contabilizado naquela prestação, sequer noticiá-lo em documento que a acompanhe, sendo que o cruzamento das contas pela Secretaria da Receita Federal, afirmado no art. 24-C, § 3º, da Lei nº 9.504/1997, é previsto com relação às doações, do que aqui não se cuida. E, mesmo que tal comunicação lhe fosse imposta e cumprida, a constatação da gastança não haveria de espelhar o abuso em detrimento da candidatura, porque o desrespeito à lei seria exclusivamente do eleitor, até mesmo contra a vontade do Partido e do candidato honesto.

Não obstante as considerações mencionadas, a Portaria Conjunta TSE/SRF nº 74/2006 prevê, no art. 4º, parágrafo único, que a Secretaria da Receita Federal informará ao Tribunal Superior Eleitoral qualquer infração ao disposto no artigo ora comentado (e no art. 23, que trata das doações feitas por pessoas físicas, o que é objeto do art. 24-C da Lei das Eleições).

Além de não poder receber doações em desacordo com os ditames legais, o candidato também não pode fazê-las, entre o registro e a eleição, seja em dinheiro, seja por meio da entrega de troféus, prêmios ou qualquer espécie de ajuda. São gastos expressamente proibidos.

Legítimos são os dispêndios elencados no art. 26 da Lei das Eleições, voltados à promoção das candidaturas, como os concernentes à propaganda e publicidade de qualquer espécie, respeitadas, quanto ao material impresso, as prescrições do art. 38 da mencionada Lei, os destinados ao pagamento das despesas com produção de programas de rádio, televisão ou vídeo, vinculados ao mesmo desiderato, e das multas eleitorais.

Dessa movimentação financeira deverão ser prestadas as devidas contas, no prazo legal, impedindo, a omissão, enquanto perdurar, a diplomação dos eleitos a que dizem respeito.

Quanto a esse dever, decidirá a Justiça Eleitoral, se preciso com a ajuda de técnicos requisitados aos Tribunais de Contas (da União, dos Estados, do Distrito Federal ou dos Municípios), pela aprovação das contas, se regulares; pela aprovação com ressalvas, quando as falhas encontradas não lhe comprometerem a regularidade; pela desaprovação das contas, se irregulares; pela não prestação das contas, na hipótese de não atendimento à notificação expedida pela Justiça Eleitoral determinando sua apresentação em 72 horas.

Se, como constar das prestações de contas, do cotejo entre receitas e despesas resultar saldo credor, tais sobras de recursos financeiros serão utilizadas pelos partidos.

12 AÇÃO DE IMPUGNAÇÃO AO PEDIDO DE REGISTRO DO CANDIDATO (AIRC)

12.1. FINALIDADE

A impugnação ao registro de candidato é o meio de que dispõem os legitimados anunciados no art. 3º da LC nº 64/1990, para evitar que alguém, diante da falta de condição de elegibilidade ou da presença de causa de inelegibilidade, ou, ainda, da inobservância dos requisitos para a inscrição pretendida, como os referentes ao prazo ou a juntada dos documentos que devem instruir o pedido, concorra a mandato eletivo em determinado pleito eleitoral. É, em síntese, a medida apropriada para impedir que o pré-candidato se torne candidato em desconformidade com as normas em vigor.

12.2. LEGITIMIDADE PARA IMPUGNAR

Podem propor a ação de impugnação ao pedido de registro de candidato (AIRC ou AIPRC), nos termos do art. 3º da Lei Complementar nº 64/1990, qualquer outro candidato, ainda que vise a cargo não coincidente com o pretendido pelo impugnado, o partido político, ainda que não concorra às eleições, coligação ou o Ministério Público pelo membro com atribuição para atuar perante o órgão competente da Justiça Eleitoral.

Partidos políticos destinam-se a assegurar a autenticidade do sistema representativo, imprescindível para a democracia, e a defender os direitos fundamentais definidos na Constituição Federal. Daí porque também estão legitimados para a ação, ainda quando não participantes do pleito. Regem-se pela Lei nº 9.096, de 19 de setembro de 1995, que regula os arts. 14, § 3º, V, e 17 da Constituição Federal.

Os Partidos Políticos, quando se unem nas eleições, formam as coligações, que têm existência transitória, assumindo estas as prerrogativas e obrigações de partido político no que se refere ao processo eleitoral, funcionando cada coligação como um só partido, nas suas relações com a Justiça Eleitoral. Por isso a legitimidade cogitada lhe é estendida.

A legitimidade do Ministério Público provém da incumbência que lhe dá a Constituição Federal de defender a ordem jurídica e o regime democrático (CF, art. 127). Fica, porém, inibido de promover a impugnação da candidatura de quem quer que seja, o representante do *Parquet* que, nos quatro anos anteriores, tenha disputado cargo eletivo, integrado diretório de partido ou exercido atividade político-partidária.

Ao eleitor a lei concede apenas a faculdade de noticiar a existência de fato impeditivo do registro, não a de impugnar registro de candidato ou recorrer da decisão que o defira.[180]

Uma vez noticiada fundamentadamente a inelegibilidade, não pode o Judiciário negar-se a apreciá-la, já que, como questão de ordem pública, deve ser conhecida inclusive no próprio pedido de registro, independentemente de impugnação ou da *notícia* que pode ser apresentada não apenas pelo eleitor, como também por repartição pública que remete documentos ao juízo eleitoral, ou pela Ordem dos Advogados do Brasil, que tem por finalidade defender a Constituição, a ordem jurídica do Estado Democrático de Direito (Lei nº 8.906, de 4 de julho de 1994, art. 44, I), desde que a situação exsurja dos autos. Sendo assim, havendo no processo de registro notícia que possa levar ao indeferimento da inscrição pleiteada, há de ser ouvido a respeito o registrando, em atenção ao princípio do contraditório e do amplo direito de defesa (CF, art. 5º, LV; CPC/2015, art. 10).

Dissertando sobre a necessidade do contraditório no reconhecimento da inelegibilidade de ofício em pedido de registro de candidato, Luiz Fernando C. Pereira (2014), em bem elaborado estudo, com amparo na doutrina e legislação nacionais e estrangeiras, conclui:

> Mesmo que não haja a apresentação da notícia, ao aperceber-se da possível ocorrência da causa de inelegibilidade, antes da decisão de ofício o magistrado eleitoral obriga-se a convocar o candidato evitando uma decisão surpresa. E essa provocação deve ser apresentada com a máxima descrição possível da inelegibilidade cogitada, com a escorreita descrição dos elementos de fato e de direito que suscitaram a hipótese de conhecimento de ofício. Só assim o candidato poderá exercer o seu direito de defesa em plenitude.

E mais adiante exemplifica:

> [...] se o magistrado eleitoral identificar na decisão do tribunal de contas outra hipótese de inelegibilidade não cogitada na notícia/impugnação deverá intimar o candidato para que se pronuncie sobre esta inelegibilidade cogitada de ofício. Sem isso não há previsibilidade. É como alerta Barbosa Moreira, "o exercício amplo do direito de defesa implica necessariamente para o réu um mínimo de previsibilidade".

É facultado ao partido ou coligação substituir candidato que tiver seu registro indeferido ou cancelado (Lei nº 9.504/1997, art. 13).

12.3. REPRESENTAÇÃO POR ADVOGADO

O Tribunal Superior Eleitoral decidiu: "Tratando-se de impugnação ao registro de candidatura perante juiz eleitoral, pode o interessado atuar sem a intermediação de um defensor legalmente habilitado. A subscrição de advogado para esse caso somente é exigível na fase recursal. Precedentes."[181]

Temos, data vênia, entendimento diverso.

---

180. TSE, AgRg-REspE nº 26.798/CE, Rel. Min. Cezar Peluso, j. em 17.10.2006, publicado em Sessão de 17.10.2006. TSE, REspE nº 21.358/SP, Rel. Min. Luciana Christina Guimarães Lóssio, Decisão Monocrática de 29.9.2012, publicado em Sessão de 2.10.2012.
181. TSE, REspE nº 16.694/SP, Rel. Min. Maurício José Corrêa, j. em 19.9.2000, publicado na Sessão de 19.9.2000.

A previsão de que a advocacia é função essencial à administração da justiça, extrapolando o campo das relações do profissional com o seu cliente, contida no art. 68 do Estatuto da Ordem dos Advogados do Brasil de 1963 – que vem repetida no art. 2º da Lei nº 8.906, de 4 de julho de 1994 – jamais obstou que outras normas cuidassem de dispensar a presença do advogado em certos casos ou para determinados fins, como servem de exemplo as Leis nºs 5.478/1968, art. 2º; 6.367/1976, art. 13; e 7.244/1984, arts. 9º e 41, § 2º.

Entretanto, ao galgar aludida regra, em 5 de outubro de 1988, a categoria de norma constitucional, revestiu-se de novo vigor e ganhou maior autoridade, fazendo sobrepor-se o disposto no art. 71, § 3º, da Lei nº 4.215/1963 – art. 1º da Lei nº 8.906/1994, que a revogou – às muitas normas que o contrariavam: somente ao advogado é permitido praticar atos próprios da profissão. E mesmo este dispositivo já, há tempos, estava a merecer revisão, para ampliar a atuação do profissional a todas as hipóteses que requerem conhecimentos específicos, como reclamavam os especialistas (LOBO; COSTA NETO, 1978, p. 156-8). Se a velha ordem, agora em novo traje, não faz reconhecer que o advogado deva participar, necessariamente, de todos os casos e atos judiciais – como também não ocorre com as demais "funções essenciais à administração da justiça" – forçoso é admitir que somente ao órgão que representa a classe desses estudiosos do Direito cabe dizer quando sua presença não é inafastável, como nos casos de impetração de *habeas corpus* (Lei nº 8.906/1994, art. 1º, § 1º).

Sempre que surgir um confronto de interesses, os causídicos devem fazer-se presentes, assistindo as partes envolvidas no conflito. Como só os magistrados exercem a jurisdição, apenas os advogados devem defender os interesses das partes que litigam. Essa é a função precípua para a qual se prepararam. É ilusório imaginar que a dispensa de advogado pode favorecer os interessados, ou que o próprio juiz o substitua com vantagem. Não é esta – nem deve ser – a vocação do juiz.

Fica irremediavelmente prejudicado o leigo que busca defender seus próprios interesses em juízo, quando o permite a lei, mormente se o seu adversário contrata um especialista, afetado, já agora, o equilíbrio que o legislador pretendeu dar às partes. A disputa a ser travada será, invariavelmente, desigual, por melhor que possa ser o desempenho daquele que desprezou a representação profissional.[182]

Verificamos a veracidade da assertiva quando, na prática, procuramos fazer as vezes daqueles que rotineiramente atuam noutras áreas, nas coisas mais simples que sejam, como trocar uma fechadura, consertar uma torneira quebrada, fazer uma ligação elétrica. Em

---

182. Como observa Piero Calamandrei (1985, p. 100-1), "o juiz, esse deve ser imparcial, porque está acima das contingências. Mas os advogados são feitos para serem parciais... O juiz determina o que é justo e o ponto de equilíbrio após uma série de oscilações, quase pendulares, que vão de um extremo ao outro. Os advogados fornecem ao juiz as substâncias elementares, que, combinadas, dão lugar, após certo movimento, à decisão imparcial, síntese química de duas parcialidades opostas. Devem sempre considerar-se no sentido mecânico: sistema de duas forças equivalentes, que, agindo em linhas paralelas e direções opostas, criam o movimento que dá a vida ao processo e tem o seu ponto de inércia na justiça. A melhor prova de ação purificadora, que sobre a consciência do juiz exerce o debate de dois advogados adversários... é dada no processo penal pela instituição do Ministério Público, do qual o Estado fez uma espécie de antagonista oficial do advogado de defesa e cuja presença evita que o juiz entre em luta aberta com este e, insensivelmente, faça um juízo hostil ao acusado".

tais casos, ainda que os resultados conseguidos sejam satisfatórios, o caminho percorrido para obtê-los terá sido muito mais penoso. E, não alcançado o fim desejado, sempre resta a chance de chamar o profissional para reparar os erros cometidos. Mas, nos casos judiciais, o reparo pode ser impossível, se não chamado o advogado, ou se chamado tardiamente, quando, por força da preclusão ou da colocação do tema, já não poderá exercer a plena defesa dos direitos do cliente, impossibilidade por este mesmo provocada, como é exemplo a prática de ato que importa na aceitação de magistrado suspeito, não mais ensejando a arguição de suspeição (CE, art. 20, parágrafo único, segunda parte).[183]

Assim como o legislador não permite ao leigo clinicar a fim de, com menor custo, ajudar no processo biológico, também não lhe deve autorizar que advogue, sob o pretexto de descomplicar o processo judicial, pois nenhum dos dois casos trará benefícios reais, talvez nem mesmo aparentes, a quem quer que seja.

Mas se a matéria ora versada pode ser considerada discutível, sob uma ótica bastante ampla, no caso ora enfocado não há dúvida alguma de que a representação, em juízo, por advogados devidamente constituídos, tanto pelo impugnante quanto pelo impugnado, é indispensável à regular formação e ao desenvolvimento válido do processo que visa à declaração de inelegibilidade.

Com efeito, a Lei Complementar nº 64/1990 nenhuma referência faz à dispensabilidade do advogado,[184] prevalecendo, então, a ordem emanada do art. 36 do CPC/1973 (art. 103 do CPC/2015) e dos arts. 1º, I, 3º e 4º do Estatuto da Advocacia.

De ordinário, não tem a parte capacidade postulatória. Não prevista a exceção na Lei Complementar nº 64/1990 – e a previsão seria de constitucionalidade duvidosa – a presença do advogado no processo é fundamental, notadamente em se tratando de causa marcada pela complexidade, que exige sua participação de forma mais acentuada na fase instrutória, destacando-se, em meio às outras provas, a contradita, a reinquirição, a acareação e a eventual conveniência na oitiva de terceiros referidos pelas testemunhas ou pelas partes. E há também as alegações finais e, no pretório, a sustentação, da tribuna, das razões ou das contrarrazões do recurso – com base nos atos praticados no primeiro grau.

É certo que a orientação do Tribunal Superior Eleitoral que tem prevalecido é no sentido de admitir que os delegados dos partidos exerçam, sem habilitação legal, a função de advogados junto à Justiça Eleitoral, oferecendo impugnações aos pedidos de registro de candidato e realizando a defesa dos impugnados filiados às agremiações que representam.

Todavia, ousamos dissentir desse entendimento. Não se trata de considerar conveniente, nesses casos, a presença do advogado porque "*mais h*abilitado" que o leigo, como já se julgou: esse profissional é o *único* habilitado a exercer o procuratório judicial, tanto técnica quanto legalmente. Ao Judiciário cabe aplicar o direito positivo ao caso que lhe

---

183. No Japão os advogados estão cercados de competidores leigos, o que, no entanto, encontra justificativa no fato de ser muito pequeno o número de *bengoshi* (qualificam-se, apenas, 600 por ano, e alguns ingressam na Magistratura e no Ministério Público) para fazer face às necessidades profissionais do País, sendo que "o papel desses competidores leigos é, exatamente, preencher a lacuna" (MURIEL, 1993, p. 56). Esse não é o caso do Brasil.
184. O art. 94 do Código Eleitoral alude, tão somente, à possibilidade de ser o registro do candidato promovido por delegado do partido a que pertence, mas não afasta o advogado no caso de impugnação.

é submetido, e a Lei nº 8.906/1994, como o Código de Processo Civil, com amparo na Constituição Federal, determina a comparência da parte em juízo regularmente representada por advogado. Não seria preciso que a Lei Complementar nº 64/1990 previsse, expressamente, a representação das partes por causídico para que ela se tornasse obrigatória; ao contrário, para que esta se mostrasse desnecessária seria obrigatório que, sendo isso possível, a lei a dispensasse expressamente. Quando a legislação, em geral, diz que faculta a esta ou àquela pessoa a prática deste ou daquele ato em juízo, reconhece-lhe, apenas, ser parte legítima para praticá-lo, mas não lhe confere capacidade postulatória. Os direitos são sempre outorgados a certas pessoas, que, entretanto, por intermédio de seus advogados devem agir. Assim, o delegado representa o partido, mas não substitui o advogado no exercício de funções que lhe são privativas, usurpando-as. Assim devem ser, data vênia, interpretados os arts. 3º e 4º da Lei Complementar nº 64/1990.

Quando não há exceção consignada, deve ser aplicada a regra.

Pensamento diverso, além de, em certo sentido, elevar à nobre categoria profissional quem a ela, por direito, não pertence, exonera-o das proibições só aplicáveis aos advogados, porque somente eles se submetem ao controle do exercício profissional consistente na representação do cliente em juízo. Estabelece-se, decorrentemente, o caos, facultando o Judiciário a advocacia àqueles que, pela Lei de regência da profissão, não podem advogar, inclusive os cancelados dos quadros da Ordem e os que nela, convenientemente, sequer se inscreveram, fugindo à disciplina por ela imposta, conquistando, sem esforço, os direitos do advogado, sem sujeitar-se, em contraposição, a dever algum.[185]

12.4. PROCEDIMENTO

12.4.1. Petição inicial

A oposição ao registro é feita no prazo de 5 dias a contar da publicação do respectivo pedido.

A petição de impugnação será dirigida ao Tribunal Superior Eleitoral, quando se tratar de candidato a Presidente ou Vice-Presidente da República, ao Tribunal Regional Eleitoral, da região correspondente, quando o impugnado estiver pretendendo candidatar-se a Senador, Governador e Vice-Governador de Estado e do Distrito Federal, Deputado Federal, Estadual ou Distrital, e aos Juízes Eleitorais, em se tratando de candidato a Prefeito, Vice-Prefeito e Vereador.

O impugnante apontará os motivos pelos quais sustenta que deve ser recusado o registro ao impugnado, nomeando, desde logo, e em atenção ao princípio da lealdade, os

---

185. De acordo com a Lei nº 4.215, de 27 de abril de 1963 – em vigor quando editada a LC nº 64/1990 – só os advogados podiam elaborar e subscrever petições iniciais, contestações, réplicas, memoriais, razões, minutas e contraminutas nos processos judiciais, bem como a defesa em qualquer foro ou instância (art. 71, § 3º), sendo o exercício da advocacia reservado aos bacharéis em Direito inscritos na Ordem (art. 67); acoimava de nulos os atos privativos de advogados praticados por quem não o fosse (art. 76 do mesmo diploma). A Lei atual sintetiza a mesma matéria nos arts. 1º, I, 2º, §§ 1º e 2º, 3º e 4º e seu parágrafo único. Os não advogados que militam na Justiça Eleitoral, como se o fossem, não cometem as infrações disciplinares do art. 34 do Estatuto de 1994, nem se sujeitam às penalidades para elas previstas, as quais se aplicam, apenas, aos advogados e estagiários, como previsto no art. 70 deste diploma.

meios de prova com os quais pretende demonstrar a veracidade do que alega. Se pretender produzir prova testemunhal deverá já na impugnação especificá-la, apresentando o rol de, no máximo, seis testemunhas.

De nenhuma serventia a atribuição de valor à causa.

12.4.2. Defesa do impugnado

Como diversas podem ser as impugnações, somente após o encerramento do prazo de 5 dias, contados da publicação do pedido de registro do candidato, é que depois de regular notificação, terá o impugnado, o partido ou a coligação a que pertence, 7 dias para oferecer contestação, arguindo preliminares, como a inépcia da petição, a intempestividade da impugnação, a ilegitimidade do impugnante, e investindo fundamentalmente contra o mérito, pleiteando que a impugnação seja desacolhida. A defesa deverá, também, vir devidamente instruída, fazendo prova documental do alegado, especificando as provas que pretende produzir, inclusive requerendo diligências e arrolando, de imediato, se for o caso, as testemunhas que deseja sejam ouvidas em juízo, em número limite de 6, não obstante a omissão da lei neste aspecto, a fim de que reste respeitado o princípio da paridade de tratamento das partes.

No polo passivo da ação encontra-se o candidato impugnado, podendo o Partido ou Coligação pela qual concorre intervir no processo na condição de assistente simples.[186]

12.4.3. Julgamento conforme o estado do processo

Apresentada a contestação, abrir-se-ão as alternativas a seguir examinadas:

a) As preliminares procedem. Nesta hipótese, é preciso verificar se são sanáveis, caso em que, embora não o preveja o rito, deve ser dada oportunidade à sanação da irregularidade, em benefício da Justiça e da moralidade do processo eleitoral. Com efeito, não parece que uma denúncia grave de inelegibilidade possa ser simplesmente desprezada por não ter comprovado o subscritor da impugnação, desde logo, a sua condição de representante do partido impugnante, como já ocorreu. As irregularidades não sanadas e as insanáveis ensejarão a extinção do processo sem julgamento de mérito.

Superadas as preliminares, submeter-se-á a julgamento a questão de mérito.

b) A questão a ser examinada é só de direito ou sendo de direito e de fato dispensa a produção de outras provas além daquelas documentais que já se encontram nos autos, ainda que requeridas. Se o fim da prova é, primordialmente, formar a convicção do julgador acerca dos fatos alegados na causa, atingido este objetivo a utilização de outros meios de prova torna-se desnecessária, ou, se inadequados, torna-se inútil.

Por exemplo, provado documentalmente o fato alegado na impugnação, se a outra parte se limita a negar as consequências jurídicas tiradas pelo impugnante, argumentando com a má interpretação ou a inconstitucionalidade do dispositivo invocado, prescinde-se da produção de outras provas. Nesse caso o processo deve ser extinto com resolução de mérito, com o acolhimento ou rejeição do pedido.

---

186. EDAgRREspE nº 896-98/PA, Rel. Min. Hamilton Carvalhido, j. em 11.11.2010, publicado na Sessão de 11.11.2010. Disponível em: <http://ibrade.org/pdf/luiz.pdf>. Acesso em: 6 ago. 2014.

c) Há necessidade da produção de provas, ainda que não requeridas pelas partes. O órgão competente, então, deverá deferi-las e/ou determiná-las, convivendo o princípio da iniciativa oficial com o princípio da iniciativa das partes, como faz ver o § 2º do art. 5º da Lei Complementar nº 64/1990.

É que, conquanto o juiz não seja um "buscador de provas", na advertência de Santiago Sentis Melendo,[187] igualmente, não é, no processo, "um convidado de pedra, que a tudo assiste imóvel e inerte", como esclarece Magalhães Noronha (1992, p. 91), porque, se cada parte quer ter razão, o processo é o instrumento destinado a dar razão a quem a tem, ensina Buzaid.[188] Some-se a natureza do interesse em jogo e que não se exime o juiz do dever de julgar a pretexto de que a questão fática não se encontra suficientemente esclarecida.

12.4.4. Revelia

A ausência de contestação, a que corresponde sua apresentação a desoras, não importará na presunção de veracidade dos fatos alegados pelo impugnante, não só pela falta de previsão expressa a respeito, mas porque, em direção contrária, não se tratando de matéria exclusivamente de direito, dispõe o parágrafo único do art. 7º da LC nº 64/1990, que o órgão julgador *formará a sua convicção pela apreciação das provas,* além do que a cidadania concentra direitos indisponíveis,[189] embora possam deixar de ser exercidos. E mais: não se vê aqui interesse meramente privado, mas interesse social, porque a matéria não é indiferente aos eleitores que tendem a eleger o registrando impugnado, cujas vontades serão desconsideradas, além do que os votos válidos, no sistema adotado, podem repercutir na eleição de outros candidatos do mesmo partido. Quem se apresenta postulando a candidatura, fazendo acompanhar o pedido de registro da documentação pertinente apta a propiciar o exercício do direito fundamental em pauta, faz vigorar a presunção – só destrutível por prova em contrário – de que é elegível.

Ainda que revel, poderá o impugnado intervir no processo e, apanhando-o no estado em que se encontrar, praticar todos os atos que não se vinculam ao oferecimento de resposta, como: contraditar as testemunhas do impugnante, por impedimento, incapacidade ou suspeição; requerer a acareação de testemunha com a parte, ou com outra testemunha; pedir o comparecimento de terceiros referidos nas declarações dos depoentes; fazer alegações finais.

12.4.5. Instrução

Mostrando-se adequada a proposta probatória, serão designados os 4 dias que se seguirem ao decurso do prazo para a defesa para inquirição das testemunhas.

---

187. "Natureza de la prueba", *RT* 462/17.
188. *Exposição de Motivos ao Código de Processo Civil de 1973*, nº 5.
189. Similarmente aos arts. 319 e 320 do CPC/1973, dispõe o CPC/2015: "**Art. 344.** Se o réu não contestar a ação, será considerado revel e presumir-se-ão verdadeiras as alegações de fato formuladas pelo autor. **Art. 345.** A revelia não produz o efeito mencionado no artigo 344 se: [...] II – o litígio versar sobre direitos indisponíveis.".

Nessa audiência, antes da oitiva das testemunhas deporão as partes, sendo o caso – como autoriza concluir o § 3º do art. 5º da Lei de Inelegibilidade, que fala em terceiros *por elas referidos*, o que se dá nas declarações, em audiência (ver CPC/1973, art. 418, I; CPC/2015, art. 461, I). As testemunhas comparecerão à audiência por iniciativa de quem as tiver arrolado, notificadas judicialmente, e serão ouvidas em uma só assentada, depondo primeiro as indicadas pelo impugnante, depois as arroladas pelo impugnado, com o compromisso de dizer a verdade, cuja violação fará com que se vejam processadas, na Justiça Eleitoral, pela prática do crime de falso testemunho.

À oitiva das testemunhas aplicam-se as regras do processo civil compatíveis com o rito célere do processo eleitoral, inclusive no que concerne à contradita, à acareação, à escusa de depor.

Nos 5 dias subsequentes, o Juiz, se perante ele corre o processo, ou o Relator, se o processo é da competência originária do Tribunal, procederá a todas as diligências que determinar, de ofício ou a requerimento das partes.

Mas não será permitida a exibição de documentos que instruam processo que tramita em segredo de justiça, se não forem as mesmas as partes neste envolvidas,[190] sendo a exceção ao princípio da publicidade dos atos processuais instituída pela lei em seu favor e em homenagem ao decoro. Não sendo assim, se o documento destinado a fazer prova encontrar-se na posse de terceiro, será este intimado a depositá-lo em juízo ou exibi-lo, ordem que, desobedecida sem justa causa, configurará o crime de desobediência (LC nº 64/1990, art. 5º, § 5º).

No quinquídio, ainda, poderão ser ouvidos terceiros referidos pelas partes, ou testemunhas, como conhecedores dos fatos e circunstâncias influentes na decisão da causa.

Quanto ao ônus da prova convém salientar que incumbe ao impugnante provar o fato constitutivo da inelegibilidade.

Ao contestante cabe a prova de fato impeditivo, modificativo ou extintivo da eficácia pretendida pelo impugnante, ou negar que dele decorram as consequências jurídicas narradas na impugnação. Por exemplo, alegará o impugnado que já cumpriu o período de inelegibilidade; ou que foi provido o recurso interposto contra a decisão colegiada que o tornou inelegível; ou que embora haja exercido o cargo de direção em estabelecimento de crédito, financiamento ou seguro em liquidação judicial ou extrajudicial, nos 12 meses anteriores à respectiva decretação, já foi exonerado de qualquer responsabilidade; ou que a decisão do Órgão de controle da sua profissão que, em consequência de infração ético-profissional o excluiu do exercício profissional foi anulada ou suspensa pelo Poder Judiciário; ou que a rejeição das suas contas não se deu em razão de irregularidade insanável.

12.4.6. Alegações finais e parecer do Ministério Público

Encerrada a fase instrutória, será facultado às *partes*, inclusive ao Ministério Público quando age nessa condição, a apresentação de alegações finais num quinquídio, findo

---

190. Sendo as mesmas as partes, a exibição do documento será possível, mas também aqui protegido o sigilo do documento.

o qual os autos serão conclusos, no dia imediato, ao Juiz, nas eleições municipais, ou ao Relator, se o julgamento for da competência originária de Tribunal, para o julgamento do processo.

Como *custos legis* o membro do *Parquet* falará, oferecendo parecer, depois das partes.

12.4.7. Julgamento

Findo o prazo para alegações e com o parecer do Ministério Público quando não for parte, os autos serão conclusos ao Juiz, para sentença, em se tratando de pedido de registro de candidato a eleições municipais, ou ao Relator, no dia imediato, em se tratando de pedido de registro de candidato sujeito à competência originária de julgamento pelo Tribunal.

O Juiz Eleitoral apresentará a sentença em cartório 3 dias após a conclusão dos autos.

O pedido de registro de candidato a ser efetivado originariamente pelo Tribunal Regional Eleitoral, será julgado em 3 (três) dias, independentemente de publicação em pauta.

O julgamento não se prenderá às alegações feitas pelos interessados, podendo embasar-se em fundamento jurídico ou fático e circunstancial diverso do constante da impugnação ou da contestação, desde que indicados os motivos que levaram à decisão proferida, mediante a apreciação da prova produzida nos autos. Essa regra, inserta no parágrafo único do art. 7º da Lei Complementar nº 64/1990, tal como o art. 131 do CPC/1973 (CPC/2015, art. 371), consagra o sistema da persuasão racional na valoração da prova e observa preceito constitucional (CF, art. 93, IX).

12.5. RECURSO INTERPOSTO CONTRA A SENTENÇA, NAS ELEIÇÕES MUNICIPAIS, PARA O TRIBUNAL REGIONAL ELEITORAL

12.5.1. Interposição

Da decisão proferida em primeiro grau de jurisdição caberá recurso fundamentado para o Tribunal Regional Eleitoral, sob a arguição de invalidade ou desacerto da sentença, visando à sua anulação ou reforma.

Também será possível nessa fase a arguição de questão de ordem pública, como a ofensa a coisa julgada, vez que dela cabe ao juiz conhecer de ofício.

Ressalva feita ao MPE, quem não impugnou o registro de candidato não tem legitimidade para recorrer da sentença que o deferiu, a menos que se cuide de matéria constitucional (Súmula TSE nº 11 e AgR-REspe nº 937.944).

O prazo para recorrer é de três dias, contados da apresentação da sentença em Cartório, independentemente, pois, de intimação das partes. Não tendo sido apresentada a sentença no tríduo legal, o prazo para recurso começará a correr após a sua publicação por edital. Se o foi antecipadamente, o prazo só se conta do termo final para a entrega da sentença em Cartório abstratamente considerado, salvo intimação pessoal anterior.[191]

Da protocolização do recurso contam-se os 3 dias para o oferecimento das contrarrazões. Apresentadas estas ou escoado o prazo para sua apresentação, serão os autos imediatamente remetidos ao Tribunal Regional Eleitoral.

Do seguinte teor o § 2º do art. 8º da Lei Complementar nº 64/1990: "Apresentadas as contrarrazões, serão os autos imediatamente remetidos ao Tribunal Regional Eleitoral, inclusive por portador, se houver necessidade, decorrente da exiguidade de prazo, correndo as despesas do transporte por conta do recorrente, se tiver condições de pagá-las".

Nesse texto colhe-se a asserção de que não cabe ao magistrado *a quo* exercer o juízo de admissibilidade da insurgência apresentada. Não o aconselha a natureza da causa, como não o aceita, em virtude dela, a celeridade do rito, razão pela qual a lei respectiva não cogita dessa fase (nem o Código Eleitoral, no § 6º do art. 267), que se mostra, desse modo, claramente indesejada, não havendo como justificá-la com amparo na lei processual civil que vigia ao tempo da lei eleitoral que a refuta, tanto mais que o CPC/2015 abandona de vez o juízo prévio de admissibilidade, quanto aos recursos ordinários (apelação, art. 1.010, § 2º; recurso ordinário, art. 1.028).

12.5.2. Processamento do recurso interposto perante o Tribunal Regional Eleitoral e seu julgamento pelo Relator

Determina o art. 10 da Lei Complementar nº 64/1990, que tão logo deem entrada na Secretaria do Tribunal, tomadas as providências que a esta compete, os autos serão apresentados ao Presidente que, desde logo, os distribuirá a um relator e mandará abrir vista ao Procurador Regional para neles manifestar-se em dois dias, findos os quais, ainda que sem parecer, os autos serão remetidos ao Relator, que em três dias os apresentará em mesa para julgamento, independentemente de publicação em pauta.

Contudo, aplica-se ao Direito Processual Eleitoral a alteração da lei processual civil posterior à Lei Complementar nº 64/1990, que, dispondo *sobre o processamento de recursos no âmbito dos tribunais* busca maior rapidez das decisões, inspirada no princípio da celeridade do processo, explicitado em norma que ganhou categoria constitucional com o acréscimo do inciso LXXVIII ao art. 5º da Constituição pela Emenda Constitucional nº 45/2004, a todos assegurando, no trato dos direitos e garantias fundamentais, *a razoável duração do processo e os meios que garantam a celeridade de sua tramitação.*

Assim sendo, admite-se que o relator, em decisão monocrática, negue seguimento ao recurso intempestivo, manifestamente inadmissível, improcedente, prejudicado ou em confronto com súmula ou com jurisprudência dominante do respectivo tribunal, do Supremo Tribunal Federal ou de Tribunal Superior, ou dê provimento ao recurso quando a decisão recorrida estiver em manifesto confronto com súmula ou jurispru-

---

191. "No processo de registro de candidatos, quando a sentença for entregue em Cartório antes de três dias contados da conclusão ao Juiz, o prazo para o recurso ordinário, salvo intimação pessoal anterior, só se conta do termo final daquele tríduo." (Súmula nº 10 do TSE).

dência dominante do Supremo Tribunal Federal ou de Tribunal Superior, da decisão cabendo agravo interno para o Pleno, em 3 dias (ou seja, que não conheça do recurso, negue-lhe provimento ou o proveja, em certos casos, conforme RITSE, art. 36, §§ 6º, 7º e 8º; CPC/1973, art. 55, § 1º-A; e CPC/2015, art. 932, III, IV e V, a cuja redação convém adequar-se o RITSE).

12.5.3. Julgamento do recurso pelo Tribunal Regional Eleitoral

Na sessão de julgamento, feito o relatório, poderá o recorrente, por intermédio de advogado regularmente constituído, e no prazo regimental, sustentar oralmente as suas razões, bem como trazer questões novas passíveis de conhecimento de ofício pelo Colegiado, tais as relativas à incompetência absoluta, à nulidade do processo, à carência de ação, à coisa julgada etc.

Ao recorrido também é facultado, por advogado, sustentar oralmente a validade e o acerto da decisão atacada, rebater as questões novas levantadas pelo recorrente, bem como outras arguir, como a superveniência de situação modificativa daquela sob julgamento e que o favorece.

As sustentações orais terão a duração de 10 minutos (CE, art. 272, *caput*).

Tenham, ou não, as partes feito uso da palavra, será dada a oportunidade para manifestação oral do Procurador Regional Eleitoral, no mesmo prazo.

Então proferirá o relator o seu voto, colocando em destaque as preliminares, uma a uma, ou em conjunto, se assim for conveniente, salvo se a sua análise associar-se ao exame de mérito.

O relator não fica jungido às colocações feitas pelas partes ou pelo Ministério Público, podendo votar pelo não conhecimento do recurso por ausência de pressupostos subjetivos e objetivos de admissibilidade sequer acenados nas manifestações anteriormente referidas.

Acolhidas as preliminares pelo Tribunal, o recurso não será conhecido. Vencidas estas, o relator passará ao exame do mérito do recurso, ou seja, da matéria que constitui o tema recursal e que pode dizer respeito, por exemplo, à presença dos pressupostos processuais ou das condições da ação negada pela sentença, à nulidade do processo ou à procedência da alegação de inelegibilidade que o juiz rejeitou.

Não fica o julgamento do recurso, igualmente na esfera meritória, atrelado às alegações nele postas, uma vez que, tanto como o juiz, o Tribunal "formará sua convicção pela livre apreciação da prova, atendendo aos fatos e às circunstâncias constantes dos autos, ainda que não alegados pelas partes, mencionando, na decisão, os que motivaram seu convencimento" (LC nº 64/1990, art. 7º, parágrafo único).

Depois do voto do relator, serão chamados a votar os demais juízes, podendo dar-se o julgamento em até duas reuniões seguidas (como preceitua o art. 11, *caput*, da mesma Lei), observado o calendário eleitoral, restringindo-se, assim, os pedidos de vista.

Se o Relator originário ficar vencido, será designado para redigir o acórdão o prolator do primeiro voto vencedor, isto é, o julgador que inaugurar a divergência.

Proclamado o resultado, de acordo com a unanimidade ou a maioria dos votos colhidos, lavrar-se-á o acórdão que, terminada a sessão, será lido e publicado, podendo ensejar a interposição de recurso da parte vencida ou do Ministério Público como fiscal da ordem jurídica para o Tribunal Superior Eleitoral, no prazo de três dias, cuja contagem aí se inicia (CF, art. 121, § 4º, e LC nº 64/1990, arts. 12 e 13, parágrafo único, segunda parte).

Quando em discussão matéria constitucional, também pode recorrer do deferimento do pedido de registro de candidatura aquele que, embora legitimado a impugná-lo, não o impugnou (Súmula nº 11 do TSE).

Interposto o recurso, o recorrido será intimado por telegrama para a apresentação das contrarrazões em 3 dias, após o que "os autos serão remetidos ao Tribunal Superior Eleitoral imediatamente", sem que se proceda, pois, ao juízo de admissibilidade perante o tribunal de origem.

Com efeito, não há, aqui, oportunidade semelhante à do art. 278, § 1º, do Código Eleitoral, que dispõe sobre a admissão, ou não, do recurso interposto, pelo Presidente do Tribunal Regional Eleitoral, em "despacho" fundamentado. O recurso é de subida obrigatória.[192]

A inadmissão do recurso demandaria a interposição de outro recurso, com inevitável e inconveniente demora, enquanto a sua subida não implica o seu conhecimento pelo órgão ao qual é dirigido, sendo que a discussão quanto a esse ponto pode ser travada no julgamento do recurso irrecusável na instância inferior, como matéria preliminar.

12.6. DECISÃO DO TRIBUNAL SUPERIOR ELEITORAL SOBRE REGISTRO DE CANDIDATO, EM SEDE RECURSAL E ORIGINÁRIA

No Tribunal Superior Eleitoral o recurso observará as determinações dos arts. 10 e 11 da Lei Complementar nº 64/1990, já considerados no trato do procedimento do recurso perante o Tribunal Regional: recebidos os autos na Secretaria do Tribunal, serão por ela de novo autuados naquele Sodalício e levados, logo depois ao Presidente que, no mesmo dia os distribuirá a um Relator e dará vistas à Procuradoria-Geral Eleitoral, por 2 dias.

Com ou sem a fala Ministerial, não sendo hipótese de decisão monocrática ou tendo esta sido agravada e não reconsiderada (RITSE, art. 36, §§ 6º a 9º; AgR-REspe nº 96.038, de 14.4.2015), os autos serão apresentados em mesa, pelo Relator, para julgamento em 3 dias, independentemente de publicação em pauta.

Uma observação, aqui, se faz pertinente. As partes têm o prazo de 3 dias para arrazoar e contrarrazoar o recurso, o Juiz tem 3 dias para proferir a sentença. O Relator também conta com um tríduo para apresentar os autos em mesa para julgamento, nas

---

192. No sentido do texto: "O recurso especial em processo de registro de candidatura é dispensado do juízo de admissibilidade pelo presidente do Tribunal de origem" (TSE, AgRREspE nº 14.204/SP, Rel. Min. Luciana Christina Guimarães Lóssio, j. em 4.10.2012, publicado em Sessão de 4.10.2012); (Niess, 2000, p. 188).

condições anteriormente aludidas. Mas o Ministério Público (um só Procurador Regional em cada estado, um Procurador-Geral Eleitoral, que é também o Procurador-Geral da República, embora possa ser representado por um Vice-Procurador-Geral Eleitoral, que deve se manifestar em todos os processos de natureza eleitoral), tem, apenas, 2 dias para manifestar-se, como fiscal da lei, com relação à causa. Não seria demasiado que a ele fosse concedido um dia a mais para oficiar nos autos.

Na sessão de julgamento será facultada, após o relatório, a sustentação oral pelas partes, ouvindo-se o Procurador-Geral Eleitoral, ou, na sua ausência ou impedimento, o Vice-Procurador-Geral Eleitoral, seguindo-se o voto do Relator, aberta a discussão, sendo então tomados os votos dos demais Ministros. Poderá haver pedido de vista, mas essa sessão poderá se realizar em até duas reuniões seguidas. Proclamado o resultado, será lavrado o acórdão, devidamente fundamentado, com base no voto do Relator originário ou, se vencido, do Relator designado.

Da decisão originária do Tribunal Superior Eleitoral sobre a impugnação de candidatura à Presidência/Vice-Presidência da República (LC nº 64/1990, art. 2º, parágrafo único, I) não caberá recurso, a menos que, na sustentação do recorrente, fira a Constituição Federal, eis que nos termos do seu art. 121, § 4º, "são irrecorríveis as decisões do Tribunal Superior Eleitoral, salvo as que contrariarem esta Constituição", quando se mostrará interponível o recurso extraordinário para o Supremo Tribunal Federal (CF, art. 102, III, "a").

O trânsito em julgado da decisão que indefere o registro, cassa o diploma ou provoca a perda de mandato de candidato eleito em pleito majoritário, acarreta, independentemente do número de votos anulados, a realização de nova eleição, direta ou indireta, tendo lugar esta última se para o fim do mandato faltar menos de seis meses, sempre às expensas da Justiça Eleitoral (CE, art. 224, §§ 3º e 4º, acrescidos pela Lei nº 13.165, de 2015).

12.7. PRAZOS PROCESSUAIS

Sendo um dos princípios informadores do processo o da celeridade, impõe-se o estabelecimento de prazos para que os atos processuais se efetivem.

A utilização ou o esgotamento do prazo dá ensejo a que o processo dê o passo seguinte em sua marcha para frente.

Os prazos a que se referem os arts. 3º e seguintes da Lei Complementar nº 64/1990, são contínuos e peremptórios.

Com a fluência do prazo – que a partir da data do encerramento da oportunidade para os registros de candidatos não conhece sábados, domingos e feriados – ocorre a preclusão temporal.[193]

---

193. *A contrario sensu*: "Como a decisão agravada não cuida de registro de candidatura, incide na espécie o disposto no art. 184, § 1º, do CPC, prorrogando-se o prazo recursal para o próximo dia útil, quando o vencimento do tríduo legal ocorrer em feriado nacional" (EDAgRRO nº 3.573 /RS, Rel. Min. Luciana Christina Guimarães Lóssio, j. em 21.5.2013, *DJe*, t. 112, de 17.6.2013).

Não se substituem tais prazos, portanto, pelo prazo decadencial de cento e vinte dias previstos para a impetração de mandado de segurança, já que o direito líquido e certo assegurado aos candidatos, aos partidos políticos, às coligações e ao Ministério Público, é o de impugnar o registro de candidaturas e de recorrer das decisões que lhes forem desfavoráveis nas respectivas arguições *nos prazos fixados na lei de regência,* e não de vê-las julgadas independentemente de terem sido eles observados.

Frise-se que, em primeiro grau, o prazo, para as partes, corre em Cartório, e nos Tribunais, em Secretaria, onde os autos deverão ser consultados pelos interessados, que não os poderão retirar para exame.

13 PROPAGANDA ELEITORAL

13.1. INTRODUÇÃO

Os candidatos devem ser tratados igualmente durante o processo eleitoral, para que todos tenham a mesma condição de obter votos em justa disputa. Esta preocupação cresce durante a campanha dos que concorrem na eleição, sendo rigoroso o controle dos atos pertinentes à propaganda eleitoral.

Desde logo se coloca a questão da reeleição concernente aos cargos do Executivo. Mas também a reeleição dos componentes do Poder Legislativo merece ser considerada.

Há os que propugnam simplesmente pela proibição da reeleição dos que exercem a Chefia do Poder Executivo. Mas a solução seria radical e não prestigiaria o bom trabalho eventualmente realizado e, neste caso, a forte probabilidade de que continuasse a ser feito.

Cogita-se também do afastamento do cargo do candidato à reeleição. Contudo, esse afastamento, ao mesmo tempo em que seria coerente com a desincompatibilização exigida para certos cargos e funções, guardaria incoerência com a continuidade que se pretende com o instituto da reeleição, tanto que para a eleição do Presidente, do Governador ou do Prefeito *para outros cargos* prevalece a desincompatibilização.

Quanto aos membros do Legislativo ficaria de todo inviabilizada a significativa debandada dos pretendentes à reeleição provocada pelo afastamento necessário.

Independentemente de qualquer ponderação em prol da reeleição ou contra ela, a Constituição a permite e, assim, a Justiça Eleitoral há de cuidar para que a igualdade juridicamente possível seja observada, sob a vigilância dos partidos, dos candidatos concorrentes e do Ministério Público Eleitoral.

Falamos em igualdade juridicamente possível porque, de acordo com a legislação em vigor, os candidatos à reeleição, mantendo seus mandatos, levam vantagem sobre os que se candidatam à eleição. Por exemplo, permite-se ao agente público, sem que se considere afetada a igualdade de oportunidades entre candidatos nos pleitos eleitorais, usar materiais ou serviços custeados pelos Governos ou Casas Legislativas, que não excedam as prerrogativas consignadas nos regimentos e normas dos órgãos que integram (Lei nº 9.504/1997, art. 73, II, *a contrario sensu*); admite-se a realização, no primeiro semestre do ano de eleição, de despesas com publicidade dos órgãos públicos federais, estaduais ou municipais, ou das respectivas entidades da administração indireta, desde que não excedam a média dos gastos no primeiro semestre dos três últimos anos que antecedem o pleito (idem, inciso VII); o Presidente da República pode fazer uso do transporte oficial, e ele, e os Governadores e Prefeitos, e seus vices, das residências oficiais, em campanha para a reeleição, embora com restrições (idem, § 2º).

Da propaganda eleitoral cuida a Lei nº 9.504/1997, primeiro no plano geral – da propaganda eleitoral em geral (arts. 36 a 41-A) – e depois em setores específicos: da propaganda eleitoral na imprensa (art. 43) e da propaganda eleitoral no rádio e na televisão (arts. 44 a 57-I, aí adicionando, nos arts. 57-A a 57-I, aquela realizada na internet, também referida nos arts. 36-A, 41, § 2º, e 43), ligando-se ao tema o direito de resposta (arts. 58 e 58-A), sendo que o art. 42, que cuidava da propaganda eleitoral mediante *outdoors,* foi revogado.

Também dispõe sobre o assunto o Código Eleitoral, contatando com essa matéria a Lei das Inelegibilidades. O Tribunal Superior Eleitoral a regula por meio de instruções contidas em Resoluções. Há, ainda, outras normas que devem ser visitadas, como a Convenção sobre os Direitos das Pessoas com Deficiência e a Lei Brasileira de Inclusão da Pessoa com Deficiência que a tem por base (Lei nº 13.146, de 6 de julho de 2015).

Vem, assim, a matéria meticulosamente disciplinada nas normas que a regem.

E é de tal importância a matéria aqui estudada, a reclamar solução sem demora, que, consoante os arts. 58-A e 94 da Lei das Eleições, os feitos eleitorais, no período entre o registro das candidaturas até 5 dias após a realização do segundo turno das eleições, ressalvados os *habeas corpus,* porque em jogo a liberdade do indivíduo, e os mandados de segurança, porque atacam ato de autoridade ilegal ou praticado com abuso de poder, gozam de preferência em relação ao Ministério Público e ao Judiciário e, dentre aqueles processos, terão prioridade os que envolvem os pedidos de direito de resposta e as representações por propaganda eleitoral irregular no rádio, na televisão e na internet.

13.2. PROPAGANDA ELEITORAL – ASPECTOS GERAIS

Sob vários aspectos pode ser enfocada a propaganda eleitoral.

De acordo com o alvo a atingir, a propaganda pode ser endereçada aos eleitores em geral ou ter caráter intrapartidário, caso em que o postulante à candidatura a cargo eletivo (o chamado *candidato a candidato*) a faz com vista à indicação de seu nome, na quinzena anterior à escolha dos que irão participar da disputa pela agremiação, vedado o uso de rádio, televisão e *outdoor.* A primeira modalidade é o foco principal deste capítulo, a merecer as considerações a seguir.

Do ponto de vista da licitude, a propaganda eleitoral lícita consiste na divulgação oportuna da candidatura com a intenção de promovê-la, angariando votos, no período permitido, pelos meios admissíveis e nos moldes legais.

A propaganda eleitoral realizada no rádio e na televisão tem início 35 dias antes da antevéspera das eleições (no 2º turno a partir de 48 horas da proclamação dos resultados do 1º turno) e as demais após o dia 15 de agosto (dia do encerramento do prazo para os requerimentos de registro de candidatos), podendo se estender, de acordo com a forma pela qual se expresse, como dispõe a Lei das Eleições: a) até um dia antes da antevéspera das eleições (art. 47 – as emissoras de rádio e de televisão reservarão, nos trinta e cinco dias *anteriores à antevéspera* das eleições horário destinado à divulgação da propaganda eleitoral gratuita); b) até a antevéspera das eleições (art. 43 – a divulgação paga, na imprensa escrita, e a reprodução na internet do jornal impresso, nos termos que especifica, e art. 49, que prevê, para a hipótese de segundo turno, a reserva, pelas emissoras de rádio e televisão, de horário para a propaganda eleitoral gratuita, desde as quarenta e oito horas da proclamação dos resultados do primeiro turno *até a antevéspera* da eleição); c) até a véspera das eleições (art. 39, § 9º – distribuição de material gráfico, caminhada, carreata, passeata ou carro de som que transite pela cidade divulgando *jingles* ou mensagens de candidatos, até as vinte e duas horas do dia que antecede a eleição); ou d) até o dia das eleições (art. 39-A – é permitida, *no dia das eleições*, a manifestação individual e silenciosa da preferência do eleitor por partido político, coligação ou candidato, revelada exclusivamente pelo uso de bandeiras, broches, dísticos e adesivos).

Será, pois, ilícita a propaganda eleitoral realizada em momento proibido, como aquela feita antes de 16 de agosto do ano eleitoral, não importando a distância temporal entre o ato impugnado e a data das eleições (Recurso em Representação nº 1.406, *DJe* de 10.5.2010, p. 28) ou a que tenha sido produzida após o prazo legal.

A fim de evitar o desvio de poder político, ainda que dissimulado, preocupou-se o legislador em afirmar, no art. 36-B da Lei nº 9.504/1997, que constitui propaganda antecipada a convocação, por parte dos Presidentes da República, da Câmara dos Deputados, do Senado Federal e do Supremo Tribunal Federal, de redes de radiodifusão para divulgação de atos que denotem propaganda política positiva, ou negativa (a que se presta a ataques a partidos políticos e seus filiados ou instituições). O ato condenável, desviado de sua finalidade, como se vê, tem por escopo o desequilíbrio da competição, e, portanto, carrega consigo a ilicitude, não importando sua feição antecipatória, ou não.

Não configuram, todavia, propaganda antecipada, podendo ser cobertas pelos meios de comunicação social, os comportamentos naturais e saudáveis na seara política, em ambiente propício, sem que deles possa resultar prejuízo à igualdade dos competidores, como a participação de filiados a partidos políticos ou de pré-candidatos em entrevistas, programas, encontros ou debates no rádio, na televisão e na Internet, inclusive com a exposição de plataformas e projetos políticos, observado pelas emissoras de rádio e de televisão o dever de conferir tratamento isonômico, permitido, salvo quanto aos profissionais de comunicação social no exercício da profissão, o pedido de apoio político e a divulgação da pré-candidatura, das ações políticas desenvolvidas e das que se pretende desenvolver. Não se admite, porém, o pedido ostensivo de voto, embora indisfarçavelmente daí resulte a solicitação implícita. Outros atos arrola o art. 36-A da Lei das Eleições, que serão transcritos a seguir no ITEM 13.4, letra "a" (ver p. 244) – "o que é facultado na propaganda eleitoral". Desde já, porém, cabe anotar que os atos voltados à viabilização das candidaturas não podem ser confundidos com propaganda antecipada, mas, a rigor, neste ponto, confere-se à exceção a índole de regra. Por isso, Gomes (2015, p. 400) alerta que o significado do inciso I do art. 36-A se afigura tão extenso "que praticamente esvazia o art. 36 e as restrições por ele impostas à propaganda extemporânea".

Ainda podemos classificar como propaganda ilícita: aquela realizada *por meio inadmissível*, como outdoor; *fora dos limites impostos*, como a que não respeita a divulgação paga, na imprensa escrita, e a reprodução na internet do jornal impresso, no limite de 10 anúncios, por veículo, em datas diversas, para cada candidato, no espaço máximo, por edição, de 1/8 de página de jornal padrão e de ¼ de página de revista ou tabloide; ou *para denegrir, ridicularizar, degradar, ofender a moral, os bons costumes, a honra ou a imagem de candidato, partido ou coligação*, como a paródia que vai além da crítica para, por um desses modos, molestá-los.[194]

A propósito, merece ser destacado que nas eleições de 2014, durante o segundo turno da campanha presidencial, o Tribunal Superior Eleitoral decidiu, por maioria, que a propaganda eleitoral gratuita, em cadeia de rádio e TV, deve girar em torno de ideias e propostas, não para atacar o adversário. Seu presidente, o Ministro José Dias Toffoli, afirmou: "Essa decisão altera jurisprudência da Corte e caminha no bom sentido de estabelecer que, nos programas eleitorais gratuitos, as campanhas têm que ser programáticas e propositivas. Tem que se reformatar isso e acabar com essa pirotecnia".[195]

Quanto ao veículo por intermédio do qual se apresenta, a propaganda será feita pela imprensa, pelo rádio e televisão, pela Internet e por outros instrumentos que não contrariem a legislação, como comícios, carros de som e distribuição de material gráfico, permitindo-se a colocação de mesas para distribuição deste material de campanha e a utilização de bandeiras ao longo das vias públicas, desde que a colocação e a retirada desses meios móveis de propaganda se deem entre as 6 e as 22 horas, e que não dificultem o trânsito de pessoas e veículos.

A propaganda eleitoral gratuita, em rede, no rádio e na televisão, cuja veiculação atende a uma ordem de apresentação que se inicia com um sorteio a partir do qual o último partido ou coligação a se apresentar num dia passa a encabeçar a exibição do dia seguinte, não aceita censura prévia e obedece às regras fundamentalmente difundidas no art. 47 da Lei das eleições, cujo *caput* prevê que as emissoras mencionadas e os canais de televisão por assinatura sob a responsabilidade do Senado Federal, da Câmara dos Deputados, das Assembleias Legislativas, da Câmara Legislativa do Distrito Federal e das Câmaras Municipais reservarão horários, nos 35 dias anteriores à antevéspera das eleições, para a sua divulgação, nos termos expostos no seu § 1º, como segue.[196]

---

194. *A contrario sensu:* Representação nº 621/DF, Rel. Min. Francisco Peçanha Martins, j. em 24.10.2002: "A paródia que não degrada ou ridiculariza candidato, partido político ou coligação configura crítica normal e aceitável no debate político" (*RJTSE*, v. 14, t. 2, p. 148). Os demais exemplos encontram esteio nos arts. 36, § 1º, e 39, §§ 5º, II, e 8º, e 43, todos da Lei nº 9.504/1997.

195. Conforme a jornalista Nathalia Passarinho, do G1, em Brasília, informação publicada sob o título "TSE veta propaganda do PT e proíbe ataques em horário eleitoral", de 16.10.2014. Disponível em: <http://g1.globo.com/politica/eleicoes/2014/noticia/2014/10/tse-decide-que-propaganda-eleitoral-de-candidato-nao-pode-ter-ataques.html>. Acesso em: 17 out. 2014.

196. A obrigação de transmitir a propaganda eleitoral gratuita dos pleitos a que se referem os incisos II a VI do § 1º do art. 47, da Lei nº 9.504, não alcança, em conformidade com o § 9º do mesmo artigo, acrescido pela Lei nº 13.165/2015, as emissoras de *rádio* sob responsabilidade do Senado e da Câmara dos Deputados que não estejam instaladas no Distrito Federal, o que não as exime da veiculação da propaganda destinada à Presidência do Brasil, da qual se ocupa o inciso I do indigitado parágrafo.

Nas eleições para Presidente da República e Deputado Federal, a programação eleitoral será apresentada às terças-feiras, às quintas-feiras e aos sábados, em dois períodos de 12 minutos e meio cada um (metade do tempo previsto na legislação anterior), assim distribuídos:
a) no rádio, para Presidente, das 7 horas às 7 horas e 12 minutos e 30 segundos e das 12 horas às 12 horas e 12 minutos e 30 segundos, e, na sequência da propaganda à Presidência, para Deputado Federal, das 7 horas e 12 minutos e 30 segundos às 7 horas e 25 minutos e das 12 horas e 12 minutos e 30 segundos às 12 horas e 25 minutos;
b) na televisão, para Presidente, das 13 horas às 13 horas e 12 minutos e 30 segundos e das 20 horas e 30 minutos às 20 horas e 42 minutos e 30 segundos, e, para Deputado Federal, das 13 horas e 12 minutos e 30 segundos às 13 horas e 25 minutos e das 20 horas e 42 minutos e 30 segundos às 20 horas e 55 minutos.

Nas eleições gerais, para os demais cargos (Governador, Senador, Deputado Estadual e Distrital), às segundas, quartas e sextas-feiras, no mesmo período de 25 minutos, variando a repartição do horário conforme se trate de renovação de 1/3 ou 2/3 do Senado. No primeiro caso, a propaganda para a conquista do mandato de Senador se desenvolverá no prazo de 5 minutos, de 10 minutos para o de Deputado Estadual ou Distrital e também de 10 minutos para o de Governador; já em se tratando da escolha de 2 Senadores, estes contarão, conjuntamente, com o tempo de 7 minutos para a respectiva propaganda, diminuindo-se, em compensação, um minuto do tempo destinado à propaganda dos candidatos a Deputado e um minuto do tempo da propaganda aos aspirantes do cargo de Governador.

Assim, por exemplo, quando a renovação do Senado se der por 1/3, a divulgação da propaganda do candidato a essa Casa se dará, no rádio, entre as 7 horas e 7 horas e 5 minutos, em seguida entrando a propaganda dedicada aos candidatos a Deputado, das 7 horas e 5 minutos às 7 horas e 15 minutos e, por fim, a voltada aos candidatos a Governador, das 7 horas e 15 minutos às 7 horas e 25 minutos; quando aquela renovação for de 2/3, assim será apresentada a propaganda, fixado o mesmo exemplo: para Senador, das 7 horas às 7 horas e 7 minutos: para Deputado, das 7 horas e 7 minutos à 7 horas e 16 minutos e para Governador das 7 horas e 16 minutos às 7 horas e 25 minutos. Enfim, a propaganda observará essa sequência e esses prazos, nos dias mencionados, sendo que é apresentada, durante 25 minutos, no rádio, pela manhã iniciando-se às 7 horas e à tarde às 12 horas, e, na televisão, à tarde, começando às 13 horas e à noite às 20 horas e 30 minutos.

Nas eleições para Prefeito a propaganda se fará de segunda-feira a sábado, por 10 minutos, das 7 horas às 7 horas e 10 minutos e das 12 horas às 12 horas e 10 minutos, no rádio, e das 13 horas às 13 horas e 10 minutos e das 20 horas e 30 minutos às 20 horas e 40 minutos, na televisão. Não havendo no Município emissora de rádio e televisão, cabe à Justiça Eleitoral, por ordem do art. 48 da Lei das Eleições, garantir aos Partidos com filiados que concorrem a Prefeito e Vereador *a veiculação de propaganda eleitoral gratuita nas localidades aptas à realização do segundo turno de eleições e nas quais seja operacionalmente viável realizar a transmissão.*

Os horários dedicados à propaganda eleitoral ora tratada serão distribuídos na maior parte de forma proporcional ao número de representantes na Câmara dos Deputados (90%), desconsideradas as mudanças de filiação partidária, e em menor percentual igualitariamente (10%), consoante os critérios dos §§ 2º a 7º do art. 47 da Lei das Eleições, entre todos os partidos e coligações que disputam o pleito, assegurado àqueles aos quais couber parcela do horário eleitoral inferior a 30 segundos *o direito de acumulá-lo para uso em tempo equivalente*.

As gravações da propaganda eleitoral deverão ser entregues às emissoras com a antecedência mínima de 6 horas do horário previsto para o início da transmissão dos programas em rede e de 12 horas, no caso das inserções adiante referidas.

Havendo segundo turno, o horário gratuito reservado à propaganda eleitoral no rádio e na televisão começará a partir de 48 horas da proclamação dos resultados do primeiro turno e terminará na antevéspera da eleição sendo dividido em dois períodos diários de 20 minutos para cada eleição, isto é, totalizando 40 minutos no Estado onde concorrem, além de candidatos a Presidente (1º horário), também candidatos a Governador (2º período), com início às 7 horas e às 12 horas, no rádio, e às 13 horas e às 20 horas e 30 minutos, na televisão, com tempo igual para os candidatos em cada apresentação.

De se realçar que a cooperação dessas emissoras com o processo eleitoral não se limita à propaganda das candidaturas, atendendo, também às necessidades da Justiça Eleitoral, como administradora do pleito. Por isso, ao TSE não só é permitido e recomendável requisitar das emissoras de rádio e televisão, no período de um mês antes do início da propaganda eleitoral (16 de agosto do ano da eleição) e no tríduo que antecede a data do pleito, o tempo correspondente a até 10 minutos diários, contínuos ou não, que poderão ser somados e usados em dias espaçados, para a divulgação de comunicados de interesse do eleitorado, como também lhe é ordenado promover propaganda institucional, nessas emissoras, entre 1º de abril e 30 de julho dos anos eleitorais, por até 5 minutos diários, contínuos ou não, com o fito de impulsionar a participação feminina na política e esclarecer os cidadãos sobre o sistema eleitoral brasileiro, no período.

Além da propaganda no rádio e na televisão, nos horários destacados, concede a lei, ainda, 70 minutos diários para a divulgação das candidaturas por intermédio de inserções de 30 e 60 segundos distribuídas ao longo da programação veiculada pelas emissoras entre as 5 e as 24 horas, obedecidas as regras estabelecidas 51 da lei de regência.[197]

---

197. Lei nº 9.504/1997: "**Art. 51.** Durante os períodos previstos nos arts. 47 e 49, as emissoras de rádio e televisão e os canais por assinatura mencionados no art. 57 reservarão, ainda, setenta minutos diários para a propaganda eleitoral gratuita, a serem usados em inserções de trinsta e sessenta segundos, a critério do respectivo partido ou coligação, assinadas obrigatoriamente pelo partido ou coligação, e distribuídas, ao longo da programação veiculada entre as cinco e as vinte e quatro horas, nos termos do § 2º do art. 47, obedecido o seguinte: I – o tempo será dividido em partes iguais para a utilização nas campanhas dos candidatos às eleições majoritárias e proporcionais, bem como de suas legendas partidárias ou das que componham a coligação, quando for o caso; II – (revogado); III – a distribuição levará em conta os blocos de audiência entre as cinco e as onze horas, as onze e as dezoito horas, e as dezoito e as vinte e quatro horas; IV – na veiculação das inserções, é vedada a divulgação de mensagens que possam degradar ou ridicularizar candidato, partido ou coligação, aplicando-se-lhes, ainda, todas as demais regras aplicadas ao horário de propaganda eleitoral, previstas no art. 47. Parágrafo único. É vedada a veiculação de inserções idênticas no mesmo intervalo de programação, exceto se o número de inserções de que dispuser o partido exceder os intervalos disponíveis, sendo vedada a transmissão em sequência para o mesmo partido político."

Nas eleições municipais, tais inserções, transmitidas de segunda-feira a domingo, obedecerão à proporção de 60% para prefeito e 40% para vereador.

Noutra classificação, no que tange à existência ou não de contraprestação, a propaganda será paga ou gratuita.

Se veiculada em bens particulares ou pela internet, ou, ainda, quando apresentada no rádio e na televisão (aberta ou por assinatura sob responsabilidade do Senado, da Câmara dos Deputados, das Assembleias Legislativas, da Câmara Legislativa do Distrito Federal ou das Câmaras Municipais) a propaganda eleitoral será necessariamente gratuita.

Pela cessão do horário gratuito, as emissoras de rádio e televisão terão direito a compensação fiscal, nos moldes das disposições constantes do art. 99 da Lei nº 9.504/1997, a revelar, neste ponto, verdadeiro financiamento público de campanha.[198]

Não se confunde este tipo de financiamento com a doação em dinheiro ou estimável em dinheiro, inclusive por meio de publicidade de qualquer espécie, proveniente do Poder Público, proibida pelo art. 24 da Lei nº 9.504/1997, porque a propaganda eleitoral gratuita é transmitida em benefício de todos os partidos, coligações e candidatos participantes do pleito, visando ao interesse público.

Já a propaganda eleitoral na imprensa escrita, no espaço máximo de 1/8 de página de jornal padrão e de 1/4 de página de revista ou tabloide, permitida até a antevéspera das eleições, é paga, devendo constar do anúncio o valor respectivo, observado os demais requisitos constantes do art. 43 da Lei nº 9.504/1997 e já mencionados anteriormente.

A apresentação de artistas com o objetivo de animar comício e reunião eleitoral, de seu turno, é proibida, seja paga ou não.

Igualmente – *com a ressalva, previamente registrada, quanto à colocação e permanência apenas entre as 6 horas e as 22 horas, de mesas para distribuição de material de campanha e a utilização de bandeiras ao longo das vias públicas, que não dificultem o bom andamento do trânsito de pessoas e veículos* – não se admite a propaganda nos bens públicos, que são os de uso comum do povo, como rios, ruas, praças, inclusive postes de iluminação pública e sinalização de tráfego, viadutos, passarelas, pontes, paradas de ônibus e outros equipamentos urbanos, árvores e jardins localizados em áreas públicas, os de uso especial, como os imóveis destinados a serviço da administração pública, os dominicais, que constituem o patrimônio das pessoas jurídicas de direito público, como

---

A propósito do que consta no inciso IV anteriormente reproduzido, impende assinalar que não se restringe às inserções a intolerância com a propaganda que degrada ou ridiculariza candidatos, perdendo o partido ou a coligação infratores o direito à veiculação de propaganda no dia seguinte, impedida a reapresentação da publicidade ofensiva à honra, à moral e aos bons costumes, a teor do art. 53, §§ 1º e 2º, da Lei das Eleições.

198. Com efeito, como dispõem os §§ 2º-A e 3º do mencionado dispositivo o valor apurado a esse título poderá ser deduzido do lucro líquido para efeito de determinação do lucro real, na apuração do Imposto sobre a Renda da Pessoa Jurídica (IRPJ), inclusive da base de cálculo dos recolhimentos mensais previstos na legislação fiscal (art. 2º da Lei nº 9.430, de 27 de dezembro de 1996), bem como da base de cálculo do lucro presumido. Tratando-se de microempresas e empresas de pequeno porte optantes pelo Regime Especial Unificado de Arrecadação de Tributos e Contribuições (Simples Nacional), o valor integral da compensação fiscal apurado será deduzido da base de cálculo de imposto e contribuições federais devidos pela emissora, seguindo os critérios definidos pelo Comitê Gestor do Simples Nacional (CGSN).

objeto de direito pessoal ou real (CC, art. 99), bem como, para fins eleitorais, *aqueles a que a população em geral tem acesso, tais como cinemas, clubes, lojas, centros comerciais, templos, ginásios, estádios, ainda que de propriedade privada*. A vedação se estende aos bens cujo uso dependa de cessão ou permissão do Poder Público.

Nesse cenário, podemos separar em grupos, à vista das disposições da Lei nº 9.504/1997, os atos que constituem o que é vedado, o que é permitido e o que é obrigatório em termos de propaganda eleitoral, sem a intenção de esgotá-los, sendo que a realização de ato proibido e a não efetivação de ato obrigatório levam à aplicação de penalidades,[199] podendo configurar crime.[200]

13.3. O QUE É PROIBIDO NA PROPAGANDA ELEITORAL (PROPAGANDA IRREGULAR)

A lei veda, com relação à propaganda eleitoral, dentre outras, as seguintes condutas:

a) a transmissão ao vivo por emissoras de rádio e de televisão das prévias partidárias, sem prejuízo da cobertura dos meios de comunicação social;

b) a antecipação da propaganda;

c) a realização de *showmício* e de evento assemelhado para promoção de candidatos, bem como a apresentação, remunerada ou não, de artistas com a finalidade de animar comício e reunião eleitoral. Os candidatos profissionais da classe artística – cantores, atores e apresentadores –, como não poderia deixar de ser (CF, arts. 1º, III e IV, 5º, XIII, e 6º, *caput*) poderão exercer a profissão durante o período eleitoral, desde que o *show* não tenha por finalidade a animação de comício e que nele não haja nenhuma alusão à candidatura ou à campanha eleitoral, ainda que em caráter subliminar ou dissimulado (Resolução TSE nº 23.404/2014, art. 10, § 5º);

d) a colocação de propaganda eleitoral de qualquer natureza, independentemente de lhes causar qualquer dano, nas árvores e nos jardins localizados em áreas públicas; nos bens cujo uso dependa de cessão ou permissão do Poder Público, ou que a ele pertençam, e nos de uso comum– ou seja, rios, mares, estradas, ruas e praças, conforme o Código Civil, art. 98, I, como também *aqueles a que a população em geral tem acesso, tais como cinemas, clubes, lojas, centros comerciais, templos, ginásios, estádios, ainda que de propriedade privada*, conforme o art. 11, § 2º, da Resolução TSE nº 23.404, de 27 de fevereiro de 2014 – inclusive postes de iluminação pública e sinalização de tráfego, viadutos, passarelas, pontes, paradas de ônibus e outros equipamentos urbanos, a veiculação de propaganda de qualquer natureza, inclusive pichação, inscrição a tinta, exposição (ainda,

---

199. A penalidade, conforme a Lei nº 9.504/1997, pode consistir em multa (arts. 36, § 3º; 37, § 1º; 39, § 8º; 43, § 2º; 44, § 3º; 45, § 2º; 57-C, § 2º; 57-D, § 2º; 57-E, § 2º; e 57-H),em perda de tempo no horário de propaganda gratuita (art. 55, parágrafo único), em suspensão da emissora (art. 56), ou em suspensão de acesso aos sites da internet (art. 57-I).

200. Lei nº 9.504/1997, arts. 39, § 5º; 40; e 57-H, §§ 1º e 2º.

pois, que não se trate de fixação – termo usado na legislação alterada) de placas, estandartes, faixas, cavaletes, bonecos e assemelhados. Mas cabem as seguintes ressalvas: permite-se a colocação de mesas para distribuição de material de campanha e a utilização de bandeiras ao longo das vias públicas, desde que móveis e que não dificultem o bom andamento do trânsito de pessoas e veículos; nas dependências do Poder Legislativo, a veiculação de propaganda eleitoral fica a critério da Mesa Diretora; e, a vedação do inciso I do *caput* do art. 73 da Lei nº 9.504/1997 (utilização de bem público), não se aplica ao uso, em campanha, de transporte oficial pelo Presidente da República, obedecido o disposto no art. 76, nem ao uso, em campanha, pelos candidatos a reeleição de Presidente e Vice-Presidente da República, Governador e Vice-Governador de Estado e do Distrito Federal, Prefeito e Vice-Prefeito, de suas residências oficiais para realização de contatos, encontros e reuniões pertinentes à própria campanha, desde que não tenham caráter de ato público;
e) a cobrança pela utilização de espaço para veiculação de propaganda eleitoral em bens particulares;
f) a confecção, utilização, distribuição por comitê, candidato, ou com a sua autorização, de camisetas, chaveiros, bonés, canetas, brindes, cestas básicas ou quaisquer outros bens ou materiais que possam proporcionar vantagem ao eleitor;
g) a propaganda eleitoral mediante *outdoors*, inclusive eletrônicos;
h) a veiculação de propaganda eleitoral paga no rádio e na televisão, já que restrita ao horário gratuito definido na lei;
i) a utilização comercial ou propaganda realizada com a intenção, ainda que disfarçada ou subliminar, de promover marca ou produto, no horário destinado à propaganda eleitoral;
j) às emissoras de rádio e televisão, a partir do encerramento do prazo para a realização das convenções no ano da eleição, em sua programação normal e em seu noticiário: a transmissão, ainda que sob a forma de entrevista jornalística, de imagens de realização de pesquisa ou qualquer outro tipo de consulta popular de índole eleitoral em que seja possível identificar o entrevistado ou em que haja manipulação de dados, bem como usar trucagem, montagem ou outro recurso de áudio ou vídeo que, de qualquer forma, degradem ou ridicularizem candidato, partido ou coligação, ou produzir ou veicular programa com esse efeito; veicular propaganda política ou difundir opinião favorável ou contrária a candidato, partido, coligação, a seus órgãos ou representantes; privilegiar candidato, partido ou coligação; veicular ou divulgar filmes, novelas, minisséries ou qualquer outro programa com alusão ou crítica a candidato ou partido político, mesmo que dissimuladamente, exceto programas jornalísticos ou debates políticos; divulgar nome de programa que se refira a candidato escolhido em convenção, ainda quando preexistente, inclusive se coincidente com o nome do candidato ou com a variação nominal por ele adotada. Sendo o nome do programa o mesmo que o do candidato, fica proibida a sua divulgação, sob pena de cancelamento do respectivo registro;

k) às emissoras de rádio e televisão, a partir de 30 de junho do ano da eleição, transmitir programa apresentado ou comentado por pré-candidato sob pena de àquelas ser imposta multa e cancelada a candidatura deste, se este for escolhido na convenção do partido;
l) a presença de um mesmo candidato à eleição proporcional em mais de um debate da mesma emissora;
m) nos programas eleitorais gratuitos, cortes instantâneos ou qualquer tipo de censura prévia, embora possa ser proibida, pela Justiça Eleitoral, a reapresentação de propaganda ofensiva à honra de candidato, à moral e aos bons costumes, a requerimento, não só do Partido, da Coligação ou do candidato, mas também do Ministério Público Eleitoral, que por tais valores zela;
n) aos partidos políticos e às coligações, incluir no horário destinado aos candidatos às eleições proporcionais propaganda das candidaturas a eleições majoritárias ou vice-versa, ressalvada a utilização, durante a exibição do programa, de legendas com referência aos candidatos majoritários ou, ao fundo, de cartazes ou fotografias desses candidatos, ficando autorizada a menção ao nome e ao número de qualquer candidato do partido ou da coligação;
o) situação que não se enquadre na regra do art. 54 da Lei das Eleições, segundo a qual, na propaganda eleitoral gratuita de cada partido ou coligação, só *poderão aparecer*, em gravações internas e externas, observado o disposto no § 2º do mesmo dispositivo, candidatos, caracteres com propostas, fotos, *jingles*, clipes com música ou vinhetas, inclusive de passagem, com indicação do número do candidato ou do partido, bem como seus apoiadores, inclusive os candidatos de que trata o § 1º do art. 53-A (que faculta a inserção de depoimento de candidatos a eleições proporcionais no horário da propaganda das candidaturas majoritárias e vice-versa, registrados sob o mesmo partido ou coligação, desde que o depoimento consista exclusivamente em pedido de voto ao candidato que cedeu o tempo), que poderão dispor de até 25% (vinte e cinco por cento) do tempo de cada programa ou inserção, sendo vedadas montagens, trucagens, computação gráfica, desenhos animados e efeitos especiais. O § 2º do art. 54, antes referido, permite a veiculação de entrevistas com o candidato e de cenas externas nas quais ele, pessoalmente, exponha: I – realizações de governo ou da administração pública; II – falhas administrativas e deficiências verificadas em obras e serviços públicos em geral; III – atos parlamentares e debates legislativos;
p) às emissoras de rádio e televisão, encerrado o prazo para a realização das convenções, no ano da eleição, a transmissão, ainda que sob a forma de entrevista jornalística, de imagens de realização de pesquisa ou qualquer outro tipo de consulta popular de natureza eleitoral em que seja possível identificar o entrevistado ou em que haja manipulação de dados;
q) na internet, a veiculação de qualquer tipo de propaganda eleitoral paga, ou, ainda que gratuita, em sítios oficiais ou hospedados por órgãos ou entidades da administração pública direta ou indireta da União, dos Estados, do Distrito Federal e dos Municípios, bem como de pessoas jurídicas, com ou sem fins lu-

crativos. Também é vedada a censura prévia sobre o teor dos programas a serem exibidos na televisão, no rádio ou na Internet;
r) o anonimato daquele que manifesta livremente seu pensamento durante a campanha eleitoral, por meio da rede mundial de computadores – internet, assegurado o direito de resposta, nos termos das alíneas "a", "b" e "c" do inciso IV do § 3º do art. 58 e do art. 58-A, e por outros meios de comunicação interpessoal mediante mensagem eletrônica;
s) às entidades ou governos estrangeiros, aos órgãos da administração pública direta e indireta ou fundação mantida com recursos provenientes do Poder Público, aos concessionários ou permissionários de serviço público, às entidades de direito privado que recebam, na condição de beneficiárias, contribuição compulsória em virtude de disposição legal, às entidades de utilidade pública, às entidades de classe ou sindicais, às pessoas jurídica sem fins lucrativos que recebam recursos do exterior, às entidades beneficentes e religiosas, às entidades esportivas, às organizações não governamentais que recebam recursos públicos, às organizações da sociedade civil de interesse público, a utilização, doação ou cessão de cadastro eletrônico de seus clientes, em favor de candidatos, partidos ou coligações. Aí não se incluem as cooperativas cujos cooperados não sejam concessionários ou permissionários de serviços públicos, salvo quando sejam beneficiadas com recursos públicos;
t) a venda de cadastro de endereços eletrônicos;
u) nos casos permitidos de convocação das redes de radiodifusão, a utilização de símbolos ou imagens, exceto a bandeira, o hino, as armas (brasão da República) e o selo (círculo igual ao da bandeira nacional, em volta do qual está escrito "República Federativa do Brasil") nacionais, sendo considerada propaganda eleitoral antecipada a convocação, por parte do Presidente da República, dos Presidentes da Câmara dos Deputados, do Senado Federal e do Supremo Tribunal Federal, de redes de radiodifusão para divulgação de atos que denotem propaganda política ou ataques a partidos políticos e seus filiados ou instituições;
v) no dia do pleito, até o término do horário de votação, a aglomeração de pessoas portando vestuário padronizado, bem como bandeiras, broches, dísticos e adesivos, de modo a caracterizar manifestação coletiva, com ou sem utilização de veículos;
w) aos servidores da Justiça Eleitoral, aos mesários e aos escrutinadores o uso, no recinto das seções eleitorais e Juntas Apuradoras, de vestuário ou objeto que contenha qualquer propaganda de partido político, de coligação ou de candidato;
x) à autoridade estranha à magistratura eleitoral competente, cercear a propaganda exercida nos termos da legislação eleitoral, com ou sem multa, sob alegação do exercício do poder de polícia ou de violação de postura municipal. O poder de polícia sobre a propaganda eleitoral será exercido pelos juízes eleitorais e pelos juízes designados pelos Tribunais Regionais Eleitorais;
y) desde 48 horas antes até 24 horas depois da eleição, a veiculação de qualquer propaganda política no rádio ou na televisão – incluídos, entre outros, as rádios comunitárias e os canais de televisão que operam em UHF, VHF e por assina-

tura – e, ainda, a realização de comícios ou reuniões públicas (CE, art. 240, parágrafo único e Lei das Eleições, art. 57):

z) a propaganda de guerra, de processos violentos para subverter o regime, a ordem política e social, ou de preconceitos de raça ou de classes; que provoque animosidade entre as Forças Armadas ou contra elas, ou delas contra as classes e as instituições civis; de incitamento de atentado contra pessoa ou bens; de instigação à desobediência coletiva ao cumprimento da lei de ordem pública; que implique oferecimento, promessa ou solicitação de dinheiro, dádiva, rifa, sorteio ou vantagem de qualquer natureza; que perturbe o sossego público, com algazarra ou abuso de instrumentos sonoros ou sinais acústicos; por meio de impressos ou de objeto que pessoa inexperiente ou rústica possa confundir com moeda; que prejudique a higiene e a estética urbana; que caluniar, difamar ou injuriar qualquer pessoa, bem como atingir órgãos ou entidades que exerçam autoridade pública; que desrespeite os símbolos nacionais (Lei nº 5.700/1971). Responderá o infrator pelo emprego de processo de propaganda vedada e, se for o caso, pelo abuso de poder (Resolução TSE nº 23.404/2014, art. 14; CE, arts. 222, 237 e 243, I a IX; e LC nº 64/1990, art. 22).

13.4. O QUE É FACULTADO NA PROPAGANDA ELEITORAL

A lei permite, com relação à propaganda eleitoral, as condutas a seguir:

a) a divulgação da candidatura durante o período legal. Não constitui propaganda eleitoral extemporânea, a menos que sirva à solicitação explícita de voto conquanto inescondível a existência desse pedido implicitamente, as referências elogiosas aos pré-candidatos e os atos a seguir enumerados, que podem ter cobertura dos meios de comunicação social, inclusive via internet, e aceitam o pedido de apoio político e a divulgação da pré-candidatura, das ações políticas desenvolvidas e das que se pretende desenvolver, não se aplicando, porém, essa permissão, aos profissionais da comunicação social no exercício do seu ofício: a participação de filiados a partidos políticos ou de pré-candidatos em entrevistas, programas, encontros ou debates no rádio, na televisão e na internet, inclusive com a exposição de plataformas e projetos políticos, observado pelas emissoras de rádio e de televisão o dever de conferir tratamento isonômico; a realização de encontros, seminários ou congressos, em ambiente fechado e a expensas dos partidos políticos, para tratar da organização dos processos eleitorais, discussão de políticas públicas, planos de governo ou alianças partidárias visando às eleições, podendo tais atividades ser divulgadas pelos instrumentos de comunicação intrapartidária; a realização de prévias partidárias cuja transmissão ao vivo por emissoras de rádio e de televisão é vedada e a respectiva distribuição de material informativo, a divulgação dos nomes dos filiados que participarão da disputa e a realização de debates entre os pré-candidatos; a divulgação de atos de parlamentares e debates legislativos, desde que, o legislador reitera, não se faça pedido de votos; a divulgação de posicionamento pessoal

sobre questões políticas, inclusive nas redes sociais; a realização, a expensas de partido político, de reuniões de iniciativa da sociedade civil, de veículo ou meio de comunicação ou do próprio partido, em qualquer localidade, para divulgar ideias, objetivos e propostas partidárias;
b) ao postulante a candidatura a cargo eletivo, a realização, na quinzena anterior à escolha pelo partido, de propaganda intrapartidária com vista à indicação de seu nome, vedado o uso de rádio, televisão e *outdoor*;
c) independentemente de licença municipal e de autorização da Justiça Eleitoral, a propaganda em bens particulares feita em adesivo ou papel de até meio metro quadrado e que não contrarie a legislação eleitoral. A justaposição de propagandas assim confeccionadas, que extrapole, em conjunto, a dimensão autorizada, caracteriza propaganda irregular, em razão do efeito visual único (Resolução TSE nº 23.404/2014, art. 12, § 1º, adaptada à alteração da Lei nº 11.165, de 2015; Lei nº 9.504/1997, art. 37, § 2º, com a nova redação);
d) a colocação de mesas para distribuição de material de campanha e a utilização de bandeiras ao longo das vias públicas, desde que móveis – o que se caracteriza com a colocação e a retirada dos meios de propaganda entre as 6 horas e as 22 horas – e que não dificultem o bom andamento do trânsito de pessoas e veículos (Lei nº 9.504/1997, art. 37, §§ 6º e 7º);
e) a veiculação de propaganda eleitoral em bens particulares espontânea e gratuita;
f) independentemente da obtenção de licença municipal e de autorização da Justiça Eleitoral, a veiculação de propaganda eleitoral pela distribuição de folhetos, adesivos na dimensão máxima de 50 (cinquenta) centímetros por 40 (quarenta) centímetros, volantes e outros impressos, os quais devem ser editados sob a responsabilidade do partido, coligação ou candidato;
g) colar, em veículos, adesivos microperfurados até a extensão total do para-brisa traseiro e, em outras posições, adesivos até a dimensão máxima de 50 (cinquenta) centímetros por 40 (quarenta centímetros);
h) a realização de qualquer ato de propaganda (partidária ou) eleitoral, em recinto aberto ou fechado, independentemente de licença da polícia;
i) o funcionamento de alto-falantes ou amplificadores de som, entre as 8 horas e as 22 horas, sendo vedados a instalação e o uso daqueles equipamentos em distância inferior a 200 m das sedes dos Poderes Executivo e Legislativo da União, dos Estados, do Distrito Federal e dos Municípios, das sedes dos Tribunais Judiciais, dos quartéis e outros estabelecimentos militares, dos hospitais e casas de saúde e das escolas, bibliotecas públicas, igrejas e teatros, quando em funcionamento. A realização de comícios e a utilização de aparelhagens de sonorização fixas são permitidas no horário compreendido entre as 8 e as 24 horas, com exceção do comício de encerramento da campanha, que poderá ser prorrogado por mais 2 (duas) horas;
j) a distribuição de material gráfico, caminhada, carreata, passeata ou carro de som que transite pela cidade divulgando jingles ou mensagens de candidatos, até as 22 horas do dia que antecede a eleição;

k) a utilização de trio elétrico (veículo automotor que usa equipamento de som com potência nominal de amplificação maior que 20.000 watts) em campanhas eleitorais, exclusivamente para a sonorização de comícios;
l) a circulação de carro de som (veículo automotor que usa equipamento de som com potência nominal de amplificação de, no máximo, 10.000 watts, bem como o veículo, seja motorizado ou não, ou tracionado por animais, que, em movimento, divulgue jingles ou mensagens de candidatos) e minitrio (veículo automotor que usa equipamento de som com potência nominal de amplificação maior que 10.000 watts e até 20.000 watts) como meio de propaganda eleitoral, desde que observado o limite de 80 decibéis de nível de pressão sonora, medido a 7 metros de distância do veículo, e respeitadas as vedações previstas na alínea "i" supra;
m) no dia das eleições, a manifestação individual e silenciosa da preferência do eleitor por partido político, coligação ou candidato, revelada exclusivamente pelo uso de bandeiras, broches, dísticos e adesivos;
n) ao fiscal partidário, nos trabalhos de votação, fazer constar em seu crachá o nome e a sigla do partido político ou coligação a que sirva, vedada a padronização do vestuário;
o) até a antevéspera das eleições, a divulgação paga, na imprensa escrita, e a reprodução na internet do jornal impresso, de até 10 anúncios de propaganda eleitoral, por veículo, em datas diversas, para cada candidato, no espaço máximo, por edição, de 1/8 de página de jornal padrão e de 1/4 de página de revista ou tabloide;
p) ao partido político, utilizar na propaganda eleitoral de seus candidatos em âmbito regional, inclusive no horário eleitoral gratuito, a imagem e a voz de candidato ou militante de partido político que integre a sua coligação em âmbito nacional;
q) a transmissão de debates, por emissora de rádio ou televisão, cujas regras, no 1º turno, deverão obter, inclusive quanto ao número de participantes, a concordância de, no mínimo, 2/3 dos candidatos aptos, nas eleições majoritárias, ou 2/3 dos partidos ou coligações com candidatos aptos, nas eleições proporcionais, nos quais será assegurada a participação de candidatos dos partidos representados, pelo menos, por dez Deputados e facultada a dos demais. Encontram-se aptos a participar do debate aqueles filiados a partido político com mais de nove deputados e cujos registros tenham sido requeridos à Justiça Eleitoral, e, se já apreciados, tenham sido deferidos ou, tendo sido indeferidos, pendem de julgamento definitivo (Resolução TSE nº 23.404, art. 29, § 2º). As regras básicas a seguir são as seguintes: (Lei das Eleições, art. 46): "I – nas eleições majoritárias, a apresentação dos debates poderá ser feita: a) em conjunto, estando presentes todos os candidatos a um mesmo cargo eletivo; b) em grupos, estando presentes, no mínimo, três candidatos; II – nas eleições proporcionais, os debates deverão ser organizados de modo que assegurem a presença de número equivalen-

tede candidatos de todos os partidos e coligações a um mesmo cargo eletivo, podendo desdobrar-se em mais de um dia; III – os debates deverão ser parte de programação previamente estabelecida e divulgada pela emissora, fazendo-se mediante sorteio a escolha do dia e da ordem de fala de cada candidato, salvo se celebrado acordo em outro sentido entre os partidos e coligações interessados.". Em consonância com o art. 30, da citada Resolução, não havendo acordo quanto às regras, estas, anteriormente reproduzidas, deverão ser seguidas, desprezada, é claro, a referência a acordo no inciso III, se a hipótese é de sua inexistência, não prejudicando as discordâncias, portanto, a realização dos debates.

 A participação dos candidatos deve ser assegurada, mas não é obrigatória, daí porque o debate poderá ser realizado sem a presença de candidato de algum partido, desde que o veículo de comunicação responsável comprove havê-lo convidado com a antecedência mínima de 72 horas da sua realização;

r) a inserção de depoimento de candidatos a eleições proporcionais no horário da propaganda das candidaturas majoritárias e vice-versa, registrados sob o mesmo partido ou coligação, desde que o depoimento consista exclusivamente em pedido de voto ao candidato que cedeu o tempo, eis que vedada a utilização da propaganda de candidaturas proporcionais com propaganda de candidaturas majoritárias e vice-versa;

s) a propaganda eleitoral na internet, observados os ditames legais, após o dia 15 de agosto do ano da eleição, que poderá ser realizada gratuitamente nas seguintes formas, previstas no art. 57-B da Lei nº 9.504/1997: "I – em sítio do candidato, com endereço eletrônico comunicado à Justiça Eleitoral e hospedado, direta ou indiretamente, em provedor de serviço de internet estabelecido no País; II – em sítio do partido ou da coligação, com endereço eletrônico comunicado à Justiça Eleitoral e hospedado, direta ou indiretamente, em provedor de serviço de internet estabelecido no País; III – por meio de mensagem eletrônica para endereços cadastrados gratuitamente pelo candidato, partido ou coligação; IV – por meio de blogs, redes sociais, sítios de mensagens instantâneas e assemelhados, cujo conteúdo seja gerado ou editado por candidatos, partidos ou coligações ou de iniciativa de qualquer pessoa natural.";

t) a livre manifestação do pensamento, vedado o anonimato, durante a campanha eleitoral, por meio da rede mundial de computadores – internet, assegurado o direito de resposta, nos termos das alíneas "a", "b" e "c" do inciso IV do § 3º do art. 58 e do 58-A, e por outros meios de comunicação interpessoal mediante mensagem eletrônica;

u) a veiculação de propaganda nas dependências do Poder Legislativo, se este for o critério adotado pela Mesa Diretora;

v) o uso de materiais ou serviços, custeados pelos Governos ou Casas Legislativas, que não excedam as prerrogativas consignadas nos regimentos e normas dos órgãos que integram (Lei nº 9.504/1997, art. 73, II, *a contrario sensu*);

w) conquanto constituam condutas vedadas aos agentes públicos em campanha eleitoral o uso e a cessão, em benefício de candidato, partido político ou coligação, de bens móveis ou imóveis pertencentes à administração direta ou indireta da União, dos Estados, do Distrito Federal, dos Territórios e dos Municípios, ressalvada a realização de convenção partidária, escapa da vedação o uso, em campanha, de transporte oficial pelo Presidente da República, sendo os respectivos gastos devidamente ressarcidos a teor do disposto no art. 76, e ao uso, em campanha, pelos candidatos a reeleição de Presidente e Vice-Presidente da República, Governador e Vice-Governador de Estado e do Distrito Federal, Prefeito e Vice-Prefeito, de suas residências oficiais para realização de contatos, encontros e reuniões pertinentes à própria campanha, desde que não tenham caráter de ato público (art. 73, I, e § 2º);

x) a veiculação de propaganda eleitoral pela distribuição de folhetos, volantes e outros impressos, sendo facultada ao partido político, coligação ou candidato, sob cuja responsabilidade devem ser editados, a impressão em braile dos mesmos conteúdos, quando assim demandados (Resolução TSE nº 23.404/2014, art. 13; Lei nº 9.504/1997, art. 38; e Convenção sobre os Direitos das Pessoas com Deficiência, arts. 9, 21 e 29). Aqui incluímos, como faculdade, a providência apontada, porque nesta condição a ela se refere a Resolução TSE nº 23.404/2014, referindo-se *aos partidos políticos*, mas observamos que a Convenção sobre os Direitos das Pessoas com Deficiência, assinada em Nova York, em 30 março de 2007, e promulgada pelo Decreto nº 6.949, de 25 de agosto de 2009, declara, em seu art. 29, que *os Estados Partes* – já, então, no plano estatal – *garantirão* às pessoas com deficiência direitos políticos e oportunidade de exercê-los em condições de igualdade com as demais pessoas, e *deverão* assegurar que as pessoas com deficiência possam participar efetiva e plenamente na vida política e pública, em igualdade de oportunidades com as demais pessoas, diretamente ou por meio de representantes livremente escolhidos, incluindo o direito e a oportunidade de votarem e serem votadas;

y) a veiculação de entrevistas com o candidato e de cenas externas nas quais ele, pessoalmente, exponha: I – realizações de governo ou da administração pública; II – falhas administrativas e deficiências verificadas em obras e serviços públicos em geral; III – atos parlamentares e debates legislativos (art. 54, § 2º, acrescido na Lei das Eleições pela Lei nº 13.165, de 2015);

z) aos partidos políticos (Código Eleitoral, art. 244, I) e às coligações (Lei nº 9.504, de 1997, art. 6º, § 1º) o direito de, independentemente de licença da autoridade pública e do pagamento de qualquer contribuição fazer inscrever, na fachada de suas sedes e dependências, o nome que os designe, pela forma que melhor lhes parecer, bem como fazer inscrever, na fachada dos seus comitês e demais unidades, o nome que os designe, da coligação ou do candidato, respeitado o tamanho máximo de 0,5 m² (Resolução TSE nº 23.404/2014, art. 10, I e II, e Lei nº 9.504, de 1997, art. 37, § 2º, com nova redação que lhe deu a Lei nº 13. 165, de 2015).

13.5. O QUE É OBRIGATÓRIO NA PROPAGANDA ELEITORAL

A lei impõe, dentre outras exigências:
a) a identificação, na propaganda dos candidatos a cargo majoritário, também dos candidatos a vice, ou a suplentes de Senador, de modo claro e legível, em tamanho não inferior a 30% do nome do titular, pois com os titulares são eleitos e poderão substituí-los ou sucedê-los, o que deve ser levado em conta pelo eleitor ao escolher em quem votar;
b) a dispensa, pela Prefeitura ou pela Justiça Eleitoral, de licença daquela ou de autorização desta, para o exercício do direito à veiculação de propaganda eleitoral por intermédio da distribuição de folhetos, adesivos, volantes e outros impressos, os quais devem ser editados sob a responsabilidade do partido, coligação ou candidato;
c) a indicação, em todo material impresso de campanha eleitoral, do número de inscrição no Cadastro Nacional da Pessoa Jurídica – CNPJ ou o número de inscrição no Cadastro de Pessoas Físicas – CPF do responsável pela confecção, bem como de quem a contratou, e a respectiva tiragem;
d) a indicação, quando o material impresso veicular propaganda conjunta de diversos candidatos, dos gastos relativos a cada um deles na respectiva prestação de contas, ou apenas naquela relativa ao que houver arcado com os custos;
e) não condicionar, a polícia, à concessão de licença, a realização de qualquer ato de propaganda partidária ou eleitoral, em recinto aberto ou fechado, exigindo-se, porém, do candidato, partido ou coligação promotora do ato a devida comunicação à autoridade policial, com, no mínimo, 24 horas de antecedência, a fim de que esta lhe garanta, segundo a prioridade do aviso, o direito contra quem tencione usar o local no mesmo dia e horário, tomando as providências necessárias à sua realização e ao funcionamento do tráfego e dos serviços públicos que o evento possa afetar;
f) a observância de tratamento isonômico, pelas emissoras de rádio e televisão, quanto à participação de filiados a partidos políticos ou de pré-candidatos em entrevistas, programas, encontros ou debates no rádio, na televisão e na internet, inclusive com a exposição de plataformas e projetos políticos;
g) na propaganda na imprensa escrita, feita dentro dos parâmetros legais, a indicação, no anúncio, de forma visível, do valor pago pela inserção;
h) a utilização da Linguagem Brasileira de Sinais – LIBRAS ou o recurso de legenda, constantes obrigatoriamente do material entregue às emissoras, na propaganda eleitoral gratuita na televisão (art. 44, § 1º, da Lei nº 9.504, de 1997), ou, mais completamente, na determinação da Lei nº 13.146, de 2015, o uso dos seguintes recursos, entre outros: subtitulação por meio de legenda oculta (*closed caption*) e janela com intérprete da Libras, em benefício dos que apresentem deficiência auditiva, e, tratando-se de imagem sem palavras que a identifiquem, a audiodescrição, a fim de que a compreendam as pessoas com deficiência visual;

i) a reserva, pelas emissoras de rádio e de televisão e os canais de televisão por assinatura sob a responsabilidade do Senado, da Câmara dos Deputados, das Assembleias Legislativas, da Câmara Legislativa do Distrito Federal ou das Câmaras Municipais, nos termos do art. 47 da Lei nº 9.504/1997 modificado pela Lei nº 13.165/2015, nos trinta e cinco dias anteriores à antevéspera das eleições, de horário destinado à divulgação, em rede, da propaganda eleitoral gratuita;

j) a organização dos debates, nas eleições proporcionais, de modo que assegurem a presença de número equivalente de candidatos de todos os partidos e coligações a um mesmo cargo eletivo, podendo desdobrar-se em mais de um dia. Os debates deverão ser parte de programação previamente estabelecida e divulgada pela emissora de rádio ou televisão que se propõe a transmiti-los, fazendo-se mediante sorteio a escolha do dia e da ordem de fala de cada candidato, salvo se celebrado acordo em outro sentido entre os partidos e coligações interessados;

k) reservarem, as emissoras de rádio e televisão, no segundo turno, a partir de 48 horas da proclamação dos resultados do primeiro turno e até a antevéspera da eleição, horário destinado à divulgação da propaganda eleitoral gratuita, dividido em dois períodos diários de 20 minutos para cada eleição, iniciando-se às 7 horas e às 12 horas, no rádio, e às 13 horas e às 20 horas e 30 minutos, na televisão. Em circunscrição onde houver segundo turno para Presidente e Governador, o horário reservado à propaganda deste iniciar-se-á imediatamente após o término do horário reservado ao primeiro;

l) a divisão igualitária entre os candidatos do tempo de cada período referido na alínea anterior;

m) o sorteio, efetuado pela Justiça Eleitoral, para a escolha da ordem de veiculação da propaganda de cada partido ou coligação no primeiro dia do horário eleitoral gratuito; a cada dia que se seguir, a propaganda veiculada por último, na véspera, será a primeira, apresentando-se as demais na ordem do sorteio;

n) a reserva, pelas emissoras de rádio e televisão, de 70 minutos diários para a propaganda eleitoral gratuita, a serem usados em inserções de 30 e 60 segundos, a critério do respectivo partido ou coligação, assinadas obrigatoriamente pelo partido ou coligação, e distribuídas, ao longo da programação veiculada entre as 5 horas e as 24 horas (Lei nº 9.504, de 1997, art. 47, § 1º, VII e § 1º-A, e art. 51, ambos com a redação dada pela Lei nº 13.165, de 2015);

o) a convocação, pela Justiça Eleitoral, a partir do dia 15 de agosto do ano da eleição, dos partidos e da representação das emissoras de televisão para elaborarem plano de mídia, para o uso da parcela do horário eleitoral gratuito a que tenham direito, cabendo a todos participação nos horários de maior e menor audiência.

p) que as mensagens eletrônicas enviadas por candidato, partido ou coligação, por qualquer meio, disponham de mecanismo que permita seu descadastramento pelo destinatário, obrigado o remetente a providenciá-lo no prazo de 48 horas;

q) a afixação, no dia do pleito, de cópias do art. 39-A da Lei nº 9.504/1997, em lugares visíveis nas partes interna e externa das seções eleitorais.[201]
r) a menção à legenda partidária na propaganda, qualquer que seja a sua forma ou modalidade, e sua realização em língua nacional, não devendo empregar meios publicitários destinados a criar, artificialmente, na opinião pública, estados mentais, emocionais ou passionais;
s) ao Estado, garantir às pessoas com deficiência a participação efetiva na vida política e pública, assegurando-lhes, portanto, o acesso também à propaganda eleitoral (dentre outras normas, Convenção sobre os Direitos das Pessoas com Deficiência, com destaque para o art. 29);
t) para os membros dos Tribunais e do Ministério Público especializados, fiscalizar o cumprimento das normas pertinentes pelos membros da magistratura e do Ministério Público das instâncias eleitorais inferiores, determinando, quando for o caso, a abertura de procedimento disciplinar para apuração de eventuais irregularidades;
u) ao Tribunal Superior Eleitoral, no período compreendido entre 1º de abril e 30 de julho dos anos eleitorais, promover, em até cinco minutos diários, contínuos ou não, requisitados às emissoras de rádio e televisão, propaganda institucional destinada a incentivar a participação feminina na política, bem como a esclarecer os cidadãos sobre as regras e o funcionamento do sistema eleitoral brasileiro.

13.6. CRIMES LIGADOS À PROPAGANDA ELEITORAL

O capítulo da Lei das Eleições referente à propaganda eleitoral classifica como criminosas as seguintes ações praticadas no dia das eleições: "I – o uso de alto-falantes e amplificadores de som ou a promoção de comício ou carreata; II – a arregimentação de eleitor ou a propaganda de boca de urna; – III – a divulgação de qualquer espécie de propaganda de partidos políticos ou de seus candidatos." (art. 39, § 5º).

O art. 57-H da mesma lei, dispõe que praticam crimes tanto aqueles que contratam pessoas com a finalidade específica de emitir mensagens ou comentários na internet para ofender a honra ou denegrir a imagem de candidato, partido ou coligação, quanto as pessoas para esse fim contratadas.

O Código Eleitoral descreve como criminoso, no art. 323, o ato de alguém divulgar, na propaganda, fato que sabe inverídico, em relação a partidos ou candidatos, capaz de

---

201. "**Art. 39-A.** É permitida, no dia das eleições, a manifestação individual e silenciosa da preferência do eleitor por partido político, coligação ou candidato, revelada exclusivamente pelo uso de bandeiras, broches, dísticos e adesivos. § 1º. É vedada, no dia do pleito, até o término do horário de votação, a aglomeração de pessoas portando vestuário padronizado, bem como os instrumentos de propaganda referidos no *caput*, de modo a caracterizar manifestação coletiva, com ou sem utilização de veículos. § 2º. No recinto das seções eleitorais e juntas apuradoras, é proibido aos servidores da Justiça Eleitoral, aos mesários e aos escrutinadores o uso de vestuário ou objeto que contenha qualquer propaganda de partido político, de coligação ou de candidato. § 3º. Aos fiscais partidários, nos trabalhos de votação, só é permitido que, em seus crachás, constem o nome e a sigla do partido político ou coligação a que sirvam, vedada a padronização do vestuário."

exercer influência perante o eleitorado, cominando pena de detenção de 2 meses a 1 ano, ou multa, se o delito é praticado, por exemplo, em comício, e o agravamento da sanção se o crime é cometido pela imprensa, rádio ou televisão.

No art. 324, o mesmo Código dispõe que a calúnia – com a qual se imputa falsamente a alguém fato definido como crime – lançada na propaganda eleitoral, ou visando a fins de propaganda, faz incidir a pena de detenção de 6 meses a 2 anos e o pagamento de multa, nas mesmas penas incorrendo quem, sabendo ser falsa a imputação, a propala ou divulga. Também prevê que a prova da verdade exclui o crime, mas não a admite se: constituindo o fato imputado crime de ação privada, o ofendido, não foi condenado por sentença irrecorrível; o fato é imputado ao Presidente da República ou chefe de governo estrangeiro; do crime imputado, embora de ação pública, o ofendido foi absolvido por sentença irrecorrível.

Igualmente, a difamação – com a qual se imputa a alguém fato ofensivo a sua reputação – na propaganda eleitoral, ou visando a fins de propaganda, constitui crime, como tal previsto no art. 325 do Código Eleitoral, cuja pena é de detenção de 3 meses a 1 ano e pagamento de multa, admitida a exceção da verdade se o ofendido é funcionário público e a ofensa refere-se ao exercício de suas funções.

Completando o quadro dos atos que configuram os delitos contra a honra, o mesmo Código prevê, no art. 326, a injúria – com a qual alguém é ofendido na sua dignidade ou decoro – na propaganda eleitoral, ou visando a fins de propaganda, sujeitando o criminoso à pena de detenção de até 6 meses, ou pagamento de multa, podendo o juiz deixar de aplicá-la se o ofendido, de forma reprovável, provocou diretamente a injúria e na hipótese de retorsão imediata, que consiste em outra injúria. Se a injúria consiste em violência ou vias de fato, que, por sua natureza ou meio empregado, se considerem aviltantes, a pena passa a ser de detenção de 3 meses a 1 ano e multa, além daquela correspondente à violência prevista no Código Penal.

Nos casos em que o crime contra a honra for cometido contra o Presidente da República ou chefe de governo estrangeiro, funcionário público, em razão de suas funções, ou na presença de várias pessoas, ou por meio que facilite a divulgação da ofensa, as penas cominadas nos arts. 324, 325 e 326 aumentam-se de um terço.

Também tem lugar aqui a referência ao crime previsto no art. 345 do Código Eleitoral, apenado com multa, invocado no § 7º do art. 58 da Lei nº 9.504/1997, cuja figura consiste em não cumprir a autoridade judiciária, ou qualquer funcionário dos órgãos da Justiça Eleitoral, nos prazos legais, os deveres impostos pelo Código Eleitoral, se a infração não estiver sujeita a outra penalidade.

13.7. DIREITO DE RESPOSTA

O Direito de resposta é garantido a candidato, partido ou coligação atingidos, ainda que de forma indireta, por conceito, imagem ou afirmação caluniosa, difamatória, injuriosa ou sabidamente inverídica, difundidos por qualquer veículo de comunicação social.

Esse direito há de ser exercido no prazo de lei, sob pena de preclusão: em 24 horas, quando a ofensa ocorrer no horário eleitoral gratuito; em 48 horas, em se tratando da programação normal das emissoras de rádio e televisão; em 72 horas, quando lançado o insulto na imprensa escrita.

Quando a desfeita se der na internet, o pedido de resposta poderá ser feito enquanto durar sua veiculação, ou no prazo de 72 horas, contado da sua retirada.

Os pedidos de direito de resposta e as representações por propaganda eleitoral irregular em rádio, televisão e internet terão prioridade sobre os demais processos em curso na Justiça Eleitoral.

Em linhas gerais, eis o procedimento aplicável quando requerido o direito de resposta, com as variações pertinentes ao veículo utilizado para a prática da agressão.

Formulado o pedido perante a Justiça Eleitoral, embasado em ofensa praticada na imprensa escrita e instruído com um exemplar da publicação e o texto para resposta, o ofensor será imediatamente notificado para que se defenda em 24 horas, devendo a decisão ser prolatada no prazo máximo de 72 horas da data do recebimento do pedido.

Comprovado o ilícito e acolhido o pleito do ofendido, a divulgação da resposta, dar-se-á no mesmo veículo, espaço, local, página, tamanho, caracteres e outros elementos de realce usados na ofensa, em até 48 horas após a decisão ou, tratando-se de veículo com periodicidade de circulação maior que 48 horas, na primeira vez em que circular, podendo, ainda, por solicitação do ofendido, ser divulgada a resposta no mesmo dia da semana em que a ofensa foi divulgada, ainda que fora do prazo aludido.

Tendo sido produzida a afronta em programação normal das emissoras de rádio e de televisão, o responsável pela emissora será imediatamente notificado pela Justiça Eleitoral para que, em 24 horas, entregue para análise, sob as penas do crime de desobediência (art. 347 do Código Eleitoral), cópia da fita da transmissão.

Deferida a resposta, esta será apresentada em até 48 horas após a decisão, em tempo igual ao da ofensa sofrida pelo requerente, se superior a 1 minuto, ou igual a 1 minuto, se esta se deu em tempo inferior. Para viabilizar o exercício do direito reconhecido, o *meio magnético com a resposta deverá ser entregue à emissora geradora, até 36 horas após a ciência da decisão, para veiculação no programa subsequente do partido ou coligação em cujo horário se praticou a ofensa.*

Quando o ilícito ocorrer durante o horário eleitoral gratuito, a resposta será dada no horário destinado ao partido ou coligação responsável pela ofensa, *devendo dirigir-se forçosamente aos fatos nela veiculados*, e durará o tempo correspondente àquele que foi destinado ao insulto, nunca, porém, inferior a 1 minuto, como no caso anterior. Cabendo ao ofensor tempo inferior a 1 minuto na propaganda eleitoral gratuita, a resposta será divulgada tantas vezes quantas sejam necessárias para atingi-lo.

Se o candidato, partido ou coligação que obteve o direito de resposta usar o tempo que para tal fim lhe foi concedido sem responder à ofensa – *não obstante devesse dirigir-se compulsoriamente aos fatos nela veiculados* – perderá tempo idêntico do respectivo programa eleitoral, em razão do desvio de finalidade do direito de resposta que lhe foi reconhecido.

Dando-se o ultraje em propaganda eleitoral na internet, a inicial deverá ser instruída com cópia impressa da página em que foi divulgada a ofensa e com a perfeita identificação de seu endereço na internet (URL).

Tal como ocorre com o acometimento na imprensa escrita, o deferimento do pedido de resposta gerará sua divulgação no mesmo veículo, espaço, local, horário, página eletrônica, tamanho, caracteres e outros elementos de realce usados na ofensa, em até 48 horas após a entrega da mídia física com a resposta do ofendido – que ficará disponível, no mínimo, pelo dobro do tempo em que esteve disponível a mensagem hostil, às custas do responsável pela propaganda original.

Inviabilizada a reparação do ataque nos prazos fixados na lei, o horário em que deverá ser divulgada a resposta será aquele determinado judicialmente, ainda que ingresse nas 48 horas que antecedem o pleito, *em termos e forma previamente aprovados, de modo a não ensejar tréplica.*

Da decisão que concede ou nega o direito de resposta, proferida dentro do prazo de 24 horas, cabe recurso às instâncias superiores, em 24 horas da data de sua publicação em cartório ou sessão, assegurado ao recorrido oferecer contrarrazões em igual prazo, a contar da sua notificação. Provida a insurgência, será restituído o tempo subtraído por força da decisão reformada.

Conforme o § 8º do art. 58 da Lei das Eleições, o descumprimento, ainda que parcial, da decisão que conceder a resposta, sujeita o infrator à multa de 5.000 a 15.000 UFIR, duplicado na reiteração da conduta, e às penas do crime de desobediência, previsto no art. 347 do Código Eleitoral.

13.8. INSURGÊNCIA CONTRA O DESCUMPRIMENTO DAS DISPOSIÇÕES LEGAIS

A Lei nº 9.504/1997 prevê as medidas cabíveis contra o descumprimento de suas determinações, inclusive, pois, no que concerne às regras sobre a propaganda eleitoral, razão pela qual a matéria é aqui referida.

As reclamações ou representações atinentes ao descumprimento da Lei das Eleições, salvo disposições em contrário, poderão ser manejadas por qualquer partido político, coligação, candidato ou Ministério Público e serão endereçados ao Tribunal Superior Eleitoral, na eleição presidencial, aos Tribunais Regionais Eleitorais – que designarão 3 juízes auxiliares para a apreciação das reclamações ou representações que lhes forem dirigidas, cujas decisões ensejarão a interposição de recursos ao Plenário do respectivo Tribunal Regional, nas eleições de senadores e deputados, e aos Juízes Eleitorais, nas eleições municipais, relatando fatos e indicando provas, indícios e circunstâncias. Nas eleições municipais –, quando a circunscrição abranger mais de uma Zona Eleitoral, o Tribunal Regional designará um Juiz para apreciar as reclamações ou representações.

O reclamado ou representado será notificado para, querendo, defender-se, no prazo de 48 horas, após o transcurso do qual será proferida a decisão pelo órgão competente, que a fará publicar em cartório ou sessão em 24 horas, e, cabendo recurso, este deverá ser aviado também em 24 horas, facultado o oferecimento de contrarrazões, em igual prazo, pelo recorrido, que para tanto será notificado.

Os tribunais julgarão o recurso em 48 horas.

Inobservado o prazo para o julgamento do feito, o pedido pode ser dirigido ao órgão superior, devendo a decisão ocorrer de acordo com o rito estabelecido no art. 96 da Lei nº 9.504/1997.

Tratando-se de descumprimento da lei por membro do Judiciário, a representação contra ele atenderá à determinação do art. 97 do mesmo diploma legal.

O Juiz Eleitoral que descumprir as disposições da Lei das Eleições ou der causa ao seu descumprimento, inclusive quanto aos prazos processuais, poderá ser representado perante o Tribunal Regional Eleitoral a que está subordinado, por candidato, partido, coligação ou pelo Ministério Público Eleitoral, ouvido o representado em 24 horas. Conforme o que for apurado, o Tribunal ordenará a observância do procedimento que explicitar. O desatendimento à ordem caracterizará desobediência.

Tratando-se de descumprimento de Tribunal Regional Eleitoral, a representação será dirigida ao Tribunal Superior Eleitoral.

13.9. PROPAGANDA ELEITORAL E AS DEMAIS ESPÉCIES DE PROPAGANDA POLÍTICA

O Direito Eleitoral, ao cuidar da propaganda eleitoral esparge seu comando, sem desta desviar-se, sobre as demais espécies de propaganda política, quais sejam a partidária e a institucional. Costuma-se inserir nessa classificação, como espécie autônoma, a propaganda intrapartidária, mas preferimos atá-la à propaganda eleitoral, porque embora não se destine amplamente aos eleitores, é feita, conquanto em ambiente restrito, com vistas às eleições que se aproximam, buscando os votos dos convencionais, em *convenção de índole eleitoral*, na qual se dará a escolha dos candidatos que naquelas concorrerão pelo Partido, refletindo essa escolha diretamente no pleito, o que parece suficiente para lhe conferir esta natureza. Trata-se, destarte, de propaganda *eleitoral* intrapartidária. A propaganda eleitoral, assim, apresenta-se sob a forma de propaganda eleitoral de caráter geral, dirigida a todos os eleitores a fim de captar seus votos para eleger candidato, iniciando-se após o dia 15 de agosto do ano da eleição, à qual neste capítulo demos especial destaque, ou na modalidade de propaganda eleitoral de cunho restrito, quando se dirige a certos eleitores a fim de captar seus votos para eleger os filiados ao partido que por ele anseiam candidatar-se. Esta é a razão pela qual antes assinalamos, neste capítulo, que *de acordo com o alvo a atingir, a propaganda pode ser endereçada aos eleitores em geral, ou ter caráter intrapartidário – caso em que o postulante à candidatura a cargo eletivo (o chamado candidato a candidato) a faz com vista à indicação de seu nome, na quinzena anterior à escolha dos que irão participar da disputa pela agremiação, vedado o uso de rádio, televisão e outdoor.*

Já a propaganda institucional é aquela vocacionada a dar publicidade aos atos programas, obras, serviços e campanhas dos órgãos públicos, sempre em "caráter educativo, informativo ou de orientação social, dela não podendo constar nomes, símbolos ou imagens que caracterizem promoção pessoal de autoridades ou servidores públicos", consoante o art. 37, § 1º, da Constituição Federal. Essa propaganda, salvo se justificada sua realização nos termos da Lei das Eleições, é proscrita das condutas permitidas em período eleitoral, nos três meses que o antecedem, porque tende a afetar a igualdade de oportunidades entre candidatos nos pleitos eleitorais: *com exceção da propaganda de produtos e serviços que tenham concorrência no mercado, é proibido ao agente público autorizar publicidade institucional dos atos, programas, obras, serviços e campanhas dos órgãos públicos federais, estaduais ou municipais, ou das respectivas entidades da administração indireta, salvo em caso de grave e urgente necessidade pública, assim reconhecida pela Justiça Eleitoral* (art. 73, VI, "b"). Ao TSE, como já acenado, no período compreendido entre 1º de abril e 30 de julho do ano eleitoral, incumbe requisitar às emissoras de rádio e televisão até 5 minutos diários, contínuos ou espaçados, a fim de promover propaganda institucional que estimule a participação da mulher na política, bem como a esclarecer os cidadãos sobre o sistema eleitoral nacional.

Ao regular a propaganda partidária, apresentada, gratuitamente, no rádio e na televisão, entre as 19 horas e 30 minutos e as 22 horas, o legislador dela arreda qualquer conexão com a propaganda eleitoral, coibindo expressamente sua veiculação no segundo semestre do ano da eleição, bem como, em período permitido, que nela se faça a divulgação de propaganda de candidatos a cargos eletivos, o que a descaracterizaria, se existente esse liame, porque seu objetivo deve ser o de atrair novos filiados, difundindo os programas partidários; fazer as devidas comunicações aos filiados que já possui sobre as atividades da agremiação; esclarecer a posição do partido sobre temas político-comunitários, bem como promover e difundir a participação política feminina, dedicando às mulheres o tempo que será fixado pelo órgão nacional de direção partidária, observado o mínimo de 10% (dez por cento) – mínimo este que, nas duas eleições seguintes à publicação da Lei nº 13.165, de 2015, será de 20% e de 15% nas duas depois destas – do programa e das inserções a que se refere o art. 49 da Lei nº 9.096 (Lei nº 13.165/2015, arts. 10 e 11; Lei nº 9.504/1997, art. 36, § 2º; Lei nº 9.096/1995, art. 45, IV e § 1º, II, quanto ao investimento na participação da mulher, ver ainda art. 44, V, §§ 5º, 5º-A e 7º desta última lei citada).[202]

---

202. O art. 49, da Lei nº 9.096, assegura aos partidos com pelo menos um representante *em qualquer das Casas do Congresso Nacional* o direito à transmissão de um programa por semestre, voltado à propaganda partidária realizada em cadeia nacional, com duração variável determinada em conformidade com o número de deputados federais que elegeram, ou seja, cinco minutos cada, para os partidos que tenham eleito até quatro Deputados Federais e dez minutos cada, para os partidos que tenham eleito cinco ou mais Deputados Federais, bem como, à utilização, por semestre, para inserções de trinta segundos ou um minuto, nas redes nacionais, e de igual tempo nas emissoras estaduais, do tempo total de: a) dez minutos, para os partidos que tenham eleito até nove Deputados Federais; b) vinte minutos, para os partidos que tenham eleito dez ou mais deputados federais.

14. O ABUSO DE PODER E A REPRESENTAÇÃO DESTINADA A APURÁ-LO
(AÇÃO DE INVESTIGAÇÃO JUDICIAL ELEITORAL – AIJE)

14.1. OBJETO DA REPRESENTAÇÃO

O poder político, ou de autoridade, é aquele exercido em razão de função, cargo ou emprego na Administração Pública.

O poder outorgado ao administrador público não deve ser indevidamente usado em seu próprio benefício, nem para favorecer ou prejudicar outras pessoas, mas em proveito dos administrados, indistintamente.

No particular aspecto das eleições, essa questão ganha especial relevo, diante dos estragos que o abuso do poder, seja político, seja econômico, ao afrontar o equilíbrio da disputa, causa à democracia.

Quanto maior o poder, mais perigoso é o abuso, escreveu Edmund Burke.

Por isso determina a Constituição Federal, no seu art. 14, § 9º, que a normalidade e a legitimidade das eleições sejam protegidas contra esses males, encontrando-se no art. 237 do Código Eleitoral, norma de semelhante teor.[203]

Deseja o legislador que os candidatos concorram ao pleito eleitoral em igualdade de condições uns com os outros, pois, caso contrário, não se teria uma competição justa. Daí porque são estabelecidas regras rigorosas atinentes a doações para as campanhas, à propaganda eleitoral, ao afastamento dos postulantes das funções e cargos públicos, ou mesmo de atividades privadas, como as dos pré-candidatos que apresentam programas de rádio e televisão, ou nos quais são comentaristas, cuja transmissão fica vedada a partir de 30 de junho do ano das eleições (Lei nº 9.504/1997, art. 45, § 1º).[204]

---

203. Código Eleitoral: "**Art. 237.** A interferência do poder econômico e o desvio ou abuso do poder de autoridade, em desfavor da liberdade do voto, serão coibidos e punidos.".

204. Por exemplo, a inobservância do teto dos gastos de cada campanha individualmente considerada, definido pelo Tribunal Superior Eleitoral, de acordo com os parâmetros legais, para determinada eleição, oportuniza a imposição de multa no mesmo valor da quantia excedente, *sem prejuízo da apuração da ocorrência de abuso do poder econômico*, como decorre dos arts. 18, 18-A e 18-B da Lei nº 9.504, de 1997, efeito este (em itálico, constante da parte final do art. 18-B) que o excesso de gasto também produzia, mesmo à falta de previsão expressa no § 2º do art. 18, revogado pela Lei nº 13.165, de 2015. Assinale-se que não se pode dizer, assim, que, com a nova disposição, agravou-se a "punição" pela violação da lei. Pelo contrário, o legislador, no mesmo dispositivo acrescido, a par de apenas consignar o que estava implícito na velha regra, reduziu a multa pelo abuso em foco, antes "no valor de cinco a dez vezes a quantia em excesso", o que, no entanto, deve ser observado no tocante à multa imposta à pessoa física que faz doação infringindo o limite permitido (art. 23, § 3º, da mesma lei).

Bem por isso prescreve a Constituição Federal que a publicidade dos atos, obras, serviços e campanhas dos órgãos públicos deverá revestir-se de caráter educativo, informativo ou de orientação social, dela abolida qualquer menção que caracterize promoção pessoal de autoridade ou servidores públicos (art. 37, § 1º),[205] interessando, aqui, a incidência da norma no período em que se desencadeia o processo eleitoral. Fora das hipóteses previstas, a propaganda será considerada abusiva, utilizada com o intuito de desequilibrar as posições dos concorrentes, em favor do candidato da situação, objetivo a que não se deve prestar a máquina administrativa.

Abuso comete o administrador sempre que exorbita de suas funções, que faz mau uso do poder do qual se encontra investido, embora sob o disfarce da moralidade, o que redunda na arbitrariedade e compromete a liberdade de voto.

Como escreve Hely Lopes Meirelles, o poder político deve ser usado nos limites ditados pela lei, pela moral e pela finalidade administrativa. Fora disso opera-se o abuso. Esse abuso, segundo lição que nos vem dos pensadores franceses, é caracterizado pelo excesso ou pelo desvio de poder. Verifica-se a primeira hipótese quando o detentor do poder vai além de sua atribuição, ou se excede no uso de suas faculdades administrativas; dá-se o desvio de poder quando a autoridade, praticando ato de sua competência, viola ideologicamente a lei, tendo por escopo objetivos por ela não perseguidos, dela servindo-se para satisfazer desejos que não se coadunam com o princípio da moralidade que deve reger o comportamento do administrador público. E, citando Maurice Hauriou, menciona, dentre os atos eivados pelo desvio de poder, "os que são praticados por interesse pessoal, por favoritismo, por proteção partidária, e os que se realizam com má-fé administrativa (*Droit Administratif,* 1926, p. 197)" (MEIRELLES, 1966, p. 54-5 e 78-80; 1990, p. 81-99).[206]

Portanto, se a pretexto de combater a bandidagem que age nas ruas, assaltando os ocupantes dos veículos enquanto por uma importante via lentamente trafegam, ou quando param nos semáforos, certo Governador, em período próximo às eleições, com a finalidade declarada de efetuar prisões em flagrante, determina que policiais se disfarcem de cabos eleitorais do candidato que com seu apoio disputa a sua sucessão, no papel dos quais distribuem propaganda (santinhos) do seu afilhado, temos o desvio de poder, cujo conteúdo desleal golpeia duramente a democracia na batalha eleitoral.

A ideia de que o desrespeito aos termos da lei não é a única fórmula que o abuso de poder conhece é absorvida pelo art. 5º, LXIX, da Constituição, na qual é oferecido o mandado de segurança como o remédio adequado contra *ilegalidade* ou *abuso de poder,* nos limites ali enunciados.

Assim, se a desapropriação de um prédio é determinada para o fim de construção de uma escola municipal, mas é notoriamente motivada por vingança do prefeito contra o

---

205. O art. 74 da Lei nº 9.504/1997, declara configurar abuso de autoridade, "para fins do disposto no art. 22 da LC nº 64, de 18 de maio de 1990, a infringência do disposto no § 1º do art. 37 da Constituição Federal, ficando o responsável, se candidato, sujeito ao cancelamento do registro ou do diploma".
206. Na edição de 1990 e nas edições postriores da obra já não consta a citação aspeada.

proprietário do imóvel, seu desafeto político que nas eleições apoiou o candidato adversário, a hipótese é de desvio de poder.

Oportuno, a propósito do tema, o depoimento de Ney Lopes (1990, p. 22):

> Sendo político numa região como o nordeste brasileiro, sabemos do quanto representa, para distorcer e macular a legitimidade dos eleitos, a influência e o abuso econômico. Esse fato é visível e notório, até nas regiões mais desenvolvidas do País. Logo, a inelegibilidade aplicável a quem tenha comprometido ou esteja comprometendo, durante a eleição, por si ou por outrem, a lisura do pleito, através do abuso do poder econômico ou da função pública, é pressuposto básico de uma sociedade democrática. Não se trata de limitar a cidadania, mas de torná-la legítima e transformá-la em instrumento real de promoção política do povo. Esta inelegibilidade é uma projeção do princípio constitucional da igualdade, evitando que aqueles que se candidatarem armados do poder econômico ou público, possam dispor e gozar de meios ilícitos de influências para situarem-se como beneficiários da confiança coletiva, sobrepondo, de forma privilegiada, aqueles que não disponham de tais meios ou recursos.

Enfim, o voto não é uma mercadoria exposta à venda ou à troca, mas uma premiação que deve ser conquistada, após justa disputa, pelas ideias e pela história de cada competidor.

As transgressões que dimanam do abuso do poder econômico ou político, desde que efetivadas em detrimento da liberdade do voto, serão apuradas na Justiça Eleitoral, mediante investigações realizadas pelo corregedor-geral, corregedores regionais e juízes eleitorais. Se não puderam ser evitadas, impõe-se sejam punidas.

Como corolário da repressão ao sobredito abuso por parte de qualquer agente público, o servidor, inclusive de autarquia e de entidade paraestatal que se negar a praticar ou que retardar ato tendente a promover a responsabilidade dos transgressores, adequará a sua conduta à do art. 319 do Código Penal, que contempla o crime de prevaricação.[207]

Fundamental é destacar que o abuso de poder não constitui necessariamente crime, nem as atitudes que o integram derivam obrigatoriamente do comportamento do candidato a que favoreceu.

Portanto, a investigação ora focada não busca senão a constatação de abuso do poder econômico ou político infesto às eleições e atinge, se procedente, o candidato que do comportamento criticado experimentou ilícitas benesses. Os responsáveis pelo ato nocente só serão punidos se figurarem como representados, sendo-lhes assegurada a ampla defesa.

Se com essa investigação concluir-se pela existência de infração penal, deverá o Ministério Público tomar as medidas cabíveis para a instauração do processo-crime exclusivamente contra os delinquentes porque, não é ocioso lembrar, a responsabilida-

---

207. Código Penal: "**Art. 319.** Retardar ou deixar de praticar, indevidamente, o ato de ofício, ou praticá-lo contra disposição expressa de Lei, para satisfazer interesse ou sentimento pessoal: Pena – detenção, de 3 (três) meses a 1 (um) ano, e multa". – Acrescente-se que, de acordo com o art. 327 e parágrafos, do Código Penal, para os efeitos penais, considera-se funcionário público aquele que exerce cargo, emprego ou função pública, ainda que transitoriamente e sem remuneração, a ele equiparando-se quem exerce cargo, emprego, ou função em entidade paraestatal. Será motivo de aumento da pena originariamente prevista para o crime, em um terço, se o servidor ocupar cargo em comissão ou função de direção ou assessoramento de órgão da Administração direta, sociedade de economia mista, empresa pública ou fundação instituída pelo Poder Público.

de penal é personalíssima,[208] garantindo a Constituição que ninguém será considerado culpado até o trânsito em julgado de sentença penal condenatória (art. 5º, LVII). Por isso o inciso XIV do art. 22 da Lei de Inelegibilidade, prevê que sendo acolhida a representação, serão os autos remetidos ao Ministério Público Eleitoral "para instauração de processo disciplinar, se for o caso, e de ação penal, ordenando quaisquer outras providências que a espécie comportar".

A investigação aqui em mira tem natureza civil, como a tem a ação de impugnação de mandato, o recurso contra a diplomação, a ação popular, ainda quando vise anular ato lesivo à moralidade administrativa, e a ação de que trata a Lei nº 8.429/1992 (Lei da Improbidade), art. 17.

Enfim, a investigação judicial prevista na Lei Complementar nº 64/1990 tem por alvo as transgressões às normas protetoras da normalidade e legitimidade das eleições que, embora formuladas para impedir a perniciosa influência do poder econômico, ou o abuso do exercício de função, cargo ou emprego na Administração Pública, não evitaram que o malefício se projetasse sobre determinado pleito, infectando-o em detrimento da liberdade de voto. Da apuração positivada em decisão transitada em julgado ou proferida por órgão colegiado da Justiça Eleitoral decorrerá a inelegibilidade do representado para a eleição na qual concorre ou foi diplomado e as que se realizarem nos 8 anos seguintes.

Mais um ponto que importa ressaltar é que o abuso de poder, *seja qual for o modo pelo qual se expressa*, desde que se projete sobre a eleição, altera sua normalidade e legitimidade, devendo ser repudiado.

Assim é, embora a Constituição Federal estabeleça que o legislador complementar deva prever outros casos de inelegibilidade visando à proteção da probidade administrativa, da moralidade para exercício de mandato considerada a vida pregressa do candidato, e da normalidade e legitimidade das eleições *contra a influência do poder econômico ou o abuso do exercício de função, cargo ou emprego na administração direta ou indireta*, porque os atos que extrapolam a permissão legal acomodam-se, ordinariamente, no abuso de poder econômico e/ou no abuso do poder de autoridade e nunca recomendam a condução do abusador a cargo público, devendo precaver-se o legislador da maneira mais ampla contra o mau político, não se restringindo apenas aos abusos nominados.

A norma constitucional fala em *influência*, não em *abuso* do poder econômico.

Claro está, porém, que a Constituição se refere à *má influência* do poder econômico, porque a sua influência permitida e regulamentada é inevitável para a promoção das candidaturas, igualando-as juridicamente dentro dos limites impostos, o que se demonstra mediante a devida prestação das contas. Por isso a LC nº 64/1990 fala explicitamente em *abuso* de poder econômico nos arts. 1º, I, "d"; 19, *caput;* e 22, *caput.*

Desse modo, a conduta que ressai do art. 41-A da Lei nº 9.504/1997, representa uma das modalidades pela qual o ilícito se exprime, já proibida a compra de votos antes da edição da Lei nº 9.840/1999, que introduziu o referido dispositivo na Lei das Eleições.

---

208. "Nenhuma pena passará da pessoa do delinquente." Interessante, a propósito, lembrar da atitude de José da Natividade Saldanha, condenado à morte por ter participado da Confederação do Equador, que, foragido, passou de Caracas, procuração a Thomaz Xavier Garcia de Almeida para que este fosse enforcado em seu lugar, como é consabido e como registra Washington de Barros Monteiro (1989, p. 246).

De igual maneira, a *utilização indevida de veículos ou meios de comunicação social* retrata, a toda evidência, um modo de abusar do poder político e/ou econômico, muito embora lhe dê destaque o *caput* do art. 22 da Lei Complementar nº 64/1990, ao dizer que a investigação judicial se destina a apurar uso indevido, desvio ou abuso do poder econômico ou do poder de autoridade, *ou* utilização indevida de veículos ou meios de comunicação social, empregando, pois, a conjunção alternativa *"ou"*, após referir-se àquele abuso de poder, dando a impressão de que se trata de figura dele diferente.

O inciso XIV desse artigo, quando ainda inalterado pela Lei Complementar nº 135/2010, demonstrava a inviabilidade de outra interpretação, pois somente impunha a cassação do registro do candidato diretamente beneficiado pela *interferência do poder econômico e pelo desvio ou abuso do poder de autoridade*, o que deixaria a salvo da atuação legal quem utilizasse indevidamente meio de comunicação social, se prevalecesse outro entendimento, restando inútil o desenrolar da representação que neste fato se houvesse fundamentado.

Sanou-se a omissão. Porém a mesma lei que a sanou, ao incluir o art. 26-B no corpo da Lei Complementar nº 64/1990, não teve a cautela de nele fazer a referência que introduziu no inciso XIV do art. 22, provavelmente por entendê-la dispensável, o que reforça a colocação feita. Confira-se:

> **Art. 26-B.** O Ministério Público e a Justiça Eleitoral darão prioridade, sobre quaisquer outros, aos processos *de desvio ou abuso do poder econômico ou do poder de autoridade* até que sejam julgados, ressalvados os de *habeas corpus* e mandado de segurança. (Grifo nosso)

Mas, mesmo a alteração operada pela Lei Complementar nº 135/2010, pela qual o aludido inciso XIV passou a falar em interferência do poder econômico e desvio ou *abuso* do poder de autoridade ou *dos meios de comunicação*, não muda a questão como posta, porque, além do que até agora exposto, a Constituição não faz idêntica alusão, ou seja, não faz menção, no art. 14, § 9º, à utilização indevida de veículos ou meios de comunicação social, com o que, se aos seus termos não se ajustasse a previsão da Lei Complementar, seria ineficaz a modificação legal promovida, além do que acode a exegese proposta o teor do art. 1º, I, "d", da mesma lei, ao declarar inelegíveis para qualquer cargo os que tenham contra si representação acolhida por decisão da Justiça Eleitoral, transitada em julgado ou proferida por órgão colegiado, em *processo de apuração de abuso de poder econômico ou político*, para a eleição na qual concorrem ou tenham sido diplomados, bem como para as que se realizarem nos 8 anos seguintes, escapando-lhe, insista-se, a referência específica a quem abuse do poder de comunicação, nem por isso ignorando esta hipótese.

Aliás, destinada a cumprir o comando do § 9º do art. 14 da Constituição de 1988, não poderia a Lei Complementar nº 64, de 18 de maio de 1990, ir além da determinação de estabelecer outros casos de inelegibilidade e os prazos de sua cessação, a fim de proteger a normalidade e legitimidade das eleições contra a influência do *poder econômico ou o abuso do exercício de função, cargo ou emprego na administração direta ou indireta*, aí compreendido necessariamente o uso abusivo dos meios de comunicação que em juízo foi sempre combatido com sucesso, ainda antes da Emenda Constitucional de Revisão nº 4/1994, com a qual, ainda que compatível, a norma não se teria constitucionalizado se nascida inconstitucional, conforme o entendimento por nós divulgado no item pertinente à natureza jurídica da inelegibilidade. O art. 22 referido, então, apenas realçou uma forma comum e influente de abuso do poder econômico, que também pode provir de comportamento abusivo de autoridade: a utilização indevida de veículos ou meios de comunicação social.

Como consta da nossa explanação feita quando tratamos da inelegibilidade prevista na alínea "d" do inciso I do art. 1º da LC nº 64/1990, a cujos dizeres nos reportamos, as referidas expressões *uso indevido* ou *utilização indevida, abuso, interferência do poder* ou *desvio de poder* denunciam o abuso de poder, político e/ou econômico.

Noutro aspecto, digna de realce a inclusão, dentre as hipóteses que ensejam inelegibilidades, das condutas previstas na Lei nº 9.504/1997 autorizadoras da cassação do registro ou do diploma (LC nº 64/1990, art. 1º, I, "j"), o que, no entanto, não seria essencial, a nosso ver, na medida em que, conquanto trazidas na lei ordinária, já se inseriam na esfera de alcance da Lei das Inelegibilidades, que fala genericamente em abuso de poder, econômico ou de autoridade, sem especificar os atos que o constituem.[209]

Com essa inclusão, alguma dúvida que em tese, a respeito, pudesse haver ficou dissipada: havendo o abuso, tem lugar a inelegibilidade.

No que toca à potencialidade do abuso de poder para influir no resultado da competição eleitoral, pondo em risco o equilíbrio do pleito, é de fundamental importância examinar a alteração trazida pela LC nº 135/2010, que acrescentou ao art. 22 da LC nº 64/1990, o inciso XVI, do seguinte teor: "para a configuração do ato abusivo, não será considerada a potencialidade de o fato alterar o resultado da eleição, mas apenas a gravidade das circunstâncias que o caracterizam".

A Constituição Federal, no art. 14, § 9º, proclama que, além das hipóteses que ela mesma elenca, cabe à lei complementar estabelecer outros casos de inelegibilidade e os prazos de sua cessação, a fim de proteger a normalidade e legitimidade das eleições *contra a influência do poder econômico ou o abuso do exercício de função, cargo ou emprego na administração direta ou indireta*.

Teria a novidade dimanada da LC nº 135/2010, contrariado, no ponto, a Constituição Federal, ignorando que, por ordem desta, a causa de inelegibilidade se prende à efetiva ou potencial *influência* do abuso de poder nas eleições?

Pensamos que não. Ao dispensar a potencialidade do fato para alterar o resultado da eleição, para a configuração do ato abusivo, considerando apenas a gravidade das circunstâncias que o caracterizam, o legislador complementar não feriu a Constituição, pois manteve a influência do poder econômico conectada à moralidade do pleito, que garante sua normalidade e legitimidade.

Nesse passo, portanto, o que se colhe com a nova regra é que o legislador complementar não deixou de ter por referência a influência negativa do poder econômico no

---

209. Um dos autores deste livro, já em 2000, escrevia: verificada a conduta vedada, "dá-se o cancelamento do registro, que importa na declaração de inelegibilidade, não porque o diga a lei ordinária, sem hierarquia para tanto, mas porque se compagina com o fato o uso indevido do poder de autoridade e do poder econômico" (Niess, 2000, p. 87).

pleito eleitoral para a caracterização da causa de inelegibilidade, apenas repeliu a insegura consideração de sua potencialidade de causar prejuízo a ser apurada, sem exatidão, em termos numéricos, passando a detectar a indigitada má influência na gravidade do ato que, sob este prisma, prevê como abusivo. Ou seja, sem critério confiável para avaliar eventual potencialidade ofensiva do ato, optou o legislador por recusar o instável requisito, informando que prevê como abusivas só as condutas que, por sua gravidade, a seu juízo, influem de modo indesejável, não necessariamente no resultado da eleição, mas na moralidade do pleito, com o que compromete sua normalidade e legitimidade. O legislador tomou para a si a tarefa de identificar, previamente, a presença da influência do abuso no pleito, sobre o que não mais admite debate.

Se a lei diz que tal ato causa a inelegibilidade é porque, indiscutivelmente, ele produz influência negativa na normalidade e legitimidade das eleições.

Dito de outro modo, tais abusos influem negativamente na normalidade e legitimidade das eleições, independentemente de poderem interferir no resultado delas.

Obiter dictum, não deixa de existir uma presunção ínsita na previsão legal na direção da influência também no resultado do pleito. Por exemplo, a compra de um só voto conspurca a eleição, desqualificando o comprador para assumir mandato eletivo porque, na experiência do legislador, a conduta, por ser grave, outra alternativa não aconselha, já que é possível vencer uma eleição pela diferença de um só voto, além do que a mesma experiência faz crer que quem pretende se eleger por meio da captação ilícita de sufrágio não se restringe a uma única compra de voto.

O ato reprovável em si é indicativo suficiente da presença do mal que deve ser radicalmente combatido.

Com relação ao poder político, a Constituição, no art. 14, § 9º, não se referiu a sua *influência*, condenando explicitamente o seu abuso.

14.2. NATUREZA DA INVESTIGAÇÃO JUDICIAL DE QUE TRATA A LC Nº 64/1990

A investigação judicial de que cuida a Lei de Inelegibilidade não constitui mero juizado de instrução, não obstante o rótulo que se lhe deu.

Tem natureza de ação civil, como a tem, na Justiça do Trabalho, o Inquérito Judicial para a apuração de falta grave. É ação constitutiva, porque objetiva constituir uma situação negativa em relação à candidatura de alguém, com efeitos *ex nunc* – suspensão da elegibilidade para a eleição à qual se refere o abuso, com a cassação do registro ou do diploma, e para eleições futuras por certo prazo.[210]

A representação inaugura um processo que se desenvolverá sob o crivo do contraditório. O demandado é cientificado de que existe uma ação em face dele proposta,

---

210. Nesse sentido: "A sentença que, em ação civil pública por ato de improbidade administrativa, impõe a perda da função pública e a *suspensão dos direitos políticos*, implica um estado jurídico novo, tendo, por isso, natureza constitutiva." (TJPR, Agravo de Instrumento 8400255, Rel. Des. Adalberto Jorge Xisto Pereira, 5ª Câm. Cível, j. em 9.10.2012). (Grifo nosso)

podendo apresentar defesa. As partes deverão comparecer em juízo por advogados. Produzir-se-ão provas. Poderá ser proferida sentença de mérito com a eventual cassação de registro do representado, com o reconhecimento de sua inelegibilidade para o pleito que disputa e para as eleições que se realizarem nos 8 anos seguintes. Dessa decisão caberá recurso, que poderá provocar a alteração desse quadro.

A *investigação* deflagrada pela representação que noticia o abuso de poder tem por fim detectar a lesão ao direito à normalidade e legitimidade das eleições e a Constituição assegura a apreciação jurisdicional de lesão ou ameaça a direito (art. 5º, XXXV), garantindo o exercício do direito de ação.

A referência feita à Lei nº 4.410, de 24 de setembro de 1964, no art. 21 da Lei Complementar nº 64/1990, reafirma o "teor jurisdicional do procedimento" em debate, como reconhece Fávila Ribeiro (1993, p. 125). E o processo é o instrumento da jurisdição.

A representação de que ora se cuida expressa o exercício do direito de exigir da Justiça Eleitoral o exame de uma pretensão, condicionado à legitimidade de partes, ao interesse de agir e à possibilidade jurídica do pedido. Como instrumento da jurisdição, presentes os pressupostos processuais e as condições da ação, o processo por ela inaugurado enseja decisão de mérito que transita em julgado (LC nº 64/1990, arts. 1º, I, "d", e 15).

Rogério Lauria Tucci (1989, p. 123), acerca da coisa julgada, afirma: "só há lugar para a coisa julgada material com relação a sentenças definitivas pronunciadas em processos mediante os quais o juiz exerce sua atividade jurisdicional, isto é, nos processos da denominada jurisdição contenciosa". Fala-se aí em coisa julgada absoluta, não em coisa julgada relativa, que ocorre com a decisão administrativa imodificável nesta esfera, não escapando, porém, da apreciação do Judiciário.

Como é notório, a lei não poderá alterar a situação definida pela decisão judicial transitada em julgado (CF, art. 5º, XXXVI), mas a sentença com tal atributo, por força da alínea "j" do inciso I do art. 22 do Código Eleitoral, acrescida pela LC nº 86, de 14 de maio de 1996, pode ser objeto de *ação rescisória*, o que não ocorreria, se ela não se revestisse do caráter apontado.

A decisão irrecorrível poderá ser rescindida exatamente porque constitui sentença de mérito, na sua acepção própria.

Ademais, cabe insistir, embora a Corregedoria seja órgão administrativo do Tribunal, o corregedor é designado pela lei como relator do processo judicial previamente, por conveniência da própria Justiça Eleitoral, mas não pratica, durante o processamento da representação, qualquer ato típico daquela função específica, até porque representante e representado a ele não se subordinam.

Assim, ajuizada a representação, seja o pedido nela formulado julgado procedente ou improcedente, não há dúvida de que o direito de ação terá sido regular e plenamente exercido, *independentemente do momento em que a decisão tenha sido proferida*, diferentemente do que anteriormente ocorria.

Em boa hora a Lei Complementar nº 135/2010, livrou-nos do injustificável inciso XV do art. 22 da Lei Complementar nº 64/1990, que, por distinguir, quanto aos seus efeitos, a hipótese de ser a representação julgada após as eleições, em relação ao julgamento antes delas realizado, mereceu, de um de nós, o seguinte comentário:

> É lamentável que não se tenha permitido que antes ou após a diplomação a decisão proferida na representação, uma vez transitada em julgado, produzisse sempre iguais efeitos [...] (NIESS, 2000, p. 284).

Desde 4 de junho de 2010 permite:
> julgada procedente a representação, ainda que após a proclamação dos eleitos, o Tribunal declarará a inelegibilidade do representado e de quantos hajam contribuído para a prática do ato, cominando-lhes sanção de inelegibilidade para as eleições a se realizarem nos 8 (oito) anos subsequentes à eleição em que se verificou, além da cassação do registro ou diploma do candidato diretamente beneficiado pela interferência do poder econômico ou pelo desvio ou abuso do poder de autoridade ou dos meios de comunicação, determinando a remessa dos autos ao Ministério Público Eleitoral, para instauração de processo disciplinar, se for o caso, e de ação penal, ordenando quaisquer outras providências que a espécie comportar (LC nº 64/1990, art. 22, XIV).

Acrescente-se que o representado não será obrigatoriamente candidato eleito no pleito em que se deu o abuso, não importando, mesmo, o momento do julgamento da representação, como não será importante esse momento se o julgamento é de improcedência. E a procedência da representação já podia alcançar, antes do advento da LC nº 135/2010, candidato diplomado, como antes referido (LC nº 64/1990, art. 1º, I, "d", na redação primitiva, neste ponto inalterada).

14.3. COMPETÊNCIA PARA O JULGAMENTO DA REPRESENTAÇÃO

A representação destinada a provocar a investigação judicial para apurar a influência abusiva do poder econômico ou político, em campanha eleitoral, será dirigida ao Corregedor-Geral, ao Corregedor Regional ou ao juiz eleitoral, cabendo a decisão, respectivamente, à Corte Superior, ao Tribunal Regional, ou ao juiz singular.

A competência para processar e julgar indigitada representação será fixada de acordo com o cargo a que se candidatou aquele que é acusado de se ter beneficiado das irregularidades denunciadas, tenha ou não sido eleito, observados os termos do parágrafo único do art. 2º da Lei Complementar nº 64/1990. Assim, a representação será endereçada: ao Corregedor-Geral, sendo cometida ao Tribunal Superior Eleitoral o seu julgamento, quando se tratar de candidato a Presidente ou Vice-Presidente da República; ao Corregedor Regional, incumbindo ao Tribunal Regional Eleitoral o seu julgamento, quando se tratar de candidato a Senador, Governador e Vice-Governador de Estado e do Distrito Federal, Deputado Federal, Deputado Estadual e Deputado Distrital; e ao juiz eleitoral, perante o qual se registrou, quando se tratar de candidato a Prefeito, Vice-Prefeito e Vereador (CE, art. 89).

14.3.1. Competência do Juiz Eleitoral para, nas eleições municipais, julgar a representação prevista na Lei Complementar n° 64/1990

Diz a Lei Complementar nº 64/1990:
> **Art. 24.** Nas eleições municipais, o Juiz Eleitoral será competente para conhecer e processar a representação prevista nesta Lei Complementar, exercendo todas as funções atribuídas

ao Corregedor-Geral ou Regional, constantes dos incisos I a XV do art. 22 desta Lei Complementar, cabendo ao representante do Ministério Público Eleitoral em função da Zona Eleitoral as atribuições deferidas ao Procurador-Geral e Regional Eleitoral, observadas as normas do procedimento previstas nesta Lei Complementar.

Diante dos termos da norma transcrita, levantou-se, perante o Tribunal Regional Eleitoral de São Paulo, a tese, julgada pelo Acórdão nº 117.001, de que a utilização, pela lei, do verbo *processar*, desacompanhado do verbo *julgar*, significaria que toda a atividade judicial, em primeira instância, resumir-se-ia a preparar o processo para a decisão que, no entanto, como no caso do art. 22, ficaria a cargo do Tribunal, o que motivou as ponderações a seguir.

A Constituição Federal usa o verbo mencionado em conjunto, sempre, com o verbo julgar, quando atribui competência aos órgãos jurisdicionais, como se verifica da leitura dos diversos dispositivos a seguir indicados: arts. 102, I; 105, I; 109; 114; e 125, § 4º.

Na mesma esteira a Constituição do Estado de São Paulo, emprega a expressão "processar e julgar", quando atribui competência ao Judiciário estadual (arts. 74, 76 e 81).

De outra forma não dispõem as normas infraconstitucionais, como exemplificativamente, a CLT, no art. 678, I, "b"; o CPC/1973, nos arts. 92 e 138, §§ 1º, segunda parte (o juiz mandará *processar* o incidente em separado [...] *julgando* o pedido) e 2º; e o CPC/2015, arts. 21 e 22.

O Código Eleitoral adota idêntica orientação nos arts. 29, I, e 35, II.

Entretanto a ideia aparentemente sugerida pelo confronto do art. 24 da Lei Complementar nº 64/1990 com as demais normas lembradas não pode progredir.

É que em todos os dispositivos anteriormente apontados, ao contrário do que ocorre com o artigo em testilha, verifica-se que se o verbo *processar*, quando usado, vem invariavelmente acompanhado do verbo *julgar*, vem, outrossim, desacompanhado do verbo *conhecer*, implícito neste uma noção muito mais abrangente, pois se é possível, *no julgamento*, decidir pelo *não conhecimento* de determinada matéria, a competência para dela *conhecer* completa-se necessariamente com a fase do seu *julgamento*.

Constate-se, a título de ilustração, o que dizem, a propósito, as legislações a seguir mencionadas:

O Código de Processo Civil português (Lei nº 41, de 26 de junho de 2013), sobre a competência das Relações (tribunais judiciais de segunda instância) e do Supremo Tribunal de Justiça, dispõe:

> **Artigo 68º.** Relações
> 1 – As Relações conhecem dos recursos e das causas que por lei sejam da sua competência.
> 2 – Compete às Relações o conhecimento dos recursos interpostos de decisões proferidas pelos tribunais de 1ª instância.
> **Artigo 69º.** Supremo Tribunal de Justiça
> 1 – O Supremo Tribunal de Justiça conhece dos recursos e das causas que por lei sejam da sua competência.

O Código Canônico:

> **Cânone 1.501.** O juiz não pode conhecer de nenhuma causa, a não ser que seja apresentada a petição, de acordo com os cânones, pelo interessado ou pelo promotor de justiça.

A Lei de Introdução às normas do Direito Brasileiro:

> **Art. 12.** É competente a autoridade judiciária brasileira, quando for o réu domiciliado no Brasil ou aqui tiver de ser cumprida a obrigação.
> § 1º. Só à autoridade judiciária brasileira compete conhecer das ações relativas a imóveis situados no Brasil.

E o nosso estatuto instrumental civil:

> **Art. 89.** Compete à autoridade judiciária brasileira, com exclusão de qualquer outra:
> I – conhecer de ações relativas a imóveis situados no Brasil; [...].
> **Art. 110.** Se o conhecimento da lide depender necessariamente da verificação da existência de fato delituoso, pode o juiz mandar sobrestar o andamento do processo até que se pronuncie a Justiça Criminal. [...]
> **Art. 134.** É defeso ao Juiz exercer as suas funções no processo contencioso ou voluntário: [...]
> III – que conheceu em primeiro grau de jurisdição, tendo-lhe preferido sentença ou decisão. [...]
> **Art. 303.** Depois da contestação só é lícito deduzir novas alegações quando: [...]
> II – competir ao juiz conhecer delas de ofício; [...].
> **Art. 523.** Na modalidade de agravo retido o agravante requererá que o tribunal dele conheça, preliminarmente, por ocasião do julgamento da apelação.

Não sobra dúvida, portanto, que ao declarar que o juiz eleitoral é competente para *conhecer* a representação prevista no art. 22 a Lei Complementar nº 64/1990 impõe-lhe o dever de julgá-la. O juiz de 1º grau não é apenas competente para impulsionar o processo instaurado com a representação, mas para desta *conhecer*, a seu respeito proferindo decisão. Bastaria o uso unicamente desse verbo para que, como um todo, nele se exaurisse o mandamento legal. Como, entretanto, o processo, de ordinário, somente se deve desenvolver perante o juízo que tem competência para conhecê-lo, preferiu o legislador pátrio, abandonando a tradição nacional, inovar a esse respeito, não falando apenas em *conhecer,* nem em *processar e julgar,* mas em *conhecer e processar.*

Tanto isso é verdade que, diz a regra em exame, o juiz eleitoral será competente para conhecer e processar a representação de que cuida a Lei Complementar nº 64/1990, "exercendo todas as funções atribuídas ao Corregedor-Geral ou Regional, constantes dos incisos I a XV do art. 22" do mesmo diploma.

É bem verdade que não compete ao corregedor *julgar* (sozinho) a representação em pauta, mas elaborar o relatório do desenvolvimento da investigação judicial aberta para a apuração do uso indevido, desvio ou abuso do poder econômico, ou do poder de autoridade, ou utilização indevida de veículos ou meios de comunicação social, em benefício de candidato ou de partido político.

Também é verdade que o art. 24 diz que o juiz eleitoral exercerá as funções do corregedor nas eleições municipais.

Mas a redação dada ao texto legal não compromete a interpretação da ordem que, realmente, dele emana.

Se quisesse o legislador que a atividade do magistrado de primeiro grau se restringisse a aprontar o processo para o julgamento do Tribunal, certamente não adicionaria que as suas atribuições são aquelas contidas nos incisos I a XV (o inciso XV foi revogado em 2010) do indigitado art. 22, ou faria alusão, tão somente, aos incisos I a XII, sendo que este último trata do relatório antes referido.[211] O inciso XIV prevê, efetivamente, o julgamento da representação, como também o fazia o revogado inciso XV, e ao juiz singular cabe, conforme dita a lei, exercer as atribuições previstas no art. 22, I a XIV (a XV, como ainda consta do comando do art. 24 da LC nº 64/1990).

O que manda o art. 24 é que o juiz singular, ao qual cabe julgar a representação por abuso de poder nas eleições municipais, igualmente determine o seu processamento *observado o rito preestabelecido no art. 22,* com as adaptações necessárias: se a ele compete conhecê-la, a ele cabe processá-la.

É claro que o juiz de primeira instância não poderia exercer a *função do relator* em processo judicial, porque o juízo de 1º grau não é colegiado, nem ele atua junto ao Tribunal, como o corregedor (ver art. 22, I).[212]

Então, à semelhança do que incumbe ao corregedor, dirigirá o processamento da representação, mas, diversamente do que com ele ocorre, não apenas participará do seu julgamento, mas a julgará, monocraticamente, entendimento que encontra apoio nos incisos do art. 22, citados no art. 24.

Essa parece ser a melhor interpretação do dispositivo em análise. Ampara-a a referência por ele feita ao Ministério Público, nestes termos:

"... cabendo ao representante do Ministério Público Eleitoral em função da Zona Eleitoral as atribuições deferidas ao Procurador-Geral e Regional Eleitoral..."

Ora, o inciso XIII do art. 22 reza:

XIII – no Tribunal, o Procurador-Geral ou Regional Eleitoral terá vista dos autos por 48 (quarenta e oito) horas, para se pronunciar sobre as imputações e conclusões do Relatório.

Se ao juiz eleitoral não incumbisse decidir a representação, mas remetê-la para julgamento do Tribunal, não haveria porque outorgar ao membro do Ministério Público Eleitoral que atua junto à primeira instância o exercício de função própria do Procurador-Geral ou Regional. Se quem se manifesta, antes do julgamento, é o Promotor de Justiça designado para as atividades eleitorais em primeira instância, é porque esse julgamento cabe ao juiz de primeiro grau.

---

211. Aliás sequer diria que deveria exercer as funções de Corregedor porque este exerce, na representação, as funções de Relator, participando, portanto, do seu julgamento. Ademais, não haveria como, na prática, sustentar a solução preconizada pelos adeptos da solução contrária àquela ora defendida. Se ao juiz coubesse função idêntica à do corregedor, caber-lhe-ia, como anteriormente lembrado, participar do julgamento da representação. Nesse caso, sua posição seria estranha, pois: a) afastaria o corregedor do julgamento, o que seria impróprio, já que, como membro do Tribunal, só não deve julgar, com seus pares, os casos para os quais esteja impedido ou tenha sido averbado de suspeito; ou, b) faria aumentar a composição do Tribunal em um integrante, óbice constitucional incontornável (CF, art. 120). E entender que o juiz eleitoral devesse fazer o Relatório, mas não julgar a representação, não atenderia, de qualquer modo, a determinação estabelecida no art. 24, porque, em caso tal, não estaria exercendo completamente as funções atribuídas ao corregedor – que tem as mesmas atribuições do relator em processos judiciais (LC nº 64/1990, art. 24 c/c art. 22, I).

212. O art. 22, I, da Lei Complementar nº 64/1990, prevê que qualquer partido político, coligação, candidato ou o Ministério Público Eleitoral poderá representar à Justiça Eleitoral, diretamente ao Corregedor-Geral ou Regional que terá, na investigação judicial, as mesmas atribuições do relator em processos judiciais, o que torna inconsistente o entendimento de que o corregedor, em casos tais, teria funções tipicamente acusatórias que o incompatibilizariam, virtualmente, com a função julgadora.

É claro que as ordens provindas do art. 22, dirigidas ao julgamento da representação pela Corte Superior ou Regional, deverão ser adaptadas para que se apliquem correta e adequadamente quando seus destinatários forem os órgãos do Judiciário e do Ministério Público de primeiro grau.

Assim é, por exemplo, que a notificação do representado se fará a mando do juiz, incumbindo ao Cartório, não à Secretaria do Tribunal, a providência do inciso IV do art. 22.

Da mesma forma, o juiz somente exercerá as funções atribuídas ao Corregedor-Geral ou Regional que lhe sejam próprias e compatíveis com a sua atuação, para que seja atingido o fim colimado na legislação aqui discutida. Este o sentido da referência aos incisos I a XV do art. 22, feita no art. 24.

Forçoso é concluir, então, que, nas eleições municipais, o juiz eleitoral será competente para processar a representação perante ele feita por partido político, candidato ou Ministério Público, que visa à apuração de uso indevido, desvio ou abuso do poder econômico ou do poder de autoridade, ou utilização indevida de veículos ou meios de comunicação social, em benefício de candidato ou de partido político, e, depois de ouvir o Ministério Público que atua na Zona Eleitoral, prolatar sentença, decidindo sobre a procedência ou improcedência do pedido formulado na representação.[213]

O art. 2º da Lei Complementar nº 64/1990 parece desmentir o entendimento exposto, de vez que sugeriria a exegese do art. 24 compatível com seu próprio teor, já que usa a expressão conhecer e decidir, passando a ideia de que *conhecer* não abrangeria o *decidir*.

Esta a redação dada ao dispositivo:

Art. 2º. Compete à Justiça Eleitoral conhecer e decidir as arguições de inelegibilidade.

Entretanto, se assim fosse, a recíproca também deveria ser verdadeira. Em outras palavras, se devesse ser entendido que ao juiz eleitoral, nas eleições municipais, coubesse apenas conhecer e processar a representação sobre a qual se disserta, mas não sobre ela proferir decisão, porque, ao contrário do que ocorre com o art. 2º, o art. 24 não completa com o verbo *decidir* o dever que lhe atribui, deveríamos concluir, igualmente, que à Justiça Eleitoral caberia conhecer e decidir as arguições de inelegibilidades, mas não processá-las, porque, diferentemente do preceituado no art. 24, o art. 2º nenhuma referência faz ao verbo *processar,* o que demonstra a fragilidade do argumento, já que, é regra de hermenêutica, nenhuma interpretação pode dar azo a uma conclusão absurda.

Não é exagero frisar, uma vez mais, que *conhecer,* no texto legal em exame, tem sentido técnico, e significa ter competência para prover sobre o mérito da demanda, podendo

---

213. Nesse sentido, o Parecer nº 1.466/92, acolhido pelo Ac. nº 117.001, do TRE/SP, cujo Relator Carlos Alberto Ortiz, escreve preciosas lições a respeito, em seu voto, comportando transcrever, pelos menos, parte delas: "Os atos que o juiz pratica no processo, desde a admissão do pedido vestibular até a sentença inclusive, são, sem exceção, atos de conhecimento; por isso que, quando, como na espécie, dá a norma legal competência genérica ao juiz para conhecer do litígio (causa, representação, pedido etc.) está também o fazendo competente para julgar o mérito e dirimir a lide estabelecida (...). Quando a lei, como na espécie, dá ao juiz a competência para conhecer do pedido, representação, ou qualquer postulação, na qual se busque prestação jurisdicional final e definitiva, que corresponda à composição da lide, está a estabelecer processo de cognição típica, sendo competente o mesmo juiz para a prolação da sentença compositiva *secundum jus*".

o magistrado, por isso mesmo – quem pode o mais, pode o menos – também prolatar sentença dita terminativa do feito em oposição à sentença definitiva.

A bem dizer, o pecado do art. 2º é mais grave que o do art. 24, porque se seria viável cometer a um órgão o processamento de uma representação e a outro o seu julgamento, não seria possível dar à Justiça Eleitoral conhecer, mas não decidir, as arguições de inelegibilidade, ou decidi-las sem conhecê-las, nem conhecê-las e decidi-las sem processá-las. O emprego conjunto dos verbos *conhecer* e *decidir* revela um excesso praticado pelo legislador.

Como se isso não bastasse, é diagnosticada no próprio corpo do art. 2º a procedência do pensamento ora exposto, o que transmite a convicção do seu acerto.

É que, vocacionando-se o seu parágrafo único a preencher a determinação abrangente do *caput*, a interpretação interna do artigo não pode levar a outra conclusão senão a de que as arguições de inelegibilidade deverão ser "conhecidas e decididas" (isto é, "processadas e julgadas") *pelos órgãos da Justiça Eleitoral perante os quais serão feitas*.

E, se assim é, a representação de que trata o art. 24, que também tem por fim a declaração de inelegibilidade do representado "e de quantos hajam contribuído para a existência do ato" nela hostilizado, deve ser julgada pelo juiz eleitoral, como por ele é julgada a arguição de inelegibilidade formulada por ocasião do pedido de registro de candidato a Prefeito, Vice-Prefeito ou Vereador. Este é o sistema da Lei Complementar nº 64/1990.[214]

Vislumbrar a contemplação de ordem diversa não seria apenas não recomendável: seria injustificável.

Indiscutível a competência do juiz eleitoral para, nas eleições municipais, julgar as representações fundadas em abuso de poder econômico ou político.

14.3.2. Representação contra Prefeito — Competência em face da Constituição

Cabe, aqui, verificar a qual órgão da Justiça Eleitoral competirá o julgamento da representação, quando o representado ocupar o cargo de Prefeito Municipal, colocado o art. 24 da Lei Complementar nº 64/1990, que fala em *juiz singular*, em confronto com o art. 29, X, da Constituição Federal, que alude ao Tribunal de Justiça e que, nessa matéria, aceita a interpretação analógica de que se refere ao *Tribunal* correspondente na Justiça Eleitoral. Transfere-se, neste caso, a competência do juiz para a Corte especializada?

Uma avaliação superficial da questão poderia levar à conclusão de que, de acordo com o comando constitucional, a competência seria do Tribunal Regional Eleitoral, em razão do cargo do representado, não podendo prevalecer a norma legal com ela conflitante.

Análise detida dos mandamentos referidos, todavia, faz concluir que não há esse conflito.

---

214. Este é também o entendimento revelado por Carlos Alberto Ortiz no Ac. nº 117.001 do TRE/SP, de que foi relator (*DOE* de 8.2.1993).

É consentâneo com a sistemática de nosso ordenamento jurídico o entendimento de que o art. 29, X, da Constituição, abrange, somente, o julgamento de Prefeito na esfera criminal, ficando excluído o chamado "privilégio" de foro por prerrogativa de função nos demais casos. Nota-se, de fato, que a Lei Maior, sempre que estabelece dita deferência, restringe-se às causas penais, conforme se lê nos seus arts. 102, I, "b" e "c",105, I, "a", e 108, I, "a".

Aliás, é da tradição do nosso Direito a outorga de foro especial por prerrogativa de função atrelada à ideia de responsabilidade criminal. E não parece ter sido a vontade do Constituinte de 1988 alterar a referida técnica legislativa, historicamente consagrada em nossas Constituições, desde 1891.[215] Pelo contrário, o silêncio do art. 29, X, da Constituição Federal, traduz a intenção de manter a orientação já fixada.

Refletindo essa tendência, em obediência à ordem emanada da Constituição Federal, o constituinte paulista definiu a competência do Tribunal de Justiça do Estado, nos seguintes termos:

> **Art. 74.** Compete ao Tribunal de Justiça, além das atribuições previstas nesta Constituição, processar e julgar originariamente:
> I – *nas infrações penais comuns,* o Vice-Governador, os Secretários de Estado, os Deputados Estaduais, o Procurador-Geral de Justiça, o Procurador-Geral do Estado, o defensor Público Geral e os *Prefeitos Municipais*; (Grifos nossos).

Nenhuma outra previsão, a propósito de julgamento de prefeitos, contém, além dessa. O art. 74, III, da Constituição Paulista, fala em mandado de segurança e *habeas data,* mas nesses casos o que se julga é a pretensão do impetrante em face de ato do chefe do Executivo Municipal inquinado de ilegítimo. Além disso, a menção a *algumas* medidas exclui as demais não mencionadas.

Esse mesmo Tribunal, por sua vez, considerando o disposto no art. 29, X, da Constituição Federal, baixou o Assento nº 143/1989, disciplinando o procedimento para o julgamento do prefeito municipal, estatuindo em seu art. 1º: "Compete às Câmaras Criminais o julgamento dos Prefeitos Municipais, nas infrações penais comuns e nos crimes de responsabilidade" (art. 1º do Decreto-Lei nº 201/1967).

Percebe-se, assim, que o ordenamento infraconstitucional seguiu o caminho que limita a prerrogativa concedida aos prefeitos municipais pela Lei Maior à matéria de caráter exclusivamente penal.

Não há baralhar-se, nesse passo, os pressupostos ensejadores da já aludida representação com fatos penalmente relevantes que podem, eventualmente, resultar do seu processamento.

A acusação de prática de atos configuradores de abuso do poder econômico ou político é pressuposto da representação do art. 22 da Lei Complementar nº 64/1990; a

---

215. Constituição de 1891: art. 59, I, "a". Esse dispositivo não teve alterada sua redação pela Emenda Constitucional de 1926; Constituição de 1934: arts. 58 e 76, I, "a", "b" e "c"; Constituição de 1937: arts. 101, I, "b", 85 e 86; Constituição de 1946: arts. 88, 89 e 101, I, "a", "b" e "c"; Constituição de 1967: arts. 84, 85 e 114, I, "a" e "b"; Constituição de 1967 com a Emenda de 1969: arts. 82, 83 e 119, I, "a" e "b".

imputação de fato caracterizador de ilícito penal é pressuposto da ação penal. E aqui dividem-se as competências: para o julgamento da primeira, competente é o juiz eleitoral; para o julgamento da segunda, competente é o Tribunal de Justiça, ou o Tribunal correspondente da Justiça Federal ou especializada.

A finalidade da investigação judicial da Lei Complementar nº 64/1990 é a apuração de abuso de poder econômico ou político. Indícios de infração penal, se surgirem, ensejarão a instauração de inquérito policial para a sua apuração ou, se já restar suficientemente apurada a existência de conduta delitual no próprio procedimento da representação, motivará, de imediato, a propositura da cabível ação penal perante o órgão competente.

Vale dizer: a existência de indícios ou acusação de crime não é pressuposto necessário da investigação judicial, mas sim sua eventual consequência.

Em face do exposto, concluímos, em suma, que é dos Tribunais Regionais Eleitorais a competência originária para julgar os prefeitos acusados da prática de crimes previstos na legislação eleitoral, cabendo aos juízes eleitorais o processamento e o julgamento de representações fundadas em abuso de poder que tenham aqueles como representados.

14.4. PRAZO PARA REPRESENTAR

Destinando-se a representação a garantir a lisura das eleições, poderá ser ela manejada desde os registros das candidaturas, porque somente a partir daí é possível cogitar da repercussão dos atos abusivos, em razão tão só da sua gravidade, não mais da sua potencialidade, no resultado do pleito.

Abusos de poder que favoreçam ou desfavoreçam partidos e seus filiados que não se envolvam na disputa, não interessam ao tema abordado.

A proteção da legitimidade do pleito contra tais abusos deve compreender o dia das eleições, a apuração dos votos e proclamação dos resultados, perdurando a possibilidade de ajuizamento da representação até a data da diplomação dos eleitos, após a qual, caberão a ação de impugnação de mandato eletivo e o recurso contra a expedição de diploma.

Nessa linha, consignou o TSE que, por construção jurisprudencial, no âmbito da Corte Superior, as ações de investigação judicial eleitoral, que tratam de abuso de poder econômico e político, podem ser propostas até a data da diplomação.[216]

14.5. LEGITIMIDADE DE PARTES, INTERESSE PROCESSUAL E POSSIBILIDADE JURÍDICA DO PEDIDO

Reconhece o legislador de 1990, aos candidatos, partidos políticos ou coligações e ao Ministério Público Eleitoral, legitimidade para propor perante a Justiça especializada a representação por abuso de poder econômico ou político.

---

216. TSE, AgRRMS nº 5.390/RJ, Rel. Min. João Otávio de Noronha, j. em 29.4.2014, *DJe*, t. 99, de 29.5.2014; TSE. RO nº 1.540/PA, Rel. Min. Felix Fischer, j. em 28.4.2009, *DJe* de 1º.6.2009.

Qualquer outro interessado nessa apuração, ainda que representante do *Parquet*, mas sem essa atribuição específica, deverá provocar a iniciativa do membro do Ministério Público atuante nessa área, ou mesmo das outras partes legítimas, para idêntico fim, não podendo oferecer representação diretamente ao Corregedor ou ao juiz eleitoral.

Encontra-se derrogado, destarte, o Código Eleitoral que, mais liberal, conferia ao eleitor a faculdade de tomar tais medidas.[217]

Com efeito, a Lei Complementar tem a propósito previsão específica e, regendo a matéria alusiva ao abuso de poder, a mando da Lei Maior, não pode prevalecer a anterior disposição, quer em função de sua natureza ordinária, quer em razão de sua anterioridade.

A Lei de Inelegibilidade, ao não conceder legitimidade a *qualquer pessoa* para promover a representação em comento, não se incompatibiliza com o direito de petição, como possa aparentar.

Quando o art. 5º, XXXIV, "a", da Lei Maior diz que *a todos* é assegurado o direito de petição aos Poderes Públicos, confere-lhes um direito independentemente de interesse próprio. Mas, nesses casos, observa Pontes de Miranda (1971, p. 630-1):

> os poderes públicos são apenas adstritos a proferir despacho, ou designar comissão que estude as reclamações feitas [...]. Perante o Poder Executivo e o Poder Judiciário, naturalmente no que depende desses Poderes providenciar, o direito de petição não se subsume no direito de reclamar justiça, no de pleitear. Assim, quando o condenado roga indulto, não exerce direito de petição, posto que pudesse exercê-lo, como se pede para outrem; nem o que pede mandado de segurança, ou ordem de *habeas corpus*, está a usar dele. Nos dois últimos casos exerce ação, cujo rito se rege pelo direito processual, civil ali, penal aqui.

Theo Oehlinger (1984, p. 513), professor da Faculdade de Direito da Universidade de Viena, ao discorrer sobre os direitos fundamentais coletivos no seu país, assevera que o direito de petição não tem muita importância na atualidade, "já que as autoridades estão obrigadas unicamente a aceitar as petições, mas não a tomar posição sobre seu conteúdo".

Mais restrito é o direito de ação, de que cuida o inciso XXXV do mesmo artigo da Constituição. Da pretensão compete conhecer apenas o Judiciário, que se obriga a proferir decisão a respeito, observado um rito previamente estabelecido. Seu exercício sujeita-se a certas condições: a legitimidade de partes, o interesse processual e a possibilidade jurídica do pedido.

A faculdade de vir a juízo reclamar do abuso de poder e pedir providências da Justiça Eleitoral é reconhecida, pelo legislador, aos que são diretamente prejudicados por seus maléficos efeitos: o abuso é perpetrado a dano dos demais candidatos, partidos políticos ou coligações, que a ele, portanto, podem se opor.

Mas ao partido que não participar do pleito não nega a lei legitimidade para representar, já que não faz a restrição, referindo-se genericamente aos partidos políticos como possíveis representantes, dado "o interesse público em privilegiar a lisura no processo eleitoral".[218]

---

217. Ver art. 237, §§ 1º e 2º, do Código Eleitoral.
218. TSE, REspE nº 26.012/SP, Rel. Min. José Delgado, j. em 29.6.2006, *DJ* de 8.8.2006.

Conforme o art. 1º da Lei nº 9.096/1995, destina-se o partido político a assegurar, no interesse do regime democrático, a autenticidade do sistema representativo e a defender os direitos fundamentais definidos na Constituição Federal.

Os Partidos Políticos proporão a Ação de Investigação Judicial Eleitoral (AIJE) por intermédio dos seus diretórios municipais, nas eleições para Prefeito e Vereador, de seus diretórios regionais, nas eleições para Governador e Vice-Governador, Senador e Deputados, e do diretório nacional nas eleições para Presidente e Vice-Presidente da República.

Como consignado no CAPÍTULO 3, ITEM 3.2 (ver p. 77), havendo coligação, é ela a parte legítima para propor as ações eleitorais, mas, decidiu o Tribunal Superior Eleitoral, com a realização das eleições, passa a existir

> legitimidade concorrente entre a coligação e os partidos que a compõem, para fins de ajuizamento dos meios de impugnação na Justiça Eleitoral, em face da eventual possibilidade de desfazimento dos interesses das agremiações que acordaram concorrer conjuntamente. Essa interpretação é a que melhor preserva o interesse público de apuração dos ilícitos eleitorais, já que permite a ambos os legitimados – partidos isolados ou coligações – proporem, caso assim entendam, as demandas cabíveis após a votação.[219]

Também tem legitimidade ativa para propor essa ação, em prol das justas aspirações da sociedade como um todo, o Ministério Público (Eleitoral), órgão ao qual, por determinação do art. 127 da Constituição Federal, incumbe a defesa da ordem jurídica, do regime democrático e dos interesses sociais e individuais indisponíveis.

Representados serão todos quantos tenham tido o comportamento abusivo, ou com ele colaborado, ou dele se beneficiado, inclusive o candidato a Vice-Presidente, Vice-Governador ou Vice-Prefeito, na condição de litisconsorte necessário, que, aliás, pode ser o responsável pelo abuso, porque ambos concorrem em chapa indivisível, projetando o ato praticado seus efeitos sobre os candidatos que a compõem.

Sob outro enfoque, há necessidade da parte legitimada para agir, buscar em juízo, pela via adequada, a solução pretendida, o que caracteriza o interesse processual (interesse/necessidade e interesse/adequação).

Finalmente, no que diz com as condições da ação, o pedido de afastamento do pleito de quem nele concorre ou concorreu beneficiado pelo abuso de poder que desigualou as candidaturas, com a cominação de inelegibilidade para as eleições que se realizarem nos 8 anos subsequentes, encontra suporte no Direito Eleitoral doméstico, com o que se apresenta juridicamente possível.

Para a representação prevista no art. 30-A da Lei nº 9.504/1997, por ofensa a suas regras, relativamente à arrecadação e gastos de recursos, da qual, aqui, não nos ocupamos, é conferida legitimidade a qualquer partido ou coligação, não a candidato, que, de acordo com o TSE, fica, assim, afastado do polo ativo da ação para a qual se prevê legitimidade específica, sendo que o procedimento que toma por empréstimo da Lei Complementar nº 64/1990 não altera essa situação.[220]

---

219. TSE, AgRgREspE nº 36.398/MA, Rel. Min. Arnaldo Versiani, j. em 4.5.2010, *DJe* de 24.6.2010.
220. TSE, RO nº 1.498/ES, Rel. Min. Arnaldo Versiani, j. em 19.3.2009, *DJe* de 3.4.2009, observação também já registrada, na nota 61 (ver p. 78). Dispõe a Lei nº 9.504/1997: "**Art. 30-A.** Qualquer partido político ou coligação

14.6. PROCEDIMENTO DA REPRESENTAÇÃO

14.6.1. Petição Inicial

A representação será feita por meio de petição fundamentada, na qual o representante relatará os fatos que o conduzem à convicção de que houve indevida influência do poder econômico ou abuso do poder político, em benefício de candidato, ou de partido político, apontando os responsáveis – que figurarão como representados – porque se a representação for julgada procedente, o órgão julgador *declarará a inelegibilidade de quantos hajam contribuído para a prática do ato* (LC nº 64/1990, art. 22, XIV). Essa narrativa deverá ser acompanhada de indicação de provas, indícios e circunstâncias capazes de demonstrar, se aproveitadas, a configuração da prática de ato coibido, como a utilização indevida de veículos ou meios de comunicação social. É de seis o limite de testemunhas a arrolar.

Não será necessário que tais fatos já estejam suficientemente provados por ocasião do oferecimento da representação, porque apurá-los é o que objetiva o evolver do processo, na fase instrutória, mas será preciso que as indicações constantes da inicial lancem no espírito do juiz, seu destinatário, a suspeita de que provavelmente tenham ocorrido, requisito que o Código Eleitoral chamou de *seriedade da denúncia*.[221]

Daí a exigência da indicação mencionada, que também atende ao princípio da lealdade que informa a teoria geral do processo, possibilitando ao representado munir-se da contraprova.

Cometerá não só infração ética aquele que deduzir pretensão consciente de que é destituída de fundamento, mas o crime previsto no art. 25 da Lei Complementar nº 64/1990.

As provas que pretende o representante sirvam de suporte às suas alegações deverão ser obtidas por meios lícitos, ou serão inadmissíveis (CF, art. 5º, LVI).

Não é requisito da inicial a atribuição de valor à causa, que nenhuma função teria, já que não influi na adoção do procedimento, além do que gozam de gratuidade os atos concernentes ao exercício da cidadania.

14.6.2. Sumariedade do rito

O rito especial dessa investigação que se processa em juízo deverá desenrolar-se com acentuada observância ao princípio da celeridade, daí referir-se a lei a um *procedimento sumaríssimo*. Desenvolve-se sob o pálio das Leis nºs 1.579, de 18 de março de 1952, e 4.410, de 24 de setembro de 1964, com as modificações da Lei Complementar nº 64/1990.

---

poderá representar à Justiça Eleitoral, no prazo de 15 (quinze) dias da diplomação, relatando fatos e indicando provas, e pedir a abertura de investigação judicial para apurar condutas em desacordo com as normas desta Lei, relativas à arrecadação e gastos de recursos. § 1º. Na apuração de que trata este artigo, aplicar-se-á o procedimento previsto no art. 22 da Lei Complementar nº 64, de 18 de maio de 1990, no que couber. [...]".

221. Código Eleitoral: "**Art. 237.** [...] § 3º. O Corregedor, verificada a seriedade da denúncia, procederá ou mandará proceder as investigações, regendo-se estas, no que lhes for aplicável, pela Lei nº 1.579, de 18 de março de 1952.".

A Lei nº 4.410/1964 institui a prioridade dos feitos eleitorais sobre os demais processos, ressalvados os *habeas corpus* e os mandados de segurança, tanto no tocante à participação do Ministério Público, quanto à dos juízes de qualquer grau de jurisdição – ainda que, nos tribunais, seja preciso convocar sessões extraordinárias – sob pena do cometimento de crime de responsabilidade. Confirma a natureza jurisdicional do procedimento.

Já a Lei nº 1.579/1952 dispõe sobre as Comissões Parlamentares de Inquérito, às quais a Constituição de 1988, no seu art. 58, § 3º, atribui poderes de investigação próprios das autoridades judiciais, aos Corregedores e Juízes Eleitorais dada pelo indigitado art. 237 do Código Eleitoral, o que torna redundante a ordem emanada do art. 21 da Lei Complementar nº 64, editada em 1990.

Devendo a representação ter curso, originariamente, em Tribunal Eleitoral, ao corregedor incumbirão as funções atribuídas aos relatores nos processos judiciais, cabendo-lhe, destarte, a direção do processo.

A Lei Complementar nº 135/2010, veio dar maior ênfase à celeridade do procedimento, introduzindo, na Lei Complementar nº 64/1990, o art. 26-B, do qual são extraídos os seguintes comandos:

a) "o Ministério Público e a Justiça Eleitoral darão prioridade, sobre quaisquer outros, aos processos de desvio ou abuso do poder econômico ou do poder de autoridade até que sejam julgados, ressalvados os de *habeas corpus* e mandado de segurança", sendo-lhes defeso descumprir qualquer prazo previsto na Lei de Inelegibilidade, sob alegação de acúmulo de serviço no exercício das funções regulares;

b) "além das polícias judiciárias, os órgãos da receita federal, estadual e municipal, os tribunais e órgãos de contas, o Banco Central do Brasil e o Conselho de Controle de Atividade Financeira auxiliarão a Justiça Eleitoral e o Ministério Público Eleitoral na apuração dos delitos eleitorais, com prioridade sobre as suas atribuições regulares";

c) "o Conselho Nacional de Justiça, o Conselho Nacional do Ministério Público e as Corregedorias Eleitorais manterão acompanhamento dos relatórios mensais de atividades fornecidos pelas unidades da Justiça Eleitoral a fim de verificar eventuais descumprimentos injustificados de prazos, promovendo, quando for o caso, a devida responsabilização".

14.6.3. Despacho inicial

Ao receber a petição inicial, incumbirá ao Corregedor-Geral ou Regional, ou ao Juiz Eleitoral, conforme o caso, verificar se o representante tem legitimidade para oferecer a representação; se o caso dos autos acomoda-se às hipóteses que a lei autoriza, configurando, em tese, o abuso do poder; se os fatos são cuidadosamente narrados e se são verossímeis; se há indicação de provas aproveitáveis; se os indícios e circunstâncias levam ao menos à suspeita da efetiva ocorrência dos fatos relatados, a merecer reproche. Enfim, é preciso considerar se a acusação é feita com seriedade.

Constatando a ausência de qualquer desses elementos, o Corregedor ou o Juiz eleitoral porá termo precoce ao processo, indeferindo a inicial e determinando o arquivamento dos autos. Dessa decisão, se proferida pelo Juiz, caberá recurso para o Tribunal da região correspondente (CE, art. 265); se pelo Corregedor, poderá o representante renová-la perante o tribunal, que resolverá dentro de 24 horas, o que, inobservado, em termos de Tribunal Regional, dará direito ao interessado de reclamar junto ao Tribunal Superior Eleitoral, que determinará o que de direito, já que àquele Colegiado cabe cumprir e fazer cumprir as decisões e instruções desta Corte (LC nº 64/1990, art. 22, III, c/c art. 30, XVI, do Código Eleitoral).

Também se o Juiz ou o Corregedor retardar a decisão sobre o deferimento, ou não, do requerimento a ele dirigido, poderá o interessado, no primeiro caso, reclamar perante o Tribunal Regional, ao qual compete aplicar as penas disciplinares de advertência e de suspensão, em até 30 dias, aos juízes eleitorais (CE, art. 30, XV); na segunda hipótese, pedir que a Corte decida a respeito, em 24 horas, à semelhança do que ocorre com a renovação da representação, quando é indeferida a inicial.

Repita-se: se o Juiz Eleitoral *indeferir* a representação ou *retardar-lhe* a solução, não poderá o interessado *renová-la perante o tribunal com base no* inciso II do artigo em foco, mas, sim, recorrer da decisão ou reclamar da inércia ao Sodalício Regional. Isto porque devem ser feitas as adaptações cabíveis, ao art. 24, dos mandamentos que o art. 22 da Lei Complementar nº 64/1990 encerra.

Deferida a inicial, será notificado o representado do inteiro teor da acusação que lhe pesa, mediante a entrega, que lhe será feita, da segunda via da petição inaugural, bem como das cópias dos documentos que a acompanham.

14.6.4. Cientificação do representado

A cientificação do investigado será feita pessoalmente, como levam a entender os incisos I, "a", e IV do art. 22, e de acordo com as prescrições estipuladas para as intimações na legislação penal, por força do preceituado no art. 3º da Lei nº 1.579/1952, a que se reporta o art. 19 da Lei Complementar nº 64/1990, não podendo, todavia, ser desprezado o ato que, praticado por outra forma, surtir os efeitos desejados.

Deveras, a invalidade da operação vedada subordina-se à existência de prejuízo que, não havendo, não enseja a decretação de nulidade: *pas de nullitè sans grief* (CE, art. 219).

Igualmente, o comparecimento espontâneo do representado ao processo supre, à falta de dano, a ausência de notificação.

14.6.5. Liminar

O prolator do despacho que ordena a notificação do representado – ou seja, a citação do réu – deverá, de imediato, independentemente de pedido, mandar suspender o ato que motivou a revolta do representante, diz a lei, sempre que se evidenciar a relevância do fundamento da representação somada à ineficácia da medida se, afinal, já então serodiamente, for acolhida.

O critério adotado na concessão da liminar, emprestado do diploma de 1951, que disciplinava o mandado de segurança (art. 7º, II), era, na Lei nº 1.533, que neste ponto inspirou a Lei Complementar nº 64/1990, do legislador, como é na Lei nº 12.016, de 7 de agosto de 2009 (art. 7º, III), que a revogou, não do juiz, não ficando ao alvedrio deste concedê-la ou negá-la. Como explica Hely Lopes Meirelles (1988, p. 50), "a liminar não é uma liberalidade da Justiça; é medida acauteladora do direito do impetrante, que não pode ser negada quando ocorrem seus pressupostos, como também não deve ser concedida quando ausentes os requisitos de sua admissibilidade".

Acatada essa lição temos que a liminar em mandado de segurança (inclusive em matéria eleitoral) deverá ser concedida quando houver fundamento relevante e do ato impugnado puder resultar a ineficácia da medida, caso seja finalmente deferida.

Cumpre salientar, contudo, que foi infeliz o legislador de 1990 ao copiar, neste particular, o preceito contido no art. 7º da Lei do Mandado de Segurança de 1951. Isto porque não se defrontará o Corregedor, ou o Juiz eleitoral, no trato da questão ora considerada, com situação em que a negação da liminar possa resultar na ineficiência da medida, caso seja julgada procedente. É que objeto da suspensão acautelatória é o ato apontado como abusivo, por exemplo, a utilização indevida de determinado bem público, ou a distribuição de bens particulares em troca de votos, enquanto o objeto principal da representação é, como consequência da efetiva apuração da irregularidade, a declaração de inelegibilidade daqueles que hajam contribuído para a sua prática, para as eleições a se realizarem no octênio subsequente à eleição em que se verificou, punido o candidato beneficiado com a cassação do seu registro ou diploma – o que provém da inelegibilidade para a eleição na qual concorre, na referência da alínea "d" do inciso I do art. 1º da LC nº 64/1990.

Ora, a ausência de determinação judicial que vede que a ação provavelmente abusiva se prolongue no tempo não impede a eficácia da medida caso o pedido formulado na inicial seja julgado procedente. A liminar apenas reduzirá temporalmente a permanência do ato impugnado que, se exorbitante for, já terá, nessa ocasião, caracterizado o excesso de poder, provocando as consequências mencionadas, notadamente diante da regra que afasta a perquirição da potencialidade do ato para repercutir prejudicialmente nas eleições, atendo-se, tão só, à sua gravidade. Irrelevante, portanto, a concessão ou a denegação da liminar no tocante à eficácia da representação, "caso seja julgada procedente".

Assim, se a inicial estiver suficientemente instruída, diante da relevância do fundamento nela apresentado, ou diretamente firmado na convicção do julgador, e havendo a probabilidade de ir-se agigantando, com o decurso do tempo, a consequência maléfica causada pelo ato impugnado, impõe-se seja a liminar concedida, não obstante sua denegação não interfira na utilidade da decisão final que reconhece a procedência do pedido feito na representação. A decisão que concede ou nega a liminar virá obrigatoriamente fundamentada (CF, art. 93, IX).

É certo que se o ato criticado realizar-se sem qualquer empecilho do Judiciário, poderá fincar sua marca na pugna eleitoral mais intensamente, mas o julgamento da representação não sofrerá, por isso, qualquer prejuízo. O aspecto negativo que provirá da inércia do juiz, neste caso, envolverá o próprio Judiciário, refletindo-se na sua credibilidade.

A não concessão da liminar, portanto, não projeta embaraços sobre o sucesso final da representação.

14.6.6. Defesa do representado

Sendo notificado, ocasião em que receberá cópia da peça exordial e dos documentos que a instruem, o representado terá a oportunidade de apresentar a sua defesa, sem restrições, podendo juntar documentos e requerer a oitiva de testemunhas, desde logo arroladas, no número máximo de seis. Aos autos deverá ser juntada cópia autêntica do ofício endereçado ao representado, com a prova de que este o recebeu, devendo ser certificado pelo Cartório ou pela Secretaria se houve recusa de recebê-lo ou de dar recibo.

O prazo dedicado à defesa é de 5 dias, contados da notificação, após o qual – ou antes de seu término, à vista de preclusão consumativa – e também num quinquídio serão inquiridas as testemunhas arroladas, salvo se indeferida a prova testemunhal por inadequação ou despropósito.

Recebe a pecha de inadequada a prova testemunhal se não serve à demonstração pretendida, como quando a discussão se trava exclusivamente no campo do Direito, debatendo-se acerca do teor e da vigência de determinada lei, ou quando a matéria, embora encontre substrato fático, depende de conferência documental ou técnico-especializada. Despropositado se exibirá o depoimento testemunhal se colima a confirmação de prova já produzida regularmente, ou se tem por objeto fato notório ou sem importância na espécie.

A ausência de defesa, desde que homenageado o princípio do contraditório com a notificação do representado, tendo-lhe sido facultada a reação,[222] não impede o prosseguimento da investigação, nem dispensa o representante de provar o que alegou.

Pode a causa se mostrar amadurecida para julgamento antecipado, como no caso em que não se discute a existência do ato praticado pelo representado, nem as circunstâncias que o envolvem, mas a sua licitude perante as normas que regulam o processo eleitoral. Seria a situação, antes lembrada, daquele Governador que, por intermédio do seu Secretário de Segurança Pública, determina a policiais que, sob o disfarce de cabos eleitorais, entreguem propaganda de sua candidatura à reeleição, ou de quem por seu Partido se candidata à sua sucessão, nos semáforos de certa avenida, com o objetivo declarado de prender em flagrante os marginais que atuam naquela área disseminando o terror entre os usuários daquela via.

Caso contrário, seguir-se-á a instrução do feito.

A todos esses aspectos estará atento o Ministério Público.

14.6.7. Participação do Ministério Público como *custos legis*

O Ministério Público Eleitoral intervirá, obrigatoriamente, na causa, sendo intimado pessoalmente dos atos do processo na qualidade de fiscal da lei. Como tal falará de-

---

222. Como explica J. Canuto Mendes de Almeida (1973, p. 79, n. 78): "a primeira nota processual do contraditório, podemos identificá-la na ciência, que a cada litigante deve ser dada, dos atos praticados pelo contendor".

pois das partes, podendo indicar provas e requerer diligências, contraditar testemunhas, recorrer, praticar todos os atos inerentes à condição que assume, sob pena de frustrar-se a sua participação no feito como defensor do regime democrático, da ordem jurídica, do interesse público.

Sua intervenção é indispensável em todo o processo eleitoral.

Se figurar como parte, merecerá o tratamento processual que a lei concede ao autor da representação, conquanto nesta qualidade se apresente precisamente em razão da sua vocação de fiscal da lei.

14.6.8. Audiência de instrução

Após eventual depoimento das partes,[223] as testemunhas, que comparecerão independentemente de intimação, serão ouvidas, sob o compromisso de dizer a verdade e sob as penas do crime de falso testemunho, em uma só assentada, sendo chamadas as arroladas pelo representante em primeiro lugar.

As testemunhas poderão ser contraditadas e não estarão obrigadas a responder às perguntas do juiz, ou, sob a supervisão deste, as das partes a respeito de fatos que causem dano de gravidade inconteste a elas ou às pessoas de seu convívio íntimo, assim considerados os seus cônjuges ou companheiros e os seus parentes, consanguíneos ou afins, em linha reta, ou na colateral em segundo grau, bem como a cujo respeito devam guardar segredo, por estado ou profissão (CPC/1973, art. 406; CPC/2015, art. 448).

No tríduo que se seguir a essa audiência de instrução serão realizadas as diligências requeridas e deferidas pelo Corregedor ou Juiz, bem como aquelas que forem determinadas *ex officio*; nesse mesmo prazo serão ouvidas outras pessoas referidas pelas partes ou pelas testemunhas em seus depoimentos, que, a juízo do magistrado que preside a investigação, possam contribuir para a descoberta da verdade.

Também nesse período poderá depor a testemunha anteriormente arrolada e que não compareceu na época própria por motivo plenamente justificado, até porque a ela poderá fazer referência algum depoente.

Dentre as determinações da autoridade judicial poderá figurar aquela tendente a trazer aos autos, no original, ou por cópias, documento que possa influir na decisão do feito e que se encontra em poder de terceiro. Resistindo este, injustificadamente, à ordem judicial, sujeitar-se-á à prisão em flagrante, instaurando-se contra ele processo pelo crime de desobediência.[224]

Não bastará, no entanto, à configuração da desobediência, ordem genérica da autoridade no sentido de que todos aqueles que tiverem consigo quaisquer documentos relevantes devam levá-los a juízo. Escapará da caracterização criminosa o desprezo à

---

223. A tomada do depoimento pessoal das partes não está afastada, embora não expressamente prevista, podendo constituir-se em elemento importante para um julgamento justo. Autoriza-o o CPC/1973, arts. 342 e 343 (CPC/2015, art. 385), bem como a alusão feita na Lei Complementar nº 64/1990, inciso VII do art. 22, a terceiros *referidos pelas partes, ou testemunhas*, o que se dá enquanto são ouvidas em juízo.

224. Poderá ser requisitada cópia do documento, ou ordenado o seu depósito, encontre-se ele na posse de pessoas físicas ou jurídicas, sejam, neste caso, públicas ou privadas, inclusive estabelecimentos de crédito.

ordem que não tenha sido formal e individualmente emitida, com objeto certo, determinado ou determinável, com cominação expressa, e efetivamente recebida pelo seu destinatário.

Não se submetem à prisão aqueles que se neguem a apresentar documentos em razão do sigilo que a profissão lhe impõe, como os advogados, dever que deriva dos arts. 7º, II e XIX, e 34, VII, da Lei nº 8.906, de 4 de julho de 1994.

14.6.9. Alegações finais e julgamento

Encerrada a fase probatória, é facultada ao representante e ao representado a apresentação de alegações finais, no prazo comum de dois dias, findo o qual os autos irão à imediata conclusão do Juiz ou do Corregedor, conforme se processe a representação perante este ou aquele.

Correndo o processo no primeiro grau de jurisdição, o Ministério Público apresentará *alegações finais* quando for parte, ou, se não for, oferecerá parecer após a manifestação dos sujeitos parciais do processo.

Desenvolvendo-se o processo originariamente perante o Corregedor, terminado o prazo para as alegações, os autos serão a ele conclusos, no dia imediato, para elaboração, em 3 dias, de relatório conclusivo sobre o apurado, após o que os autos serão encaminhados ao Tribunal, com pedido de inclusão preferencial do feito em pauta, devendo desenrolar-se o julgamento na primeira sessão subsequente.

No Tribunal Superior, o parecer – ato do Ministério Público quando atua como fiscal da lei – será ofertado pelo Procurador-Geral ou Vice-Procurador-Geral Eleitoral, e, no Tribunal Regional, pelo Procurador-Regional Eleitoral, em 48 horas, no qual se pronunciará sobre as imputações e conclusões do relatório.

Submetida a questão ao Plenário, na forma regimental, será julgada a representação.

Levar-se-ão em conta, no julgamento, não somente as provas produzidas, mas também os fatos notórios, os indícios, guiados pelas máximas de experiência, as circunstâncias ou fatos pertinentes à causa, e que afloram dos autos, ainda que sequer alegados pelas partes, considerado, sempre, o interesse público na lisura das eleições.

Poderá o órgão julgador declarar a nulidade parcial ou total do processo, extingui-lo sem julgamento de mérito ou acolher ou rejeitar a representação no mérito.

14.6.9.1. Julgamento de procedência da Representação

No caso de acolher a representação, diz o inciso XIV do art. 22 da Lei Complementar nº 64/1990, "o Tribunal declarará a inelegibilidade do representado *e de* quantos hajam contribuído para a prática do ato (...)" (Grifo nosso).

Ao dizer que será declarada a inelegibilidade do representado e de quem haja contribuído para a prática do ato, parece que se refere ao candidato *representado* + aquele copartícipe na prática do ato abusivo *que não está no processo na condição de representado*.

Entretanto, deve a regra ser interpretada à luz do amplo e inafastável direito de defesa, garantido no art. 5º, LV, da Constituição Federal, nos seguintes termos: "aos litigantes, em processo judicial ou administrativo, e aos acusados em geral são assegurados o contraditório e ampla defesa, com os meios e recursos a ela inerentes".

Portanto, não poderão ser afetados pela inelegibilidade aqueles que não forem formalmente acusados e processados com a garantia de utilização das faculdades reconhecidas ao representado.

Conhecemos um caso excepcional, teratológico, em que o juiz aplicou ao único representado, acusado de abuso do poder econômico, e a várias outras pessoas que não haviam sido citadas para o feito, nem nele ouvidas a qualquer título, a sanção de inelegibilidade, ressalvando, "para que não viessem arguir a nulidade da condenação, que estavam intimadas da sentença para que ficasse assegurado o direito que tinham à ampla defesa".

O candidato representado terá cassado seu registro ou diploma, ficando inelegível para as eleições que se realizarem nos 8 anos subsequentes, sujeitando-se, ainda, a processo disciplinar, se for o caso, e a processo – crime; se permaneceu no pleito – não sendo cancelado seu registro – nem foi eleito, não se safará da consequência dos atos lesivos que houver praticado sob o incentivo do abuso de poder, pois sofrerá a cominação da inelegibilidade para as eleições futuras, durante o prazo legal.

Essa consequência, todavia, só será produzida, nos termos do art. 1º, I, "d", da Lei Complementar nº 64/1990, quando a decisão de procedência houver transitado em julgado ou se tiver sido mantida, ou originariamente proferida, por órgão colegiado.

Já a realização de nova eleição, qualquer que seja o número de votos anulados em razão de julgamento da Justiça Eleitoral que importe o indeferimento do registro, a cassação do diploma ou a perda do mandato de candidato *eleito* em *pleito majoritário,* ocorrerá unicamente após o trânsito em julgado da decisão, sendo que, se a vacância do cargo ocorrer a menos de 6 meses do final do mandato, a nova eleição será indireta e, sendo maior o prazo, será direta (CE, art. 224, §§ 3º e 4º, acrescidos pela Lei nº 13.165/2015; LC nº 64/1990, art. 22, XIV; Lei nº 9.504/1997, arts. 73, § 5º, 75, parágrafo único, e 77, parágrafo único).

14.7. RECURSOS

A decisão prolatada pelo juízo monocrático, nas eleições municipais, é passível de reforma pela instância superior (TRE), visto que recorríveis todos os seus atos (CE, arts. 29, II, "a", e 265).

O acórdão proferido pela Corte Regional, cuidando o feito, de sua competência originária, de inelegibilidade nas eleições federais ou estaduais, fica sujeito a recurso ordinário para o Tribunal Superior Eleitoral; se o julgado do Tribunal Regional examinou a questão da inelegibilidade em grau de recurso sacado contra a sentença do juiz, nas eleições municipais, contra ele poderá ser interposto o recurso especial, igualmente dirigido ao Órgão de Cúpula da Justiça Eleitoral, sob o fundamento de que contraria disposição da Constituição Federal ou de lei, ou que diverge da interpretação dada à lei por *outro* tribunal *eleitoral* (CF, art. 121, § 4º, I, II e III; e CE, art. 276, I, "a" e "b", e II, "a").

Não cabe recurso extraordinário diretamente para o Supremo Tribunal Federal, de decisão de Tribunal Regional Eleitoral:

No plano da organização judiciária eleitoral, não se revela lícito à parte interessada, agindo *per saltum*, interpor, diretamente, para o Supremo Tribunal Federal, recurso extraordinário contra decisões emanadas dos Tribunais Regionais Eleitorais, ainda que tais atos decisórios veiculem matéria de índole constitucional. Em matéria eleitoral, o recurso extraordinário somente terá cabimento, quando interposto contra acórdão proferido pelo Tribunal Superior Eleitoral. Precedentes.[225]

A decisão da Corte Superior é irrecorrível, salvo se afrontar a Constituição (ou se denegar *habeas corpus* ou mandado de segurança – matéria estranha ao tema aqui debatido), caso em que caberá a interposição de recurso extraordinário para o Excelso Pretório (CF, arts. 102, III, e 121, § 3º).

O recurso extraordinário será interposto no prazo de três dias, a teor do disposto no art. 12 da Lei nº 6.055/1974 que, embora editada para estabelecer normas para as eleições em 1974, também o foi para dar outras providências, sendo considerada lei especial. Esse, aliás, é o prazo dos recursos eleitorais em geral.[226]

Também haverá a possibilidade de se opor embargos declaratórios às decisões aludidas, quando delas constar ponto obscuro, contraditório ou omisso.

Convém registrar, todavia, que, na instância eleitoral, os embargos declaratórios, opostos no prazo de 3 dias, não interrompem o prazo para a interposição de outros recursos quando forem manifestamente protelatórios e assim declarados pelo Tribunal na decisão que os rejeitar (CE, art. 275, § 4º).

A decisão do juiz eleitoral que acolhe a representação, como dito, só produzirá efeito quando passada em julgado ou mantida por decisão colegiada.

Interposto recurso contra a decisão colegiada, requerendo-o, nesta ocasião, o recorrente, e havendo plausibilidade da pretensão recursal, poderá o tribunal competente, por decisão do *órgão colegiado* – não, portanto, por decisão monocrática do Relator – suspender a inelegibilidade, hipótese em que o recurso terá prioridade sobre todos os demais processos, exceto sobre os *habeas corpus* e os mandados de segurança.

Se o recorrente favorecido pela medida anteriormente descrita, buscando dela indevidamente beneficiar-se, provocar, intencionalmente, a demora do caminhar processual com a prática de atos que revelem intuito manifestamente protelatório, ao longo da tramitação do recurso, o efeito suspensivo deverá ser revogado.

Revogado o efeito suspensivo atribuído ao recurso ou sendo este desprovido, serão desconstituídos o registro do recorrente ou o diploma a ele eventualmente concedido.

---

225. STF, AI nº 250.029/SP, decisão monocrática do Rel. Min. Celso de Mello, j. em 18.8.1999, *DJ* de 3.9.1999. Na mesma trilha, AI nº 822.434/RS, Rel. Min. Ayres Britto, j. em 28.10.2010, *DJe* de 9.11.2010: "Decisão: vistos etc. O recurso não merece acolhida. É que não cabe recurso extraordinário contra acórdão de Tribunal Regional Eleitoral, por não se tratar de decisão proferida em última instância. Pelo que é de incidir a Súmula 281 desta Corte. Cito, por amostragem, os seguintes precedentes, todos alusivos à mesma questão: AIs 250.029, sob a relatoria do ministro Celso de Mello; 311.010, sob a relatoria do ministro Ilmar Galvão; 400.817, sob a relatoria do ministro Nelson Jobim; 567.834, sob a relatoria do ministro Cezar Peluso; e 579.028, sob a minha relatoria. Isso posto, e frente ao art. 557 do CPC e ao § 1º do art. 21 do RI/STF, nego seguimento ao agravo.".

226. Código Eleitoral: "**Art. 258.** Sempre que a lei não fixar prazo especial, o recurso deverá ser interposto em três dias da publicação do ato, resolução ou despacho". É, porém, "inadmissível o recurso extraordinário, quando a decisão recorrida assenta em mais de um fundamento suficiente e o recurso não abrange todos eles" (Súmula STF nº 283).

14.8. ARGUIÇÃO CRIMINOSA DE INELEGIBILIDADE

Constatado que o representante serviu-se do processo pretendendo prejudicar a candidatura do representado, por ter deduzido sua pretensão de forma temerária ou com má-fé manifesta, responderá a processo-crime pelo seu ato, perante a Justiça Eleitoral, considerado o foro por prerrogativa de função, se houver, como exposto em tópico anterior. Sujeita-se, nesse caso, à pena privativa de liberdade – detenção de seis meses a dois anos – cumulativamente com a de multa.

14.9. MODALIDADES DE ABUSO DE PODER DESTACADOS NA LEI DAS ELEIÇÕES

Sob esta rubrica pretendemos apanhar certos tipos de abusos nos quais se concentra a Lei das Eleições para lhes dar destaque especial, consistentes na captação ilícita de recursos ou de sufrágio e prática de condutas vedadas, previstos nos arts. 30-A, 41-A, 73, 74, 75 e 77, com o que, entretanto, não muda a destinação da ação, nem sequer a denominação que a identifica, ou a natureza dos atos que a sustentam, caracterizando todos esses comportamentos o abuso do poder que, seja qual for a forma que assuma, desfigura a normalidade e legitimidade das eleições e deve ser combatido em todos os casos, parecendo-nos satisfatório que obedecessem todos a um único procedimento e às mesmas condições para atingir esse desiderato. Reportam-se ao procedimento previsto no art. 22 da LC nº 64/1990 os arts. 41-A, 73, § 12, e 74.

Entendeu o TSE, entretanto, que se distinguem as ações aí previstas da Investigação fulcrada na LC nº 64/1990 na exata medida em que o pedido formulado seja ou não abrangente da declaração de inelegibilidade para eleições futuras: se o faz, aplica-se o a Lei Complementar; se não o faz, aplica-se a Lei das Eleições e a LC nº 64/1990 no quanto cabível, o que deixa de fora a competência do Corregedor naquela descrita e, no caso do art. 30-A, a legitimidade do candidato para propor a ação.[227]

Bem o demonstra o pensamento exposto no voto do Ministro Marcelo Henriques Ribeiro de Oliveira, no julgamento do REspE nº 28.357, São Paulo/SP, *RJTSE*, v. 20, t. 2, p. 135, 19.3.2009:

> No caso vertente, a petição inicial noticiou irregularidades em doações realizadas à campanha eleitoral do recorrido, que não teriam obedecido aos limites estabelecidos no art. 23, § 1º, I, da Lei nº 9.504/973.

---

227. "Representação – Art. 30-A da Lei nº 9.504/1997 – Candidato – Ilegitimidade ativa. 1. Se o feito versa sobre inelegibilidade, ou envolve eventual possibilidade de cassação de diploma ou mandato atinente a eleições federais ou estaduais, a hipótese recursal contra a decisão dos Tribunais Regionais Eleitorais é sempre de recurso ordinário, seja o acórdão regional pela procedência ou improcedência do pedido, ou mesmo que se tenha acolhido preliminar com a consequente extinção do processo. 2. O art. 30-A da Lei nº 9.504/1997 estabelece legitimidade *para a propositura de representação prevista nessa disposição legal apenas a partido político e coligação, não se referindo, portanto, a candidato. 3. O § 1º do art. 30-A da Lei das Eleições ao dispor que, para a apuração das condutas, será observado o procedimento do art. 22 da Lei Complementar nº 64/1990 refere-se, tão somente, ao rito, não afastando, portanto, a regra de legitimidade específica, expressamente estabelecida no* caput *do mencionado artigo*. Recurso ordinário desprovido." (TSE, RO nº 1.498/ES, Rel. Min. Arnaldo Versiani, j. em 19.3.2009, *DJe* de 3.4.2009) (Grifo nosso).

Nada se falou acerca de abuso do poder econômico. O pedido formulado foi de cassação do recorrido e não de declaração de inelegibilidade, sanção prevista no art. 22, XIV, da LC n° 64/1990.
É cediço que o art. 30-A da Lei n° 9.504/1997 foi introduzido pela Lei n° 11.300/2006, intitulada minirreforma eleitoral, que dispôs sobre nova modalidade de representação, cujo objeto é a apuração de condutas relativas à arrecadação e gastos de recursos eleitorais. A norma possui o seguinte teor:

"Art. 30-A. Qualquer partido político ou coligação poderá representar à Justiça Eleitoral relatando fatos e indicando provas e pedir a abertura de investigação judicial para apurar condutas em desacordo com as normas desta Lei, relativas à arrecadação e gastos de recursos.

§ 1°. Na apuração de que trata este artigo, aplicar-se-á o procedimento previsto no art. 22 da Lei Complementar n° 64, de 18 de maio de 1990, no que couber.

§ 2°. Comprovados captação ou gastos ilícitos de recursos, para fins eleitorais, será negado diploma ao candidato, ou cassado, se já houver sido outorgado."

A representação em tela não deve ser confundida com a investigação judicial eleitoral prevista nos arts. 19 e 22 da LC n° 64/1990, que tem por objeto a apuração de abuso de poder, sendo da competência do Corregedor-Geral e Corregedores Regionais Eleitorais.

Enquanto a LC n° 64/1990 estabelece, expressamente, regra de competência, o mesmo não ocorre com a representação instituída pelo art. 30-A da Lei n° 9.504/1997, que mais se assemelha, a meu ver, à prevista no art. 41-A do mesmo diploma legal.

Com efeito, o procedimento para apuração da captação ilícita de sufrágio, consignado na respectiva matriz normativa, é o mesmo das investigações judiciais eleitorais, mas a jurisprudência se firmou no sentido de que a competência para o exame do ilícito é dos juízes auxiliares, no período eleitoral, ou de um dos membros da Corte, fora daquele período.

Nesse sentido, reproduzo os seguintes precedentes: [...]

Na linha dos precedentes citados, portanto, em se tratando de representação visando à apuração de descumprimento da Lei n° 9.504/1997, a competência segue o previsto no art. 96 da referida lei, *in verbis*:

"Art. 96. Salvo disposições específicas em contrário desta Lei, as reclamações ou representações relativas ao seu descumprimento podem ser feitas por qualquer partido político, coligação ou candidato, e devem dirigir-se:

I – aos Juízes Eleitorais, nas eleições municipais;

II – aos Tribunais Regionais Eleitorais, nas eleições federais, estaduais e distritais;

III – ao Tribunal Superior Eleitoral, na eleição presidencial. (...)

§ 3°. Os Tribunais Eleitorais designarão três juízes auxiliares para a apreciação das reclamações ou representações que lhes forem dirigidas."

[...] O art. 30-A, que cuida de captação e gastos ilícitos na campanha, apenas quanto ao procedimento é que se equipara ao abuso de poder apurado nas ações de investigação judicial eleitoral. Diversos, contudo, a competência, o objeto e os efeitos preconizados pelo novo comando legal. (Grifos nossos)

De acordo com essa visão que busca dar coerência às previsões feitas em ambos diplomas sobre o mesmo tema, compete ao autor decidir a extensão das consequências que almeja alcançar com o ajuizamento da ação, vinculado o exercício da jurisdição aos limites do seu pedido, constatado, embora, o abuso de poder e apesar da previsão do art. 14, § 9°, da Constituição Federal e da LC n° 64, art. 1°, I, "d".

15. AÇÃO DE IMPUGNAÇÃO DE MANDATO ELETIVO (AIME)

15.1. ORIGEM

A ação de impugnação de mandato eletivo encontrou inspiração subconstitucional, lembra Haroldo Mota (1990, p. 193-4), na Lei nº 7.493, de 17 de junho de 1986, cujo art. 23 anunciava:

> **Art. 23.** A diplomação não impede a perda do mandato, pela Justiça Eleitoral, em caso de sentença julgada, quando se comprovar que foi obtido por meio de abuso do poder político ou econômico.

E no art. 24 da Lei nº 7.664, de 29 de junho de 1988, do seguinte teor:

> **Art. 24.** O mandato eletivo poderá ser impugnado ante à Justiça Eleitoral (vetado) após a diplomação, instruída a ação com provas conclusivas de abuso do poder econômico, corrupção ou fraude e transgressões eleitorais.
> Parágrafo único. A ação de impugnação de mandato tramitará em segredo de justiça, respondendo o autor, na forma da lei, se temerária ou de manifesta má-fé.

Na roupagem constitucional não há alusão ao cabimento da medida quando o mandato houver sido conquistado por intermédio do abuso de poder político, como na Lei nº 7.493/1986, nem a transgressões eleitorais genéricas, como na Lei nº 7.664/1988. No art. 14, §§ 10 e 11, da Constituição Federal lê-se:

> § 10. O mandato eletivo poderá ser impugnado ante a Justiça Eleitoral no prazo de quinze dias contados da diplomação, instruída a ação com provas de abuso do poder econômico, corrupção ou fraude.
> § 11. A ação de impugnação de mandato tramitará em segredo de justiça, respondendo o autor, na forma da lei, se temerária ou de manifesta má-fé.

15.2. NATUREZA

De índole constitucional e caráter civil eleitoral, é ação de conhecimento que, na classificação tripartida perfilhada pela doutrina tradicional, ganha a categoria de ação constitutiva negativa. Há o direito de exigir a desconstituição judicial de uma relação jurídica, o que se realiza com a sentença de procedência – que extingue um estado jurídico indevidamente criado – com efeitos projetados para o futuro.

É uma ação civil pública destinada à proteção de interesse difuso, daí porque propô-la inclui-se dentre as funções institucionais do Ministério Público (CF, art. 129, III). A reunião de manifestações de renomados doutrinadores que versam o tema leva a essa irrefutável conclusão. Por exemplo, de Fávila Ribeiro (1993, p. 83), dissertando sobre a legitimidade para promover a apuração do abuso de poder, a seguinte passagem:

> A atividade promocional do Ministério Público em sua compreensão difusa. Como não podia deixar de suceder, está também o Ministério Público reconhecido com legitimidade na defesa da lisura do processo eleitoral, o que se conjuga ao seu papel institucional, exercendo a ação pública contra a ilicitude, que não se restringe ao aspecto penal, mas em tudo o que interessa à defesa do interesse público e dos interesses sociais.

De Torquato Jardim (1996, p. 88) esta outra: "Nesta ação o bem jurídico tutelado é de natureza coletiva, indivisível, do interesse de todos.[...]".

Explica Hugo Nigro Mazzili (1992, p. 20), em obra sobre interesses difusos:

> A expressão mais abrangente ainda é a do interesse público, identificado com o conceito de bem geral, ou seja, o interesse da coletividade como um todo. Nesse sentido, nem só coincide, necessariamente, o interesse público com o interesse do Estado enquanto pessoa jurídica, como ainda se pode adiantar que se confundem com o interesse público os mais autênticos interesses difusos (o exemplo, por excelência, do meio ambiente).

Antônio Carlos Mendes (1999, p. 182-4), reconhecendo na ação de impugnação de mandato eletivo a natureza pública, denominou-a ação popular eleitoral. E assim pode ser considerada, identificando-se com a ação popular tradicional, eis que, calcada na Constituição, visa a *anular* – e o constituinte não precisava usar o verbo grifado no seu sentido estritamente técnico – o mandato outorgado ao réu, a lesar a moralidade da administração, aqui incluída a própria administração do pleito eleitoral pela Justiça. A ação popular é uma ação civil pública (CF, arts. 5º, LXXIII, e 129, III).

Cândido Dinamarco (LIEBMAN, 1984, p. 22, nota 18), em 1984, afirmava: "A tendência é ampliar a proteção jurisdicional, abrangendo direitos subjetivos e interesses juridicamente protegidos, interesses difusos, inclusive; e a nossa "ação popular" é considerada instrumento idôneo dessa tutela [...]".

Cuidando-se de ação civil pública, em caso de desistência infundada ou abandono da ação pela parte autora, o Ministério Público ou outro legitimado assumirá a titularidade ativa.

Não se trata de uma ação rescisória.

A ação rescisória é ação que visa à desconstituição de uma relação jurídica cuja constituição encontra-se obrigatoriamente sob a autoridade da coisa julgada.

Se o prazo para o ajuizamento da ação de impugnação compreende os três primeiros dias subsequentes à diplomação – que nesse período não terá passado em julgado, pois suscetível de alteração por força do *recurso* contra a expedição do diploma, não obstante o caráter peculiar deste – é porque não pressupõe o trânsito em julgado da decisão que sustenta o direito ao exercício do mandato, como seria inevitável se de rescisória se tratasse.

A referência à diplomação, na Constituição Federal, é feita no sentido de indicar o marco inicial da contagem do prazo para a propositura da AIME, não sendo o ato da diplomação o alvo da ação.

15.3. DESTINAÇÃO

Destina-se a ação impugnatória a fazer perder o mandato o candidato eleito mediante fraude, corrupção ou abuso de poder econômico, bem como a impedir que suplente, nas mesmas condições, venha a exercê-lo, e, consequentemente, a torná-los inelegíveis, nos termos da Lei Complementar nº 64/1990, art. 1º, I, "d".

No § 9º do art. 14, o constituinte mandou que o legislador inferior considerasse prejudicial a má influência do poder econômico nas eleições; no § 10, repudiou-o, novamente, mais a corrupção e a fraude, concedendo, diretamente, um instrumento para combatê-los.

15.4. REQUISITOS CONSTITUCIONAIS

A Constituição de 1988, no seu art. 14, § 10, faculta a impugnação judicial do mandato eletivo, no prazo de 15 dias contados da diplomação, desde que "instruída a ação com provas de abuso de poder econômico, corrupção ou fraude".

Explicita, assim, como requisitos indispensáveis ao sucesso da iniciativa, a impugnação em certo prazo e o oferecimento de provas caracterizadoras da ilegitimidade do mandato que se impugna, pressupondo expressamente a diplomação do réu e a existência dos fatos noticiados, de que decorre o pedido, bem como impondo a tramitação do processo perante a Justiça Eleitoral em segredo de justiça.

15.4.1. Diplomação

Para que se torne cabível a ação, não se cobra a posse, mas a diplomação dos candidatos eleitos e dos suplentes (CE, art. 215), porque o diploma os torna aptos ao exercício do mandato impugnado.

Mas, diferentemente do *recurso contra a expedição do diploma*, a ação de impugnação de mandato eletivo (AIME) não se opõe à diplomação, ela a pressupõe, atacando diretamente o mandato eletivo,[228] atingindo o diploma por via oblíqua.

A diplomação é, assim, o marco inicial para a propositura da ação. Este ato, conforme dispõem os arts. 29, § 2º, 30, § 1º, 30-A, 41-A, § 3º e 73, § 12, da Lei nº 9.504/1997, é igualmente referência para a publicação, em sessão, da decisão que julgar as contas de campanha dos candidatos eleitos – o que deve se dar *3 dias antes da diplomação* – sendo certo que a inobservância do prazo para encaminhamento das prestações de contas impede a diplomação dos eleitos, enquanto perdurar, orientando, ainda, o prazo para o oferecimento de representação à Justiça Eleitoral para apurar, além das condutas em desacordo com as normas da Lei das Eleições, relativas à arrecadação e gastos de recursos (15 dias da diplomação), também a captação ilícita de sufrágio (que pode ser apresentada até o dia da diplomação) e a prática das condutas vedadas no art. 73 da mesma lei (até a data da diplomação).

Considera-se diplomado o candidato na solenidade respectiva, ainda que a ela não tenha comparecido.

---

228. Acórdão TSE nº 10.873, Rel. Min. Octávio Gallotti, *in Cadernos de Direito Constitucional e Eleitoral*, 11/191.

A diplomação confere ao diplomado aptidão para o exercício do mandato, com este ou com a posse não se confundindo. O Vereador, por exemplo, que se elege Senador, somente com a posse no Senado deixará a vereança, não com a diplomação (CF, art. 54, II, "d"), embora desde a expedição do diploma os Deputados Federais e os Senadores sejam submetidos a julgamento perante o Supremo Tribunal Federal, nem poderão ser presos, senão em flagrante de delito inafiançável (CF, art. 53, §§ 1º e 2º).

O mandato é passível de ser combatido, pois, antes que o impugnado seja nele investido.

15.4.2. Prazo para a propositura da ação e para o desenvolvimento do processo

O prazo de 15 dias, a contar da diplomação, para a propositura da AIME é de decadência, como faz ver o critério preconizado por Agnelo Amorim Filho (*RT* 300/7) para distingui-la da prescrição, dada a natureza constitutiva da ação ora tratada, com prazo de exercício fixado na Lei Magna.

Antes da diplomação não nasce o direito à impugnação do mandato eletivo; 15 dias após ela, perde-se a faculdade de impugná-lo.

Já decidiu o Supremo Tribunal Federal que a contagem do prazo de decadência obedece à regra geral do art. 184 do CPC/1973 (CPC/2015, art. 224), seguindo idêntica orientação o Tribunal Superior Eleitoral.[229]

O julgamento dos Embargos no Recurso Extraordinário nº 86.741/BA, Relator Ministro Oscar Corrêa, foi assim ementado:

> Prazo – Art. 125, § 1º, do CC [1916], firma princípio geral a ser obedecido: se o termo final de prazo recair em dia não útil, prorrogar-se-á até o primeiro dia útil seguinte, mesmo que seja de decadência dito prazo. (*RTJ* 108/1.085)

À luz desse entendimento, manifestou-se o TSE nos seguintes termos:

> [...] fixou-se no c. Tribunal Superior Eleitoral que sendo decadencial o prazo para a propositura da Ação de Impugnação de Mandato Eletivo (REspE nº 25.482/DF, Rel. Min. Cesar Rocha, *DJ* de 11.4.2007; REspE nº 15.248, Rel. Min. Eduardo Alckmin, *DJ* de 18.12.1998) este não se interrompe nem se suspende durante o recesso forense, entretanto, o seu termo final é prorrogado para o primeiro dia útil subsequente (art. 184, § 1º, CPC), não havendo expediente normal no Tribunal.[230]

Quanto à exclusão do dia do começo (aqui, o dia da diplomação) na contagem do prazo, adverte Moniz de Aragão (1976, p. 126, § 121) que "tomado, para exemplificar, um prazo de 5 dias, cujo início se dê num dia 7, ter-se-á o seu final a 12, pois este é o resultado indiscutível da adição (7 + 5 = 12). Qualquer outra forma de computar o prazo investiria contra a aritmética contrariando o bom senso. Com efeito, se incluído o próprio dia inicial, ter-se-ia esta soma originalíssima 7 + 5 = 11 (7, 8, 9, 10, 11)". E remata

---

229. Acórdãos STF: MS nº 20.575/DF, Rel. Min. Aldir Passarinho, Tribunal Pleno, j. em 23.10.1986, *DJ* de 21.11.1986; e MS nº 20.585/DF, Rel. Min. Carlos Madeira, Tribunal Pleno, j. em 3.9.1986, *DJ* de 26.9.1986; Acórdão TSE AI nº 12.516/SP, Rel. Min. Ilmar Galvão, j. em 4.4.1995, *DJ* de 26.5.1995.

230. TSE, AgRgRO nº 1.459/PA, Rel. Min. Felix Fischer, j. em de 26.6.2008, *DJ* de 6.8.2008.

Carlos Alberto Ortiz (1994, p. 9), ao analisar essa questão: "Justamente por se excluir do cômputo do prazo por dias a data do seu início, é que se inclui a do vencimento".

Portanto, no dia seguinte à diplomação inicia-se a contagem do prazo para o ajuizamento da AIME, ainda que esse dia seja recesso forense ou feriado, e o termo final será prorrogado para o primeiro dia útil subsequente, se cair em dia em que não haja expediente normal no tribunal (CPC/1973, art. 184, § 1º; CPC/2015, art. 224, § 1º).[231]

Não fosse assim, teoricamente, um prazo decadencial iniciado em feriado ou recesso forense, por exemplo, de 20 de dezembro a 6 de janeiro,[232] porque não se suspende, poderia encerrar-se no mesmo período, se não se prorrogasse, sem que se abrisse a oportunidade para a propositura da ação *dentro do expediente normal* – no qual o plantão, por definição, não se encaixa. Por isso é que esse critério também é observado quanto ao chamado recurso contra a expedição de diploma, que tem características de ação e que deve ser interposto em 3 dias da diplomação.[233]

Ademais, em conformidade com o art. 172 do CPC/1973 (CPC/2015, art. 212), o ato processual deve ser realizado em dias úteis e havendo de ser praticado por meio de petição, diz seu § 3º, esta deverá ser apresentada no protocolo, dentro do horário de expediente. Não há restrição de horário para a prática eletrônica de ato processual (CPC/2015, art. 213).

Quanto ao prazo para o célere desenvolvimento do processo, a Lei nº 12.034/2009, à vista do inciso LXXVIII do art. 5º da Constituição Federal, acrescentou à Lei nº 9.504/1997 o art. 97-A, com dois parágrafos, que considera duração razoável do processo que possa resultar em perda de mandato eletivo o período máximo de 1 ano, abrangente de sua tramitação *em todas as instâncias da Justiça Eleitoral*, e que, inobservado, poderá importar inclusive em representação ao Conselho Nacional de Justiça.

---

231. TSE, EDREspE nº 37.005/PR, Rel. Min. Felix Fischer, j. em 30.3.2010, *DJe* de 10.5.2010: "Com relação ao termo inicial da contagem do prazo para o ajuizamento da AIME, há recente julgado dessa e. Corte que salientou que ocorre no dia imediatamente posterior à diplomação, independentemente de ser dia útil ou de haver expediente forense. Confira-se: 'AGRAVO REGIMENTAL. RECURSO ESPECIAL ELEITORAL. AÇÃO DE IMPUGNAÇÃO DE MANDATO ELETIVO (AIME). PRAZO. DECADENCIAL. TERMO INICIAL. TERMO FINAL. ART. 184 DO CÓDIGO DE PROCESSO CIVIL. APLICAÇÃO. RECESSO FORENSE. PLANTÃO. 1. O termo inicial do prazo para a propositura da ação de impugnação de mandato eletivo deve ser o dia seguinte à diplomação, ainda que esse dia seja recesso forense ou feriado, uma vez que se trata de prazo decadencial. 2. Contudo, esta c. Corte já assentou que esse prazo, apesar de decadencial, prorroga-se para o primeiro dia útil seguinte se o termo final cair em feriado ou dia em que não haja expediente normal no Tribunal. Aplica-se essa regra ainda que o tribunal tenha disponibilizado plantão para casos urgentes, uma vez que plantão não pode ser considerado expediente normal. Precedentes: STJ: EREsp 667.672/SP, Rel. Min. José Delgado, Corte Especial, j. em 21.5.2008, *DJe* 26.6.2008; AgR-RO nº 1.459/PA, de minha relatoria, *DJ* de 6.8.2008; AgR-RO nº 1.4381MT, Rel. Min. Joaquim Barbosa, *DJ* de 31.8.2009. 3. Agravo regimental não provido.' (AgR-REspE nº 36.006/AM, de minha relatoria, *DJe* de 24.3.2010).

232. Dia 19 de dezembro: último dia para a diplomação referente às eleições de 2014.

233. "AGRAVO REGIMENTAL – RECURSO CONTRA EXPEDIÇÃO DE DIPLOMA – PRAZO DECADENCIAL – PRORROGAÇÃO. ART. 184, § 1º, DO CÓDIGO DE PROCESSO CIVIL – APLICABILIDADE – PRECEDENTES – PROVIMENTO. 1. Segundo a jurisprudência do TSE, a superveniência do recesso forense no transcurso do prazo decadencial autoriza a prorrogação de seu termo final para o primeiro dia útil subsequente. Precedentes. 2. Agravo regimental provido." (AgRRCED – Agravo Regimental em Recurso contra Expedição de Diploma nº 671/PR, Rel. Min. Marco Aurélio, Rel. designado Min. Dias Toffoli, j. em 4.12.2012, *DJe*, t. 65, de 9.4.2013)

15.4.3. Provas que devem instruir a ação

Determina a Constituição que na impugnação a mandato eletivo seja instruída a ação com provas de abuso de poder econômico, corrupção ou fraude.

Não se exige aí que a *inicial* venha acompanhada de toda a prova dos atos condenáveis, porque o constituinte a ela não se referiu, mas à *ação*: declara que a *ação* – diria melhor *o processo* – deverá ser instruída com tais provas. A exordial deverá fazer-se acompanhar de um começo de prova documental dos fatos que apontam para a existência da irregularidade que afirma, a fim de permitir a imediata avaliação, pelo juiz, da seriedade da pretensão, o que não afasta a produção de outras provas, oportunamente, no curso do processo. O direito de ação compreende o amplo direito de defesa do réu.

Nesse sentido, com o habitual acerto, o pensamento externado pelo Ministro Sepúlveda Pertence, como Relator do Acórdão TSE nº 12.164.[234]

Fosse diferente, confundir-se-ia a própria questão de fundo com requisito da petição inicial (CPC/1973, arts. 283 e 284; CPC/2015, arts. 320 e 321), já que ao deferi-la estaria o magistrado admitindo estivesse comprovado o quanto alegado pelo autor, deslembrando do princípio do contraditório e prejulgando o feito. Sentido tal não se deu nem sequer à expressão "prova inequívoca" constante do art. 273 do Código de 1973, a fundamentar o pedido de antecipação da tutela.

A prova não poderá ter origem clandestina, nem como prova serão consideradas as declarações anônimas, sendo certo que mesmo as declarações de autoria conhecida não substituem a prova testemunhal, porque a testemunha pode ser contraditada e, admitida sua oitiva, pode ser reperguntada pelo advogado do réu, sendo levado em conta pelo juiz o seu estado emocional ao depor, as suas hesitações ou a convicção que revela em cada resposta, advertindo o art. 368-A, acrescentado ao Código Eleitoral pela Lei nº 13.165, de 2015, que, em processo que possa levar à perda do mandato, não será aceita a prova exclusivamente testemunhal esteada no depoimento de uma só testemunha, ou, na dicção do próprio dispositivo: *a prova testemunhal singular, quando exclusiva, não será aceita nos processos que possam levar à perda do mandato*.

15.4.4. Abuso de poder econômico, corrupção e fraude

O poder político não sobrevive sem o poder econômico e nenhum deles atinge sua finalidade social sem o Direito que, de seu turno, não se impõe sem o poder de autoridade. O poder, na democracia, emana do povo, que o exerce diretamente ou por intermédio de representantes, que somente serão legitimamente eleitos se assegurada ao povo

---

234. *Cadernos de Direito Constitucional e Eleitoral*, 19/350. Diz o Ministro: "Desse modo, a prova que se impõe seja produzida com a inicial são os documentos disponíveis (CPC, art. 396), sem prejuízo da juntada de documentos novos, nos casos permitidos em lei (CPC, arts. 397 e 399), e de toda a dilação probatória facultada pelo procedimento ordinário, com a utilização de todos os meios lícitos de demonstração da veracidade dos fatos relevantes alegados, a requerimento das partes ou iniciativa do Juiz (CPC, art. 130)" [os artigos aqui citados correspondem, respectivamente, aos arts. 434, 435, 438 e 370 do CPC/2015]. Vicente Greco Filho (2007, p. 68) assevera que "o direito de ação, no que concerne ao réu, traduz-se em direito de defesa, ou seja, o direito de somente se ver constrangido a algo após a decisão judicial, com a garantia de que a decisão só sobrevirá após ser ouvido e ter oportunidade de produzir prova e manifestar-se adequadamente".

a liberdade de escolha, assim concebida a que é movida por convicções dos votantes alheias a interferências externas que tornem ilusórios os propósitos do sistema. Por isso, o abuso do poder, a corrupção e a fraude devem ser escorraçados do processo eleitoral.

Nada há de errado com o poder, desde que exercido reverenciando o Direito que, de seu turno, deve prestigiar a liberdade, nos limites da boa convivência.

Abusar do poder é ir além do permitido.

E qual é a fronteira lícita, no campo do Direito Eleitoral, do uso do poder?

As primeiras regras a respeito estão no art. 14 da Constituição Federal.

Presume o dispositivo o excesso de poder no continuísmo, ao limitar a possibilidade da reeleição a um único período subsequente (§ 5º), e no nepotismo (§ 7º), e determina que lei complementar estabeleça outros casos de inelegibilidade a fim de proteger, dentre outros interesses, a normalidade e legitimidade das eleições contra a influência do poder econômico ou o abuso do exercício de função, cargo ou emprego na administração direta ou indireta (§ 9º).

Fala, pois, a Lei Magna, em *inelegibilidade*, como restrição aos direitos políticos dos que exorbitam no exercício do poder.

Já ficou esclarecido, no trato da investigação judicial eleitoral, que a Constituição Federal não condena a *influência* do poder econômico no pleito eleitoral. O uso comedido desse poder é lícito, tanto que é regulado. É a má influência, a excessiva intervenção do poder econômico que deve ser coibida: recusam-na a *normalidade* e a *legitimidade* das eleições.

"Democracia que não garante a abolição dos privilégios e da submissão não é democracia" disse Alves Braga, em palestra sobre o tema "Atos de improbidade e inelegibilidade", proferida no I Seminário de Direito Eleitoral realizado em São Paulo.[235]

É imprescindível que os candidatos e os partidos sejam tratados com isonomia para que se assegure a liberdade do voto. Por isso, além do abuso do poder econômico, deve ser afastado o abuso do poder de autoridade, assim entendido os excessos praticados por servidor no exercício de cargo ou função pública em benefício de partido ou candidato, ainda que faça uso indevido do poder por não ser autoridade. Desviado o uso do poder de sua finalidade, temos a violação do Direito, ideológica que seja, porque nem sempre esse desbordamento se flagra na ilegalidade, como faz ver o art. 5º, LXIX, da Constituição, que oferece o mandado de segurança como remédio contra a ilegalidade "*ou*" o abuso de poder, como também, anotamos anteriormente.

Combate sobredito favorecimento, o legislador infraconstitucional, não só quando proíbe o recolhimento e a utilização de verbas de certas origens na campanha eleitoral, mas também quando contesta a irregular propagação de candidaturas em horário gratuito destinado à difusão do programa partidário,[236] ou impõe o afastamento de quem quer ser candidato de suas atividades.[237]

---

235. *Cadernos de Direito Constitucional e Eleitoral*, 25/10.
236. Lei nº 9.096/1995, art. 45, § 1º, II. Igual previsão continha a Lei nº 5.682/1971, art. 118, parágrafo único, III, "d", revogada.
237. Lei Complementar nº 64/1990, art. 1º, II a VII; ver, ainda, por exemplo, Lei nº 9.504/1997, art. 45, § 1º.

Igualmente, sob a ótica penal, encontramos a intolerância do legislador com o abuso de poder em desfavor da liberdade do voto, como se vê na previsão do Código Eleitoral no art. 295 e do art. 91, parágrafo único, da Lei nº 9.504/1997[238] (retenção indevida do título eleitoral), no art. 298 (prisão, com violação do art. 236, de eleitor, membro de Mesa Receptora, Fiscal, Delegado de Partido ou candidato), no art. 299 (corrupção), no art. 300 (coação de autoridade para que alguém vote ou deixe de votar em determinado candidato ou partido), no art. 303 (majoração de preços de utilidades e serviços necessários à realização das eleições), no art. 304 (deixar de fornecer ou conceder com exclusividade a certa parcela de eleitores, utilidades, alimentação e meios de transporte) e no art. 346 (utilização de bens e serviços públicos para beneficiar partido ou organização de caráter político conforme o art. 377). A Lei nº 8.713/1993, regulando as eleições gerais de 1994, previu extenso rol de crimes eleitorais no seu art. 57, o mesmo fazendo a Lei nº 9.100/ 1995 com relação às eleições municipais de 1996, no art. 67, e a Lei nº 9.504/ 1997, nos arts. 87, § 4º, e 91, parágrafo único.

De maneira mais ampla, os atos de improbidade administrativa, que muitas vezes mesclam abuso de poder de autoridade com abuso de poder econômico, serão objeto de procedimento administrativo e do processo judicial a que se refere a Lei nº 8.429/1992 (Lei de Improbidade Administrativa), sofrendo o responsável por sua prática, além de outras consequências penais, civis e administrativas, a suspensão de seus direitos políticos pelo prazo variável de 3 a 10 anos, conforme a hipótese, como autorizado pela Carta Política de 1988, art. 15, V, c/c art. 37, § 4º. Nessa ação, o Ministério Público, se não figurar como autor, tendo sido proposta pela pessoa jurídica prejudicada, atuará como fiscal da lei; se dele for a iniciativa da ação, figurará, obrigatoriamente, como litisconsorte, a pessoa jurídica interessada.

A resultância do abuso do poder é, pois, sob o prisma dos direitos políticos, pelo menos a inelegibilidade, ou a suspensão desses direitos (cidadania ativa e passiva) nos casos de configuração de condenação criminal transitada em julgado e improbidade administrativa.

Fávila Ribeiro (1993, p. 57), após discorrer sobre o poder cultural, suas interferências e desfigurações, e sobre o poder social da comunicação, a opinião pública manufaturada, alerta, com a costumeira sensibilidade, que ao poder econômico e ao poder político não se atém a abusividade eleitoral, entrelaçando-se, na prática, as ações dos poderes, sendo dificílimo separá-los por completo. E conclui:

> Pretendemos, assim, ficasse esclarecido que o sentido literal das normas não é capaz de inibir o sentido amplo da ilicitude eleitoral, sendo aplicáveis as sanções previstas para abusos de todo e qualquer tipo de poder prevalecendo o saudável e consagrado princípio de hermenêutica de que o espírito sobreleva a forma, subordinando-se os meios aos fins, ou seja, a letra da lei deve ser entendida harmonizada com os aspectos teleológicos explicitados.

Porém, inexplicavelmente, a ação de impugnação de mandato eletivo somente pode ser exercida quando a exorbitância de poder se externar por uma de suas formas – a eco-

---

238. Conforme Francisco Dirceu de Barros, o art. 295 do Código Eleitoral foi implicitamente revogado pelo art. 91, parágrafo único, da Lei das Eleições (Lei nº 9.504/1997) (2014, cap. 10, observação feita à letra "a" do item 18: "Crimes eleitorais que geralmente ocorrem no dia das eleições").

nômica – por ordem direta da Constituição (art. 14, § 10). E foi opção mesmo, já que a Lei nº 7.493/1986 falava em abuso de poder político e econômico, a Lei nº 7.664/1988 falava em "transgressões eleitorais", não sendo repetidos seus preceitos, e a própria Constituição refere-se no parágrafo anterior do mesmo dispositivo a abuso de poder político, aqui o excluindo, pelo que se deduz, propositalmente.

Entretanto, assim como por ocasião da análise da ação de investigação judicial eleitoral (AIJE) nos inclinamos pela interpretação inclusiva do abuso do poder de comunicação por se encartar no abuso de poder político e econômico, entendemos que sempre que interagir o abuso de poder econômico com o ato abusivo de autoridade a questão poderá ser levada ao Judiciário por meio da ação de impugnação de mandato eletivo.

Melhor, sem dúvida, que a regra transmitisse um enunciado de generalizada abrangência, como expôs o ilustre mestre cearense. Mas não o fez. Assim sendo, o abuso do poder político, isoladamente ou em companhia do abuso do poder econômico, na construção do legislador complementar, pode ser objeto da AIJE, gerando a inelegibilidade, libertando-se, contudo, o abusador exclusivamente de poder político, desse destino pela via da ação de impugnação de mandato eletivo, nela reservado, em termos de abuso de poder, só ao abusador do poder econômico, por opção da Constituição.

De se lembrar que nessa linha – de que o legislador dá especial destaque ao aspecto econômico do ato que recrimina – seguem as decisões do TSE que interpretam a LC nº 64/1990 da seguinte maneira: "a condenação à suspensão de direitos políticos deve resultar da prática de ato doloso de improbidade administrativa que importe, conjugadamente, lesão ao patrimônio público e enriquecimento ilícito, de maneira a atrair a incidência da hipótese de inelegibilidade insculpida no art. 1º, I, "l", da LC nº 64/1990".[239]

Portanto, presente a especificação, há de se identificar o conteúdo econômico no ato abusivo, atingidas as outras formas de abuso de poder na proporção daquele entrelaçamento antes mencionado.

Dizendo de outro modo, ao abuso do exercício de função, cargo ou emprego na administração direta ou indireta, não aludiu o art. 14 da Constituição, no parágrafo sob comento, desvencilhando-se do molde infraconstitucional em que se inspirou (conforme ITEM 15.1, ver p. 287); tendo, o legislador, mencionado o abuso do poder econômico naquela legislação que precedeu a Constituição, revelou, nesta, o claro desejo de não o instalar nas províncias da ação impugnatória, embora possa o abuso não referido ser apanhado pelas demais figuras que compõem o âmbito de aplicação da ação (a corrupção e a fraude), ou mesmo, como se disse, pelo próprio abuso de poder econômico, na medida em que com ele se mescle.

A cessão, pelo prefeito, de um automóvel da Prefeitura para a campanha do candidato que apoia, por exemplo, não configura apenas abuso do poder político, mas também do poder econômico, favorecendo a campanha do seu afilhado por meio duplamente repudiado pelo equilíbrio desejável nas eleições. A Lei nº 9.504/1997 considera gastos eleitorais as despesas com transporte de candidato e de pessoal a serviço das candidaturas, cuja contratação não gera vínculo empregatício (arts. 26, IV, e 100), condena a

---

239. TSE, AgRgRO nº 177.411/MG, Rel. Min. Luiz Fux, j. em 11.11.2014, publicado em Sessão de 11.11.2014.

doação em dinheiro ou estimável em dinheiro procedente de órgão da administração pública direta, dentre outras (arts. 24, II, e 25), e inclui a indigitada cessão entre as condutas vedadas ao agente público em campanhas eleitorais (art. 73, I).

Assevera, mais, Fávila Ribeiro (1993, p. 58), que
> a interferência do poder econômico traz sempre por resultado a venalização no processo eleitoral, em maior ou menor escala e que à proporção que a riqueza invade a disputa eleitoral, cada vez se torna mais avassaladora a influência do dinheiro, espantando os líderes políticos genuínos, que também vão cedendo, em menor escala, a comprometimentos econômicos que não conseguem de todo escapar, sendo compelidos a se conspurcarem com métodos corruptores.[240]

Não foi por outro motivo que a Lei nº 8.713/1993 criou os bônus eleitorais para o controle das contas de campanha, vindo a Lei nº 9.100/1995 exigir que as doações fossem feitas mediante recibo, segundo modelo aprovado pela Justiça Eleitoral, preocupando-se com o controle das doações a Lei nº 9.504/1997.

A publicidade, de qualquer espécie, feita em desconformidade com as normas pertinentes, que privilegia alguns candidatos em detrimento de outros, caracteriza o abuso de poder da comunicação, e frutifica no abuso do poder econômico. É estimável em dinheiro, considerada gasto eleitoral (Lei nº 9.504/1997, arts. 24 e 26, II).

A manifestação de um comunicador profissional respeitado, pela imprensa, coibida a censura prévia, pode levar ao abuso do poder de comunicação se maneja a vontade do povo, para tanto contratado, deformando a imagem de um postulante a cargo eletivo. O uso desvirtuado desse poder não se exporia desvinculado do abuso de poder econômico, ainda que indiretamente, mesmo que refletisse a opinião sincera de quem somente desejasse favorecer o candidato que entendesse o melhor.

A divulgação debochada de dados íntimos de concorrente às eleições, se impertinente é em tempos normais, tanto mais o será em período eleitoral, configurando, então, contrapropaganda em favor do outro candidato, disse Carlos Alberto Ortiz (1993, p. 9).[241]

Se propaganda, no escólio de Anis José Leão (1994, p. 106), é "a comunicação persuasiva de ideias, com objetivos ideológicos, comerciais, políticos, filosóficos, religiosos", aí se enquadra o exemplo apresentado, propagadas as ideias prejudiciais a determinada candidatura, com o objetivo de a outra favorecer. E, estimável em dinheiro, reflete abuso de poder econômico.

Em caso real, semelhante ao exemplo apontado, mais se realçou o abuso do poder por contarem as ofensas assim irrogadas com antecedentes reprovações judiciais.

Misturam-se os abusos como as coisas secas na comistão, ou líquidas na confusão.

Tudo o que se faz com verbas públicas ou particulares, em favor de candidatura, fora das regras eleitorais, reflete o desbordamento nocivo.

Explica Antônio Carlos Mendes (1988, p. 27):
> A lei quis assegurar a absoluta neutralidade do chamado "poder econômico" cominando "abuso" toda e qualquer forma de financiamento, direto ou indireto, dos partidos políticos ou

---

240. O abuso de autoridade pode verificar-se independentemente do abuso do poder econômico, como no caso do prefeito que, sob ameaça de prejuízo funcional sob aspecto dele diverso, impede que servidores municipais, nas horas de folga, apoiem candidatura com a qual não simpatiza.
241. A mesma ideia defendemos em diversos pareceres.

de candidatos a cargos eletivos que não esteja expressamente autorizado pela lei. Não permitiu, também, as doações e contribuições de entidades públicas [...] vedando a participação, direta ou indireta, das permissionárias ou concessionárias de radiodifusão e televisão, inclusive por meio de auxílio, contribuição ou publicidade de qualquer espécie.[242]

Destarte, qualquer ajuda a determinada candidatura, estimável em dinheiro, que exceda dos lindes previamente traçados pelas normas eleitorais, derive do método mais simples e tradicional ou da técnica mais moderna e sofisticada, caracteriza a utilização do poder econômico de forma abusiva, porque investe contra o equilíbrio possível do certame eleitoral. Se alguém se excede no uso do permitido servindo-se do poder econômico, deste abusa, não obstante seus gastos observem o montante geral preestabelecido: a doação de bens, com vistas à obtenção de votos, por exemplo, configura, pelo menos, abuso do poder econômico, ainda quando o valor da doação não ultrapasse o valor licitamente disponível para a campanha do doador.

Enfim, o uso do poder econômico, sempre que ultrapassa o permitido, caracteriza o abuso. E se o seu destino é interferir na vontade do eleitor, compromete a normalidade e legitimidade das eleições.

A corrupção e a fraude, destacadas no texto constitucional, inúmeras vezes encontram a sua fonte no poder econômico, que as viabiliza, exibindo-se como formas de seu uso abusivo.

Abusa do poder econômico quem dá dinheiro para obter voto (corrupção), ou quem contrata um ator para interpretar um personagem já falecido, a fim de fantasiar uma situação que, parecendo real (fraude), repercuta no resultado do pleito, prejudicando um dos candidatos e favorecendo o outro.

Mas também ocorre a corrupção se a promessa é de vantagem de outra natureza, como a de oferecer projetos para que se dê a ruas e praças os nomes de parentes de famílias numerosas de eleitores. Aqui opera a corrupção, independentemente de abuso do poder econômico.

A fraude não denota a má influência do poder econômico se consiste, por exemplo, na alteração material ou intelectual de mapas ou boletins de apuração da votação em benefício de certo candidato, inclusive sem o conhecimento deste, em eleição em que ficou impossibilitado o uso das urnas eletrônicas, apenas para satisfazer os sentimentos pessoais do infrator (crime previsto no Código Eleitoral, art. 315).

Na hipótese anterior encontra-se presente o abuso de função pública, não mencionado no § 10 do art. 14 da Constituição Federal, mas que, por materializar a fraude, terá o condão de ensejar a cassação de mandato eletivo, via ação impugnatória.

Enfim, insistindo na distinção e na interligação dessas figuras que, autônoma ou conjuntamente servem de supedâneo à ação de impugnação de mandato eletivo, inclusive envolvendo, não raras vezes, o abuso de poder político, com o propósito de melhor elucidar esse assunto, podemos dizer que:

---

242. A Lei nº 9.100/1995 fez constar no seu art. 40 a proibição de utilização de serviços gráficos custeados pelas Casas Legislativas para a confecção de impressos de propaganda eleitoral.

a) Quanto ao abuso de poder econômico

Luiz Melíbio Uiraçaba Machado escreve que, no abuso do poder econômico, a captação do voto pode se fazer *de maneira indireta, sutil, imperceptível até mesmo para o próprio eleitor, que é o sujeito passivo,* querendo o abusador ganhar sua adesão *conquistando-lhe o coração e a mente, mediante artifícios.*[243]

Se esse contato se dá de outra maneira, como a compra de votos, estamos frente à corrupção, com a presença do abuso do poder econômico.

b) Quanto à corrupção

O corruptor atrai o corrompido diretamente, com uma proposta – de negócio ilícito – que se lhe apresenta vantajosa. Não lhe quer conquistar nem a mente nem o coração e sim satisfazer-lhe a ganância, comprometendo-lhe a honra e a consciência.

Se a vantagem não consiste em dinheiro, ou em dádiva nele estimável, existe a corrupção independentemente do abuso do poder econômico, o que, da mesma maneira, proporciona a propositura da ação de impugnação de mandato eletivo, à vista dos termos do § 10 do art. 14 da Constituição Federal, que enumera, como seu fundamento, alternativamente, o dito abuso, a corrupção ou a fraude.

No crime de corrupção quer-se trocar dinheiro, dádiva ou qualquer outra vantagem por voto.

Sempre que se expõe um pacto ilícito de troca de vantagens, entre duas ou mais pessoas, das quais não se exige qualificação especial, com a finalidade de favorecer a eleição de determinado candidato, está-se diante da corrupção.

c) Quanto à fraude

Se o vício não atua na vontade do eleitor, mas dela prescinde ou a mascara, origina um resultado contaminado pela fraude. Eis alguns exemplos de fatos caracterizadores de fraude ocorridos em eleições passadas, antes da urna eletrônica: pessoas votavam em lugar de eleitores falecidos; eleitores recebiam e utilizavam cédulas já preenchidas para votar; votos em branco eram preenchidos durante a apuração; votos nulos eram creditados a candidatos; votos válidos eram anulados ou atribuídos a candidato ao qual não se destinavam; mapas eram alterados; falsas pesquisas eram propagadas. A fraude era, muitas vezes, oriunda do abuso do poder econômico, ligando-se, então, à corrupção. Outras vezes resultava meramente de sentimento de admiração, compaixão, amizade, gratidão ou rancor do fraudador em relação a quem beneficiava ou prejudicava.

Mas a fraude também pode conduzir a escolha de eleitor. A propaganda, ou contrapropaganda, enganosa, apresentada no horário gratuito do rádio ou da televisão, ainda que se aceite feita sem o mínimo dispêndio, retrata a fraude, que pode embasar a ação de impugnação de mandato eletivo, porque deturpa a consciência política do eleitor, tomando seu voto (crime previsto no Código Eleitoral, art. 323).

---

243. "O abuso do poder econômico no processo eleitoral", publicação interna do TRE/RS, p. 3. Para configuração do crime do art. 299 do CE, basta a promessa de vantagens, aceita ou não, nada importando que a troca de vantagens pelo voto não se concretize.

A fraude traz consigo o propósito de enganar. Consiste a figura no artifício empregado para mascarar a verdade, beneficiando um competidor em detrimento dos demais concorrentes.

O intuito de enganar, porque dificilmente deixa traços escritos, e porque não existe uma regra absoluta para sua determinação, pode evidenciar-se por indícios, conjecturas e coincidências tão convincentes que não deixam lugar à dúvida, na acertada ponderação de Giorgio Giorgi (1930, nº 106).

De se observar, em remate, que a conduta também ilícita do oponente do vencedor não legitima o vício que o alçou à vitória. Não há compensação na ilicitude.

15.4.5. Desnecessidade da influência do vício no resultado do pleito

Exigia-se um nexo de causalidade entre os atos atentatórios à lisura do pleito e o comprometimento das eleições com a distorção do seu resultado.

Salientara o Ministro Sepúlveda Pertence, no julgamento do REspE nº 9.145/MG (Ac. nº 12.030): "o que importa é a existência objetiva dos fatos – corrupção ou fraude – e a prova, ainda que indiciária, de sua influência no resultado eleitoral".[244]

Todavia, a Lei Complementar nº 64/1990, modificada pela Lei Complementar nº 135/2010, veio a prever no art. 22, XVI, que "para a configuração do ato abusivo, não será considerada a potencialidade de o fato alterar o resultado da eleição, mas apenas a gravidade das circunstâncias que o caracterizam".

Ora, o abuso de poder econômico mencionado no art. 14, § 10, da Constituição Federal, não pode ser considerado com caráter diferente daquele aludido no § 9º do mesmo artigo, e nos arts. 1º, I, "d", e 22, XIV, da Lei Complementar nº 64/1990. Por isso não se deve mais cogitar de sua influência – nem da corrupção ou da fraude – no *resultado* da eleição, e sim na *moralidade do pleito,* que assegura sua normalidade e legitimidade.

Prevalece, agora, o quanto fora sustentado pelo Ministro Marco Aurélio em acórdão de 16 de maio de 1995:

> É princípio básico que onde o legislador não distingue não é dado ao intérprete fazê-lo. No § 10 do art. 14 da CF, está assentada a procedência da ação de impugnação ao mandato uma vez comprovado o abuso de poder econômico, a corrupção ou a fraude. A procedência da impugnação não ficou jungida aos reflexos que qualquer dos vícios tenha ocasionado nas eleições verificadas. [...] O que visa o dispositivo constitucional, tal como os preceitos da LC nº 64/1990, no que rege a representação pelo citado abuso, bem como o de autoridade, é a lisura em si do certame e esta fica comprometida com a simples prática do ato reprovado, pouco importando os reflexos que tenha nos resultados da eleição.[245]

Esta interpretação se impõe com a adição de fundamento novo, qual seja, o da expressa rejeição da Lei Complementar ao requisito da *influência*, ainda que potencial, do ato pernicioso no resultado da eleição para a sua caracterização e, consequentemente, para a produção de seus efeitos.

---

244. *Jurisprudência do TSE* 3(3), jul./set. 1992, p. 240. No RO nº 5/MT, Rel. Min. Maurício Corrêa, j. em 10.2.1998, *DJ* de 6.3.1998, exigiu, também, o nexo de causalidade reclamado.
245. TSE, REspE nº 12.282/RS, Rel. Min. Marco Aurélio, j. em 16.5.1995, *DJ* de 16.6.1995.

Reportamo-nos, assim, ao que a respeito dissemos no trato da inelegibilidade legal referida, bem como no CAPÍTULO 14, atinente ao abuso de poder e à ação de investigação judicial eleitoral.

15.4.6. Segredo de Justiça

Tramitará a ação de impugnação de mandato eletivo em sigilo de justiça (CF, art. 14, § 11, primeira parte).

Mas o preceito constitucional, de evidente cunho político, não merece aplausos, respeitada a opinião contrária de Tito Costa (2010, p. 171).

Torquato Jardim (1994, p. 90) o qualifica de impróprio eticamente e incompatível com o sistema principiológico da Constituição, apoiando-nos.

A acusação de ofensa à moralidade nas eleições deveria ser apurada à vista de todos, como ocorre com a representação baseada na Lei Complementar nº 64/1990, no processo-crime respectivo e como ocorria no recurso contra a expedição do diploma, a teor do inciso IV – antes de ser revogado pela Lei nº 12.891, de 11 de dezembro de 2013 – do art. 262, c/c os arts. 222 e 237, todos do Código Eleitoral, por dois motivos fundamentais: a) a publicidade dos atos processuais garante a plena aplicação do devido processo legal, constituindo-se em "valioso instrumento para asseguração do controle público da administração da justiça, e, consequentemente, da imparcialidade do juiz" (TUCCI; TUCCI, 1989, p. 72); e, b) a ação concerne a atos praticados em desfavor da coletividade, tendo por fim beneficiar candidato a mandato eletivo, atos esses, pois, que se relacionam com a vida pública de um político, não com sua vida particular, cuja privacidade deve ser respeitada.

O curso secreto da ação, fatalmente incompreendido pela maioria das pessoas, poderá importar no descrédito da Justiça, confundindo-as as notícias passadas pelos sujeitos parciais do processo.

O fato de se evidenciar, na ação, o interesse público, não obriga o segredo de justiça, impondo, ao contrário, muitas vezes, como na hipótese de que ora se cuida, que sejam públicos os atos processuais, a fim de que seja fiscalizada a conduta de tantos quantos participem do processo, evitando-se privilégios e perseguições.

Caminhará o processo, todavia, como de início exposto, em segredo de justiça, *ex vi* do dispositivo constitucional mencionado.

15.4.7. Juízo competente

A ação em foco tem curso perante a Justiça Eleitoral, por determinação expressa da Constituição (art. 14, § 10). Processar-se-á perante o juiz singular, da zona em que se efetivou a diplomação, ou, originariamente, perante o Tribunal Regional respectivo ou Tribunal Superior Eleitoral, consoante seja o órgão responsável pela expedição do diploma e por onde se processou o registro do candidato réu (CE, arts. 89 e 215).

O Tribunal Regional Eleitoral de São Paulo entendeu que, sendo réu o Prefeito, a causa deveria ser processada e julgada perante a Corte paulista, por força do disposto no art. 29, X, da Carta Política, que outorga ao Chefe do Executivo Municipal o direito de ser julgado pelo Tribunal de Justiça, competência esta, na hipótese sob exame, deferida ao Tribunal Regional Eleitoral, como resultado da interpretação sistemática da regra.

O Tribunal Superior Eleitoral, entretanto, acertadamente, ponderou que o dispositivo aludido incide tradicionalmente sobre as causas de natureza penal e, à míngua de previsão que enquadrasse o processamento da ação de impugnação de mandato eletivo em face de Prefeito na competência originária dos Tribunais Regionais, decidiu que dela tais Cortes só poderiam conhecer em grau de recurso.[246]

Do tema tratamos no CAPÍTULO 2, dedicado à organização e competência da Justiça Eleitoral (ver SUBITEM 2.2.2, p. 60).

15.5. CONDIÇÕES DA AÇÃO

15.5.1. Legitimidade de parte

15.5.1.1. Legitimidade ativa

Sem dúvida, têm legitimidade para propor a ação em pauta o Ministério Público Eleitoral, que no processo intervirá como fiscal da ordem jurídica, quando não for parte (CPC/1973, arts. 82, III, e 84; CPC/2015, arts. 178 e 279), os partidos políticos e os que tiverem concorrido ao pleito, selecionados ou não pela vontade popular, porque são legitimados para a impugnação de pedido de registro de candidato, como para a representação antes focada (AIJE). Evidentemente, quem pode provocar o reconhecimento de inelegibilidade de candidato, com a negação do seu registro, ou o cancelamento deste, se já feito, ou, ainda, com a declaração de nulidade do diploma, se já expedido (LC nº 64/1990, art. 15), bem como a inelegibilidade do representado para as eleições que se realizarem nos 8 anos subsequentes à eleição em que se verificou o ato objeto de representação (arts. 1º, I, "d", e 22, da mesma lei), pode promover, pelas mesmas razões, a ação de impugnação de mandato eletivo.

Com relação a outras pessoas, divergem os estudiosos.

Tito Costa (2010, nº 10.2.) entende que têm *legitimatio ad causam*, além dos mencionados, "qualquer eleitor, sem prejuízo de outras pessoas físicas, ou entidades como associações de classe, sindicatos, cujo interesse seja devidamente manifestado e comprovado e, assim, aceito pelo juiz da ação".

Joel J. Cândido (2012, p. 284, nº 12.2.1) discorda dessa colocação, ponderando que:

> Essa amplitude não condiz com a dinâmica célere e específica do Direito Eleitoral; enfraquece os partidos políticos; dificulta a manutenção do segredo de justiça do processado, exigido pela Lei Maior, e propicia o ajuizamento de ações temerárias, políticas, e sem fundamento mais consistente, também não tolerado. Por fim, por que essa legitimidade processual ativa mais abrangente, nesta fase de obtenção do mandato, se ela é restritiva na fase de obtenção da candidatura com o processo de registro? Como na ação de Impugnação a Pedido de Registro de Candidatura de mesma natureza jurídica, só que uma com carga mandamental impeditiva e, a

---

246. Ac. nº 11.951, Rel. Min. Hugo Gueiros, *in Cadernos de Direito Constitucional e Eleitoral*, 16/407.

outra, com carga mandamental desconstitutiva, são partes legítimas para propô-la o Ministério Público, os partidos políticos, as coligações e os candidatos, somente, eleitos ou não. Eventual interesse legítimo de terceiros estranhos a essas partes, materializado a ponto de ensejar uma demanda, pode ser canalizado a qualquer uma delas, por simples comunicação ou representação, acompanhada dos elementos de convicção da matéria de fato.

Participando da discussão, ousamos dissentir, com a devida vênia, do culto escritor sul-rio-grandense, cujas lições têm sido fundamentais na interpretação do Direito Eleitoral pátrio.

Aderimos à posição tomada pelo não menos eminente professor paulista porque, se não há nenhuma limitação específica de origem constitucional ou legal, deve prevalecer a possibilidade genérica que emerge da lei processual civil. As normas restritivas de direito não aceitam aplicação analógica com a ampliação do seu alcance: a legitimidade particularmente prevista para outras ações eleitorais não se impõe sobre a ação de impugnação de mandato eletivo.

Na advertência de Miguel Reale (1984, p. 294), a analogia "não tem emprego em todos os domínios do Direito, sendo inadmissível, em princípio, quando se tratar de regras de caráter penal, ou se as normas forem restritivas de direito ou abrirem exceções".[247]

O direito de ação, neste caso, genericamente concebido pela Constituição, deve ter condicionado o seu exercício às regras pertinentes ditadas pela legislação em vigor.

A identificação de quem tem legitimação ordinária para demandar se faz encontrando-se o titular da relação jurídica de direito material discutida.[248]

E quem exerce o poder por meio dos representantes que elege? A quem os eleitos representam no exercício do mandato que lhes foi passado por intermédio dos votos? Se se vê na AIME a natureza de ação popular, não há como negar ao cidadão legitimidade para ajuizá-la. Se ostenta o caráter de ação civil pública eleitoral, nem por isso a legitimação extraordinária deveria afastar a atuação individual, como não a afasta o TSE, vez que aceita a sua propositura pelas figuras elencadas no art. 22 da Lei de Inelegibilidades, dentre as quais o candidato (AgR-AI nº 94.192, Ac. de 24.3.2011, Rel. Min. Marcelo Ribeiro), eleito ou não.

Se não há previsão especial a respeito, dado o conteúdo abrangente da questão em debate, deve a todos ser reconhecido o direito à normalidade e legitimidade das eleições, permitindo-se que se oponham àquelas viciadas pelo abuso do poder, corrupção e fraude.[249] Ninguém é obrigado a fazer ou *deixar de fazer alguma coisa* senão em virtude de lei (CF, art. 5º, II).

Não há, aqui, pretensão simplesmente moral, porque a moralidade da eleição é o próprio bem jurídico tutelado (CF, art. 14, § 9º).

A esse respeito argumenta Fávila Ribeiro (NIESS, 1996, Prefácio):

---

247. Ver Emanuel Arraes de Alencar, "O Direito Eleitoral e o art. 4º da Lei de Introdução ao Código Civil" in *Revista Brasileira de Direito Eleitoral*, 4/70-80.
248. Ver, dentre outros, Vicente Greco Filho (2007, p. 81).
249. Vem a adotar a posição Edilson Alves de França (1997, p. 18).

É deveras incompreensível que se pretenda mutilar o cidadão de sua legitimidade para o exercício do direito de ação em matéria eleitoral, quando está ele diretamente vinculado a todo esse complexo de atividades, as quais dele dependem para se concretizarem.[250]

A adoção desse critério parece ter a vantagem de tornar mais vigilantes os partidos políticos, estimulando-os a uma fiscalização rigorosa da moralidade do pleito, para que não propiciem, com a inércia, a atuação que se lhe impõe, por tantos outros legitimados que aguardavam e provavelmente prefeririam sua iniciativa.

O segredo de justiça não corre maiores riscos, com a amplitude proposta, porque diz respeito ao processo, cabendo ao juízo por ele zelar. Além disso, as partes serão representadas por advogados, conscientes de seus deveres e qualquer abuso que eventualmente se verificar será passível de punição, nos termos da lei, de acordo com a configuração do ato condenável.

Também é punível aquele que propõe a ação de modo temerário, ou com manifesta má-fé (CF, art. 14, § 11, parte final).

O ajuizamento de ações infundadas, recriminado pelo Código de Processo Civil (CPC/1973, arts. 14 a 18; CPC/2015, arts. 77, II, e 80), dará margem ao indeferimento da inicial, sendo certo que esta deverá fazer-se acompanhar de um começo de prova; o temor de que venham a ser propostas não fica afastado se for outorgada a legitimação para agir apenas ao Ministério Público, aos partidos políticos e aos candidatos. De outro ângulo, a permissão apregoada, se aumenta a probabilidade de ações infundadas, aumenta também a possibilidade de ações bem propostas.

Aceite-se que o legislador possa restringir o rol dos legitimados à impugnação do mandato eletivo, selecionando-os, concentrando neles, mormente no Ministério Público, o encargo de defender os interesses da sociedade. Até que o faça, todavia, a restrição não é admissível, ao menos quando a AIME não vier fundamentada em abuso de poder econômico, mas em corrupção ou fraude a ele não ligadas, já que neste ponto se distancia da AIJE (ficando sem o apoio dos arts. 1º, I, "d", e 22 da LC nº 64/1990), da mesma forma que dela se distancia, como se viu, no tocante ao abuso unicamente do poder político, objeto desta e não daquela.

Às coligações também se faculta a propositura da ação. A Lei nº 9.504/1997, no art. 6º, § 1º, declara que a elas são atribuídas as prerrogativas e obrigações de partidos políticos no que respeita ao processo eleitoral.[251]

15.5.1.2. Legitimidade passiva

No polo passivo da relação processual estará, exclusivamente, o candidato que, favorecido com o abuso de poder econômico, corrupção ou fraude, tenha logrado diplomar-se, estando apto ao exercício do mandato, não sendo o caso de figurar como litisconsorte necessário a agremiação pela qual se candidatou.

---

250. Torquato Jardim também entende que a ação não poderá ser proposta por quem é apenas eleitor, conforme expõe no Ac. nº 11.835, de que foi relator, publicado na *Jurisprudência do Tribunal Superior Eleitoral*, v. 6, n. 3, p. 132-6, em que acolhe o parecer do Dr. Aristides Junqueira Alvarenga, então Procurador-Geral Eleitoral.

251. A respeito dos institutos de Direito Eleitoral aqui examinados, fica recomendada a obra organizada por Alberto Rollo (2010).

A respeito já se pronunciou o Tribunal Superior Eleitoral, pelo voto do Ministro Hugo Gueiros, deixando assentado que:

> Inexistindo a comunhão de direitos ou obrigações, e não derivando tais direitos ou obrigações do mesmo fundamento, excluído está o litisconsórcio, no que concerne à ação de impugnação de mandato. Cabível, no entanto, a legitimação do partido como assistente, se e enquanto manifestar interesse em que a sentença seja favorável ao assistido (art. 50 do CPC).[252]

Destarte, o partido político a que se filia o réu, dado seu interesse no desacolhimento, pela sentença, da impugnação formulada pelo autor, poderá intervir no processo na qualidade de assistente simples do réu.[253]

Voltando-se o autor contra a eleição do Presidente da República, de Governador de Estado ou de Prefeito, a ação será proposta com relação também ao respectivo vice; se o mandato impugnado for de Senador, deverão figurar, na condição de corréus, seus suplentes.[254] Isto inobservado, com base no art. 47, parágrafo único, do CPC/1973 (CPC/2015, art. 114, parágrafo único), cabe a intervenção *iussu iudicis*.

Sem dúvida, eleitos os candidatos a titular e a vice ou a Senador e suplentes, com os mesmos votos, à vista da indivisibilidade da chapa que formaram,[255] a fraude, a corrupção e/ou o abuso de poder econômico terão maculado a eleição comum, sendo todos igualmente afetados pela decisão judicial.

Tem o vice (como os suplentes de senador), pois, o direito de ser convocado para contestar amplamente as acusações constantes da inicial, e que põem em risco o seu cargo, na mesma medida em que é atacado o mandato do seu companheiro de chapa.

Compondo os candidatos a vice e os suplentes aludidos com os titulares um litisconsórcio passivo *necessário unitário*, não há como se entender possa a ação ser considerada corretamente ajuizada apenas contra o titular. Neste caso, a propositura da ação de impugnação de mandato eletivo se dará incompletamente, tanto que o Código de Processo Civil, no preceito citado, ordena a extinção do processo, sem julgamento de mérito, quando os litisconsortes imprescindíveis não forem chamados a integrar a demanda. Um processo com parcela de partes não se instaura validamente; se a relação jurídica processual exige, obrigatoriamente, mais de um réu no seu polo passivo, a presença de um só deles será insuficiente para fazer o processo cumprir sua finalidade. O autor não tem ação com relação ao Presidente, ao Governador ou ao Prefeito, isoladamente, mas *necessariamente*, apenas em face de qualquer deles e seu vice, *em conjunto*, ou do Sena-

---

252. TSE, AI nº 9.557/SP, Rel. Min. Hugo Gueiros, j. em 9.6.1992, *DJ* de 17.8.1992 (ao art. 50 do CPC/1973, citado na transcrição supra, corresponde o art. 119 do CPC/2015). No mesmo sentido EDAgRgREspE nº 33.498/PE, Rel. Min. Ricardo Lewandowski, j. em 23.4.2009, *DJe* de 12.5.2009; Decisão monocrática do Min. Marcelo Henriques Ribeiro de Oliveira, proferida no RO nº 83.942/RJ, publicada na Sessão de 16.11.2010.

253. Como lembra Adriano Soares da Costa (1995, p. 193, nota 15), *a legitimação assistencial do partido político resulta do fato de os efeitos reflexos da sentença, em caso de derrota do candidato eleito, atingirem a relação de direito material eleitoral do réu com o partido, com consequências prejudiciais a este*.

254. Neste sentido o TSE: Acórdão de 15.6.2000, proferido no REspE nº 15.658/MA, Rel. Min. Maurício Corrêa; Ac. de 17.5.2011, no AgR-AI nº 254.928, Rel. Min. Arnaldo Versiani; RCED nª 703, Ac. de 28.5.2009, Rel. Min. Felix Fischer.

255. Vide arts. 2º, § 4º, e 3º, § 1º, da Lei nº 9.504/1997.

dor e seus suplentes. Intentada em face apenas do titular, portanto, a ação somente será considerada regularmente proposta uma vez superada a apontada falha, o que a torna inviável se à época da determinação do juízo tendente a suprir a omissão da inicial, a decadência já se tiver operado, mostrando-se tardia a intervenção.

Uma interpretação à luz da sistemática empregada pelo legislador de 1973 não leva a outra conclusão.

O art. 282 do estatuto instrumental civil pátrio de 1973 (CPC/2015, art. 319, II), impõe ao autor indicar, na inicial, o nome completo e a qualificação de quem se encontra no polo passivo da relação jurídica processual.

O parágrafo único do art. 47, do mesmo diploma (CPC/2015, art. 115, parágrafo único), dispõe, claramente, que o "juiz ordenará ao autor que promova a citação de todos os litisconsortes necessários, dentro do prazo que assinar, sob pena de declarar extinto o processo", o que significa que, ajuizada a ação relativamente a um dos litisconsortes, não se a considera proposta, automaticamente, com relação aos demais, ainda que indispensáveis, pois, se assim fosse, o juiz determinaria, de imediato, a citação, e não apenas ordenaria que o autor a promovesse, sob pena de extinção. E "promover a citação" significa *requerê-la*,[256] bem como zelar para que se faça no prazo. É que ninguém pode ser compelido a aforar o processo contra quem quer que seja,[257] salvo em obediência a dever imposto pela função que exerce.

Por isso mesmo já se decidiu que "citado litisconsorte necessário muito tempo depois de completo o prazo decadencial, impõe-se a extinção do processo nos termos do art. 269, IV, do Código de Processo Civil".[258]

Coincide com esta exposição o pensamento esposado, à unanimidade, pelo egrégio Tribunal Superior Eleitoral, conforme faz ver o Acórdão proferido no Agravo Regimental no Processo nº 14.979/DF, Relator Ministro Marco Aurélio, assim ementado:

AÇÃO DE IMPUGNAÇÃO A MANDATO – LITISCONSÓRCIO – NATUREZA – PRAZO DE DECADÊNCIA. Nas eleições em geral, o voto atribuído ao candidato beneficia, automaticamente, o vice que com ele compõe a chapa. Evocado na ação de impugnação ao mandato – § 10 do art. 14 da CF – vício capaz de contaminar os votos atribuídos à chapa, impõe-se a observância do litisconsórcio necessário unitário, devendo a ação, dirigida contra ambos os mandatos, estar ajuizada no prazo decadencial de quinze dias.
LITISCONSÓRCIO NECESSÁRIO UNITÁRIO – CITAÇÃO DOS LITISCONSORTES – ATUAÇÃO DE ÓRGÃO INVESTIDO DO OFÍCIO JUDICANTE – DECADÊNCIA. O que previsto no parágrafo único do art. 47 do CPC – determinação no sentido de o autor vir a promover a citação de todos os litisconsortes necessários – pressupõe não esteja consumada a decadência. Deixando o autor para ajuizar a ação no último dia do prazo fixado, o fazendo de modo incompleto, descabe a providência, no que jungida à utilidade. O preceito não tem o condão de ressuscitar prazo decadencial já consumado.[259]

---

256. STJ, RMS nº 42/MG, Rel. Min. Athos Carneiro, 4ª Turma, j. em 30.10.1989, *DJ* de 11.12.1989.
257. STJ, AgRg no Ag nº 4.501/SP, Rel. Min. Waldemar Zveiter, 3ª Turma, j. em 11.9.1990, *DJ* de 9.10.1990.
258. *RTJESP* 113/443. Ao art. 269, IV, do CPC/1973, citado na transcrição, corresponde o art. 487, II, do CPC/2015.
259. J. em 2.5.1995, *DJ* de 26.5.1995. Em contrário, decisão do mesmo Tribunal, com outra composição, por maioria, que não reconheceu ao Vice-Governador a qualidade de litisconsorte necessário na ação pela qual foi impugnado o mandato do Governador (RO nº 11.640/PR, Rel. Min. Flaquer Scartezzini, j. em 8.3.1994, *DJ* de 8.4.1994). Mas prevalece o primeiro entendimento. A propósito a judiciosa decisão do Min. Arnaldo Versiani proferida

Havendo, como no caso há, litisconsórcio necessário unitário, a relação litigiosa deve ser resolvida de modo uniforme para os coligantes, sendo imperativa a convocação de todos ao processo.

15.5.2. Interesse de agir

O interesse de agir, ou interesse processual, secundário em relação ao interesse substancial, como explica Liebman (1984, p. 155), decorre da *necessidade* que tem o autor de buscar no provimento jurisdicional a proteção do seu interesse primário, aqui focado na lisura do pleito, pela via própria posta à sua disposição.

Evidencia-se, assim, o interesse na propositura da ação impugnatória, porque esta é o meio constitucional necessário e adequado para perseguir o fim anunciado no rótulo que a identifica; não desaparece se o parlamentar ou o administrador desiste do mandato no curso do processo, porquanto independentemente de ter sido conseguido o afastamento pretendido e ser este o objetivo primordial da ação, sob a ótica do art. 14, § 10, da Constituição Federal, o provimento postulado mantém-se útil, visando a impedir no prazo legal, nova candidatura do réu que exerceu o mandato irregularmente (CF, art. 14, § 9º, c/c LC nº 64/1990, art. 1º, I, "d"), do que, com a desistência, queria safar-se premiando-se na burla à lei.

Aliás, tratando-se de renúncia de Deputado Federal ou Senador, contém a Constituição regra expressa trazida pela Emenda Constitucional de Revisão nº 6/1994 (art. 55, § 4º), consoante a qual o ato, quando praticado por parlamentar submetido a processo que possa levar à perda do mandato nos termos do art. 55, terá seus efeitos suspensos até as deliberações finais de que tratam os seus §§ 2º e 3º.

Contudo, extinto o mandato e decorrido o prazo de inelegibilidade previsto em lei (8 anos seguintes à eleição para a qual o réu fora diplomado), deixa de existir essa condição da ação (perda superveniente do interesse processual, muito difícil de ocorrer atualmente, diante da extensão dos prazos de inelegibilidade e da duração razoável do processo), tornando-se o autor dela carecedor, porque não mais persegue um provimento útil.

15.5.3. Possibilidade jurídica do pedido

Esta condição da ação não incentiva maiores indagações, eis que decorre do próprio texto constitucional. Tendo havido a diplomação dos eleitos e fundada a ação no abuso do poder econômico, na corrupção ou na fraude, cabível, juridicamente, o pedido de afastamento do réu do mandato irregularmente conquistado (cassação do mandato).

15.6. PROCEDIMENTO

A questão do procedimento da AIME foi enfrentada sob as regras do CPC de 1973, razão pela qual em relação a ele será aqui avaliada, anotando-se, porém, que o CPC

---

no REspE nº 36.272/GO, em 18.12.2009, na qual cita inúmeros precedentes alusivos ao litisconsórcio necesário unitário, nas mesmas condições, em ação cautelar, em AIJE, em AIME e em RCED.

de 2015, no lugar dos procedimentos ordinário e sumário, instituiu procedimento comum único, no seu art. 318, não restando prejudicadas as considerações a seguir em face da nova previsão.

O art. 271 do Código de Processo Civil de 1973 declara que, no processo de conhecimento, a todas as causas, salvo disposição em contrário, aplica-se o procedimento comum, e o art. 272 esclarece que o procedimento comum se biparte em ordinário e sumário, aplicando-se a este último e aos procedimentos especiais as disposições que lhe são próprias e, subsidiariamente, as disposições gerais do procedimento ordinário.

Do exposto compreende-se, segundo o estabelecido pelo citado Código, que uma das formas pelas quais se expressa o procedimento comum – o ordinário – tem ampla aplicação: adotam-no todas as causas que não têm procedimento peculiar, bem como as que o tem, desde que as normas do procedimento ordinário não colidam com as que lhe são próprias.

Podemos destacar no rito ordinário, estruturalmente, cinco fases: a postulatória, a ordinatória, a probatória, a decisória e a executória, esta última antes concebida no Código Buzaid como um processo autônomo.

O ordinário é o mais longo dos procedimentos do processo civil comum e, por isso, sempre nos pareceu incompatível com o princípio da celeridade que acentuadamente norteia o Direito Eleitoral, embora nele tenha aplicação subsidiária.

Reconheceu, no entanto, a Corte Superior da Justiça Eleitoral, inicialmente, que esse seria o modelo procedimental a ser observado na ação de impugnação de mandato eletivo (AIME), sob o fundamento de que, de acordo com o Código de Processo Civil, de aplicação subsidiária no Direito Eleitoral, verificada a ausência de previsão de outro procedimento, a todas as causas aplica-se o procedimento ordinário nele descrito.

Mas a observância desse rito pela ação de impugnação de mandato eletivo não refletia a melhor solução, contrariando os reclamos de parte da doutrina especializada.

Urgia, pois, fosse alterado, pelas seguintes razões:

a) a correta edução pretoriana, no sentido de que a falta de outro procedimento possível ordenava a aplicação do procedimento comum *ordinário*, deveria ter por referência, não o CPC, e, sim, a legislação eleitoral, aplicáveis as regras do processo comum apenas supletivamente, o que era plenamente atendido pela LC nº 64/1990, ao traçar o roteiro da ação de impugnação a pedido de registro de candidato (AIRC), descrevendo o figurino adequado para se atingir diploma já expedido – e o mandato dele decorrente – como gizado no seu art. 15. Assim, da conjugação das determinações provenientes da Constituição Federal com as previsões pertinentes da Lei Complementar nº 64/1990, e, supletivamente, do Código de Processo Civil, é que o procedimento adequado à ação em estudo, ou seja, o procedimento ordinário eleitoral deveria exsurgir.

Dessa investigação surgiu, como tal – procedimento ordinário (ou procedimento *comum* – CPC/2015, art. 318) eleitoral –, aquele anteriormente mencionado que, por suas características, foi assim selecionado pelo Tribunal Superior Eleitoral, à falta de previsão específica.

Com efeito, não se poderia aplicar o rito previsto pela Lei Complementar nº 5/1970, expressamente revogada pelo art. 28 da Lei Complementar nº 64/1990, nem qualquer outro rito especial, sem lei que o mandasse aplicar, a menos que fosse, dentre os já existentes, eleito um como o procedimento comum, sob pena de prevalecer, diante do sistema processual reinante, a aplicação do procedimento ordinário do processo civil comum, à toda evidência inadequado. Por isso, por indicação da Corte Máxima da Justiça Eleitoral, o Direito Processual Eleitoral passou a ter, reconhecidamente, um procedimento ordinário, aplicável à ação de impugnação de registro de candidato, à ação de impugnação de mandato eletivo e a todo processo judicial que tenha curso na Justiça Eleitoral e para o qual não estiver previsto procedimento especial;

b) o princípio da ampla defesa fica resguardado mesmo não sendo observado o rito ordinário do processo comum, porque também rege o processo, notadamente e de modo mais marcante no âmbito eleitoral, o princípio da celeridade da Justiça, no caso da AIME de aplicação destacadamente imprescindível, sob pena de frustrar-se o desiderato constitucional. Fosse verdadeira a assertiva segundo a qual a adoção do rito da Lei Complementar nº 64/1990 prejudicaria o amplo direito de defesa do réu, a objeção compreenderia a própria ação de impugnação a pedido de registro de candidato por seguir o procedimento rejeitado, sem que houvesse notícia de qualquer decisão nesse sentido dos tribunais eleitorais. Também não seguiram o rito ordinário, do processo comum, a representação da Lei Complementar nº 64/1990, o recurso contra a diplomação e, no processo civil os procedimentos sumário e especiais, bem como o adotado nos juizados de pequenas causas, sem que fosse ofendida a Constituição;

c) na lição de Couture (1997, p. 15, nota 2), o silêncio do legislador não poderia ser recebido com um significado que atentasse contra o espírito da Constituição. Se a Lei Suprema previra a ação com a finalidade de restaurar a legitimidade das eleições, com este fim certamente não se compatibilizava o caminhar mais longo contemplado pelo direito processual comum, obliterando a atuação eficaz da norma superior.

O rumo tomado pela jurisprudência, como se vê, colidia com a proposta constitucional. Vários réus terminaram seus mandatos antes que os julgamentos dessas ações pudessem surtir o efeito desejado, observada a ordem legal então em vigor.

De se consignar, ademais, que esse procedimento não açambarcava a fase recursal, o que fazia com que o processo de conhecimento se desenvolvesse na instância originária sob a regência da legislação comum (Código de Processo Civil) e na instância recursal sob o comando da legislação eleitoral (Código Eleitoral).

A partir da Resolução nº 21.634, de 19 de fevereiro de 2004, o Tribunal Superior Eleitoral, por iniciativa do Relator Ministro Fernando Neves, acabou por prestigiar a sugestão doutrinária, decidindo que o rito ordinário (ou *comum*, na linguagem do CPC/2015, art. 318) que deve ser observado na tramitação da ação de impugnação de mandato eletivo, até a sentença, é o da Lei Complementar nº 64/1990, não o do Código de Processo Civil, cujas disposições são aplicáveis apenas subsidiariamente.

Uma observação: se o réu não contestar a ação não se reputarão verdadeiros os fatos afirmados pelo autor, porque não existe presunção de abuso de poder econômico, corrupção ou fraude, deixando claro o texto constitucional que o processo deverá ser instruído com a prova do vício que contaminou a eleição. A presunção conquanto relativa, é a de normalidade e legitimidade das eleições.

15.7. INELEGIBILIDADE DERIVADA DA CASSAÇÃO DO MANDATO DO RÉU

É o abuso de poder, não a via pela qual é arguido, que dá azo à inelegibilidade.

Declara o art. 1º, I, "d", da LC nº 64/1990, que são inelegíveis para qualquer cargo, "os que tenham contra sua pessoa representação julgada procedente pela Justiça Eleitoral, em decisão transitada em julgado ou proferida por órgão colegiado, em processo de apuração de abuso do poder econômico ou político, para a eleição na qual concorrem ou tenham sido diplomados, bem como para as que se realizarem nos 8 (oito) anos seguintes".

É certo que as normas restritivas de direito não comportam interpretação extensiva.

Mas o texto retro transcrito não menciona que a *representação* a que se refere é, exclusivamente, a tratada no art. 22 da mesma lei, nem a esta confere conotação meramente administrativa, mas jurisdicional, apesar da denominação que lhe deu.

A ação de impugnação de mandato eletivo, acolhida pela Justiça Eleitoral em processo de apuração de abuso de poder econômico, identifica-se, com a representação[260] mencionada, porque gera o processo legalmente reclamado, com a presença dos requisitos assinalados: ação cujo pedido, fundado em abuso de poder econômico, é julgado procedente pela Justiça Eleitoral, em decisão transitada em julgado ou proferida por órgão colegiado.

Além disso, a referência a candidato *diplomado* já expandia o campo de incidência do art. 1º, I, "d", da Lei Complementar nº 64/1990, para além da investigação judicial, limitado, originariamente, com redação contemporânea ao texto do § 10 do art. 14 da Constituição, pelos incisos XIV e XV do art. 22, da mesma lei, abrangendo a ação impugnatória. Dizia o inciso XV que se a representação fosse julgada procedente após a eleição do candidato deveriam ser remetidas cópias de todo o processo ao Ministério Público Eleitoral, *para os fins previstos no* art. 14, §§ 10 e 11, da Constituição Federal, e art. 262, IV, do Código Eleitoral, referindo-se à ação de impugnação de mandato e ao recurso contra a expedição de diploma. Se o julgamento da representação antes das eleições produzia efeitos quanto à inelegibilidade, não poderia deixar de produzi-los a ação dela oriunda dando-se o julgamento da representação após elas.

Ademais, a diversidade do instrumental – ação de investigação judicial eleitoral e ação impugnatória de mandato eletivo – não altera a substância do mal repudiado e a sua consequência que, ética e logicamente, deve resultar de sua apuração por qualquer das vias, até porque o comando da Constituição, contido no § 9º do art. 14, não pode ser evitado no seu § 10. Não vemos como se possa tirar desse contexto a ilação de que a interpretação restritiva não autoriza esta conclusão.

O que faz a Constituição é prever que *após a diplomação* o abuso de poder econômico causa a *perda de mandato*, situação que ultrapassa a fase do caminhar das eleições,

---

260. No âmbito do processo judicial, o direito de petição e, pois, o de representação, se exerce processualmente, ou seja, pelo exercício do direito de ação (V. Ac. TSE nº 12.066, de 10.9.1991, REspE nº 9.349/SP, itens 31 e 33, Rel. Min. Sepúlveda Pertence). Aliás, por isso, a referida "representação" também agasalha a ação impugnatória de registro de candidato (V. Ac. TSE, REspE nº 11.082/MG, Rel. Min. Flaquer Scartezzini, *DJ* de 15.4.1994).

mas que indubitavelmente não nega que tenha sido *irregularmente percorrida*, e, portanto, por se tratar de candidato *eleito e já diplomado*, a apuração do abuso há de ser feita em segredo de justiça, o que ficava bem claro na redação primitiva dos incisos XIV e XV do art. 22 da LC nº 64/1990, o que se explica pelo intuito do constituinte de preservar a imagem do candidato eleito, mas que, como expusemos, não se justifica. E mais: esclarece que, tendo em vista o vínculo do vício com dita fase, a competência para conhecer a causa é da Justiça Eleitoral, embora proposta a ação depois da diplomação que era tida em 1988, mais estreitamente do que depois passou a ser exatamente em razão do preceito em pauta, como limite de sua competência, temendo-se que, à falta desse esclarecimento, pudesse não ser deferida à Justiça Especial o processamento e julgamento da ação pela legislação inferior.[261]

Ou seja, a *Lex Legum* cuidou, no § 10 do art. 14, de criar um meio específico para combater, na Justiça Eleitoral, após a diplomação, o abuso de poder econômico, que motiva a inelegibilidade apontada no § 9º. Não criou a ação de impugnação de mandato eletivo para excluir a inelegibilidade que mandou a lei complementar estabelecer.

O abuso de poder, na AIME, é o mesmo que enseja a representação da LC nº 64/1990, mudando, apenas, o momento (após a diplomação) da propositura da ação e o seu procedimento, o que não pode imunizar o abusador contra a inelegibilidade prevista na Constituição e regulada por lei complementar.

O Tribunal Superior Eleitoral, todavia, não tem entendido assim: "O entendimento desta Corte para as Eleições 2012 é o de que somente as condenações por abuso de poder apreciadas em representações previstas no art. 22 da referida lei complementar ensejam a incidência da mencionada causa de inelegibilidade."[262]

Nesse julgado, porém, o Relator reservou-se o direito de rever essa posição.

Outra decorrência da decisão que acolhe o pedido formulado na AIME, após transitar em julgado, é a realização de nova eleição, em se tratando de candidato eleito em pleito majoritário, a teor do § 3º incluído no art. 224 do Código Eleitoral pela Lei nº 13.165, de 2015: "A decisão da Justiça Eleitoral que importe o indeferimento do registro, a cassação do diploma ou a perda do mandato de candidato eleito em pleito majoritário acarreta, após o trânsito em julgado, a realização de novas eleições, independentemente do número de votos anulados". Essa eleição, na previsão do § 4º do mesmo artigo, será direta, salvo se a vacância do cargo ocorrer a menos de 6 meses do término do mandato.

Rodrigo Nóbrega Farias (2005, p. 155), em monografia sobre a ação de impugnação de mandato eletivo, assevera:

> Por fim, cumpre ressaltar que, ao contrário do posicionamento de Pedro Henrique Távora Niess (*Ação de Impugnação de Mandato Eletivo*, Bauru: Edipro, 1996, p. 90), a inelegibilidade

---

261. Exemplos: Consulta nº 8.914/DF, Resolução TSE nº 13.926, de 12.11.1987, Rel. Min. José Francisco Rezek, *DJ* de 14.12.1987, p. 28510; MS nº 638/DF, Acórdão nº 7.972, de 19.3.1985, Rel. Min. Sérgio Gonzaga Dutra, *DJ* de 15.4.1985; REspE nº 1.663/PA, Acórdão nº 3.024, de 16.9.1959, Rel. Min. Plínio de Freitas Travassos, *BEL – Boletim Eleitoral*, v. 108, t. 1, p. 432.

262. TSE, AgR-REspE nº 23.524/SP, Relator Min. Dias Toffoli, j. em 8.10.2013, *DJe*, t. 212, de 6.11.2013. Em sede doutrinária Marcus Cléo Garcia e Sheila Brito de Los Santos acolhem nossa ideia, ficando recomendada a leitura do bem elaborado estudo intitulado "A ação de impugnação de mandato eletivo" (2008).

atinge todos os candidatos beneficiados pela prática do ilícito eleitoral, tenham ou não sido responsáveis pelo mesmo, posto que não se trata de pena, mas sim de uma restrição de natureza política.

Todavia, em nossa mesma obra por ele lembrada, consta:

> Pela ação impugnatória não se discute a dignidade ou a indignidade do réu, mas a legitimidade ou não de seu mandato: se foi eleito ou conquistou a suplência em decorrência de manobra ilícita, irrelevante tenha esta ocorrido *com ou sem sua anuência* (p. 18, penúltimo parágrafo). (Grifo nosso)

Portanto, não há, neste aspecto, a discordância denunciada por Farias. Se o mandato não foi legitimamente alcançado, o eleito não deve exercê-lo, como asseveramos. Ainda no texto criticado por Farias (NIESS, 1996, p. 90), lê-se:

> Por fim, observe-se que a punição da inelegibilidade trienal somente deverá ser aplicada ao político que tiver cassado o mandato que exerce (ou que está na expectativa de exercer) se este, por ação ou omissão, for responsável pelo abuso hostilizado, não se dele tão somente se houver beneficiado, não obrando com culpa: embora sua eleição se ressinta do pecado que não cometeu, nada justifica consequência que extrapole os limites da disputa ilegítima.

O que aí foi dito, pois, é que a eleição de alguém, resultante de ato abusivo, não deve prosperar (independentemente, agora, da sua potencial influência no resultado do pleito). Porém, se o eleito não participou do abuso, ignorando sua prática, não deve ser considerado inelegível *para as eleições seguintes* (na época "inelegibilidade trienal"), porque seria injustificadamente punido com a restrição dos seus direitos políticos em relação às eleições futuras. E esta continua parecendo uma boa conclusão, notadamente, agora, diante do novo regramento que disciplina a matéria estendendo o período da inelegibilidade.

Imaginemos que o parente de um candidato, comprovadamente contrariando suas orientações, movido exclusivamente por sua vontade, faça, em favor deste, promessas ilícitas de vantagens econômicas ao seu vizinho, buscando conquistar-lhe o voto. Não se apresenta consentâneo com os fins sociais e políticos da lei, ou seja, não será justo nem sequer razoável que o candidato, em virtude da ação de outrem, por ele indesejada e ignorada, fique inelegível nos 8 anos seguintes ao cometimento desse abuso do poder econômico.

Esta, aliás, na essência, foi a posição assumida pelo Tribunal Superior Eleitoral no julgamento do anteriormente citado Recurso Especial Eleitoral nº 69.541, realizado em 19 de maio de 2015, no qual, por aplicação do art. 22, XIV, da LC nº 64/1990, manteve a decisão do TRE/GO que, cassando, embora, o diploma do Vice-Prefeito a ele não estendeu a inelegibilidade para eleições vindouras declarada relativamente ao Prefeito candidato à reeleição, porquanto somente este praticara o ato ilícito que a causara.[263]

---

263. "Abuso do poder político. Configura grave abuso do poder político a expedição de decreto pelo prefeito candidato à reeleição, a menos de 15 dias do pleito, reduzindo a jornada dos servidores comissionados, quiçá dos contratados, sem reduzir os vencimentos, para participarem de campanhas eleitorais, o que provocou situação ilegal de privilégio na disputa, interferindo no processo eleitoral de 2012, em manifesta contrariedade ao princípio da impessoalidade e da eficiência. [...] Cassação de diploma do vice-prefeito. O mero benefício é suficiente para cassar o registro ou o diploma do candidato beneficiário do abuso de poder, nos termos do art. 22, inciso XIV, da LC nº 64/1990, segundo o qual, 'além da cassação do registro ou diploma do candidato dire-

15.8. PERDA DA FUNÇÃO LIGADA AO FORO POR PRERROGATIVA DE FUNÇÃO

Com o cancelamento, pelo Supremo Tribunal Federal, da Súmula nº 394, cometido o crime durante o exercício funcional deixa de prevalecer a competência especial por prerrogativa de função após a cessação daquele exercício (Inquérito nº 687/SP – Questão de Ordem, Relator Ministro Sydney Sanches). É o que ocorre com quem é despojado do mandato eletivo que (indevidamente) cumpria.

15.9. A CIVILIDADE E A PRÁTICA DOS ATOS PROCESSUAIS

Espera-se de todos que atuam no processo, em geral, o comportamento polido que a boa educação exige, seja qual for a condição na qual dele participem. Esta expectativa alcança a crítica aos atos realizados, bem como à jurisprudência e à doutrina contrárias ao entendimento de quem a faz, que nada ganha com a deselegância. Sobre esse comportamento, assim se expressa Manuel Alceu Affonso Ferreira:

> Dir-se-á, não sem razão, que as grosserias são fruto de uma deficiente educação, pelo que os seus atamancados autores merecem sumárias absolvições. Nesta perspectiva, visto resultante do ambiente familiar, a descortesia seria desculpável, restando pois aos vitimados aceitarem a impolidez como fato irreparável. Assim não penso. Objetivando ressuscitá-la é sim possível e desejável investir na cordialidade forense.[264]

A essa postura respeitosa do crítico – seja o advogado, o magistrado ou o membro do Ministério Público – em relação às diversas correntes e às variadas formulações sobre os temas jurídicos que aborda, Ives Gandra atribui a qualificação de *admirável*, "num mundo em que mesmo os gênios não escondem suas vaidades, seus rancores e suas idiossincrasias".[265]

---

tamente beneficiado pela interferência do poder econômico ou pelo desvio ou abuso do poder de autoridade ou dos meios de comunicação'. A declaração de inelegibilidade é que pressupõe a prática de ato ilícito, razão pela qual o Regional não a declarou em relação ao vice-prefeito. Precedentes. Recursos desprovidos" (REspE nº 69.541-Planaltina/GO, j. em 19.5.2015, Rel. Min. Gilmar Ferreira Mendes, *DJe*, T. 120, 26.6.2015, p. 246-8). Com a igual intenção de não derruir os direitos dos inocentes, o legislador, na reforma eleitoral de 2015, incluiu o § 11 no art. 96 da Lei das Eleições, em consonância com o qual o descumprimento das disposições legais pelo candidato não origina a responsabilidade do seu partido mesmo na hipótese de esse ter se beneficiado da conduta, *salvo quando comprovada a sua participação*.

264. Funeral da Cordialidade. *Revista da CAASP*, n. 14, ano 3, seção Opinião, 2014.
265. MARTINS, Ives Gandra da Silva. Prefácio do livro *Direito Tributário Brasileiro*, de Luciano Amaro, São Paulo: Saraiva.

16 RECURSOS ELEITORAIS E REMESSA NECESSÁRIA

16.1. CONCEITO DE RECURSO

O direito de recorrer vem expresso na Constituição Federal: a organização do Poder Judiciário, com a distribuição das competências, deixa clara sua incidência; a Justiça Eleitoral é nela projetada enfocando a existência de recursos; o direito fundamental à ampla defesa abrange os recursos a ela inerentes, observado o princípio do contraditório.[266]

Recurso é o meio posto à disposição das partes, do Ministério Público quando, não sendo parte, atua como *custos legis,* ou de terceiros prejudicados, para obter, no mesmo processo em que é proferida, a nulidade de uma decisão inválida ou a reforma de uma decisão que não lhes convém, considerada injusta. No caso dos embargos de declaração, estes têm por alvo completar uma decisão omissa, ou esclarecê-la porque obscura, ou, ainda, desfazer a contradição que nela se contém. O recurso é um prolongamento do direito de ação e se insere no amplo direito de defesa.

A decisão monocrática ou colegiada que refletir o julgamento do recurso somente produzirá, por força do efeito devolutivo, a anulação ou a reforma pleiteada se à irresignação der provimento integral ou parcial, caso contrário permanecerá intacta a decisão invectivada. De seu turno, o recurso, para ser eficaz, deve atacar os fundamentos da decisão que sustentam, no ponto recorrido, a decisão vergastada, sem deixar escapar nenhum deles que seja suficiente, por si só, para mantê-la, porque sem propósito será examinar a insurgência sem potencial para, em razão do efeito devolutivo, modificar o resultado da decisão desafiada. Por exemplo, se o pedido de registro de candidato foi impugnado por falta de oportuna filiação partidária e ausência de certidão da quitação eleitoral, sendo acolhidas, pelo julgador, ambas as alegações, será imprestável o recurso para reformar a decisão se o recorrente se abstiver de debater, fundamentadamente, sobre a questão da filiação partidária oportuna, atendo-se somente à comprovação da quitação eleitoral.

---

266. Ver a) CF arts. 98, I; 102, II e III; 105, II e III; 108, II; 112. b) CF, art. 121, § 3º, 2ª parte, e § 4º. c) CF, art. 5º, LV. A Convenção Interamericana de Direitos Humanos (Pacto de San José da Costa Rica), de 1969, proclama, no art. 8º, nº 2, alínea "h", o duplo grau de jurisdição, no processo penal: "Toda pessoa acusada de um delito tem direito a que se presuma sua inocência, enquanto não for legalmente comprovada sua culpa. Durante o processo, toda pessoa tem direito, em plena igualdade, às seguintes garantias mínimas: [...] h) direito de recorrer da sentença a juiz ou tribunal superior".

16.2. CONDIÇÕES DO RECURSO[267] E FUNGIBILIDADE RECURSAL

A legitimidade para recorrer não se confunde com a legitimidade para ação, pois se a sentença declara que o autor é parte ilegítima para propô-la, tem ele legitimidade para, recorrendo, buscar no tribunal o reconhecimento da legitimidade (para a ação) negada, independentemente de vir ou não a lograr sucesso no seu intento.

Em consonância com a Súmula nº 11 do TSE "no processo de registro de candidatos, o partido que não o impugnou não tem legitimidade para recorrer da sentença que o deferiu, salvo se se cuidar de matéria constitucional".

A súmula fala especificamente em partido, mas abrange a coligação e o candidato, não, porém, o Ministério Público Eleitoral, porque este órgão, se não é parte na impugnação ao pedido de registro de candidato, nela oficia como fiscal da lei e, como tal, pode recorrer.

O Tribunal Superior Eleitoral não via a questão desse modo, negando ao Órgão Ministerial legitimidade para recorrer da decisão que deferisse o registro quando não o houvesse impugnado, mas alterou sua posição, ajustando-se ao apropriado entendimento da Suprema Corte.[268]

Possui legitimidade para recorrer, pois, a parte, o Ministério Público Eleitoral, quando, não sendo parte, oficiar na condição de fiscal da lei, e o terceiro prejudicado.

É, por exemplo, terceiro prejudicado, legitimado para pleitear a nulidade da decisão recorrida, aquele que devendo ter participado do processo como litisconsorte necessário não foi chamado a nele intervir: na representação por abuso de poder, o candidato a Vice-Presidente, Vice-Governador ou Vice-Prefeito, forma com o candidato a titular do cargo majoritário, com quem concorre em chapa indivisível, um litisconsórcio necessário.

Também aquele que poderia ter ingressado no feito como assistente litisconsorcial, dele participando, então, na condição de parte, pode recorrer, como terceiro, na ação proposta por outro legitimado, como é o caso do candidato classificado em segundo lugar em pleito majoritário.[269]

---

267. A expressão "condições do recurso" é utilizada, dentre outros juristas, por Alexandre Freitas Câmara (2012, p. 71, item 1.3.1.) e Vicente Greco Filho (1995, p. 303, item 61).

268. **A) Visão antiga do TSE**: "[...] O Ministério Público Eleitoral não possui legitimidade para recorrer da decisão que deferiu o registro porque não o impugnou no momento oportuno, atraindo a incidência da Súmula 11 do TSE." (AgRgAI nº 35.425/PB, Rel. Min. Laurita Hilário Vaz, j. em 24.6.2014, DJe, t. 158, de 26.8.2014). **B) Visão do STF**: "Recurso Extraordinário – Matéria eleitoral – Legitimidade do Ministério Público para recorrer de decisão que defere registro de candidatura, ainda que não haja apresentado impugnação ao pedido inicial – Recurso a que se nega movimento – Repercussão geral – Fixação da tese a partir das Eleições de 2014, inclusive." (AgRE nº 728.188/RJ, Rel. Min. Ricardo Lewandowski, Tribunal Pleno, j. em 18.12.2013, DJe de 12.8.2014). **C) Nova visão do TSE**: "O Ministério Público Eleitoral, como fiscal da lei, tem legitimidade para recorrer de decisão que deferiu o registro de candidatura, mesmo que não tenha apresentado impugnação. [...]" (REspE nº 72.048/ES, Rel. Min. Henrique Neves da Silva, j. em 21.8.2014, publicado em Sessão de 21.8.2014).

269. "Candidato classificado em segundo lugar em pleito majoritário possui inegável interesse jurídico de recorrer na AIME proposta pelo Ministério Público Eleitoral, pois o desfecho da lide determinará a sua permanência definitiva ou não na chefia do Poder Executivo Municipal, a par de ser, também, legitimado, segundo art. 22

Já o assistente simples não está autorizado a interpor recurso, se o assistido se conformar com a decisão contrária às suas expectativas.

Com relação, entretanto, à decisão que nega, ao recorrente, legitimidade para recorrer, está ele habilitado a manejar os recursos cabíveis com o fito de discuti-la neste ponto.

De seu lado, o interesse recursal está presente tanto na *utilidade* do recurso para atribuir vantagem, mínima que seja, ao recorrente, quanto no interesse público, no caso do Ministério Público, ao qual incumbe a defesa da ordem jurídica e do regime democrático (CF, art. 127). Está presente também na *adequação* do recurso interposto.

Este último aspecto do interesse em recorrer (interesse-adequação) comporta mitigação.

A fungibilidade recursal também é aceita na seara eleitoral, presente o requisito da dúvida objetiva, consistente na divergência encontrada na legislação, na jurisprudência e/ou na doutrina acerca do recurso adequado. Oportuno consignar que, como leciona Teresa Arruda Alvim Wambier,[270] a fungibilidade implica aceitar o cabimento do recurso interposto com as suas próprias características, não sendo noutro convertido.

Mostrando-se inclinado por esse posicionamento menos rigoroso, decidiu o Tribunal Superior Eleitoral pelo recebimento de agravo de instrumento como agravo regimental, com espeque no princípio da fungibilidade, porquanto das razões recursais se podia inferir que o recurso se dirigia ao próprio Tribunal e nele se pretendia a reforma da decisão individual proferida.[271]

Esse Tribunal também recebeu recurso especial como ordinário, consignando, aliás, que a este se aplica a regra inserta no art. 515, § 3º, do CPC/1973 (CPC/2015, art. 1.013, § 3º, I), assim redigida: "nos casos de extinção do processo sem julgamento do mérito (art. 267), o tribunal pode julgar desde logo a lide, se a causa versar questão exclusivamente de direito e estiver em condições de imediato julgamento".[272]

Noutro julgado, o mesmo Sodalício enxergou erro grosseiro na utilização de apelação para combater decisão singular do Relator que negara seguimento a mandado de segurança, atacável, portanto, por meio de agravo interno.[273]

---

da LC nº 64/1990, a propor a AIME. Portanto, ele ostenta a qualidade de assistente litisconsorcial e, como tal, possui poderes processuais autônomos em relação à parte assistida, inclusive para recorrer quando esta não interpuser recurso." (TSE, EREspe nº 28.121/RR, Rel. Min. Felix Fischer, j. em 26.6.2008).

270. "[...] a aplicabilidade plena do princípio da fungibilidade, harmônica e em conformidade com os Princípios Constitucionais, leva à necessidade de que o Judiciário aceite uma medida por outra e não converta uma medida na outra." (WAMBIER, 2007, p. 245, apud CÂMARA, 2012, p. 76).

271. TSE, REspE nº 184.584, Rel. Min. Arnaldo Versiani, j. em 15.9.2010, publicado em Sessão de 15.9.2010.

272. "O art. 515, § 3º, do CPC é aplicável aos recursos ordinários de competência do Tribunal Superior Eleitoral, dado que a celeridade é princípio básico da Justiça Eleitoral." (TSE, RO nº 2.339/SP, Rel. Min. Marcelo Henriques Ribeiro de Oliveira, j. em 5.2.2009, *DJe* de 27.3.2009). Ao art. 515, § 3º do CPC/1973 corresponde o art. 1.013, § 3º, I, do CPC/2015, alusivos à apelação. O CPC/2015, no § 2º do art. 1.027 manda aplicar ao recurso ordinário o disposto no art. 1.013, § 3º.

273. TSE, MS nº 235.443/MG, Rel. Min. Marcelo Henriques Ribeiro de Oliveira, j. em 3.11.2010, *DJe* de 1º.2.2011.

Também de erro grosseiro acoimou a interposição de recurso extraordinário contra decisão de Tribunal Regional Eleitoral, inviabilizada, destarte, a aplicação do princípio da fungibilidade, porque diferentemente do que acontece no processo civil comum, o recurso especial é o remédio adequado para a espécie, ainda que se debata matéria constitucional.[274]

Além de legitimidade de parte e interesse em recorrer, o recurso igualmente reclama a possibilidade jurídica do pleito recursal, consistente na recorribilidade do ato e na plausibilidade do resultado pretendido: se o ato é irrecorrível ou se a providência pleiteada é inatingível, o recurso não preenche esta condição. Por exemplo, ressentem-se de possibilidade jurídica as insurgências para o Supremo Tribunal Federal que têm em mira decisões do Tribunal Superior Eleitoral que não firam a Constituição Federal, nem deneguem *habeas corpus* ou mandado de segurança que, de acordo com o art. 121, § 3º, da Constituição do Brasil, são irrecorríveis; também formula pedido juridicamente inatendível o recorrente que, tendo sofrido a sanção de inelegibilidade por 8 anos, nos termos da previsão legal, pleiteia, mediante o recurso cabível, a redução desse prazo de inelegibilidade, a pretexto de possuir bons antecedentes.

Destarte, se o recorrente se volta contra decisão irrecorrível, ou se, embora cabível a insurgência e adequado o recurso interposto, a solução que pretende não encontra abrigo no Direito, a pretensão recursal é juridicamente impossível; se pugna pela reforma de decisão recorrível, em busca de um resultado favorável em tese juridicamente possível, mas o faz pela via inadequada, falta-lhe o interesse-adequação; se procura, pelo meio previsto, apenas alterar os fundamentos legais da decisão, cujo resultado pretende manter porque o satisfaz, ausenta-se, em princípio, o interesse-utilidade. Se o insurgente se utiliza do instrumento adequado, a fim de obter, com a pretendida reforma da decisão recorrível, um resultado que o favoreça e que foi pela lei concebido, presentes se encontram o interesse em recorrer e a possibilidade jurídica, mas se a lei não o autoriza a interpor o recurso não se apresenta a qualidade indispensável de parte legítima para recorrer, como é o caso, há pouco lembrado, do Partido Político que, conquanto participante do pleito, não impugnou a candidatura do adversário do seu filiado, não se tratando de inelegibilidade constitucional ou superveniente.

Os recursos, além das citadas condições, para que sejam conhecidos devem observar os pressupostos atinentes à tempestividade, à regularidade formal – apresentando-se na forma da lei, acompanhado das razões que devem atacar os fundamentos da decisão recorrida – e à ausência de fato impeditivo ou extintivo da faculdade de recorrer, pondo-se o óbice, por exemplo, na hipótese em que o candidato considerado inelegível pela decisão recorrida é por outro substituído pelo Partido, com fundamento no art. 13 da Lei nº 9.504/1997, ou se simplesmente retira sua candidatura.

De preparo nesta área não se cogita.

---

[274] "É firme a orientação desta Corte no sentido de que a interposição de recurso extraordinário contra acórdão de Tribunal Regional Eleitoral constitui erro grosseiro, inviabilizando a aplicação do princípio da fungibilidade recursal." (TSE, AgRgAI nº 286.893/SP, Rel. Min. Gilson Langaro Dipp, j. em 1º.9.2011, *DJe* de 23.9.2011).

16.3. PRAZO RECURSAL, INTEMPESTIVIDADE E INTEMPESTIVIDADE REFLEXA DO RECURSO

Todos os recursos, como dito, devem estar previstos em lei e hão ser utilizados de modo adequado à situação que se apresente, atentando-se que pelo princípio da unirrecorribilidade (unicidade ou singularidade) para cada ato decisório cabe apenas um recurso de cada vez, na sequência, não sendo possível sua utilização *per saltum*. Por isso não convivem, exemplificativamente, os embargos declaratórios opostos contra acórdão proferido em recurso especial no Tribunal Superior Eleitoral e o recurso extraordinário para o Supremo Tribunal Federal contra o mesmo aresto, ainda que, conforme a visão do STJ,[275] manejados por diferentes recorrentes, havendo de ser, neste caso, reiterado o extraordinário interposto, após o julgamento dos embargos. Já de acordo com o art. 1.024, § 5º, do CPC/2015, "se os embargos de declaração forem rejeitados ou não alterarem a conclusão do julgamento anterior, o recurso interposto pela outra parte antes da publicação do julgamento dos embargos de declaração será processado e julgado independentemente de ratificação".

Igualmente, no campo eleitoral, não podem ser apresentados simultaneamente os recursos especial e extraordinário, como é possível na Justiça Comum em relação aos acórdãos dos tribunais estaduais ou federais, dirigidos os inconformismos, respectivamente, ao Superior Tribunal de Justiça e ao Supremo Tribunal Federal. Aqui o recurso extraordinário caberá de decisão do Tribunal Superior Eleitoral.

Além disso, os recursos devem ser apresentados no prazo.

Prazo recursal é o lapso de tempo que se compreende entre o termo inicial e o termo final dedicado à interposição de um recurso. No que aqui interessa, o prazo em horas conta-se minuto a minuto e o prazo em dias conta-se com a exclusão do dia do início e a inclusão do dia do vencimento.

Não havendo disposição especial em contrário, o prazo para a interposição de recursos é de 3 dias, a contar da publicação do ato recorrível, em conformidade com o que consta nos arts. 258 (regra geral), 275, § 1º (referente à decisão objeto dos embargos declaratórios), 276, § 1º, primeira parte, relativamente à decisão do Tribunal Regional sujeita a recurso para o Tribunal Superior Eleitoral, e 279 e 282 (alusivos, respectivamente, ao agravo contra a inadmissão de recurso especial para o Tribunal Superior Eleitoral e de recurso para o Supremo Tribunal Federal), do Código Eleitoral.

A publicação a que se refere a lei pode dar-se de diferentes formas.

Dispõe a Lei nº 9.504, de 30 de setembro de 1997, que o prazo de 3 dias para o recurso será contado a partir da publicação, *no Diário Oficial*: da decisão que julgar a prestação das contas de campanha (art. 30, §§ 5º e 6º); da decisão que julgar representação oferecida para apurar condutas em desacordo com as normas relativas à arrecadação e gastos de recursos (art. 30-A, § 3º); do julgamento da representação por captação ilícita

---

275. "De acordo com o mais recente entendimento firmado nesta Corte, havendo a interrupção do prazo para a interposição de outros recursos (art. 538, *caput*, do CPC), deve a parte aguardar o julgamento dos embargos de declaração, para então interpor o apelo excepcional ou então reiterá-lo após o julgamento dos aclaratórios [...]." (STJ, REspE nº 244.001/RS, Rel. Min. Hélio Quaglia Barbosa, 4ª Turma, j. em 23.10.2007, *DJ* de 12.11.2007).

de sufrágio (art. 41-A, § 4º); da decisão que julgar representação pela prática de conduta vedada aos agentes públicos em campanha eleitoral (art. 73, § 13).

De acordo com o art. 58, § 5º, da mesma Lei, o recurso contra a decisão sobre o exercício do direito de resposta será apresentado em 24 horas, e conforme o seu art. 96, § 8º, o prazo para interpor recurso de decisão proferida na representação por descumprimento das regras por ela estabelecidas é de 24 horas. Nestes casos a publicação se dá em cartório ou sessão. Já consoante o § 5º do art. 94, acrescentado a esse diploma legal na reforma de 2015, no TSE e nas Cortes Regionais Eleitorais, trate-se ou não de recurso, não versando o processo sobre a cassação do registro ou do diploma de que trata a Lei nº 9.504/1997, os advogados serão intimados por meio de edital eletrônico publicado na internet, na página do Tribunal que a determina, iniciando-se a contagem do prazo no dia seguinte ao da divulgação.[276] Conforme o art. 169 do Código Eleitoral, na contagem tradicional, os votos, à medida em que forem sendo apurados, podem ser objeto de impugnação pelos Fiscais e Delegados dos Partidos, que será decidida pela Junta, por maioria, dessa decisão cabendo recurso imediato, por escrito ou verbalmente, cujas razões serão oferecidas em 48 horas.

O art. 8º da Lei Complementar nº 64/1990 prevê que nos pedidos de registro de candidato nas eleições municipais, o Juiz Eleitoral apresentará a sentença em cartório 3 dias após a conclusão dos autos, passando a correr deste momento o prazo de 3 dias para a interposição de recurso para o Tribunal Regional Eleitoral. Mas, diz o artigo subsequente, se o Juiz Eleitoral não apresentar a sentença no tríduo, como ordenado, o prazo para recurso só começará a correr após a publicação da mesma por edital, em cartório. O recurso interposto será julgado pelo Tribunal Regional e, a teor do art. 11, § 2º, da mesma Lei, terminada a sessão, far-se-á a leitura e a publicação do acórdão, passando a correr dessa data o prazo de 3 (três) dias, para a interposição de recurso para o Tribunal Superior Eleitoral, no qual deste mesmo modo se procederá (LC nº 64/1990, art. 14).

O prazo é simples quando os litisconsortes tiverem diferentes procuradores (TSE, AgR-REspe nº 36.693, *DJe* de 10.5.2011, p. 46).

---

276. A Lei das Eleições tem preferência pelo termo "notificação" para designar a comunicação dos atos da Justiça Eleitoral, a ele aludindo, por exemplo, nos arts. 12, § 1º, IV; 13, § 1º; 30, IV; 37, § 1º, 57-F. Nos arts. 40-B, parágrafo único, 94, § 5º, e 96-A, parágrafo único, entretanto, fala em intimação. Nem sempre, porém, usa tais termos com a preocupação de atender ao verdadeiro significado de cada um. No rigorismo da terminologia jurídica, de acordo com a antiga fórmula abandonada pelo Código Buzaid (que no art. 234 deu à intimação – ou nela inseriu – o sentido de notificação, o que não fez, ao menos explicitamente, o CPC de 2015 no art. 269), pela notificação ordena-se uma conduta comissiva (exemplo: art. 30-A – notificação para prestar contas, para depor como testemunha – art. 5º da LC nº 64/1990) ou omissiva (exemplo: art. 57-F – cessação da divulgação de propaganda irregular), enquanto que a intimação destina-se a dar ciência dos atos praticados, como a designação de audiência, a sentença do juiz, a data do julgamento no tribunal. Portanto, quando o parágrafo único do art. 96-A concede ao candidato o prazo de 48 horas para que cumpra a determinação contida na intimação que recebeu via fac-símile, refere-se, na verdade, à sua notificação. De seu turno, enquanto o § 5º do art. 94 fala corretamente em intimação dos advogados por meio da publicação de edital eletrônico publicado na página do respectivo tribunal na internet, o parágrafo que o antecede refere-se à *notificação* dos advogados para os feitos de que trata a lei com antecedência mínima de 24 horas, ainda que por fax, telex ou telegrama. A lei eleitoral também fala em notificação atribuindo-lhe o efeito de citação (Lei nº 9.504/1997, art. 96, § 5º; LC nº 64/1990, arts. 4º e 22, I, "a"), pela qual se dá ao demandado ciência da demanda, possibilitando sua reação, ou, na conceituação do art. 238 do CPC de 2015: a citação é o ato pelo qual são convocados o réu, o executado ou o interessado para integrar a relação processual.

Para a interposição da *apelação criminal eleitoral* – como a batizou Joel J. Cândido[277] – com as razões, o prazo é de 10 dias (CE, art. 362).

A inobservância do prazo de um recurso que, apesar de intempestivo, é conhecido, contamina o recurso que se lhe segue aparentemente utilizado no prazo legal, que, portanto, dada a ocorrência da intempestividade reflexa, não haverá de ser conhecido. Por exemplo: se os embargos declaratórios do acórdão do Tribunal Regional foram opostos a destempo, do que não se deu conta o órgão julgador que os acolheu, o recurso especial não será conhecido pelo Tribunal Superior, porquanto não houve interrupção do prazo para o manejo de outros recursos com a interposição tardia dos aclaratórios, transitando em julgado o aresto do Regional cuja reforma se persegue na Corte Superior.[278]

O conceito de prazo passa a ideia que recurso interposto quando este não esteja em curso, quer porque ainda não se iniciou, quer porque foi interrompido ou porque já se esgotou, não merece conhecimento. Assim, tem-se considerado extemporâneo, porquanto ainda não iniciado o prazo recursal, o recurso movido antes da publicação da decisão desafiada[279] ou na pendência de oportunos embargos de declaração, ainda que estes venham a ser desacolhidos, porque *interrompido o prazo para a interposição de outros recursos,* salvo se reiterado após o julgamento dos aclaratórios.[280] O CPC/2015, entretanto, considera tempestivo o ato praticado antes do termo inicial do prazo (art. 218, § 4º), o que, embora possa causar algum transtorno no processo, mais se afeiçoa à ideia

---

277. Quanto ao recurso previsto no art. 362, a doutrina e a jurisprudência dão-lhe a denominação de apelação criminal, dada sua similitude com a apelação do Direito Processual comum. Joel J. Cândido (2012, p. 255) lhe atribui corretamente o nome de apelação criminal eleitoral.

278. A respeito: "[...]. 10. De saída, assinalo que, por força do chamado efeito translativo dos recursos, o órgão recursal está autorizado a apreciar matérias de ordem pública (arts. 267, § 3º, e 301, § 4º, do CPC), ainda que a instância a quo não as tenha julgado por inteiro: [...].11. Assentada tal premissa, passo ao exame do recurso especial, certo de que ao fazê-lo convicto estou quanto ao crivo negativo de admissibilidade, eis que o detido exame dos autos desvela a ausência do pressuposto de recorribilidade da tempestividade. 12. Com efeito, encontra-se certificado nos autos que a publicação do acórdão originário deu-se em 20.9.2011 (fl. 200). Os embargos de declaração, contudo, foram protocolizados em 23.9.2011 (fl. 202), três dias após a publicação do decisum. 13. Sucede que a regra geral do art. 275 do Código Eleitoral, que estabelece o prazo de três dias para oposição de embargos de declaração, deve ceder espaço à regra específica ínsita no art. 96, § 8º, da Lei nº 9.504/1997, que fixa o interregno de 24 (vinte e quatro) horas para o manejo de recurso em face de decisão proferida em sede de representação pelo descumprimento do referido diploma normativo. 14. No ponto, destaco que a controvérsia quanto ao prazo aplicável para embargos contra acórdão regional, em hipóteses como a dos presentes autos, restou pacificada no âmbito do Tribunal Superior Eleitoral, como atestam os seguintes julgados: [...]. 15. É bem de ver, portanto, que dada a extemporaneidade dos embargos de declaração, não restou interrompido o prazo para a interposição do subsequente recurso especial, considerada a ocorrência da preclusão máxima, ou seja, da coisa julgada, consoante se infere dos seguintes precedentes: [...]." (TSE, AI nº 359.961/RJ, Rel. Min. Henrique Neves da Silva, Decisão Monocrática de 22.3.2013, *DJe* de 1º.4.2013).

279. "O recurso interposto antes da publicação da decisão recorrida é extemporâneo, salvo se houver ratificação posterior a esse ato processual." (TSE, AgRg REsp E nº 2.659/CE, Rel. Min. Dias Toffoli, j. em 14.3.2013, *DJe* de 19.4.2013).

280. "De acordo com o mais recente entendimento firmado nesta Corte, havendo a interrupção do prazo para a interposição de outros recursos (art. 538, *caput*, do CPC), deve a parte aguardar o julgamento dos embargos de declaração, para então interpor o apelo excepcional ou então reiterá-lo após o julgamento dos aclaratórios [...]." (STJ, REspE nº 244.001/RS, Rel. Min. Hélio Quaglia Barbosa, 4º Turma, j. em 23.10.2007, *DJ* de 12.11.2007).

de preclusão temporal, refletida no brocardo *dormientibus non sucurrit jus* – situação avessa a quem à prática de ato se antecipa. O mesmo Código, no art. 1.024, § 5º, escusa da ratificação o recurso da parte não embargante quando os declaratórios são rejeitados ou não alteram a conclusão do julgamento anterior.

16.4. RECURSOS ELEITORAIS E O PRINCÍPIO DA TAXATIVIDADE

O princípio da taxatividade que governa a matéria recursal, segundo o qual só os recursos previstos em lei são viáveis, tem, aqui, incidência, considerando-se a legislação eleitoral, bem como as normas de aplicação subsidiária e sua compatibilidade com o caso concreto.

Por exemplo, porque o Código de Processo Penal é de aplicação subsidiária no processo penal eleitoral, e o recurso de embargos infringentes é recurso exclusivo da defesa em processo criminal, decidiu o Tribunal Superior Eleitoral, sendo relator o Ministro Fernando Neves:

> Ainda que as cortes regionais eleitorais sejam órgãos que não se fracionam em turmas, câmaras ou seções, não há exceção prevista no art. 609 do CPP, no sentido de não serem cabíveis os embargos infringentes e de nulidade contra decisão do Pleno do próprio Tribunal. Conquanto no Código Eleitoral haja a previsão de um sistema processual especial para apuração dos crimes eleitorais, que prestigia a celeridade no processo e julgamento desses delitos, essa mesma celeridade não pode ser invocada para negar ao réu o direito de interpor um recurso exclusivo, que a lei lhe assegura, previsto apenas para situações em que haja divergência na Corte Regional.[281]

Com fundamento também no Código de Processo Penal, arts. 581 a 592, à vista de sua aplicação subsidiária prevista no art. 364 do Código Eleitoral, Joel J. Cândido (2012, p. 256) inclui nesse rol o recurso em sentido estrito e, além dele, a revisão criminal, como recurso exposta na lei processual penal mencionada, mas que prevê, em benefício exclusivo do réu, revisão de condenação passada em julgado.

Já quanto aos embargos infringentes no domínio da ação rescisória, que não invade a esfera penal, decidiu a Corte: "Não são cabíveis embargos infringentes, no âmbito da Justiça Eleitoral, sem norma legal que expressamente admita esse recurso."[282]

De outro lado, o Tribunal Superior Eleitoral tem admitido o recurso adesivo, por aplicação subsidiária do art. 500 Código de Processo Civil (CPC/2015, art. 997), quando, evidentemente, verificado o pressuposto da sucumbência recíproca, o que é salutar, na medida em que não incentiva uma das partes a recorrer pelo temor de que a outra recorra; mas não aceitou o recurso especial retido (CPC, art. 542, § 3º),[283] porque tem

---

281. *RJTSE* 15-3/233.
282. *RJTSE* 14-4/163. Aliás, o novo CPC aboliu os embargos infringentes, sendo que a técnica de julgamento empregada em seu lugar não se aplica às decisões do pleno (art. 942, § 3º, III).
283. CPC/1973, art. 542, § 3º: "O recurso extraordinário, ou o recurso especial, quando interpostos contra decisão interlocutória em processo de conhecimento, cautelar, ou embargos à execução ficará retido nos autos e somente será processado se o reiterar a parte, no prazo para a interposição do recurso contra a decisão final, ou para as contrarrazões.". CPC/2015 sem regra similar.

prevalecido no seio da Corte, o entendimento que pende pela irrecorribilidade imediata das decisões interlocutórias na Justiça Eleitoral.[284]

Incidindo o art. 557 do CPC/1973, ao qual corresponde o art. 932, do CPC/2015, *mutatis mutandis*, na fase recursal das demandas eleitorais, também se admite, em respeito ao princípio da colegialidade, o agravo dito interno, legal ou regimental, previsto no seu § 1º, contra a decisão do relator que nega seguimento a recurso manifestamente inadmissível, improcedente, prejudicado ou em confronto com jurisprudência do respectivo Tribunal Regional, de Tribunal Superior ou do Supremo Tribunal Federal; ou que dá provimento ao recurso, constatado que a decisão desafiada afronta jurisprudência dominante do Supremo Tribunal Federal ou de Tribunal Superior (RITSE, art. 36, §§ 6º ao 8º). Porém, os agravos regimentais sacados contra essas decisões, pertinentes às ações que importem cassação de registro, anulação geral das eleições ou perda de diplomas, de acordo com os §§ 4º e 5º do art. 28, do Código Eleitoral, somente poderão ser julgados pelos Tribunais Regionais com a presença de todos os seus membros[285] e, estando qualquer deles impedido, será convocado o suplente da mesma classe.[286] Fora dessas hipóteses – ou mesmo nelas, se a insuficiência de quórum decorre da declaração de impedimento ou suspeição de um dos julgadores e ficar configurada a impossibilidade material e jurídica na indicação do substituto, já que não é lícito ao Judiciário negar-se a entregar a prestação jurisdicional[287] – os Regionais deliberam por maioria de votos, em sessão pública, com a presença da maioria de seus membros.

---

284. "Conforme firme jurisprudência do TSE, as decisões interlocutórias ou sem caráter definitivo são irrecorríveis, ficando os eventuais inconformismos para posterior manifestação em recurso contra a decisão final do processo." (TSE, AgRrREspE nº 21.853/AM, Rel. Min. Henrique Neves da Silva, j. em 8.10.2013, *DJe* de 23.10.2013); "1. A jurisprudência atual desta Corte alinha-se ao entendimento de que as decisões interlocutórias ou sem caráter definitivo são irrecorríveis, ficando os eventuais inconformismos surgidos para posterior manifestação em recurso contra a decisão final do processo. 2. Sendo manifestamente incabível o recurso interposto perante o Tribunal de origem, o recurso especial dele proveniente também não pode ser admitido e, via de consequência, o agravo de instrumento interposto contra decisão que determina a retenção do apelo nobre." (TSE, AgRgAI nº 435.767/PI, Rel. Min. Dias Toffoli, j. em 21.5.2013, *DJe* de 18.6.2013).

285. Código Eleitoral, §§ 4º e 5º acrescidos ao art. 28 pela Lei nº 11.165, de 2015, interpretados à luz das decisões do TSE sobre o art. 19 do Código Eleitoral diante do art. 557 do CPC/1973, com as alterações da Lei nº 9.756, de 1998, e do seu Regimento Interno (Agravo Regimental em Agravo de Instrumento nº 5.282/Bertioga/SP, Rel. Min. Gilmar Mendes, citando precedentes, *DJ*, v. 1, de 3.6.2005, p. 141).

286. No art. 14, § 3º, o mesmo Código dispõe que não poderão servir como juízes nos Tribunais Eleitorais ou como juiz eleitoral, desde a homologação da respectiva convenção partidária até a diplomação e nos feitos decorrentes do processo eleitoral, o cônjuge ou o parente consaguíneo ou afim, até o segundo grau, de candidato a cargo eletivo registrado na circunscrição. Isto quer dizer que o impedimento do magistrado não se resume aos processos judiciais de que tais pessoas participam (em relação aos quais estão sempre impedidos), mas alcança o pleito numa esfera maior, ligada à circunscrição de registro do candidato, dada a repercussão nesse pleito de suas decisões quanto a outros candidatos, que podem beneficiá-lo. A circunscrição, considerando-se as eleições presidenciais é o País, as federais e estaduais é o Estado e as municipais é o Município, na dicção do art. 86 do indigitado diploma. Destarte, se a eleição for municipal e o cunhado do juiz do Tribunal Regional Eleitoral de São Paulo é candidato a Vereador em município desse Estado, fica o juiz impedido de exercer as funções eleitorais relativamente apenas ao processo eleitoral do município da candidatura do parente (Processo Administrativo nº 19.935/REsp. nº 22.825/São Luís/MA, de 5.6.2008, Rel. Min. Ary Pargendler, *DJ* de 7.8.2008, p. 22; Processo Administrativo nº 19.206/Belo Horizonte/MG/REsp. nº 21.802, de 3.6.2004, Rel. Min. Francisco Peçanha Martins, *DJ*, v. 1, de 9.8.2004, p. 104).

287. ED-AgR-REspE. nº 8.197, Rel. Min. Nancy Andrighi, PSESS em 17.12.2012.

No Direito Processual Eleitoral são admitidas as manifestações de inconformismo contra decisões dos órgãos da justiça especializada, por meio de insurgências que não nomina – e que por isso são chamadas de recursos inominados – bem como de recurso parcial, recurso contra expedição de diploma, recurso ordinário, recurso especial, recurso extraordinário, agravo, embargos de declaração e apelação criminal (art. 121, §§ 3º e 4º, da CF; arts. 169, 261, 262, 264, 265, 266, 267, 275, 276, I e II, 279, 282, e 362 do CE; arts. 8º, 12 e 26-C da LC nº 64/1990; arts. 37, § 4º, e 45, § 5º, da Lei nº 9.096/1995; e arts. 30, §§ 5º e 6º, 30-A, § 3º, 41-A, § 4º, 58, § 5º, 63, § 1º, 71, 73, § 13, 81, § 4º, 96, §§ 4º e 8º, da Lei nº 9.504/1997; RITSE, art. 15, II, dentre outros).

Recursos sem denominação estão indicados, no Código Eleitoral, contra decisão de Junta Eleitoral (CE, art. 169, sem previsão de contrarrazões, e arts. 265 a 267, para os casos não previstos no art. 169 e que não sejam objeto de recursos parciais), de juiz singular, por exemplo nos casos dos arts. 57, § 2º, 80 e 121, § 1º, do Código Eleitoral (CE, arts. 265 a 267 e 362) ou dos Presidentes dos Tribunais Regionais ou do Tribunal Superior Eleitoral, interpostos para os Tribunais por eles presididos (CE, art. 264).

16.5. SISTEMA RECURSAL ELEITORAL

16.5.1. Considerações gerais

Com a observação de que o Código Eleitoral de 1965 fala em *despacho* na acepção que lhe dera o Código de Processo Civil de 1939, abrangente de "despachos interlocutórios" (arts. 20, 113, 117, 118, parágrafo único etc.), podemos assim esboçar o resumo do sistema recursal eleitoral.

Todas as resoluções e decisões das Juntas e dos juízes eleitorais podem ser objeto de recurso para os Tribunais Regionais (CE, art. 265), inclusive as interlocutórias, embora, com relação a estas, incida o princípio da não recorribilidade *imediata* a prestigiar a celeridade das causas eleitorais.

Processado o recurso em primeiro grau, o juiz poderá reformar sua decisão, caso em que o recorrido poderá requerer, dentro de 3 dias, a subida do recurso *como se por ele interposto* (CE, art. 267, §§ 6º e 7º).

O recurso (inominado) contra ato do juiz eleitoral observará o procedimento traçado nos arts. 266 e 267 do Código Eleitoral.

As decisões das Juntas podem ser alvo dos chamados *recursos parciais*, que são os interpostos por partidos políticos e coligações, pelos seus delegados e fiscais, pelo candidato ou pelo Ministério Público, quando decidirem sobre urnas, cédulas e votos, cabendo, no mais, *recurso inominado*, observado em ambos os casos o procedimento dos arts. 169 e seguintes do Código Eleitoral (cf. CÂNDIDO, 2012, p. 260).

Dos atos dos Presidentes dos Tribunais Regionais e do Tribunal Superior caberá recurso (inominado) para o tribunal respectivo (CE, art. 264).

As decisões colegiadas dos Tribunais Regionais podem ser recorríveis, ou não.

São recorríveis, pela via do *recurso especial*, somente quando (CF, art. 121, § 4º; CE, art. 276, I): a) forem proferidas contra disposição expressa da Constituição do Brasil ou de lei, à lei ordinária equiparadas às Resoluções do TSE, não, porém, as provenientes de resposta a Consulta; b) ocorrer divergência na interpretação de norma legal ou constitucional entre dois ou mais tribunais eleitorais.

São recorríveis, pela via do *recurso ordinário*, somente quando (CF, art. 121, § 4º; CE, art. 276, II): a) versarem sobre inelegibilidade ou expedição de diplomas nas eleições federais ou estaduais; b) anularem diplomas ou decretarem a perda de mandatos eletivos federais ou estaduais; c) denegarem *habeas corpus*, mandado de segurança, *habeas data* ou mandado de injunção.

As decisões do Tribunal Superior Eleitoral são irrecorríveis (CF, art. 121, § 3º; CE, art. 281), salvo se contrariarem a Constituição Federal, desafiadas, então, por intermédio de *recurso extraordinário*, e, por meio de *recurso ordinário*, as que, decididas em única instância pelo TSE, *denegarem habeas corpus* ou mandado de segurança. Com efeito, dispõe o art. 102, II, "a", da Constituição Federal, que compete ao Supremo Tribunal Federal *julgar, em recurso ordinário* o *habeas corpus*, o mandado de segurança, o *habeas data* e o mandado de injunção *decididos em única instância pelos Tribunais Superiores, se denegatória a decisão*.

Contra o acórdão do Tribunal Superior Eleitoral que julgar o *writ* em sede de recurso (provendo-o ou não), ou que o *conceder* em *única instância*, será eventualmente oponível o recurso extraordinário.

16.5.2. Considerações especiais

Com base nas normas constitucionais, legais e regimentais (Regimento Interno do Tribunal Superior Eleitoral) em vigor podemos, então, formar o seguinte quadro:

Das decisões dos juízes eleitorais, aí incluídos os juízes auxiliares referidos nos §§ 3º e 4º do art. 96 da Lei nº 9.504/1997, e das Juntas Eleitorais, cabe recurso para o Tribunal Regional Eleitoral competente.

Das decisões dos Relatores, nos Tribunais Regionais Eleitorais, e dos seus Presidentes, cabe recurso para o Colegiado do Tribunal a que pertencem, ressalvadas, com relação a estes, aquelas que negam seguimento ao recurso especial, das quais cabe agravo para o Tribunal Superior Eleitoral.

Do julgamento de Tribunal Regional Eleitoral não cabe recurso, ou cabe recurso para o Tribunal Superior Eleitoral ainda quando proferido contra disposição da Constituição Federal (CF, art. 121, § 4º; CE, art. 276, *caput*).

Também pela via especial se combate a violação de lei *federal* – cabendo privativamente à União legislar sobre Direito Eleitoral (CF, art. 22, I) – a esta não se equiparando os enunciados de súmula do Tribunal Superior Eleitoral ou do Supremo Tribunal Federal.

Cabe, ainda, pleitear a manifestação da Corte Superior por intermédio do recurso especial se ocorrer divergência pretoriana na aplicação da norma legal, ou constitucional, o que se fez presente em caso concreto no qual se questionou em recurso especial, por concernir à inelegibilidade em eleição municipal, a aplicação do art. 14, § 7º, da Constituição Federal (inelegibilidade de cônjuge – candidata à vereança – no território de jurisdição do titular – prefeito), tendo em vista o divórcio no curso do mandato, mas a separação de fato anterior a ele.[288]

O dissenso interpretativo deve se estabelecer entre dois ou mais tribunais eleitorais, ou seja, não se leva em consideração a evolução jurisprudencial de um mesmo tribunal que adota nova posição, nem decisões de tribunal que não seja eleitoral, havendo de ser observada a similitude fática entre os casos confrontados, o que será demonstrado mediante o cotejo analítico entre o aresto desafiado e o paradigma, sendo necessariamente indicada, mesmo aqui, a norma violada. Não serve ao propósito de evidenciar a dissidência pretoriana o enunciado de súmula, comparando-se, neste caso, o acórdão vergastado com os precedentes que ensejaram a edição do dito enunciado.

Em todas essas hipóteses exige-se o prequestionamento da matéria, isto é, que ela tenha sido examinada no acórdão, porque o que não foi objeto de análise na instância ordinária não comporta exame, *per saltum*, na sede especial. Ademais, descabe, em grau de recurso especial, ao contrário do que ocorre com o recurso ordinário, cogitar de questões de fato e prova, destinado que está a promover a apreciação de questão de direito.

Interposto o recurso especial, o Presidente do Regional proferirá decisão fundamentada admitindo-o ou não. Esta fase, inserida pelo art. 278, § 1º, do Código Eleitoral, não é prevista relativamente à interposição do recurso ordinário para o TSE, como se consta da leitura do art. 277, parágrafo único, do mesmo Código. Igualmente a afasta a LC nº 64, no art. 12, parágrafo único, também com relação ao recurso especial, e o CPC/2015, no seu texto original, simplesmente dela abdicou nos arts. 1.010, § 3º, 1.028, § 3º, e 1.030, parágrafo único, prevendo, entretanto, a Lei nº 13.256, de 4 de fevereiro de 2016, sua reinserção no novo Código quanto aos recursos especial e extraordinário (CPC/2015, art. 1.030, V).

Admitido o recurso, a decisão é irrecorrível, podendo o recorrido questionar o conhecimento da irresignação perante o Tribunal *ad quem*, já que a referida decisão reflete juízo *provisório* de admissibilidade que pode ser revisto pelo Relator, com recurso para o Colegiado.

Com efeito, de acordo com os §§ 6º e 7º do art. 36 do Regimento Interno do TSE e com o art. 557, § 1º-A, do CPC/1973 (ver art. 932, III a V, do CPC/2015) poderá o Relator negar seguimento ao recurso se intempestivo, manifestamente inadmissível, improcedente, prejudicado ou em confronto com súmula ou com jurisprudência dominante do Tribunal, do Supremo Tribunal Federal ou de Tribunal Superior, como também poderá dar provimento ao recurso, se a decisão recorrida estiver em manifesto confronto com súmula ou com jurisprudência dominante do Supremo Tribunal Federal ou de Tribunal Superior. A possibilidade do julgamento monocrático não afronta o art. 19 e seu parágrafo único, do Código Eleitoral, que prevê, como regra, a deliberação do TSE por votação majoritária, em sessão pública, com a presença da maioria de seus membros, e

---

288. TSE, REspE nº 26.033/MG, Rel. Min. José Gerardo Grossi, Decisão Monocrática de 21.5.2007, *DJ* de 24.5.2007. Nesta decisão optou-se por dar provimento ao recurso especial por divergência jurisprudencial, reconhecendo-se a inelegibilidade. Nessa direção a Súmula vinculante STF nº 18, publicada em 2009. Mas o TSE já decidiu no sentido contrário, atendendo às peculiaridades do caso concreto, sendo diversa, pois, a situação fática, na Resolução TSE nº 21.775, de 27.5.2004, Rel. Min. Ellen Gracie.

ressalva, no parágrafo único, que *assim na interpretação do Código Eleitoral em face da Constituição e cassação de registro de partidos políticos, como sobre quaisquer recursos que importem anulação geral de eleições ou perda de diplomas*, as decisões só poderão ser tomadas com a composição plena, convocando-se o substituto ou suplente no caso de impedimento de algum deles. É que, anote-se uma vez mais, da decisão do Relator caberá agravo regimental nos próprios autos, a ele dirigido com as razões de reforma, a quem será facultado retratar-se ou submetê-lo ao Tribunal, independentemente de inclusão em pauta (RITSE, art. 36, § 7º). O julgamento desse agravo, então, deverá observar o disposto na ressalva feita no referido artigo do Código Eleitoral.[289]

Se o Presidente do TRE inadmitir o recurso especial, segundo a lei eleitoral cabe *agravo de instrumento*, em 3 dias, para o Tribunal destinatário do recurso especial (CE, art. 279).

Todavia, o Tribunal Superior Eleitoral, por maioria, a nosso ver com razão por todos os benefícios que a alteração traz, optou por adotar o agravo nos próprios autos, aplicando neste particular a Lei nº 12.322, de 9 de setembro de 2010, dirigida ao Supremo Tribunal Federal e ao Superior Tribunal de Justiça (CPC, art. 544, § 4º), como restou decidido no PA nº 1446-83/DF, da Relatoria do Ministro Marcelo Henriques Ribeiro de Oliveira.[290]

O Tribunal Superior, provendo o agravo julgará, desde logo, o mérito do recurso denegado, facultando às partes e ao Ministério Público como fiscal da lei a sustentação oral.

Além das hipóteses anteriormente tratadas, são também passíveis de recurso, agora de natureza ordinária, para o Tribunal Superior Eleitoral, as decisões de Tribunal Regional Eleitoral que versarem sobre inelegibilidade ou expedição de diplomas nas eleições federais ou estaduais; anularem diplomas ou decretarem a perda de mandatos eletivos federais ou estaduais; denegarem *habeas corpus*, mandado de segurança, *habeas data* ou mandado de injunção.

Já os julgados do Tribunal Superior Eleitoral que, em sede de competência originária, *denegam habeas corpus* ou mandado de segurança, sujeitam-se a recurso ordinário de competência do Supremo, conforme resulta da combinação dos arts. 102, II, "a", e 121, § 3º, segunda ressalva, ambos da Constituição Federal.

---

289. Esta interpretação que harmoniza as normas do Código de Processo Civil, adotadas pelo Regimento Interno do TSE, e do Código Eleitoral sobre a questão, feita pela Alta Corte Eleitoral, condiz com a melhor aplicação do direito, pois prestigia os princípios da economia e da celeridade processuais que norteiam o Direito Eleitoral, como destaca o Ministro Gilmar Mendes, reportando-se a precedentes da Corte, no voto que como Relator proferiu no AAG – Agravo Regimental em Agravo de Instrumento nº 5.282/Bertioga/SP, *RJTSE*, v. 16, T. 2, p. 239.

290. "1. Considerando os benefícios trazidos pela Lei nº 12.322/2010 ao agravo, bem como a ausência de incompatibilidade entre o procedimento trazido pela recente modificação legislativa e a natureza dos feitos eleitorais, cuja apreciação demanda rápida resposta do Poder Judiciário, é de se aplicar, no âmbito da Justiça Eleitoral, a nova redação conferida ao art. 544 do CPC, apenas no que concerne à interposição do agravo de decisão obstativa de recurso especial nos próprios autos do processo principal, mantendo-se, todavia, o prazo recursal de três dias, previsto no Código Eleitoral. 2. A regra para interposição do agravo de instrumento, na sistemática prevista pelo Código Eleitoral, não configura norma especial criada pelo legislador em atenção às peculiaridades do interesse tutelado pela Justiça Eleitoral, não incidindo, portanto, o princípio de que a regra geral posterior não derroga a especial anterior. [...]." (TSE, PA nº 144.683, Rel. Min. Marcelo Henrique Ribeiro de Oliveira, j. em 20.10.2011, *DJe* de 18.5.2012). Esse entendimento foi reiterado no AgRgAI nº 839248, com voto vencido, novamente do Ministro Marco Aurélio, Relatora designada a Ministra Nancy Andrighi.

Por sua vez, o recurso extraordinário será cabível de decisão do Tribunal Superior Eleitoral, em se acomodando a hipótese ao art. 102, III, da Lei Maior, também no prazo de 3 dias, a teor da Lei nº 6.055/1974, art. 12, que embora editada para estabelecer normas para as eleições em 1974, também o foi para dar outras providências, sendo considerada lei especial, reconhecida sua vigência no Acórdão proferido pela mais alta Corte, no Agravo Regimental em Recurso Extraordinário nº 167.787-3, Relator Ministro Celso de Mello, tendo sido editada, a respeito, a Súmula nº 728 do STF.

No Direito Processual Eleitoral é inadmissível a interposição do apelo extremo que busca atacar, diretamente, julgado de Tribunal Regional Eleitoral.[291]

Cabe, aqui, ainda, acrescentar que das decisões monocráticas do Presidente da Corte Superior e de Relator cabe recurso ao Pleno. Mas da decisão do Presidente que inadmite o recurso ordinário ou extraordinário para a corte Suprema cabe agravo a esta endereçado, nos próprios autos.

Por fim, três colocações feitas durante a exposição do tema merecem especial destaque.

A primeira é que atualmente vigora no Direito Processual eleitoral o princípio da irrecorribilidade imediata das interlocutórias, com o que se pretende dar celeridade ao processo, concentrando-se na insurgência contra a decisão final, com ou sem resolução de mérito, toda a matéria recursal. Entretanto, se contra o ato que negar seguimento a recurso sob o argumento do seu descabimento por tratar-se de interlocutória, insurgir-se a parte por via de outro recurso, não há como evitar, preenchidos seus pressupostos e condições, o regular processamento deste, porque o ato indigitado obstaria a própria decisão final a respeito da questão recursal debatida, sobre a qual há ainda apenas um juízo provisório de inadmissibilidade, portanto modificável, ao qual, caso contrário, seria atribuído caráter definitivo, na medida em que irreversíveis possam ser os prejuízos daí advindos, como, por exemplo, a negativa de liminar em ação de investigação judicial.

A reboque do exposto, uma anotação. Discute-se acerca da adoção do agravo retido, previsto no CPC de 1973, pelo Direito Eleitoral. Expõe-se a inconveniência de sua admissão porque esta impõe o ônus de interpô-lo, sob pena de preclusão, embora seu aproveitamento propicie, desde logo, a retratação do juiz (CPC/1973, art. 523, § 2º, *como a permite o CE no art. 267, § 7º*). A questão, todavia, já não desperta maior interesse, eis que a espécie foi desprezada pelo novo CPC.

A segunda colocação é que no procedimento previsto para a ação de impugnação de registro de candidato (AIRC, aplicável também à AIME), os recursos ordinário e especial contra acórdãos do TRE são de subida obrigatória, como o é o recurso ordinário (não o especial, segundo o art. 278, § 1º, do CE) em qualquer caso não se submetendo ao juízo de admissibilidade do seu Presidente (LC nº 64/1990, art. 12, parágrafo único, art. 13, parágrafo único, segunda parte e CE art. 277).

---

291. DJ de 30.6.1995. Ao Recurso Extraordinário interposto *diretamente* de Acórdão de Tribunal Regional que, em tese, vulnera norma constitucional, deve ser negado trânsito, na perspectiva do art. 276, I, "a", do Código Eleitoral (*JTSE* 6-3/411).

O terceiro destaque é para a aplicação, assentida pela Corte, do disposto no art. 515, § 3º, do CPC de 1973 (CPC/2015, art. 1013, §§ 3º e 4º, mais abrangente) – julgamento da causa madura diretamente pelo tribunal em sede de recurso ordinário – bem como das normas pertinentes ao agravo nos próprios autos do recurso inadmitido e aos poderes do relator.

Uma observação com relação ao art. 557, *caput*, e § 1º-A, do CPC/1973, cujas regras são repetidas nos §§ 6º e 7º do art. 36 do Regimento Interno do Tribunal Superior Eleitoral: a Corte Superior, em julgamento, por maioria, realizado em 2002, afastou sua aplicação no caso da ação de investigação judicial eleitoral, "tendo em vista o rito próprio estabelecido na Lei Complementar nº 64/1990 (art. 22), o qual determina seja levada a questão ao exame do Plenário", o que, entretanto, não prevaleceu, como demonstra o julgamento do AgR – RO nº 152.815, em 11.11.2014, Relatora Ministra Luciana Lóssio.[292]

O Ministério Público será ouvido como fiscal da lei nos recursos em que não for parte.

16.6. EMBARGOS DE DECLARAÇÃO

Os embargos declaratórios merecem consideração à parte, dadas suas peculiaridades, já que se põe em dúvida sua natureza recursal.

Dos pronunciamentos dos órgãos judiciais cabem embargos de declaração, pois objetivam estes seja completada, esclarecida, tornada coerente em si mesma a decisão, viabilizando, com isso, a verificação da necessidade ou da conveniência da utilização de recurso em tese interponível.

Embora não tenham a vocação de recurso, como reconhecem a remédios análogos as legislações alienígenas mais avançadas, como a francesa, a italiana, a austríaca e a portuguesa, trata-os como se o fossem o Código Eleitoral, usando sugestiva expressão, a seguir assinalada, no § 4º do seu art. 275, segundo o qual, salvo excepcionalmente, os embargos *suspendem* (*rectius* interrompem)[293] o prazo para a interposição de *outros recursos*. Entretanto, não se lhes ajusta o rótulo, porque não têm por finalidade alterar uma decisão desfavorável ao embargante, mas promover a sua integração, identifican-

---

292. TSE, AgRg em Representação nº 404/DF, Rel. Min. Sálvio de Figueiredo Teixeira, Relatora designada Min. Ellen Gracie Northfleet, j. em 15.8.2002, *DJ* de 4.4.2003. *RJTSE*, v. 14, t. 2, p. 52. Esse aresto se refere à não aplicação dos §§ 6º e 7º do art. 36 do Regimento interno do TSE: RITSE: Art. 36. [...]. § 6º. O relator negará seguimento a pedido ou recurso intempestivo, manifestamente inadmissível, improcedente, prejudicado ou em confronto com súmula ou com jurisprudência dominante do Tribunal, do Supremo Tribunal Federal ou de Tribunal Superior. § 7º. Poderá o relator dar provimento ao recurso, se a decisão recorrida estiver em manifesto confronto com súmula ou com jurisprudência dominante do Supremo Tribunal Federal ou de Tribunal Superior.

293. O prazo recursal é integralmente devolvido quando intercorrem embargos de declaração, segundo firme jurisprudência do TSE (TSE, AI nº 9.557/SP, Rel. Min. Hugo Gueiros, j. em 9.6.1992, *DJ* de 17.8.1992; e precedentes aí citados). Outro entendimento não poderia sugerir o prazo exíguo e igual aos recursos dado pelo art. 258 do Código Eleitoral. O art. 538 do CPC/1973, com a redação determinada pela Lei nº 8.950, de 13 de dezembro de 1994, passou a falar em *interrupção* do prazo para embargos, não mais em suspensão. Também à interrupção alude o CPC/2015, no art. 1.026.

do-a perfeitamente, possibilitando ao interessado com ela conformar-se ou não. Por isso mesmo, com a oposição dos embargos, a interrupção do prazo para a interposição do recurso cabível obsequia ambas as partes. Também por isso não há o contraditório nos embargos de declaração, salvo, excepcionalmente.

Outro argumento que põe em risco o prestígio do entendimento aproveitado pelo Código é que cabem embargos declaratórios de *decisão irrecorrível* (CF, art. 121, §§ 3º e 4º; CE, art. 276), o que acentua a impropriedade da natureza que legalmente ostenta, e torna relevante a questão ora debatida.

Aliás, perfilhando a doutrina aqui esposada, a Lei nº 7.244, de 7 de novembro de 1984, que dispunha sobre a criação e o funcionamento do Juizado Especial de Pequenas Causas, cuidava, separadamente, do recurso (Capítulo XIV) e dos embargos de declaração (Capítulo XV). A Lei nº 9.099, de 26 de setembro de 1995, que a revogou e que regula atualmente a matéria, também não trata conjuntamente do recurso (arts. 41 a 46) e dos embargos declaratórios (arts. 48 a 50), corrigindo, no art. 50, a referência a *outros* recursos.

Embora se refira o Código Eleitoral à admissibilidade dos embargos somente com relação a acórdãos, nada justifica que os demais pronunciamentos obscuros, contraditórios ou omissos fiquem imunes à complementação, à integração por meio deles promovida, aplicando-se nessa parte, subsidiariamente, o Código de Processo Civil. E nessa outra esfera, embora o referido Código aluda tão somente às sentenças e aos acórdãos, já se orientou a jurisprudência, há muito tempo, na direção de sua adequação para o esclarecimento de qualquer decisão.[294] O art. 22 do CPC/2015 estende expressamente o cabimento desse recurso a qualquer decisão.

Até mesmo decisões administrativas têm admitido os embargos[295] aceitando-os certos despachos.

Assim, porque a omissão, a contradição ou a obscuridade podem conter-se em sentenças, acórdãos e mesmo nas decisões interlocutórias, tais vícios, em todos esses casos, devem ser atacados pela medida em foco, não prevalecendo com relação a ela, por óbvio, a regra da irrecorribilidade imediata das decisões interlocutórias, porque o juiz não pode deixar de decidir quando lhe é imposto, nem se pode dar correto e cabal cumprimento a determinações incompletas e obscuras ou contraditórias que geram dúvidas.

Entendo que não se pode aí incluir a decisão do Presidente do Tribunal Regional que não admite o recurso especial, pois há um único recurso cabível dessa decisão, sendo que a inadmissão da irresignação, peque, embora, por omissão, contradição ou obscuridade, há de ser revista pelo Tribunal de destino (o TSE), na sede contemplada em lei (o agravo), decidiu o Superior Tribunal de Justiça que se opostos os embargos declaratórios neste caso, não se interrompe o decurso do prazo para o agravo.[296] Como, porém,

---

294. 1º TACSP, 6ª Câm., AI nº 290.183, Rel. Des. Nelson Altemani, *RT* 561/137.
295. Regulamento Geral do Estatuto da Advocacia e da OAB, art. 138.
296. "O agravo de instrumento é o único recurso cabível contra decisão que nega seguimento a recurso especial (CPC, art. 544). Desse modo, a oposição de embargos de declaração não interrompe o prazo para a interposição do agravo de instrumento. Precedentes do STF e do STJ." (STJ, AgRg no Ag nº 1.341.818/RS, Rel. Min. Maria Isabel Gallotti, 4ª Turma, j. em 20.9.2012, *DJe* de 31.10.2012).

enfrentar em todos os seus pontos, no agravo, a decisão incompreensível, atendendo à exigência da regularidade formal?

Como retro observado, esses embargos serão opostos em 3 dias (CE, art. 275, § 1º) ou em 24 horas (Lei nº 9.504/1997, arts. 58, § 5º, e 96, § 8º). Se admitidos, excepcionalmente, com o caráter infringente que deles decorra, deverão ser contra-arrazoados em igual prazo.

Conquanto diga o CE que a interposição dos aclaratórios importa em *suspensão* do prazo para a interposição de outros recursos, o que ocorre é a sua interrupção, como ficou pacificado no âmbito eleitoral desde antes da alteração do art. 538 do CPC/1973, já que se manejados no terceiro dia, em se tratando de suspensão não sobraria tempo para outra insurgência, menos ainda quando o recurso devesse ser interposto no prazo de 24 horas. Em interrupção fala o art. 1.026 do CPC/2015.

Grave é a consequência do uso desses embargos com o fito manifestamente protelatório, assim declarado pelo tribunal: a não interrupção do prazo, fulminando o direito de recorrer de quem para tanto legitimado.

Na mesma direção o entendimento da Excelsa Corte, tratando-se de embargos manifestamente incabíveis,[297] o que significa que ainda que opostos sem o intuito protelatório, mas por erro, os embargos não produzem o efeito interruptivo.

Mais branda é a pena prevista na lei processual civil, que prevê multa.

Mesmo assim, há Tribunais de Justiça, talvez sob a inspiração da regra eleitoral, que vêm decidindo que se os embargos declaratórios não contêm qualquer obscuridade, contradição ou omissão, foram indevidamente utilizados e, dessa forma, o recurso teve mera aparência de embargos declaratórios, o que é insuficiente para causar aquela interrupção, pelo que não conhecem do recurso posteriormente sacado, então já fora de prazo.

16.7. EFEITOS DOS RECURSOS

As leis em geral falam apenas em efeito devolutivo e suspensivo, mas a doutrina leciona que se extrai das normas pertinentes outros efeitos que podem ter os recursos, dentre os quais o regressivo, o expansivo, o translativo, o interruptivo e o substitutivo.

Pelo efeito devolutivo, coloca-se em julgamento a decisão com a qual o recorrente não se conforma, impedindo a formação da coisa julgada. Por força desse efeito, portanto, só a matéria efetivamente recorrida pode ser reexaminada (*tantum devolutum quantum appellatum*) e o seu exame não pode resultar em prejuízo do recorrente (proibição da *reformatio in pejus*).

A devolução será apenas parcial se a insurgência se limitar a uma parte da decisão.

---

297. "Direito Eleitoral e Processual Civil – Embargos de Declaração protelatórios – Interrupção de prazo – Inocorrência – Admissibilidade recursal – Inexistência de repercussão geral. 1. Decisão agravada que fez valer a jurisprudência firmada pelo Supremo Tribunal Federal no sentido de que os embargos de declaração manifestamente incabíveis ou intempestivos não interrompem o prazo para a interposição do recurso extraordinário. [...]. (RE nº 598.365/MG, Rel. Min. Carlos Britto, Plenário Virtual, unânime). 4. Agravo regimental improvido." (STF, AgRgAI nº 765.311/RJ, AgR, Rel. Min. Ellen Gracie, 2ª Turma, j. em 4.5.2010, *DJe* de 21.5.2010).

O conhecimento do recurso adesivo pressupõe o conhecimento do recurso independente que ensejou sua interposição.

Quando o recurso concede ao prolator da decisão atacada a possibilidade de retratar-se dizemos que tem efeito regressivo.

Assim, o efeito regressivo permite ao juiz a reconsideração da decisão que proferiu. Dele fala o art. 267, § 6º, do Código Eleitoral, como antes anotado.

O efeito translativo autoriza que na apreciação do recurso, superada a fase de conhecimento, seja feito o exame, de ofício, pelo órgão destinatário da insurgência, de questão de ordem pública, isto é, sem que tenha sido alegada pelas partes ou pelo Ministério Público como *custos legis*, indo além do *tantum devolutum quantum apellattum*. Assim, a incompetência absoluta, a falta de pressupostos processuais, a ofensa à coisa julgada, a ausência das condições da ação, dentre outras matérias, deverão ser consideradas mesmo que a respeito tenham silenciado as partes e o juízo *a quo*. Até mesmo no recurso especial o Superior Tribunal de Justiça admitiu a produção desse efeito.[298]

Todavia, a Corte Máxima da Justiça Comum recuou em relação a essa tese, inadmitindo o efeito devolutivo frente à inafastabilidade do requisito do prequestionamento:

> [...] o entendimento de que é possível conhecer das questões de ordem pública de ofício, ainda que não prequestionadas ou suscitadas, na excepcional hipótese de o recurso especial ter sido conhecido por outros fundamentos, em razão do efeito translativo, foi superado em nova análise pela Corte Especial, que concluiu pela necessidade do requisito do prequestionamento na instância extraordinária. Precedente: AgRg nos EREsp 999.342/SP, Rel. Min. Castro Meira, Corte Especial, j. em 24.11.2011, *DJe* de 1º.2.2012.[299]

Já o Tribunal Superior Eleitoral, em decisão posterior àquela do Superior Tribunal de Justiça anteriormente registrada, optou por reconhecer o efeito translativo do recurso especial, "com base em precedentes do STJ", de onde proveio a relatora. Mas voltou atrás, mais recentemente.[300]

De seu turno o legislador, no Código de Processo Civil de 2015, reproduzindo a ideia contida no verbete da Súmula nº 456 do Supremo Tribunal Federal, dispõe: "Art. 1.034. Admitido o recurso extraordinário ou o recurso especial, o Supremo Tribunal Federal ou o Superior Tribunal de Justiça julgará o processo, aplicando o direito", com o que a

---

298. "[...] 2. Ultrapassado o juízo de admissibilidade do apelo nobre, é possível, ante o efeito translativo do recurso especial, apreciar questões de ordem pública, ainda que não prequestionadas. Na hipótese dos autos, entretanto, o recurso não foi conhecido, sendo inviável apreciar as insurgências no bojo deste agravo regimental. Precedentes." (STJ, AgRg no AgREsp nº 38.097/MS, Rel. Min. Laurita Vaz, 5ª Turma, j. em 2.2.2012, *DJe* de 13.2.2012). A relatora, aqui, é a mesma do Acórdão do TSE, no mesmo sentido, que será mencionado adiante (ver nota 300, a seguir).

299. STJ, AgRg nos EDcl no REspE nº 1.304.093/SP, Rel. Min. Humberto Martins, 2ª Turma, j. em 17.5.2012, *DJe* de 25.5.2012.

300. "Agravo Regimental – Agravo de Instrumento – Recurso Especial Eleitoral – Efeito translativo dos recursos – Matéria de ordem pública – Condições da ação – Ausência de interesse processual – Inadequação da via eleita – Possibilidade de reconhecimento na via extraordinária – Precedentes do STJ." (TSE, REspE nº 38.984/MT, Rel. Min. Laurita Hilário Vaz, Decisão Monocrática de 6.12.2012, publicado em Sessão de 6.12.2012). A relatora, aqui, é a mesma do acórdão do STJ, em igual sentido. A decisão mais recente a que alude o texto afirma que "as matérias de ordem pública também estão sujeitas ao requisito do prequestionamento, razão pela qual não podem ser conhecidas originariamente em sede extraordinária" (TSE, AgRgAI nº 52.851/SP, Rel. Min. João Otávio de Noronha, j. em 19.8.2014, *DJe* de 2.9.2014).

tais recursos reconhece o efeito em mira, se não o dispositivo seria supérfluo. Realmente, parece estranho que, por exemplo, o TSE, em recurso especial, não possa deixar de manter um acórdão que verifique ofender aresto transitado em julgado (do próprio TSE, para a ilustração mostrar-se mais persuasiva), ao fundamento de falta de prequestionamento, ou de que, no apelo nobre, desta violação não se tenha cogitado.

O recurso ordinário, sem dúvida, dada sua natureza, possui o efeito translativo.

Este efeito pode surpreender o próprio recorrente, já que não se lhe opõe a proibição da *reformatio in pejus*, exatamente porque o interesse privado não pode se sobrepor à ordem pública.

O efeito expansivo subjetivo é aquele que, decorrendo do julgamento do recurso, alcança quem da decisão não recorreu, desde, obviamente, que ultrapassado o juízo de admissibilidade,[301] como acontece com a parte que recorre e consegue a reforma de decisão que beneficia também o litisconsorte necessário unitário, que diante dela se quedou inerte.

O efeito expansivo objetivo apanha a matéria que decorre da decisão de reforma, como acontecerá se, em recurso especial, o Tribunal Superior Eleitoral, considerando os termos do aresto recorrido, acatar a alegação de evidente cerceamento de defesa, negada pelo Tribunal Regional que, mantendo a sentença, confirmar o reconhecimento da inelegibilidade do candidato a prefeito: todos os atos do processo a partir da verificação do dito cerceamento serão anulados, não apenas o acórdão recorrido. Essa decisão, inclusive, repercutirá além do plano processual, pois fará desaparecer o fundamento que sustentava a produção dos efeitos da inelegibilidade do recorrente (decisão proferida por órgão colegiado – por exemplo, LC nº 64/1990, art. 1º, I, "d").

Têm efeito interruptivo os embargos de declaração, interrompendo o prazo para a interposição de *outros recursos*. E como atinge também a parte que não embargou, nele também se enxerga, neste aspecto, o efeito expansivo subjetivo, decorrente, aqui, de sua mera interposição.

O efeito substitutivo do recurso pressupõe o seu conhecimento, decorrendo do seu provimento (substituindo a decisão reformadora à decisão reformada), ou mesmo do seu desprovimento (substituída a decisão recorrida pela decisão que a mantém). Por exemplo: a decisão monocrática do relator substitui a sentença do juiz eleitoral, e o acórdão substitui a decisão monocrática do relator, que a reformou ou manteve. É a regra do art. 512 do CPC/1973 (CPC/2015, art. 1.008), segundo a qual o julgamento do tribunal

---

301. Em decisão monocrática proferida no AI nº 1.002.784/SP, em 4.3.2013, assim se expressou a Ministra relatora Laurita Vaz: "Como bem ponderado no acórdão regional (fls. 340-1): 'Em que pese as considerações feitas pelos agravantes, saliento que o recurso interposto pela Coligação "Atibaia levada a sério" não foi conhecido por este relator dada a sua intempestividade. Observo não se tratar de litisconsórcio passivo unitário, porém, ainda que se adotasse entendimento ao contrário, não há falar em aplicação dos efeitos extensivos do provimento do recurso tendo em vista que a irresignação não ultrapassou o juízo de admissibilidade, consequentemente, inviável o seu aproveitamento aos demais representados. *Mutatis Mutandis*: '3. Consoante a melhor doutrina do tema, '... a interposição tempestiva de recurso (independente ou adesivo), por qualquer dos litisconsortes unitários, é eficaz para todos os outros, inclusive para aqueles que tenham desistido de recurso interposto, ou em relação aos quais haja ocorrido fato ordinariamente idôneo a tornar-lhes inadmissível a impugnação (escoamento inaproveitado do prazo recursal, renúncia ao direito de recorrer, aquiescência à decisão)' (REspE nº 573.312/RS, Rel. Ministro Luiz Fux, 1ª Turma, DJ de 8.8.2005)." (DJe de 8.3.2013).

substitui a decisão recorrida no que tiver sido objeto do recurso. A decisão que não reforma, mas anula julgamento anterior, naturalmente não o substitui.

Já quanto ao efeito suspensivo, o *caput* do art. 257 do Código Eleitoral expressa o seguinte comando:

> **Art. 257.** Os recursos eleitorais não terão efeito suspensivo.

Nessa esteira, o art. 216 do mesmo estatuto, conferindo à diplomação eficácia imediata, ou seja, negando ao recurso contra ela interposto o efeito de suspendê-la, dispõe:

> **Art. 216.** Enquanto o Tribunal Superior não decidir o recurso interposto contra a expedição do diploma, poderá o diplomado exercer o mandato em toda a sua plenitude.

No entanto, o § 2º do referido art. 257 veio, com a Lei nº 13.165, de 2015, excepcionar a regra estampada no *caput*, concedendo efeito suspensivo ao recurso ordinário manejado contra decisão de juiz eleitoral ou de Tribunal Regional Eleitoral que resulte em cassação de registro, afastamento do titular ou perda de mandato eletivo.

É possível também de outro modo, ou seja, por meio de ação cautelar, obter efeito suspensivo, ou mesmo suspensivo ativo (antecipação da tutela recursal), a recurso dele desprovido. Mas a consecução desse objetivo passa *essencialmente pela análise das razões expostas pelo requerente, a partir das quais deve ser verificada a presença do fumus boni iuris e periculum in mora.*[302]

Resulta daí que a regra suso transcrita da não suspensividade dos recursos eleitorais não é – nem era antes da reforma de 2015 – absoluta, como é fácil constatar.

Os recursos das sentenças dos juízes singulares que reconhecem a inelegibilidade são recebidos no efeito suspensivo, vinculada a eficácia dessas decisões ao *trânsito em julgado ou, pelo menos, à confirmação por órgão colegiado*, por força das disposições da Lei Complementar nº 64, editadas antes da Lei nº 13.165/2015.

A sentença recorrida, portanto, em tais casos, já não produzia efeito senão depois de desprovido o recurso pelo Tribunal, em decorrência da imposição assinalada.

Especificamente quanto ao recurso contra a decisão colegiada, em certos casos de inelegibilidade, consigna a lei de regência a possibilidade de lhe ser atribuído o efeito suspensivo cautelarmente.

Com efeito, em conformidade com o art. 26-C, acrescido à Lei Complementar nº 64/1990 pela Lei Complementar nº 135/2010, o tribunal competente para examinar o recurso contra as decisões colegiadas a que se referem as alíneas "d", "e", "h", "j", "l" e "n" do inciso I do art. 1º, poderá, em caráter cautelar, por decisão também colegiada,

---

302. 1. Tal como expresso no art. 1.026 do CPC/2015, aos embargos de declaração o TSE não reconheceu o efeito suspensivo, se não requerido por intermédio de ação cautelar: "Competia ao candidato ajuizar ação cautelar buscando a eficácia suspensiva aos embargos de declaração, cujo êxito poderia ser comunicado ao juízo do registro de candidatura, afastando, consequentemente, a causa de inelegibilidade decorrente da condenação colegiada por abuso de poder." (TSE, RO nº 20.922/TO, Rel. Min. Gilmar Mendes, j. em 11.9.2014, publicado em Sessão de 12.9.2014).
2. Ver ainda, TSE, AgRgAC nº 94.442/RS, Rel. Min. Henrique Neves da Silva, j. em 20.3.2014, *DJe* de 8.4.2014. O Tribunal Superior Eleitoral não hesitou em garantir a preservação do mandato do diplomado, quando impugnado, por meio de ação cautelar, à vista do dano irreparável que acarretaria solução contrária (TSE, AgRgMC nº 15.216/MA, Rel. Min. Torquato Jardim, j. em 6.6.1995, *DJ* de 18.8.1995).

suspender a inelegibilidade sempre que existir plausibilidade da pretensão recursal e desde que a providência tenha sido expressamente requerida no momento da interposição do recurso. A concessão do efeito suspensivo conferirá prioridade ao julgamento do recurso, salvo em relação aos *habeas corpus* e aos mandados de segurança, e será revogada se constatada a prática de atos manifestamente protelatórios por parte do recorrente durante a tramitação da insurgência, hipótese em que – tal como no caso de a ela não ser dado provimento – serão desconstituídos o registro ou o diploma questionados.

A insurgência à qual não for atribuído o efeito aqui abordado não obstruirá a imediata execução do aresto por ela desafiado, por meio de comunicação por ofício, telegrama, ou, até mesmo por intermédio de cópia do acórdão, em casos especiais, a critério do presidente do Tribunal (CE, art. 257, § 1º).

16.8. RECURSO CONTRA A EXPEDIÇÃO DE DIPLOMA (RCED)

O recurso de que aqui trataremos foi batizado como "recurso contra *a expedição de diploma*" embora criado também para combater a *denegação* do diploma em manifesta contradição com a prova dos autos na hipótese do art. 222 do Código Eleitoral e, mais tarde, por força da Lei nº 9.840/1999, também na hipótese do art. 41-A da Lei nº 9.504/1997 (CE, art. 262, IV).

Interessante, igualmente, anotar que o RCED tem o nome de recurso, mas a vocação de ação.

O chamado recurso contra a diplomação podia ser utilizado nos seguintes casos apontados no art. 262 do Código Eleitoral:

I – inelegibilidade ou incompatibilidade de candidato;

II – errônea interpretação da lei quanto à aplicação do sistema de representação proporcional;

III – erro de direito ou de fato na apuração final quanto à determinação do quociente eleitoral ou partidário, contagem de votos e classificação de candidato, ou a sua contemplação sob determinada legenda;

IV – concessão ou denegação do diploma, em manifesta contradição com a prova dos autos, na hipótese do art. 222 desta Lei, e do art. 41-A da Lei nº 9.504, de 30 de setembro de 1997.

Contudo, a Lei nº 12.891, de 11 de dezembro de 2013, deu-lhe nova redação, revogando todos os seus incisos.

Este é o teor atual do indigitado dispositivo, aplicável a partir das eleições de 2016:

Art. 262. O recurso contra expedição de diploma caberá somente nos casos de inelegibilidade superveniente ou de natureza constitucional e de falta de condição de elegibilidade.

A nova redação do artigo tornou mais apropriada a denominação do recurso que já não se destina a corrigir a denegação do diploma, bem como usou de melhor técnica para cuidar da questão que originalmente ocupava lugar no seu primeiro inciso, no qual fazia referência à inelegibilidade e à incompatibilidade (embora esta gerasse aquela), mas não à falta de condição de elegibilidade que, porém, ao contrário do TSE (*RJTSE*, v. 17, t. 3, p. 222), entendíamos incluída na primeira expressão, tomada no sentido mais amplo, já que não se poderia eleger validamente aquele que se encontrasse despido dos elementos indicados no § 3º do art. 14 da Constituição Federal. Excluiu a referência à figura da incompatibilidade, mas esta se insere na inelegibilidade.

De outro lado, consagrou, o legislador, o entendimento doutrinário e jurisprudencial no sentido de que a inelegibilidade a que se refere a lei é a superveniente e a constitucional.

De há muito pacificou-se o entendimento de que, em face do princípio da preclusão que rege o processo eleitoral, se não for exercido, oportunamente, o direito de impugnação ao pedido de registro de candidato, com a eventual utilização dos recursos dele decorrentes, não poderá, como regra, ser a matéria discutida em sede de recurso contra a diplomação a pretexto de que o candidato era inelegível.

Argumenta-se, ainda, que a decisão proferida no recurso não teria o condão de rescindir a decisão que deferiu o registro, nessa altura passada em julgado.

Para melhor compreensão da matéria, é conveniente salientar que a preclusão não é mais do que a perda de uma faculdade processual que se esgotou ou não foi exercida num determinado *processo* – usado o termo em destaque no sentido técnico que lhe dá o direito processual, ou seja, não no sentido do processo eleitoral como um todo.

Isso significa, portanto, que é inadmitida a discussão concernente ao registro, fora do prazo à sua impugnação dedicado, não que a questão da inelegibilidade não arguida nessa ocasião, na preclusão possa escudar-se fora do *processo* de registro.

No entanto, o art. 474 do CPC/1973 (CPC/2015, art. 508) dispõe que "passada em julgado a sentença de mérito, reputar-se-ão deduzidas e repelidas todas as alegações e defesas, que a parte poderia opor assim ao acolhimento como à rejeição do pedido".

Evidencia-se a aplicação do dispositivo, todavia, somente quando se tenha efetivamente proposto a ação tendo por alvo impugnar o pedido de registro, e que sobre ela tenha sido proferida decisão de mérito.[303]

Fixemo-nos no pedido de registro não impugnado.

Na hipótese da ocorrência do fato inibidor da candidatura não se verificar a tempo de o poder arguir o interessado por ocasião do registro do candidato, não o livra da inelegibilidade a superveniência do fato em relação ao registro. Fora disso, a dinâmica e a finalidade do Direito Eleitoral não podem permitir que se acomodem os legitimados à época dos registros e que, apenas se eleito aquele cuja candidatura era impugnável, seja contestada sua diplomação, por razões preexistentes ao registro.

Assim, tudo o que poderia ser alegado com a finalidade de obter o indeferimento do registro de candidato e não o foi *opportuno tempore*, ou, se alegado, foi rejeitado, não mais poderá ser arguido; o que não poderia ter sido objeto de impugnação ao registro, por tratar-se de fato superveniente, poderá ser levantado após a diplomação.

---

303. Ver Francisco de Paula Baptista (872, § 182), na informação de Alfredo Buzaid no opúsculo intitulado *Paula Baptista: Atualidades de um Velho Processualista*(1950, p. 32). A coisa julgada é intangível na sede judicial não pelo princípio insculpido no art. 5º, XXXVI, da Constituição Federal, que se dirige ao legislador, mas porque o legislador, nele inspirado, assim o prevê, como anota Roberto Rosas (1983, nº 34). Aliás, essa inspiração encontra fonte também noutros dispositivos constitucionais, como no art. 102, I, "j", por exemplo.

Da preclusão, outrossim, escapou a discussão de matéria constitucional, conclusão a que se chegou a partir da interpretação do art. 259 do Código Eleitoral.[304]

Assim, firmou-se, nesse campo, o entendimento, agora claramente consagrado na lei, de que as inelegibilidades supervenientes ao registro do candidato, bem como aquelas previstas diretamente no corpo da Constituição Federal que não estimularam ação que o impugnasse, podem ser alegadas no recurso contra a diplomação.[305]

Pelo recurso contra a expedição de diploma ataca-se a diplomação – que atinge o mandato eletivo.

Consequência inevitável do trânsito em julgado da decisão que cassa o diploma é a realização de novas eleições, em se tratando, o recorrido, de candidato eleito em pleito majoritário.[306]

16.9. REMESSA NECESSÁRIA

À vista do conceito de recurso percebe-se que não há como se falar, tecnicamente, em recurso de ofício, já que o recurso é, por natureza, voluntário e o juiz não tem interesse em recorrer, pois não pretende ver, em benefício de quem quer que seja, sua decisão anulada ou reformada, mas, ao contrário, confia, presume-se, que seja mantida, eis que decidiu de acordo com sua convicção diante dos elementos fornecidos pelo processo. Ou seja, se a remessa obrigatória fosse recurso, o juiz estaria recorrendo com a esperança de que seu recurso fosse desprovido.

Quando a lei compele o magistrado a submeter sua decisão ao controle do tribunal, temos a adequadamente chamada *remessa necessária*, que decorre do duplo grau obrigatório de jurisdição. Mas era usual, quando da vigência do Código de Processo Civil de 1939, que vigorou até 1973 e previa no art. 824 a *apelação necessária ou ex officio*, falar-se em *recurso de ofício*, época na qual entrou em vigor o Código Eleitoral. Daí porque esse diploma prevê casos de remessa oficial falando em *recorrer de ofício* no art. 165, § 3º ("verificado qualquer dos casos dos nºs II, III, IV e V do artigo, a Junta anulará a votação, fará a apuração dos votos em separado *e recorrerá de ofício para o Tribunal Regional*"), e no art. 166, § 2º: na eleição por cédula, se, aberta a urna, a Junta eleitoral verificar que não coincide o número de cédulas oficiais com o número de votantes e entender que restou comprovado "que a incoincidência resulta de fraude,

---

304. CE: "**Art. 259.** São preclusivos os prazos para interposição de recurso, salvo quando neste se discutir matéria constitucional. Parágrafo único. O recurso em que se discutir matéria constitucional não poderá ser interposto fora do prazo. Perdido o prazo numa fase própria, só em outra que se apresentar poderá ser interposto.".

305. O Ac. nº 7.430 do TSE, publicado no *DJ* de 27.4.1983, p. 5.334, ilustra a assertiva. Na doutrina, confira-se Joel J. Cândido (2012, p. 211); Tito Costa (2010, p. 119-20); Alberto Rollo e Enir Braga (1992, p. 109); Pedro Henrique Gênova de Castro (1991, p. 31-6).

306. CE: "**Art. 224.** [...] § 3º. A decisão da Justiça Eleitoral que importe o indeferimento do registro, a cassação do diploma ou a perda do mandato de candidato eleito em pleito majoritário acarreta, após o trânsito em julgado, a realização de novas eleições, independentemente do número de votos anulados. § 4º. A eleição a que se refere o § 3º correrá a expensas da Justiça Eleitoral e será: I – indireta, se a vacância do cargo ocorrer a menos de seis meses do final do mandato; II – direta, nos demais casos.".

anulará a votação, fará a apuração em separado e recorrerá de ofício para o Tribunal Regional".[307]

A sentença que concede a ordem pleiteada em mandado de segurança do mesmo modo fica sujeita ao duplo grau obrigatório de jurisdição (Lei nº 12.016, de 7 de agosto de 2009, art. 14, § 1º), sendo que aos juízes eleitorais compete decidir mandado de segurança, em matéria eleitoral que não seja da competência da instância superior (CE, art. 35, III).

Ainda, tratando-se de sentença proferida contra a União, o Estado, o Distrito Federal, o Município, e as respectivas autarquias e fundações de direito público, é cabível o reexame necessário, *ex vi* do art. 475, I, do CPC/1973 (CPC/2015, art. 496, I), decidiu o Tribunal Superior Eleitoral, em ação de obrigação de fazer cumulada com ação declaratória, proposta contra o Município de Rio Branco/AC e a Câmara Municipal de Rio Branco, para declarar a existência de mais uma vaga de vereador naquela Câmara Municipal.[308]

---

307. A propósito o Processo nº 227, Recurso de ofício da 4ª Junta Eleitoral, 16ª Zona Eleitoral de Itajaí, Acórdão nº 10.554 do TRE/SC, de 15 de outubro de 1990, que negou provimento ao recurso à consideração de que restou evidenciada a fraude "não só pelo número de votos expressivamente maior do que o contingente de votantes na Seção, como também pela indesmentível presença de cédulas preenchidas por uma única pessoa, dada a semelhança de caligrafia".

308. TSE, REspE nº 19.852/AC, Rel. Min. Arnaldo Versiani Leite Soares, Decisão Monocrática de 29.6.2011, *DJe* de 1º.8.2011.

17 AÇÃO RESCISÓRIA

17.1. CONSIDERAÇÕES PREAMBULARES

A formação da coisa julgada material garante a definitividade do pronunciamento do Judiciário, a fim de atender à exigência social da estabilidade das relações jurídicas, evitando a eternização dos litígios.

A autoridade da coisa julgada consiste na qualidade que torna imune à modificação e discussão o dispositivo da sentença de mérito não mais sujeita a qualquer recurso – ordinário, especial ou extraordinário – ou à remessa necessária.

A Constituição Federal confere à coisa julgada proteção contra a atuação do Legislativo, garantindo que a lei não a prejudicará (art. 5º, XXXVI): a lei pode revogar a lei, porém não pode alterar a coisa julgada.

Contudo, a própria Constituição excepciona a invulnerabilidade da coisa julgada quando prevê a ação rescisória, deixando à legislação infraconstitucional a sua regulamentação (arts. 102, I, "j"; 105, I, "e"; 108, I, "b").

Ao tratar da Justiça Eleitoral, a Carta Política de 1988 deixou à lei complementar a tarefa de dispor sobre "a organização e a competência dos tribunais, dos juízes e das juntas eleitorais", recepcionado com a natureza da norma reclamada, nessa parte, o Código Eleitoral, nele nenhum dispositivo se encontrando que fizesse referência à ação rescisória, o que tornava seguro o entendimento de que não eram rescindíveis as *sentenças* – usado o termo sublinhado no seu sentido amplo – proferidas no âmbito dessa justiça especializada.

Todavia, em 14 de maio de 1996, foi decretada pelo Congresso Nacional, sancionada pelo silêncio do Presidente da República e promulgada pelo segundo Vice-Presidente do Senado Federal, no exercício da Presidência, a Lei Complementar nº 86, publicada no *Diário Oficial da União*, cujo teor é o seguinte:

> **Art. 1º.** *Acrescente-se ao inciso I do art. 22 da Lei nº 4.737, de 15 de julho de 1965, Código Eleitoral, a seguinte alínea "j":*
>
> "j) a ação rescisória, nos casos de inelegibilidade, desde que intentada dentro do prazo de cento e vinte dias de decisão irrecorrível, *possibilitando-se o exercício do mandato eletivo até o seu trânsito em julgado.*"
>
> **Art. 2º.** Esta Lei Complementar entra em vigor na data de sua publicação, aplicando-se, inclusive, às decisões havidas até cento e vinte dias anteriores à sua vigência.
>
> **Art. 3º.** Revogam-se as disposições em contrário." [309] (Grifos nossos)

---

309. *DOU* de 15.5.1996, p. 8.367. O texto em itálico será alvo de considerações específicas mais adiante.

17.2. A INCOMPATIBILIDADE DA AÇÃO RESCISÓRIA COM O DIREITO ELEITORAL

Até a edição da Lei Complementar nº 86/1996 a rescisória era indesejável no âmbito do Direito Eleitoral, na visão dos estudiosos, para os quais sempre a repugnara este ramo do Direito Público, mercê das consequências irreparavelmente danosas que fatalmente acarretaria, tornando instável todo o processo eleitoral que se deve desenvolver em curto espaço de tempo. Talvez em nenhum outro campo do Direito, sustentavam, fosse tão necessária a absoluta indestrutibilidade da coisa julgada.

O Ministro Carlos Velloso, ex-presidente do Tribunal Superior Eleitoral declarou, à época, conforme divulgação da Gazeta Mercantil: "a ação rescisória é completamente incompatível na Justiça Eleitoral, porque o processo eleitoral deve ser célere, sob pena de as questões que cuidem da inelegibilidade caírem no vazio, já que os mandatos têm prazo certo".[310]

O Deputado Federal Marcelo Deda, um dos responsáveis por uma das ações diretas de inconstitucionalidade da mencionada lei – a intentada pela agremiação a que se filia – qualificou-a de *aberração jurídica*, segundo a mesma publicação.

O ex-ministro do Tribunal Superior Eleitoral Torquato Jardim (1996, p. 141), em sua obra sobre o *Direito Eleitoral positivo*, também reconhecia que a ação rescisória era "aparentemente incompatível com a celeridade que se deve imprimir ao processo eleitoral", citando, em reforço à afirmação, a Resolução nº 11.742, de 27 de setembro de 1983, e os acórdãos nºs. 8.350, 6.409 e 12.054 do Tribunal Superior Eleitoral.

Na Resolução nº 11.742/1983, relator Ministro Souza Andrade, lê-se que "a ação rescisória mostra-se totalmente incompatível com o processo eleitoral".

Do mesmo dizer era a lição de Tito Costa (2010, p. 77):

> A ação rescisória mostra-se inteiramente incompatível com o processo eleitoral, onde deve prevalecer, além da celeridade dos julgamentos, a estabilidade de suas decisões [...] o Tribunal Superior Eleitoral, julgando ação rescisória, no Processo nº 6.375 de Mato Grosso (Cuiabá) proclamou, uma vez mais, sua inadmissibilidade no processo eleitoral por ausência de previsão no Código Eleitoral e por ser incompatível com a celeridade que se deve imprimir ao processo eleitoral.

Também as ações rescisórias nº 13.564/PE, relator Ministro Diniz de Andrada e nº 14.595/BA, relator Ministro Flaquer Scartezzini, foram refutadas pelo Tribunal Superior Eleitoral, como registra Armando Marcondes Machado Jr. (1995, anexo 145, p. 375).

Cláudio Lembo (1991, p. 133) escrevera que a rescisória,

> se permitida, ensejaria possíveis situações de ruptura em áreas sensíveis, nas quais se projeta a própria soberania popular e, por via de consequência, a nacional. Resultados de pleitos poderiam vir a ser anulados anos após as proclamações de resultados e diplomação de eleitos, gerando assim situações anômalas e de efeitos inconcebíveis na esfera de negócios do Estado.

---

310. *Gazeta Mercantil*, de 31.5.1996, p. A-9.

17.3. A ATUAÇÃO DO LEGISLATIVO COMO FRUTO DO CASUÍSMO

Isso não bastasse, o princípio da moralidade aplicado na administração pública deve alcançar também o legislador, já que se exibe como um "*standard* comportamental que a sociedade deseja e espera" na palavra de Lúcia Figueiredo (1994, p. 45). Se constitui objetivo fundamental da República Federativa do Brasil a construção de uma sociedade justa (CF, art. 3º, I), não se pode permitir que a iniciativa da lei busque beneficiar pessoa determinada. E, segundo a notícia veiculada no jornal atrás citado, a lei teve endereço certo, sendo colhido o seguinte desabafo do Ministro Velloso: "Classifiquei a jornalistas que esse projeto consagrava o casuísmo dos casuísmos. [...]. Nós todos sabemos o motivo pelo qual ele foi aprovado". Se assim ocorreu, o Legislativo infringiu a Constituição ao menos ideologicamente, caracterizando sua conduta o desvio do poder que seus integrantes exercem como representantes do povo.

17.4. O EFEITO SUSPENSIVO DA AÇÃO E A RETROATIVIDADE DA LEI

Foi declarada a inconstitucionalidade da parte final da alínea "j" do inciso I do art. 22 do Código Eleitoral modificado, na medida em que a previsão da possibilidade do exercício do mandato eletivo até o trânsito em julgado do acórdão que decidisse a ação rescisória que atacasse a declaração de inelegibilidade afrontaria a determinação constitucional que impõe ao legislador o respeito à coisa julgada sobre a inelegibilidade.

A afirmação não esbarra no entendimento doutrinário e pretoriano que admite a suspensão da execução definitiva por intermédio de cautelar, uma vez proposta a rescisória,[311] porque é diferente submeter-se ao prudente arbítrio do magistrado a imprescindibilidade da suspensão cogitada em um determinado caso concreto, sopesadas, adequadamente,

---

311. "Por fim, é imperioso ressaltar que, nos exatos termos do art. 489 do Código de Processo Civil, o ajuizamento da ação rescisória não impede o cumprimento da sentença ou acórdão rescindendo, ressalvada a concessão, caso imprescindíveis e sob os pressupostos previstos em lei, de medidas de natureza cautelar ou antecipatória de tutela. Sobre o tema, oportuna a orientação doutrinária de Nelson Nery Júnior e Rosa Maria de Andrade Nery: 'Em casos excepcionais, admite-se o ajuizamento de medida cautelar objetivando a suspensão da execução do julgamento rescindendo, pois a presunção decorrente da coisa julgada é relativa (*juris tantum*), até que seja ultrapassado o prazo do CPC [art. 495]. A medida só pode ser concedida se demonstrar-se ser imprescindível. Tal pedido pode ser feito como cautelar antecedente ou mesmo na petição inicial da ação rescisória. (...) Como se trata de medida excepcional, não se pode conceder cautelar para obstar a execução da sentença ou acórdão rescindendo, com ofensa frontal ao CPC [art. 489], senão quando a hipótese concreta demonstrar uma quase liquidez e certeza da procedência do pedido rescisório. Exige-se mais do que o mero *fumus boni iuris* ordinário, da ação cautelar convencional. (*Código de Processo Civil Comentado e Legislação Extravagante*, 14. ed. rev., ampl. atual., São Paulo: Revista dos Tribunais, 2014, p. 988)." (STJ, MC nº 023.634, Rel Min. Regina Helena Costa, decisão indeferitória de liminar publicada em 4.12.2014). Também decidiu o STF que é inadmissível a medida cautelar que objetiva suspender a execução de decisão transitada em julgado (*RTJ* 117/1, citando precedentes). Do seguinte teor a Súmula nº 234 do extinto TFR: "não cabe medida cautelar em ação rescisória para obstar os efeitos da coisa julgada". Os arts. 489 e 495 do CPC/1973, citados na transcrição, correspondem, respectivamente, aos arts. 969 e 975 do CPC/2015, estipulando o último que o direito de propor a rescisória se extingue em 2 anos do trânsito em julgado da última decisão proferida no processo.

todas as circunstâncias que o cercam, e outorgar, o legislador, à propositura pura e simples da ação rescisória, o dom de suspender a eficácia que o comando emergente do dispositivo da sentença adquire quando transita em julgado.

A inconstitucionalidade dessa expressão não prejudicaria o entendimento – que não prospera no seio do TSE – de que a rescisória apanha também os inelegíveis declarados elegíveis, pois, neste caso, não é em decorrência da propositura da ação que o exercente do cargo nele se mantém enquanto perdure o processo, mas por força da coisa julgada enfrentada pela rescisória. Ao mesmo tempo, o afastamento, por ofensa à Constituição, da expressão sob análise, prestigia o Poder Judiciário, que não tem expressamente negado o poder de, eventualmente, agir considerando as relevantes circunstâncias do caso concreto, como lembrado no parágrafo precedente.

De outra banda, sob a ótica do direito intertemporal, a ordem emanada da segunda parte do art. 2º da lei transcrita, não teria como sobreviver.

Ensina Barbosa Moreira (1974, p. 137) que se a pretensão à rescisão surge com o trânsito em julgado da sentença, a possibilidade de que esta seja rescindida não se apresenta se o direito vigente nesta ocasião não cuidava da hipótese. "Se a sentença transita em julgado sem que certo fato esteja previsto no ordenamento como motivo de rescindibilidade, a superveniência da lei que passe a considerá-lo tal não torna rescindível, por esse fundamento a sentença". Com maior razão a ensinança deve ser acatada se a previsão da própria ação rescisória – e não mais uma hipótese de seu cabimento – não existia ao tempo em que a decisão fez coisa julgada.

Oportuno, igualmente, invocar a lição de Pontes de Miranda (1975, p. 252), na mesma direção: "se no dia em que transitou em julgado a sentença não era rescindível, não há *lex nova* que a faça rescindível".

17.5. A PARCIAL CONSTITUCIONALIDADE DA LEI

O Supremo Tribunal Federal, por votação unânime, havia concedido, com eficácia *ex tunc*, a liminar pleiteada pelo Partido dos Trabalhadores, na ação direta de inconstitucionalidade nº 1.459-5, para suspender, até decisão final da ação, na alínea "j" do inciso I do art. 22 do Código Eleitoral, introduzida pelo art. 1º da Lei Complementar nº 86/1996, a vigência das expressões "possibilitando-se o exercício do mandato eletivo até o seu trânsito em julgado", e, no art. 2º, "aplicando-se, inclusive, às decisões havidas até cento e vinte dias anteriores à sua vigência", prejudicado idêntico pedido formulado pelo Procurador-Geral da República na ADIn nº 1460-9, tendo o Relator mencionado a inconveniência da iniciativa do Legislativo.[312]

Essa decisão foi confirmada, por acórdão sob a relatoria do Ministro Sydney Sanches, deixando o Pretório Excelso consignado que não ofende a Constituição a instituição da ação rescisória eleitoral, sendo inconstitucionais, todavia, as expressões antes mencionadas por negarem eficácia temporária à coisa julgada (art. 1º) e violarem o direito adquirido daqueles que foram por ela beneficiados, quando ainda insuscetível de rescisão (art. 2º).

---

312. *DJ* de 5.6.1996, p. 19.698 (liminar) e *DJ* de 7.5.1999, p. 1 (julgamento definitivo).

Não diagnosticar inconstitucionalidade na previsão do instituto, entretanto, não significa, necessariamente, aceitar a sua compatibilidade com o processo eleitoral.

Admitida esta, é de se lamentar que o legislador tenha demorado tantas décadas para se aperceber de sua falta, bem como que os juristas tenham, na doutrina e na jurisprudência, levantado suas vozes para justificar, então equivocadamente, a omissão legal e a consequente inaplicação subsidiária das disposições, a respeito, do processo civil comum (com matriz na Constituição).

Claro sintoma de sua inconveniência é que a previsão se limita aos casos de inelegibilidade, não tendo aplicação em todos os casos em que proferida decisão de mérito.

Aliás, não só se restringiu a ação quanto ao seu conteúdo material (inelegibilidade), como também não se estendeu a possibilidade de rescisão às sentenças dos juízes e aos acórdãos dos Regionais.

A respeito da norma introduzida pela Lei Complementar nº 86/1996, pronunciou-se o Tribunal Superior Eleitoral, em 15 de maio de 1997, no julgamento da Ação Rescisória nº 12/TO, Relator Ministro Eduardo Alckmin (*JTSE* 9 (2) 24-53).

Nesse julgamento colheram-se as seguintes apreciações acerca do tema, de importante registro.

O Ministro Nilson Naves assim se expressou:

> De tão estranho, medíocre e sem graça, de tão petulante, desarrazoado e sem *glamour*, de tão inconveniente, casuístico e fora de esquadro, afim de tão inadmissível, o texto da Lei Complementar que acrescentou dispositivo ao Código Eleitoral e permitiu, em consequência, a ação rescisória em casos de inelegibilidade, que pedi vista dos autos [...] principalmente com o intuito de verificar se a Lei Complementar nº 86, de 14.5.1996, em seu todo, não era incompatível com a Constituição, já que de tão incompatível com as coisas que acontecem na Justiça Eleitoral, ou, mais tecnicamente, já que de tão incompatível com o processo eleitoral, quem sabe, pensei eu naquela oportunidade, daí normalmente não resultaria a antinomia entre os textos infra e constitucional [...]. O Supremo Tribunal Federal decidiu – e vejam os senhores as consequências da edição de lei fora do contexto – decidiu também o seguinte: *Fica, desde já, ressalvado que a competência originária do Tribunal Superior Eleitoral, para processar e julgar a ação rescisória instituída pela LC impugnada, não abrange, obviamente, os julgados do STF, quando este tiver examinado, pelo mérito, a questão da inelegibilidade (...).*

Conforme disse o Ministro Sydney Sanches, no julgamento da ADIn nº 1.459: "A introdução do instituto da ação rescisória no processo eleitoral brasileiro, nos casos de inelegibilidade, embora de conveniência altamente discutível, dadas as peculiaridades e finalidades de tal processo, não chega, todavia, a meu ver, a um primeiro exame, a afetar qualquer norma constitucional [...]".

E o Ministro Ilmar Galvão, respondendo à objeção do Ministro Marco Aurélio:

> Então, se, na verdade, não há espaço, no caso, para apreciação da questão da competência pelo Supremo Tribunal Federal, à ausência de matéria constitucional, tal circunstância reforça a minha disposição de dar ao texto, sob enfoque, interpretação restrita, tanto mais quando se sabe que foi ele editado *ad personae* [...]. Posso fazer afirmação dessa ordem, porque estou informado da origem dessa rescisória, até recentemente desconhecida em nosso direito, que trazia a peculiaridade de conferir efeito suspensivo ao julgado rescindendo.

Decidiu-se, então, que a previsão da ação rescisória, conquanto resultante de texto editado sob inspiração casuística, desprezando o princípio da moralidade, não atentava, em sua essência, contra norma constitucional e, embora inconveniente, não era incompatível com o Direito Eleitoral.[313]

De acordo com o quanto julgado conclui-se, portanto, que, ainda que compatível a rescisória com o Direito Processual Eleitoral, sua previsão veio a lume com a marca da inconveniência (ou da conveniência "altamente discutível").

Com isso, a Lei Complementar nº 86/1996 está em vigor, embora não em sua plenitude, exorcismada que foi, parcialmente, pelo Supremo Tribunal Federal. Considera-se, pois, a partir de então, instalada no território do Direito Eleitoral.

17.6. A INTERPRETAÇÃO DA LEI

Desde a edição da lei defendemos a ideia que passamos a expor.

Sendo o Tribunal Superior Eleitoral órgão da Justiça Eleitoral, claro que somente as decisões por esta Justiça proferidas sujeitam-se à rescisão por aquele colegiado. Dispensável era a ressalva feita pelo Supremo que suas decisões não se submetiam à rescisão pelo Tribunal Superior Eleitoral.

Consoante preleciona Pontes de Miranda (1975, p. 244), o processamento e julgamento da rescisória podem ser cometidos a juízo superior àquele que proferiu a decisão rescindenda, certo que isto já ocorre na Justiça Comum. Nem por isso, todavia, pareceu-nos ser a opção adequada admitir que o Tribunal Superior Eleitoral viesse a julgar ações que tivessem por escopo a rescisão das decisões de primeiro grau ou de acórdãos das Cortes Regionais, rejeitando qualquer insinuação nesse sentido o sistema constitucional pátrio.

De um lado, porque não se constituiu a mais alta Corte Eleitoral, composta por apenas sete juízes, para suportar o volume de ações que interpretação tão liberal ensejaria. Pelo contrário, para possibilitar-lhe uma atuação eficiente, a Constituição restringe o acesso a esse Sodalício, apenas excepcionando, na enumeração taxativa do § 4º do art. 121, a regra da irrecorribilidade dos decisórios dos Tribunais Regionais Eleitorais.

De outro lado, porque decorre da Lei Maior que os tribunais somente podem conhecer, em ação rescisória, de causa a cujo respeito se pronunciaram definitivamente, ou

---

313. "Os princípios constitucionais aplicam-se a todos os Poderes da União, dos Estados, do Distrito Federal e dos Municípios", afirmou, em seu voto, a Ministra Cármen Lúcia, reportando-se ao art. 37 da Constituição Federal e dando como constitucionalmente correto o quanto posto na petição inicial da ADC nº 12/DF (*RTJ* 215/11). No mesmo julgamento, entre outras lições e citando vários juristas, asseverou o Ministro Celso de Mello: "[...] especialmente a partir da Constituição Republicana de 1988 –, a estrita observância do postulado da moralidade administrativa passou a qualificar-se como pressuposto de validade dos atos que, fundados ou não em competência discricionária, tenham emanado de autoridade ou órgãos do Poder Público [...]" (p. 23). Oportuno, ainda, lembrar a lição de que "violar um princípio é muito mais grave que transgredir uma norma [...] porque representa insurgência contra todo o sistema, subversão de seus valores fundamentais, contumélia irremissível a seu arcabouço lógico e corrosão de sua estrutura mestra" (BANDEIRA DE MELLO, 1986, p. 230). E mais: "A quebra da moralidade administrativa se caracteriza pela desarmonia entre a expressão formal (= a aparência) do ato e sua expressão real (= a sua substância), criada e derivada de impulsos subjetivos viciados quanto aos motivos, ou à causa, ou à finalidade da atuação administrativa." (TSE, RE nº 405.386/RJ, Rel. Min. Ellen Gracie, Relator para o acórdão Min. Teori Zavascki, *DJe* de 25.3.2013).

que, decidida em primeiro grau de jurisdição, por sentença irrecorrida, competir-lhes-ia conhecer se dela interposto o respectivo recurso,[314] sendo que não há irresignação contra sentença de juiz eleitoral passível de ser manifestada *per saltum* diretamente perante o Tribunal Superior Eleitoral; não incumbindo ao órgão imediatamente superior aos juízes singulares examinar ações rescisórias das sentenças que estes prolataram, ou de seus próprios acórdãos, tais decisões não são rescindíveis.

Essa conclusão não afeta a supremacia do Tribunal Superior Eleitoral na Justiça que encabeça, enaltece-a: apenas aquelas questões mais importantes, que não contando com a inércia da parte interessada mereceram a atenção da Corte, é que aceitam a rescisão, pelo mesmo Tribunal. Se fosse permitido ao Tribunal Superior Eleitoral rescindir acórdãos dos Tribunais Regionais Eleitorais, admitir-se-ia que aquele Colegiado se pronunciasse sobre matéria que constitucionalmente não lhe seria dado conhecer por intermédio de recurso ordinário – a relativa à inelegibilidade nas eleições municipais – e da qual também não coubesse recurso especial.

Se ao Supremo Tribunal Federal não se reconhece competência senão para rescindir seus próprios julgados, não se prevendo, outrossim, pudesse o Superior Tribunal de Justiça rescindir acórdãos daqueles tribunais aos quais se sobrepõe, insultaria a sistemática adotada pelo constituinte solução que propendesse, aqui, por orientação diversa. Em suma, precisamente porque não há na lei alusão à possibilidade aqui cogitada, não pode esta vingar.

Submete-se à rescisão a decisão de mérito do Tribunal Superior Eleitoral, passada em julgado, proferida em causa de sua competência originária, ou recursal, que verse sobre inelegibilidade, tão só, afastada, afora esse tema determinado, pela Lei Complementar nº 86/1996, a ação por ela trazida ao Direito Eleitoral, confirmando que deste, antes, não fazia parte, e que mesmo agora só por exceção se mostra cabível.

Nesse diapasão, aparentemente seria a rescisão somente permitida quando declarada a *inelegibilidade*, levados em conta os termos expressos da lei, não quando se reconhecesse a *elegibilidade* do candidato, posta em dúvida, assim se explicando a possibilidade legal, suspensa pelo Supremo Tribunal Federal, de exercício do mandato eletivo até o trânsito em julgado do acórdão que define a questão agitada na rescisória.

Contudo, libertando-se a Lei Complementar nº 86/1996 do casuísmo que a teria gerado, deve espargir seu comando sobre as causas em que se discutiu a inelegibilidade, tenham elas provocado um pronunciamento judicial reconhecendo ou não o óbice à elegibilidade, conclusão consentânea com a finalidade e a natureza do instituto. Não condiciona a norma o cabimento da ação à declaração de *inelegibilidade*. Por exemplo, tanto é injusto e grave negar a cidadania passiva a alguém com espeque em prova falsa, quanto, sob idêntica sustentação, reconhecê-la, com ofensa ao ordenamento jurídico, maculadas ambas as decisões pelo enliço e merecedoras de igual reparo.

---

314. Greco Filho (2007, p. 444), sobre o tema, escreve: "A competência para a rescisória é dos tribunais, segundo a seguinte regra: se se trata de rescisão de sentença, é competente o órgão do Tribunal que seria competente para o julgamento da apelação que poderia ter sido interposta; se a rescisão é de acórdão, é competente o próprio tribunal que o proferiu, com alteração, se for o caso, do órgão interno julgador, segundo as regras de organização judiciária que estruturam o Tribunal".

Quando o legislador pretende alcançar somente uma parte das decisões possíveis, ele o faz sem rebuço. Assim acontece, *v.g.*, com o art. 121, § 4º, da Constituição Federal, que admite recurso das decisões dos Tribunais Regionais Eleitorais que *"anularem diplomas ou decretarem a perda* de mandatos eletivos federais ou estaduais", bem como que *"denegarem habeas corpus,* mandado de segurança, *habeas data,* ou mandado de injunção, não dependendo, porém, do resultado do julgamento as que *versarem sobre inelegibilidade"* (inciso III).

A expressão legal "nos casos de inelegibilidade" (constante do art. 22, I, "j", do CE) abrange, pois, a hipótese de declaração de elegibilidade do inelegível, não só de inelegibilidade, imune a exegese à contaminação da doença do favorecimento que na rescisória buscou pronto socorro, como referido. O ajuste da lei à Constituição, pelo STF, apenas garantiu o respeito à coisa julgada até a sua rescisão, em qualquer dos casos previstos.

Não há por que prestigiar decisão atentatória ao modelo posto pela ordem jurídica, em benefício do inelegível, dado como elegível, presente quaisquer das hipóteses previstas no art. 485 do Código de Processo Civil de 1973 (CPC/2015, art. 996), dentre as quais o impedimento do juiz e a ofensa à coisa julgada.

No conceito amplo de inelegibilidade se inserem, como antes exposto, as chamadas incompatibilidades, como faz ver a Lei Complementar nº 64/1990, e também a ausência das condições de elegibilidade já que, em casos tais, não se pode eleger o candidato validamente (CF, art. 14, § 3º).

O prazo decadencial de 120 dias será contado da data em que a decisão que se pretende rescindir passar em julgado, o que ocorre quando a última decisão proferida no processo torna-se irrecorrível (ver CPC/2015, art. 975).

Adotado o pensamento que conclui pela rescisão, pelo Tribunal Superior Eleitoral, apenas dos seus julgados, não conhecido o recurso a ele dirigido, descabe a rescisória.

17.6.1. O entendimento do Tribunal Superior Eleitoral

17.6.1.1. *O entendimento atual do TSE quanto ao conteúdo da expressão "nos casos de inelegibilidade"*

Todavia, com relação à interpretação anteriormente proposta, o Tribunal Superior Eleitoral não a encampou, orientando-se no sentido de aceitar o cabimento da ação rescisória apenas nos casos em que reconhecida a inelegibilidade, como se vê do seguinte pronunciamento do STF, ao declarar que tal opção não fere o julgamento de constitucionalidade parcial da LC nº 86/1996:

> Na realidade, o E. Tribunal Superior Eleitoral, em *interpretação restritiva* do alcance processual da ação rescisória eleitoral, *limitou-se* – fundado no reconhecimento da legitimidade constitucional desse meio autônomo de impugnação (em plena harmonia, portanto, com o julgamento do Supremo Tribunal Federal na ADI 1.459/DF) – *a proclamar a inadmissibilidade* de mencionada ação rescisória, quando ajuizada contra decisões que hajam confirmado a elegibilidade (*e não* a inelegibilidade) do candidato.
>
> Essa orientação jurisprudencial firmada pelo Tribunal Superior Eleitoral representou solução hermenêutica adotada por essa Alta Corte judiciária, *que optou* – presente dissídio doutrinário a respeito do tema – por exegese restritiva quanto à pertinência da mencionada

ação rescisória eleitoral, *limitando-lhe* o cabimento à hipótese única de reconhecimento, pelo julgado rescindendo, de inelegibilidade do candidato.

Em uma palavra: o Tribunal Superior Eleitoral, ao assim interpretar a regra legal, enfatizou que a rescindibilidade do julgado dar-se-á, *unicamente, secundum eventum litis*, consoante resulta claro de sucessivas decisões *emanadas* do órgão de cúpula da Justiça Eleitoral:

> *Ação Rescisória – Eleições 2004 – Inelegibilidade – Cabimento – Não cabe* rescisória de acórdão que proclamou a *elegibilidade* de candidato. (AR 207/PA, Rel. Min. Humberto Gomes de Barros – Grifei).
>
> *Ação Rescisória – Hipótese de cabimento – Inexistência.* No âmbito da Justiça Eleitoral, a ação rescisória *somente* é cabível para desconstituir decisão do Tribunal Superior Eleitoral *e que*, ademais, *contenha declaração de inelegibilidade* (art. 22, I, "j", CE), o que não ocorre na espécie. Agravo improvido. (AR 225-AgR/MG, Rel. Min. Cesar Asfor Rocha – *Grifei*).
>
> *Eleições 2008. Agravo regimental em ação rescisória. Registro* de candidatura ao cargo de prefeito. *Ausência* de declaração de inelegibilidade. *Não cabimento de ação rescisória. Precedentes.* Fundamentos da decisão monocrática não infirmados. Mera reiteração das razões da petição inicial. Inviabilidade. Agravo regimental *a que se nega* provimento. (AR 370-AgR/BA, Rel. Min. Cármen Lúcia – *Grifei*).[315]

Assim ficou decidido, não obstante, ao que tudo indica, o legislador tencionasse dar à norma maior alcance, na ponderação de Pedro Decomain (2004, p. 386), citado na decisão apresentada anteriormente em parte reproduzida:

> Aliás, talvez esse houvesse sido mesmo o pensamento do legislador, ao instituir essa ação rescisória eleitoral. Permitir que fosse manejada em todos os casos em que se tivesse proferido decisão definitiva sobre elegibilidade, quer reconhecendo, quer não, a presença de causa de inelegibilidade. Nesse caso, inclusive, a parte final do dispositivo não seria inconstitucional, como se disse, eis que estaria resguardando o exercício do mandato, mesmo proposta a ação rescisória, quando esta tivesse por objeto decisão que não reconheceu inelegibilidade de candidato que acabou eleito. Todavia, como restou dito, a interpretação dada ao dispositivo pelo STF, até por força do reconhecimento da inconstitucionalidade da parte final do dispositivo, parece haver sido a restritiva. Desta sorte, a ação rescisória terá cabimento apenas em face de decisão transitada em julgado que tenha reconhecido a presença de causa de inelegibilidade, a tanto equivalendo também o reconhecimento de ausência de condição de elegibilidade.

Destarte, ficará longe do alcance da ação rescisória, ilustrativamente, lembrando exemplo antes dado, o aresto passado em julgado do Tribunal Superior Eleitoral que confirmar, no pleito eleitoral, um candidato que tenha "*comprovado*" a ausência de causa de inelegibilidade, em verdade presente, ou a presença de condição de elegibilidade, na realidade ausente, com o uso de documento falso que induz em erro o julgador, não obstante, na advertência do Ministro Joaquim Barbosa, colhida no julgamento do REspe nº 35.366, "a entrega da prestação jurisdicional não deve ser feita com base em erro, sob pena de comprometer a função basilar do Poder Judiciário".

O reconhecimento de falta de condição de elegibilidade, como o não preenchimento de filiação partidária, segundo a Corte Superior, não dá lugar à ação rescisória.[316]

---

315. STF, Rcl (MC) nº 8.989/PI, Rel. Min. Celso de Mello, j. em 6.10.2009, *DJe* de 13.10.2009.
316. TSE, AgRgAR nº 4.975/MT, Rel. Min. José de Castro Meira, j. em 20.6.2013, *DJe* de 9.8.2013. Ver também TSE, AgRgAR nº 16.927/SP (ausência de quitação eleitoral) mesmo relator, j. em 6.8.2013, *DJe* de 28.8.2013.

17.6.1.2. O pensamento do Tribunal Superior Eleitoral nos seus primeiros contatos com a ação rescisória

A Corte Superior, na Ação Rescisória nº 12/TO, com o pensamento contrário dos Ministros Nilson Naves e Ilmar Galvão, entendeu competir ao Colegiado não apenas as ações rescisórias de seus julgados, mas também as de acórdãos de Tribunal Regional, como era o caso apresentado. Concordou, porém, a maioria, contra o voto do Ministro Néri da Silveira, que a referência aos *casos de inelegibilidade* abrangia as hipóteses concernentes à inexistência de condição de elegibilidade, o que ficou consolidado no exame da Ação Rescisória nº 19/MT, Relator Ministro Eduardo Ribeiro (j. em 2.4.2998, *DJ* de 22.5.1998). Por fim, foi o pedido julgado procedente, por unanimidade, na forma do voto proferido pelo Relator Ministro Eduardo Alckmin.

O principal argumento do eminente Ministro Marco Aurélio, para superar a preliminar de que o acórdão do Tribunal Regional não poderia ser rescindido pelo Tribunal então sob sua Presidência, foi tirado do campo da hermenêutica e da aplicação do Direito: a não distinção da lei.

Em que pese o brilhantismo de suas intervenções na discussão então travada, insistimos que o *sistema* adotado pelo legislador era capaz de rebater, com vantagem, a letra defeituosa da lei. Mesmo a lei não distinguindo, não apanhou, nem poderia fazê-lo, os casos de inelegibilidade enfrentados pelo Supremo Tribunal Federal, porque este se encontra posicionado no topo da organização judiciária nacional e a Constituição já lhe houvera dado a competência para rescindir seus próprios julgados, não podendo violá-la a norma inferior. De outro lado, para que pudesse competir ao Tribunal Superior julgar as ações rescisórias de sentenças e de acórdãos de Tribunais Regionais, impunha-se que a Lei Complementar o dissesse expressamente (como o fez o art. 108, I, "b", da Constituição com relação aos Tribunais Regionais Federais e as sentenças dos juízes federais), e não o disse. Portanto, a não indicação de que o poder rescisório refletia-se unicamente sobre os julgados do próprio Tribunal Superior Eleitoral não favorecia a interpretação contrária, além de não se conformar com os arts. 102, I, "j", e 105, I, "e", da Carta Magna. Outorgar a uma Corte tal poder, sem especificá-lo, sugere que a medida excepcional se restrinja aos seus próprios julgamentos. Perfeita, portanto, a colocação do Ministro Ilmar Galvão, instado a pronunciar-se, pela Presidência, acerca da possibilidade jurídica do pedido:

> Penso que está implícito no texto que essa competência para a rescisória é restrita aos julgados desta Corte. Se a norma pretendesse atribuir competência tão ampla quanto inusitada, em nosso sistema jurídico-processual, ao TSE, tê-lo-ia feito de forma expressa. [...] O que fez foi restringir as rescisórias às decisões irrecorríveis do TSE. Está implícito.

Escrevendo sobre questão atinente ao assunto na Constituição de 1937, Pontes de Miranda (1971, p. 59) advertiu: se a legislação processual resolve o problema, explicitamente, tem de ser respeitada; se não resolve, em termos explícitos, cabe o *princípio do aforamento da ação rescisória no juízo da sentença rescindenda*.

Daí a ilação de que, se previsto o aforamento da rescisória no Tribunal Superior Eleitoral, sem que fosse explicitado quais seriam as decisões rescindendas, o princípio mencionado informa serem rescindíveis os julgados do juízo indicado para o aforamento da ação.

Ademais, mesmo a lei se referindo só a casos de inelegibilidade, decidiu a maioria – a nosso ver com razão, pois isso vínhamos sustentando desde a entrada em vigor da lei em foco (NIESS, 1994 e 2000, Cap. XIII) – que a falta de condição de elegibilidade pode ser invocada na rescisória.

Outra observação do Ministro Marco Aurélio, no julgamento da primeira ação rescisória submetida ao Tribunal Superior Eleitoral, questionando o ponto de vista do Ministro Ilmar Galvão foi quanto a se dar às decisões meritórias dos tribunais inferiores uma valia maior, se não se lhes reconhecesse a possibilidade de rescisão. E indagou: "Será que nós outros, estando na Corte maior da Justiça Eleitoral, é que claudicamos e, por isso, precisamos ter contra nossas decisões a rescisória?". E concluindo, depois: "Seria admitir, se fosse a hipótese, apenas a rescisória contra os provimentos do Supremo Tribunal Federal e não admiti-la em relação aos provimentos da Justiça comum, dos Tribunais de Justiça, dos Tribunais Regionais do Trabalho, dos Tribunais de Alçada. [...]".

Mas, a via estreita da rescisória eleitoral, como já anotamos neste Capítulo, tem o seu móvel selecionado em homenagem ao conteúdo e à situação da causa, não em desprestígio do órgão julgador. Além disso, na direção inversa, permitir ao Tribunal Superior rescindir os acórdãos dos Regionais equivaleria, data vênia, a incumbir o Supremo de rescindir as decisões dos Sodalícios Superiores, inclusive as do Tribunal Superior Eleitoral, (ainda que só quanto à matéria constitucional) o que no mínimo seria inconveniente, senão impraticável. E mais, quando não se permitia a rescisória no Direito Processual Eleitoral, não previa a Constituição a competência do Supremo para rescindir seus próprios acórdãos? Não seria razoável concluir que, em face das normas então vigentes, somente os acórdãos do Supremo, em matéria eleitoral, eram passíveis de rescisão, não as decisões da Justiça Eleitoral, ajustando-se a espécie à hipótese que o eminente magistrado considerou? Aliás, quanto às causas eleitorais que não versem sobre inelegibilidade, essa situação não permanece? Isto significaria que só o Supremo Tribunal Federal poderia claudicar?

O Ministro Néri da Silveira, assinalando não haver princípio constitucional que vede a atribuição a um Tribunal Superior de rescisão de julgados de órgãos inferiores da mesma estrutura judiciária, explicou que, centralizando a rescisória no Tribunal Superior Eleitoral, "a norma em foco atende à conveniência de decisão pronta sobre a rescisão que se haja de dar em torno de decisão sobre matéria de magna importância, no sistema eleitoral, qual seja, a inelegibilidade. Admitiu-se a possibilidade de rescisão em matéria de inelegibilidade, mas esta se fará em instância única, no Tribunal Superior Eleitoral".

Antes, o Ministro Eduardo Alckmin, já havia declarado que a lei fora feita "até com vistas a também abreviar o julgamento das rescisórias em face do tema tratado, que é sempre alusivo a registro de candidatura". Acompanharam-no os Ministros Eduardo Ribeiro e Costa Porto.

Todavia, nesse raciocínio, a Lei Complementar nº 86/1996 estaria introduzindo uma proposta descomprometida com a linha adotada pela Constituição, não só por conceder ao Tribunal Superior Eleitoral mais poder que ao Supremo e ao Superior Tribunal de Justiça – que só podem rescindir os próprios julgados – mas também por permitir que, como dito, por intermédio da rescisória, o Tribunal Superior Eleitoral conhecesse de processo que não poderia conhecer em grau de recurso ordinário e, dependendo do caso, nem sem sede de recurso especial – as decisões dos Tribunais Regionais Eleitorais sobre inelegibilidade nas eleições municipais, não tendo sido proferidas contra disposição expressa da Constituição ou da lei, nem havendo divergência, na interpretação da lei, entre tribunais eleitorais (CF, art. 121, § 4º, III, com a reserva dos incisos I e II).

Se em termos de recursos vai-se afunilando a possibilidade, conforme se suba na hierarquia dos órgãos julgadores (CF, art. 121, §§ 3º e 4º; CE, arts. 265, 276 e 281), evidencia-se em descompasso com essa meta alargar o espaço legislativo para tornar examinável, no Tribunal Superior Eleitoral, com jurisdição em todo o território nacional, cada rescisória, na Justiça Eleitoral, que cuide de inelegibilidade, ainda que para rejeitá-la.

Se se concentra no Tribunal Superior Eleitoral a competência em debate, com o fito de que se dê pronta resposta à rescisória, essa competência acrescida deve ser limitada.

O argumento dos eminentes julgadores, fundado na morosidade, na verdade, serviu para afastar essa ação do âmbito dos Tribunais Regionais, de cujos acórdãos (na rescisória) caberia admitir Recurso Especial, o que se quer evitar para conseguir uma rápida definição do processo, com o que concordamos; mas não é suficiente, nem terá sido lançado com esse propósito, para justificar o cabimento da rescisória contra decisões que não sejam do próprio Tribunal Superior Eleitoral.

No mérito, como se adiantou, o pedido formulado foi atendido, deferido o registro da candidatura do autor, ficando o acórdão assim ementado:

> AÇÃO RESCISÓRIA – DECISÕES PROFERIDAS POR TRIBUNAL REGIONAL ELEITORAL TRANSITADAS EM JULGADO – REGISTRO DE CANDIDATURA INDEFERIDO POR DUPLICIDADE DE FILIAÇÕES PARTIDÁRIAS. Rejeição das preliminares de incompetência do TSE, de impossibilidade jurídica do pedido e do não cabimento da rescisória por envolver a espécie condição de elegibilidade. Impugnações ao registro formuladas isoladamente por partidos que estavam coligados – Ilegitimidade – Afronta ao art. 6º, § 1º, da Lei nº 9.100/1995. Afronta ao art. 22 da Lei nº 9.096/1995 – Aplicação da Súmula nº 14 do TSE. Ação julgada procedente para deferir o registro da candidatura.

Na ação rescisória nº 106, O Ministro Fernando Neves trouxe importantes argumentos contrários à aceitação dessa tese.

Em 6 de maio de 2004, o TSE decidiu: "A ação rescisória somente é admitida neste Tribunal Superior contra decisões de seus julgados (CF, arts. 102, I, "j", e 105, I, "e"). Interpretação restritiva que não contraria o texto constitucional. Precedente: Acórdão nº 106."[317]

O debate sobre este assunto voltou em 11 de dezembro de 2007, no julgamento da Ação Rescisória nº 259/SC, Relator o Ministro Carlos Ayres Britto, quando, vencidos os Ministros Ary Pargendler e Arnaldo Versiani, foi admitida a ação tendo por objeto acórdão de Tribunal Regional Eleitoral, conquanto em consideração a caso peculiar.[318]

Tal posicionamento, porém, baseado na ausência de limitação da lei que instituiu a rescisória, importaria também a absorção das sentenças de primeiro grau, igualmente por-

---

317. TSE, AgRgAI nº 4.627/MT, Rel. Min. Fernando Neves da Silva, j. em 6.5.2004, *RJTSE* 15-2/218.
318. *RJTSE*, 19-2/11.

que, segundo o argumento de possibilidade de erro, esta possibilidade alcançaria, provavelmente, mais diretamente os prolatores destas decisões.

Todavia, atualmente, a Corte entende que é passível de rescisória apenas os acórdãos do próprio Tribunal Superior Eleitoral, nas causas fundadas em inelegibilidades (assim considerados apenas aqueles que as reconhecem presentes, não os que as afastam, embora desacertadamente), como exposto em decisão de 2014: "Cabe rescisória no âmbito da Justiça Eleitoral de decisões do Tribunal Superior Eleitoral que tenham reconhecido, como causa de pedir, determinada causa de inelegibilidade. Precedentes do TSE."[319]

17.7. OUTRAS CONSIDERAÇÕES SOBRE A AÇÃO RESCISÓRIA ELEITORAL

No que toca aos múltiplos aspectos que envolvem a rescisória, segue-se, por aplicação subsidiária no Direito Eleitoral, o que a respeito consta do Código de Processo Civil, notadamente no que se refere às hipóteses de cabimento aí taxativamente arroladas.

Aplicam-se à matéria, também no que couber, o Regimento Interno do Supremo Tribunal Federal, segundo determina o art. 94 do Regimento Interno do Tribunal Superior Eleitoral.

Mas a gratuidade dos atos eleitorais, além de livrar o autor dos ônus do processo, dispensa-o de depositar a importância de 5% sobre o valor da causa, a título de multa, caso a ação seja, à unanimidade, declarada inadmissível ou improcedente, até porque a inicial da ação primitiva dispensa o requisito indicado no art. 282, V, do CPC/1973 (art. 319, V, do CPC/2015), que serviria de parâmetro ao valor da rescisória, igualmente irrelevante. O caráter cominatório da imposição, que não permite confundi-la com as despesas processuais, não a exclui do alcance do inciso LXXVII do art. 5º da Constituição de 1988. A ação ligada ao exercício da cidadania não pode ser vinculada à prévia consignação de qualquer valor, a pretexto de que pode ser infundada, o que não impede a responsabilização da parte por dano processual, a final, no caso de litigância de má-fé.

A exordial, endereçada ao Tribunal Superior Eleitoral, observará os requisitos previstos no Código de Processo Civil, salvo o valor da causa, além da indicação do local e da data em que é elaborada e da identificação do advogado que a subscreve.

É indispensável que o autor formule pedido de rescisão do julgado e, cumulativamente, sendo pertinente, o de novo julgamento (juízo rescindendo e juízo rescisório). A desobediência à ordem do diploma aludido (CPC/1973, art. 488, I; CPC/2015, art. 968, I), acarretará o indeferimento da inicial por inépcia, não suprida a falha, por determinação judicial, à vista da redação impositiva do preceito.

A inicial se fará acompanhar da cópia da decisão rescindenda, da certidão de que a mesma transitou em julgado com a indicação da data em que isto ocorreu, além da procuração outorgada pelo autor ao seu advogado, se como tal não postular em causa

---

[319]. TSE, EDAR nº 58.325/GO (recebidos como Agravo Regimental), Rel. Min. Gilmar Ferreira Mendes, j. em 16.6.2014, *DJe* de 4.8.2014.

própria, e, eventualmente, de outros documentos voltados à hipótese em que se funda a ação, como a cópia autêntica da decisão criminal que apurou a falsidade da prova em que se sustentou o acórdão rescindendo (CPC/1973, art. 485, VI; CPC/2015, art. 966, VI).

O indeferimento da inicial, pelo relator, sujeita-se ao chamado agravo regimental.

Do julgamento da ação rescisória, além dos embargos declaratórios, cabe, eventualmente, recurso extraordinário para o Supremo Tribunal Federal, por ofensa à Constituição Federal.

Acolhido o pleito rescisório, admite-se recurso de terceiro prejudicado, como é o caso do suplente empossado e, depois, afastado em virtude da procedência do pedido de rescisão, que no processo, antes, não interveio.[320]

De se realçar que a intervenção do Ministério Público, na ação rescisória, será sempre indeclinável, evidenciando-se o interesse público tanto na matéria nela debatida, concernente às inelegibilidades, como com relação à autoridade da coisa julgada posta em discussão.

Acrescente-se, em remate, que há Projeto de Lei Complementar do Senador Sérgio Souza (PLS nº 134/2012) que amplia o cabimento da ação rescisória para compreender as decisões de mérito de primeiro grau e dos Tribunais Regionais Eleitorais, sendo da competência destes seu julgamento, e estende suas hipóteses de cabimento inserindo no Código Eleitoral o art. 282-A, do seguinte teor:

> Art. 282-A. É cabível ação rescisória em face de decisão de mérito de órgão da Justiça Eleitoral transitada em julgado, quando:
> I – restar demonstrada a prevaricação, concussão, corrupção, suspeição ou o impedimento de juiz que tenha participado da decisão;
> II – a decisão resultar de dolo da parte vencedora em detrimento da parte vencida, ou de colusão entre as partes, a fim de fraudar a lei;
> III – a decisão ofender coisa julgada;
> IV – houver violação de lei ou da Constituição Federal;
> V – a decisão se fundar em prova cuja falsidade tenha sido apurada em processo criminal ou seja provada na própria ação rescisória;
> VI – depois da decisão, a parte obtiver documento novo, cuja existência ignorava, ou de que não pode fazer uso, capaz, por si só, de lhe assegurar pronunciamento favorável;
> VII – a decisão estiver fundada em erro de fato, resultante de atos ou de documentos da causa.
> § 1º. Há erro quando a decisão admitir um fato inexistente ou quando considerar inexistente um fato efetivamente ocorrido.
> § 2º. É indispensável, num como noutro caso, que não tenha havido controvérsia, nem pronunciamento judicial sobre o fato.

---

320. Embargos de Declaração – Ação Rescisória – Recurso de terceiro prejudicado – Interesse jurídico demonstrado – Contradição – Ausência – Rejeição. 1. Uma vez empossado o suplente no cargo de vereador e afastado, na sequência, em virtude do provimento ora embargado, é inafastável o seu interesse jurídico na demanda, o que viabiliza o seu ingresso nos autos, na condição de terceiro prejudicado, à luz do disposto no art. 499 do CPC. 2. A ação rescisória é autônoma em relação ao processo de registro de candidatura, embora busque rescindir a decisão nele proferida, não se lhe aplicando o disposto no Enunciado Sumular nº 11/TSE. 3. Não padece de contradição o acórdão que, rescindindo decisão proferida em processo de registro, finda por deferir a candidatura postulada, porquanto veiculada matéria atinente à inelegibilidade. 4. Embargos de declaração rejeitados. (TSE, EDAR nº 141.847/CE, Rel. Min. Luciana Christina Guimarães Lóssio, j. em 28.11.2013, *DJe* de 3.2.2014). O art. 499 do CPC/1973 corresponde ao art. 996 do CPC/2015.

Em relação ao art. 485 do Código de Processo Civil de 1973, notam-se as seguintes diferenças mais chamativas: o *caput* do art. 282-A do direito projetado, tal como o do art. 966 do CPC/2015 (ver também o seu § 2º e o art. 502), fala em decisão de mérito, não em sentença; o inciso I do art. 282-A do Projeto reúne as previsões dos incisos I e II do art. 485 do CPC/1973 e do art. 966 do CPC/2015, excluindo a decisão proferida por juiz absolutamente incompetente e incluindo a suspeição, o que merece ser repensado; o inciso V do art. 485 do CPC/1973 fala em violação a literal disposição de lei e o inciso IV do art. 282-A do Projeto em violação da lei ou da Constituição Federal, com o que lhe dá, ao que parece, a feição de recurso, enquanto o novo CPC refere-se à *manifesta* violação de norma jurídica; o CPC/1973 contempla a hipótese de fundamento para invalidar confissão, desistência ou transação, em que se baseou a sentença, do que o Projeto não cuida, no que andou bem (NIESS, 1997, p. 37), hipótese não inserida também no CPC/2015; o Projeto, na esteira do CPC/1973, prevê a hipótese de obtenção de documento novo *após a decisão*, capaz, por si, de assegurar pronunciamento favorável ao autor da rescisória, ao passo que o CPC/2015, no inciso VII do art. 966, consagra a hipótese de obter o autor, *posteriormente ao trânsito em julgado*, *prova nova*, também exigindo, como os outros citados diplomas, a ignorância, por ele, da existência dessa prova com aptidão para afiançar-lhe decisão favorável, ou de que dela não pôde fazer uso. Quanto aos §§ 1º e 2º, o art. 282-A do Projeto, substituindo *sentença*, por *decisão*, repete os §§ 1º e 2º do art. 485, do CPC/1973 que lhe serviu de modelo, e o art. 966 do CPC/2015, agrupando as regras, dispõe, mais apropriadamente: "§ 1º. Há erro de fato quando a decisão rescindenda admitir fato inexistente ou quando considerar inexistente fato efetivamente ocorrido, sendo indispensável, em ambos os casos, que o fato não represente ponto controvertido *sobre o qual o juiz deveria ter se pronunciado*.".

O projeto poderia ter indicado um procedimento próprio a ser seguido pela ação rescisória eleitoral.

REFERÊNCIAS

ALENCAR, Emanuel Arraes de. O Direito Eleitoral e o art. 4º da Lei de Introdução ao Código Civil. *Revista Brasileira de Direito Eleitoral*. Fortaleza, v. 4, p. 70-80, jul. 1990.

ALMEIDA, Joaquim. Canuto Mendes de. *Princípios Fundamentais do Processo Penal*. São Paulo: Revista dos Tribunais, 1973.

ALVES, José Carlos Moreira. As leis de ordem pública e de direitos público em face do princípio constitucional da irretroatividade. *Revista da Procuradoria-Geral da República*, São Paulo, n. 1, p. 13-9, out./dez. 1992.

AMORIM FILHO, Agnelo. Critério científico para distinguir a prescrição da decadência e para identificar as ações imprescritíveis. *Revista Forense*: comemorativa 100 anos, Rio de Janeiro, t. 7, p. 99-136, 2005.

ARAGÃO, Egas Dirceu Moniz de. *Comentários ao Código de Processo Civil*. t. II. Rio de Janeiro: Forense, 1976.

ARAUJO, Luiz Alberto David; NUNES JÚNIOR, Vidal Serrano. *Curso de Direito Constitucional*. 13. ed. São Paulo: Saraiva, 2009.

BALERA, Wagner (Coord.). *Comentários à Declaração Universal dos Direitos Humanos*. São Paulo: Conceito Editorial, 2011.

BARBALHO, João. *Constituição Federal Brazileira*: Commentários. Rio de Janeiro: Typ. da Companhia Litho-Typrographia, 1902.

BARROS, Francisco Dirceu. *Curso de Processo Eleitoral*. 3. ed. Rio de Janeiro: Elsevier, 2014.

BASTOS, Celso Ribeiro. *Comentários à Constituição do Brasil*. São Paulo: Saraiva, 1995.

_____. *Curso de Direito Constitucional*. 15. ed. São Paulo: Saraiva, 1994.

BAPTISTA, Francisco de Paula. *Compêndio de Theoria e Prática de Processo Civil comparado com o Comercial*: para uso das Faculdades de Direito do Império. Pernambuco: Livraria Acadêmica, 1872.

BEVILAQUA, Clóvis. *A Theoria Geral do Direito Civil*. 2. ed. Rio de Janeiro: Francisco Alves, 1929.

BLONDEL, Jean. A Lei Eleitoral e os Partidos no Brasil. *Estudos Eleitorais,* Brasília, TSE, v. 1, n. 1, p. 229-39, jan./abr. 1997.

BLUNTSCHLI, Johann Caspar. *Théorie Générale de l'État*. Trad. do alemão de M. Armand de Riedmatten. 2. ed. Paris: Librairie Guillaumin et Cie., 1881.

BONAVIDES, Paulo. *Ciência Política*. 10. ed. 9. tir. São Paulo: Malheiros, 2002.

BULOS, Uadi Lammêgo. *Curso de Direito Constitucional*. 6. ed. São Paulo: Saraiva, 2011.

BUZAID, Alfredo. *Paula Baptista*: atualidades de um velho processualista. São Paulo: [s.n.], 1950.

CALAMANDREI, Piero. *Eles, os Juízes, Vistos por Nós, os Advogados*. 7. ed. Trad. de Ary dos Santos. Lisboa: Clássica, 1985.

CASTRO, Pedro Henrique Gênova de. A preclusão no processo eleitoral. *Revista Brasileira de Direito Eleitoral*, Fortaleza, v. 5, p. 31-6, mar. 1991.

CÂMARA, Alexandre Freitas. *Lições de Direito Processual Civil*. 21. ed. São Paulo: Atlas, 2012.

CÂNDIDO, Joel J. *Direito Eleitoral Brasileiro*. 15. ed. São Paulo: Edipro, 2012.

_____. *Inelegibilidades no Direito Brasileiro*. São Paulo: Edipro, 1999.

CANOTILHO, José Joaquim Gomes. *Direito Constitucional*. 5. ed. Coimbra: Almedina, 1991.

CASSEB, Paulo Adib. Elegibilidade dos militares. In: RAMOS, Dirceô Torrecillas; ROTH, Ronaldo João; COSTA, Ilton Garcia da. (Coord.). *Direito Militar*: doutrina e aplicações. Rio de Janeiro: Elsevier, 2011. p. 36-76.

CITADINI, Antonio Roque. *Código Eleitoral*: anotado e comentado. 3. ed. Rio de Janeiro: Max Limonad, 1986.

COLTRO, Antônio Carlos Mathias (Org.). *Constituição Federal de 1988*: dez anos (1988-1998). São Paulo: Juarez de Oliveira, 1999.

COSTA, Adriano Soares da. *Teoria da Inelegibilidade e o Direito Processual Eleitoral*. Belo Horizonte: Del Rey, 1998.

COSTA, Antonio Tito. *Recursos em matéria eleitoral*. 9. ed. São Paulo: Revista dos Tribunais, 2010.

COULANGES, Fustel de. A *Cidade Antiga*. Trad. Edson Bini. 4. ed. São Paulo: Edipro, 2009.

COUTURE, Eduardo J. *Interpretação das Leis Processuais*. 4. ed. 2. tir. Trad. de Gilda Maciel Corrêa Meyer Russomano. Rio de Janeiro: Forense, 1997.

CRETELLA JÚNIOR, José. *Comentários à Constituição de 1988*. 2. ed. v. 2. Rio de Janeiro: Forense Universitária, 1989.

DANTAS, San Tiago. *Programa de Direito Civil*. Rio de Janeiro: Rio, 1979.

DECOMAIN, Pedro Roberto. *Elegibilidade e Inelegibilidades*. 2. ed. São Paulo: Dialética, 2004.

_____. Inelegibilidade por condenação criminal: Lei Complementar nº 64/1990, art. 1º, I, "e". *Resenha Eleitoral*, Nova série, Florianópolis, v. 6, n. 1, p. 29-35, jan./jun. 1999.

ENNECCERUS, Ludwig; KIPP, Theodor; WOLFF, Martin. *Tratado de Derecho Civil*. 2. ed. t. 1. Trad. espanhola por Blas Pérez González e José Alguer. Barcelona: Bosch, 1953.

FARIAS, Rodrigo Nóbrega. *Ação de Impugnação de Mandato Eletivo*. Curitiba: Juruá, 2005.

FERREIRA FILHO, Manoel Gonçalves. *Curso de Direito Constitucional*. 37. ed. São Paulo: Saraiva, 2011.

FIGUEIREDO, Lúcia Valle. *Curso de Direito Administrativo*. São Paulo: Malheiros, 1994.

FRANÇA, Edilson Alves de. Ação de Impugnação de Mandato Eletivo. *Cadernos de Direito Constitucional e Eleitoral*. São Paulo, v. 11, n. 41, p. 18-23, out./dez. 1997.

FRANÇA, Rubens Limongi. *Instituições de Direito Civil*. São Paulo: Saraiva, 1988.

_____. *Instituições de Direito Civil*. 2. ed. São Paulo: Saraiva, 1991.

_____. (Coord.). *Enciclopédia Saraiva de Direito*. v. 6. São Paulo: Saraiva, 1977.

GARCIA, Marcus Cléo; LOS SANTOS, Sheila Brito de. Ação de Impuganação de Mandato Eletivo: efeitos da decisão de procedência. *Resenha Eleitoral*, Nova Série, Florianópolis, v. 15, 2008. Disponível em: <https://www.tre-sc.jus.br/site/resenha-eleitoral/edicoes-impressas/integra/2012/06/acao-de-impugnacao-de-mandato-eletivo-efeitos-da-decisao-de-procedencia/index3f12.html?no_cache=1&cHash=73d351297e493e191476b1f01cefae2e>. Acesso em: 21 mar. 2016.

GIORGI, Giorgio. *Teoria Delle Obbligazioni nel Diritto Moderno Italiano*. v. IV. Torino: Utet, 1930.

GOMES, José Jairo. *Direito Eleitoral*. 11. ed. São Paulo: Atlas, 2015.

GOMES NETO, F. A. *O Direito Eleitoral e a Realidade Democrática*. Rio de Janeiro: J. Konfino, 1953.

GRECO FILHO, Vicente. *Direito Processual Civil Brasileiro*. 20. ed. v. 1. São Paulo: Saraiva, 2007.

_____. *Direito Processual Civil Brasileiro*. 18. ed. v. 2. São Paulo: Saraiva, 2007.

GUERRA, Luis Lopez. *Derecho Constitucional*. v. 1. Valencia: Tirant lo Blanch, 1994.

HADDOCK LOBO, Eugênio R.; COSTA NETTO, Francisco. *Comentários ao Estatuto da Ordem dos Advogados do Brasil e às Regras da Profissão do Advogado*. Rio de Janeiro: Editora Rio, 1978.

HUNGRIA, Nelson. *Comentários ao Código Penal*. 4. ed. v. 1. Rio de Janeiro: Forense, 1958.

JARDIM, Torquato. *Direito Eleitoral Positivo*. Brasília: Brasília Jurídica, 1996.

_____. *Introdução ao Direito Eleitoral Positivo*. Brasília: Brasília Jurídica, 1996.

KAHN, Andréa Patrícia Toledo Távora Niess; SOUZA, Luciana Toledo Távora Niess de; NIESS, Pedro H. Távora. Pessoas com deficiência e o direito ao desenvolvimento. *FMU Direito – Revista Eletrônica*, v. 26, n. 38, 2012.

LACERDA, Galeno. *Comentários ao Código de Processo Civil*. Rio de Janeiro: Forense, 1980.

LEÃO, Anis José. *Direito Eleitoral*. Belo Horizonte: Del Rey, 1994.

LEMBO, Cláudio. *Participação Política e Assistência Simples no Direito Eleitoral*. Rio de Janeiro: Forense Universitária, 1991.

LENZ, Carlos Eduardo Thompson Flores. Condições de elegibilidade e inelegibilidades. *Revista de Doutrina da 4ª Região*, Porto Alegre, n. 48, jun. 2012. Disponível em: <http://www.revistadoutrina.trf4.jus.br/artigos/edicao051/Carlos_Lenz.html>. Acesso em: 8 out. 2014.

LENZA, Pedro. *Direito Constitucional Esquematizado*. 15. ed. São Paulo: Saraiva, 2011.

LIEBMAN, Enrico Tullio. *Manual de Direito Processual Civil*. v. 1. Trad. Cândido Rangel Dinamarco. Rio de Janeiro: Forense, 1984.

LIMA, Rogério Medeiros Garcia. *O Direito Administrativo e o Poder Judiciário*. Belo Horizonte: Del Rey, 2002.

LOPES, Ney. Inelegibilidades no Brasil. *Revista Brasileira de Direito Eleitoral*. Fortaleza, n. 4, p. 22, jul. 1990.

MACHADO JR., Armando Marcondes. *Eleitoral*: Caminhos da Jurisprudência. São Paulo: Conam, 1995.

MADALENO, Rolf. A inelegibilidade eleitoral na união estável. Disponível em: <http://www.professorallan.com.br/UserFiles/Arquivo/Artigo/artigo_a_inelegibilidade_eleitoral_na_uniao_estavel.pdf>. Acesso em: 4 fev. 2014.

MAGALHÃES NORONHA, E. *Curso de Direito Processual Penal*. 21. ed. São Paulo: Saraiva, 1992.

MANFREDINI, Noely. Reformas eleitorais. Revisão eleitoral. *Mundo*. 2011. Disponível em: <http://www.politica.blogspot.com.br/2011/01/reformas-eleitorais-revisao-eleitoral.html>. Acesso em: 2 fev. 2014.

MARMELSTEIN, George. *Curso de Direitos Fundamentais*. 2. ed. São Paulo: Atlas, 2009.

MASCLET, Jean-Claude. *Droit Électoral*. Paris: PUF, 1989.

MAZZILI, Hugo Nigro. *A Defesa dos Interesses Difusos em Juízo*. 4. ed. São Paulo: Revista dos Tribunais, 1992.

MEIRELLES, Hely Lopes. *Direito Administrativo Brasileiro*. 2. ed. São Paulo: Revista dos Tribunais, 1966.

_____. *Direito Administrativo Brasileiro*. 24. ed. São Paulo: Meirelles, 1990.

_____. *Mandado de Segurança, Ação Popular, Ação Civil Pública, Mandado de Injunção, Habeas Data*. 11. ed. São Paulo: Revista dos Tribunais, 1988.

MELLO, Celso Antônio Bandeira de. *Elementos de Direito Administrativo*. São Paulo: Revista dos Tribunais, 1986.

_____. Leis originariamente inconstitucionais compatíveis com a Emenda Constitucional superveniente. *Revista de Direito Administrativo*, São Paulo, v. 215, p. 85-98, 1999.

MELO, Mônica. Direitos políticos de participação e controle popular no regime republicano presidencialista brasileiro: o plebiscito e o *referendum*. *Revista da Procuradoria Geral do Estado de São Paulo*. São Paulo, n. 40, p. 331-49, dez. 1993.

MENDES, Antônio Carlos. Ação de Impugnação de Mandato Eletivo. In: COLTRO, Antônio Carlos Mathias (Org.). *Constituição Federal de 1988*: dez anos (1988-1998). São Paulo: Juarez de Oliveira, 1999. p. 35-48.

MENDES, Antonio Carlos. Apontamentos sobre o abuso do poder econômico em matéria eleitoral. *Cadernos de Direito Constitucional e Eleitoral*, São Paulo, v. 1, n. 3, p. 24-31, maio 1988.

MIRANDA, Jorge. *Ciência Política*: formas de governo. Lisboa: Pedro Ferreira Editor, 1996.

_____. *Estudos de Direito Eleitoral*. Lisboa: Lex-Edições Jurídicas, 1995.

_____. *Manual de Direito Constitucional*. 3. ed. t. II. Coimbra: Coimbra Editora, 1991.

MONTEIRO, Washington de Barros. *Curso de Direito Civil*. v. 5. São Paulo: Saraiva, 1989.

MOREIRA, José Carlos Barbosa. *Comentários ao Código de Processo Civil*. v. V. Rio de Janeiro: Forense, 1974.

MOTA, Haroldo. Ação de Impugnação de Mandato Eletivo. *Anais do I Seminário Brasileiro de Direito Eleitoral*. Porto Alegre: Tribunal Regional Eleitoral do Rio Grande do Sul, 1990.

MURIEL, Christine Santini. Panorama do sistema jurídico japonês. *Cadernos de Direito Constitucional e Eleitoral*, São Paulo, v. 6, n. 6, p. 9-85, fev./abr. 1993.

NERY JUNIOR, Nelson; NERY, Rosa Maria de Andrade. *Constituição Federal Comentada e Legislação Constitucional*. 2. ed. São Paulo: Revista dos Tribunais, 2009.

NICOLAU, Jairo Marconi. *Sistemas Eleitorais*. 5. ed. Rio de Janeiro: FGV, 2004.

NIESS, Luciana Toledo Távora; NIESS, Pedro H. Távora. *Pessoas Portadoras de Deficiência no Direito Brasileiro*. São Paulo: Juarez de Oliveira, 2003.

NIESS, Pedro Henrique Távora. *Ação de Impugnação de Mandato Eletivo*. Bauru/São Paulo: Edipro, 1996.

_____. *Ação Rescisória Eleitoral*. Belo Horizonte: Del Rey, 1997.

_____. *Condutas Vedadas aos Agentes Públicos em Campanha Eleitorais*. Bauru/São Paulo: Edipro, 1998.

_____. *Direitos Políticos*: condições de elegibilidade e inelegibilidades. São Paulo: Saraiva, 1994.

_____. *Direitos Políticos*: elegibilidade, inelegibilidade e ações eleitorais. 2. ed. Bauru/São Paulo: Edipro, 2000.

_____. O Art. 77 da Lei das Eleições. *Informativo Eleitoral TRE/MS*, Campo Grande, v. 20, p. 9-38, 2008.

_____. O uso indevido e a falta do devido uso do poder, no processo eleitoral, *Revista Informativo Eleitoral TRE/MS*, v. 19, p. 9-35, 2007 (publicada em março/2009).

OEHLINGER, Theo. El Tribunal Constitucional Austríaco. In: FAVOREU, Louis et al. *Tribunales Constitucionales Europeus y Derechos Fundamentales*. Trad. de Luís Aguiar de Luque e Maria Gracia Rubio de Casas. Madri: Centro de Estudios Constitucionales, 1984.

ORTIZ, Carlos Alberto. O início da contagem do prazo da ação constitucional de impugnação de mandato eletivo. *Cadernos de Direito Constitucional e Eleitoral*, São Paulo, v. 7, n. 27, p. 9-11, jul./set. 1994.

_____. O Juiz de São Paulo e o Escriba de Nova Iorque. *Cadernos de Direito Constitucional e Eleitoral*, São Paulo, v. 6, n. 23, p. 9-11, ago./out. 1993.

PALADIN, Livio. *Diritto Costituzionale*. 2. ed. Padova: Cedam, 1995.

PEREIRA, Luiz Fernando C. O reconhecimento de ofício da inelegibilidade. Disponível em: <http://librade.org/pdf/luiz/pdf>. Acesso em: 6 ago. 2014.

PEREIRA, Ricardo Teixeira do Valle. Breves apontamentos sobre condições de elegibilidade, inegibilidades, registro de candidatura e ação de impugnação de pedido de registro de candidatura. *Resenha Eleitoral*, Nova Série, Florianópolis, v. 7, n. 2, jul./dez. 2000. Disponível em: <http://www.tre-sc.jus.br/site/resenha-eleitoral/edicoes-impressas/integra/arquivo/2012/junho/artigos/breves-apontamentos-sobre-condicoes-de-elegi bilidade-inegibilidades-registro-de-candidatura-e-acao/index3b96.html>. Acesso em: 9 out. 2014.

PINTO FERREIRA. *Código Eleitoral Comentado*. Rio de Janeiro: Rio, 1976.

PONTES DE MIRANDA. *Comentários ao Código de Processo Civil*. t. VI. Rio de Janeiro: Forense, 1975.

_____. *Comentários à Constituição de 1967, com a Emenda nº 1 de 1969*. t. V. São Paulo: Revista dos Tribunais, 1971.

RAMAYANA, Marcos. *Direito Eleitoral*. 6. ed. Niterói: Impetus, 2006.

REALE, Miguel. *Filosofia do Direito*. 20. ed. São Paulo: Saraiva, 2002.

_____. *Lições Preliminares de Direito*. 11. ed. São Paulo: Saraiva, 1984.

REIS, Marlon. Princípio do Direito Eleitoral. 2011. Disponível em: <http://lms.ead1.com.br/webfolio/Mod1213/mod_principio_do_direito_eleitoral_v2.pdf>. Acesso em: 17 jan. 2014.

REZEK, José Rubens. A proibição de alistamento eleitoral dos conscritos e o princípio da plenitude do gozo dos direitos políticos. *Jus Navigandi*, Teresina, ano 15, n. 2484, 20 abr. 2010. Disponível em: <http://jus.com.br/artigos/14720>. Acesso em: 10 maio 2014.

RIBEIRO, Fávila. *Abuso de Poder no Direito Eleitoral*. 2. ed. Rio de Janeiro: Forense, 1993.

_____. *Direito Eleitoral*. 4. ed. Rio de Janeiro: Forense, 1996.

RIBEIRO, Vera Masagão. Analfabetismo e Analfabetismo Funcional no Brasil. 18 abr. 2006. Disponível em: <http://www.ipm.org.br/ipmb_pagina.php?mpg=4.07.01.01.00&num=24&ver=por>. Acesso em: 13 jun. 2013.

ROLLO, Alberto Luís Mendonça. Direito Eleitoral: Ramo do Direito Constitucional ou do Direito Autônomo? *Cadernos de Direito Constitucional e Eleitoral*, São Paulo, v. 6, n. 24, nov./dez. 1993.

_____; BRAGA, Enir. *Comentários às Eleições de 1992*: Comentários à Lei nº 8.214/1991, Impugnação de Mandato Eletivo, Inelegibilidades. São Paulo: Saraiva, 1992.

ROLLO, Alberto Luís Mendonça (Org.). *Eleições no Direito Brasileiro*: atualizado com a Lei nº 12.034/2009. São Paulo: Atlas, 2010.

ROSAS, Roberto. *Direito Processual Constitucional*: Princípios Constitucionais do Processo Civil. São Paulo: Revista dos Tribunais, 1983.

SANTOS, J. M. de Carvalho. *Repertório Enciclopédico do Direito Brasileiro*. v. 3. Rio de Janeiro: Borsoi, 1947.

SILVA, José Afonso da. *Curso de Direito Constitucional Positivo*. 34. ed. São Paulo: Malheiros, 2011.

TEIXEIRA, Sálvio de Figueiredo. *Código de Processo Civil Anotado*: notas aos arts. 489 e 798. São Paulo: Saraiva, 1996.

TEMER, Michel. *Elementos de Direito Constitucional*. 9. ed. São Paulo: Revista dos Tribunais, 1993.

TJÄDER, Ricardo Luiz da Costa. Da não recepção do art. 109, § 2º, e do art. 111 do Código Eleitoral, pela atual Constituição Federal. *Revista do TRE/RS*, Porto Alegre, n. 2, p. 22-7, jan./abr. 1997.

TUCCI, Rogério Lauria. *Curso de Direito Processual Civil*. v. 3. São Paulo: Saraiva, 1989.

_____; TUCCI, José Rogério Cruz e. *Constituição de 1988 e Processo*: Regramentos e Garantias Constitucionais do Processo. São Paulo: Saraiva, 1989.

WAMBIER, Teresa Arruda Alvim. O agravo e o conceito de sentença. *Revista de Processo*, São Paulo, v. 32, n. 144, p. 243-56, fev. 2007.

OBRAS E TRABALHOS
PUBLICADOS PELOS AUTORES

PEDRO HENRIQUE TÁVORA NIESS
Publicou, além de outros, os seguintes livros: *Direitos Políticos – Elegibilidade, inelegibilidades e ações eleitorais* (São Paulo: Edipro, 2000); *Condutas vedadas aos agentes públicos em campanhas eleitorais – Reeleição* (Bauru: Edipro, 1998); *Ação rescisória eleitoral* (Belo Horizonte: Del Rey, 1997); *Ação de Impugnação de mandato eletivo* (Bauru: Edipro, 1996) e *Direitos Políticos – Condições de elegibilidade e inelegibilidades* (São Paulo: Saraiva, 1994).
Publicou vários artigos e pareceres nos Periódicos Especializados, dentre eles a *Revista dos Tribunais*, a *Revista dos Tribunais edição especial 100 anos – Doutrinas Essenciais*, a *Revista de Direito Civil* (RT), a *Revista de Direito Público* (RT), a *Revista de Processo* (RT), os *Cadernos de Direito Constitucional e Eleitoral* (TRE-SP), a *Revista Trimestral de Jurisprudência dos Estados* (Editora Jurid Vellenich), o *Jornal do Advogado* (OAB-SP), a *Revista FMU Direito*, o *Informativo Eleitoral* (TRE-MS), a *Atuação – Revista Jurídica do Ministério Público Catarinense*, a *Revista do Advogado SP*, o *Boletim dos Procuradores da República*, a *Paraná Eleitoral*, a *Tribuna da Magistratura* e a *Revista da Procuradoria-Geral da República*.

LUCIANA TOLEDO TÁVORA NIESS DE SOUZA
Publicou, dentre outros trabalhos: "O direito de ir e vir e o meio ambiente", na *Coletânea Direito Ambiental, Direitos Fundamentais e o Direito Ambiental*, v. 2 (Brasília: Embrapa, 2015. p. 503-9); "Direito à Igualdade e o Ambiente", na *Coletânea Direito Ambiental, Direitos Fundamentais e o Direito Ambiental*, v. 2 (Brasília: Embrapa, 2015. p. 157-65); "Direito aos Alimentos: natureza jurídica, requisitos, características e alimentos provisórios e provisionais", na *FMU Direito – Revista Eletrônica* (v. 6, n. 37, 2012); "Comentários ao artigo X", em *Comentários à Declaração Universal dos Direitos do Homem* (Fortium Editora, 2011), sob a coordenação do Prof. Wagner Balera; "Educação Especializada no Direito Brasileiro", *Revista Nacional de Reabilitação – Reação* (Ano XII, n. 69, jul./ago. 2009); Special Education Within Brazilian Law, disponível no site britânico: <http://www.eenet.org.uk/key_issues/policy/special_ed_brazil_law_eng.shtml>; *Pessoas Portadoras de Deficiência no Direito Brasileiro*, em coautoria com Pedro Henrique Távora Niess (São Paulo: Juarez de Oliveira, 2003).

ANDRÉA PATRÍCIA TOLEDO TÁVORA NIESS KAHN
Tem artigos publicados em Revistas da área jurídica, dentre os quais "Execução e Revisão de Alimentos", na *Revista Acadêmica Ciências Sociais e Direito APG – PUC-SP* (2006), "Direito aos Alimentos: natureza jurídica, requisitos, características e alimentos provisórios e provisionais", na *FMU Direito – Revista Eletrônica* (v. 6, n. 37, 2012, em coautoria), e "Expulsão de Estrangeiro do Território Nacional", na *Revista de Direito Econômico e Internacional* (2005), e participou da obra coletiva *Comentários à Declaração Universal dos Direitos do Homem* (Fortium Editora, 2008 e 2011), sob a coordenação do Prof. Wagner Balera. Publicou o livro *Alimentos – o dever dos genitores de prestá-los aos filhos menores – de acordo com o novo Código Civil Brasileiro* (São Paulo: RCS, 2004), em coautoria com Pedro Henrique Távora Niess. Sua tese de doutorado, *A ordem pública como limite à homologação de sentença estrangeira no Brasil*, será em breve publicada pela Edipro.

GRÁFICA PAYM
Tel. [11] 4392-3344
paym@graficapaym.com.br